5-7, rue de l'École-Polytechnique, 75005 Paris
http://www.editions-harmattan.fr
ISBN : 978-2-343-13563-2
EAN : 9782343135632

Les chemins
de la modernité en Afrique

José DO-NASCIMENTO

Les chemins de la modernité en Afrique

Pour changer l'Afrique, changeons de paradigme

L'Harmattan

Pour atteindre la vérité, il faut une fois dans la vie se défaire de toutes les opinions qu'on a reçues, et reconstruire de nouveau tout le système de ses connaissances.

Descartes

À la mémoire du Grand HEM Cheikh Anta Diop

RÉVÉRENCE

Le discours d'un essayiste ne naît jamais ex nihilo. Il se construit toujours à partir de faits qui l'interpellent et l'interrogent. Il se construit aussi à partir des discours et des travaux des personnes qui l'ont précédé et inspiré sur le sujet des questions qu'il examine. En ce qui me concerne, les faits et les questions sont ceux relatifs à la condition des peuples africains au XXe siècle et à l'aube du XXIe siècle.

Les personnes qui m'ont inspiré sont les suivantes : Cheikh Anta Diop, Théophile Obenga, Pathe Diagne, Alain Anselin, Frantz fanon, Amilcar Cabral, Kwame Nkrumah, Marcien Towa, maryse Condé, Jacques Pirenne, Jean Ziegler, Albert Jacquard, Herbert Marcuse, Georges Politzer, Jean Brun, Pierre Pactet, Marcel Waline, René Jean Dupuy, André Fontaine, Gilbert Rist, Serge Latouche, Charles de Vischer, Françoise Thibaut, Charles Zorgbibe, Mario Bettati, Samba Buri Mboup, Abdou Rahmane BA dit Paco, Kimia Kandé.

Ce livre n'existerait pas si je n'avais pas à travers leurs ouvrages rencontré ces personnes sur le chemin de ma formation intellectuelle.

Remerciements

C'est l'association Kheperu N Kemet qui la première, nous a donné l'occasion de présenter en public une partie des idées contenues dans ce livre. Que ses membres trouvent ici l'expression de notre reconnaissance personnelle et de celle collective de l'Arpema[1]. Il s'agit de Ingrid Mabondzot, Pascal Do-Nascimento, Harold Ngouonimba, Nzwamba Simanga. C'est ensuite l'African Summer School qui au cours de sa session 2015 en Italie nous a donné l'occasion de débattre avec des étudiants sur une autre partie des idées contenues dans ce livre. Que la vaillante et fraternelle équipe de l'African Summer School d'Italie (Fortuna Mambulu, Laura frigi, et Prosper Nfenckac) trouve ici l'expression de mes sincères remerciements. C'est encore l'African Summer School qui au cours de sa session 2016 en Belgique qui nous a donné l'occasion de débattre à nouveau avec un autre groupe d'étudiants sur une partie des idées contenues dans ce livre. Que la dynamique équipe de l'African Summer School de Belgique (Méta Nabou Cissé et Marie Charlotte Tatépo) trouve ici l'expression de mes sincères remerciements. Je n'oublie pas tous les étudiants de l'African Summer School qui en Italie et en Belgique m'ont apporté la contradiction nécessaire pour améliorer ce travail.

Enfin comment remercier les membres de l'Arpema qui savent tout ce que cet ouvrage doit à leurs observations critiques.

[1] L'Arpema est une association de recherche sur les perspectives de la modernité en Afrique. Elle a été créée pour permettre l'existence d'une recherche africaine libre de toute allégeance institutionnelle, financière et idéologique. Elle est composée de chercheurs bénévoles qui abordent les études africaines dans le cadre de la perspective rationaliste inaugurée par Cheikh Anta Diop.

INTRODUCTION GÉNÉRALE

En cette aube du 21e siècle, le devenir des sociétés africaines reste encore un sujet de grave préoccupation. Cinq décennies après la décolonisation, le mouvement de l'histoire en Afrique court toujours dans le sens inverse des conquêtes les plus récentes de l'humanité dans le domaine des libertés, des institutions, de la science, de la technologie, de la médecine, des services publics, etc. Ce mouvement atteste même depuis les années 90 d'une manifeste dégradation par rapport aux acquis de la décennie qui a suivi les indépendances.

On peut certes relever quelques avancées. D'une part, celles issues du processus de la transition démocratique amorcée depuis les années 90[2]. Et d'autre part, celles issues des opportunités offertes par les nouvelles technologies de l'information et de la communication aux sociétés africaines[3]. Mais les conditions matérielles de vie présentent une dégradation telle[4] que même les champions des politiques du développement (Etats, Banque Mondiale, FMI et Experts) ont renoncé à l'objectif du développement de l'Afrique et réduisent désormais leurs ambitions au niveau de simples stratégies de lutte contre la pauvreté[5].

Quant à l'opinion publique et les ONG, elles finissent par voir dans l'urgence humanitaire, l'horizon désormais indépassable du traitement des maux africains. Du côté des Africains, une des figures les plus lucides de l'Espérance africaine, l'écrivain Wole Soyinka, va jusqu'à abandonner sa posture de spectateur engagé pour adopter celle d'un spectateur tout court. Et à ceux qui lui reprocheraient un défaitisme, il anticipe sa réponse en

---

[2] Dans le domaine des libertés publiques par exemple on constate diverses conquêtes de la société civile. A savoir : le retour à un régime libéral du droit d'association, le retour à la liberté d'expression, à la liberté de la presse et aux élections multipartites.

[3] José Do-Nascimento, Panorama représentatif des usages des NTIC en Afrique, in Jean Jacques Gabas (sous la dir.), Société numérique et développement en Afrique, Ed Gemdev-Karthala, 2004

[4] Serge Latouche, La Planète des naufragés, Paris, La Découverte,1991

[5] Jebril Ould Mahmoud, Les stratégies de lutte contre la pauvreté en Afrique, Ed L'Harmattan, 2010

revendiquant le droit de perdre l'espoir[6]. Quant à Achille Mbembé, un des politologues africains les plus en vue, il avoue être sceptique sur la possibilité d'un projet politique africain autonome. Dès lors, il préfère prendre le large c.-à-d. penser l'ailleurs, penser la question de la société de l'en-commun, cette société de l'universel qu'il appelle de ses vœux[7]. Quant au sort des Africains, il leur conseille de négocier leur sort avec les puissances internationales dans la forme d'un new Deal en faveur de la démocratie et du progrès économique[8]. Un New Deal qui apparaît à ses yeux comme la seule planche de salut des sociétés africaines post-coloniales.

Quel désenchantement général dira-t-on au regard de l'immense confiance en l'avenir qu'avaient suscitée dans les années soixante les indépendances politiques. Cinq siècles après les trois crimes contre l'humanité que constituent les razzias d'approvisionnement en main-d'œuvre, la déportation atlantique et la colonisation, la restauration des souverainetés politiques autochtones se présentait comme l'amorce d'une reprise de l'initiative historique, la certitude de l'avènement prochain d'une Afrique à nouveau agent de l'histoire. Les faits montrent que c'est tout le contraire qui s'est passé[9].

Comment comprendre et expliquer cette trajectoire post-coloniale des sociétés africaines ? On sait que les Africains peinent à trouver une explication rationnelle à cette impasse des indépendances. Soit ils adhèrent aux explications doctrinales d'inspiration européocentriste qui le plus souvent se déclinent sur un mode inquisitorial[10] et ne laissent d'autre alternative que l'occidentalisation ou la révolution anti-capitaliste mondiale. Soit ils s'abandonnent à des explications surnaturelles qui se déclinent sur le mode de l'auto flagellation[11] et n'entrevoient dès lors d'autre alternative que la fuite dans le mimétisme culturel des peuples et des cultures dominants du jour[12].

Une chose au moins est certaine. Au-delà des explications doctrinales, idéologiques et surnaturelles, l'observation des faits montre que quelque soit le terrain où l'on se situe (terrain politique, économique, technique ou scientifique), partout où l'Afrique post-coloniale trébuche, elle trébuche

[6] Du droit de perdre l'espoir : entretien de Boniface Mongo-Mboussa et Tanella Boni avec Wole SOYINKA, 01/06/2001, in lettre d'information d'Africultures, Semaine 39

[7] Achille Mbembé, Sortir de la grande nuit, essai sur l'Afrique décolonisé, Edition La découverte, 2013

[8] Achille Mbembé, Sortir de la grande nuit, essai sur l'Afrique décolonisé, Edition La découverte, 2013

[9] Gérard Azoulay, Les théories du développement - Du rattrapage des retards à l'explosion des inégalités, Ed PUF de Rennes, 2002, Serge Latouche, La Planète des naufragés, Paris, La Découverte,1991

[10] A savoir : le procès de la culture africaine pour les libéraux et les marxistes, le procès des suppôts de l'impérialisme pour les néo-marxistes

[11] A savoir : la malédiction de la race

[12] Gaston Kelman, *Je suis noir et je n'aime pas le manioc*, Max Milo éditions, 2003

toujours par défaut de modernité[13]. Par défaut de modernité, il faut entendre ici l'absence d'une organisation sociale basée sur les principes d'anticipation, d'efficience, d'émancipation et de rationalité. Il s'ensuit que dans le contexte de ce 21e siècle qui s'ouvre, la problématique du devenir de l'Afrique subsaharienne se pose donc toujours en termes d'accès des sociétés africaines à la modernité. La question fondamentale reste donc toujours en Afrique celle de savoir quelle politique mettre en œuvre pour donner aux sociétés africaines post-coloniales une configuration moderne ? Autrement dit, quels sont les chemins heuristiques de la modernité en Afrique ?

Pour identifier ces chemins heuristiques, il est impératif de sortir du corpus intellectuel qui constitue encore jusqu'à ce jour le seul cadre épistémologique à partir duquel est pensée la question du devenir moderne des sociétés africaines post-coloniales par la majorité des analystes. Ce corpus intellectuel est celui constitué par le discours dogmatique[14] et d'inspiration évolutionniste[15] relatif aux sociétés africaines que charrient différentes disciplines de sciences sociales. A savoir : l'anthropologie, l'histoire, la sociologie, les sciences politiques, les sciences économiques, etc. Ce corpus intellectuel dogmatique véhicule un ensemble d'idées, de significations et de représentations, qui gouverne et détermine à leur insu la manière dont les Africains post-coloniaux interprètent le passé, considérèrent le présent et envisagent l'avenir.

Il est impératif de sortir du cadre épistémologique de ce corpus intellectuel, car non seulement il constitue un prisme déformant et péjoratif des réalités africaines, mais en outre il présente trois caractéristiques préjudiciables pour les sociétés africaines post-coloniales. D'une part il est européocentriste [16] : en ce sens qu'il examine le passé, le présent et le futur des sociétés africaines à travers le prisme de catégories conceptuelles élaboré pour rendre compte de la trajectoire historique des sociétés européennes. Il véhicule de ce point de vue non pas un jugement de réalité, mais un

---

[13] Le concept de modernité fait aujourd'hui l'objet de définitions contradictoires aussi bien en Europe qu'en Afrique. Ces définitions embrouillent plus qu'elles n'informent. Le lecteur trouvera dans la deuxième partie de ce livre une définition rationnelle de la modernité et par conséquent une définition valable erga omnès.

[14] Le dogmatisme est une posture intellectuelle qui refuse le doute, la remise en question, la critique. Un discours dogmatique est un ensemble d'affirmations non démontrées. Il s'agit donc plus d'une opinion que d'un savoir. En cela le discours dogmatique s'oppose au discours rationnel lequel est un ensemble d'énoncés démontrés

[15] Du point de vue de ses tenants et aboutissants, la théorie de l'évolutionnisme social se présente comme une explication générale de la dynamique des systèmes sociaux. Selon Norbert Rouland elle peut être définie « … de façon sommaire comme une théorie affirmant que tous les groupes humains passent par des stades identiques dans le développement de leurs formes d'organisation économique, sociale et juridique » (Norbert Rouland, in Anthropologie juridique, Ed. PUF, 1988

[16] Par européocentrisme il faut entendre ici une posture intellectuelle qui consiste à considérer les figures et les standards de la trajectoire historique de l'Europe comme l'aune et la mesure d'évaluation de toute expérience historique

jugement de valeur. D'autre part il est pathogène : en ce sens qu'il crée au sein des élites africaines post-coloniales des réflexes de subordination esthétique, épistémologique, axiologique, normative et organisationnelle. Enfin il est normatif : en ce sens qu'il favorise l'adhésion des élites africaines post-coloniales à une logique de mise en valeur des ressources matérielles et humaines en Afrique sous l'angle de la rentabilité externe.

De ce point de vue, ce corpus intellectuel constitue une arme discursive qui permet non pas tant à l'Occident, mais plutôt aux partisans d'une modernité productiviste de maintenir les sociétés africaines post-coloniales sous une dépendance externe sans avoir besoin de recourir pour cela à un dispositif d'occupation militaire. C'est ce corpus discursif, qui selon l'image bien connue, fait des élites africaines post-coloniales, non pas des esclaves, mais des forgerons qui forgent leurs propres chaînes. Il est de ce point de vue urgent de faire échec à ce corpus pathogène qui contribue à lui seul à l'hétéronomie des sociétés africaines post-coloniales. Rares sont les Africains qui échappent à l'emprise de ce corpus intellectuel dogmatique. Par notre cursus scolaire et universitaire, nous véhiculons tous plus ou moins les clichés et préjugés de ce corpus intellectuel. Or pour sortir des impasses auxquelles ce corpus a conduit les sociétés africaines post-coloniales, il est opportun d'adopter un corpus intellectuel nouveau, un cadre épistémologique nouveau.

Une question fondamentale se pose toutefois. Une fois que l'on aura enfin décidé de tourner le dos à ce corpus intellectuel pathogène, la question se pose de savoir quel sera le nouveau corpus intellectuel à partir duquel sera pensée la question d'un futur africain moderne. Pour répondre à cette question, il appartient aux intellectuels africains d'anticiper en élaborant un corpus intellectuel qui se présente dans la forme d'une pensée d'initiative africaine et débarrassée du prisme déformant et péjoratif du discours dogmatique d'inspiration évolutionniste et européocentriste sur l'Afrique. Maurice Soudieck Dione écrit à juste titre : « Pour sortir de ces impasses, il faut une pensée africaine – non une manière africaine de pensée, sinon on retombe dans les mêmes clichés -, mais une pensée des Africains sur l'Afrique, émancipée des postures idéologiques, éclairante, programmatique et pragmatique, qui part d'une analyse lucide et réaliste des problèmes du Continent et, pour résoudre ces impasses, d'élaborer des stratégies d'infusion et de diffusion de cette pensée aux niveaux élitaire et populaire, et mobiliser les divers acteurs politiques, sociaux, culturels et intellectuels intéressés, autour de son effectuation »[17].

Mais comment créer un cadre épistémologique nouveau qui nous émancipe du prisme déformant et péjoratif du corpus intellectuel dogmatique qui gouverne notre imaginaire cognitif ? Une piste s'offre à nous. Celle qui

---

[17] Maurice Soudieck Dione, Les impasses épistémologiques autour de l'Objet Afrique, in Ecrire l'Afrique-monde (sous la direction de Achille Mbembé et felwine Sarr), Editions Philippe Rey/Jimsaan, 2017, p ;132-133

consiste à engager une critique du corpus de tant d'années d'études africaines pré et post-indépendance. Un nouveau cadre épistémologique ne pourra pas en effet être créé ex nihilo. En revanche il pourra être facilement engendré par un programme de recherche d'initiative africaine qui se donne comme objet d'interroger du point de vue de la raison critique la validité épistémologique du corpus de tant d'années d'études africaines pré et post-indépendance. Par l'examen critique de ce corpus, la Raison sera à même de faire le distinguo entre ce qui dans ce corpus est vrai ou faux. Par ce travail de tri critique pour séparer le bon grain de l'ivraie la Raison pourra mettre au jour le cadre épistémologique éligible pour penser la question d'un futur africain moderne.

Autrement dit, ce cadre épistémologique nouveau, peut être engendré par une pensée d'initiative africaine qui examine le sujet de son passé, de son présent et de son devenir moderne en ne se laissant guider que par la Raison et par la Raison seule. En adoptant cette démarche, nous ne ferons que renouer avec la démarche inaugurée par Cheikh Anta Diop en 1960 lorsqu'il se proposait de « tirer les conclusions pratiques de tant d'années d'études des problèmes africains, de les ramasser en formules aussi claires que possibles, afin de faciliter leur utilisation »[18]. Il s'agit donc pour nous autres africains non pas de réfléchir ex nihilo, mais d'interroger du point de vue de la Raison critique le corpus de plus d'un siècle d'études africaines pré et post-indépendance pour mettre en perspective ce que ces études nous procurent comme information heuristique ou non sur les politiques à mettre en œuvre pour donner aux sociétés africaines une configuration moderne. Ce sont les conclusions de cette interrogation que nous exposons ici à travers cinq études.

La première est intitulée Une œuvre à découvrir. Il s'agit de la découverte des tenants et aboutissants de l'œuvre de Cheikh Anta Diop. Cette œuvre compte au nombre de celles en dehors de laquelle il est impossible de penser la question d'un futur Africain moderne d'un point de vue rationnel. Cette œuvre ouvre à des perspectives concrètes pour une configuration moderne des sociétés africaines. Mais bien souvent le grand public ne connaît de cette œuvre que le sujet de l'Egypte ancienne. Il s'agit donc d'amener le grand public au-delà de la question de l'isoderme des anciens Egyptiens pour lui faire découvrir les solutions concrètes que l'œuvre de Diop offre en vue d'une configuration moderne des sociétés africaines.

La seconde est intitulée Un discours à clarifier. Il s'agit d'une étude critique du discours issue de plus d'un siècle d'études africaines pré et post-indépendance. Il va s'agir pour nous ici de clarifier ce discours à l'aune de la Raison, de clarifier ses concepts de référence qui sont en Afrique sujets des plus grandes confusions, d'évacuer du champ de la réflexion sur le devenir

---

[18] Cheikh Anta Diop, Les fondements culturels, techniques et industriels d'un futur Etat fédéral d'Afrique noire, 1960 ; réédité par Présence africaine sous le titre Les fondements économiques et culturels d'un Etat fédéral d'Afrique Noire, 1974 et 2000

moderne des sociétés africaines le maximum de préjugés et de clichés qui obscurcissent l'intelligence des réalités africaines.

La troisième est intitulée Un paradigme à déconstruire. Elle concerne le paradigme du développement. Ce paradigme se présente à l'analyse comme le véhicule d'une vision évolutionniste du devenir moderne des sociétés africaines. Nous nous proposons de le déconstruire c'est-à-dire de mettre en perspective ses tenants et aboutissants afin d'avoir une intelligence des raisons pour lesquelles la mise en œuvre des politiques qui lui sont inhérentes a conduit les indépendances africaines dans l'impasse.

La quatrième est intitulée Un paradigme à construire. Elle concerne le concept de renaissance africaine. Ce concept se présente à l'analyse comme le prisme à travers lequel il est possible d'entrevoir une vision enfin émancipatrice et opérationnelle du devenir moderne des sociétés africaines. Concrètement, il va s'agir de mettre en perspective l'épistémologie que véhicule ce concept pour vérifier si cette épistémologie est à même de l'élever au rang d'un paradigme à part entière et enfin heuristique du devenir moderne des sociétés africaines.

La cinquième est intitulée Des technologies numériques à investir. Il s'agit d'informer les acteurs politiques africains sur la nécessité d'investir les nouvelles technologies de l'information et de la communication non pas comme des palliatifs aux carences de l'Etat africain post-colonial qui conduisent à un simple désenclavement numérique du tissu social, mais comme des facteurs d'innovation qui contribuent à une modernisation du tissu social.

Les cinq études présentées ci-dessus forment un tout cohérent qui offre les prémisses d'un cadre épistémologique nouveau pour penser la question d'un futur africain moderne. C'est la raison pour laquelle ces cinq études donnent à ce livre la forme d'une contre-offensive intellectuelle qui vient faire contrepoids au corpus d'idées, de significations et de représentations, d'inspiration évolutionniste, qui gouverne et détermine à leur insu la manière dont les Africains post-coloniaux interprètent le passé, considérèrent le présent et envisagent l'avenir.

Le lecteur trouvera donc dans ce livre un corpus intellectuel nouveau à travers lequel se dessine une interprétation nouvelle rationnelle et émancipatrice des réalités africaines. Le lecteur trouvera dans ce corpus nouveau non seulement de nouvelles grilles de lecture, mais aussi toute une terminologie nouvelle à partir desquelles il pourra désormais penser d'une manière émancipatrice le passé, le présent et l'avenir de l'Afrique.

Ce que nous souhaitons est que la jeunesse africaine s'approprie les idées de ce livre. En s'appropriant ces idées, la jeunesse africaine verra se réveiller en elle le géant créateur de civilisation qui selon Cheikh Anta Diop sommeille en chaque Africain.

Enfin, nous invitons toutes les personnes qui en Afrique souhaitent entrer dans la vie politique à partir des idées de ce livre, à créer dans leur pays respectif un Parafedem c.-à-d. un parti politique qui se réclame des idées contenues dans ce livre. Il leur appartient de participer à la vie démocratique de leur pays avec pour objectif l'accès au pouvoir politique par la voie du suffrage universel pour mettre en pratique les grandes lignes directrices de ce livre.

Une question se pose : ce livre, à lui seul, peut-il changer le cours de l'histoire en Afrique ? Bien sûr que non. Cependant nous savons que les grands défis politiques se gagnent d'abord sur le terrain de la bataille des idées. Ce sont les idées que les acteurs sociaux forgent sous la pression des conditions de leur vie matérielle qui gouvernent les postures conservatrices ou progressistes de la société. Gouvernez l'imaginaire d'un peuple et vous lui ferez soulever la montagne de votre choix. Abandonnez son imaginaire à autrui et ce dernier fera alors de lui un forgeron accablé qui forge ses propres chaînes d'oppression.

Ce livre est donc une contribution à cette bataille des idées. C'est pourquoi il se présente dans la forme d'une contre-offensive intellectuelle. Il peut nous faire gagner la bataille des idées. Il faut pour cela que son contenu soit pleinement diffusé au sein des sociétés africaines. Si les Africains se l'approprient, s'ils s'approprient les idées qu'il contient, alors ce livre permettra aux Africains de bonne volonté de changer l'Afrique au cours du 21e siècle. Ils donneront alors raison au Père Nathanaël Yaovi Soede qui en cette aube du 21e siècle, donne des réalités africaines une lecture qui invite à un optimisme politique certain lorsqu'il écrit avec une conviction que nous partageons que « Les crises que connaît l'Afrique sont, au fond, des nuits où se tisse le jour »[19]

Notre souhait est surtout que ce livre nous permette à nous autres africains de comprendre avant d'agir. Aminata Traoré a fait remarquer avec beaucoup de justesse que « L'humiliation du continent africain ne réside pas uniquement dans la violence à laquelle l'Occident nous a habitué. Elle réside également dans notre refus de comprendre ce qui nous est arrivé ». Ce livre veut offrir aux Africains non seulement l'opportunité de comprendre ce qui leur est arrivé, mais aussi celle de comprendre ce qu'ils peuvent entreprendre pour s'orienter vers un futur africain moderne.

Pour l'essentiel il apparaîtra à la fin de cet ouvrage qu'il y a lieu de comprendre que le devenir moderne des sociétés africaines tient en trois mots : assainir notre imaginaire et notre tissu social, se réapproprier les ressorts de l'historicité et promouvoir les facteurs vecteurs de l'innovation. Ce sont là les chemins de la modernité en Afrique.

---

[19] Nathanaël Yaovi Soede, Le problème du devenir de l'Afrique, in Renaissance Africaine et Christianisme, N° 2(2012), revue Théologique africaine, Eglise et sociétés

PREMIÈRE PARTIE

Une œuvre à découvrir

INTRODUCTION

L'œuvre à découvrir est celle de Cheikh Anta Diop. Elle couvre le domaine des sciences exactes aussi bien que celui des sciences humaines et sociales[20]. La connaissance de cette œuvre est indispensable pour toute personne qui veut aborder les questions africaines d'un point de vue rationnel. Elle émancipe en effet la Raison de tout cliché et jugement de valeur qui déforment et obscurcissent l'interprétation des réalités africaines.

Cheikh Anta Diop est né à Caytou au Sénégal en 1923. Par sa formation universitaire, il est physicien, philosophe, historien et égyptologue. Entre 1947 et 1960, Diop est étudiant en France en pleine époque coloniale. Durant cette période, il écrit avec un rythme rapide et une fécondité extraordinaire l'essentiel d'une œuvre dont chaque composante présente encore aujourd'hui une grande actualité[21]. Plus tard, une fois rentré en Afrique, il approfondira et affinera entre 1960 et 1986, les thèses développées dans la période antérieure, par la publication d'ouvrages et d'articles qui font aujourd'hui autorité et sont devenus incontournables dans le domaine des études historiques et politiques africaines.

Cette œuvre se présente de prime abord comme une œuvre d'intelligence de la trajectoire historique des peuples africains à partir des sources probantes de l'histoire. Il s'agit donc avant tout d'une œuvre de science de l'histoire. Mais nous savons que la science pour la science n'existe pas. En amont de toute œuvre scientifique, il y a toujours une préoccupation philanthropique[22], prométhéenne[23] ou faustienne[24]. Un homme de science se

[20] Pour avoir une liste de la totalité des publications de Cheikh Anta Diop, en sciences humaines et en sciences exactes sous forme d'articles, d'ouvrages ou de communications, il convient de consulter le site cheikhantadiop.net ou encore le site d'égyptologie et des civilisations africaines Ankhonline.com.

[21] Lire Jose Do-Nascimento Actualité de la pensée politique de Cheikh Anta Diop, in Tribune Africaine, N°1, 1983 ; lire surtout Le Soleil de Dakar. Samedi 9 et dimanche 10 mars 1985 : Les actes du Symposium organisé en avril et mai 1982, par la librairie SANKORE et les associations des historiens et des philosophes du Sénégal. Au cours de ce colloque, il s'est agi - comme le rappelle Pathe Diagne - de pousser l'éminent égyptologue à se mettre à jour par rapport à une réflexion continuée, plus que de remettre en cause une contribution qui dans ses grandes lignes, a permis de réinventer l'histoire de l'antiquité et de l'égyptologie africaine moderne

[22] A savoir l'amour du genre humain

lance toujours dans un travail de connaissance du réel dans un dessein précis. Qu'en est-il de l'œuvre de Cheikh Anta Diop ? Quel est le dessein dans lequel cette œuvre trouve son origine ?

On sait que les détracteurs de Cheikh Anta Diop ont pris la mesure de son œuvre non pas à partir d'une évaluation scientifique, mais à partir de ce qu'ils ont supposé être la psychologie de l'auteur. Les universitaires marxistes ont vu dans cette œuvre l'expression d'un combat identitaire et par conséquent l'ont classée dans la catégorie des œuvres passéistes. Les universitaires libéraux ont vu dans cette œuvre l'expression d'un combat nationaliste et l'ont classé dans la catégorie des œuvres idéologiques. Tout cela est regrettable, car l'objectivité scientifique invite à interroger une œuvre scientifique non pas à partir de la psychologie supposée de l'auteur, mais à partir de l'argumentaire scientifique mobilisé par l'auteur pour soutenir sa thèse. C'est ce qu'a su faire avec brio Maurice Caveing[25]. C'est ce que n'ont jamais su faire les détracteurs de Cheikh Anta Diop. Il convient pour information de lire à ce sujet le texte par lequel Diop répond point par point aux critiques de ses détracteurs[26].

Dans la mesure où de l'aveu même de Diop, son œuvre est intimement liée à la question du devenir politique des sociétés africaines post-coloniales, la meilleure méthode pour identifier le dessein de son œuvre est d'interroger celle-ci du point de vue de la philosophie politique. Or, aborder l'œuvre de Cheikh Anta Diop sous l'angle de la philosophie politique revient à s'interroger sur le rapport qui existe entre la question du devenir moderne des sociétés africaines post-coloniales et l'objet principal de l'œuvre de Diop. A savoir : la restauration de la conscience historique africaine. En d'autres termes, c'est s'interroger sur le sens du rapport de l'Afrique contemporaine à la connaissance de son passé historique.

Ce sujet est au cœur de la réflexion des universitaires africains qui travaillent sur la question du devenir moderne des sociétés africaines postcoloniales. Si tous s'accordent sur l'opportunité d'un positionnement par rapport à ce passé, tous divergent cependant sur la question des termes de cette opportunité. Là où certains font référence à ce passé historique en termes de levier pour une reconquête de l'initiative historique, d'autres, y font référence en termes de rupture ou d'ancrage à une essence identitaire[27].

---

[23] A savoir, la quête d'une solution d'émancipation relative à un problème auquel l'humanité est confrontée

[24] A savoir, la recherche d'un moyen de domination d'un groupe sur un autre

[25] Maurice Caveing : "Note critique de Maurice Caveing sur l'ouvrage de Diop, Antériorité des civilisations nègres : mythe ou vérité historique", in *Raison Présente*, N°9, janvier-février-mars 1969

[26] Cheikh Anta Diop, Antériorité des Civilisations Nègres, Mythe ou vérité historique, Présence Africaine, 1967

[27] Lire, Jose Do-Nascimento, La référence à l'identité historique et le projet de modernité en Afrique : le point de vue de Senghor, Diop et Towa, in La renaissance africaine comme

Cette référence constante des universitaires africains à la question de leur expérience historique passée suscite, auprès de leurs collègues universitaires européens, au mieux une approbation de politesse ou un encouragement paternaliste, au pire un agacement, voir une franche irritation. De fait, les universitaires européens d'obédience libérale, marxiste ou néo-marxiste, qui ont l'Afrique comme spécialité de recherche, s'étonnent de la récurrence du thème du passé historique dans la réflexion des universitaires africains. De façon générale, ils considèrent cette référence comme relevant d'une démarche identitaire ou nationaliste, et partant, la considèrent comme désuète et dénuée de toute portée efficiente. Aussi invitent-ils bien souvent leurs collègues africains à se détourner de cette question du positionnement par rapport au passé, pour s'investir au plus tôt dans les recettes occidentales de la modernité et ne considérer le passé que comme un simple objet d'études académiques.

Mais n'y a-t-il pas là, de la part de ces universitaires européens, une occultation volontaire ou inconsciente du fait que la modernité en Europe même n'est pas allée sans un positionnement par rapport au passé historique. N'y a-t-il pas eu par exemple en Europe une controverse sur la question du latin et des langues nationales ? N'y a-t-il pas eu en Europe un débat sur le rapport aux modèles grecs et romains ? Au XVIe siècle, ceux qui ont engagé l'Europe sur les sentiers de la renaissance historique, ne se sont-ils pas référés et positionnés au regard du patrimoine historique de l'Europe ? Toute la terminologie de la modernité politique, littéraire et scientifique en Europe en porte témoignage. Ce constat confère donc une présomption de légitimité à l'intérêt que les universitaires africains accordent à la question du passé historique de l'Afrique.

Diop on le sait, a souffert d'un ostracisme institutionnel dans son propre pays, du fait du gouvernement Senghor. Son œuvre a fait l'objet d'une conspiration du silence au sein des universités occidentales et de leurs antennes africaines. Cette conspiration du silence a été surtout l'expression de l'incapacité de ses détracteurs à décrédibiliser ses thèses d'un point de vue strictement scientifique. Les rares universitaires qui s'y sont risqués[28] s'y sont mordu les doigts[29]. Ils ont surtout donné à Cheikh Anta Diop l'occasion de mettre au jour leur incompétence en égyptologie et en linguistique[30]. L'un de ces universitaires, le professeur Jean Devisse, a fini au cours des années 80 par reconnaître le bien-fondé des thèses de Cheikh

alternative au développement, (sous la direction de Jose do-Nascimento), Editions L'Harmattan, 2008

[28] On peut citer R.Mauny, Jean Suret-Canale, L.V.Thomas, Jean Devisse

[29] Pathé Diagne, L'Afrique, enjeu de l'histoire Afrocentrisme, Eurocentrisme, Sémitocentrisme, Editions L'Harmattan/Sankoré, mai 2010

[30] Lire à ce sujet la réponse que Diop apporte aux critiques de R.Mauny, Jean Devisse et LV Thomas in Cheikh Anta Diop, Antériorité des Civilisations Nègres, Mythe ou vérité historique, Présence Africaine, 1967

Anta Diop et par lui rendre hommage[31]. Que la mémoire du professeur Devisse soit ici honorée pour l'honnêteté intellectuelle dont il a su faire preuve.

Il faut aussi reconnaître que cette conspiration du silence est allée de pair avec une reconnaissance implicite de l'apport novateur de l'œuvre de Diop. Seule en effet une telle reconnaissance explique que l'Unesco ait sollicité la participation de Diop au projet pour l'écriture d'une Histoire générale de l'Afrique et ait accepter les conditions que celui-ci avaient posées pour sa participation à cette aventure intellectuelle[32].

A compter des années 80, l'école d'égyptologie afro-américaine a rendu à Cheikh Anta Diop les honneurs académiques dus à la qualité heuristique de son œuvre[33]. Deux universités africaines (Sénégal et Cameroun) ont également fini par emboîter le pas aux universités afro-américaines en organisant çà et là des colloques sur l'œuvre de celui qui était désormais considéré comme un grand homme de science[34].

Diop laisse à la postérité une œuvre pluridisciplinaire qui ouvre de nouvelles perspectives épistémologiques en sciences humaines et sociales en ce qui concerne l'intelligence de l'histoire de la civilisation en générale et de l'histoire de la civilisation en Afrique en particulier[35]. Depuis les années 90, la jeunesse africaine, afro-caribéenne et afro-américaine s'approprie progressivement cette œuvre. Elle l'approfondit sur le terrain de la recherche scientifique et elle la mobilise sur le terrain de l'émancipation politique. Sur ce dernier terrain, elle se sert de l'œuvre de Diop comme un prisme qui permet d'entrevoir une perspective de modernité alternative à l'occidentalisation du monde et comme solution pour faire échec aux réflexes de subordination épistémologique, de docilité politique, de mimétisme culturel et d'extraversion des valeurs et des intérêts, que lui inculque la version européocentriste de l'histoire africaine.

Cheikh Anta Diop au final est l'universitaire africain qui aura abordé avec la plus grande amplitude intellectuelle et politique la question du rapport des Africains à la connaissance de leur expérience historique passé. Comme tel, il est celui qui a construit l'argumentaire le plus scientifique

---

[31] Cf p.83 in Hommage du Cameroun au professeur Cheikh Anta Diop, sous la direction du Prince Dika Akwa Nya Bonambela, Editions Presses Universitaires d'Afrique, Silex/Nouvelles du sud, 2006

[32] Pathé Diagne Cheikh Anta Diop et l'Afrique dans l'histoire du monde, Edition Sankoré. L'Harmattan, 1997, pp22-23

[33] Lire sur ce sujet Great African Thinkers, Vol 1, Cheikh Anta Diop, Editor Ivan van Sertima, 1986 ; Egypt revisited, Editor Ivan van Sertima,, 1989

[34] Actes du Symposium organisé en avril et mai 1982, par la librairie SANKORE et les associations des historiens et des philosophes du Sénégal ; Hommage du Cameroun au professeur Cheikh Anta Diop, sous la direction du Prince Dika Akwa Nya Bonambela, Editions Presses Universitaires d'Afrique, Silex/Nouvelles du sud, 2006

[35] Pathé Diagne, L'Afrique, enjeu de l'histoire Afrocentrisme, Eurocentrisme, Sémitocentrisme, Editions L'Harmattan/Sankoré, mai 2010

pour soutenir la thèse de la restauration de la mémoire historique africaine comme levier indisponible pour l'avènement d'une Cité africaine moderne. Diop présente la restauration critique de cette mémoire comme une démarche efficace pour conduire à une renaissance historique des peuples africains, comme peuples à nouveau producteurs de sciences, de techniques, d'abondance et de libertés. Il a donc écrit son œuvre dans le cadre d'une perspective singulière. A savoir : la renaissance historique des peuples africains. Il n'est donc pas étonnant que l'un des premiers articles qu'il ait publiés porte le titre suivant : Quand pourra-t-on parler de renaissance africaine[36].

Quel est l'argumentaire que Diop avance pour inviter les Africains à prendre appui sur leur mémoire historique afin de pouvoir opérer une renaissance de leurs sociétés comme pôles d'initiatives politique, économique, scientifique, technologique et spirituelle ? Autrement dit, quel est l'argumentaire à partir duquel Diop soutient l'idée selon laquelle le principe de réalité contraint les acteurs du progrès en Afrique noire à se réapproprier leur mémoire historique.

Pour répondre à cette question, il est indispensable d'avoir une intelligence des tenants et aboutissants de l'œuvre de Diop. Une œuvre qui ne se réduit pas à une défalsification de l'histoire africaine, mais vise bel et bien à changer les conditions d'existence de la Cité africaine dans le contexte international contemporain. Nous allons donc ici nous interroger sur les tenants et aboutissants de l'œuvre de Cheikh Anta Diop au regard du projet d'une Cité africaine moderne que les peuples africains ont à construire.

La présentation de ces tenants et aboutissants devrait permettre à la jeunesse africaine de ne pas passer à côté du propos réel et de l'apport heuristique de cette œuvre sur la question du devenir moderne des sociétés africaines. En d'autres termes elle devrait permettre de protéger la jeunesse africaine contre toute lecture caricaturale et idéologique de l'œuvre de Cheikh Anta Diop.

---

[36] Quand pourra-t-on parler d'une renaissance africaine ?, in Le Musée Vivant, n° spécial 36-37, novembre 1948, Paris, pp. 57-65.

CHAPITRE 1

Les tenants de l'œuvre de Cheikh Anta Diop : un dessein d'anticipation

Par tenants de l'œuvre de Cheikh Anta Diop, il faut entendre ici, les motifs qui sont à l'origine de cette œuvre. Pour ainsi dire, le dessein de cette œuvre. Ces tenants apparaissent avec concision à travers la lecture unitaire de cette œuvre c.-à-d. une lecture qui met en perspective le lien entre les écrits politiques[37] et les écrits scientifiques[38] de Diop. Une telle lecture à notre connaissance n'a pas encore été faite.

L'œuvre de Diop, on le sait, est colossale. Elle sollicite des disciplines diverses : la paléontologie, l'archéologie, l'égyptologie, la linguistique, l'histoire, l'anthropologie, la sociologie historique, l'économie, la physique, la chimie, la philosophie, les sciences politiques, etc. Elle aborde une pluralité de thèmes. Certains sont relatifs à l'histoire de la civilisation en Afrique : la parenté somatique et culturelle entre l'Egypte pharaonique et l'Afrique subsaharienne, l'unité culturelle des peuples de l'Afrique subsaharienne, les migrations historiques en Afrique subsaharienne, les éléments constitutifs de la civilisation africaine précoloniale, la falsification coloniale de l'histoire africaine. D'autres sont relatifs à l'histoire de la civilisation en général : les origines de l'humanité, la sociologie historique comparée des civilisations, l'apport de l'Afrique à la civilisation, les jalons d'une conscience d'identité universelle. D'autres enfin, sont relatifs à la vie

[37] Ses écrits politiques ont été réunis dans un seul ouvrage dont le titre est : Alerte sous les tropiques, articles 1946-1960, Edition Présence Africaine, 1990

[38] Ses écrits scientifiques sont les suivants : Nations nègres et Culture, Edition Présence Africaine, 1954, 1964, 1979 ; L'Unité culturelle de l'Afrique noire Edition Présence Africaine, 1959, 1982 ; L'Afrique noire précoloniale, Edition Présence Africaine, 1960, 1987 ; Les fondements économiques et culturels d'un Etat fédéral d'Afrique noire, Edition Présence Africaine, 1960, 1974 ; Antériorité des civilisations nègres, mythe ou vérité historique, Edition Présence Africaine, 1967 ; L'antiquité africaine par l'image, Notes Africaines, n°145-146, janvier-avril 1975, IFAN-NEA, Dakar-Abidjan ; Parenté génétique de l'égyptien pharaonique et des langues négro-africaines, IFAN-NEA, Dakar, 1977 ; Civilisation ou Barbarie, Edition Présence Africaine, 1988 ; Nouvelles recherches sur l'égyptien ancien et les langues négro-africaines modernes, Edition Présence Africaine, 1988

politique internationale et africaine. Sans oublier ses écrits sur les grands enjeux contemporains de la Science et de la philosophie.

La question se pose donc de savoir comment pouvoir procéder à la lecture unitaire d'une œuvre aussi variée ? La réponse en fait est des plus simple. Il faut pour cela s'attacher à identifier la problématique générale de l'œuvre. A savoir, anticiper sur les conditions géopolitiques, sociologiques et institutionnelles de viabilité des Etats qui en Afrique allaient dans les années soixante accéder à l'indépendance politique. Cette problématique traverse et unifie la pensée de Diop d'un bout à l'autre de son œuvre. Si le propos de l'œuvre est de mettre au jour la trajectoire historique des peuples africains de la préhistoire à nos jours, ce propos trouve toutefois son origine dans cette problématique politique singulière.

La pluralité des disciplines sollicitées et des thèmes traités dans cette œuvre cède donc en vérité devant l'unicité de l'œuvre. Cette unité procède du dessein d'anticipation qui traverse d'un bout à l'autre l'œuvre de Diop et lui donne son caractère unitaire. C'est aussi elle qui donne à l'œuvre de Diop un caractère opératoire[39].

Au terme de notre lecture unitaire de l'œuvre de Diop, il nous est apparu que les tenants de son œuvre sont au nombre de cinq. A savoir : une sensibilité précoce à la question des indépendances nationales, une interrogation précoce sur les conditions géopolitiques de viabilité d'un Etat africain indépendant, une réflexion précoce sur les conditions sociologiques de viabilité d'un Etat africain indépendant, une enquête précoce sur le champ diachronique d'une conscience nationale africaine à construire, une vision précoce des perspectives d'un futur africain moderne.

Section 1. Une sensibilité précoce à la question des indépendances africaines

C'est ce qui transparaît à travers le regard porté sur le contexte de l'enfance, le contexte estudiantin, les travaux d'avant-garde et les travaux de consécration.

A) Le contexte de l'enfance

Diop est né en 1923 à Caytu, un village du Sénégal dans la région du Baol au sein d'une famille de confession mouride[40]. A l'origine, le mouridisme est un mouvement anti-colonial. Il prêche d'une part, l'indépendance individuelle et collective par le travail et, d'autre part, un

---

[39] Jose Do-Nascimento, La portée opératoire de l'œuvre de Cheikh Anta Diop, in revue NOMADE n°1

[40] Pathé Diagne Cheikh Anta Diop et l'Afrique dans l'histoire du monde, Edition Sankoré.L'Harmattan, 1997, pp22-23

islam africain autonome de toute allégeance orientale ou arabe. La famille de Cheikh Anta Diop, compte en son sein plusieurs personnes qui ont participé aux luttes de résistance contre les troupes coloniales françaises. Son grand-père, Mor Samba Diop, était un lamaan (maître de terre) qui s'était opposé à une colonne militaire française lancée à la poursuite du Damel Samba Laobé, monarque du Cayor, à qui il avait offert l'hospitalité. Par son éducation familiale, Diop acquiert très tôt une sensibilité anticoloniale. Par son éducation mouride, il acquiert le goût de la rigueur intellectuelle et des réflexes de non-allégeance à toute culture extérieure.

De 1927 à 1937, son parcours scolaire se passe à Diourbel où à l'âge de quatre ou cinq ans il est envoyé à l'école coranique. Il est ensuite scolarisé à l'école française : l'Ecole Régionale de Diourbel. En 1937, il obtient son certificat d'études primaires. Ce sera ensuite les années de lycée. Ses années de lycée à Saint Louis[41] puis à Dakar l'introduisent dans un espace urbain qui met l'adolescent en contact avec un milieu intellectuel d'avant garde. Les débats qui ont cours au sein de ce milieu sensibilisent le jeune lycéen aux idées de Marcus Garvey et aux courants qui en Amérique, en Europe ou en Afrique propagent les idées d'anti-racisme, d'anticolonialisme, de pan-africanisme, d'émancipation des peuples noirs, d'une Egypte pharaonique mélanoderme, de la contribution des peuples africains à la civilisation, etc.

A propos de ces premières influences politiques et intellectuelles, Pathé Diagne écrit : « Il ne faut pas aller plus loin que la *Voix des Nègres* et *Cri Nègre* qui font écho, avec Tovalou, Lamine Senghor, Kouyaté Garang et Emile Faure dans les années 1920 et 1930, au Panafricanisme de Dubois et M.Garvey surtout, pour mettre la main sur les sources dont Cheikh Anta Diop tire son inspiration et la sève de son action et de son activisme précoce. Ces journaux diffusés au Sénégal, singulièrement à Saint Louis où Cheikh Anta Diop étudie au lycée Faidherbe, par Baye Salzman, Djim Ndiaye, Adama Lô ou Ngalandou Diouf et leurs amis, produisaient les textes sur l'histoire nègre et ses luttes[42] »

B) Le contexte estudiantin

En 1943 Diop est Bachelier série mathématique au lycée Faidherbe à Saint Louis. En 1944 il est bachelier série philosophie à Dakar. C'est un jeune homme amoureux des sciences et de la philosophie qui arrive en France en 1945 et se consacre à des études aussi bien dans le domaine des sciences exact (Math Sup) que dans le domaine des sciences humaines (Histoire, philosophie, anthropologie, égyptologie). Nul doute que la lecture d'auteurs comme, Léo Frobenius qui parle déjà en pleine époque coloniale

---

[41] Lycée faidherbe entre 1936 et 1943

[42] Pathé Diagne, Cheikh Anta Diop et l'Afrique dans l'histoire, Editions Sankoré/L'Harmattan, 1997

de civilisation africaine[43] et du Révérend Père Tempels qui en pleine époque coloniale parle déjà de philosophie africaine, aura contribuer à lui faire prendre très tôt ses distances avec une littérature ethnologique qui confine alors les peuples africains au stade de peuples primitifs à mentalité prélogique.

Alors étudiant à Paris, Diop participe à toutes les manifestations anti-raciste et anticoloniale. Il se singularise au regard de la logomachie anticoloniale ambiante qui règne au sein des associations africaines (RDA, PAI, FEANF) qui se mobilisent contre le colonialisme,. Il se fait remarquer par son inclination à soulever par anticipation les questions concrètes que les Africains auront à affronter au lendemain des indépendances. C'est ce dont atteste par exemple l'article qu'il publie dès 1952 dans la voix de l'Afrique[44]. Cette inclination a abordé les questions concrètes par anticipation lui vaudra souvent un rappel à l'ordre de la part de ceux dont la réflexion et le discours se limitent à la question anti-coloniale. C'est le cas d'Houphouet Boigny qui dira que « Cheikh a raison, mais il va trop vite ». C'est aussi le cas de Leopold Sedar Senghor qui dira « Cheikh Anta est un chercheur prometteur, mais qui gagnerait à la discipline[45] ».

C) Les travaux d'avant garde

Pathé Diagne a su retracer les jalons essentiels du cheminement intellectuel de Diop dans l'élaboration de son œuvre[46]. Selon Pathé Diagne, l'œuvre de Diop débute à Paris par des essais de linguistique avec des études sur la langue Wolof qui paraissent à Présence Africaine en 1948. La même année, Cheikh Anta Diop publie, dans un numéro spécial de la revue « Le Musée Vivant », un article intitulé Quand pourra-t-on parler d'une renaissance africaine ? Il s'agit d'un article en partie consacré à la question de l'utilisation et du développement des langues africaines.

En 1952 il publie, Vers une idéologie politique en Afrique noire. Cet article expose une stratégie pan-africaniste pour l'indépendance des pays africains. En janvier 1956, son article Alerte sous les tropiques ouvre la voie à une réflexion sur l'économie pan-africaine. Une réflexion qu'il prolonge dans son article de juillet 1957, Un continent à la recherche de son histoire. En 1956 et en 1959, au premier et au second Congrès des Ecrivains et Artistes noirs il fait deux communications (Apports et perspectives

---

[43] Théophile Obenga, Léo frobenius et l'Afrique : sa part de vérité, in revue Ankh N° 18/19/20, 2009-2010-2011

[44] Cheikh Anta Diop, Vers une idéologie politique africaine, in La Voix de l'Afrique noire, Bulletin mensuel de l'Association des Etudiants RDA, Paris, février, 1952, pp5-21.

[45] Pathé Diagne Cheikh Anta Diop et l'Afrique dans l'histoire du monde, Edition Sankoré. L'Harmattan, 1997, pp 22-23

[46] in Pathé Diagne Cheikh Anta Diop et l'Afrique dans l'histoire du monde, Edition Sankoré.L'Harmattan, 1997, pp 22-23

culturelles, Unité culturelle de l'Afrique noire) qui présentent les thèses qui constitueront la matière de son œuvre scientifique en sciences humaines et sociales. A savoir : Nations nègres et cultures en 1954, L'unité culturelle de l'Afrique noire en 1959, L'Afrique noire précoloniale en 1960 et enfin Les fondements culturels, techniques et industriels d'un futur Etat fédéral d'Afrique noire en 1960. Selon Pathé Diagne, la publication de tous ces titres marque la fin du cycle intellectuel parisien de Diop qui se clôt par l'obtention d'un titre de docteur en Histoire à l'Université de la Sorbonne. Toutes ces publications attestent d'une sensibilité à la question de l'indépendance dès sa première étude sur la langue wolof en 1948 et son article sur la renaissance africaine en 1948.

D) Les travaux de consécration

De retour en Afrique dès 1960, Diop est interdit de tout enseignement à l'Université de Dakar par le gouvernement de Leopold Sedar Senghor. Ce dernier épouse la cause des autorités académiques françaises qui à cette époque ne souhaitent pas voir diffuser au sein des universités africaines les thèses de Nations nègres et culture. Diop sera est toutefois recruté au sein de l'Ifan par le professeur Théodore Monod avec un salaire deux fois inférieur à celui d'un assistant de l'Université de Dakar. Diop va fonder au sein de cet institut de recherche un laboratoire de datation par le carbone 14.

Entre 1960 et 1986 c'est au sein du laboratoire de l'IFAN que Cheikh Anta Diop va poursuivre sa recherche scientifique en publiant entre autres quatre ouvrages majeurs qui approfondissent des thèses exprimées déjà en 1960. A savoir : **Antériorité des civilisations nègres, mythe ou vérité historique ?**, Paris, Présence Africaine, 1967 ; **Parenté génétique de l'égyptien pharaonique et des langues négro-africaines**, Dakar, IFAN-NEA, 1977 ; **Civilisation ou Barbarie**, Paris, Présence Africaine, 1981 ; **Nouvelles recherches sur l'égyptien ancien et les langues négro-africaines modernes**, Paris, Présence Africaine, 1988. Ce n'est qu'en 1981, sous la présidence Abdou Diouf, que Diop sera enfin autorisé à enseigner au sein de l'université de Dakar. Il encadrera le travail doctoral d'un certain nombre d'étudiants dont l'un est devenu un égyptologue des plus brillants. A savoir, Aboubacry Moussa Lam. Le livre de Diop sur l'**antériorité des civilisations nègres sera traduit en anglais et sèmera dans le monde anglophone les graines qui ont donné naissance à l'excellence de l'Ecole afro-américaine d'égyptologie.**

SECTION 2. UNE IDENTIFICATION PRÉCOCE DES CONDITIONS GÉO-POLITIQUES DE VIABILITÉ D'UN ETAT AFRICAIN INDÉPENDANT

C'est ce qui transparaît à travers sa volonté d'une part, d'anticiper sur le risque de sud-américanisation des futures indépendances africaines et d'autre part, d'anticiper sur le besoin d'une cohésion politique entre les peuples d'un Etat africain fédéral qu'il appelle de ses vœux en le dotant d'une assise sociologique.

A) Anticiper sur le risque de sud-américanisation des futures indépendances africaines

La question de l'indépendance nationale a joué un rôle inaugural dans l'élaboration de l'œuvre de Cheikh Anta Diop. Si cette question l'interpelle déjà en pleine époque coloniale, c'est pour une raison particulière. A savoir, la situation que connaissent alors les pays de l'Amérique du Sud, dont les indépendances politiques étaient réduites à une peau de chagrin du fait de l'ingérence politique, économique et militaire de leur puissant voisin du nord : les USA. Pour Diop l'incapacité des pays sud-américains à résister à cette ingérence était imputable à leur morcellement en plusieurs petits Etats. Pour Diop c'est ce handicap structurel qui rendait ces Etats incapables de faire échec à l'ingérence des USA et de prendre en main leur propre destin.

Diop craint alors non pas une balkanisation, mais une sud-américanisation des futurs Etats africains indépendants. Pour faire échec à ce scénario, il entrevoit une seule alternative : l'union des peuples africains dans un vaste ensemble fédéral, multinational et démocratique. Il lui apparaît que seul un Etat fédéral africain serait à même de doter les peuples africains d'une capacité à pouvoir faire échec aux ingérences militaires et économiques des grands ensembles avec lesquels ils seront en compétition. D'une part ceux qui à cette époque cherchaient à universaliser leur modèle respectif de société (USA et URSS), d'autre part, les ex puissances coloniales qui cherchaient à perpétuer leur intérêt par d'autres voies que l'occupation militaire. Seul un Etat fédéral pouvait dès lors selon Diop permettre aux peuples africains de prendre en main leur propre destin politique. C'est cette faculté de la forme fédérale de l'Etat à opérer comme une garantie géopolitique des indépendances africaines futures qui explique entre autres choses l'adhésion intellectuelle de Cheikh Anta Diop au pan-africanisme.

Il apparaît donc que dans le contexte même d'une Afrique encore sous le joug colonial, Diop s'interroge sur la fiabilité des Etats africains qui seront issus de la décolonisation. Il craint la sud-américanisation c.-à-d. l'encadrement des peuples africains au sein d'une multitude de petits Etats dictatoriaux sans liens organiques, enclin à l'instabilité politique et aux ingérences étrangères, gouvernés par une élite politique étrangère à toute notion d'intérêt général, qui privatise les finances publiques et qui s'associe aux opérateurs économiques qui exploitent les richesses nationales sous l'angle de la rentabilité externe. Pour lui de tels Etats ne seront pas fiables. Pour Diop, il fallait que les Africains se dotent d'une forme d'organisation politique fiable. A savoir, la forme de l'Etat fédéral.

Il exprimera très clairement cette préoccupation dès 1952 dans un ouvrage qui introduit à une synthèse de sa pensée politique[47]. Dans cet ouvrage Cheikh Anta Diop exprime un point de vue anticipateur que viendra confirmer l'expérience des Etats africains indépendants.

Il écrit : « La signification historique des mouvements de libération nationale dans les colonies, et en particulier en Afrique Noire, n'est plus contestée. On admet maintenant que ce puissant mouvement de décolonisation est aussi significatif, aussi historique que les mouvements nationaux européens du XIX siècle. Aussi, sauf dans les colonies de peuplement où on est contraint de le faire, à quelques exceptions près on s'oppose de moins en moins par la violence à son développement. La nouvelle tactique consiste plutôt à l'orienter, à le canaliser vers des structures non socialistes, de type dit occidental. Si ce but devait être atteint, les anciennes métropoles et les Etats-Unis pourraient se rassurer. L'Afrique Noire serait non balkanisée, car les régimes politiques des Balkans sont relativement stables, mais sud-américanisés. Elle verrait une prolifération de petits Etats dictatoriaux sans liens organiques, éphémères, affligés d'une faiblesse chronique, gouvernés par la terreur à l'aide d'une police hypertrophiée, mais sous la domination économique de l'étranger qui tirerait ainsi les ficelles à partir d'une simple ambassade, comme ce fut le cas au Guatemala, où l'on assista à cette situation extraordinaire : une simple compagnie étrangère, l'United Fruit (U.S.A.), renversa le gouvernement local pour lui substituer un autre à sa convenance, en liaison avec l'ambassade américaine, prouvant ainsi la vanité de la prétendue indépendance d'un tel Etat._Pour éviter un tel sort à l'Afrique noire, l'idée de fédération doit refléter chez nous tous, et chez les responsables politiques en particulier, un souci de survie (par le moyen d'une organisation politique et économique efficace à réaliser dans les meilleurs délais), au lieu de n'être qu'une expression démagogique dilatoire répétée sans conviction du bout des lèvres. Il faut cesser de tromper les masses par des rafistolages mineurs et accomplir l'acte qui consomme la rupture avec les faux ensembles (Communauté, Commonwealth, Eurafrique) sans lendemain historique. Il faut faire basculer définitivement l'Afrique noire sur la pente de son destin fédéral »[48].

Ces lignes ont été écrites par Cheikh Anta Diop en 1952. Bien avant les indépendances par conséquent. Ces lignes sont prospectives au regard de ce qui va se passer en Afrique de 1960 jusqu'aux années 2000. Ses craintes se

---

[47] Cheikh Anta Diop, Les fondements culturels, techniques et industriels d'un futur Etat fédéral d'Afrique noire, Paris, Présence Africaine, 1960. Réédition sous le titre : Les fondements économiques et culturels d'un Etat fédéral d'Afrique Noire, 1974.

[48] Cheikh Anta Diop, Les fondements culturels, techniques et industriels d'un futur Etat fédéral d'Afrique noire, Paris, Présence Africaine, 1960. Réédition sous le titre : Les fondements économiques et culturels d'un Etat fédéral d'Afrique Noire, 1974, p30-31

sont réalisées. L'Afrique sub-saharienne a fait et fait encore l'expérience d'une sud-américanisation. Sa préoccupation est donc toujours d'actualité...

B) Anticiper sur le besoin d'une cohésion politique entre les peuples d'un Etat africain fédéral en le dotant d'une assise sociologique

Pour ne pas tomber dans le piège d'une sud-américanisation de leur vie politique, il fallait selon Diop, que les peuples africains renoncent à l'organisation politique de leur société dans la forme d'une multitude d'Etats unitaires. Il leur fallait embrasser la voie de l'Etat fédéral comme forme d'organisation politique. C'est ce choix que leur imposait la marche contemporaine du monde dans la forme de grands espaces politiques que sont les USA, la Russie, la chine, l'UE.

La question que se posera Diop sera non pas tant comment créer un Etat fédéral, mais plutôt quel est le facteur qui pourra doter ce futur Etat fédéral d'une assise sociologique à même de garantir la cohésion politique entre ses peuples constitutifs. Diop dès 1952 a proposé une solution concrète. : faire naître au sein des peuples africains le sentiment d'appartenance à une nation africaine sur la base de la conscience de leur communauté d'origine. Autrement dit, doter les peuples africains d'une conscience nationale africaine à partir de la conscience de leur communauté d'origine, d'intérêt et de destin.

Diop va donc pousser sa réflexion plus loin. Il ne se contente pas d'avoir identifié la condition géopolitique de viabilité des indépendances africaines post-coloniales. Il va aussi s'interroger sur les conditions sociologiques de viabilité d'un Etat fédéral africain. A notre connaissance, au sein du mouvement pan-africaniste à l'époque, il sera le seul à se poser ce type de question. Il est conscient qu'un Etat fédéral africain ne saurait tenir debout s'il ne reposait pas sur une assise sociologique à même de garantir sa cohésion interne face aux facteurs centrifuges qui habitaient alors les sociétés africaines : identité ethnique, religieuse, etc. Pour Diop, seule la formation d'une conscience nationale africaine pouvait garantir au futur Etat fédéral africain une cohésion interne à même de faire échec à toutes les tentatives d'exacerbation de ses éléments centrifuges.

Section 3. Une réflexion précoce sur les conditions sociologiques de viabilité d'un Etat africain indépendant

Elle transparaît à travers le discours de Cheikh Anta Diop sur l'impératif d'une conscience nationale à l'échelle continentale.

A) L'impératif d'une conscience nationale africaine à l'échelle continentale

Très tôt, Diop s'est interrogé sur le matériau susceptible de conduire à la naissance d'une conscience nationale africaine au sens d'une conscience nationale à l'échelle de l'Afrique subsaharienne. Il lui est apparu que ce matériau ne pouvait être que celui de la conscience historique d'une communauté des origines, des intérêts et de destin. Il écrit : « Si en se libérant du colonialisme et de l'impérialisme, les différents pays d'Afrique noire doivent former un Etat multinational, démocratique, allant de la Libye au cap, de l'océan Atlantique à l'océan Indien, il importe dès à présent d'introduire dans la conscience de ces peuples, le sentiment de leur communauté historique. Celle-ci n'est pas une fiction »[49]

Il apparaît donc que Diop est conscient qu'un Etat fédéral ne saurait exister en Afrique en dehors de la formation d'une nation africaine et donc en dehors d'un sentiment national africain que partageraient en commun tous les peuples membres de la fédération. Seul un tel sentiment pourrait créer entre les peuples de cet Etat fédéral la cohésion nationale indispensable pour résister à toutes les formes d'agression extérieure, mais aussi la solidarité politique nécessaire à la stabilité intérieure d'un Etat. En d'autres termes il fallait fonder une nation africaine.

Une question redoutable se posait alors. Comment faire naître en Afrique une conscience nationale à l'échelle de l'Afrique subsaharienne ? Comment faire naître dans l'imaginaire des peuples africains une conscience nationale africaine ? Une piste s'offrit à Cheikh Anta Diop pour répondre à cette question. Il s'agit du constat qu'il avait fait à la fin des années 40 d'une parenté linguistique entre plusieurs langues africaines. Pour Diop, cette parenté pouvait être l'indice d'une communauté des origines. Et si cela s'avérait être le cas, alors il serait possible de créer entre les peuples africains la conscience d'appartenance à une seule et même nation. C'est cette piste que Diop va explorer dès les années 50.

B) Le levain d'une conscience nationale africaine à l'échelle continentale

Les nations ne naissent pas ex nihilo. Elles naissent à partir d'un imaginaire collectif qui rapproche des peuples différents sur la base du sentiment d'une communauté des origines, des intérêts et de destin. Mais entre ces trois éléments, l'élément le plus déterminant est le sentiment d'une communauté des origines. Si cet élément manque alors les deux autres sont inopérants. Seul cet élément est à même de créer entre ces peuples une cohésion. Dès les années 50 Cheikh Anta Diop a une conscience aiguë de cet enjeu. Il écrit « Le rôle de l'histoire, dans l'existence d'un peuple, est vital :

[49] Un continent à la recherche de son histoire (paru dans Horizons, la revue de la paix, n°74-75, paris, juillet-août 1957, pp85-91

l'Histoire est un des facteurs qui assurent la cohésion des différents éléments d'une collectivité ; une sorte de ciment social. Sans la conscience historique, les peuples ne peuvent pas être appelés à de grandes destinées »[50].

Plus tard, il développera cette idée dans son ouvrage Civilisation ou barbarie dans les termes suivants : « Le facteur historique est le ciment culturel qui unit les éléments disparates d'un peuple pour en faire un tout, par le biais du sentiment de continuité historique vécu par l'ensemble de la collectivité. C'est la conscience historique, ainsi engendrée qui permet au peuple de se distinguer d'une population, dont les éléments, par définition, sont étrangers les uns aux autres : la population du marché de n'importe quelle grande ville est composée de touristes étrangers venus des cinq continents et qui n'ont aucun lien culturel entre eux. La conscience historique, par le sentiment de cohésion qu'elle crée, constitue le rempart de sécurité culturelle le plus sûr et le plus solide pour un peuple. C'est la raison pour laquelle chaque peuple cherche seulement à bien connaître et à vivre sa véritable histoire, à transmettre la mémoire de celle-ci à sa descendance. L'essentiel, pour le peuple, est de retrouver le fil conducteur qui le relie à son passé ancestral le plus lointain possible. Devant les agressions culturelles de toutes sortes, devant tous les facteurs désagrégeant du monde extérieur, l'arme culturelle la plus efficace dont puisse se doter un peuple est ce sentiment de continuité historique »[51]

Pour Diop l'intérêt de la conscience d'une communauté des origines vient donc de ceci qu'elle permettrait de créer entre les peuples d'une fédération africaine une cohésion politique et une solidarité politique. Diop voit donc dans la conscience de la communauté des origines, le facteur opératoire pour créer entre les peuples africains un sentiment de cohésion nationale. Seule cette solution pourrait permettre aux peuples africains de ne pas être les uns et les autres à l'image d'une population c.-à-d. d'une entité dont les éléments, par définition, sont étrangers les uns aux autres.

Diop va donc se lancer à la recherche de cette communauté des origines en remontant le cours de l'histoire africaine aussi loin que pouvaient le permettre les sources probantes de l'histoire. Sur le terrain de cette recherche, les sources probantes de l'histoire vont le conduire à identifier l'Egypte pharaonique comme l'espace géographique et culturel d'origine et de dispersion commun à un grand nombre de peuples africains contemporain.

---

[50] Un continent à la recherche de son histoire (paru dans Horizons, la revue de la paix, n°74-75, parais, juillet-août 1957, pp85-91

[51] Cheikh Anta Diop, Civilisation ou Barbarie, Présence Africaine, 1981, p.272

SECTION 4. UNE ENQUÊTE PRÉCOCE SUR LE CHAMP DIACHRONIQUE D'UNE CONSCIENCE NATIONALE AFRICAINE

C'est ce qui transparaît à travers les thématiques de ses travaux en science de l'histoire.

A) La question des bornes chronologiques de l'histoire africaine

Pour Diop la conscience d'une communauté des origines est un facteur de cohésion sociale, car elle favorise la naissance d'une conscience nationale c.-à-d. une conscience de la communauté des intérêts et de destin. Diop s'interrogea alors sur l'existence ou non d'une communauté africaine des origines. Un premier indice de l'existence de cette communauté des origines fut pour lui le constat d'une parenté culturelle entre les langues africaines[52]. Cet indice le conduit à s'interroger sur l'aire géographique où se serait formée cette parenté culturelle.

Mais lorsqu'à la fin des années quarante, Diop entreprend d'interroger l'histoire africaine pour connaître l'aire géographique des origines, cette histoire est présentée dans les manuels dans le cadre d'une borne chronologique : le VIIIe siècle apr. J.-C. avec l'empire du Ghana. L'historiographie coloniale situait les origines de cet empire aux environs du VIIIe siècle après Jésus-Christ. Sur le plan chronologique, cet empire était alors classé dans une séquence périodique qualifiée comme *siècles obscurs* de l'Afrique. Et au-delà de cet empire, les manuels enseignaient que c'était la nuit noire. Le continent était enveloppé des ténèbres de la préhistoire. Pour Diop, cette version coloniale de l'histoire de l'Afrique à l'évidence comportait une lacune épistémologique. Elle affirmait qu'avec l'Empire du Ghana l'Afrique entrait à peine dans l'enfance de l'histoire. Mais elle n'expliquait point comment les peuples africains étaient sortis des ténèbres de la préhistoire. Il y avait là une contradiction que Diop s'est empressé de relever. Il écrit à propos de ces ténèbres : « Comment celles-ci se sont-elles dissipées ? Comment s'opéra, chez l'homme africain de cette région, le passage de la préhistoire à l'histoire ? Aucune suggestion n'est faite »[53]. Bref, pour les historiens européens de l'époque, avec le Ghana, l'Afrique entrait à peine dans l'enfance de l'histoire. Selon eux, elle ne sortira de cette enfance historique qu'au XVIe siècle où, sous l'impact de la Bible, de l'épée et du commerce, l'Europe triomphante la fera entrer de plain-pied dans l'histoire.

On le devine, pour restituer aux Africains, en particulier, et à la science historique, en général, une intelligence de la trajectoire du mouvement de

---

[52] Cheikh Anta Diop, Etudes de linguistique ouolove. Origine de la langue et de la race valaf, in Présence africaine, n°4 et 5, paris, 1948

[53] Cheikh Anta Diop, "Un continent à la recherche de son Histoire", *Horizons, la revue de la paix*, N°74-75, Paris, juillet-août 1957.

l'histoire en Afrique, Diop à l'instar de tous les chercheurs africains de l'époque, devait résoudre un problème concret : comment rattacher les épisodes connus de l'histoire africaine à un passé commun d'une façon scientifique ?

B) La question de l'aire géographique de la communauté africaine des origines

Diop écrit alors en 1957 : « Le problème historique que le chercheur africain doit résoudre apparaît ici clairement : comment rattacher tous ces différents tronçons à un passé commun d'une façon scientifique ? »[54] La solution lui viendra d'un regard tourné vers l'antiquité gréco-latine. Il écrit : « C'est alors que l'idée vient à l'esprit de prendre au sérieux les dépositions unanimes des anciens, écrivains et philosophes, sur l'origine et les caractères de la civilisation égyptienne et éthiopienne de Méroé »[55]. Tous, en effet, Grecs comme Romains, témoignaient du caractère mélano-africain de l'Egypte antique, tant sur le plan culturel que somatique. Diop va explorer cette hypothèse de travail à partir des sources probantes de l'histoire africaine.

Diop ne se contentera donc pas de convoquer les sources littéraires de l'antiquité gréco-latine. Dans une démarche méthodologique des plus rigoureuses, à savoir le croisement des sources, il confrontera les dépositions littéraires gréco-latines aux sources probantes de la discipline historique : la linguistique, l'archéologie, l'iconographie, la paléontologie. Cette méthode s'est révélée féconde. Les sources probantes de la discipline historique ont confirmé la déposition des auteurs anciens (gréco-romains) et celle des djéli (les dépositaires de la tradition orale africaine). Cette méthode a permis dès lors à la science historique, de pouvoir saisir le mouvement de l'histoire africaine de la préhistoire jusqu'à l'époque contemporaine[56]. Au cœur de ce mouvement, l'Egypte pharaonique apparaît comme l'aire géographique d'origine d'un grand nombre de peuples africains contemporains et explique par cela la parenté culturelle que l'on constate entre ces peuples.

La fécondité de la méthode du croisement des sources dans le cadre de la perspective rationaliste, comparative et diachronique des études africaines,

---

[54] In Cheikh Anta Diop, Alerte sous les tropiques (articles 1946-1960), Présence Africaine, 1990, voir à la page p117 son article Un continent à la recherche de son histoire (paru dans Horizons, la revue de la paix, n°74-75, parais, juillet-août 1957, pp85-91

[55] Cheikh Anta Diop, "Un continent à la recherche de son Histoire", *Horizons, la revue de la paix*, N°74-75, Paris, juillet-août 1957

[56] Sur cette méthode il convient de lire Théophile OBENGA : "Méthode et conception historiques de Cheikh Anta Diop", in Présence Africaine, N°74, 1970, p3-28, Aboubacry Moussa Lam, Au-delà de l'incertitude : les armes pour des conclusions scientifiquement établies dans le domaine des rapprochements entre l'Egypte ancienne et l'Afrique noire, in Annales de la Faculté des lettres et Sciences Humaines, N° 20, université Cheikh Anta Diop de Dakar, 1990, PP.143-158

introduite par Diop, a permis de mettre au jour : l'origine africaine de l'humanité, la parenté somatique et culturelle entre l'Afrique subsaharienne et l'Egypte antique, l'Unité culturelle de l'Afrique subsaharienne. Elle permet aujourd'hui la floraison de travaux originaux dans d'autres domaines de l'africanologie : art, science politique, philosophie, sociologie, droit, linguistique, etc. Par son enquête historique, Diop a restitué à l'intelligentsia africaine la matière réelle de son identité historique et le champ diachronique de ses recherches en sciences sociales et exactes.

C'est à la réalisation de ce travail que Diop aura consacré toute son activité de chercheur, avec les résultats que l'on connaît. Il aura, non seulement, restauré la conscience historique africaine, mais il lui aura surtout donné une assise scientifique. Une assise, à même d'affranchir la conscience politique africaine des effets atrophiants de la version européocentriste de l'histoire africaine. A savoir, les réflexes de subordination épistémologique, de docilité politique, de mimétisme culturel et d'extraversion des intérêts nationaux.

Cette raison d'être et cet apport de l'œuvre de Diop sont souvent occultés par les universitaires européens. Maurice Caveing, compte au nombre des rares universitaires européens qui, très tôt, ont saisi l'objet réel de la démarche de Diop. Maurice Caveing explique que le propos de Diop « est de donner une assise scientifique à l'affermissement de ce qu'il nomme lui-même, la conscience historique nègre africaine. Dans la mesure où l'effet le plus pernicieux et d'ailleurs rémanent du colonialisme est de détruire chez le peuple colonisé la conscience de sa personnalité culturelle, la réédification d'une conscience historique est posée, à juste titre pensons-nous, comme prémisse indispensable à un développement culturel original de l'Afrique noire, condition à la fois d'une réelle indépendance économique et politique, d'une unification fédéraliste... » [57]

L'activité scientifique de Diop aura ainsi porté sur l'intelligence de l'itinéraire historique des peuples africains. Le rôle de la vallée du Nil comme espace géographique d'origine de la parenté culturelle des peuples africains a été confirmé par les sources probantes de l'histoire. Pour Diop, la conscience de leur communauté d'origine, d'intérêt et de destin, est à même sur le terrain sociologique de faire naître un sentiment national africain au sein des divers peuples africains post-coloniaux. Pour Diop ce sentiment national africain est la condition sociologique de viabilité d'un Etat africain fédéral.

C'est le travail de recherche sur cette question qui a conduit Diop à mettre au jour d'autres éléments qui aujourd'hui constitue des données scientifiques certaines : l'origine monogénétique et africaine de l'humanité, l'origine africaine de la civilisation, la formation au sein de l'humanité de deux aires de civilisation distinctes par leur valeur respective, l'origine

[57] Maurice Caveing, Raison Présente, N° 9, janvier février mars 1969, p.111.

métissée des Sémites et des Asiatiques, la parenté culturelle et somatique entre l'Egypte ancienne et les populations sub-sahariennes, les migrations nilotiques vers l'intérieur de l'Afrique, l'unité culturelle de l'Afrique sub-saharienne etc.

Il apparaît au terme de cette étude que la lecture contextuelle et épistémologique de l'œuvre de Cheikh Anta Diop montre que cette œuvre puise ses origines ni dans la problématique d'un nationalisme africain revanchard sur la colonisation, ni dans la problématique d'une reconnaissance anthropologique comme ce fut le cas du courant littéraire de la négritude[58]. Cette œuvre, tout en étant une œuvre scientifique puise ses origines dans un dessein politique d'anticipation dont peu de gens ont conscience. Il s'est agi pour Cheikh Anta Diop dans le contexte colonial de mettre au jour les conditions sociologiques et institutionnelles de viabilité des futurs Etats africains indépendants. C'est pourquoi il importe de lire cette œuvre certes sous l'angle de l'épistémologie, mais aussi sous l'angle de la philosophie politique.

Toute la problématique de l'œuvre de Diop se décline en effet dans les termes suivants : comment faire tenir ensemble les divers peuples africains dans le cadre d'un Etat fédéral dès lors que la configuration de leur environnement international impose à ces peuples d'opter pour l'Etat fédéral comme forme d'organisation politique viable. Viable non pas en soi, mais au regard d'une société internationale dominée par les ingérences étrangères et par des Etats qui s'organisent sur une échelle continentale (USA, URSS, Communauté Européenne). Il s'agit donc d'un dessein d'anticipation.

---

[58] Lire sur ce sujet Maurice Caveing, Antériorité des civilisations nègres notes de lecture in Raison Présente, N°9, janvier-février-mars 1969

CHAPITRE 2

Les aboutissants de l'œuvre de Cheikh Anta Diop : un renversement de perspectives

Par aboutissants de l'œuvre de Cheikh Anta Diop il faut entendre ici les perspectives ouvertes par cette œuvre dans le domaine de l'action politique en vue d'une configuration moderne des sociétés africaines. L'analyse de ces perspectives permet de mettre au jour le caractère opératoire de l'œuvre de Cheikh Anta Diop sur le terrain de l'action politique.

Les personnes qui ont lu avec sérieux l'œuvre de Diop sont conscientes que l'une de ses recommandations majeures sur le terrain de l'action politique est la mise en œuvre d'une politique de restauration de la conscience historique africaine. Cette recommandation suscite souvent au sein de l'opinion publique une question majeure. Face à l'impératif concret d'une maîtrise de l'instrumentalité technologique, agricole, industrielle et militaire qui fait aujourd'hui problème en Afrique, quelle contribution peut-on raisonnablement attendre d'une entreprise de restauration de la conscience historique africaine ? Poser cette question, c'est interpeller l'œuvre de C. A. Diop sur sa portée opératoire, sur son rapport à l'action.

Diop répond lui-même à cette question dans les préfaces et conclusions de ses ouvrages. Il faut lire avec une grande attention ces préfaces et conclusions. A travers elles, Diop n'a cesse d'attirer l'attention sur la portée pratique de son œuvre. Dans un ouvrage consacré à son œuvre, par les égyptologues afro-américains, Diop déclare de façon explicite : « The restoration of the historical consciousness of black and African people, with all its implications necessarily leads to a veritable reversal of perspectives... » [59]. Il importe dès lors de s'interroger sur la nature de ce renversement de perspectives qui serait, selon Cheikh Anta Diop, inhérent à la restauration de la conscience historique africaine que son œuvre permet d'entreprendre.

Nous nous proposons justement ici de prendre la mesure de ce renversement de perspectives à partir de l'analyse de six problèmes concrets,

---

[59] in Great Africans thinkers, Cheikh Anta Diop, Editor Ivan Van Sertima, Vol.1, 1986

auxquels sont confrontés les peuples africains, en tant que membres d'une société internationale encore dominée par le conflit des intérêts nationaux. A savoir :

1°) Le problème d'une vision opératoire pour un futur africain moderne dans le contexte d'une société internationale où les acteurs les plus puissants relèguent à une fonction d'entrepôt ou de site d'approvisionnement toute société qui ne parvient pas par elle-même à gravir les marches de la modernité.

2°) Le problème de l'autonomie de la conscience politique africaine, dans une société internationale où les acteurs les plus puissants se parent d'un discours universaliste tout en privilégiant dans la pratique la défense de leurs intérêts nationaux.

3°) Le problème de l'esprit de créativité en Afrique, dans une société internationale où la richesse des nations tiendra désormais moins de la dotation en matières premières que de la maîtrise de l'instrumentalité technologique.

4°) Le problème du renouveau de l'intelligence politique en Afrique, dans le contexte d'une civilisation planétaire, dont les philosophies et visions dominantes, mettent l'intelligence prométhéenne de l'homme au service d'intérêts, dont les finalités faustiennes, réifient les rapports humains, et chosifient le seul espace créateur de sens dans l'univers connu : l'humanité.

5°) Le problème des conditions objectives du progrès matériel des sociétés africaines, dans un espace politique international où les questions de sécurité militaire conditionnent la mise en œuvre des options nationales dans le domaine du progrès économique.

6°) Le problème de la posture attentiste des élites africaines dans le contexte d'une société internationale où l'avènement d'une société africaine moderne ne pourra se faire que par le moyen d'un programme d'action d'initiative africaine.

Ce sont ces renversements de perspectives inhérents à l'œuvre de Cheikh Anta Diop que nous allons ici examiner. On peut s'étonner qu'une œuvre qui porte pour l'essentiel sur la science de l'histoire puisse avoir un tel impact dans le domaine de l'action politique. Pour éviter un tel étonnement, il convient de se rappeler que l'histoire est dans l'Afrique contemporaine, la discipline où la pensée scientifique a été la plus féconde depuis la décennie dite des indépendances. On comprend ainsi que le premier symposium, consacré par la communauté scientifique africaine aux travaux d'un de ses membres, ait porté sur l'œuvre d'un historien de renom : l'égyptologue et physicien Cheikh Anta Diop[60]. La diversité des disciplines auxquelles

[60] Symposium organisé en avril et mai 1982, par la librairie SANKORE et les associations des historiens et des philosophes du Sénégal. Au cours de ce colloque, il s'est agi - comme le rappelle Pathé Diagne - de pousser l'éminent égyptologue à se mettre à jour par rapport à une réflexion continuée, plus que de remettre en cause une contribution qui dans ses grandes

renvoie ce patrimoine scientifique en rend titanesque un examen critique globale[61]. Elle n'excuse pas pour autant le renoncement à celle-ci[62].

SECTION 1. LE PREMIER RENVERSEMENT DE PERSPECTIVE : UNE VISION DES POLITIQUES DE MODERNITÉ À METTRE EN ŒUVRE EN AFRIQUE

Cheikh Anta Diop a entrepris ses recherches historiques sur l'Afrique en s'appuyant sur les sources probantes de l'histoire : paléontologie, archéologie, linguistique, iconographie.

Les découvertes scientifiques que ces sources probantes lui ont permis de mettre au jour allaient changer la vision que Diop pouvait avoir non seulement du passé de l'Afrique, mais surtout des conditions d'un devenir moderne de l'Afrique. Pour l'essentiel elles ont fait prendre conscience à Diop que les conditions actuelles de vie des populations africaines trouvaient leur origine non pas dans un phénomène de retard historique, mais plutôt dans un phénomène de régression historique. Or un tissu social ayant subi un phénomène de régression ne peut à nouveau faire l'expérience d'une dynamique socio-linéaire que s'il fait au préalable l'objet d'une refondation (reconfiguration) en tant que tissu à nouveau propice à l'historicité. Dès lors la question de la nature des politiques à mettre en œuvre pour un futur africain moderne devait être posé non pas en terme de rattrapage historique et donc de développement, mais plutôt en terme de reconquête de l'initiative historique et donc de renaissance historique. C'est ce renversement de perspective inhérent aux origines de la condition contemporaine des sociétés africaines qui a conduit Cheikh Anta Diop dès les années 50 à une vision paradigmale des conditions de fiabilité des futures indépendances africaines. Une vision qui allait au-delà de la nécessité de former un Etat fédéral africain. Cette vision est celle de la renaissance africaine comme paradigme de la modernité en Afrique[63].

---

lignes, a permis de réinventer l'histoire de l'antiquité et de l'égyptologie africaine moderne (cf Le Soleil de Dakar. Samedi 9 et dimanche 10 mars 1985).

[61] L'œuvre de C A Diop touche en effet à la physique nucléaire, aux mathématiques, à la paléontologie, à l'anthropologie, à la linguistique, à la sociologie historique, à la philosophie, à l'égyptologie.

[62] Aux approches critiques globales de cette œuvre devront s'ajouter des approches critiques thématiques

[63] Cheikh Anta Diop, Quand pourra-t-on parler d'une renaissance africaine ? in Le Musée vivant, n° spécial 36-37, novembre 1948, pp 57-65

A) Le diagnostic de Diop sur les origines de la condition actuelle des peuples africains

Dans le cadre de ses recherches sur la trajectoire historique des peuples africains, Cheikh Anta Diop s'est interrogé sur l'origine du stade d'organisation sociale tribal que présentent les descendants des pharaons à l'époque de l'occupation romaine et byzantine dans l'antiquité. Il s'est aussi interrogé sur la cause de la condition tribale de l'organisation sociale que présentent les peuples africains sub-sahariens à compter du 19e siècle. Il ressort de ses travaux que dans les deux cas cette condition tribale est imputable non pas à un phénomène de retard historique, mais à un phénomène de régression historique.

Concernant l'Afrique subsaharienne, il apparaît en effet à l'aune des faits historiques que la configuration que présentent les sociétés africaines depuis le 19e siècle est une conséquence de la régression historique dans laquelle ces sociétés ont basculé à partir du 17e siècle sous l'impact des violences géopolitiques qui du 16e au 19e siècle ont eu l'Afrique comme centre de gravité. Cette régression s'est traduite concrètement pour les peuples africains par ce que Diop appelle la perte de l'initiative historique.

Il faut entendre par cette notion, la perte du contrôle des ressorts de l'historicité, les ressorts par lesquels un peuple est capable de produire les conditions matérielles et immatérielles de sa propre existence. Au titre de ces ressorts, on peut citer : la mémoire historique, l'appareil d'Etat, l'appareil économique, le système éducatif, les activités de recherche scientifique et technique, etc.... On sait que la perte du contrôle de ces ressorts a eu en Afrique deux conséquences majeures. D'une part, elle a exposé les peuples africains aux ambitions géopolitiques des puissances extérieures qui étaient attirées par la richesse du sous-sol du continent. D'autre part, elle a amplifié la capacité d'intrusion militaire, financière, culturelle et politique des puissances extérieures sur l'orientation du cours de l'histoire des sociétés africaines. C'est cette capacité des puissances extérieures à peser sur l'orientation du mouvement de l'histoire en Afrique qui a mis au 20 siècle les populations africaines dans une situation d'adversité historique. Une adversité qui s'analyse moins dans les termes d'un joug extérieur que dans les termes d'une incapacité des peuples africains post-coloniaux à reprendre l'initiative historique pour faire échec à la situation de dépendance globale (politique, économique, culturelle, technique et scientifique) qu'ils connaissent vis-à-vis des puissances extérieures.

B) Les recommandations de Diop sur les politiques à mettre en œuvre pour un futur africain moderne

Concernant les peuples africains subsahariens, Diop tirera les conclusions qu'impose le phénomène de la régression historique sur la question des politiques à mettre en œuvre pour un futur africain moderne.

En effet, si conformément à ses recherches, les sociétés africaines attestaient dans la période précoloniale d'un niveau de civilisation avancée, alors cela signifiait que la condition tribale de l'organisation sociale que présentaient les peuples africains au 19e et au début du XXe siècle était l'expression non pas d'un phénomène de retard historique, mais celle d'un processus de régression historique. De ce point de vue, la question d'un futur africain moderne devait alors être posé non pas en terme de rattrapage historique (et donc de développement), mais en terme de reconquête de l'initiative historique (et donc de renaissance historique). Celle-ci étant la logique de changement social qui s'impose par définition dans le contexte d'un tissu social dont la configuration est issue d'un processus de régression historique.

C'est sans doute pour cela que Diop ne participa point aux débats et polémiques sur les modèles de développement. Pire encore, dès1952, il mit expressément en garde les Africains contre le point IV de la déclaration d'investiture du Président Truman qui se trouve être le texte fondateur de la doctrine du développement[64]. Mieux encore, il a pensé la question de l'industrialisation de l'Afrique selon une stratégie[65] qui ne confine pas aux stratégies développementaliste de l'industrialisation de l'Afrique. Il a proposé non pas une politique industrielle de rattrapage, mais une politique industrielle de mutualisation qui se décline dans les termes d'une mise en valeur des ressources africaines sous l'angle de la rentabilité interne dans le cadre d'un espace économique optimal : l'Etat fédéral.

C) Une conception inédite de la notion d'indépendance nationale

La vision Diopienne d'un futur africain moderne est confirmée par l'acception que Diop donne à une notion fondamentale de ses écrits politiques. A savoir la notion d'indépendance nationale. Diop part du constat que les peuples africains subissent une domination globale en ce sens que leur dépendance vis-à-vis des puissances étrangères couvre les domaines politique, économique, culturel, technique et scientifique.

Pour Diop les peuples africains ne pourront se libérer de cette domination globale que s'ils opposent à cette domination globale une solution de libération également globale. Cette solution de libération globale est ce que Diop appelle l'indépendance nationale. Mais chez Diop l'indépendance nationale ne se limite pas à l'indépendance politique. Elle s'étend et englobe l'indépendance économique, culturelle, technologique, scientifique et militaire. C'est pourquoi selon Diop elle doit se traduire dans la forme d'une reconquête de l'initiative historique c.-à-d. une reconquête de la capacité

---

[64] Cheikh Anta Diop, Vers une idéologie politique africaine, in La voix de l'Afrique noire, Bulletin mensuel de l'association des étudiants RDA, février 1952, pp5-21

[65] Cheikh Anta Diop, Les fondements économiques et culturels d'un Etat fédéral d'Afrique noire, présence africaine, 1960, 1974

d'initiative et d'action dans tous les domaines. A savoir, le domaine politique, économique, social et culturel, aussi bien que le domaine technologique, scientifique et militaire. En d'autres termes, elle doit prendre la forme d'une reconquête de la capacité à produire par nous-mêmes les conditions matérielles et immatérielles de notre propre existence à partir du génie créateur de notre patrimoine culturel.

C'est ce qui ressort explicitement de ses écrits politiques. Ces écrits politiques véhiculent explicitement l'idée que l'objectif final de cette réappropriation est la réalisation de l'indépendance nationale non pas au sens du droit international (accès d'un territoire et de sa population à la souveraineté politique), mais au sens de la sociologie historique (reconquête globale de l'initiative historique).

Or l'indépendance nationale en tant que projet de renaissance historique, exige une capacité d'invention, d'innovation et d'anticipation de haut niveau. Elle exige de la part des peuples africains qu'ils fassent preuve d'une activité créatrice de haut niveau dans tous les domaines du savoir (sciences exactes et sciences sociales) et du savoir-faire (Institutions, Arts, technologies et industries). C'est pourquoi pour Diop la renaissance africaine passe de manière incontournable par la réappropriation du génie créateur des peuples africains.

Il apparaît donc que dans les travaux de Cheikh Anta Diop, l'indépendance nationale est comprise non pas au sens du droit international (accès d'un territoire et de sa population à la souveraineté politique), mais au sens de la sociologie historique (reconquête globale de l'initiative historique). C'est donc à une tout autre vision des politiques à mettre en œuvre pour un futur africain moderne qu'ouvre à Cheikh Anta Diop l'explication de la condition actuelle des peuples africains par le phénomène de la régression historique. On verra dans un autre chapitre que ces politiques doivent emprunter la forme de politiques de renaissance historique.

Section 2. Le deuxième renversement de perspectives : une solution concrète s'élever à une autonomie de la conscience politique en Afrique

Il s'agit ici de la conscience politique des acteurs politique. Quels que soient l'espace et le temps, elle est toujours hétéronome ou autonome. Elle est hétéronome lorsqu'elle reçoit de l'extérieur les lois qui gouvernent son action. Elle est autonome lorsqu'elle détermine par elle-même les normes, les valeurs, les intérêts et les priorités à partir desquels elle crée les conditions matérielles et immatérielles de sa propre existence et celle de la société dont elle a en charge le destin historique. Dans le contexte d'une société internationale encore dominée par les conflits d'intérêts nationaux, il est indispensable pour toute société d'être gouverné par des acteurs politiques qui attestent d'une conscience politique autonome.

L'observation des faits montre que la conscience politique de l'intelligentsia en Afrique post-coloniale présente les caractères d'une conscience hétéronome. Elle véhicule une identité historique non autochtone qui charrie un préjugé à l'égard de l'historicité du champ culturel africain. Cette identité historique non autochtone conduit cette intelligentsia à interpréter le monde et agir dans celui-ci par référence à des normes et à des valeurs qui servent des intérêts qui s'opposent bien souvent aux intérêts matériels et immatériels des peuples dont elle a en charge le destin historique. De ce fait, elle connaît une extraversion de ses intérêts matériels et immatériels dans une société internationale encore dominée par les conflits d'intérêts nationaux. Par extraversion de ses intérêts, il faut entendre la collusion entre ses intérêts et la présence économique et culturelle de l'Occident productiviste en Afrique sur le mode d'une économie et d'une culture dominantes.

Face à cette réalité de la conscience politique africaine, que propose l'œuvre de C. A. Diop ? La lecture de son œuvre fait apparaître que Diop propose la restauration de la mémoire historique africaine comme thérapie de l'hétéronomie de la conscience politique en Afrique. Nous allons voir ici dans quelle mesure une telle restauration est à même de conduire à une autonomie de la conscience politique africaine.

Pour ce faire, nous allons analyser les origines de cette hétéronomie, la vocation de la conscience historique africaine à restituer aux élites africaines une conscience politique autonome et l'aptitude des élites africaines à structurer l'Afrique en champ de force international à partir d'une conscience politique autonome.

A) Les origines de l'hétéronomie de la conscience politique africaine post-coloniale

La colonisation en Afrique subsaharienne a été pour l'essentiel une entreprise de dépossession. Pour les puissances coloniales. Il s'était agi de contrôler les espaces et les ressources matérielles du continent conformément aux contraintes que leur imposait le développement matériel des sociétés politiques, dont elles étaient originaires[66].

Or, un tel contrôle nécessite, on le sait, une maîtrise politique des peuples juridiquement titulaires de telles ressources. C'est pourquoi, aussitôt la victoire militaire acquise, les puissances coloniales ont quadrillé les sociétés africaines par un appareil administratif et militaire, dont l'objet était de permettre un contrôle politique direct des populations. Cependant si un tel

---

[66] M. Beaud, Histoire du capitalisme 1500-1980, Ed. du Seuil ; W Rodney, How Europe Underdevelopped Africa, Ed. Zimbabwé Publishing House 1972.

contrôle est nécessaire, il n'est pas suffisant pour assurer et garantir une exploitation des ressources des territoires occupés, dans les conditions maximales de sécurité. Ce contrôle en effet ne met pas l'administration coloniale à l'abri d'un sursaut nationaliste de la société vaincue[67].

Il faut comprendre en effet qu'une fois sa résistance politico-militaire anéantie, le peuple colonisé conserve toujours une ressource fantastique pour reprendre l'initiative politique : sa mémoire historique[68]. Selon Jean Ziegler, dans le contexte colonial, cette mémoire fonctionne comme mémoire des sens, comme refuge d'une identité alternative. Par le biais du sentiment de continuité historique qu'elle fait vivre à l'ensemble de la société dominée, cette mémoire historique perpétue une conscience de l'identité, comme conscience du tout autre. C'est cette conscience du tout autre qui exacerbe dans les esprits, la volonté de disposer de son destin, nourrit les aspirations à la souveraineté politique, et partant, suscite l'organisation d'un mouvement armé de libération nationale[69]. De ce point de vue, Samba Mbuup a raison de souligner que la mémoire historique d'un peuple est un « … espace potentiel de subversion et d'initiative politique ».

Dès lors, neutraliser cette fonction de la mémoire historique du peuple colonisé, constitue pour l'administration coloniale, une soupape de sécurité, un moyen d'incapacité à terme l'espace culturel indigène comme espace d'initiative politique.

En Afrique subsaharienne, le colonisateur y est parvenu d'une part au moyen de la répression de l'intelligentsia autochtone détentrice de cette mémoire historique[70] et d'autre part, au moyen d'une version européocentriste de l'histoire de la civilisation en général et d'une version falsifiée de l'histoire de l'Afrique en particulier[71].

Le Dr Joseph-Marie Essomba[72] cite trois auteurs dont le discours donne une idée de la violence psychologique que véhiculait la version coloniale de l'histoire en Afrique. D'abord Hegel qui dans son cours sur la philosophie de l'histoire écrit en 1830 : « L'Afrique n'est pas une partie historique du monde. Elle n'a pas de mouvement, de développements à montrer, de mouvements historiques en elle-même… ». Ensuite Goupland qui dans son manuel sur l'histoire africaine écrit en 1928 : « Jusqu'à D. Livingstone, on peut dire que l'Afrique proprement dite n'avait pas eu d'histoire. La majorité

---

67 Lire Histoire générale de l'Afrique, Vol 7 et 8 Unesco

68 Dans ce sens, A. Cabral pré-cité, et Ngugi Wa Tchiongo in Afrique-Asie.

69 J.Ziegler. *Le Pouvoir Africain.* Ed. Seuil.1971

70 Celle-ci, dépositaire des savoirs historiques indigènes fut souvent à l'origine des résistances armées anticoloniales. Ses membres furent massacrés, déportés et présentés à l'opinion publique internationale comme étant des sorciers

71 C. A. Diop, Nations Négres et Culture, Ed. Présence Africaine, 1954, en particulier le chapitre sur la naissance du mythe du Nègre

72 Cf p.83 in Hommage du Cameroun au professeur Cheikh Anta Diop, sous la direction du Prince Dika Akwa Nya Bonambela, Editions Presses Universitaires d'Afrique, Silex/Nouvelles du sud, 2006

de ses habitants étaient restés, durant des temps immémoriaux, plongés dans la barbarie. Tel avait été, semble-t-il, le décret de la nature. Ils demeuraient stagnants, sans avancer ni reculer ». Enfin Pierre Gaxotte qui à la veille des indépendances politiques africaines écrit en 1957 dans la Revue de Paris : « Ces peuples n'ont rien donné à l'humanité ; et il faut bien que quelque chose en eux les en ait empêchés. Ils n'ont rien produit, ni Euclide, ni Aristote ni Galilée, ni Lavoisier, ni Pasteur. Leurs épopées n'ont été chantées par aucun Homère ».

Abdou Moumouni a décrit de manière remarquable la manière dont les structures éducatives coloniales ont su diffuser et inoculer cette version falsifiée de l'histoire de la civilisation en général et de l'Afrique en particulier. Il faut absolument lire son livre et rendre hommage à la mémoire de ce patriote africain[73].

La diffusion de la version coloniale de l'histoire de l'Afrique au sein des structures éducatives coloniales visait pour l'essentiel à permettre à la puissance coloniale de faire irruption dans l'imaginaire du colonisé scolarisé pour lui faire intérioriser comme légitime les idées suivantes :

– l'idée d'une incapacité ontologique de l'homme noir, à l'invention et à l'innovation.

– l'idée d'une inaptitude du champ culturel africain à opérer comme support d'intégration de la modernité[74].

C'est dans cette vision coloniale de l'histoire que l'hétéronomie de la conscience politique africaine trouve ses racines. On a aujourd'hui beaucoup de mal à imaginer la violence psychologique produite par le discours colonial tant dans l'imaginaire de l'Européen que dans celui de l'Africain qui y étaient exposés. On image à peine les ravages psychologiques que l'intrusion du discours colonial au sein de l'imaginaire africain a pu engendrer chez le jeune africain scolarisé qui y était exposé. On est surtout loin de soupçonner les réflexes de subordination épistémologique, de docilité politique et d'extraversion des valeurs et des intérêts que ce discours pouvait engendrer chez les Africains qui y étaient exposés. Ce sont ces réflexes qui ont conduit à une hétéronomie de la conscience politique en Afrique.

Les Africains exposés à la version coloniale de l'histoire de l'Afrique ont été conduits à considérer l'Occident comme la fin ultime de l'histoire et partant, comme un modèle universel à reproduire. Ils ne pouvaient dès lors concevoir l'insertion de leurs sociétés dans une dynamique de modernité autrement que sous la tutelle de l'Occident. Cette disposition d'esprit a eu une conséquence fondamentale. Elle les a conduits à renoncer

[73] Abdou Moumouni : L'Education en Afrique noire. Ed Maspéro, 1964 ; dans ce sens aussi voir : Ngugi Wa Tchiongo, pré-cité

[74] C'est cela qui explique qu'un grand nombre des Africains exposés à l'action de ces instances éducatives aient douté de la capacité des langues africaines à opérer comme support et véhicule des connaissances scientifiques.

inconsciemment à l'exercice de leur identité humaine générique[75]. C'est ce renoncement qui a conduit à la neutralisation de l'intelligentsia africaine en tant qu'agent capable d'initiatives autonomes dans le domaine des sciences, des techniques et des idées pour le service des intérêts et des priorités des peuples dont elle a en charge le destin historique.

Manquant de confiance en elle-même, comme entité historique[76], la conscience politique africaine abandonne en fait à autrui (en l'espèce, l'Occident), le domaine de l'invention et de l'innovation. La triple dépendance (technologique, agricole et industrielle) qui s'ensuit l'amène alors à abandonner également à autrui l'organisation matérielle et institutionnelle de sa propre société. Enfin, porteuse d'une identité historique non autochtone, elle connaît malgré elle, une extraversion de ses intérêts matériels et immatériels. C'est celle-ci qui explique sa participation sereine à une gestion économique des espaces africains, selon des logiques qui ne prennent aucunement en compte les intérêts réels des peuples africains, en tant que membres d'une société internationale encore conflictuelle[77].

Frantz Fanon qualifie cette forme de conscience au monde, de conscience nègre[78]. On sait aussi que les Africains et afro-descendants, porteurs d'une telle conscience au monde, sont à l'origine d'une littérature revendicative d'une reconnaissance anthropologique par autrui : la Négritude. C'est dans ce courant littéraire, que certains reprendront à leur compte, l'idée d'une inaptitude ontologique de l'homme noir à la science (c'est le cas de Senghor selon qui l'émotion est nègre, comme la raison hellène), mais aussi celle des lacunes technologiques de l'homme noir (c'est le cas de Césaire qui prend le parti de ceux selon lui n'ont inventé, ni la poudre, ni la boussole, etc.).

Les structures éducatives coloniales n'ont toutefois atteint qu'une minorité du corps social africain. Leur action permit néanmoins à l'administration coloniale d'atteindre le but qu'elle s'était fixé. A savoir : créer et obtenir la subordination épistémologique, la docilité politique et le mimétisme culturel d'une catégorie sociale africaine, devant servir de tampon et de courroie de transmission, entre elle et les populations africaines. L'hétéronomie de sa conscience constituant alors la garantie la plus sûre de l'extraversion de ses intérêts matériels et immatériels.

Frantz Fanon pensait que cette catégorie sociale africaine s'affranchirait de cette hétéronomie de sa conscience, par l'effet cathartique du processus de violence inhérent au mouvement armé de libération nationale. Le fait est que, non seulement elle ne participa point à ces mouvements de résistance

---

[75] Marcien Towa définit l'identité humaine générique comme étant le pouvoir de conception, de signification, de pensée et de réalisation.

[76] Une entité sociale s'affirme comme historique par son aptitude à produire les savoirs (sciences), et les savoir-faire (techniques) nécessaires pour créer les conditions autonomes de son existence.

[77] J.Ziegler. Main basse sur l'Afrique, Ed, du Seuil, 1978

[78] Pour Fanon le Nègre est une pure création du système de violence symbolique colonial. Il ne se confond pas avec l'Africain porteur d'une identité historique autochtone.

armée (l'hétéronomie de sa conscience demeura donc intacte), mais en outre, c'est à elle que la puissance coloniale confiera le pouvoir gouvernemental au sein des Etats nouvellement indépendants.

C'est cette passation des pouvoirs qui a permis un aménagement néocolonial des indépendances politiques africaines c.-à-d. une perpétuation de la dépendance externe des sociétés africaines, par le biais de l'Etat postcolonial lui-même. Ainsi seulement on peut s'expliquer les traits suivants de l'Etat africain post-colonial. A savoir :

– le paradoxe historique que constitue l'Etat africain postcolonial : là où on l'attendait comme l'agent social d'une renaissance globale des sociétés africaines, il s'avère être l'agent social de leur stagnation. Il faut lire à ce sujet T.Michalon[79]. Là où on l'attendait comme l'agent d'une innovation institutionnelle, il s'est surtout fait remarquer par le mimétisme institutionnel de l'appareil administratif de la métropole coloniale. Il faut lire à ce sujet Guillaume Pambou Tchivounda [80]

– la position de classe supranationale de son élite politique : là où on l'attendait comme l'agent de promotion des intérêts nationaux des peuples africains, il s'est surtout caractérisé par une collusion entre ses intérêts matériels et immatériels et la présence économique et culturelle de l'étranger, comme économie et culture dominantes. Il faut lire à ce sujet Jean Ziegler[81] et les ouvrages de Kwamé Nkrumah[82]

Quant aux populations africaines, elles n'ont été que faiblement touchées par le discours colonial sur l'histoire de la civilisation et de l'Afrique. Le caractère hétéronome de l'Etat africain post-colonial ne leur a toutefois pas échappé. C'est pourquoi très tôt elles ont compris que cet Etat n'était pas à considérer comme leur chose commune (République), qu'il avait vocation à ne rendre de comptes qu'à lui-même. C'est pourquoi elles adoptèrent à son égard une allégeance de façade pour à la fois se protéger contre son inclination à la répression et lui soutirer des avantages ponctuels et immédiats. Très tôt ces populations ont considéré l'Etat postcolonial comme une entité extérieure à la société civile[83].

---

[79] T. Michalon, Quel Etat pour l'Afrique, Ed l'Harmattan, 1984

[80] Guillaune Pambou Tchivounda, L'Etat africain post-colonial, Ed, LGDJ, 1982

[81] Sur ce sujet lire :. Jean Ziegler. Main basse sur l'Afrique, Ed, du Seuil, 1978, Nkrumah, La lutte des classes en Afrique, Ed Présence africaine, 1972.

[82] Kwamé Nkrumah, Le Consciencisme, Paris, Editions Présence Africaine, 1976, 141 p. ; La lutte des classes en Afrique, Edition Présence Africaine ; L'Afrique doit s'unir, Paris, Editions Présence Africaine, coll. « Textes politiques », 2001, 256 p. première édition : anglais : 1963 ; français : 1964 ; Le néo-colonialisme : Dernier stade de l'impérialisme, Paris, Editions Présence Africaine, coll. « Le panafricanisme », 2009, 268 p.

[83] Notons que depuis les années 90 cette perception de l'Etat africain post-colonial n'a plus cours au sein des populations urbaines. Celle-ci ont fini par s'identifier à cet Etat et l'interpelle désormais sur sa gestion de la chose publique.

B) Le remède à l'hétéronomie de la conscience politique en Afrique post-coloniale

Il est vrai que le corps politique africain, depuis les années 2000, n'est plus dans sa majorité, constituée par cette génération qui a été formée au sein des structures éducatives de la période coloniale. Sa base sociale s'est élargie en direction d'une génération nouvelle, formée dans les grandes écoles et universités occidentales. Génération par ailleurs sensible à une libéralisation des régimes politiques africains. Toutefois, formée dans un système scolaire et universitaire au sein duquel elle continue à être exposée à la version coloniale de l'histoire en général et de l'histoire de l'Afrique en particulier, cette génération nouvelle continue comme ses aînés à intérioriser comme légitime une identité historique non autochtone et connaît de ce fait, comme ses aînés, une hétéronomie des normes, des valeurs, des intérêts et des priorités qui président à son action. De ce fait, elle connaît aussi une extraversion de ses intérêts matériels et immatériels. Certes, elle ne doute plus de l'aptitude ontologique de l'homme noir à l'invention et à l'innovation. Mais elle continue à douter de l'aptitude du patrimoine culturel africain à opérer comme support d'intégration de la modernité. Elle continue dès lors à gérer les espaces économiques africains selon des normes et des valeurs qui excluent les intérêts réels des peuples africains, en tant que membres d'une société internationale encore conflictuelle.

À la base de cette pérennité de l'hétéronomie de la conscience politique africaine post-coloniale, se trouve, nous l'avons vu, la dépossession continue de sa mémoire historique, au fil des générations. Il apparaît dès lors, que la restauration de la conscience historique africaine dans les esprits[84] est d'un apport thérapeutique. Cette restauration a un objet précis qu'il importe de ne pas confondre. Cet objet n'est pas tant la réhabilitation de l'histoire africaine, mais la restitution à la conscience politique africaine de l'autonomie des normes, des valeurs, des intérêts et des priorités qui président à son action. Plus précisément, cet objet vise trois objectifs, si l'on se place du point de vue de ses destinataires :

– à l'endroit de la classe politique africaine : l'objectif ici, est de restituer à celle-ci une identité historique autochtone. Une telle opération permettrait de transformer sa position de classe supranationale (collusion de ses intérêts avec la présence économique et culturelle de l'étranger, comme économie et culture dominantes), en une position de classe nationale (défense de la culture, de l'économie, de la souveraineté et des langues nationales, etc.). Position de classe nationale que rend impérative une société internationale encore dominée par le conflit des intérêts nationaux.

– à l'endroit des populations africaines : l'objectif ici, est de leur permettre de conserver la mémoire de leur patrimoine politique afin qu'elles puissent réorganiser l'Etat africain indépendant à partir de l'axiologie

[84] C'est ce que C. A Diop entend par raffermissement de la conscience historique africaine.

émancipatrice de ce patrimoine. Riches de la mémoire de leur patrimoine institutionnel pharaonique et post-pharaonique, les populations africaines pourront fonder leur revendication démocratique par référence à des traditions politiques non étrangères. L'intérêt d'une telle démarche consiste en ceci qu'elle permet de neutraliser les discours qui invitent les peuples africains à renoncer à toute revendication démocratique au nom d'une soi-disant spécificité culturelle africaine qui privilégierait l'autoritarisme politique.

– à l'endroit de l'intelligentsia africaine : l'objectif ici est de libérer en Afrique, le génie d'invention et d'innovation en redonnant à l'intelligentsia africaine confiance dans l'aptitude du patrimoine culturel africain à servir comme support d'expression de la modernité. Il s'agit donc de lui redonner confiance en l'aptitude du champ culturel africain à opérer comme support d'intégration de la modernité.

Tels sont les trois objectifs que l'œuvre de C. A Diop permet d'atteindre du point de vue de la configuration de la conscience politique africaine post-coloniale. Telle est la signification profonde de l'entreprise antanéenne de défalsification de l'histoire et de restauration de la conscience historique africaine. Comme on le voit, elle repose sur un enjeu non pas théorique, mais pratique.

C'est la conscience aiguë de cet enjeu qui explique pourquoi la première tâche à laquelle se soit attelé C. A Diop, comme militant politique, dans les années cinquante, ait consisté à restituer à la conscience politique africaine sa conscience historique. Au nom de cette évidence matérialiste qui veut que tout peuple ait une histoire, C. A Diop tourna le dos à la thèse hégélienne (dominante alors dans les années cinquante et soixante) d'une a-historicité de l'Afrique. Il s'attela à dégager l'aire culturelle plus ancienne à laquelle pouvaient se rattacher historiquement à des degrés différents, les cultures africaines actuelles. C'est sur ce chemin qu'il fit trois découvertes décisives, qu'il éleva au rang d'acquis scientifique au moyen d'un faisceau de preuves pluridisciplinaires.

– d'une part l'origine africaine et monogénétique de l'humanité.

– d'autre part, l'unité culturelle des peuples sub-sahariens, sur le plan de l'organisation de la famille, de l'Etat, des conceptions philosophiques, religieuses et morales[85]

– enfin, la parenté somatique, ethnique et culturelle entre ces peuples, et celui de l'Egypte pharaonique[86]

Nombreux sont ceux qui situent les travaux de C. A. Diop, dans le sillage de la négritude. Négritude révolutionnaire selon certains, négritude revancharde selon d'autres. Cette assimilation de la problématique

[85] C. A Diop, *L'Unité culturelle de l'Afrique noire,* Ed, Présence Africaine, 1959

[86] C. A Diop, *Nations Nègres et Culture,* pré-cité.

Diopienne à celle des tenants de la négritude, traduit une méconnaissance grave du propos de l'œuvre de C. A. Diop.

C'est contre une telle erreur que Maurice Caveing met en garde les analystes soucieux de rigueur scientifique. Il écrit : « Qu'on ne s'y trompe pas, nous sommes assez loin, avec C. A. Diop, de ce à quoi nous ont habitués les littérateurs de la « négritude ». Sa perspective est historique et universaliste, tout aussi éloignée d'un existentialisme racial que d'un structuralisme sociologique. Simplement dans les conditions de l'impérialisme, l'humanisme abstrait n'a pas de sens. La prise de conscience historique est une nécessite de la lutte politique, dès lors que c'est le colonisateur qui a fait du thème racial un motif d'aliénation. Nous sommes en présence d'une tentative originale pour appliquer une analyse, matérialiste dans son principe, à l'histoire africaine en elle-même, et dans ses contacts millénaires avec le monde « indo-européen », ainsi qu'au développement de la conscience politique africaine, envisagé comme contribution positive au devenir humain. Les deux objectifs ne sont pas a priori incompatibles. Encore faut-il que soit assuré le caractère scientifique de la démarche »[87].

Le caractère scientifique de cette démarche a été mis en relief par Théophile Obenga et Aboubacry Moussa Lam[88]. Il convient de lire leurs ouvrages et les Actes du colloque organisé par l'Unesco sur le peuplement de l'Egypte ancienne[89].

C) L'aptitude d'une conscience politique africaine autonome à structurer l'Afrique sub-saharienne comme champ de force international

La société internationale gagnerait à une structuration de l'espace politique africain, en un champ de force international. Seule en effet, une structuration de la société internationale en champs de force égaux en puissance offensive et défensive pourrait rendre inopérantes les stratégies de domination et d'hégémonie. Elle imposerait aux acteurs internationaux, indépendamment de leur volonté, cette paix perpétuelle, à laquelle les peuples et surtout les philosophes n'ont cessé et ne cessent de rêver. Mais seule une élite politique dotée d'une conscience politique autonome serait à même de structurer l'Afrique en champ de force international.

Rappelons pour mémoire que la Chine de Pékin s'est trouvée dans une situation analogue à l'Afrique d'aujourd'hui. Sa classe politique véhiculait

---

[87] M, Caveing, Antériorité des Civilisations nègres, notes de lecture in Raison Présente n'9, janvier-février-mars 1969.

[88] Th, Obenga, Méthode et Conception historique de C A Diop in Cahiers de Présence Africaine n°74, 1970 ; Aboubacry Moussa Lam : Les Chemins du Nil, Paris, Présence Africaine/Khepera, 1997

[89] Le peuplement de l'Egypte ancienne, Actes du colloque du Caire 1974, Etudes et documents, Unesco, 1978

une conscience politique hétéronome. Elle était amputée de sa conscience historique. C'est la raison pour laquelle, Mao Tse Toung invita celle-ci à l'étude du passé national à l'occasion du Rapport du VIe Plenum du comité du Parti Communiste chinois en 1938. Par cette initiative, Mao Tse Toung n'entendait ni réhabiliter l'histoire nationale, ni siniser la doctrine marxiste. Il désirait simplement la sinisation des marxistes chinois[90].

Aujourd'hui, exception faite des données internes du régime, la Chine populaire a su se structurer en un champ de force international grâce à l'avènement en Chine d'une conscience politique autonome. Elle décide seule de son destin, indépendamment de toute allégeance externe, et sur la seule base et considération de ses intérêts nationaux. Son ouverture actuelle aux modes de gestion capitaliste traduit seulement la volonté de la classe politique chinoise de se donner les moyens technologiques et financiers de ses options nationales pour perdurer en tant que champ de force international. Cette volonté, qui en Afrique fait encore défaut, reflète avant tout l'autonomie de la conscience politique chinoise dans une société internationale encore conflictuelle. Autonomie qui repose sur une conscience pleine et entière de son identité historique.

Comme en chine, les peuples africains ont intérêt à ce que leurs dirigeants politiques structurent le continent en champ de force international. Mais pour ce faire il faut d'abord que cette classe politique fasse échec à l'hétéronomie de sa conscience au monde. De ce point de vue l'œuvre de Diop leur offre une thérapie politique opératoire. Elle seule peut restituer aux classes dirigeantes africaines l'autonomie de leur conscience politique. Voilà pourquoi l'œuvre de Diop doit être enseignée dès le primaire et se prolonger au collège, au lycée et jusqu'à l'université.

Mais une fois reconnue l'importance pratique d'un affermissement de la conscience historique africaine, il reste encore à circonscrire les lieux et moyens propices pour diffuser la version objective de l'histoire africaine.

Il est certain que la restauration de la conscience historique africaine passe par le canal des instances d'intériorisation des discours, visions et valeurs du monde. A savoir le cinéma, la télévision, le théâtre, le roman, le nom des rues. etc.[91]. Mais elle passe surtout par l'appareil socio-éducatif. Le rôle que celui-ci joue actuellement dans l'hétéronomie des consciences en Afrique fait que la réforme du contenu des enseignements scolaires et universitaires en Afrique, constitue une des mesures les plus qualitatives que puisse prendre un gouvernement africain. C'est sans doute en ce sens qu'il faut interpréter la pensée de C. A Diop, lorsque celui-ci affirme que sur le

---

[90] Stuart Schram, *Mao Tsé Toung,* Ed, Armand Colin 1972.

[91] À ce titre, on peut saluer l'avènement des romans historiques (tel que Ségou de Maryse Conde), et du cinéma historique (tel que Ceddo de Sembene Ousmane et Yeleen de Ousmane Cisse). Réserve faite de l'interprétation propre à ces auteurs du passé africain

terrain de l'action politique « les réformes les plus révolutionnaires concerneraient l'enseignement de l'histoire »[92].

SECTION 3. LE TROISIÈME RENVERSEMENT DE PERSPECTIVE : LA RELANCE DE L'ESPRIT DE CRÉATIVITÉ ET D'INNOVATION EN AFRIQUE

Jusqu'au XIXe siècle, la richesse des nations est restée dépendante de leur dotation en facteurs de production. Ceux-ci se limitaient à l'époque aux ressources naturelles et humaines. C'est la carence des premières qui explique l'expansion des peuples européens hors de leur frontière d'origine, dès la fin du XVe siècle.

De nos jours, la situation est tout autre. Les nations tirent leur richesse non plus tant des ressources naturelles, mais de leur capacité technologique à transformer ces ressources. C'est la primauté dont l'Occident fait preuve en matière de technologie qui explique sa position actuelle comme économie et culture dominantes. C'est encore la complexité de cette technologie qui lui permet aujourd'hui de pouvoir exploiter enfin sur son propre territoire des matières premières qui au 20e siècle était encore hors de portée. C'est le cas par exemple du pétrole de la mer du Nord et du gaz de schiste.

La maîtrise de l'instrumentalité technologique par les peuples africains se pose par conséquent comme une des conditions nécessaires pour le progrès matériel de leurs sociétés. Cette maîtrise, évidemment, suppose une relance de l'esprit de créativité en Afrique, dans le domaine des sciences exactes et celui des sciences sociales. Une revitalisation de la recherche et une recherche au service des intérêts réels des peuples africains. Cette relance cependant ne tombera et ne peut tomber du ciel. Elle a des exigences que C. A. Diop a su mettre en relief. Il appartient aux Africains d'y répondre. Nous allons examiner ici ces exigences.

A) Dans le domaine des sciences exactes

Cheikh Anta Diop a laissé à la postérité africaine un témoignage remarquable sur l'importance de la recherche comme facteur du progrès historique des sociétés. Les autorités politiques et l'intelligentsia africaines devraient méditer longuement ses observations et s'engager de façon résolue dans la direction que Diop indique.

En 1974 Cheikh Anta Diop Diop écrit : « La recherche est le démiurge qui remodèle sans cesse la face du monde. L'histoire des techniques montre qu'à chaque découverte d'une nouvelle source d'énergie correspond un bond prodigieux de la civilisation matérielle. Du moulin à eau de l'antiquité, à la future fusée photonique de demain, la physionomie du monde est en perpétuelle transformation. Chaque nouvelle théorie modifie notre vision de

---

[92] *Jeune Afrique*, n° 1155 du 23 février 1983

l'Univers ; la mécanique classique avec NEWTON et LAPLACE aux XVIIIe et XIXe siècles, la relativité générale au début du XXe siècle avec EINSTEIN et la mécanique quantique, en plein développement depuis les travaux de Louis de BROGLIE, HEISENBERG et SCHRÖDINGER, nous ont présenté successivement un univers aussi aberrant pour le sens commun que fascinant pour l'intellect. La recherche est donc la source de renouvellement du monde au sens le plus général et le plus profond. Elle pourvoit en techniques nouvelles le champ de la pratique quotidienne. Elle augmente l'emprise de l'homme sur la nature et fait de lui un agent actif de transformation du monde. Au surplus la recherche assure une fonction formatrice de cadres hautement qualifiés. Les traditions intellectuelles qu'elle crée dans les familles qui la pratiquent de père en fils, dans les pays développés, ont parfois donné l'illusion d'une pseudo-hérédité d'aptitudes intellectuelles particulières. C'est donc se méprendre grossièrement sur son importance et sur son rôle que de la considérer comme un luxe ou que de la traiter en pauvre de l'Enseignement supérieur dont elle est, du reste, inséparable. ». [93]

Nous autres africains devons accorder la plus grande attention à ce que Diop nous dit sur le rôle de la recherche comme facteur de progrès. Nous devons de ce point de vue, faire la promotion des activités de recherche au sein de nos sociétés. Il s'agit de la recherche aussi bien en sciences exactes qu'en sciences sociales.

De fait, les sciences exactes sont à la base de la puissance agricole, industrielle, médicale et militaire, des grandes nations contemporaines. Elles seules permettent une maîtrise de l'environnement externe et interne d'une société. Mais, plus que des axes et des perspectives de recherche, elles supposent au préalable l'existence d'infrastructures conséquentes dédiées à la recherche fondamentale et appliquée. C. A. Diop préconise pour ce faire la création en Afrique de « centres de recherche, dans les secteurs de pointe (nucléaire, informatique, etc.), et de les implanter dans différentes parties appropriées de notre continent pour rejoindre le peloton de tête de l'humanité, les centres auront un caractère fédéral »[94]. Soulignons bien cette proposition de Cheikh Anta Diop. Ces centres de recherche devront avoir un caractère fédéral.

Il va de soi que la mise en place de telles infrastructures ne pourra se faire en dehors d'une volonté politique, d'un soutien gouvernemental. C'est à ce dernier de donner à la recherche africaine en sciences exactes, ses moyens (infrastructures, budget), ses axes (définition des domaines prioritaires de la

---

[93] Cheikh Anta Diop, Perspectives de la recherche scientifique en Afrique, in Notes africaines, n° 144, octobre 1974, p. 85-88, Institut fondamental d'Afrique noire ; conférence d'ouverture de la 9e biennale de l'Association Scientifique ouest-africaine (ASOA, West African Science Association :WASA) tenue à la Faculté des Sciences de l'Université de Dakar du 27 mars au 1er avril 1974.

[94] Le Soleil de Dakar. Samedi 9 et dimanche 10 mars 1985

recherche fondamentale et appliquée) et ses objectifs (en terme de politique nationale dans tel et tel autre secteur). Or ce sont cette volonté et ce soutien qui font aujourd'hui défaut en Afrique sub-saharienne.

Il reste cependant certain que seul un corps politique africain qui témoigne d'une position de classe nationale serait capable d'une telle politique pour la constitution d'un potentiel technologique national (PTN). Car c'est bien de cela qu'il s'agit. Nous doter d'un PTN. Nous avons vu que la seule méthode pour faire adopter au corps politique africain une position de classe nationale, est de vaincre l'hétéronomie de sa conscience historique. On voit ainsi encore une fois, combien le défaut de conscience historique de son élite politique hypothèque l'avenir du continent dans une société internationale, où la richesse et le développement matériel des nations, dépendent désormais de leur capacité à maîtriser l'instrumentalité technologique.

B) Dans le domaine des sciences sociales

Sur ce terrain, la recherche universitaire africaine fait encore figure de parent pauvre de la recherche mondiale. Rares sont les études novatrices qui nous parviennent des universités africaines, lesquelles demeurent encore des antennes périphériques de la recherche occidentale.

Pour C. A Diop, cette situation de la recherche africaine en sciences humaines, est une conséquence de son manque de perspective diachronique. De ce fait, une seule solution s'offre à elle : se réapproprier l'épistémologie de l'Antiquité égypto-nubienne, dans tous les domaines. Pour faire comprendre l'importance pratique d'une telle réappropriation, C. A Diop recourt à une explication par analogie.

Il écrit : « Supposons l'Occident coupé de ses bases culturelles gréco-latines, il lui serait impossible de bâtir un corps de sciences humaines. Les aspects les plus modernes, les plus techniques, les plus futurologues de la culture occidentale plongent leurs racines dans la culture gréco-latine et seraient inconcevables sans celle-ci. Dans le même ordre d'idée, ce n'est que lorsque l'Afrique noire aura renoué systématiquement avec son vrai passé historique qu'elle pourra bâtir, elle aussi, un corps de sciences humaines, car l'investigation diachronique deviendra possible dans les différents domaines scientifiques, artistiques et littéraires, au lieu que les études restent temporelles, structurelles. et suspendues en l'air »[95].

Selon Pathé Diagne une telle démarche méthodologique suppose évidemment une heuristique qui « précise sa philosophie, sa problématique, ses enjeux propres, son autonomie, ses objectifs, ses moyens et ses stratégies »[96]. Seule la définition d'une telle heuristique aidera l'intelligentsia

[95] *Africa* n° 135, novembre 1981.

[96] Pathé Diagne. L'Europhilosophie face à la pensée du Nègro-africain. Ed. Sankoré 1981.

africaine à s'affranchir de la tutelle intellectuelle qui pèse encore sur elle. Ce n'est qu'à ce prix que la recherche africaine en sciences humaines et sociales cessera d'être une simple caisse de résonnance des théories occidentales, dont les conclusions épistémologiques pèchent souvent en raison du poids séculaire d'un ethnocentrisme, pas toujours conscient de lui-même. Seule une recherche africaine autonome aidera l'homme africain à se situer dans le temps et dans l'espace, du point de vue de ses intérêts réels. Elle seule l'aidera à prendre des options pour l'avenir, en ce qui concerne le sens à donner à son activité créatrice de richesse.

Il est un domaine où la recherche africaine et afro-descendante en sciences sociales et humaines s'est déjà affranchie de la tutelle de l'Occident et produit des travaux d'une grande heuristicité sous le patronage de Cheikh Anta Diop et de Théophile Obenga. Il s'agit de l'égyptologie. L'école africaine, caraïbéenne et afro-américaine en égyptologie présente déjà une autonomie intellectuelle remarquable. On se contentera de citer les travaux des égyptologues africains et d'ascendance africaine qui confirment cela.

Il s'agit des travaux de Alain Anselin : La question peule, et l'histoire des Egyptes ouest-africaines, Paris, Karthala, 1981 ; Samba, Guadeloupe, Editions de l'UNIRAG, 1992 ; L'Oreille et la cuisse – Essais sur l'invention de l'écriture hiéroglyphique égyptienne, Tyanaba, 1999 ; Anamnèses – Eléments d'une grammaire du verbe, du geste et du corps en égyptien et dans les langues négro-africaines modernes, Guadeloupe, Revue Tyanaba/Editions de l'UNIRAG, 1993 ; La Cruche et le Tilapia – Une lecture africaine de l'Egypte Nagadéenne, Guadeloupe, Revue Tyanaba/Editions de l'UNIRAG, 1996.

Il s'agit des travaux de Jean Charles Coovi GOMEZ : Etude comparée de l'écriture sacrée du Danxomé et des hiéroglyphes de l'ancienne Egypte, in revue Ankh N°1, février 1992 ; La signification du vocable AKHU en Egypte ancienne et en Afrique noire contemporaine, in revue Ankh, N°3, juin 1994

Il s'agit des travaux de Yoporeka Somet, L'Afrique dans la philosophie, Paris, Khepera, 2005., *La pensée morale égyptienne du 3e millénaire avant l'ère chrétienne*, ANKH n°12-13, 2003-2004, pp. 12-25., Le scribe dans l'Egypte ancienne ANKH n°16, 2007, pp. 28-42.

Il s'agit des travaux de Mubabinge Bilolo, Linéarité de l'histoire et l'idéal du progrès au cours du IIIe millénaire avant J. C. en Egypte ancienne. Introduction à la philosophie pharaonique de l'histoire ANKH n°4/5 ANKH n°6/7)

Il s'agit des travaux de Aboubacry Moussa Lam, De l'origine égyptienne des Peuls, Paris, Présence Africaine/Khepera, 1993, Le Sahara ou la vallée du Nil ?, Dakar, IFAN/Khepera, 1994, Les Chemins du Nil, Paris, Présence Africaine/Khepera, 1997, L'affaire des momies royales. La vérité sur la reine Ahmès-Nefertari, Paris, Khepera/Présence Africaine, 2000., L'unité culturelle égypto-africaine à travers les formes et les fonctions de l'appui-tête, Dakar, Presses Universitaires de Dakar, 2003. La vallée du Nil – Berceau de l'unité culturelle de l'Afrique noire, Khepera/Presses Universitaires de Dakar, 2006

Il s'agit des travaux de Gilbert Ngom, La parenté génétique entre l'égyptien pharaonique et les langues négro-africaines modernes. L'exemple du duala. ANKH n°2, avril 1993, pp. 28 – 83, Egypte ancienne-Afrique noire : Pensée et Légendes ANKH n°4-5, 1995/1996, pp. 92 – 120.

Il s'agit des travaux de Babacar SALL, Racines éthiopiennes de l'Egypte ancienne, Paris, Khepera/L'Harmattan, 1999 ; Des influences éthiopiennes sur l'Europe méridionale ANKH n°1, février 1992, pp. 41 – 50 ; L'Avénement des Candaces ANKH n°3, juin 1994, pp. 68 – 82 ; HERKOUF et le pays de Yam ANKH n°4-5, 1995/1996, pp. 41 – 50 ; Hommes et cultures du Sahara ancien ANKH n°6-7, 1997/1998, pp. 121 – 137 ; L'image memphite des Nubio-Soudanais. Une lecture historique, ANKH n° 8-9, 1999-2000, pp. 30 – 43 ; Les assises d'Eléphantine, ANKH n°10-11, 2001-2002, pp. 38 – 47 ; Des Grands Lacs au Fayoum : L'Odyssée des pêcheurs, ANKH n°12-13, 2003-2004, pp. 110-122 ; L'Egypte était-elle un don du Nil ?, ANKH n°14-15, 2005-2006, pp. 8-33 ; Des terres de l'Ouest à la vallée du Nil, ANKH n°17, 2008, pp. 18-29.

Avec ces personnes la voix de l'Afrique et de la diaspora africaine fait désormais autorité en matière d'égyptologie. Nous attendons que les juristes, économistes, sociologues et politologues africains parviennent à conquérir leur autonomie intellectuelle comme l'ont déjà conquis les membres de l'école africaine d'égyptologie. Un économiste avait su dans ce domaine conquérir son autonomie intellectuelle. Il s'agit de TCHUNDANG POUEMI Joseph. Nous rendons ici hommage à la mémoire de ce grand intellectuel africain qui a su montrer aux économistes africains les chemins de l'autonomie intellectuelle[97]. Nous devons aussi à ce titre citer les travaux en économie de Pathé Diagne[98] et de Makhtar Diouf[99] qui attestent également d'une autonomie intellectuelle.

SECTION 4. LE QUATRIÈME RENVERSEMENT DE PERSPECTIVES : LE RENOUVEAU DE L'INTELLIGENCE POLITIQUE DANS LE MONDE ET EN AFRIQUE

L'expérience occidentale de la modernité a débouché dans une impasse qui s'étend au reste du monde du fait de l'occidentalisation du monde. La Raison en Occident peine à trouver une alternative à cette impasse, car elle

---

[97] TCHUNDANG POUEMI (Joseph), Monnaie, servitude et liberté. La répression monétaire en Afrique. - Préface de Mohamed T. Diawara, Editions Jeune Afrique, 1980, 285 p.

[98] Pathé Diagne, Pour l'Unité Ouest africaine : micro-Etats et intégration économique, éditions anthropos, 1972

[99] Makhtar Diouf, Intégration économique : perspectives africaines, édition l'Harmattan ; L'Afrique dans la mondialisation, Ed L'Harmattan .

reste prisonnière d'une pensée politique qui ne peut penser le rapport de l'humanité au monde autrement que dans une perspective faustienne. En cette aube du 21e siècle, l'humanité éprouve le besoin d'un renouvellement de sa pensée politique pour sortir de l'impasse de l'expérience occidentale de la modernité. Contre toute attente c'est le patrimoine philosophique africain qui peut offrir à l'humanité les outils intellectuels nécessaires pour opérer un tel renouvellement de la pensée politique.

A) L'impasse de la pensée politique en Occident

L'observation des faits montre qu'au XXe siècle, la révolution technoscientifique en Occident ne s'est pas accompagnée d'une révolution de la pensée dans le domaine de l'intelligence politique[100]. Celle-ci continue de véhiculer des visions du monde (relatives à l'homme, la société, l'outil et la nature), qui plongent leurs racines dans un contexte d'arbitraire politique et de pénurie matérielle, dans laquelle elles ont puisé un caractère faustien, que ne justifie plus le contexte nouveau d'abondance matérielle et de démocratie politique.

La modernité contemporaine (à savoir la modernité d'expression occidentale) avait comme vocation première de libérer l'homme de tous les obscurantismes, aliénations sociales et contraintes de la nature. Elle visait dans l'espace politique de sa genèse (en l'espèce le champ historique européen) à humaniser l'existence dans un contexte où la vie était synonyme de fatalité, d'arbitraire et de pénurie. Elle visait en un mot, selon un de ses philosophes, à faire connaître à l'homme, un phénomène dont il avait jusque-là ignoré l'existence dans le champ indo-européen de son expérience historique : le bonheur. C'est ce que nous laisse entendre en tout cas Louis Antoine Léon de Saint-Just, homme politique français, qui au 18e siècle déclare dans ses œuvres philosophiques que le bonheur est une idée neuve en Europe[101].

Depuis la Seconde Suerre mondiale, les analystes observent que cette modernité d'expression européenne frappe avant tout par son caractère entropique. D'un côté elle réifie les rapports entre les hommes. Jean Ziegler écrit : « Avec l'universalisation de la catégorie marchande, de la marchandise comme paramètre de toute relation humaine,. le rapport entre les hommes change qualitativement et quantitativement. Les relations entre les hommes sont remplacées par des relations entre les choses,. c'est-à-dire par des relations réifiées, rationnellement calculables et calculées. qui ont

---

100 Lire sur ce sujet : René Jean Dupuy, La communauté internationale entre le mythe et l'histoire, 1986 ; La clôture du système international : la cité terrestre, 1989, PUF ; L'Humanité dans l'imaginaire des nations, Paris, Julliard, 1991, 283 p.

101 Louis Antoine Léon de Saint-Just, *Œuvres complètes*, Saint-Just, éd. Gallimard, coll. « Folio histoire », 2004, p. 673

comme catégorie de médiation. la marchandise »[102]. De l'autre, elle instrumentalise les hommes dans leur activité créatrice de richesse et libératrice des contraintes matérielles et immatérielles. En un mot elle engendre un homme unidimensionnel dépossédé de ses facultés créatrices de sens, de beauté et de liberté. Herbert Marcuse écrit « La puissance libératrice de la technologie – l'instrumentalisation des choses – se convertit en obstacle à la libération. Elle tourne à l'instrumentalisation de l'homme »[103]

Cette perversion de la modernité n'est cependant pas une fatalité. Elle trouve son origine dans la problématique faustienne des visions et philosophies dont l'instrumentalité technologique sert de nos jours les intérêts. Cette conséquence négative de la révolution technoscientifique, peut par conséquent être inversée, pour autant que l'on mette cette instrumentalité technologique, au service de visions non faustiennes du rapport de l'homme à autrui, à l'outil et à la nature. C'est ce qu'essaient de faire comprendre à leurs compatriotes certains analystes occidentaux, notamment Albert Jacquard[104]. Les personnes soucieuses du devenir de l'humanité gagneront à lire les travaux de A. Jacquard.

B) Le renouvellement de la pensée politique à partir du patrimoine intellectuel africain

Dans sa volonté légitime d'intégrer la modernité au cœur des sociétés africaines, la conscience politique africaine gagnerait à s'affranchir de l'héritage philosophique et idéologique indo-européen, dans ce qu'il instaure comme rapport conflictualiste dans la relation de l'homme à autrui, au divin, au pouvoir, à la société, à l'outil et à la nature. C'est l'élargissement planétaire de ces visions indo-européennes, alors même que les facteurs objectifs ayant conditionné leur genèse ont disparu, qui explique selon Pathé Diagne, pourquoi les sociétés humaines contemporaines abordent l'aube du Nouvel Âge macro-technologique dans le désordre politique, la confusion philosophique, et l'angoisse existentielle.

Mais comment penser de façon alternative la modernité d'un monde à l'intérieur duquel les systèmes d'idées dominants ont fait intérioriser comme légitimes ces visions faustiennes, qui justement font problème, et sont à la source de son impasse ? Pathé Diagne nous fournit une piste d'accès à des visions non faustiennes au service desquelles nous pouvons mettre l'instrumentalité technologique actuelle. Il écrit : « Il se trouve que le champ

---

[102] Lire à ce sujet : Jean Ziegler, Retournez les fusils, manuel de sociologie d'opposition, Editions du seuil, 1980 ; Jean Ziegler, Main basse sur l'Afrique, Editions du Seuil, 1978

[103] Lire à ce sujet : H.Marcuse, L'homme unidimensionnel, Les éditions de Minuit, 1968 ; H.Marcuse, La fin de l'Utopie, Editions du seuil, 1968

[104] Albert Jacquard : Cinq milliards d'hommes dans un vaisseau, Editions du seuil, 1987 ; Inventer l'homme, Editions complexe, 1984 ; Le compte à rebours a-t-il commencé ? Editions Stock, 2009

culturel négro-africain, à travers ses systèmes d'idées sur l'être au monde, sur le rapport de l'être à autrui, à l'objet, à la nature, aux sciences, aux techniques, aux politiques et à l'économique, à travers ses conceptions de la relation entre les cultures et les peuples, à travers ses visions de l'Etat ou de la théologie, a produit, de l'époque pharaonique aux civilisations proto-coloniales plus récentes, des réponses dont la modernité frappe ». En fait, non seulement ces réponses du passé africain pharaonique et post-pharaonique frappent par leur modernité, mais en outre cette modernité d'expression africaine nous donne des leçons pour humaniser notre modernité contemporaine, pour inverser la logique entropique de notre modernité contemporaine. En d'autres termes elle peut nous permettre d'inventer une modernité alternative à la perversion du projet initial de la modernité auquel a conduit l'Occident.

Pathe Diagne nous invite à penser les problèmes de la modernité, par référence à notre passé dans ce qu'il a engendré comme pratiques et discours relatifs aux rapports de l'homme avec le divin, autrui, le pouvoir, la société, la nature et l'outil. Cela non pas pour reconduire purement et simplement les réponses pharaoniques et post-pharaoniques relatives aux problèmes qui se sont posés à eux, dans des contextes différents des nôtres, mais pour s'inspirer des leçons que ces réponses peuvent nous donner en matière d'organisation des rapports de l'homme avec autrui, le divin, le pouvoir la nature et l'outil.

Cheikh Anta Diop fait écho à cette démarche en prenant l'exemple de la question du bicaméralisme en Afrique. Dans son livre sur les Fondements économiques et culturels d'un Etat fédéral d'Afrique noire, il nous informe que l'on peut tirer de l'étude de notre passé, un modèle de gouvernement démocratique. Ecrivant cela, C. A Diop pense plus spécifiquement au mode africain de représentation de l'élément féminin de la Nation. Représentation qui dans l'Afrique pharaonique et post-pharaonique, était organisée dans la cadre d'un bicaméralisme composé d'une chambre d'hommes et d'une chambre de femmes.

Il importe ici de mettre les générations africaines montantes en garde contre toute mauvaise interprétation de la thèse de Diop vis-à-vis du passé et de l'identité historique. Lorsque Diop invite à restaurer la conscience historique africaine, il s'agit uniquement de la réappropriation de la mémoire historique. En aucun cas, il ne s'agit de la réappropriation d'une identité culturelle du passé. Il écrit : « Les intellectuels doivent étudier le passé, non pour s'y complaire, mais pour y puiser des leçons ou s'en écarter en connaissance de cause, si cela est nécessaire »[105]. Diop invite par conséquent à une attitude critique vis-à-vis du passé et de l'identité historique. Une attitude critique c'est-à-dire une posture motivée par la seule volonté d'efficience.

---

[105] Cheikh Anta Diop, L'Unité culturelle de l'Afrique noire, Ed Présence Africaine, 1959

Pathé Diagne, plus explicite, fait écho à C. A. Diop, lorsqu'il écrit : « la redécouverte de l'esprit de la civilisation pharaonique et post-pharaonique en Afrique noire, réconciliera, dans la structuration des pouvoirs, l'organisation des sociétés et des économies, le renouvellement des fondements et des conceptions de l'éthique ou de l'art avec cette philosophie des spécificités, des libertés, et des équilibres, qui fait aujourd'hui problème »[106].

C'est donc à une véritable révolution de l'intelligence politique que C. A. Diop et Pathé Diagne invitent les Africains en général et l'humanité en particulier. Il y a là un challenge historique que les circonstances invitent les Africains à réaliser pour le bénéfice commun de l'humanité. A savoir, s'inspirer de l'axiologie de leur patrimoine culturel pour émanciper la modernité contemporaine de l'orientation productiviste que lui a assignée le patrimoine culturel indo-européen.

Cette démarche est-elle féconde ? Notre réponse est affirmative, pour autant que l'on s'en tienne à la leçon épistémologique et politique, que les discours africains pharaoniques et post-pharaoniques nous donnent sur les questions centrales, autour desquelles doit s'organiser toute révolution. A savoir l'équilibre de l'être au monde dans ses rapports « aux autres, aux objets, à la nature, au cosmos, à Dieu, aux savoirs, aux sciences, aux techniques de production ou d'organisation sociale et politique »[107].

Face à la crise que connaissent de nos jours les sociétés contemporaines, la référence aux discours et aux expériences pharaoniques ou post-pharaoniques n'est pas dénuée de pertinence, comme méthode de renouvellement de l'intelligence politique, pour penser l'humanisation de la modernité. Pathé Diagne assume cette affirmation sur la base de recherches poursuivies par lui-même et d'autres spécialistes. Il en donne une première illustration dans son ouvrage remarquable sur l'Europhilosophie. De notre côté, nous assumons la même affirmation sur la base de recherches effectuées sur divers thèmes : le monodéisme africain autochtone, les institutions politiques en Afrique ancienne, la conception africaine de la personne humaine. S'agissant de ce dernier thème, notons d'ores et déjà qu'il s'agit pour l'essentiel d'une acception rationnelle de la personne humaine. L'intérêt de cette acceptation tient de ce qu'elle est susceptible par effet de retour sur la praxis humaine, d'humaniser et d'agrandir le rapport actuel de l'homme au monde.

Il est intéressant de noter qu'en partant de leurs travaux en laboratoire, un grand nombre de scientifiques occidentaux donnent désormais de la personne humaine une acception dont l'analogie avec l'acception africaine est frappante, et sans doute pas fortuite[108]. Il en va de même de la vision des

---

[106] Pathé Diagne. ouvrage pré-cité.

[107] Pathé Diagne. ouvrage pré-cité.

[108] Voir par exemple (dans *Cinq milliards d'hommes dans* un *vaisseau.* Ed. du Seuil, 1987) la tentative de définition scientifique donnée par A. Jacquard voir aussi l'ouvrage consacré *(L'homme n'achevé.* PU F 1987) par des scientifiques à une approche de l'homme

choses, des êtres et du monde que ces scientifiques énoncent dans leurs ouvrages de philosophie scientifique.

Une précision doit toutefois être faite ici pour ne pas trahir la pensée de C. A. Diop. Selon Diop, la référence à l'héritage intellectuel pharaonique et post-pharaonique, pour penser la modernité en Afrique, n'exclut en aucune façon la référence à l'héritage intellectuel des autres cultures humaines, dans ce qu'elles peuvent avoir comme visions et discours positifs, sur les rapports de l'homme au monde. Selon Diop, dans la mesure où l'Egypte est la mère lointaine de la science et de la culture occidentales, dans la mesure où la plupart des idées (judaïsme, christianisme, islam, dialectique, théorie de l'être, sciences exactes, arithmétiques, géométrie, mécanique, astronomie, médecine, littérature, architecture, arts, etc.) que nous baptisons étrangères, ne sont souvent que les images brouillées, renversées, modifiées, perfectionnées des créations de nos ancêtres, C. A Diop affirme que : « C'est donc en toute liberté que les Africains doivent puiser dans l'héritage intellectuel commun de l'humanité, en ne se laissant guider que par les notions d'utilité, d'efficience »

Rappelons enfin, avec Pathé Diagne, que la révolution technoscientifique, à l'origine de la puissance contemporaine de l'Occident est issue de l'esprit d'observation et d'expérimentation inventées par la civilisation pharaonique. Esprit remis à jour par Bruno, Galilée, Hume, Bacon, Descartes, etc. en rupture avec la parenthèse dogmatique et spéculative qui caractérise l'esprit des cultures aristotelo-platoniciennes, judéo-chrétiennes et médiévales de l'Occident chrétien.

On voit donc, encore une fois, combien le renvoi de la conscience politique africaine à son passé pharaonique et post-pharaonique, présente un intérêt non point théorique, mais essentiellement pratique. C'est en cela que Diop parle de renversement de perspectives.

Section V. Le cinquième renversement de perspective : le progrès économique et la sécurité collective en Afrique noire

C'est ce qui apparaît à travers l'option pan-africaniste de l'œuvre de Cheikh Anta Diop.

A) L'option pour un Etat africain fédéral

C. A. Diop, ce n'est un secret pour personne, s'est toujours prononcé en faveur d'un Etat fédéral d'Afrique noire[109]. Cette option pan-africaniste repose chez lui sur trois ordres de considérations. Une considération

[109] C A Diop. Les Fondements économiques et culturels d'un Etat fédéral d'Afrique noire Présence Africaine, 1974.

politique (éviter la sud-américanisation des futures indépendances africaines), une considération d'ordre économique (soutenir la compétition internationale face aux grands ensembles économiques), une considération d'ordre militaire (garantir la sécurité des infrastructures économiques). Nous examinerons ici les deux dernières considérations.

D'abord une considération économique : Diop considère que dans le cadre des frontières héritées de la colonisation, les économies africaines ne peuvent soutenir la compétition économique à l'échelle internationale. Seule la solidarité politique entre les peuples africains dans le cadre d'une Union fédérale peut leur permettre de construire un espace économique à même de soutenir la compétition internationale.

Ensuite, une considération d'ordre militaire : Diop considère que « la sécurité précède le développement ». Selon lui les Etats africains ne peuvent sérieusement envisager le développement matériel de leurs sociétés sans réaliser au préalable leur sécurité militaire. Pour lui, ce point de vue est imposé tant par des facteurs d'ordre externe (ingérences et pressions militaires étrangères), que par des facteurs d'ordre interne (sécurité militaire des infrastructures économiques). Diop a exprimé ce point de vue dans les années 60. A cette époque son discours se fondait sur l'exemple des Etats latino-américains dont les options nationales en matière de développement trouvaient à cette époque leur limite dans l'incapacité de ces Etats à faire face aux ingérences des Etats-Unis visant à maintenir l'ordre idéologique dans la région[110].

Dans les années 70, Diop réaffirmera ce point de vue en raison du risque encouru alors par les Etats africains d'être pris en otage par la bombe atomique du régime de l'apartheid. En 1977, il écrit : « Comment l'opinion africaine a-t-elle été informée de l'imminence de l'entrée de l'Afrique du Sud au club atomique ? C'est l'Union soviétique qui à la suite d'observations par satellite, a révélé le danger au monde entier, plongeant ainsi l'Occident impérialiste dans la confusion. Cela appelle deux remarques : une fois de plus, nous constatons que la sécurité précède le développement ; un continent qui ne peut assurer sa propre sécurité militaire, qui ne contrôle pas en particulier son espace atmosphérique et cosmique, n'est pas indépendant et ne peut pas se développer ; alors que les minorités privilégiées sont vautrées dans le présent, le cataclysme est à nos portes, l'avenir de notre espèce est en danger sans que nous puissions nous en douter »[111].

---

[110] C. A. Diop. *L'Afrique doit s'unir.* Editorial dans Jeune Afrique n° 240. 11 juillet 1965

[111] C. A. Diop. La Bombe de Pretoria et l'avenir de notre espèce. in Taxaw no 5, août-septembre 1977

B) Une option optimale

Concernant le mode d'organisation de la sécurité militaire des infrastructures africaines dans le domaine économique, C. A. Diop pense que celui-ci pour être viable, se doit d'être collectif c'est-à-dire aménagé dans le cadre d'un Etat fédéral. À la question du pourquoi faut-il tant rechercher l'unité africaine, il répond : « Parce qu'il faut choisir entre l'existence et la disparition. Au siècle de la conquête de la lune et du système solaire, en dehors du continent européen, la seule forme d'existence étatique viable, sans faiblesse et anarchie endémique, est le macro-Etat fédéral multinational, formant un ensemble politique et économique solide capable de résister à la pression des monstres extérieurs »[112]

En 1983, Diop déclare dans une interview : « Le moment viendra où, sur tous les plans, il faudra se demander si les Etats que nous sommes en train de créer sont viables, ou s'il ne faut pas les intégrer dans un ensemble plus souple ; cela permettrait entre autres, de garantir notre sécurité qui est un préalable à toute politique de développement »[113].

Le progrès économique des Etats et peuples africains est donc, selon C. A Diop, tributaire de leur sécurité collective. Celle-ci passe par leur unité politique en un vaste ensemble fédéral. À ce stade de la pensée de C. A Diop, il nous faut faire une précision. En raison de l'ossification progressive des Etats et des consciences nationales dans l'Afrique contemporaine, l'unité politique dont parle C A Diop a de moins en moins de chance de se faire sous la pression des peuples africains. Seule l'hypothèse d'un accord international entre Etats africains se présente comme la solution la plus probable dans l'avenir.

Toutefois, même une fois cette solution acquise, une incertitude demeurera. A défaut d'une assise sociologique ferme, un Etat fédéral issu d'un tel accord a peu de chance de durer, en raison de l'action des forces centrifuges, sauf bien sûr à soumettre ces dernières par la force. Mais une telle solution serait contraire à l'esprit démocratique. L'œuvre de C. A. Diop, en revanche, offre une alternative sérieuse pour la maîtrise des forces centrifuges autrement que par le moyen de la coercition politique. En effet, C. A. Diop préconise de fonder l'Etat fédéral africain sur une assise sociologique irréversible. A savoir : la formation d'une conscience nationale africaine à partir de la prise de conscience par les peuples africains de leur communauté d'origine, d'intérêts et de destin. Une telle conscience nationale opérera assurément comme un facteur centripète. C'est en cela que Diop parle de renversement de perspectives.

---

[112] in *Problèmes actuels* de *l'unité africaine*. colloque d'Alger. 25 mars-12 avril 1971. Ed S.N.E.D.

[113] *Jeune Afrique* n01155, 23 février 1983

SECTION VI. LE SIXIÈME RENVERSEMENT DE PERSPECTIVE : LE REJET D'UNE POSTURE ATTENTISTE

Elle concerne la posture de l'élite politique africaine.

A) Une élite politique qui tourne le dos au plan d'action industrielle de Cheikh Anta Diop

Depuis l'époque des indépendances politiques, l'observation des faits montre que les initiatives en faveur du progrès se font en Afrique de la manière la plus désordonnée c.-à-d. sans lignes directrices et sans coordination aucune. Dans chaque pays, chaque acteur (que ce soit un ministère, une ONG, une OIG, un opérateur économique, un expert ou des sectes en tout genre) y va de son projet, par à coup, au gré des circonstances, des théories en vogue et des opportunités de partenariats, sans concertation générale ni vision d'ensemble. Les projets prennent ainsi corps sans qu'aucune ligne directrice ne vienne donner à l'ensemble de ces initiatives une quelconque cohésion. Tout se fait dans l'improvisation et l'appât du gain à court terme.

Déjà en pleine période coloniale, Cheikh Anta Diop avait conscience du handicap que constituerait pour les sociétés africaines post-coloniales une absence de grandes lignes directrices. Dès 1955, il alertait l'opinion africaine sur le fait que la lutte politique en Afrique souffrait d'un manque de grandes lignes directrices au service d'une action générale[114]. Il faisait ainsi allusion à l'absence d'une vision politique générale qui transcende la situation quotidienne grâce à une vue d'ensemble des problèmes objectifs. Il releva alors lui-même le défi en publiant en 1960 un livre synthétique qui introduisait enfin aux lignes directrices et à la vue d'ensemble dont il déplorait l'absence[115]. Il justifiait alors l'opportunité de cet ouvrage par l'idée selon laquelle le moment était propice pour « ... tirer les conclusions pratiques de tant d'années d'études des problèmes africains, de les ramasser en formules aussi claires que possibles, afin de faciliter leur utilisation ». Dans ce livre, Cheikh Anta Diop proposait 14 points qui se présentaient comme des principes de base pour une action concrète à même de propulser les sociétés africaines en quelques décennies au rang de sociétés pleinement modernes. Au nombre de ces 14 points, on trouve notamment un plan performant d'industrialisation du continent africain, non pas pays par pays, mais région par région.

Au regard de ces 14 points de Cheikh Anta Diop, les indépendances africaines se présentaient alors comme la promesse d'une configuration des

---

[114] Cheikh Anta Diop, Alerte sous les tropiques, Revue, Présence Africaine, n°5, nouvelle série, Paris, décembre 1955-janvier 1956, pp.8-33

[115] Cheikh Anta Diop, Les Fondements économiques et culturels d'un Etat fédéral d'Afrique noire, Présence africaine, 1960

sociétés africaines comme espaces de libertés, de prospérité matérielle, de responsabilité gouvernementale et d'innovation dans le domaine des sciences, des techniques, des arts et des idées. C'est dire donc qu'avant même les indépendances politiques, Cheikh Anta Diop avait déjà élaboré les grandes lignes directrices d'une politique à même de donner aux sociétés africaines post-coloniales une configuration moderne. Or contre toute attente, dans leur majorité, l'intelligentsia et les leaders politiques africains tournèrent le dos aux recommandations de Cheikh Anta Diop et optèrent résolument pour les politiques préconisés par les experts du développement.

En 1974 dans la nouvelle édition de son livre de synthèse, Diop écrit : « Si les priorités indiquées dans ce livre avaient été prises en considération, au moment opportun surtout en ce qui concerne l'équipement hydroélectrique, l'Afrique noire serait aujourd'hui à l'abri des difficultés économiques engendrées par la crise du pétrole et la sécheresse »[116].

Une question légitime vient à l'esprit ? Pourquoi dans leur majorité, l'intelligentsia et les leaders politiques africains tournèrent le dos aux recommandations de Cheikh Anta Diop ? La réponse est malheureusement des plus simples. C'est uniquement et uniquement parce qu'ils étaient fascinés par la vision européocentrique du devenir moderne des sociétés du tiers-monde. A savoir, la théorie du développement[117]. Cette vision, véhiculée par les doctrines politiques et économiques d'obédience libérale ou marxiste, leur présentait la modernité comme une promesse inhérente au mouvement même de l'histoire pour autant que l'on daigne mettre en œuvre des politiques de rattrapage historique. Ces politiques étaient censés leur garantir un rattrapage historique fulgurant de leur retard sur l'Occident par la seule vertu du trickle down effect soit du commerce international soit des stratégies d'industrialisation. En d'autres termes, l'avènement du progrès politique, économique, social, technique et scientifique était attendu non pas d'une politique de reconfiguration d'un tissu social rendu rétrograde par quatre siècles de violence géopolitique, mais plutôt des retombées développantes du commerce international et des projets d'industrialisation. Ils tournèrent donc le dos aux propositions d'action de Cheikh Anta Diop et adhérèrent sans réserve à la perspective développementaliste du devenir moderne des pays du tiers-monde.

C'est ainsi qu'au lendemain des indépendances politiques, les Etats africains, conseillés par les experts du bloc de l'Est et du bloc de l'Ouest, ont mis en œuvre des politiques dites de développement[118]. Lee problème est que

[116] Cheikh Anta Diop, Les Fondements économiques et culturels d'un Etat fédéral d'Afrique noire, Présence africaine, édition 1974

[117] Lire Gilbert Rist, Le développement, Histoire d'une croyance occidentale, Ed Presses de Sciences PO, 2007

[118] Lire : Jean-Marc Fontaine, Mécanismes et Politiques de développement économique, du Big push à l'ajustement structurel, Ed Cujas, 1994 ; Gérard Grellet, Structures économiques en Afrique noire, Ed PUF, 1992

ces politiques ont fait basculer les Etats africains dans une posture attentiste du progrès.

B) Une élite politique qui adopte une posture attentiste

Il convient de prendre la mesure de l'ampleur du dommage que la théorie du trickle down effect a causé aux sociétés africaines post-coloniales. Le concept de trickle down effect (effet de ruissellement) est un concept économique élaboré au début du 19e siècle par deux économistes, Adam Smith et David Ricardo. Selon ces deux auteurs, plus on s'enrichit, plus on fait ruisseler sa richesse vers les plus pauvres, en sorte que tout le monde est gagnant. Autrement dit, en termes concrets, ces auteurs veulent dire que plus on gagne de l'argent, plus on le redistribue en achetant des services : le milliardaire embauchera par exemple un chauffeur, un jardinier, un cuisinier, un coiffeur, etc. qu'il paiera plus cher tout simplement parce que, n'ayant plus de prise avec la réalité, il dépensera sans trop compter...

La théorie économique dite du « trickle-down effect » peut donc être considérée comme celle de la « relance économique par le haut ». L'image utilisée est celle des cours d'eau qui ne s'accumulent pas au sommet d'une montagne, mais qui ruissellent vers la base. Par trickle down effect la théorie économique entend donc l'idée selon laquelle il existerait une corrélation entre l'augmentation des revenus des classes riches et l'amélioration des conditions de vie des classes pauvres. L'enrichissement des premiers améliorerait automatiquement la condition sociale des seconds par ruissellement (to trickle down) des effets de la croissance dans l'ensemble du corps social.

Transposée au domaine des rapports entre classes aisées et classes pauvres, cette théorie prône l'idée selon laquelle tout ce qui favorise l'enrichissement des personnes déjà riche a une répercussion positive sur la condition des classes pauvres. Il faut donc favoriser les mécanismes d'enrichissement des classes aisées, ne leur faire supporter en matière de fiscalité qu'une taxation réduite afin que par leur pouvoir d'achat, d'embauche, d'investissement et d'épargne, leur richesse, participe à l'amélioration du bien-être général, leur richesse contribue à améliorer par répercussion la condition des pauvres.

Transposé à la question du commerce international et donc aux rapports entre pays développés et pays en voie de développement, cela signifie que l'augmentation du volume des échanges internationaux des pays en voie de développement avec les pays développés et les gains de productivité qu'ils retireront du processus d'industrialisation de leur tissu social produiront automatiquement au sein de leur économie des effets performants en termes d'emploi, d'amélioration du nouveau de vie, d'éducation, d'accès aux soins, de libertés publiques, etc.

La pratique des échanges internationaux a infirmé cette théorie. Non seulement le commerce international s'est avéré être inégal[119] et a conduit à une détérioration des termes de l'échange, mais en outre les politiques d'industrialisation ont été réduites à des industries de simple extraction là où la raison économique exigeait qu'elles soient élevées au rang d'industries de transformation. Dans un ouvrage récent sur le bilan des politiques du développement, Gérard Azoulay, un spécialiste des questions du développement, donne à son ouvrage un sous-titre on ne peut plus explicite : du rattrapage des retards à l'explosion des inégalités[120]

La croyance des élites africaines à la théorie du trickle down effect a eu des conséquences que peu d'analystes ont pris le soin de souligner. Elle a contribué entre autres facteurs à conduire les élites africaines à adopter une posture attentiste du progrès là où la Raison eut voulu qu'elles adoptent une posture anticipatrice par des initiatives modernisantes en terme de politiques de croissance, de politiques des infrastructures, de politiques relatives à la formation scolaire et universitaire, de politiques relatives à la recherche scientifique fondamentale et appliquée, etc. Cinquante ans après la mise en œuvre des politiques de développement, les élites africaines attendent toujours les retombées du trickle down effect en dépit de l'objectivité des faits qui dévoilent de façon dramatique la naïveté de la croyance à la théorie du trickle down effect.

Elles auraient gagné à suivre la démarche anticipatrice de Cheikh Anta Diop. Elles auraient gagné à écouter Cheikh Anta Diop lorsque dès les années 50 il mettait en garde ses compatriotes africains contre toute posture attentiste. Il écrivait : « Les évènements ne s'accomplissent pas par la force des choses, mais parce qu'il existe des hommes qui agissent »[121]. Les faits ont confirmé la justesse de son propos. En effet, au terme de 50 ans de mise en œuvre de politiques de développement, l'observation des faits montre que la perspective développementaliste du devenir moderne des sociétés africaines a échoué[122]. L'expérience des sociétés africaines dans le cadre des politiques du développement est consternante et affligeante pour un continent doté de toutes les ressources nécessaires à une politique de croissance économique. Elle est surtout dramatique pour les populations africaines et en particulier pour l'enfance et la jeunesse africaines. Elle nous interdit de nous reposer encore et toujours sur la promesse messianique (si

---

[119] Samir Amin, *Le développement inégal*, Ed de minuit, 1973

[120] Gérard Azoulay, Les théories du développement : du rattrapage des retards à l'explosion des inégalités, Ed Les Presses Universitaires de Rennes, 2002.

[121] Cheikh Anta Diop, Alerte sous les tropiques, in revue Présence Africaine, n°5, décembre 1955, janvier 1956 ; Pour une présentation de l'homme et de son œuvre lire le livre de Cheikh Mbacké Diop, Cheikh Anta DIOP, l'homme et l'œuvre, Paris, Présence Africaine, 2003.

[122] Samir Amin, La faillite du développement en Afrique et dans le tiers-monde, L'Harmattan, Paris, 1989 ; Grellet Gérard, "La fin des modèles", in *Le Monde* du 1er novembre 1988 ;Gérard Azoulay, Les théories du développement : du rattrapage des retards à l'explosion des inégalités, Ed Les Presses Universitaires de Rennes, 2002

on ose dire) de la théorie du développement. Manifestement la coïncidence sémantique entre le concept de développement et la notion de progrès ne s'est pas vérifiée sur le terrain. Elle n'a pas été confirmée par la pratique.

C) Le coût exorbitant de la posture attentiste des élites africaines post-coloniales

Les politiques du développement ont surtout servi à organiser une mise en valeur des ressources africaines sous l'angle de la rentabilité externe et donc du déficit interne. Cette forme de mise en valeur a été tellement efficace que les politiques du développement se sont avérées dans la pratique être des politiques africanophages. En ce sens qu'elles ont surtout organisé l'enrichissement de leurs prestataires (experts, coopérants, ministres, ONG) à partir de l'appauvrissement de leurs destinataires (les populations africaines). Et lorsque nous disons qu'elles sont africanophages ce n'est pas par clause de style.

Donnons un exemple concret. Une des filiales du groupe multinational Glencore a exploité pendant des années le cuivre de Zambie. Pendant toutes ces années, Glencore a su, par un jeu d'écriture comptable, présenter un bilan déficitaire de sa filiale zambienne afin que celle-ci puisse échapper à toutes obligations fiscales au titre des impôts sur les bénéfices. Glencore avait coutume de ne pas vendre le cuivre zambien sur le marché international. Il échangeait plutôt ce cuivre à l'intérieur de son groupe. Ainsi, sa filiale zambienne vendait à très bas prix le cuivre zambien à une autre filiale du groupe située dans un paradis fiscal et c'est cette dernière qui revendait sur le marché international le cuivre zambien à un prix très élevé tout en échappant à l'impôt sur les bénéfices. La société mère pouvait ainsi faire une énorme plus value non taxée dans le paradis fiscal tout en permettant à sa filiale zambienne de ne payer aucun impôt sur les bénéfices.

La manière dont cette évasion fiscale est organisée est une illustration typique de cette africanophagie. Car non seulement Glencore a privé la nation zambienne de plusieurs milliards de dollars qui lui revenaient à titre fiscal, mais en outre les techniques d'exploitation du cuivre employées par cette multinationale ont conduit à la pollution des terres agraires environnantes au détriment des paysans contraints alors d'abandonner leurs terres. En 2011, Ivan Glazenberg PDG de cette multinationale, et détenteur de 15 % des parts, fit entrer sa société en bourse. Cette entrée en bourse lui a rapporté personnellement du jour au lendemain 9 milliards de dollars (voir sur YouTube, le documentaire intitulé : L'Afrique, le cuivre et les vautours). La municipalité de Rüschlikon, la petite ville suisse où il réside reçut alors un appel de l'autorité fiscale du canton lui annonçant qu'elle allait recevoir 360 millions de francs suisses. Le maire décida alors de faire bénéficier à ses habitants une baise de 7 % sur les impôts locaux ; Comme on le voit l'africanophagie n'est pas un produit de l'imaginaire, mais une pratique bien réelle. L'évasion fiscale dont les sociétés africaines sont victimes depuis des décennies ne peut être analysée autrement que dans les termes d'une pratique africanophage.

On comprend combien Cheikh Anta Diop avait raison lorsque dès les années 50, il mettait en garde ses compatriotes africains contre l'adoption d'une posture attentiste en écrivant que « Les évènements ne s'accomplissent pas par la force des choses, mais parce qu'il existe des hommes qui agissent »[123]. Nous autres africains gagneront beaucoup à méditer longuement cette observation de Cheikh Anta Diop. Tout au long du 20e siècle nous avons attendu que le progrès nous vienne des initiatives et des solutions conçues en Occident à partir de doctrines issues de problématiques liées à des contingences propres à l'histoire de l'Europe[124]. Ces solutions ont-elles répondu aux attentes que les partisans de ces doctrines en escomptaient du point de vue de leurs intérêts ? Une chose est certaine. Ces solutions n'ont pas répondu aux attentes des populations africaines[125]. A l'évidence nous aurions dû agir c.-à-d. prendre l'initiative d'analyser nous-mêmes nos réalités, et à partir de cette analyse, élaborer un plan général pour une action en retour sur nos propres réalités.

Si nous voulons que le 21e siècle soit pour nos enfants et petits-enfants le siècle d'une Afrique pleinement moderne, alors il nous faut réfléchir de manière autonome et agir dans le cadre d'un projet de société et de civilisation conçue par nous dans une perspective d'autonomie des normes, des principes, des priorités et des intérêts qui président à notre action. Nous ne pouvons comme nous le fîmes au 20e siècle, laisser notre devenir moderne dépendre des aléas du commerce international, de l'opinion fluctuante des économistes des Institutions financières internationales, des ambiguïtés de l'Aide au développement, de l'imaginaire européocentrique des experts en développement, des contraintes et agendas de la coopération Nord-Sud, du triomphe hypothétique de la classe ouvrière, des improvisations politiques et économiques des gouvernements africains post-coloniaux et de la bonne volonté des héros de l'urgence humanitaire. Nous devons par nous-mêmes prendre l'initiative d'une réflexion critique et autonome, qui débouche sur un plan d'action en retour sur nos propres réalités. Un plan d'action qui présente la forme d'un projet de société et de civilisation construit dans une perspective d'autonomie des normes, des principes, des priorités et des intérêts qui présideront à notre action. C'est

---

123 Cheikh Anta Diop, Alerte sous les tropiques, in revue Présence Africaine, n°5, décembre 1955, janvier 1956 ; Pour une présentation de l'homme et de son œuvre lire le livre de Cheikh Mbacké Diop, Cheikh Anta DIOP, l'homme et l'œuvre, Paris, Présence Africaine, 2003.

124 Il s'agit des doctrines suivantes : le libéralisme, le communisme, le socialisme, la révolution, etc..

125 Lire : Serge Latouche, La planète des naufragés. Essai sur l'après-développement, Editions La découverte, 1991 ; Serge Latouche, Survivre au développement, Ed mille et une nuits, 2004 ; Gérard Azoulay, Les théories du développement : du rattrapage des retards à l'explosion des inégalités, Ed Les Presses Universitaires de Rennes, 2002

cela l'afrocentricité. Une posture qu'il ne faut surtout pas confondre avec l'afrocentrisme qui est le qualificatif par lequel les partisans de l'européocentrisme cherchent à discréditer et caricaturer les partisans de l'afrocentricité.

Nous autres africains devons donc plus que jamais méditer la réflexion de Cheikh Anta Diop et prendre conscience que les sociétés progressent ni par la force des choses ni par des solutions d'emprunt. Elles ne progressent que par l'action en retour des hommes sur leur propre environnement. Une action conçue dans le cadre d'un projet autonome et réfléchi de civilisation. Ce n'est donc que par une action autonome en retour sur leur propre environnement que les sociétés africaines parviendront à transformer efficacement leurs réalités. Elles attesteront ce faisant avoir eu la présence d'esprit d'agir non pas dans l'improvisation, mais dans le cadre de grandes lignes directrices et anticipatrices.

L'histoire africaine post-coloniale confirme tout le sens et la profondeur du propos de Cheikh Anta Diop lorsqu'il nous dit que « Les évènements ne s'accomplissent pas par la force des choses, mais parce qu'il existe des hommes qui agissent »[126]. La posture attentiste des élites africaines a conduit les sociétés dont elles ont en charge le destin historique à devenir des espaces d'adversité matérielle et immatérielle qui poussent un grand nombre d'Africains à abandonner leur continent pour aller se réfugier en Occident. Cela ne s'était jamais vu depuis la haute antiquité. Il nous faut de façon urgente renouer avec la posture de nos ancêtres qui consistait à mettre en valeur les ressources de notre continent sous l'angle de la rentabilité interne. Assurément il s'agissait d'une posture afrocentrée.

[126] Cheikh Anta Diop, Alerte sous les tropiques, in revue Présence africaine, n°5, décembre 1955, janvier 1956.

CHAPITRE 3

Les trois contributions de Cheikh Anta Diop

La nature, il n'y a pas longtemps, nous a privé de la présence physique de Cheikh Anta Diop. Il nous laisse en héritage, un patrimoine scientifique considérable, par le biais duquel les générations de demain poursuivront la controverse et le dialogue féconds avec sa pensée. Mais encore faudrait-il que les générations futures aient une connaissance exacte du contenu et de la portée de cette œuvre.

L'œuvre de Cheikh Anta Diop est connue en tant qu'œuvre scientifique. Elle introduit à l'intelligence de la trajectoire du mouvement de l'histoire en Afrique depuis la préhistoire jusqu'à nos jours[127]. Mais le public en général et le milieu universitaire en particulier ne connaît et ne retient de cette œuvre que son contenu le plus sensationnel. A savoir, l'appartenance de l'Egypte antique à la culture et au phénotype mélano-africain. Il faut sans doute y voir, pour les uns, le besoin d'une catharsis engendrée par les ravages de la version européocentriste de l'histoire africaine et, pour les autres, la permanence du préjugé culturel inoculé par cette même version de l'histoire africaine.

Cette tendance à réduire la portée de l'œuvre de Diop à la question de l'isoderme des Egyptiens anciens est fort regrettable. Elle ne permet pas de prendre la mesure de la portée globale de cette œuvre. A l'aune de l'analyse critique, il apparaît que l'œuvre de Diop se présente sous l'angle d'un tryptique. Il s'agit d'abord d'une œuvre d'anticipation géopolitique, il s'agit ensuite d'une œuvre scientifique, il s'agit enfin d'une œuvre politique.

SECTION 1. UNE ŒUVRE D'ANTICIPATION GÉOPOLITIQUE

La lecture diachronique des publications de Diop montre que dès les années 50, Cheikh Anta Diop cherche à anticiper sur les obstacles auxquels

[127] lire à ce sujet le livre de Théophile Obenga dont le titre est : Cheikh Anta Diop, Volney et le Sphinx : contribution de Cheikh Anta Diop à l'historiographie mondiale, Paris, Présence africaine / Khepera, 1996.

les indépendances africaines risquaient de se heurter du fait du contexte géopolitique dans le cadre duquel la décolonisation allait s'opérer. C'est sans doute la raison pour laquelle il choisit d'aborder les questions politiques africaines non pas du point de vue de la critique idéologique, mais du point de vue de la prospective politique.

Selon le site d'information Wikipédia, la prospective est une démarche rationnelle et holistique qui vise à se préparer aujourd'hui pour demain. Elle ne consiste pas à prévoir l'avenir (divination ou futurologie), mais à élaborer des scénarios possibles et impossibles dans leurs perceptions du moment sur la base de l'analyse des données disponibles : états des lieux, tendances lourdes, phénomènes d'émergences. Sa fonction première est de synthétiser les risques et d'offrir des visions (scénarios) temporelles en tant qu'aide à la décision stratégique, qui engage un individu ou un groupe. En d'autres termes, la prospective est une démarche intellectuelle qui vise à anticiper au mieux les évolutions de la société. Son but est avant tout d'éclairer les choix du présent, ceux que nous faisons aujourd'hui et dont les répercussions sont visibles à moyen ou long terme.

C'est cette démarche prospective qui amena Cheikh Anta Diop, en pleine époque coloniale, à consacrer le meilleur de sa réflexion non pas à la question de la lutte anti-coloniale, mais à la question des conditions de l'effectivité des indépendances africaines futures. Si la décolonisation des pays africains lui semble dès le début des années 50 être un phénomène inévitable, il s'interroge déjà sur les conditions géopolitiques de viabilité de cette indépendance future dans le contexte d'une société internationale marquée par les velléités d'ingérence des grands ensembles politiques qui étaient alors les USA, l'URSS et les puissances coloniales. C'est ce dessein d'anticipation qui va être à l'origine de son œuvre et va donner à celle-ci la configuration qu'on lui connaît.

Il ressort de son œuvre que dans le contexte géopolitique des futures indépendances africaines il était nécessaire d'anticiper à la fois sur un risque de sud-américanisation des sociétés africaines et sur un risque de formation d'une élite politique et intellectuelle incapable d'historicité, car sous tutelle étrangère. C'est pour faire échec à ces deux scénarios que Diop a entrepris un travail de recherche visant d'une part à restituer à la science de l'histoire l'intelligence de la trajectoire historique réelle des peuples africains et d'autre part à doter les peuples et les élites africains d'une conscience historique autonome.

A) Anticiper sur le risque de sud-américanisation

Ce risque est celui que faisait courir aux futurs Etats africains l'ingérence probable des grandes puissances à l'instar de ce qu'à cette époque les USA faisaient en Amérique du Sud.

Dans le contexte d'une Afrique encore sous le joug colonial, Diop s'interroge sur la fiabilité des Etats africains qui seront issus de la décolonisation. Il craint la sud-américanisation c.-à-d. l'encadrement des peuples africains au sein d'une multitude de petits Etats dictatoriaux sans liens organiques, enclins à l'instabilité politique et aux ingérences étrangères, gouvernés par une élite politique étrangère à toute notion d'intérêt général, qui privatise les finances publiques et qui s'associe aux opérateurs économiques qui exploitent les richesses nationales sous l'angle de la rentabilité externe. Pour lui de tels Etats ne seront pas fiables. Pour Diop, il fallait que les Africains se dotent d'une forme d'organisation politique à même de pouvoir faire échec au scénario d'une sud-américanisation. En l'espèce les Africains devaient organiser leur destin collectif dans le cadre d'un Etat fédéral.

Mais Diop ne se contente pas d'avoir identifié la condition géopolitique de viabilité des indépendances africaines futures. Il s'interroge aussi sur les conditions sociologiques de viabilité d'un Etat fédéral africain. Il est conscient qu'un Etat fédéral africain ne saurait tenir debout s'il ne reposait pas sur une assise sociologique à même de garantir sa cohésion interne face aux facteurs centrifuges qui habitaient alors les sociétés africaines : identité ethnique, religieuse, etc.... Pour Diop, seule la formation d'une conscience nationale africaine pouvait garantir au futur Etat fédéral africain une cohésion interne à même de faire échec à toutes les tentatives d'exacerbation de ses éléments centrifuges.

Mais les nations ne naissent pas ex nihilo. Elles naissent à partir d'un imaginaire collectif qui rapproche des peuples différents sur la base du sentiment d'une communauté des origines, des intérêts et de destin. Elles viennent à l'existence par le sentiment de solidarité politique et de vouloir vivre ensemble que crée au sein de peuples différents la conscience d'une communauté des origines, des intérêts et de destin. La question que se posera Diop sera non pas tant comment créer un Etat fédéral, mais quel est le facteur qui pourra doter ce futur Etat fédéral d'une assise sociologique à même de garantir la cohésion entre ses peuples constitutifs.

Autrement dit, Diop se posera donc la question de savoir comment faire naître au sein des peuples africains un sentiment d'appartenance à une seule et même nation. C'est alors que l'idée lui vint que la parenté linguistique qu'il constatait entre les différentes langues africaines pouvait être l'indice d'une communauté des origines qui ajouté à la conscience d'une communauté des intérêts et de destin pouvait conduire les peuples africains à s'élever au niveau d'une conscience d'appartenance à une seule et même nation. C'est donc pour mettre au jour la communauté des origines des peuples africains que Diop aura entrepris son travail gigantesque. Il écrit dès 1957 : « Si en se libérant du colonialisme et de l'impérialisme, les différents pays d'Afrique noire doivent former un Etat multinational, démocratique, allant de la Libye au cap, de l'océan Atlantique à l'océan Indien, il importe dès à présent d'introduire dans la conscience de ces peuples, le sentiment de leur communauté historique. Celle-ci n'est pas une fiction »[128] C'est pour identifier cette communauté des origines que Diop aura mené son enquête sur le champ diachronique et géographique de la communauté africaine des origines.

B) Anticiper sur le risque d'une élite africaine incapable d'initiative historique

Ce risque est celui que faisait courir aux sociétés africaines la prépondérance à l'échelle internationale de l'épistémologie d'obédience européocentriste à la veille des indépendances africaines. La version coloniale de l'histoire africaine que cette épistémologie véhiculait pouvait avoir un impact atrophiant sur l'aptitude des futures élites africaines à l'historicité c.-à-d. sur leur aptitude à pouvoir prendre en charge le devenir moderne des sociétés africaines dans une perspective d'autonomie des valeurs, des normes, des intérêts et des priorités. Diop était conscient de ce risque en raison de son analyse sur l'impact de la version coloniale de l'histoire africaine sur les membres de la future élite politique et intellectuelle africaine.

Son analyse part du constat que le but de la version coloniale de l'histoire africaine est de renvoyer la conscience africaine à une image péjorative de son identité historique (en l'espèce, une identité historique qui reste en deçà de la raison, de l'invention et de l'innovation) et partant à une image péjorative de son aptitude à l'historicité. Concernant les objectifs de la version coloniale de l'histoire africaine, Diop écrit en 1952 : « Le but est d'arriver, en se couvrant du manteau de la science, à faire croire au Nègre qu'il n'a jamais été responsable de quoi que ce soit de valable, même pas de ce qui existe chez lui. On facilite ainsi l'abandon, le renoncement à toute aspiration nationale chez les hésitants et on renforce les réflexes de subordination chez ceux qui étaient déjà aliénés »[129].

Cet objectif de la version coloniale de l'histoire africaine faisait courir à la future élite africaine le risque d'une hétéronomie des valeurs, des normes, des intérêts et des priorités qui allaient présider à son action politique. Autrement dit cet objectif faisait courir à la future élite africaine le risque d'une subordination esthétique, épistémologique, axiologique et organisationnelle au discours d'obédience européocentriste qui dès cette époque gouvernait l'imaginaire des Africains scolarisée sur le passé, le présent et l'avenir de l'Afrique. Cette configuration de l'imaginaire des Africains scolarisés à l'école occidentale avait donc vocation à rendre les

---

[128] Un continent à la recherche de son histoire (paru dans Horizons, la revue de la paix, n°74-75, paris, juillet-août 1957, pp85-91

[129] Cheikh Anta Diop, "Vers une idéologie politique africaine", in *La voix de l'Afrique noire*, février 1952

futures élites africaines incapables de prendre en charge le devenir moderne des peuples africains dans une perspective d'autonomie des valeurs, des normes, des intérêts et des priorités. Diop écrit en 1952 : « Ignorant les faits historiques qu'on prend soin de lui cacher, ou de déformer avant de les lui enseigner, il en est arrivé à épouser le point de vue que l'enseignement colonialiste a constamment cherché à lui inculquer pour s'assurer sa docilité : à savoir qu'il n'a pas d'histoire ou de culture comparable à celle de l'Europe, qu'il est fait donc pour obéir et non pour organiser ou assumer des responsabilités. Il en résulte un manque de confiance en soi et en ses propres possibilités »[130].

C'est ce manque de confiance en soi dont parle Cheikh Anta Diop qui pouvait neutralisé la future élite africaine en tant qu'agent historique c.-à-d. en tant que sujet capable de produire les conditions matérielles et immatérielles de sa propre existence par son aptitude à la création, l'invention et l'innovation. Ce handicap allait prendre la forme d'une inaptitude des Africains scolarisés à prendre en charge le devenir historique des sociétés africaines postcoloniales dans une perspective d'autonomie des valeurs, des normes, des intérêts et des priorités. Le projet politique de la libre disposition des peuples en Afrique était dès lors condamné à s'acheminer vers un avortement de la promesse historique, dont étaient porteuses les indépendances. Pour Diop, cette perspective d'un devenir africain postcolonial handicapé par une élite sous tutelle étrangère et incapable d'historicité devait être contré et pouvait être mit en échec, par le moyen d'une restauration de la conscience historique africaine. C'est pourquoi écrit-il : « Il nous a donc paru nécessaire de tenter un travail qui, en permettant à l'Africain de retrouver la continuité de son histoire et la conscience et la consistance de sa culture, en même temps que les moyens d'adapter celle-ci aux exigences modernes, lui permette de reconquérir cette assurance et cette plénitude intérieure – différentes de la suffisance – et sans lesquelles l'effort humain est difficilement efficace »[131]. C'est donc pour faire échec à ce scénario d'une élite africaine incapable d'historicité que Diop entreprit de lui restituer sa conscience historique.

Pour Diop, ce travail de restauration de la conscience historique africaine était d'autant plus nécessaire que, de tous les colonisés, c'est l'Africain qui avait subi le plus grand préjudice psychologique dans son rapport à l'historicité. Diop écrit : « La personnalité culturelle du Noir est la plus délabrée de toutes, comparée à celles des autres ex-colonisés : ces derniers bénéficient, en général, d'un cadre culturel et d'une superstructure moins entamés, qu'il faut, souvent, recréer ici. La création d'une conscience collective nationale, adaptée aux circonstances, et la rénovation de la culture

[130] Cheikh Anta Diop, "Vers une idéologie politique africaine", in *La voix de l'Afrique noire*, Bulletin mensuel de l'association des étudiants RDA, Paris, février 1952

[131] Cheikh Anta Diop, "Vers une idéologie politique africaine", in *La voix de l'Afrique noire*, Bulletin mensuel de l'association des étudiants RDA, Paris, février 1952

nationale, sont le point de départ de toute action progressiste en Afrique noire. C'est le seul moyen de prévenir les diverses formes d'agression culturelles. Seule une révolution culturelle peut maintenant, engendrer des changements qualitatifs notables. Celle-ci devra réveiller le colosse qui dort dans la conscience de chaque Africain. Elle devra extirper les entraves super structurelles »[132].

La restauration de la conscience historique africaine apparaît donc chez Diop comme le seul moyen thérapeutique qui pouvait restituer à la future élite politique et intellectuelle africaine son aptitude à l'historicité et l'autonomie des normes, des valeurs, des intérêts et des priorités devant présider à son action dans le contexte d'une société international encore dominé par le conflit des intérêts nationaux.

Voilà pourquoi le concept de restauration de la conscience historique est un concept central dans l'œuvre de Diop. Elle apparaît dans les premiers articles de Diop comme le seul moyen qui puisse concourir à l'avènement en Afrique d'un corps politique et intellectuel à même d'agir dans la société internationale en tant qu'agent historique c.-à-d. en tant que sujet capable de produire les conditions matérielles et immatérielles de sa propre existence. Diop lui-même invite à une telle lecture de son œuvre. Dans son dernier ouvrage il écrit : « L'Africain qui nous aura compris, est celui-là qui, après la lecture de nos ouvrages, aura senti naître en lui un autre homme, animé d'une conscience historique, un vrai créateur, un Prométhée porteur d'une nouvelle civilisation et parfaitement conscient de ce que la terre entière doit à son génie ancestral dans tous les domaines »[133]. La figure de Prométhée – rappelons-le – incarne, dans la littérature politique et philosophique, cet esprit de l'humanité qui refuse l'adversité de la condition humaine et œuvre à réaliser les conditions de son autonomie. Cet esprit qui tend à s'émanciper de tous les arbitraires, de toutes les adversités et de toutes les fatalités qui pèsent sur l'humanité. Mais surtout Prométhée incarne la figure d'une volonté qui refuse que l'adversité lui soit imposée au nom de valeurs, de normes et d'intérêts extérieurs à sa propre conscience. Une volonté qui tend à créer les conditions matérielles et immatérielles de sa propre existence dans une perspective d'autonomie des valeurs, des normes et des intérêts qui président à son action.

Physicien de formation[134], C A Diop milite de bonne heure au sein des associations politiques des étudiants africains à Paris[135]. Dans les années cinquante, alors que l'ensemble de la classe politique africaine (exception

---

[132] Cheikh Anta Diop, in *Antériorité des Civilisations nègres*. "Mythe ou vérité historique ?" Editions Présence Africaine, 1967

[133] Cheikh Anta Diop, *Civilisation ou Barbarie*, Présence Africaine, 1981

[134] C. A. Diop se destinait à une carrière d'ingénieur en aéronautique. cf. Great African Thinkers, Cheikh AnTa Diop, editor Ivan Van Sertima, 1986.

[135] Papa Demba SY, Itinéraire politique de Cheikh Anta Diop, in Nomade, revue culturelle, N° spécial, Cheikh Anta Diop.

faite des députés malgaches et du nationaliste Ruben Um Nyobé), se prononce pour l'union française, C. A. Diop pose le problème de l'indépendance politique du continent et celui de la création d'un futur Etat Fédéral d'Afrique Noire[136]. C'est cet engagement au service de l'indépendance des peuples africains qui le conduit à compléter ses études en sciences exactes par des études sciences humaines et sociales[137].

Certains s'étonnent qu'un militant politique ait consacré tant de sa belle énergie aux études historiques, dans un contexte colonial où par définition, le primat de la lutte doit être accordé à l'action politique. Celle qui a pour but de bouter la puissance occupante hors des espaces nationaux.

L'étude comparée des politiques de colonisation dans l'histoire (de l'antiquité aux temps modernes), suffit pour discréditer un tel étonnement. Elle montre que manifester un tel étonnement c'est d'une part, méconnaître la place du discours historique dans les stratégies politiques d'asservissement des peuples[138] ; d'autre part, c'est méconnaître la fonction de la mémoire historique, comme ressort du processus d'émancipation des peuples[139].

Cheikh Anta Diop atteste d'une prise de conscience précoce de la fonction du discours historique dans le processus d'émancipation d'un peuple colonisé. C'est sans doute pourquoi, au nombre des recommandations anticipatrices que Diop fait dès les années 50 dans le cadre de son approche prospective, il y a l'idée de faire naître une conscience nationale à l'échelle de l'Afrique sub-saharienne par le moyen d'une restauration de la conscience historique africaine.

SECTION 2. UNE ŒUVRE SCIENTIFIQUE

C'est à partir des sources probantes de l'histoire africaine que Diop a restitué à la science de l'histoire la trajectoire historique réelle des sociétés africaines mélanodermes. Mais sa contribution scientifique à la science de l'histoire ne concerne pas seulement l'intelligence de la trajectoire historique des peuples africains mélanodermes. Elle concerne aussi l'éclairage que ses travaux ont apporté sur divers sujets relatifs à la dynamique de la civilisation en Europe, en Orient et en Asie. Sa contribution dans ces domaines invite à réécrire l'histoire de l'humanité non seulement sous un jour nouveau, mais surtout sous un jour qui peut permettre aux différentes grandes aires culturelles de l'humanité d'accéder à une conscience de leur communauté d'origine, d'intérêts et de destin. De ce point de vue la contribution de

---

[136] C. A. Diop, Vers une idéologie politique en Afrique noire, in La Voix de l'Afrique noire, organe des étudiants du RD.A, Paris. 1952

[137] Great Africain Thinkers, pré-cité

[138] Marc Ferro, Comment on enseigne l'histoire aux enfants à travers le monde entier, Ed. Payot, coll. « Aux origines de notre temps », Paris, 1981

[139] A. Cabral. Unité et Lutte, Vol. I et II, Ed. Maspéro, 1975

l'œuvre de Diop à la science de l'histoire a vocation à être enseigné à l'échelle de tous les pays du monde.

Un historien a déjà écrit une histoire de l'humanité selon la perspective épistémologique que l'œuvre de Diop offre à la science de l'histoire. Il s'agit du professeur Theophile Obenga. Il convient de lire son bel ouvrage sur l'histoire culturelle de l'humanité. Ce livre porte le titre suivant : Pour une Nouvelle Histoire, éditions Présence Africaine, 1980. Ce livre est un exemple de la manière dont l'histoire devrait être enseignée dans tous les pays du monde. La vision que Théophile Obenga donne de l'histoire de l'humanité à travers ce livre peut fortement contribuer à créer les conditions de cette paix perpétuelle à laquelle ont toujours rêvé philosophes et diplomates.

A) Une contribution à la science de l'histoire en général

La contribution de Diop à la science de l'histoire en général concerne l'intelligence de l'histoire de l'humanité du point de vue de sa genèse et l'intelligence de l'avènement de la civilisation dans les grandes aires de cultures en Afrique, en Asie, en Orient, en Europe et en Inde.

Les membres de la revue de l'école africaine d'égyptologie ont présenté la contribution globale de Cheikh Anta Diop à la science de l'histoire à partir des thèmes abordés par Diop. Ces thèmes sont les suivants.

1°) L'origine de l'homme et de ses migrations

Parmi les questions traitées : l'ancienneté de l'homme en Afrique, le processus de différenciation biologique de l'humanité, le processus de sémitisation, l'émergence des Berbères dans l'histoire, l'identification des grands courants migratoires et la formation des ethnies africaines.

2°) La parenté Egypte ancienne/Afrique noire

Elle est étudiée selon les aspects suivants : le peuplement de la vallée du Nil, la genèse de la civilisation égypto-nubienne, la parenté linguistique, la parenté culturelle, les structures socio-politiques, etc.

3°) La recherche sur l'évolution des sociétés

Plusieurs développements importants sont consacrés à la genèse des formes anciennes d'organisation sociale rencontrées dans les aires géographiques méridionale (Afrique) et septentrionale (Europe), à la naissance de l'Etat, à la formation et l'organisation des Etats africains après le déclin de l'Egypte, à la caractérisation des structures politiques et sociales africaines et européennes avant la période coloniale ainsi qu'à leur évolution respective, aux modes de production, aux conditions socio-historiques et culturelles qui ont présidé à la Renaissance européenne.

4°) L'apport de l'Afrique à la civilisation

Cet apport est restitué dans de nombreux domaines : la métallurgie, l'écriture, les sciences (mathématiques, astronomie, médecine), les arts et l'architecture, les lettres, la philosophie, les religions révélées (judaïsme, christianisme, islam), etc.

5°) L'édification d'une civilisation planétaire

L'humanité doit rompre définitivement avec le racisme, les génocides et les différentes formes d'esclavage. La finalité est le triomphe de la civilisation sur la barbarie. Cheikh Anta Diop appelle de ses vœux l'avènement de l'ère qui verrait toutes les nations du monde se donner la main « pour bâtir la civilisation planétaire au lieu de sombrer dans la barbarie » (Civilisation ou Barbarie, 1981). L'aboutissement d'un tel projet suppose :

a) La dénonciation de la falsification moderne de l'histoire : « La conscience de l'homme moderne ne peut progresser réellement que si elle est résolue à reconnaître explicitement les erreurs d'interprétations scientifiques, même dans le domaine très délicat de l'Histoire, à revenir sur les falsifications, à dénoncer les frustrations de patrimoines. Elle s'illusionne, en voulant asseoir ses constructions morales sur la plus monstrueuse falsification dont l'humanité ait jamais été coupable tout en demandant aux victimes d'oublier pour mieux aller de l'avant » (Cheikh Anta Diop, Antériorité des civilisations nègres – mythe ou vérité historique ?, Paris, Présence Africaine, p. 12).

b) la réaffirmation de l'unité biologique de l'espèce humaine fondement d'une nouvelle éducation qui récuse toute inégalité et hiérarchisation raciales : « ... Donc, le problème est de rééduquer notre perception de l'être humain, pour qu'elle se détache de l'apparence raciale et se polarise sur l'humain débarrassé de toutes coordonnées ethniques. » (Cheikh Anta Diop, « L'unité d'origine de l'espèce humaine », in Actes du colloque d'Athènes : Racisme science et pseudo-science, Paris, UNESCO, coll. Actuel, 1982, pp. 137-141).

Il est un livre dont la lecture est indispensable pour prendre la mesure de la contribution de Cheikh Anta Diop à la Science de l'Histoire en général. Il s'agit du livre du professeur Théophile Obenga dont le titre est : Cheikh Anta Diop, Volney et le Sphinx : contribution de Cheikh Anta Diop à l'historiographie mondiale, Paris, Présence africaine / Khepera, 1996.

B) Une contribution à la science l'histoire de l'Afrique en particulier

Cheikh Anta Diop est l'historien qui le premier a su mettre en perspective les séquences au cours desquelles l'histoire africaine atteste d'une dynamique de progrès historique. Il s'agit des séquences qui couvrent la période qui court depuis -80.000 ans av. J.-C. jusqu'à 1500 ans apr. J.-C.. Pour ce faire, Diop a abordé l'histoire africaine à partir d'une démarche rationnelle, c.-à-d. conforme à la méthode scientifique dans le domaine de la science de l'histoire. A savoir : élaborer une hypothèse de travail que l'on soumet à l'épreuve des sources probantes, adopter la causalité historique comme méthode d'investigation scientifique[140], interpréter du matériau historique d'un point de vue diachronique et non pas synchronique.

Les travaux de Cheikh Anta Diop conduisent à une vision au sein de laquelle le mouvement de l'histoire en Afrique apparaît comme un mouvement de pleine historicité, c.-à-d. faite de créativité, d'invention et d'innovation tant sur le plan des institutions politiques, de l'organisation sociologique et économique qu'au niveau des représentations religieuses et philosophiques, mais aussi au niveau des œuvres techniques et scientifiques. Concrètement, il s'agit d'une vision de l'histoire africaine où les peuples africains se découvrent appartenir à des sociétés qui attestent d'une historicité précoce dans les divers domaines de la civilisation. A savoir : le domaine des idées (religion, philosophie, cosmogonie, etc.), le domaine des institutions (droits des personnes, invention de l'Etat territorial, Etat constitutionnel), le domaine des sciences (mathématiques et médecine,), le domaine des techniques (architecture monumental, métallurgie), le domaine des arts (iconographie, sculpture), le domaine de l'économie (prospérité agricole, échanges commerciaux régionaux et internationaux).

Dans tous ces domaines, les peuples africains apparaissent comme des peuples pionniers. Des peuples dont les œuvres de civilisation ont permis aux peuples d'Asie et d'Europe d'accéder à la civilisation. En d'autres termes, il ressort des travaux de Diop un cadre chronologique, géographique et culturel pour une écriture et une intelligence des tenants et aboutissants de l'histoire de l'Afrique sur la longue durée : de la préhistoire à l'époque contemporaine.

Il est un livre dont la lecture est indispensable pour prendre la mesure de la contribution de Cheikh Anta Diop à l'intelligence de la trajectoire historique des peuples africains. Il s'agit du livre du professeur Aboubacry Moussa Lam : Les chemins du Nil : les relations entre l'Egypte ancienne et l'Afrique noire, 1997, Paris, Présence Africaine/Khepera, 1997

---

[140] Selon Th.Obenga in le sphinx p.358 : la causalité historique est l'établissement de relations de cause à effet entre les faits, les évènements, sans qu'il puisse s'agir de relations constantes et régulières, de lois au sens des sciences exactes

SECTION 3. UNE ŒUVRE POLITIQUE

C'est ce qui transparaît à travers la recommandation thérapeutique et l'option paradigmal que nous invite à adopter l'œuvre de Cheikh Anta Diop.

A) Une recommandation thérapeutique

Avant les travaux de Cheikh Anta Diop, les Africains scolarisés à l'école d'origine occidentale apprenaient l'histoire du continent africain à travers la version coloniale de cette histoire.

Dans le cadre de cette version coloniale, les Africains scolarisés étaient conduits à penser l'histoire de leur propre société dans le cadre d'une périodisation manichéenne qui oppose une période d'arriération (celle avant l'arrivée des Européens) à une période de progrès (celle qui commence avec la découverte de l'Afrique par les Européens)[141]. A travers cette périodisation les Africains scolarisés à l'école occidentale se découvraient appartenir à des sociétés qui accusaient sur le reste de l'humanité un retard spirituel (peuples païens), économique (peuples sous-développés) et politique (société tribale). Ils se découvraient appartenir à des sociétés qui ne pouvaient entrer dans l'histoire que par le biais et par la tutelle de l'Occident.

Cette version coloniale de l'histoire africaine a produit des effets traumatisants dans l'imaginaire des Africains scolarisés à l'école occidentale. Elle a fait naître en eux des réflexes de subordination esthétique, épistémologique, axiologique, normative et organisationnelle. Divers analystes (Cheikh Anta Diop, Albert Moumouni, Amilcar Cabral, Frantz fanon, et N'Biémadi Krouma) ont su mettre en relief ces réflexes de subordination.

De ce point de vue, la version coloniale de l'histoire africaine n'est donc pas allée sans conséquence sur la posture des Africains scolarisés. Pour l'essentiel, la version coloniale de l'histoire africaine a eu deux effets sur la future élite africaine post-coloniale. D'une part, elle a neutralisé l'aptitude de cette élite à l'historicité c.-à-d. son aptitude à anticiper, concevoir, créer, inventer et innover. D'autre part, elle a amputé cette élite africaine post-coloniale de toute ambition historique à être l'agent de sa propre histoire et d'une histoire moderne. Il s'en est suivi une incapacité de l'élite africaine post-coloniale à pouvoir s'organiser comme un agent historique c.-à-d. comme un sujet capable de produire par lui-même les conditions matérielles

---

[141] Il s'agit d'une part d'une périodisation évolutionniste et européocentriste du mouvement universel de l'histoire dont les étapes sont : préhistoire, antiquité, moyen âge, temps modernes (c.-à-d. expansion de l'Europe, découvertes des territoires non européens) époque contemporaine : industrialisation, colonisation. Mais il s'agit aussi d'autre part, d'une périodisation de l'histoire africaine à caractère évolutionniste et européocentriste dont les étapes sont les suivantes : préhistoire, siècles obscurs, découverte de l'Afrique, colonisation, indépendance.

et immatérielles de sa propre existence. C'est cette incapacité qui explique que l'élite africaine post-coloniale ne parvient pas à prendre en charge le destin politique des peuples dont elle a en charge le destin historique. C'est cette incapacité qui explique que l'élite africaine post-coloniale reste accrochée comme à une bouée de sauvetage au paradigme du développement c.-à-d. à un paradigme qui véhicule une logique de mise en valeur des ressources matérielles et humaines africaines sous l'angle de la rentabilité externe.

De ce point de vue la colonisation aura été paradoxalement d'une part, la séquence d'occupation étrangère la plus courte qu'ont connue les sociétés africaines au cours de leur histoire (à peine 50 ans) et d'autre part celle qui aura porté aux sociétés africaines le coup le plus rude, le coup le plus traumatisant qu'elles aient eu à subir dans l'histoire. A savoir l'hétéronomie de la conscience politique et culturelle de leurs élites. Ce coup est celui par lequel la colonisation aura réussi à neutraliser l'aptitude des sociétés africaines à l'initiative historique. C'est ce coup qui aujourd'hui encore handicape les sociétés africaines post-coloniales dans leur aspiration à s'organiser comme espace de modernité. Il s'agit donc d'un coup majeur dont les effets se prolongent jusqu'à aujourd'hui à travers l'école africaine post-coloniale qui perpétue encore la version coloniale de l'histoire de l'Afrique.

De ce point de vue les sociétés africaines post-coloniales ont besoin d'une psycho-thérapie à même de vaincre l'hétéronomie de la conscience politique et culturelle de leurs élites. Elles ont besoin d'une psycho-thérapie à même de libérer leurs élites du carcan de cette version de l'histoire qui neutralise l'aptitude à l'historicité de ses élites.

Cette psycho-thérapie ne peut prendre que la forme d'une autre vision de l'histoire africaine. Une vision au sein de laquelle l'élite africaine post-coloniale se découvrirait appartenir à des sociétés qui ont su dans l'histoire faire preuve de créativité, d'invention et d'innovation pour produire par elles-mêmes les conditions matérielles et immatérielles de leur propre existence. Seule une telle vision de l'histoire africaine peut guérir l'élite africaine post-colonial du traumatisme dont elle souffre et qui l'empêche d'investir sa vocation à être agent de sa propre histoire et d'une histoire moderne. Sa vocation à s'organiser comme un groupe social capable de relever le défi historique que le monde moderne pose aux sociétés africaines.

De ce point de vue l'œuvre de C. A. Diop est à même d'apporter la matière de cette psycho-thérapie libératrice. Elle prend le contrepied de la version coloniale de l'histoire africaine. Elle donne une intelligence de la trajectoire historique réelle des peuples africains. Elle met en perspective le rôle pionnier des sociétés africaines dans l'invention de la civilisation dans la période qui court de 80 000 ans av. J.-C. à 1600 ans apr. J.-C.. Par cela, cette œuvre offre à la conscience politique africaine la matière nécessaire pour pouvoir faire échec aux réflexes de subordination épistémologique, axiologique, esthétique, psychologique, politique, etc. qu'elle véhicule encore de nos jours.

B) Une orientation paradigmatique

Il s'agit de la contribution de Cheikh Anta Diop à la formation d'un paradigme opératoire pour construire un futur africain moderne. En l'espèce le paradigme de la renaissance africaine. On verra ici que ce paradigme est la conséquence logique d'une notion que Diop à très tôt introduit dans la lecture de l'histoire africaine. A savoir la notion de régression historique.

L'observation de l'histoire montre qu'il arrive qu'au cours de son histoire un peuple de civilisation urbaine puisse connaître un processus de régression dans les termes d'un retour à un stade de civilisation rurale. Un tel processus de régression est souvent consécutif à la perte de l'indépendance nationale, à la perte de la cohésion nationale et à la perte du contrôle du système éducatif dans un contexte d'occupation étrangère répressive et prolongée. Ce fut le cas pour le peuple égyptien pharaonique suite aux invasions successives (perse, grecque, romaine) qu'il avait subi. Ce fut le cas pour les peuples de l'Europe occidentale suite à la chute de l'Empire romain en 476 apr. J.-C. sous l'assaut des peuples germaniques. Ce fut aussi le cas des peuples de l'Afrique sub-saharienne au 17 siècle sous le choc de la violence géopolitique d'origine interne et externe qu'ils ont eu à subir à partir de 1500 apr. J.-C..

Cette violence géopolitique n'est pas allée sans laisser sur le tissu social africain des séquelles : atomisation de l'espace politique, militarisation et arbitraire du pouvoir politique, perte de la cohésion identitaire du fait des religions révélées, perte de contrôle du système d'enseignement, obscurantisme des mentalités, ruralisation de la vie sociale et de l'activité économique, réflexes de subordination épistémologique, politique, esthétique, psychologique et culturelle. Aujourd'hui ces séquelles handicapent encore la marche des sociétés africaines post-coloniale vers la modernité.

Au regard des effets de cette violence géopolitique, le niveau ethnographique de civilisation que les sociétés africaines présentent au 19 siècle et au 20 siècle ne peut plus être interprété comme l'expression d'un retard historique. Il est l'expression d'un processus de régression historique consécutif à la violence géopolitique d'origine externe et interne que les sociétés africaines affrontent depuis le 16 siècle.

Il ressort de l'observation des faits que l'effet le plus dommageable de ce processus de régression historique est que les peuples africains ont subi une perte de leur capacité à l'initiative historique. Dès lors, l'accès de ces sociétés à la modernité, passe nécessairement et avant tout par une politique de reconquête de l'initiative historique, la reconquête de cette capacité à créer par soi même les conditions matérielles et immatérielles de sa propre existence. C'est ce qu'on appelle une politique de renaissance historique.

Au regard du prisme de la régression historique, il apparaît que le projet de modernité en Afrique post-colonial se présente donc sous un tout autre angle. Il ne s'agit pas de rattraper un quelconque retard historique. Il s'agit de reconquérir l'initiative historique. Celle-ci consiste d'abord à réparer un tissu politique, économique, social et psychologique rendu insalubre par quatre siècles de violences géopolitique d'origine externe et interne. Elle consiste ensuite à restituer aux peuples africains une cohésion identitaire, par delà leurs différences religieuses, philosophiques et idéologiques, par le moyen d'une prise de conscience de leur communauté d'origine, d'intérêt et de destin. Celle-ci consiste enfin à reconquérir l'aptitude collective à la créativité, à l'invention et à l'innovation dans le domaine politique, économique, éducatif, technique, scientifique et spirituel, etc....

Autrement dit, la trajectoire historique des sociétés africaines sub-sahariennes depuis le 16e siècle inscrit le projet de modernité de l'Afrique sub-saharienne dans les termes d'un projet de renaissance historique. Il s'agit d'un projet de reconquête de l'initiative historique c.-à-d. un projet de refondation du tissu social africain comme tissu à nouveau propice à l'historicité. C'est cela le projet de la renaissance africaine telle qu'il a été conçu par Cheikh Anta Diop. C'est fondamentalement un projet de reconquête de la capacité des sociétés africaines à la créativité en vue de reprendre le flambeau de l'initiative historique.

De ce point de vue, la vision Diopienne de l'histoire africaine n'a pas qu'une portée académique. Elle a aussi une portée politique. Sur le plan académique, il ressort des travaux de Diop un cadre chronologique, géographique et culturel pour une écriture et une intelligence des tenants et aboutissants de l'histoire de l'Afrique sur la longue durée : de la préhistoire à l'époque contemporaine. Sur le plan politique la vision Diopienne de l'histoire de l'Afrique inscrit le projet de modernité dans l'imaginaire africain dans les termes d'un projet de renaissance historique c.-à-d. un projet reconquête d l'initiative historique, un projet de reconquête de l'aptitude à créer par soi-même les conditions matérielles et immatérielles de sa propre existence dans une perspective d'autonomie des normes, des intérêts et des valeurs qui gouvernent l'action des Africains dans le monde. Autrement dit il s'agit d'une reconquête de l'aptitude à la créativité, à l'invention et à l'innovation. C'est ce que véhicule le concept de renaissance africaine chez Cheikh Anta Diop.

Cette contribution paradigmale de Cheikh Anta Diop est-elle pertinente ? Ce paradigme on le sait, prend sa source dans l'analyse que Diop fait sur la question du diagnostic des causes de la condition actuelle des sociétés africaines post-coloniales. La question de ce diagnostic est cruciale pour l'avenir des sociétés africaines post-coloniales. C'est elle qui détermine en effet le choix des politiques à mettre en œuvre pour faire entrer les sociétés africaines dans une dynamique de modernité. Selon le diagnostic qui est retenu, les politiques à mettre en œuvre ne seront pas les mêmes.

On sait par exemple, que dans le cadre du paradigme du développement, les économistes libéraux et marxistes se sont appuyés sur la théorie évolutionniste de la dynamique des sociétés et la version coloniale de l'histoire africaine pour établir un diagnostic des causes de la condition actuelle des sociétés africaines. Au terme de leur analyse, ils ont abouti à la conclusion selon laquelle la condition actuelle des peuples africains est imputable à un phénomène de retard historique que ces sociétés accusent depuis des millénaires sur le reste du monde. De façon logique ils ont donc conclu que les politiques de modernité à mettre en œuvre Afrique devaient présenter le profil de politiques de rattrapage historique. L'observation des faits a montré que la mise en œuvre de ces politiques a échoué en Afrique. Nos recherches sur le paradigme du développement ont montré que si ces politiques ont échoué c'est aussi parce que le diagnostic d'où elles sont issues est erroné.

L'intérêt des travaux de Cheikh Anta Diop est qu'ils aboutissent à un diagnostic tout à fait différent. Il ressort des travaux de Diop que la condition ethnographique que présentent les sociétés africaines au 19e et au début du XXe siècle est la conséquence d'un phénomène de régression historique provoqué par la violence géopolitique d'origine externe et d'origine interne que les sociétés africaines ont subie à compter du 16e siècle. Pour Diop, le prisme adéquat pour comprendre l'origine de la condition actuelle des sociétés africaines est donc non pas le prisme du retard historique, mais celui de la régression historique. L'avantage de ce prisme est qu'il nous informent que la logique de transformation sociale que doivent véhiculer nos politiques de modernité doit être non pas une logique de rattrapage historique, mais une logique de reconquête de l'initiative historique. Autrement dit, ces politiques devront véhiculer une logique de renaissance historique c.-à-d. une logique de refondation du tissu social africain comme tissu à nouveau propice à l'historicité.

DEUXIÈME PARTIE

Un discours à clarifier

Introduction

Le discours à clarifier est celui que véhicule les médias, les universités, les centres scolaires, les OIG (ONU, FMI, Banque Mondiale), les ONG et même les Etats au sujet du passé, du présent et du devenir moderne de l'Afrique. Ce discours est produit en majorité par les différents centres de recherche d'origine occidentale et leurs antennes africaines.

Ce discours présente trois caractéristiques. Il s'agit d'abord d'un discours qui véhicule en Afrique des concepts dont le sens réel est souvent déformé à dessein dans le contexte africain. il y a donc lieu de procéder en Afrique à un travail de clarification des concepts. Il s'agit ensuite d'un discours qui véhicule sur le passé, le présent et le devenir moderne de l'Afrique des clichés et des préjugés. Il s'agit enfin d'un discours qui s'élabore à partir de grilles de lecture issues de doctrines qui s'opposent et se contredisent les unes les autres[142]. Ces oppositions confèrent à ce discours une tonalité polémique qui introduit en Afrique une véritable cacophonie intellectuelle.

De ce point de vue, l'Afrique constitue un véritable déversoir des représentations occidentales sur l'Afrique. Du fait de la nature des canaux qui les véhiculent, ces représentations opèrent en Afrique comme les éléments constitutifs du discours dominant. Comme tel, ce discours pose un problème. Il embrouille plus qu'il n'informe ou éclaire la conscience politique en Afrique. Concrètement, ce discours empêche la conscience politique en Afrique d'avoir une intelligence des réalités des sociétés africaines et ainsi de pouvoir entrevoir les solutions adéquates pour conduire les sociétés africaines post-coloniales vers une configuration moderne. Clarifier ce discours constitue donc un impératif. Mais une telle clarification est difficile, car elle revient concrètement à interroger le corpus intellectuel d'où est issu ce discours. Or il s'agit d'un corpus constitué par plus d'un siècle d'années d'études africaines pré et post-indépendance.

La jeunesse africaine est consciente que le discours issu de ce corpus ne lui permet pas d'entrevoir les options efficientes pour conduire les sociétés africaines vers une configuration moderne. Nous en avons eu un témoignage lorsqu'en l'année 2008, l'association Kheperu N Kemet nous a sollicité sur

---

142 libéralisme/socialisme, relativisme/universalisme, eurocentrisme/cosmopolitisme, capitaliste/communiste, révolution/coopération, christianisme/islam, etc.

la question des solutions concrètes pour sortir les sociétés africaines de leur impasse contemporaine[143]. C'était de la part des membres de cette association une manière de solliciter une clarification sur le discours issu du corpus intellectuel de plus d'un siècle d'études africaines pré et post-indépendance.

Cette association nous avait sollicité dans les termes suivants : quelles sont les solutions concrètes pour l'Afrique ? Nous avions alors répondu positivement à cet appel pour deux raisons. D'abord parce que c'était une demande légitime. Par ces temps où l'Afrique voit ses propres enfants fuirent à l'étranger pour échapper à ce qui leur apparaît de plus en plus être un continent sans espérance, il est plus qu'urgent de commencer à poser les questions politiques en terme de solutions concrètes. Ensuite parce que cette demande nous rassurait. Elle nous montrait qu'en Afrique, les générations se passent de main en main le flambeau de la lutte pour les libertés publiques et la prospérité matérielle.

Manifestement, la jeunesse africaine ne capitule pas face à l'adversité de la société africaine post-coloniale. Cela est rassurant et honore cette jeunesse. Elle reste convaincue que les forces de la Raison peuvent venir à bout des forces de l'Obscurantisme et de l'oppression. En un mot et pour parler dans le style littéraire de notre patrimoine intellectuel africain, elle reste convaincue que les partisans de la Mâat peuvent vaincre les partisans d'Isfet[144].

Mais l'association Kheperu N Kemet avait aussi introduit dans sa question une précision qui rendait un peu plus compliquée la réponse à donner. Elle disait solliciter notre érudition pour mettre en perspective les solutions concrètes à apporter à notre continent selon notre propre paradigme. Cette formulation soulevait pour nous une question : que peut bien vouloir dire l'expression selon notre propre paradigme ? Par cette expression cette association faisait sans doute écho au mot d'ordre de Théophile Obenga qui appelle la jeunesse africaine à créer ses propres paradigmes[145]. Mais que veut dire Obenga lui-même par ce mot d'ordre ? Veut-il dire qu'il s'agit de créer des paradigmes dont la caractéristique tiendrait simplement à leur origine exclusivement africaine ? Probablement non. Car un paradigme même d'origine africaine peut ne pas être heuristique. Sans doute ce qu'Obenga veut dire est qu'il nous faut créer des paradigmes qui servent nos intérêts, des paradigmes qui servent les intérêts

---

143 Le 16 Novembre 2008 à l'invitation de cette association, nous avons donné à Poitiers une conférence intitulée ''Les solutions concrètes pour organiser les sociétés africaines comme espace de modernité''. Cette conférence a été publiée sous forme de vidéo sur Youtube (sous le titre La renaissance africaine comme alternative au développement) et sur le site de cette association (www.uhemmesut.com)

144 Sur les notions de Maât et de Isfet il convient de lire : Jan Assmann, Maât : l'Egypte pharaonique et l'idée de justice sociale. Conférences, essais et leçons du Collège de France. Paris, Julliard, 1989. (trad. arabe 1996).

145 Théophile Obenga, Appel à la jeunesse africaine, Editions Ccinia communication, 2007

des peuples africains. Nous avons donc considéré qu'il s'agissait pour nous de répondre à la question posée selon un paradigme qui sert les intérêts des peuples africains.

Il n'est pas facile de répondre à partir d'un tel paradigme. Car nous autres intellectuels africains sommes tous plus ou moins imprégnés d'européocentrisme. En raison de notre formation scolaire et académique, nous véhiculons une vision du monde formée à partir de paradigmes qui servent les intérêts des groupes productivistes de l'Occident. Nous pensons donc souvent non pas à partir d'une pensée autonome, mais à partir d'une pensée hétéronome c.-à-d. une pensée qui prend ses lois à l'extérieure d'elle-même et sert des intérêts qui lui sont aussi extérieurs. Toutefois, dans la mesure où le propre de la Raison est de pouvoir, par la méthode, s'affranchir de tout ce qui obscurcit sa compréhension du réel, nous acceptions de relever le défi. Nous acceptions de mobiliser notre érudition pour mettre en perspective des solutions concrètes selon un paradigme qui sert les intérêts des peuples africains.

Mais nous décidions aussi de relever ce défi en nous appuyant sur la Raison et la Raison seule. Cela signifiait que nous n'allions pas manquer de surprendre, voir de décevoir certains. Car si la Raison traque le réel, elle le traque toujours au-delà des apparences. Or la tendance première de l'esprit humain est de rester au niveau des apparences. Pour cette seule raison qu'aller au-delà des apparences demande un effort de l'esprit pour distinguer le vrai du faux. Cet effort est justement celui de la pensée lorsqu'elle se fait critique.

Nous connaissons bien cette posture de la Raison dans le contexte de notre culture africaine autochtone. C'est en effet par exemple ce que nous enseigne notre patrimoine philosophique en langue wolof. Comme le rappelle Pathé Diagne la terminologie wolof en philosophie nous invite à distinguer le Xalaat (la pensée qui contemple le monde) et le Xelaat (la pensée qui interroge le monde)[146]. Plus précisément le Xelaat est la pensée qui revient sur elle-même pour distinguer le vrai du faux. Elle est la pensée critique au sens fort du terme : celle qui soumet les apparences à l'épreuve pour distinguer le vrai du faux. En un mot le Xelaat est la pensée qui après avoir observé le monde revient sur elle-même pour distinguer, trier, séparer, soupeser et enfin tirer des conclusions.

Pour répondre à la question qui nous était alors posée, nous décidions aussi de faire comme le philosophe. Les philosophes nous surprennent souvent, car lorsqu'on leur pose une question ils nous répondent bien souvent par une autre question. Cela en fait est normal. Les philosophes nous rappellent par cela que pour pouvoir entrevoir une solution encore faut-il que la question (c'est-à-dire le problème) soit correctement posée.

[146] Pathé Diagne, L'Europhilosophie face à la pensée du Négro-africain, Editions Sankoré, 1981

Mobiliser notre érudition pour répondre à la question des solutions concrètes pour l'Afrique revenait pour nous à puiser les réponses dans une enquête que nous avions faite antérieurement en renouant avec la démarche préconisée par Cheikh Anta Diop lorsqu'il se proposait en 1960 de tirer les conclusions pratiques de tant d'années d'études des problèmes africains. Nous avions alors choisi de prolonger la démarche de Cheikh Anta Diop en interrogeant le corpus intellectuel de plus d'un siècle d'études africaines pré et post-indépendance, Mais cela, à partir d'un certain nombre de questions qui nous paraissait heuristiques à la fois pour clarifier le discours issu de ce corpus sur le sujet du devenir moderne des sociétés africaines et pour entrevoir des solutions concrètes à l'impasse post-colonial à laquelle ce discours a conduit les sociétés africaines.

Clarifier le discours dominant sur le passé, le présent et le devenir moderne de l'Afrique est un impératif, car depuis les indépendances, l'Afrique post-coloniale a été le déversoir d'une multitude de doctrines, d'idéologies et de théories nées de problématiques sans rapport avec les enjeux réels des sociétés africaines et qui souvent sont au service d'intérêts étrangers à ceux des populations africaines. Il en résulte que l'Afrique baigne dans une multitude de théories qui obscurcissent sa visibilité des enjeux géopolitiques et des solutions que les uns et les autres lui proposent. L'Afrique a donc besoin impérativement d'une clarification intellectuelle et conceptuelle du corpus du savoir constitué par plus d'un siècle d'études africaines pré et post-indépendance pour pouvoir entrevoir avec clarté les voies objectives qu'il faut emprunter pour organiser ses espaces comme espace de modernité.

C'est cette clarification du discours dominant sur le sujet du passé, du présent et du devenir moderne des sociétés africaines que nous présentons ici. Cette clarification prendra ici la forme d'une étude critique de questions heuristiques à poser pour entrevoir les solutions concrètes aux problèmes africains.

Nous avons identifié onze questions heuristiques : la question des grilles de lecture et des paradigmes, la question des obstacles et du projet de société, la question de la démocratie et de l'Etat de Droit, la question des origines de la condition actuelle des peuples africains, la question de la dynamique de changement social dans les sociétés africaines post-coloniales.

CHAPITRE 1

La question des grilles de lecture et des paradigmes

Le bon sens informe que l'éléphant qui n'a pas une bonne vue est celui-là même qui finira par écraser ses propres enfants. Ceci pour dire que la formulation de solutions concrètes pour l'Afrique dépend beaucoup de notre vision des réalités africaines, de la manière dont nous interprétons les réalités africaines. Si notre interprétation est correcte alors les solutions que nous mettrons en œuvre seront performantes. En revanche si notre interprétation est erronée alors les solutions que nous mettrons en œuvre seront inefficaces. Ceci soulève donc la question de la grille de lecture à travers laquelle nous interprétons notre réalité et celle du paradigme à partir duquel nous envisageons notre avenir.

SECTION 1. LES PARADIGMES EN DÉBAT SUR LA QUESTION DE NOTRE AVENIR

Le bon sens nous informe que celui qui emprunte les yeux de l'oiseau pour observer le précipice est celui-là même qui n'hésitera pas à s'élancer dans les airs à son propre détriment. Ceci pour dire que si vous observez le monde à travers un discours qui n'est pas le vôtre, vous vous mettez en situation de danger. Vous verrez le monde comme autrui souhaite que vous le voyez et non pas tel que votre Raison pourrait vous le représenter. C'est pourquoi il est important d'agir dans le monde selon sa propre vision, selon ses propres paradigmes. Construire son propre paradigme permet de toujours agir au service de ses propres intérêts. Théophile Obenga nous dit « La responsabilité n'est pas de se plaindre au sujet de ce qu'autrui peut dire sur l'Afrique, mais de tenter de formuler soi-même son discours, sa vision des choses, à partir de sa propre inquiétude et de sa propre intelligence de la réalité. On ne vit pas par délégation, par procuration, par l'entremise d'un discours étranger, nécessairement aliénant, car les intérêts sont forcément divergents, sinon foncièrement opposés ». Mais comment identifier et construire notre paradigme ? Nos recherches nous ont conduit au constat selon lequel une seule œuvre intellectuelle permet de répondre à cette question cruciale et difficile. C'est l'œuvre de Cheikh Anta Diop. Encore faut-il savoir lire cette œuvre sous le bon angle.

A) La nécessité d'un paradigme

Le mot paradigme vient du grec paradigma qui veut dire un modèle. On l'utilise dans les sciences exactes pour parler d'un modèle explicatif qui fait l'objet d'un consensus. On l'utilise aussi en sciences sociales pour parler d'une théorie explicative qui fait consensus. C'est pourquoi nous devons être particulièrement conscient du fait qu'au regard de l'ampleur de la tâche que nous devons affronter, les solutions doivent être formulées à partir d'une analyse théorique des plus rigoureuses de notre réel. Une analyse qui prend en compte tous les paramètres qui conditionnent notre devenir, une analyse qui débouche sur un paradigme des tenants et aboutissants de notre devenir moderne. Bref il faut comme l'a dit Cheikh Anta Diop nous armer de la science jusqu'aux dents. De ce point de vue nous devons solliciter des réponses issues de notre paradigme si par notre paradigme nous entendons un paradigme explicatif des tenants et aboutissants de notre devenir moderne.

Quel est donc ce paradigme ? Existe-t-il ? Pour l'heure nous ne connaissons qu'un seul paradigme qui soit explicatif des tenants et aboutissants de notre devenir moderne. C'est le paradigme la renaissance africaine. Mais qui a déjà fait une analyse du concept de la renaissance africaine en tant que paradigme ? Aussi incroyable que cela puisse paraître on doit répondre : personne. A l'exception de Cheikh Anta Diop, Eboussi Boulaga et Gumede.

Aujourd'hui tout le monde parle du concept de la renaissance africaine, mais tout le monde aussi se garde d'en faire une analyse épistémologique au point que très peu de gens sont à même de nous dire quels sont les tenants et aboutissants du concept de la renaissance africaine en tant que paradigme. C'est une des raisons pour lesquelles nous avions en janvier 2000 organisé à Paris, au siège de l'OIF[147], le colloque intitulé L'idée de la Renaissance africaine comme paradigme d'une refondation du Droit, de l'Etat, de l'Economie, des Sciences et des Techniques en Afrique. Il s'était agi pour nous par ce colloque de poursuivre deux objectifs. Le premier objectif était de sauvegarder la spécificité épistémologique et politique du concept de la renaissance africaine. A cette époque en effet le discours de Thabo Mbeki et des médias occidentaux sur la renaissance africaine était en train de réduire ce concept au rang d'un projet de développement orchestré par les Africains eux-mêmes. Il nous fallait dès lors sauvegarder la portée paradigmale du concept de la renaissance africaine face à une campagne médiatique qui par ignorance ou par dessein véhiculait un discours qui réduisait le concept de

[147] OIF :Organisation internationale de la francophonie

renaissance africaine à un simple slogan de remobilisation autour des tâches du développement. Il y avait là un grave danger, car cette acception médiatique du concept de la renaissance africaine allait nous déposséder du seul paradigme qui peut nous permettre de penser le projet de modernité en Afrique d'un point de vue afrocentrique c.-à-d. dans une perspective d'autonomie des normes, des intérêts, des logiques et des priorités qui président à notre action. Le deuxième objectif de ce colloque était d'initier une réflexion pluridisciplinaire sur l'aptitude des sociétés africaines à satisfaire, à partir de leur configuration actuelle, aux conditions (politiques, économiques, sociologiques, spirituelles et scientifiques) d'un processus de renaissance historique. C'était là tout l'intérêt de ce colloque dont les actes ont été publiés sous le titre suivant : La Renaissance africaine comme alternative au Développement, 2008, Ed L'Harmattan[148].

La question fondamentale est donc la suivante : quand allons-nous analyser le concept de renaissance africaine en tant que paradigme. ? Les intellectuels africains acceptent-ils de s'engager dans cette voie de la recherche et d'en tirer toutes les conclusions théoriques et pratiques ? Il leur appartient de répondre à la question fondamentale de savoir quels sont les tenants et aboutissants du concept de la renaissance africaine en tant que paradigme. Voilà déjà une solution concrète. Relever le défi épistémologique qui consiste à analyser les tenants et aboutissants du concept de la renaissance africaine en tant que paradigme explicatif d'un devenir moderne des sociétés africaines.

B) L'œuvre de référence pour construire un paradigme

Nous cherchons des solutions concrètes à apporter à notre continent. Mais l'œuvre de Cheikh Anta Diop est déjà depuis les années 60 porteuse de solutions concrètes[149]. Elle nous indique ce qu'il faut faire concrètement. Mais encore faudrait-il il est vrai que nous sachions lire l'œuvre de Diop sous l'angle des solutions concrètes.

Or jusqu'ici nous autres Africains nous nous limitons à une lecture académique ou cathartique de l'œuvre de Diop. Ces deux lectures sont légitimes. On lit l'œuvre de Diop pour en éprouver l'assise scientifique ou pour se libérer de l'emprise des pathologies comportementales qu'inocule à l'individu mélanoderme la version européocentriste de l'histoire africaine. Mais on oublie souvent que cette œuvre n'est pas seulement une œuvre de

---

[148] Pour la vigilance des uns et des autres il importe ici de prévenir le lecteur que les Actes de ce colloque ont fait l'objet d'une contrefaçon publié par les éditions Paari sous le titre La renaissance Africaine et sa prospective. L'auteur de cette contrefaçon (Mawawa kiéssé) a été condamné par le TGI de Paris : jugement du 13 janvier 2004, 3 e chambre, 3e section, N°RG 02/091/70.

[149] Cheikh Anta Diop, Les Fondements économiques et culturels d'un Etat fédéral d'Afrique noire, Présence africaine, 1960

défalsification de l'histoire. On oublie qu'elle a aussi des implications majeures sur le terrain de l'analyse et de l'action politiques. Celui justement des solutions concrètes.

A qui incombe la tâche d'une lecture l'œuvre de Diop sous l'angle des solutions concrètes ? Elle incombe aux économistes, aux politologues, aux sociologues et aux juristes. Or aussi incroyable que cela puisse paraître, nos politologues, juristes, sociologues et économistes ignorent trop souvent l'œuvre de Diop. Ils ne tirent pas les conclusions qu'impose cette œuvre sur le terrain de l'analyse et de l'action politique, économique, sociologique et juridique. Il y a bien sûr des exceptions. Par exemple sur le terrain du Droit on peut citer le livre des juristes Nding Dyatla[150] et fatou Kiné Camara[151]. Et sur le terrain de la philosophie on peut citer le livre de Marcien Towa[152]. Sans parler du grand maître Pathé Diagne dont les travaux participent de plusieurs disciplines. Mais dans l'ensemble le constat est navrant. Or les conclusions qu'impose l'œuvre de Diop sur le terrain de l'analyse politique, économique, sociologique et juridique ont une portée réelle. Elles bouleversent totalement la littérature politique, économique, juridique et sociologique relative à l'Afrique. Par exemple une des premières conclusions de l'œuvre de Diop est que l'Afrique n'a jamais été ce continent en retard dont parle la version européocentriste de l'histoire de l'Afrique. Si cela est vrai, alors c'est tout le socle épistémologique sur lequel reposent les politiques du développement qui s'effondre. C'est toute cette discipline que l'on appelle l'Economie du développement qui s'effondre. Cela signifie donc qu'il existe une opposition fondamentale entre les solutions issues du paradigme du développement et celles issues du paradigme auquel conduisent les travaux de Diop. A savoir, le paradigme de la renaissance africaine.

La lecture politique de l'œuvre de Diop impose l'idée selon laquelle, pour répondre à la question des solutions concrètes pour l'Afrique il faut absolument que nous autres africains tranchions une question préalable : entre le paradigme du développement et celui de la renaissance africaine, quel est celui qui véhicule les solutions concrètes et opératoires pour l'Afrique ? C'est cela la question cruciale à laquelle il faut répondre si les Africains veulent arrêter de tourner en rond, arrêter de se complaire dans la logomachie. Pour sortir de notre logomachie habituelle, voilà à notre avis la question correcte par excellence que nous devons nous poser. Cette question est d'autant plus impérative à poser que l'analyse montre que ces deux paradigmes présentent des implications différentes en terme de politiques de

150 Nding Dyatla : Civilisation et Science juridique en Afrique et dans le monde. Editions CLE, 1982

151 fatou kiné Camara, Pouvoir et justice dans la tradition des peuples noirs, Ed L'Harmattan, 2004 ; L'Union matrimoniale dans la tradition des peuples noirs ; 2000, Ed L'Harmattan

152 Marcien Towa, L'idée d'une philosophie négro-africaine, Editions CLE, 1979

modernité à mettre en œuvre. C'est ce que nous verrons en détail dans la suite de l'ouvrage.

Comme vous le voyez la question correcte par excellence à poser pour avoir en réponse des solutions concrètes est celle-ci : entre le paradigme du développement et celui-là renaissance africaine quel est celui qui sert les intérêts des peuples africains dans leur aspiration à vivre dans un espace de modernité ? Quel est celui qui répond aux attentes des populations africaines en terme de libertés, de prospérité matérielle, de promotion des sciences et des techniques ? Nous autres africains acceptons nous de nous poser cette question ? Aminata Traoré nous interpelle sur notre inclination post-coloniale à ne pas interroger nous même le monde. Elle écrit : « L'humiliation du continent africain ne réside pas uniquement dans la violence, à laquelle l'Occident nous a habitués. Elle réside également dans notre refus de comprendre ce qui nous arrive ».

SECTION 2. LES GRILLES DE LECTURE EN CONCURRENCE SUR LA QUESTION DE L'INTERPRÉTATION DES RÉALITÉS AFRICAINES

La question qui se pose est celle de savoir comment interpréter les réalités africaines contemporaines. De façon générale, la majorité des chercheurs en sciences sociales et humaines, interprètent ces réalités dans le cadre d'une grille de lecture singulière : l'évolutionnisme social[153]. Or cette grille de lecture conduit les chercheurs à évaluer les réalités africaines à travers le prisme de la maturation diachronique. Les défauts, les lacunes et les béquilles des sociétés africaines sont mis sur le compte d'un retard de maturation diachronique du tissu social africain à travers ses structures, ses représentations et ses postures. Cette manière de voir est propre à l'utilisation de l'évolutionnisme sociale comme grille de lecture.

Or cette manière de voir est infirmée par la science de l'histoire. Cette science nous informe que la configuration actuelle des sociétés africaines trouve ses origines dans l'impact sur la longue durée des phénomènes de violence dont le continent africain a été le théâtre depuis le 16e siècle. A savoir, les razzias et la déportation des populations vers les Amériques, l'implosion des religions révélées, la colonisation, l'hétéronomie de la conscience historique et politique, l'acculturation, les conflits inhérents à l'axiologie de la guerre froide et aux prescriptions de la doctrine du développement. La violence inhérente à ces phénomènes n'a pas pu aller sans causer des dommages majeurs sur le tissu social africain. De ce point de vue, l'interprétation des réalités africaines contemporaines exige de recourir à une grille de lecture qui permet d'avoir une intelligence de ces réalités sous l'angle de la traumatologie historique. Si le prisme de la traumatologie ne

[153] Pour une présentation de cette grille de lecture lire : Norbert Rouland Anthropologie juridique, Paris, PUF, 1988

saurait devenir la clef exclusive de compréhension du fonctionnement des sociétés africaines contemporaines, il va de soi aussi que ce fonctionnement ne saurait être intelligible sans prendre en compte ce prisme de la traumatologie historique.

Nous verrons ici que l'évolutionnisme social comme grille de lecture n'est pas performant pour donner une intelligence des réalités africaines. Il y a donc lieu pour les Africains d'explorer d'autres grilles de lecture. Nous proposons ici d'explorer celle qu'offre aux universitaires les travaux de l'épistémologue congolais Ngaliba. A savoir : la macchémologie.

A) Une grille de lecture non heuristique : l'évolutionnisme social

L'évolutionnisme social est une théorie de la dynamique des systèmes sociaux. Elle est actuellement dominante au sein des universités occidentales et d'obédience occidentale. Selon cette théorie, toutes les sociétés parcourent les mêmes étapes pour passer d'une forme d'organisation sociale simple, c.-à-d. inférieur (société sauvage, barbare, traditionnelle) à une forme d'organisation sociale complexe c.-à-d. supérieure (société industrielle et démocratique). Toujours selon cette théorie, le passage d'une étape à une autre se fait comme pour l'embryon humain par maturation diachronique et selon une dynamique linéaire (on passe du moins au plus) et cumulative (on ne revient pas en arrière). Comme tel la théorie évolutionniste se présente comme une grille d'interprétation de la trajectoire historique des sociétés.

De façon générale, les sciences humaines et sociales étudient ces trajectoires à travers les catégories de la théorie évolutionniste. Il s'agit de catégories politiques : société sans Etat/ société étatique ; Etat traditionnel/Etat moderne. Il s'agit de catégories économiques : économie de troc/ économie monétaire ; économie de subsistance/économie de production. Il s'agit de catégories sociologiques : communauté/société ; tradition/modernité. Il s'agit de catégories juridiques : coutume/loi ; justice privé/justice publique ; religion/Droit. Il s'agit de catégories anthropologiques : promiscuité, matriarcat, patriarcat.

Norbert Rouland a montré que l'application de ces catégories au continent africain conduit souvent à des schémas explicatifs sans grand rapport avec la réalité de la trajectoire historique des sociétés africaines[154]. Cette carence épistémologique vient de ceci que les prémisses mêmes de la théorie évolutionniste procèdent plus du jugement de valeur que du jugement de réalité. Selon cette théorie en effet, tous les groupes humains passent par des stades identiques dans le développement de leurs formes d'organisation politique, économique, sociale et juridique. Ces stades correspondraient à une trajectoire qui se traduit dans la forme d'une complexification diachronique des sociétés. Comme tel la théorie évolutionniste présente un

[154] Norbert Rouland, Anthropologie juridique, Ed PUF, 1988

défaut majeur : elle fait courir à l'analyste la tentation d'assimiler évolution et complexification et partant, comme le dit Norbert Rouland, la tentation de passer du jugement de réalité au jugement de valeur.

Dans les faits le courant évolutionniste a cédé à cette tentation. D'abord par une lecture unilinéaire. Selon Norbert Rouland, l'importance accordée à la notion de complexification conduit le courant évolutionniste en effet à considérer « les sociétés humaines comme un ensemble cohérent et unitaire, soumis à des lois de transformation globales et générales, qui font passer toutes les sociétés par des phases identiques dans leur contenu et leur succession, et s'emboîtent harmonieusement les unes dans les autres. Les sociétés sauvages, dès lors qualifiées de primitives représentent ainsi un stade de développement originel par lequel sont passées nos propres sociétés, de même que les plus simples de ces sociétés primitives – les chasseurs pêcheurs collecteurs – seraient une image des sociétés de la préhistoire » [155]

Ensuite par une lecture monolinéaire. Selon Norbert Rouland, la référence à la notion de complexification rend facile « l'assimilation de la transition du simple au complexe à celle du rudimentaire au perfectionné, et du primitif au civilisé. Autrement dit, elle est porteuse d'un jugement de valeur discriminatoire, car la notion de transition diachronique peut aisément en engendrer une autre, celle d'une hiérarchie ontologique » [156]

Il apparaît donc que la théorie évolutionniste d'un côté réduit les figures socio-linéaire de l'expérience historique à des formes d'expression homogènes quels que soient l'espace et le temps, de l'autre, elle ramène les formes diachroniques de l'organisation sociale à un ordre de succession nécessaire et homogène dans l'espace et le temps. Sous cet angle, la diversité des formations historiques ne saurait avoir d'autre explication que celle d'une stagnation historique pour les uns, et d'une accélération historique pour les autres. Autant de phénomènes qui dans la perspective évolutionniste sont imputables au pire à une inégalité ontologique voir culturelle entre les sociétés, les peuples ou les races, au mieux à une contrainte naturelle ou politique externe à la société et que cette dernière ne parvient pas à surmonter.

C'est pourquoi, comme grille explicative des systèmes sociaux, l'évolutionnisme social débouche nécessairement sur une interprétation ethnocentriste du mouvement de l'histoire universelle. Elle introduit une comparaison hiérarchique entre les sociétés sur la base d'un critère arbitraire : le degré de complexification. Or les différences dans le degré de complexification traduisent non pas des étapes linéaires nécessaires, mais des réponses contingentes à une contrainte face à laquelle telle ou telle société s'est trouvée confrontée. Ainsi par l'ethnocentrisme qui lui est inhérent, l'évolutionnisme social se disqualifie comme grille de lecture des

[155] Norbert Rouland, Anthropologie juridique, Ed PUF, 1988, p.57.
[156] Norbert Rouland, Anthropologie juridique, Ed PUF, 1988, p.57

systèmes sociaux. Elle n'est pas éligible comme grille objective d'explication des trajectoires historiques. Et pourtant aujourd'hui encore, sur le sujet de l'explication des trajectoires historiques c'est encore paradoxalement à travers les catégories de l'évolutionnisme social que se construisent les travaux universitaires.

Nous avons dit que selon cette théorie, le passage d'une étape à une autre se fait comme pour l'embryon humain par maturation diachronique et selon une dynamique linéaire (on passe du moins au plus) et cumulative (on ne revient pas en arrière). Il est à remarquer que cette théorie n'est pas très claire sur la question du ressort de la maturation diachronique. Aussi a-t-elle laissé libre cours à diverses réponses. C'est ainsi que pour certains ce ressort serait le génie de la race, la douceur du climat, le rythme de diffusion des sciences et des techniques, etc. Toujours est-il qu'à partir de ce prisme, les chercheurs expliquent la condition actuelle de l'Afrique par un diagnostic qui se décline en termes de retard historique, de cercles vicieux, de blocage historique. Ils proposent comme solutions des politiques qui se déclinent en termes de rattrapage, de rupture, d'ajustement culturel, de révolution, de déconnexion, etc....

Depuis 50 ans, toutes les solutions issues du prisme de l'évolutionnisme social se déclinent en termes de développement. Elles ont toutes ont échouées dans leur ambition à donner aux sociétés africaines une configuration moderne. Les experts en développement expliquent ces échecs par la théorie des obstacles culturels au développement. Jean Marc Ela a su recenser les composantes de cette argumentation qu'il présente dans les termes suivants : « si les producteurs de cacao, de café, d'arachide, de coton ou de banane sont si pauvres, c'est parce qu'ils s'obstinent à s'accrocher à leurs croyances ancestrales, tandis que les cadres urbains acceptent de subir les pressions communautaires qui, à travers les obligations de la parenté, empêchent toute capacité d'épargne et tout investissement productif. Plus vulgairement, certains reprennent la théorie des climats pour expliquer le « retard » ou l'« impuissance » de l'Afrique. D'autres, à l'heure où le spectre de Malthus hante les institutions financières internationales, s'en prennent jusqu'au lit des pauvres, jugé trop fécond : la femme et la famille deviennent les cibles des politiques de population. En prenant en compte le nœud d'interactions entre population, développement et environnement, le discours néolibéral sur la crise de l'économie africaine recourt aussi à la théorie de la « spirale régressive » de la pauvreté, qui lie étroitement l'accroissement démographique et la dégradation de l'environnement »[157]

Face à l'échec des politiques du développement, les auteurs des solutions développementalistes s'en prennent donc aux sociétés africaines. Ils concluent que finalement ce ne sont pas leurs expertises (diagnostics et solutions) qui sont erronées. Ce sont les populations africaines qui sont

[157] Jean-Marc ELA in Le Monde Diplomatique - Octobre 1998

rebelles à tout progrès. C'est là un point de vue. Ce point de vue a été et est encore largement diffusé par les médias, les universités et les écoles. Mais ce n'est qu'un point de vue. D'autres points de vue sont possibles. Rien ne nous interdit donc d'adopter un autre point de vue. Par exemple celui selon lequel l'inefficacité de ces solutions viendrait de ceci que l'analyse que ces auteurs font des réalités africaines serait erroné.

De ce point de vue, une autre solution concrète pour nous autres africains serait peut-être alors d'interpréter nos réalités non plus à travers le prisme de la maturation diachronique (théorie de l'évolutionnisme social), mais à travers celui de la traumatologie historique (théorie de la macchémologie).

B) Une grille de lecture heuristique : la macchémologie

La macchémologie est une discipline scientifique nouvelle fondée à l'Université parisienne de Saint Denis par un universitaire africain : Ngaliba. Il est aussi connu sous le nom de Bebebe. Il faut lire son ouvrage[158] dont des extraits se trouvent sur le site Uhemmesut.

Mais qu'est-ce donc que la machémologie ? Selon Ngaliba, la macchémologie est l'étude des machémes, des machéta (machetum au singulier) et des machématiques. Un machème est un acte de lutte ou un acte de combat. Un macchetum est une trace laissée par un macchème sous forme de séquelles ou d'hématome. Une machématique est une série de machèmes intégrés, corrélés et liés par un sens, un but ou une fin. Les macchèmes prennent donc leur origine dans des machématiques. Ils peuvent produire des machéta et ces derniers peuvent être des sources de traumatisme. Ngaliba nous donne l'exemple suivant : le coup de poing administré par Mohammed Ali à son adversaire est un macchème ; quant à l'œil poché que l'on voit sur son adversaire, c'est un macchétum c.-à-d. une trace, une séquelle laissée par un macchème..

Nous pouvons aussi aller sur la scène politique internationale pour illustrer ce qu'est la macchémologie. Les relations internationales en effet donnent de belles illustrations de machémes, de macchéta et de macchématiques. Prenons par exemple la Guerre froide. Celle-ci a été constitutive d'un macchème. Entre les années 50 et les années 80, les USA et l'URSS se sont disputé le contrôle des sociétés humaines en cherchant à universaliser leur modèle de société respectif[159]. Ce conflit qualifié de guerre froide s'est traduit à travers divers macchèmes (actes de luttes et actes de combat). On peut citer : la guerre entre la Corée du Sud et la Corée du Nord, la guerre entre le Vietnam du Sud et le Vietnam du Nord, la guerre entre les dictatures sud-américaines et les mouvements de libération en Amérique du Sud, les rivalités entre Etats africains pro-occidentaux et Etats africains

---

[158] Galiba, Les Cahiers de la macchémologie

[159] Charles Zorgbibe, 1945, "La paix manquée" in Relations Internationales, Regards ENSPTT, n°2, 2^{e}semestre 1985

progressistes, le Maccarthisme aux USA c.-à-d. la chasse aux communistes, etc.... Tous ces macchèmes puisaient leur origine dans une macchématique précise : la rivalité géopolitique entre l'URSS et les USA pour l'universalisation de leur modèle respectif de société. Charles Zorgbibe, professeur renommé des relations internationales, a écrit un article remarquable sur ce sujet. Il faut lire cet article[160]. Il faut lire aussi sur ce même sujet le livre d'André fontaine[161].

La guerre froide en tant qu'ensemble de macchèmes n'est pas allée sans traumatologie. Elle a laissé sur le tissu social de beaucoup de pays des macchéta c.-à-d. des traces sous forme de séquelles qui ont perduré au-delà de la guerre froide. Par exemple : la frontière entre la Corée du Nord et la Corée du Sud est un macchetum laissé par la guerre froide. Aujourd'hui en 2012, en dépit de la fin du conflit Est-Ouest cette frontière continue à séparer le peuple coréen en deux Etats rivaux. Elle conserve donc la mémoire du conflit Est-Ouest. Cette frontière est bel et bien un macchetum c.-à-d. une trace laissée par un macchème. Remontons plus loin dans le temps. Napoléon Bonaparte a écrit : « Ma décision de détruire l'autorité des Noirs à Saint-Domingue n'est pas tant pour des considérations de commerce et d'argent, mais plutôt à cause de la nécessité de bloquer à jamais la marche des Noirs dans le monde ». En écrivant cela, Napoléon s'inscrit dans une perspective machématique c.-à-d. qu'il va engager contre les noirs une série de machèmes intégrés, corrélés et liés par un sens, un but ou une fin.

La macchémologie est donc pour ainsi dire la science des faits sociaux qui présentent le profil d'actes de luttes et d'actes de combat qui laissent des traces, des séquelles ou des hématomes. Mais en créant la macchémologie, Ngaliba cherchait simplement à créer une discipline scientifique qui permet d'identifier les faits sociaux qui sont l'expression de traces laissées par des machémes. Dans le cadre de notre projet pour changer l'Afrique, nous pouvons aller plus loin que Ngaliba. En ce sens que nous pouvons nous servir de la machémologie non seulement pour identifier les macchéta qui parsèment notre tissu social, mais aussi pour identifier au sein de ces maccheta ceux qui ont un effet handicapant. Autrement dit nous nous approprions ici la macchémologie en tant que science des faits sociaux constitutifs d'actes de lutte qui laissent des traces handicapantes. C'est dire donc que nous proposons aux Africains de se servir de la macchémologie pour identifier les maccheta qui nous handicapent dans notre volonté de gravir les marches de la modernité contemporaine.

Il importe en effet pour nous autres africains de prendre conscience que les maccheta en tant que traces laissées par des macchèmes peuvent aussi devenir des traces handicapantes. Par exemple : les frontières africaines post-coloniales ne tombent pas du ciel. Ce sont des traces (maccheta) laissées par

---

[160] Charles Zorgbibe, 1945, "La paix manquée" in Relations Internationales, Regards ENSPTT, n°2, 2^{e}semestre 1985

[161] André fontaine, Histoire de la détente, Un seul lit pour deux rêves aux éditions fayard.1981

un macchème (la décolonisation). Mais elles ne sont pas que des traces. Elles sont aussi des traces handicapantes. Elles sont handicapent, car elles nous enferment dans des marchés nationaux trop étroits pour prétendre soutenir la concurrence des pays dotés des grands marchés nationaux que sont les espaces économiques des Etats continentaux comme les Etats-Unis, la Chine, l'Union Européenne et la Russie. Autrement dit, ces frontières sont handicapantes, car elles atomisent l'espace économique d'un continent dont les populations ne sauraient soutenir la concurrence internationale qu'en s'organisant elles-mêmes sur le mode d'un grand marché continental adossé à un Etat lui-même à l'échelle continental. Il nous faut donc construire soit un ensemble politique continental (Etats-Unis d'Afrique) soit des ensembles politiques régionaux (Etats-Unis d'Afrique de l'Ouest, Etats-Unis d'Afrique de l'Est, Etats-Unis d'Afrique Centrale, Etats-Unis d'Afrique Australe) qui nous feront bénéficier d'un espace de marché compétitif.

C'est du point de vue des traces handicapantes que la macchémologie peut être d'un grand apport pour nous autres africains. Elle nous permettra d'identifier de manière objective les séquelles qui handicapent notre tissu social. Nous pouvons donc nous approprier la machémologie comme science des faits sociaux qui présentent le profil de traces handicapantes laissées par des macchématiques c'est-à-dire des macchèmes corrélés et liés par un sens, un but, une fin. Comme telle, la macchémologie nous permettra d'avoir une intelligence de nos réalités sous l'angle de la traumatologie historique. De ce point de vue, elle permettra d'identifier avec certitude l'origine réelle d'un grand nombre de maux dont souffrent nos sociétés. Elle nous permettra d'affirmer avec certitude si tels maux sont l'expression d'un retard historique, d'une stagnation historique ou d'un processus de régression historique. Il importe de bien identifier ces formes de causalité historique, car selon que notre condition actuelle serait l'expression de l'une ou de l'autre, les solutions ne peuvent être les mêmes.

C) L'apport de la macchémologie

Est-ce une démarche pertinente ? Tout dépend justement du regard que nous portons sur nos réalités. Un regard objectif porté sur notre condition actuelle conduit à conclure que c'est une démarche pertinente. Par exemple, dans le cadre du regard que nous portons sur nos sociétés africaines il est une chose que nous ne devons jamais oublier. A savoir, que les sociétés africaines ont subi au cours des 4 derniers siècles six agressions hyper violentes. On peut citer : les razzias, la déportation atlantique, l'implosion des religions révélées, la colonisation, la version coloniale de l'histoire africaine, l'axiologie de la guerre froide.

Toutes ces agressions ont forcément laissé des traces et peut être des traces handicapantes sur notre tissu social. Or si ces agressions font l'objet de diverses études du point de vue de leur genèse et de leurs modalités, on néglige de les étudier du point de vue de leurs conséquences sur la longue durée c.-à-d. du point de vue des handicaps (traumatismes durables) qu'elles ont laissés sur notre tissu social. Un peu comme si on considérait que la fin des agressions citées ci-dessus s'était automatiquement accompagnée de la disparition des séquelles ou handicaps qu'elles avaient engendrés. Or nous savons que ce n'est pas vrai. Lorsque deux boxeurs sortent du ring ils repartent tous les deux avec des hématomes. Ces hématomes se transforment parfois pour l'un en séquelles qui l'handicapent sur le long ou court terme.

Il en est de même dans les rapports de force entre les sociétés ou entre les nations. Par exemple, le discours colonial sur la hiérarchie des races et des civilisations marque encore aujourd'hui l'imaginaire des peuples européens et non européens. Les sentiments de supériorité et d'infériorité qu'il engendre chez les uns et les autres n'ont pas encore disparue. Au sein des élites européennes, elle se traduit sur la gauche de la scène politique par un paternalisme qui les conduit à un relativisme culturel qui occulte l'origine pleinement arbitraire de certaines réalités africaines. Sur la droite de la scène politique, elle se traduit par une arrogance culturelle qui les conduit à une volonté de tutelle qui peut seule expliquer le discours de Sarkozy[162] du 26 juillet 2007 à Dakar.

Quant aux élites des sociétés africaines ou d'ascendance africaine par exemple, on sait que dans leur imaginaire, la civilisation occidentale fonctionne encore comme un modèle de référence auquel il faut s'identifier sous peine de rester dans la raque de l'histoire. Cette perception de la civilisation européenne et de leur propre expérience historique les conduit à adopter des réflexes de subordination épistémologique, de docilité politique et d'extraversion de leurs intérêts. Pire encore, c'est cette perception de la civilisation occidentale qui les conduit à considérer comme un non-sens toute réflexion en quête d'alternative à l'occidentalisation du monde. Il est consternant de s'apercevoir que l'analyse de Franz Fanon[163] sur les pathologies comportementales provoquées par le discours colonial au sein des sociétés africaines et d'ascendance africaine reste encore d'actualité en cette aube du 21e siècle. Il est significatif de voir que les générations nées après les indépendances s'interrogent encore sur l'incidence culturelle de la mélanité. Indiscutablement les traces laissées par le discours colonial continu à produire des effets pathologiques.

[162] L'Afrique répond à Sarkozy. Ouvrage collectif sous la direction de Makhily Gassama

[163] Frantz fanon, Peau noire et masques blancs, Editions de la Découverte

On comprend mieux pourquoi Bertholt Brecht a pu écrire les vers suivants :

L'arbre fruitier qui ne donne aucun fruit,
On l'accuse d'être stérile. Qui
A examiné le sol ?
La branche qui cède,
On l'accuse d'être pourrie. Mais
pensez à la neige qui la couvrait[164]

Il y a donc des questions que les Africains doivent absolument se poser : quelles sont les handicaps (traces, séquelles, hématomes, traumatismes) que 4 siècles de violence politique, économique, démographique, militaire, spirituelle, culturelle, ont laissés sur notre tissu social et sur notre imaginaire symbolique, épistémologique et politique. Qu'est-ce qui dans notre manière de faire et de penser est l'expression des séquelles laissées par les agressions historiques dont nos sociétés ont été victimes ? Dans quelle mesure ces traces nous handicapent encore aujourd'hui dans notre volonté de transformer de façon qualitative notre réalité politique, économique et sociale ?

Il ne s'agit pas de se poser ces questions pour nous lamenter sur notre condition actuelle et focaliser sur autrui la responsabilité de notre condition actuelle. Non ! Il s'agit simplement de ne pas les occulter. Ne pas occulter des traces et séquelles qui objectivement ne peuvent qu'exister. Il s'agit en fait de se poser ces questions pour pouvoir identifier les maccheta qui nous handicapent et pouvoir les surmonter non pas en indexant autrui, mais en réfléchissant à la formulation de solutions appropriées. Tant il est vrai que pour trouver une solution à un problème encore faut-il en connaître la nature et l'origine exacte. Car si notre diagnostic de nos conditions actuelles est faux alors nos remèdes aussi seront inefficaces. Or la machémologie nous apprend que nos problèmes majeurs trouvent leur source non pas dans un phénomène de retard historique, mais dans un phénomène de régression historique qui nous a été infligé par 4 siècles de violence géopolitique. Dès lors pour surmonter les handicaps engendrés par cette régression il nous faut recourir à des solutions autres que celles qui sont requises pour rattraper un retard historique.

Pour pouvoir entrevoir les solutions concrètes à même de transformer nos réalités actuelles, nous autres africains avons donc besoin d'une lecture de nos réalités non pas sous l'angle de l'évolutionnisme social, mais sous l'angle de la traumatologie historique. C'est ce que nous permet la macchémologie. Par une telle lecture, il ne s'agit pas d'imputer tous nos maux à des macchéta ni d'imputer à autrui les maux qui nous incombent.

[164] Bertholt Brecht, De la stérilité, Paris, Ed L'arche, cité par Jean Ziegler in Retournez les fusils ! Manuel de sociologie d'opposition, Ed Seuil, 1980.

Mais il ne saurait aussi être question d'expliquer nos maux d'origine machémologique par des causes qui n'en sont pas à l'origine. On ne peut pas nous permettre d'ignorer l'origine macchémologique de certains de nos maux. En fait il s'agit simplement d'une part de nous donner les moyens d'identifier les séquelles qui nous handicapent pour les corriger correctement, d'autre part de nous prémunir contre une lecture qui nous conduirait à toujours attribuer nos impasses actuelles à des causes imaginaires et donc irrecevables telles que la fatalité, la malédiction de la race ou encore des tares culturelles. La macchémologie nous permet de nous affranchir de ces explications imaginaires pour ne retenir que des explications objectives. C'est en cela qu'elle constitue une solution épistémologique concrète. Elle nous invite à focaliser notre attention sur les traces laissées sur notre tissu social par quatre siècles de violences géopolitiques, mais aussi à formuler notre diagnostic et nos solutions concrètes en prenant en compte ces traces.

Retenons aussi qu'il ressort de la lecture machémologique de la dynamique historique des sociétés que contrairement aux thèses issues de l'évolutionnisme social, les sociétés ne progressent pas de manière linéaire et cumulative. Elles se transforment dans un sens ou dans un autre. Mais ces transformations surviennent non pas par maturation diachronique, mais sous l'impact de divers facteurs contingents. De ce point de vue, cette théorie présente l'avantage de coïncider avec les faits contrairement à la théorie de l'évolutionnisme social qui n'est attesté par aucun fait historique[165] et ne fait que transposer au domaine de la sociologie historique la philosophie européenne de l'histoire.

Comme on le voit, recourir à la macchémologie pour identifier la traumatologie historique qui handicape sur le long terme une société est une démarche pertinente. Illustrons cette pertinence en prenant un exemple précis au sujet duquel la grille de lecture évolutionniste nous induit en erreur là où la grille de lecture machémologique nous fait entrevoir l'explication et la solution objectives. Il s'agit de la question de la posture autoritaire et libertaire de l'Etat en Afrique.

Section 3. Un exemple de divergence d'interprétation entre les deux grilles de lecture en concurrence : la question de la posture politique de l'Etat africain post-colonial

Il s'agit ici de la posture arbitraire et libertaire de l'Etat africain post-colonial. Nous allons ici nous interroger sur l'origine de cette posture à travers le prisme de l'évolutionnisme social d'abord puis à travers le prisme de la macchémologie.

[165] Lire sur ce sujet Norbert Rouland Anthropologie juridique, Paris PUF, 1988

D'un point de vue chronologique l'Etat africain post-colonial s'est d'abord construit dans la forme d'un Etat autoritaire avant de basculer dans une dérive libertaire. Cette posture autoritaire et libertaire de l'Etat africain post-coloniale soulève la question de son origine. D'où vient le fait que l'Etat africain post-coloniale s'est construit dans la forme d'un Etat autoritaire et libertaire.

Nous verrons ici que selon la grille de lecture que l'on adopte, l'interprétation des origines de cette réalité africaine ne sera pas la même. De façon générale, à travers le prisme de l'évolutionnisme social, les chercheurs concluent que cette posture est une expression de la culture africaine autochtone. L'ouvrage de Jean-François Bayart est illustratif de ce type d'interprétation[166]. A l'inverse, à partir de la macchémologie comme grille de lecture il apparaît que l'Etat africain post-colonial s'est d'abord construit comme Etat autoritaire sous l'influence de la doctrine du développement. Il a ensuite basculé dans une dérive libertaire sous l'influence de l'axiologie du conflit Est-Ouest. Dans un cas comme dans l'autre, ces deux facteurs ont opéré comme des machèmes visant à obtenir la subordination des élites africaines aux intérêts géopolitiques des Etats occidentaux. De ce point de vue, l'Etat africain autoritaire et libertaire est un machetum laissé sur le tissu social africain par ces machèmes.

Il apparaît donc que selon la grille de lecture que l'on adopte, notre interprétation des réalités africaines ne sera pas la même. C'est pourquoi il est important pour nous autres africains de savoir choisir la bonne grille d'interprétation de nos réalités.

A) La distinction entre Etat autoritaire et Etat libertaire

L'Etat africain post-colonial appartient à la catégorie des Etats arbitraires. Au sein des Etats arbitraires on trouve deux types d'Etat : l'Etat autoritaire et l'Etat libertaire.

L'Etat autoritaire est un Etat qui poursuit un idéal idéologique, mais n'octroi aux citoyens aucune garantie pour les libertés fondamentales et s'organise dans la forme d'un Etat de police. Un Etat de police c.-à-d. un Etat qui agit par les moyens du droit pour rationaliser l'action de ses services administratifs en leur imposant le respect de la hiérarchie des normes. Il ne peut pas pour autant être qualifié comme étant un Etat de droit, car le recours aux moyens du droit lui permettent non pas de limiter sa volonté de puissance, mais simplement de rationaliser l'action de ses services.

Quant à l'Etat libertaire, il est celui qui ne poursuit aucun idéal idéologique, n'octroie aux individus aucune garantie pour les libertés fondamentales et ne reconnaît d'autre finalité que la satisfaction des intérêts

[166] Jean-François Bayart, L'Etat en Afrique. La politique du ventre, Paris, Fayard, 1989 (2e édition augmentée, Fayard, 2006)

privés des autorités politiques. De ce fait, il ne tolère aucune limite à sa volonté de puissance, aucune limite à son inclination naturelle à l'abus de pouvoir, n'admet aucune autorité au-dessus de lui (ni constitution ni referendum) et aucune opposition devant lui (rejet du pluralisme politique et intolérance vis-à-vis de l'opposition politique). Sa capacité à nuire à l'intérêt général ne connaît alors ni la limite de l'idéologie, ni celle de la loi, encore moins celles de la constitution, de l'opinion publique, des contre-pouvoirs, de la presse ou des tribunaux. Il est à proprement parlé libertaire c.-à-d. qu'il ne se reconnaît ni Dieu ni Maître.

B) Les origines de la posture politique de l'Etat africain post-colonial selon la grille de lecture évolutionniste

Nous verrons ici l'explication issue du prisme de l'évolutionnisme social et la critique de cette explication à la lumière de la vie politique africaine.

1°) L'explication évolutionniste

Un grand nombre de chercheurs se sont interrogés sur la nature de l'Etat post-colonial en Afrique pour pouvoir expliquer ses postures. Divers théories ont été avancées à partir d'une interprétation évolutionniste[167]. Elles s'accordent toutes sur la nature autoritaire de l'Etat africain post-colonial et expliquent cette nature par divers facteurs qui ne vont pas sans présenter un point commun. Selon Daniel Bourmaud en effet ces théories attestent d'un consensus sur l'autoritarisme et convergent vers une explication structurelle. Pour elles les racines de l'autoritarisme de l'Etat africain post-colonial se nichent soit dans les structures économiques, soit dans les structures sociales, soit dans les structures culturelles[168].

2°) La critique de l'explication évolutionniste

Daniel Bourmaud est un des rares politologues qui ne recourt pas à la grille de lecture évolutionniste pour analyser le fait politique en Afrique sub-saharienne. Il récuse le bien-fondé des explications issues du prisme de la doctrine de l'évolutionnisme social dans les termes suivants.

Il écrit : « La généralisation des autoritarismes dans l'Afrique postcoloniale est communément analysée comme la conséquence de variables sociales, économiques ou culturelles propres aux sociétés africaines. Sans nier leur importance, il convient aussi de prendre en compte les idéologies des élites dirigeantes ». Il poursuit : « Il ne s'agit pas encore une fois de nier les déterminants de tous ordres, historiquement constitués,

[167] Jean Baudoin, Introduction à la science politique, Editions Dalloz, 1998

[168] Daniel Bourmaud, Aux sources de l'autoritarisme en Afrique : des idéologies et des hommes, in RIPC, 2006/4(Vol.13)

qui ont pu infléchir les systèmes politiques africains dans un sens autoritaire. Mais, si le jeu de ces déterminants contribue à créer une disposition à l'autoritarisme, il n'en épuise pas l'explication. Sauf à sombrer dans une conception de l'histoire obéissant au principe de la nécessité, il convient en effet de revenir aux stratégies des acteurs, c'est-à-dire à leurs représentations. L'orientation d'une société, et en l'espèce d'un système politique, résulte aussi des conceptions qui prévalent au sein de l'élite dirigeante ». En prenant en compte ce qu'il appelle les représentations des acteurs politiques en Afrique il écrit : « Les idéologies postcoloniales n'ont jamais pensé la question démocratique pour elle-même, mais valorisé des mythes, privilégiant l'unité au détriment du pluralisme libéral. Les autoritarismes puisent dans un fonds commun idéologique, mais se déclinent aussi de façon spécifique en fonction de la personnalité des chefs d'Etat. Ceux-ci contribuent à déterminer le degré de coercition des autoritarismes de même qu'ils pèsent directement dans les processus de démocratisation ».

En fait, Daniel Bourmaud invite les analystes à considérer les hommes politiques en Afrique comme des acteurs politiques et donc comme des individus dotés d'un imaginaire politique et agissant selon une stratégie bien comprise. Il invite les analystes à rechercher au sein de cet imaginaire politique les motifs de leur posture politique. En d'autres termes, Daniel Bourmaud invite les analystes à accorder une attention particulière aux idéologies qui gouvernaient l'imaginaire des élites post-coloniales à la veille des indépendances s'ils veulent avoir une intelligence globale de la posture autoritaire de l'Etat africain post-colonial.

Ces idéologies sont éclairantes sur le sujet qui nous intéresse, car contre toute attente non seulement elles étaient muettes sur la question de la démocratie, mais en outre, comme on le verra plus loin, elles invitaient à l'instauration d'un régime politique autoritaire. Dès lors, l'origine de la posture non démocratique que présente l'Etat africain post-colonial est à rechercher non pas dans des facteurs structurels propres aux sociétés africaines, mais plutôt dans les idéologies qui gouvernaient l'imaginaire politique des élites africaines à la veille des indépendances. Daniel Bourmaud écrit : « L'Histoire des idées et des idéologies en vigueur au moment des indépendances reste sans doute à écrire. Néanmoins, il est frappant de constater combien la question démocratique est absente du débat politique et intellectuel. Les catégories avec lesquelles est analysé et conçu le pouvoir politique privilégient une vision non pas antidémocratique, comme ont pu l'être les idéologies totalitaires du XXe siècle, mais une vision qui exclut la possibilité démocratique »[169].

Le discours sur la nature de l'Etat à mettre en place issu des idéologies qui gouvernaient l'imaginaire politique des acteurs politiques africains à la

[169] Daniel Bourmaud, Aux sources de l'autoritarisme en Afrique : des idéologies et des hommes, in RIPC, 2006/4(Vol.13)

veille des indépendances post-coloniales suffit pour discréditer les théories d'obédience évolutionnistes qui défendent la thèse des facteurs déterministes qui auraient conduit les élites africaines post-coloniales à opter pour la forme d'un Etat autoritaire.

Bourmaud écrit : « Il n'existait pas au moment des indépendances de démocrates, sauf exception. L'ensemble des élites, y compris ceux qui faisaient fonction d'opposants, communiait dans une même vision unitaire de la société, articulée autour des mêmes mythes. Que la démocratie n'ait pu s'enraciner ne tient sans doute pas à la seule absence de démocrates de conviction à l'époque. Mais, le système de valeurs en place n'en favorisait guère l'éclosion. Les idéologies et représentations contribuent à expliquer la généralisation du cadre autoritaire. Elles éclairent aussi la diversité des configurations autoritaires qui s'y sont enracinées »[170].

Il apparaît que les théories classiques qui expliquent la posture autoritaire de l'Etat africain post-colonial présentent un défaut majeur. Elles sont déterministes. Elles nient l'aptitude des acteurs politiques africains à la stratégie politique c.-à-d. l'aptitude des acteurs politiques africains au libre choix. Elles nient leur aptitude à opter pour tel ou tel régime politique par conviction idéologique ou par opportunisme politique. Or une classe dirigeante n'est jamais autoritaire par déterminisme. Elle dispose toujours d'une latitude pour opter pour un régime politique modéré. Si elle ne le fait pas, c'est toujours soit par conviction idéologique soit par opportunisme politique. Il importe donc en ce qui concerne les acteurs politiques africains de s'interroger sur celui de ces deux facteurs qui est à l'origine de la posture autoritaire et libertaire de l'Etat post-colonial. Conviction idéologique ou opportunisme politique ?

C) Les origines de la posture politique de l'Etat africain post-colonial selon la grille de lecture macchémologique

Pour expliquer la posture de l'Etat africain post-colonial, la macchémologie nous invite à considérer cette posture comme un macchetum laissé sur le tissu social africain par les facteurs qui ont eu la plus grande emprise sur la configuration politique de l'Etat africain post-colonial depuis son avènement.

L'observation des faits montre que parmi ces facteurs, les plus significatifs sont la doctrine du développement et l'axiologie de la guerre froide. Tout au long du XXe siècle, ces deux facteurs ont été, les marqueurs les plus puissants de la vie politique interne ou externe de l'ensemble des Etats membres de la communauté internationale. Il convient donc d'identifier ce que la doctrine du développement et l'axiologie de la guerre

[170] Daniel Bourmaud, Aux sources de l'autoritarisme en Afrique : des idéologies et des hommes, in RIPC, 2006/4(Vol.13)

froide en tant que macchème (acte de lutte, acte de combat) ont pu laisser comme empreinte (macchetum) sur l'Etat africain post-colonial. Il convient de s'interroger sur le fait de savoir si cette empreinte peut expliquer l'orientation autoritaire que l'Etat africain post-colonial prend aussitôt après son avènement.

Nous allons voir ici que la machémologie explique la posture politique de l'Etat africain post-colonial par trois facteurs : la vacuité idéologique des acteurs politiques africains à la veille des indépendances, l'influence idéologique de la doctrine du développement, la pression axiologique du conflit Est-Ouest. Ces trois facteurs ont conduit les acteurs politiques africains à construire un Etat autoritaire et libertaire.

A la veille des indépendances en effet, la scène politique africaine atteste d'une vacuité idéologique qui rend les acteurs politiques africains perméables aux influences idéologiques étrangères. D'abord l'idéologie de la doctrine du développement, ensuite l'axiologique de la géopolitique du conflit Est-Ouest. La doctrine du développement va orienter les acteurs politiques africains vers l'adoption d'un Etat autoritaire. L'axiologie du conflit Est-Ouest va conduire à une dérive de l'Etat autoritaire vers un Etat libertaire.

1°) La vacuité idéologique des acteurs politiques africains à la veille des indépendances

L'observation des faits informe qu'à la veille de la décolonisation, les élites africaines urbaines étaient, par rapport au fait colonial divisées en deux courants. D'un côté un courant égalitariste et de l'autre un courant indépendantiste. Les membres du courant égalitariste rejetaient la perspective de l'indépendance et consacraient leur lutte politique à la revendication de l'égalité des droits entre colons et indigènes. Les membres du courant indépendantiste exigeaient l'accès immédiat des peuples africains à la souveraineté nationale et consacraient leur lutte politique à l'avènement d'un Etat africain indépendant. Les puissances coloniales vont bon gré mal gré céder sur la question de l'indépendance sous la pression du contexte politique internationale (influence de l'ONU, des USA, de l'URSS et des guerres de libération nationale en Asie en faveur des indépendances politiques) et sous la pression du contexte politique africain (apparition de mouvements nationalistes de résistance anticoloniale).

Contraintes de céder devant les revendications des colonies en faveur de l'indépendance, les puissances coloniales vont organiser en Afrique des élections démocratiques pour la constitution des futurs gouvernements indépendants. A l'issue des élections qui précédèrent la proclamation des indépendances,[171] ce sont les membres du courant égalitariste qui se retrouveront majoritairement à la tête des nouveaux Etats africains

[171] D.G. Lavroff, Les partis politiques en Afrique noire, 1970

indépendants. Par exemple Houphouet Boigny en Côte d'Ivoire. Dans un nombre restreint d'Etat ce sont les membres du courant indépendantiste qui accéderont au pouvoir. Par exemple Kwamé Nkrumah au Ghana. Mais dans un cas comme dans l'autre l'ensemble de ces acteurs politiques vont donner au nouvel Etat indépendant une orientation autoritaire et libertaire sous l'influence de la doctrine du développement et de l'axiologie du conflit Est-Ouest. Comment expliquer une telle influence ?

Les écrits de F. fanon et de Daniel Bourmaud fournissent des pistes de réflexion. A la veille des indépendances africaines F.Fanon fait un constat qui l'alarme. Celui de la vacuité idéologique des sociétés africaines post-coloniales. Il écrit : « Pour ma part, plus je pénètre profondément dans les cultures et les cercles politiques d'Afrique, plus j'ai la certitude que le plus grand danger qui menace l'Afrique est l'absence d'idéologie ». La vacuité idéologique dont parle fanon n'est pas une vue de l'esprit. Elle concerne les élites africaines urbaines à la veille des indépendances politiques.

La vacuité idéologique est un phénomène universel aux élites urbaines de toute ex-colonie. Elle vient de ceci que durant la phase de lutte contre le colonialisme, le nationalisme constitue le seul horizon (ou motivation) idéologique des élites urbaines autochtones. Durant cette phase elles ne véhiculent aucune vision idéologique de la société post-coloniale à construire. C'est pour cela qu'une fois l'indépendance acquise ces élites attestent d'une vacuité idéologique en ce qui concerne le type d'Etat et de société à construire. Elles en viennent naturellement à penser la question de la société politique à construire à travers des idéologies d'emprunt c.-à-d. étrangers à la logique et aux contradictions sociologiques de leurs propres sociétés. Les élites africaines post-coloniales n'ont pas échappé à ce phénomène. Du fait de leur vacuité idéologique, elles ont pensé la question de la société politique à construire à travers des idéologies d'emprunt. Le problème est que ces idéologies d'emprunt étaient muettes sur la question de la démocratie au sein de l'Etat africain post-colonial qu'il fallait construire.

C'est le constat que fait Daniel Bourmaud selon qui à la veille des indépendances, la société politique à construire est conçue par les acteurs politiques africains à travers des catégories qui excluent la possibilité démocratique. Il écrit : « Au moment des indépendances, les élites africaines ne pensent pas la question démocratique. Non qu'elles l'écartent directement, dans une opposition de principe. Mais les catégories avec lesquelles elles pensent le pouvoir les conduisent à laisser en marge la préoccupation démocratique »[172].

Quelles sont donc ces catégories qui gouvernaient l'imaginaire des élites africaines et qui selon Daniel Bourmaud excluaient toute possibilité démocratique ? Il s'agit des catégories suivantes : le développement, la

---

[172] Daniel Bourmaud, Aux sources de l'autoritarisme en Afrique : des idéologies et des hommes, in RIPC, 2006/4(Vol.13)

nation, l'Etat. Ces trois catégories selon Bourmaud vont forger une idéologie commune aux élites dirigeantes africaines, une idéologie qui prédispose peu à la mise en place de régimes démocratiques. Elles conduisent en effet à la formation d'un discours qui privilégie une vision unitaire de la société au détriment du pluralisme. Pour l'essentiel en effet ces trois idées « ... balisent l'ordre des priorités et contribuent à délimiter une vision du politique où le pluralisme s'efface derrière l'exigence d'unité »[173]. C'est ce qui explique que le terme démocratie soit absent de ce discours. C'est aussi ce qui explique selon Bourmaud qu'« Il n'existait pas au moment des indépendances de démocrates, sauf exception. L'ensemble des élites, y compris ceux qui faisaient fonction d'opposants, communiait dans une même vision unitaire de la société, articulée autour des mêmes mythes. Que la démocratie n'ait pu s'enraciner ne tient sans doute pas à la seule absence de démocrates de conviction à l'époque. Mais, le système de valeurs en place n'en favorisait guère l'éclosion. Les idéologies et représentations contribuent à expliquer la généralisation du cadre autoritaire. Elles éclairent aussi la diversité des configurations autoritaires qui s'y sont enracinées »[174].

La vacuité idéologique des élites africaines urbaines à la veille des indépendances et l'absence de débat sur le sujet de la démocratie vont conduire les acteurs politiques africains à adopter deux attitudes relatives à la question des élections pré-indépendance et à la question de la nature de l'Etat post-colonial à construire.

Sur le terrain de la question électorale, les acteurs politiques africains vont épouser les clivages idéologiques de la scène politique des métropoles coloniales. Ce sera le cas au cours des élections qui à la veille des indépendances vont les opposer les uns aux autres dans le cadre de partis politiques. Sur ce terrain, les élites africaines post-coloniales vont adhérer à des idéologies d'emprunt non pas par conviction, mais par tactique électorale. Faire allégeance aux idéologies des partis politiques en compétition au sein des métropoles coloniales permettait de gagner à leur cause une frange de la classe politique métropolitaine dans leur compétition interne pour le contrôle de l'appareil étatique postcolonial. Les clivages idéologiques entre les partis politiques africains en compétition, correspondaient alors plus aux clivages idéologiques entre les partis politiques métropolitains (avec lesquels ils ont noué des alliances tactiques) qu'à des clivages idéologiques reflétant des courants sociologiques indigènes en compétition.

Sur le terrain de la question de la nature de l'Etat post-colonial à construire la majorité des acteurs politiques africains va agir avec pragmatisme et opportunisme politiques. Convaincus par les experts du

---

173 Daniel Bourmaud, Aux sources de l'autoritarisme en Afrique : des idéologies et des hommes, in RIPC, 2006/4(Vol.13)

174 Daniel Bourmaud, Aux sources de l'autoritarisme en Afrique : des idéologies et des hommes, in RIPC, 2006/4(Vol.13)

développement que l'Etat nouveau ne saurait maîtriser l'action des forces centrifuges que par la voie d'un appareil politique coercitif, ils adopteront la forme de l'Etat autoritaire et du parti unique. Conscient aussi que les tenants et aboutissants du conflit Est-Ouest allaient rendre la stabilité politique des gouvernements tributaire non pas du service de l'intérêt général, mais de l'alignement diplomatique inconditionnelle aux intérêts de l'une des deux grandes puissances, la majorité des acteurs politiques africains n'hésitera pas à pousser l'alignement diplomatique sur une des deux grandes puissances jusqu'à l'inclination vers un Etat libertaire à même de neutraliser toute forme d'opposition politique défavorable à la grande puissance de tutelle. C'est ce que confirme l'étude de l'influence de la doctrine du développement et de la pression de l'axiologie Est-Ouest sur les acteurs politiques africains. C'est ce que nous allons voir ci-dessous.

2°) L'influence idéologique de la doctrine du développement : l'option pour un système politique autoritaire

Cette option est la conséquence directe de la doctrine du développement. Il convient en effet de se rappeler que dans la période qui précède immédiatement les indépendances, la plupart des Etats africains (anglophones ou francophones) connaissent une vie politique animée par plusieurs partis[175]. C'est en tout cas « ... à des gouvernements issus d'élections locales que les puissances coloniales, la France, l'Angleterre, la Belgique, l'Italie transmettaient les responsabilités du pouvoir »[176]. Les sociétés politiques africaines bénéficient alors d'un système politique multipartite qui laissait augurer le fait que l'Etat nouveau allait être un Etat démocratique.

Mais peu d'années après les indépendances, les différentes écoles doctrinales du développement économique et du développement politique propagent l'idée selon laquelle le décollage économique, la mobilisation des énergies et la planification des comportements économiques requièrent un exécutif puissant. Gérard Conac rappelle que « Les approches développementalistes en tout genre dévalorisaient en effet le pluralisme politique. Dans la phase de construction de l'Etat et de démarrage économique, il paraissait nécessaire que toutes les élites modernistes soient rassemblées autour de quelques objectifs communs. De même que des industries naissantes doivent être protégées contre la concurrence internationale, la plupart des théoriciens du développement jugeaient qu'avant d'accéder aux formes les plus raffinées de la démocratie libérale, les Etats nouveaux devaient éviter de livrer leurs structures encore très fragiles à des luttes intestines entre majorité et opposition. La démocratie

---

175 D.G. Lavroff, Les partis politiques en Afrique noire, 1970

176 Gérard Conac, Les processus de démocratisation en Afrique, in L'Afrique en transition vers le pluralisme politique, Economica, 1993, sous la direction de Gérard Conac

pluraliste était bien l'objectif, mais il fallait pour y parvenir parcourir d'abord les chemins de la nationalisation de l'Etat et du développement économique »[177].

En fait l'idée prévaut alors qu'un système autoritaire est plus apte, au moins à titre provisoire ou transitoire, à initier la modernisation au plan économique comme au plan politique[178]. Les critiques adressées au multipartisme vont alors se faire de plus en plus entendre et les sociétés africaines vont évoluer très rapidement vers le système du parti unique. Les partis d'opposition se trouvent dès lors éliminés par coalition ou par absorption[179]. Pour justifier l'établissement du parti unique trois arguments principaux sont invoqués : le parti unique apparaît comme un instrument d'intégration nationale, comme un instrument de modernisation économique et sociale, comme un facteur d'homogénéité sociale.

Cette grille de lecture développementaliste qui voit dans l'Etat-parti non pas un moyen de la tyrannie politique, mais un levier de la modernisation sera adopté par les acteurs politiques africains. Ils adopteront d'autant plus cette grille de lecture du fait que les deux grandes puissances de l'époque (USA et URSS) encourageaient les gouvernements des pays du tiers-monde à opter pour des régimes autoritaires. Dès les années 60 en effet, à travers la doctrine du développement, les deux grandes puissances mondiales recommandaient aux pays du tiers-monde d'opter pour la forme d'un Etat autoritaire. La mission de cet Etat était de garantir le contrôle social (en l'espèce, la neutralisation des logiques ethniques centrifuges) nécessaire à l'accumulation dite primitive et à l'industrialisation lourde ou légère.

Dès les années 60 les acteurs politiques africains vont conformément à la doctrine du développement adopter le régime du parti unique et celui l'Etat parti[180]. Or opter pour cette forme de l'Etat c'était opter pour un système politique sans contre-pouvoirs et partant, un système politique qui favorise l'inclination naturelle du pouvoir à l'abus de pouvoir. C'est ce type d'Etat qui a proliféré en Afrique conformément aux canons de la doctrine du développement. C'est sans doute pourquoi Serge Latouche rappelle avec force à ceux qui ont la mémoire courte que « En matière de développement, le prix à payer sur le seul plan social et humain est souvent énorme. Si, aujourd'hui, la mode est à la démocratie, dans les années 1960, on considérait comme normaux la dictature, le parti unique, le régime policier,

---

[177] Gérard Conac, Les processus de démocratisation en Afrique, in L'Afrique en transition vers le pluralisme politique, Economica, 1993, sous la direction de Gérard Conac

[178] R.A Dahl, Modern Political Analysis, 2ème édition, 1970 ; J.S Coleman, C.G.Rosberg, ed, Political parties and national Integration in Tropical Africa, Berkeley, 1964 ; A.R.Zolberg, Creating Political Order. The Party State of West Africa, Chigaco, 1966 ; S.P Huntington, C.H.Moore, Authoritarian Politics in Modern Society. The Dynamics of Established One – Party Systems, new York, 1970

[179] Roger-Gérard Schwartzenberg, Sociologie politique, Ed Montchrestien, 1988

[180] Lire sur ce sujet : Roger-Gérard Schwartzenberg, *Sociologie politique*, éditions Montchrestien, 1971, 5e édition, 1998

les emprisonnements arbitraires, la torture, les disparitions, pour réaliser le contrôle social nécessaire à l'accumulation dite primitive, à l'industrialisation lourde ou légère »[181]. Latouche cite l'humaniste G.Myrdal qui contre toute attente n'hésitait pas à écrire qu'« Il faut préférer un régime autoritaire, capable d'accomplir les réformes nécessaires, irréalisables dans un régime démocratique ».

Comme on le voit, la diffusion de la doctrine du développement en Afrique n'est pas allée sans laisser une trace handicapante sur notre tissu social. Cette trace, en l'espèce, se trouve être la posture autoritaire qu'adopte l'Etat africain post-colonial peu après son avènement.

3°) L'influence de l'axiologie du conflit Est-Ouest : rente bipolaire et dérive libertaire de l'Etat africain post-colonial

L'Etat post-colonial en tant qu'Etat autoritaire est donc bel et bien un produit de la doctrine du développement. L'axiologie de la guerre froide viendra accélérer la diffusion de ce modèle d'Etat et conduira même à la transformation de l'Etat africain autoritaire en un Etat africain libertaire. C'est ce qui ressort de l'examen des conséquences de ce que Bourmaud appelle l'exploitation de la rente bipolaire par les acteurs politiques africains[182].

Par rente bipolaire il faut entendre l'opportunité que les deux grandes puissances (USA et URSS) offraient aux gouvernements des pays du tiers-monde d'avoir un gouvernement stable et exonéré de toute obligation de légitimité interne en contrepartie de leur alignement en matière de politique étrangère. Daniel Bourmaud rappelle que « L'accession des Etats africains à l'indépendance se réalise dans un contexte international caractérisé par l'opposition entre les Etats -Unis et l'Union soviétique »[183]. Cette opposition géopolitique n'est pas allée sans influence sur les systèmes politiques africains. En contrepartie de l'alignement des gouvernements africains sur leurs prises de position en matière de politique étrangère, les deux grandes puissances garantissaient aux pouvoirs en place la protection militaire et le soutien financier nécessaire pour la pérennité de leur pouvoir et ne manquaient pas d'approuver les actes de répression contre l'opposition..

En d'autres termes, les deux grandes puissances concédaient aux personnes en charge du gouvernement une latitude libertaire à l'endroit de leur société civile, en échange d'un alignement en politique internationale. Elles les exonéraient de toute légitimité interne. Divers gouvernements africains ont su dès les années 60 non seulement exploiter la doctrine du développement pour imposer un Etat autoritaire, mais aussi exploiter la rente dite bipolaire pour convertir l'Etat développementaliste autoritaire en Etat

---

[181] Serge Latouche, Survivre au développement, Ed Mille et une Nuits, 2004
[182] Daniel Bourmaud, La politique en Afrique, Ed Montchrestien, 1997
[183] Daniel Bourmaud, La politique en Afrique, Ed Montchrestien, 1997

développementaliste libertaire. Le régime de Mobutu au Zaïre, celui d'Houphouët Boigny en Côte d'Ivoire celui de Bernard Bongo au Gabon et celui de Mengistu en Ethiopie, sont les exemples type de l'exploitation de la rente bipolaire par un acteur politique africain.

Certains acteurs politiques en Afrique ont donc su faire jouer la rente bipolaire comme facteur de structuration de la compétition politique interne. Ils ont su exploiter la latitude libertaire que leur concédait l'axiologie du conflit Est-Ouest, pour monopoliser la scène politique (parti unique, suppression des libertés) et privatiser les deniers publics (allocation en toute impunité des ressources financières de l'Etat à la satisfaction d'intérêts privés). Bref ils ont su mettre à profit l'axiologie du conflit Est-Ouest pour organiser un système politique libertaire c.-à-d. un système politique qui rend légitime l'abus du pouvoir. L'exonération de toute légitimité politique interne que leur conférait la rente bipolaire leur donnait une marge de latitude libertaire considérable. Elle ne pouvait en effet qu'encourager les leaders politiques africains à céder à l'inclination naturelle vers laquelle tend tout pouvoir. A savoir : l'abus de pouvoir.

C'est là un aspect de la vie politique africaine post-indépendance que l'on enseigne rarement au sein des universités. Et pourtant tous les politologues qui étudient la société politique africaine en dehors des préjugés de l'évolutionnisme social aboutissent à cette même conclusion. Il en est ainsi du politologue Daniel Bourmaud selon qui certains acteurs politiques en Afrique ont su exploiter la rente bipolaire pour conserver le pouvoir. Il faut lire son livre[184]. La rente bipolaire dont parle D.Bourmaud est bel et bien à l'origine de la posture libertaire de l'Etat post-colonial en Afrique.

Comme on le voit, l'axiologie du conflit Est-Ouest n'est pas allée sans laissé une trace handicapante sur notre tissu social. En l'espèce : la dérive libertaire de l'Etat post-colonial.

4°) L'impact des influences idéologiques étrangères : la formation d'une culture politique liberticide

L'interaction entre l'axiologie politique du conflit Est-Ouest et la doctrine du développement en Afrique a offert aux élites africaines urbaines la latitude de construire un Etat autoritaire et libertaire.

De là vient par conséquent cette culture politique liberticide qui s'est généralisée au sein des acteurs politiques africains. Ceux là même qui dans leur ensemble ont fait leur classe au sein des partis uniques au pouvoir ou au sein de partis d'opposition dont l'idéologie épousait le sectarisme de la guerre froide et qui avaient vocation eux aussi à instaurer un parti unique une fois parvenu au pouvoir.

C'est cette culture politique liberticide qui a conduit dans les années 90 à l'échec des conférences nationales organisé dans le cadre du processus de

[184] Daniel Bourmaud, La politique en Afrique, Ed Montchrestien, 1997.

transition démocratique. La majorité des participants avaient les mains sales c.-à-d. qu'ils étaient porteurs de cette culture politique liberticide et avaient à un titre ou à un autre participé aux instances de l'Etat africain libertaire. Il est donc scandaleux que la majorité des politologues occultent l'impact de la doctrine du développement et de l'axiologie de la guerre froide sur la configuration de l'Etat africain post-colonial et attribuent l'origine de la culture politique post-coloniale à un héritage de tares culturelles.

Bref certains ont voulu à partir de l'évolutionnisme social comme grille de lecture nous faire croire que l'échec de la démocratie en Afrique post-indépendance avait une cause culturelle. Or la macchémologie nous conduit à une tout autre lecture. Elle nous montre que l'échec de la démocratie en Afrique post-indépendance a été provoquée par un macchetum crée par la guerre froide : l'Etat libertaire. C'est cet Etat libertaire qui est la cause de la détresse morale et matérielle dans laquelle s'enfoncent les populations africaines post-coloniales.

Dès lors une solution concrète apparaît dans toute son évidence. Il faut mettre fin au caractère libertaire de l'Etat en Afrique en lui imposant une autorité au-dessus de lui. Celle-ci comme partout ailleurs ne peut être que la Constitution au sens que ce concept présente dans la doctrine politique libérale.

Il s'agit donc pour nous autres africains de nous interroger sur le système politique dont les mécanismes de fonctionnement permettent de garantir la supériorité de la Constitution sur la volonté des gouvernants. Un tel système politique est bien connu en sciences politiques. C'est la démocratie représentative qu'elle soit parlementaire ou présidentielle. Le problème est qu'en Afrique les experts en développement ont imposé une conception antique de la démocratie. Celle de la Grèce ancienne où la démocratie organisait d'un côté la participation des citoyens aux affaires publiques et de l'autre, sacrifiait la liberté civile des citoyens à la tyrannie de l'Etat. Il s'agit là d'une conception de la démocratie qui n'a rien à voir avec la conception moderne de la démocratie.

Il importe pour nous autres africains de nous affranchir de cette conception limitative de la démocratie et nous approprier la conception moderne de la démocratie. De ce point de vue, il convient simplement de rappeler que la démocratie au sens moderne de ce concept est un système politique qui organise l'exercice modéré du pouvoir par les représentants du peuple. Elle suppose donc par définition deux conditions. D'une part, un mécanisme de sélection des gouvernants par les citoyens : c'est la technique du suffrage universel. D'autre part, un mécanisme d'équilibre entre les pouvoirs : c'est la technique de la séparation des pouvoirs. Cette technique permet d'organiser les rapports entre les pouvoirs de telle sorte que par l'aménagement des pouvoirs le pouvoir arrête le pouvoir. C'est la technique des mécanismes de la collaboration entre les pouvoirs (droit de dissolution et motion de censure). Divers mécanismes contribuent à l'effectivité de cet exercice modéré du pouvoir : la séparation des pouvoirs, l'indépendance de l'autorité judiciaire, le contrôle de la légalité des actes administratifs, le contrôle de la constitutionnalité des lois. Voilà les mécanismes de ce qu'on appelle une démocratie moderne. Ce sont ces mécanismes qui garantissent que le pouvoir exécutif et législatif ne se considère pas au-dessus de la constitution. C'est dire donc qu'un Etat qui n'a de démocratique que le seul mécanisme des élections multipartite ne peut pas être qualifié d'Etat démocratique. Seuls peuvent revendiquer le qualificatif de démocratie les Etats qui attestent de l'existence de l'ensemble des mécanismes énumérés ci-dessus. Comme on le voit, nous avons encore un long combat à mener pour que s'élèvent en Afrique de véritables démocraties. Seul un tel système politique peut faire échec au caractère libertaire de l'Etat post-colonial.

Il suit de là que l'enjeu politique réel en Afrique consiste non pas tant dans l'organisation des élections multipartites, mais plutôt dans la mise en place de mécanismes qui permettent de garantir l'effectivité des constitutions. Ces mécanismes nous les avons énumérés ci-dessus. Pour parvenir à cette effectivité des constitutions, nous devons nous poser et répondre aux questions suivantes. En ce qui concerne la rédaction des constitutions : qui a compétence pour désigner les rédacteurs et selon quelle procédure ? Quels critères de probité morale ces derniers doivent présenter pour pouvoir être désignés comme rédacteurs ? En ce qui concerne le contenu des constitutions : quelle doit être la philosophie politique de référence pour les rédacteurs ? En ce qui concerne le contrôle de l'engagement des candidats aux élections à respecter la Constitution : nous savons qu'un candidat ne respecte la Constitution que s'il a des convictions démocratiques. Et ce n'est pas le cas de ceux qui ont été membres des partis uniques ou qui ont été membres de partis d'opposition dont l'idéologie épousait le sectarisme de la guerre froide et avait donc vocation à instaurer un parti unique. Une solution concrète au problème de l'engagement des candidats à respecter la Constitution consisterait donc à exiger que tous les candidats à une élection présidentielle, législative ou municipale doivent présenter les mains propres, c.-à-d. qu'ils n'aient jamais exercé un mandat politique ou une fonction gouvernementale au sein d'un Etat africain libertaire.

D) La contribution globale de la machémologie comme grille de lecture

Comme on le voit, la question du prisme par lequel nous interprétons notre réalité est un enjeu. Selon que nous interprétons nos réalités à travers la théorie de l'évolutionnisme social ou à travers la machémologie, les explications ne sont pas les mêmes. Du coup notre sentiment quant à la capacité de nos sociétés à se transformer de manière autonome n'est pas le même non plus.

A travers le prisme de l'évolutionnisme social certains veulent nous faire croire que tel nous sommes aujourd'hui tel nous avons toujours été. Ils cherchent à nous persuader que nos sociétés accusent un retard historique millénaire et qu'en conséquence la seule solution serait le rattrapage par voie de mimétisme. Or d'autres prismes nous informent que nos sociétés sont plutôt des sociétés qui ont été brisées, cassées, tordues. Il ne s'agit donc pas de rattraper un retard, mais plutôt de réparer un tissu social rendu rétrograde par 4 siècles de violence géopolitique. Il s'agit donc non pas d'ajuster une culture, mais de redresser un tissu psychologique. Ce n'est pas pour rien que Cheikh Anta Diop dit que l'Africain qui l'aura lu est celui-là même qui verra se réveiller le géant qui sommeille en lui. C'est en effet ce géant dont on a paralysé les jambes que nous devons et pouvons remettre sur pied en lui donnant une autre lecture de ses réalités sociales. C'est aussi cela changer de paradigme.

Par exemple c'est la vision évolutionniste que l'Occident a introduite en Afrique qui empêche certains Africains d'accepter la thèse d'une Egypte mélanoderme. Ils disent fréquemment que si cela est vrai que les égyptiens étaient des noirs alors pourquoi aujourd'hui nous sommes sous-développés ? Pour qu'ils aient une réponse à leur question on voit bien qu'il faut leur donner une lecture macchémologique de la dynamique des sociétés. Là où la théorie de l'évolutionnisme social prétend que la dynamique historique des sociétés est linéaire et cumulative et donc qu'on ne peut pas progresser puis régresser, la macchémologie au contraire leur apprend que la dynamique historique des sociétés relève de facteurs contingents et que par conséquent une société peut progresser puis régresser. La machémologie nous apprend que la dynamique historique des sociétés n'est jamais linéaire et cumulative, mais plutôt le résultat de contingences et de rapports de force et partant qu'elle est faite de phases de progrès et de phases de régression. De ce point de vue, l'origine mélanoderme de l'Egypte antique et la condition actuelle des Africains n'est plus quelque chose d'illogique ou de contradictoire.

A ces Africains qui doutent de l'existence d'une Egypte mélanoderme il faut donc leur faire comprendre que la régression historique des sociétés africaines est un macchetum laissé par trois macchémes particuliers : l'implosion des religions révélées, la déportation atlantique et la colonisation. Ces macchémes trouvent eux-mêmes leur origine dans une macchématique singulière : l'expansion extraterritoriale des peuples européens à partir du 16e siècle en vue de se procurer la main d'œuvre et les matières premières nécessaire à leur progrès historique.

Comme vous le voyez, la macchémologie peut être mobilisée utilement comme grille de lecture pour analyser notre réalité politique sous l'angle de la traumatologie historique et sociale. Le recours à la macchémologie n'est pas pour nous lamenter sur notre sort, mais pour identifier quelle est l'origine réelle de chacun des maux dont nous souffrons. Ce n'est que par la connaissance de leur origine réelle que nous parviendrons à avoir une intelligence des remèdes efficaces à mettre en œuvre.

La macchémologie nous apprend qu'en Afrique l'homme en tant que créateur de civilisation a eu les jambes brisées et paralysées par 4 siècles de violence géopolitique. Il s'agit donc non pas de lui demander de rattraper ceux qui entre-temps ont pris de l'avance lorsqu'il s'est effondré. Il s'agit plutôt d'abord de réparer ses jambes pour lui permettre d'accomplir à nouveau les bonds historiques dont il a toujours su faire preuve tout au long de l'histoire. Un seul remède peut lui permettre de retrouver l'usage total de ses jambes : la réappropriation de sa mémoire historique telle qu'elle a été mise au jour par Cheikh Anta Diop. Voilà pourquoi la diffusion et la vulgarisation de l'œuvre de cheikh Anta Diop est au cœur des solutions concrètes pour un devenir moderne des sociétés africaines.

SECTION 4. LA CORRUPTION : UNE GRILLE DE LECTURE QUI OCCULTE UN FLÉAU IMPORTANT DES SOCIÉTÉS AFRICAINES

La corruption est souvent présentée comme une cause essentielle de l'échec des politiques du développement en Afrique. Dans l'imaginaire politique des médias occidentaux, dans celui des experts en développement, celui des universitaires et de l'opinion publique, c'est la corruption qui fait échec aux politiques du développement et elle serait en outre inhérente à la culture africaine. Il s'ensuit que nous focalisons alors toute notre attention critique sur le phénomène de la corruption. A un point tel que nous finissons par considérer qu'il est sans objet de nous interroger sur la pertinence ou non des politiques du développement elles-mêmes. Le mal africain serait déjà bien connu. C'est la corruption. Or ce faisant, sommes-nous certain de ne pas nous contenter de critiquer l'arbre qui cache la forêt ? Une forêt qui présenterait la forme d'une kleptocratie. Autrement dit, le thème de la corruption n'opère-t-il pas comme un voile qui permet d'occulter le véritable fléau de la vie politique en Afrique ? A savoir, la kleptocratie. Analysons cette question.

A) Corruption et développement

De façon générale on impute souvent aux hommes politiques africains la responsabilité de l'échec des politiques de développement pour cause de corruption politique. On ne peut nier l'ampleur du phénomène de la corruption en Afrique et on ne peut que condamner avec fermeté cette pratique. Mais de là à en faire la cause de l'échec des politiques du développement il y a là un pas que nous ne franchirons pas. Pour cette bonne raison que le modèle économique de développement mis en œuvre en Afrique est d'une telle aberration que même dans le cadre d'un système politique de bonne gouvernance il ne pourrait de toutes les façons que conduire par vocation à l'échec.

Il faut comprendre en effet qu'indépendamment de la pratique de la corruption, les politiques du développement n'ont pas vocation à être efficaces. Et cela pour deux raisons. D'une part, elles excluent les activités créatrices de richesse (à savoir les industries de transformation). D'autre part, elles privilégient les activités créatrices de rente (à savoir les industries d'exportation de produits tropicaux ou miniers). Ces politiques ne sont donc capables que d'une seule chose : générer une rente. Or l'accès à cette rente fait l'objet d'une compétition souvent violente entre les acteurs politiques, car c'est la seule ressource financière disponible. Dès lors la meilleure manière (pour le partenaire étranger et autochtone comme pour le fonctionnaire national et l'opérateur économique national) de se garantir une partie de cette rente est de se livrer à la corruption. Ce n'est donc pas la corruption qui rend les politiques du développement inefficace. Ce sont les politiques du développement qui incitent à la corruption et en amplifient le phénomène en Afrique.

B) Distinction entre corruption et kleptocratie

La corruption est en fait un phénomène universel auquel même les pays occidentaux n'échappent pas. Elle est à condamner, car elle se fait toujours au détriment de l'intérêt public. Cependant ce n'est pas elle qui empêche les élites africaines à opter pour des politiques économiques efficaces. En l'espèce des politiques industrielles de transformation. C'est cette énigme que nous devons d'ailleurs chercher à comprendre. Pourquoi les élites africaines s'accrochent à des politiques de simple exportation de matières premières au lieu d'opter pour des politiques industrielles de transformation ? Tant que nous n'aurons pas trouvé réponse à cette énigme, il sera toujours plus commode pour les uns et pour les autres d'expliquer l'échec des politiques du développement par le phénomène de la corruption. Nous autres africains devons donc être très rigoureux dans notre analyse du phénomène de la corruption en Afrique. C'est le genre de sujet dont se servent aisément les démagogues pour noyer le poisson et partant masquer les responsabilités réelles. Voilà pourquoi, nous autres africains devons absolument avoir une approche critique de la notion et du phénomène de la corruption.

Une chose est certaine. Le prisme de la corruption déforme notre interprétation des réalités africaines. Elle nous amène à ne pas faire la distinction entre l'arbre (c.-à-d. la corruption) et la forêt (c.-à-d. la kleptocratie). La corruption est une pratique de marchandisation de passe-droits (autorisations) politiques ou administratifs détenue par divers agents de l'autorité publique. Elle est la source d'un manque à gagner considérable pour l'Etat et une source de validation de projets contraire à l'intérêt général.

Comme telle, elle doit être dénoncée et condamnée avec la plus grande fermeté. Mais on ne saurait lui imputer la cause de l'échec des politiques de développement. Le principe de réalité s'oppose à une telle manière de voir. Par exemple, les pays occidentaux n'échappent pas au phénomène de la corruption. Cela n'entraîne pas pour autant l'échec de leur politique de croissance économique. Si en Afrique la corruption a une amplitude plus grande qu'en Occident c'est simplement parce qu'en Afrique les conditions de rémunération des agents de la fonction publique sont aléatoires. La tentation de céder à des propositions de corruption est ainsi plus élevée. Il y a donc non pas une différence de nature, mais simplement une différence de degré par rapport à l'Occident.

L'attention que nous portons à l'arbre (la corruption) ne doit pas nous conduire à ne pas voir la forêt (la kleptocratie). C'est cette forêt qui représente un danger plus grave. Plus grave, car la kleptocratie n'est pas une marchandisation de passe-droits politiques ou administratifs. Elle se présente à l'analyse comme une privatisation des ressources financières de l'Etat. Autrement dit c'est une allocation des ressources de l'Etat à des fins d'intérêts privés. Elle a des conséquences graves et dommageables. C'est elle en effet qui engloutit les recettes de l'Etat qui devraient être consacrées à la performance des services publics dans le domaine de la santé, de l'éducation, des transports publics, etc. C'est donc elle qui prive les populations africaines de l'accès aux avantages des services publics modernes. Elle est de ce point de vue tout à fait distincte de la corruption par sa nature.

Se focaliser sur la corruption c'est donc se focaliser sur l'arbre qui cache la forêt. Le véritable fléau en Afrique n'est pas la corruption. C'est la kleptocratie. C'est elle qui fait de l'Etat africain post-colonial un véritable tonneau des danaïdes qui absorbe les ressources financières qui proviennent de l'exploitation des ressources minérales et des mécanismes de l'aide au développement. C'est elle qui absorbe les sommes qui ont vocation à être allouées à l'investissement productif et à l'investissement social. Or à ne pas faire un distinguo entre corruption et kleptocratie on polarise la désapprobation publique non pas sur ce qui constitue un crime politique (la kleptocratie), mais sur ce qui n'est qu'un délit pénal (la corruption).

Nous devons absolument en Afrique faire une distinction entre corruption et kleptocratie. La première appelle à une sanction privative de libertés (peine de prison) pour détournement de prérogatives publiques, la seconde appelle à une sanction privative des droits civiques et politiques (déchéance citoyenne) pour crime politique.

La corruption quels que soient le temps et l'espace – il faut en prendre conscience – ne peut pas être éradiquée. Elle est en effet inhérente à l'inclination naturelle du pouvoir à l'abus. Elle peut seulement être combattue par une politique judiciaire de lutte contre les pratiques illicites. Une telle politique peut raisonnablement se donner comme objectif non pas l'éradication de la corruption, mais la répression récurrente des actes de corruption. En revanche la kleptocratie peut et doit être éradiquée. Pour vaincre la kleptocratie il y a une solution réelle : organiser la transparence des recettes et des dépenses de l'Etat. Chaque Etat africain devrait créer une Autorité Administrative Indépendante chargée de la transparence des recettes et dépenses de l'Etat. Sa mission serait la récolte des informations et la publication des informations relatives aux recettes et dépenses de l'Etat.

C) Le piège de la corruption comme grille de lecture de l'échec des politiques du développement

Il faut observer que faire de la corruption la cause de l'échec des politiques du développement serait participer de ces clichés d'inspiration évolutionniste qui occultent et masquent les causes véritables de l'échec de ces politiques. Ces clichés prennent leur source dans une vision culturaliste et déterministe des postures politiques en Afrique. Cette vision est dangereuse, car elle peut même conduire à un pessimisme qui rendrait vaine toute espérance de changement politique en Afrique. C'est cette vision que véhicule par exemple le President Mitterand. Raphaëlle Bacqué et Pascale Robert-Diard témoignent. Elles écrivent : « A ceux qui s'inquiètent de le voir soutenir des dictateurs qu'il dénonçait dans l'opposition, Mitterrand explique : A quoi cela sert-il de changer les hommes ? Celui que l'on mettrait à la place ferait la même chose… »[185]

Cette vision est malheureusement partagée par une grande partie de la classe politique et des analystes occidentaux. C'est un véritable piège, car expliquer la posture des hommes politiques africains par des prédispositions psychiques ou culturelles revient à évacuer du processus de l'histoire la genèse réelle de la posture des hommes politiques en Afrique post-coloniale. Or les hommes politiques africains ne tombent pas du ciel. Ils ont une histoire et sont le produit de cette histoire. Il faut connaître cette histoire si on veut avoir une intelligence de l'origine de la logique affairiste et autoritaire de l'exercice du pouvoir dont ils font usage en Afrique post-coloniale.

On sait que de façon générale, les médias et l'opinion publique en particulier dénient aux hommes politiques africains la qualité d'acteurs politiques. Ils les considèrent le plus souvent comme des pantins, des pions, au service d'intérêts étrangers. C'est là une vision erronée à laquelle le préjugé européocentriste n'est sans doute pas étranger.

En vérité les hommes politiques africains se comportent en véritables acteurs politiques. Le travers d'un acteur politique on le sait est de servir ses propres intérêts. A savoir non pas tant l'accumulation de biens, mais surtout la conquête et la conservation du pouvoir. Ces deux intérêts peuvent se

[185] Raphaëlle Bacqué et Pascale Robert-Diard, in Le monde du 11 juin 2000, p3

cumuler en cours de route. Mais la conquête et la conservation du pouvoir restent le travers principal. Notons qu'une minorité d'entre les acteurs politiques font preuve de probité morale. Ils prennent la mesure de l'intérêt général et de la morale politique et osent souffler dans le sens inverse du vent lorsque celui-ci prend à contrepied l'intérêt général. Selon que les circonstances leur sont favorables ou non, ces hommes connaissent le succès ou l'échec de leur posture morale. C'est ce qu'ont fait des acteurs politiques tels que Charles De Gaulle dans le cadre de circonstances qui lui ont été favorables. Kwamé Nkrumah, Patrice Lumumba ou Thomas Sankara dans le cadre de circonstances politiques qui leur étaient défavorables. Une majorité d'entre les acteurs politiques en revanche, se montre plutôt pragmatique. Ils prennent la température des rapports de force en présence et soufflent dans le sens du vent même si celui-ci va dans le sens contraire à l'intérêt général. C'est ce qu'ont fait une partie de la classe politique allemande dans le cadre de l'ascension de Hitler au pouvoir, une partie de la classe politique française en se rangeant du côté du gouvernement de Vichy, une partie des hommes politiques en Afrique en cédant aux impératifs de l'axiologie du conflit Est-Ouest. Au moment des indépendances politiques en effet la majorité des acteurs politiques africains ont pris la température des rapports de force en présence et ont compris que la pérennité de l'exercice du pouvoir politique en Afrique était tributaire non pas du respect de l'intérêt général, mais de l'alignement inconditionnel aux intérêts de l'une des deux grandes puissances qui se disputaient alors l'hégémonie mondiale pour l'universalisation de leur modèle de société. La majorité des acteurs politiques africains ont alors soufflé dans le sens du vent du conflit Est-Ouest. Or ce vent soufflait non pas en faveur de la démocratie et de la renaissance africaine, mais en faveur de régimes politiques autoritaires et d'un modèle économique qui repose sur l'exportation des matières premières. C'est précisément ce modèle économique qui incite à la corruption, car il n'est capable de générer qu'une richesse rentière et la corruption se présente comme le moyen le moins brutal pour avoir accès à cette ressource qui est la seule ressource financière disponible dans l'espace nationale.

Si l'on veut vaincre la logique autoritaire et affairiste de l'exercice du pouvoir en Afrique, il faut donc s'en interdire toute explication essentialiste et donc déterministe. Il convient d'en rechercher les causes réelles dans la sociologie politique. Or que nous apprend la sociologie politique africaine ? Elle nous apprend à ce sujet que c'est la diffusion du modèle de l'Etat autoritaire par le jeu de l'axiologie de la doctrine du développement et par celui de l'axiologie de la guerre froide qui a favorisé en Afrique l'émergence d'une logique affairiste de l'exercice du pouvoir.

D) Les moyens de la lutte contre la corruption

La corruption est un acte d'abus de pouvoir qu'il faut combattre, car elle se fait toujours au détriment de l'intérêt général et donc de l'intérêt public. Mais comme tel la corruption est aussi un phénomène universel inhérent à l'ordre naturel de la vie politique. Montesquieu nous rappelle en effet que l'abus de pouvoir est une inclination naturelle du pouvoir politique. Dès lors, pour éviter que les pratiques d'abus du pouvoir ne prennent le pas sur la bonne gouvernance, il faut miser non pas sur la vertu des hommes politiques, mais sur les mécanismes de l'Etat de Droit. A savoir la séparation et l'équilibre des pouvoirs, le contrôle de la constitutionnalité des lois et de la légalité des actes administratifs. Ces mécanismes limitent le phénomène de l'abus de pouvoir, car ils contraignent à un exercice transparent du pouvoir politique. Ces mécanismes de l'Etat de Droit donnent à la gestion du bien public une transparence indépendamment de la volonté des acteurs politiques. C'est cette transparence indépendante de la volonté des acteurs politiques qu'il faut aménager.

Cependant même là où ces mécanismes existent, la corruption parviendra quand même à se frayer un chemin. C'est ce dont atteste la pratique politique des pays occidentaux où pourtant les mécanismes de l'Etat de droit fonctionnent. C'est pourquoi nous disons qu'elle ne peut être éradiquée, mais seulement combattue par une politique judiciaire de lutte récurrente et permanente contre les pratiques illicites.

En Italie par exemple le parti politique de la démocratie chrétienne qui a gouverné l'Italie pendant 40 ans a été balayé dans les années 90 par une opération anti-corruption orchestrée par les magistrats. Mani pulite (en italien, Mains propres) désigne une série d'enquêtes judiciaires visant des personnalités du monde politique et économique italien. Les enquêtes mirent au jour un système de corruption et de financement illicite des partis politiques surnommé Tangentopoli (de tangente, « pot-de-vin » et de poli, « ville » en grec). Des ministres, des députés, des sénateurs, des entrepreneurs et même des ex-présidents du conseil furent impliqués. En février 1992, un groupe de magistrats emmené par M. Francesco Saverio Borrelli, procureur général du parquet de Milan, se lance à l'assaut contre la corruption généralisée en Italie. *« L'opération mains propres »* est lancée. Le parti démocrate chrétien qui avait garanti-la stabilité *» et* l'équilibre apparaît en plein jour comme un instrument au service de l'illégalité institutionnalisée, avant de disparaître. Le socialiste Bettino Craxi, ex-président du conseil, est condamné à vingt-sept ans de prison, pour une demi-douzaine d'affaires de financement illicite de partis politiques et de corruption.

Les enquêtes furent initialement confiées à un pool du parquet de Milan (composé des magistrats Antonio Di Pietro, Piercamillo Davigo, Francesco Greco, Gherardo Colombo, Ilda Boccassini et sous la direction du Procureur Général Francesco Saverio Borrelli et de son adjoint Gerardo D'Ambrosio) puis élargies à tout le pays. Elles donnèrent lieu à une grande indignation de l'opinion publique et révolutionnèrent la scène politique italienne, provoquant la disparition de partis historiques comme la Démocratie chrétienne (DC), le Parti socialiste italien (PSI), le Parti socialiste démocratique italien (PSDI) ou encore le Parti libéral italien (PLI). Le bouleversement fut tel qu'on parle désormais d'un passage à une Seconde République. Bref en Italie la corruption politique était telle que Mattei, l'homme des hydrocarbures italiens, disait froidement qu'il avait coutume de prendre les hommes politiques ou les partis politiques comme l'on prend un taxi et paie une course pour se rendre d'un point à un autre[186].

L'ampleur de la corruption en Italie n'a pas empêché ce pays d'être un pays développé membre de l'Union européenne. C'est dire donc que la corruption doit être condamnée et sanctionnée de manière continue comme phénomène inhérent à la vie politique. Mais elle ne doit en aucun cas être présentée comme un facteur responsable de l'échec des politiques de développement dans un pays.

E) Le véritable fléau qui gangrène la vie politique en Afrique est la kleptocratie

Comment expliquer qu'en Italie la corruption n'ait pas fait sombrer l'Etat italien dans le sous-développement alors que selon certains c'est la corruption qui en Afrique est un facteur essentiel du non-développement ? La réponse est simple.

C'est parce qu'entre l'Italie et les pays africains il y a une différence essentielle. Si en Italie il n'y avait que la corruption, en Afrique en revanche il y a quelque chose d'autre qui accompagne la corruption. C'est la kleptocratie c.-à-d. la privatisation des ressources financières de l'Etat. Les ressources financières d'un Etat ont vocation à être allouées à la satisfaction d'investissement d'intérêt général. Or en Afrique très souvent ces ressources sont allouées à la satisfaction d'intérêt privé. Cela n'est pas de la corruption. C'est de la kleptocratie. C'est la kleptocratie en tant que privatisation des ressources financières de l'Etat qui conjuguée avec la mise en valeur des ressources naturelles sous l'angle de la rentabilité externe qui explique que les économies africaines demeurent des économies périphériques. Ce qui doit donc être dénoncé c'est certes la corruption, mais c'est surtout la kleptocratie. C'est elle qui donne à l'exercice du pouvoir en Afrique un caractère affairiste. C'est elle la cible que l'on doit chercher à éradiquer.

Il apparaît donc ici aussi une autre solution concrète. En matière de dénonciation des mœurs politiques, il s'agit de ne pas se contenter de dénoncer la corruption. Il faut distinguer corruption et kleptocratie et

[186] Olivier Duhamel, Droit Constitutionnel et Institutions politiques, Editions du seuil, 2009. p312

combattre les deux sans pour autant les confondre au risque de voir comme dans certains pays africains les champions de la kleptocratie se présenter comme les héros de la lutte contre la corruption.

Pour vaincre la kleptocratie il n'ya qu'une solution : organiser la transparence des recettes et des dépenses de l'Etat. Chaque Etat africain devrait créer une Autorité Administrative Indépendante chargée de la transparence des recettes et dépenses de l'Etat. Sa mission serait la récolte des informations et la publication des informations relatives aux recettes et dépenses de l'Etat.

F) L'ampleur inédite de la kleptocratie en Afrique

Les pays occidentaux n'échappent pas au phénomène de la kleptocratie. Ainsi par exemple, l'histoire des démocraties en Occident est parsemée de scandales d'abus de biens sociaux, de corruption passive ou active, de pots de vin, au profit d'hommes politiques.

Dernièrement c'est la Grande-Bretagne qui a appris avec consternation que ses parlementaires se faisaient rembourser en note de frais des dépenses d'ordre privé. Une députée se faisait même rembourser en notes de frais le coût des cassettes pornographiques qu'elle achetait pour son mari (cf le Monde du 21 mai 2009p1 et 9, celui du 22 mai 2009, p10, celui du 28 mai 2009). Toujours en Grande Bretagne en 2009 on a appris que certains députés allaient jusqu'à monnayer leur droit d'amendement des textes législatifs. En France quelques affaires célèbres ont défrayé la chronique sous la Vème République (Angola Gate qui a impliqué des personnes aussi célèbres que le fils et le père Pasqua, le fils Mitterrand, Jacques Attali, etc. ; affaire Gaymard, affaire Serge Dassault qui en juin 2009 a été déclaré inéligible par le Conseil d'Etat pour 1 an pour avoir payé des électeurs).

Toutefois il importe de relever que si les pays occidentaux n'échappent pas au phénomène de la kleptocratie, il y a cependant qu'il existe une différence en terme d'ampleur entre la kleptocratie en Afrique et la kleptocratie en Occident.

En Occident, ce sont des individus qui mettent à profit les failles du système légal pour détourner vers un usage privé des deniers publics qui leur ont été confiés en vue d'un service public. En Afrique post-coloniale c'est le gouvernement lui-même qui se présente comme titulaire des ressources publiques et alloue la majorité de ces ressources à des dépenses d'ordre privé.

Bref, la corruption est un phénomène universel. Penser que l'échec des politiques de développement est dû à la subjectivité des acteurs politiques est donc un point de vue simpliste, une lecture de surface, qui focalise notre attention sur l'arbre qui cache la forêt. Adopter ce point de vue reviendrait à exiger des hommes politiques africains une vertu naturelle qu'ailleurs on ne réclame à aucun homme politique. Dans les démocraties occidentales, pour combattre l'inclination à la corruption on a misé non pas sur la vertu naturelle, mais sur des mécanismes de dissuasion. Conformément aux recommandations de Montesquieu on a mis en place des mécanismes de contrôle et de contre-pouvoirs qui freine la propension du pouvoir politique à tendre vers son inclination naturelle à l'abus. Conformément aux recommandations de Montesquieu on a fait en sorte que par la disposition des choses, le pouvoir arrête le pouvoir. Autrement dit il faut organiser la séparation des pouvoirs et mettre en place des contre-pouvoirs. Bref en un mot aménager un Etat de Droit.

En Afrique ce qui empêche la mise en place de ces mécanismes c'est la kleptocratie. Nous le répétons donc. Si en Occident la corruption ne fait pas sombrer l'économie des Etats c'est parce que entre l'Occident et les pays africains il y a une différence essentielle. En Occident il n'y a que la corruption alors qu'en Afrique il y a quelque chose d'autre qui accompagne la corruption. C'est la kleptocratie c.-à-d. la privatisation des ressources financières de l'Etat. Les ressources financières d'un Etat ont vocation à être allouées à la satisfaction d'investissement d'intérêt général. Or en Afrique très souvent ces ressources sont allouées à la satisfaction d'intérêt privé. Cela n'est pas de la corruption. C'est de la kleptocratie.

Chapitre 2

La question des obstacles et du projet d'une société africaine moderne

Il s'agit ici de deux thèmes à propos desquels les intellectuels et les acteurs politiques africains progressistes doivent faire preuve d'anticipation. Anticipation en ce sens qu'ils doivent d'une part concevoir au préalable leur projet de société et d'autre part, ils doivent identifier au préalable les obstacles qu'ils vont devoir surmonter dans leur combat pour émanciper les sociétés africaines de l'adversité historique. L'anticipation en matière politique est la clef incontournable du succès sur le long terme. Elle permet d'éviter les solutions en termes d'improvisation et de bricolage politiques. L'anticipation permet surtout d'éviter que l'action politique ne soit déterminée par l'arbitraire des circonstances.

Section 1. La question des obstacles

Le bon sens informe que celui qui n'identifie pas au préalable les obstacles auxquels il sera confronté butera nécessairement sur ces obstacles. Ceci pour dire que pour donner aux sociétés africaines une configuration moderne il nous faut avant toute chose faire preuve de méthode. Elle seule permet de vaincre l'adversité du réel. Or d'un point de vue méthodologique, il s'agit pour nous d'abord de prendre la mesure du caractère colossal de la tâche que nous devons affronter. Car avant même d'envisager la mise en œuvre de solutions concrètes, nous avons d'abord à vaincre quatre obstacles majeurs : les africanophages, la fragmentation de notre imaginaire social, l'immensité géographique de l'espace territorial occupé par nos sociétés, la cacophonie intellectuelle dans nos sociétés.

A) Les africanophages

Il s'agit de tous ceux qui se nourrissent et s'enrichissent à partir de l'appauvrissement des populations africaines. On les trouve en Occident, mais aussi en Afrique. Il s'agit d'acteurs politiques, d'experts, d'universitaires et d'opérateurs économiques.

Nous avons forgé ce concept d'africanophage pour bien identifier nos adversaires. Trop souvent en effet nous confondons nos alliés et nos adversaires. Trop souvent aussi nous désignons nos adversaires par des mots (impérialisme, néo-colonialisme, les blancs) qui les rendent insaisissables et ne permet pas à notre cause politique de dépasser le stade de la logomachie révolutionnaire. Le concept d'africanophage nous permet d'identifier concrètement et individuellement nos adversaires et tous ceux qui apportent un soutien à la mise en œuvre des politiques qui nous appauvrissent. Il nous permet d'identifier à partir des discours et des pratiques de chacun qui est africanophage et qui ne l'est pas. Il nous permet surtout de comprendre que tous les Occidentaux ne sont pas nos adversaires et que tous les Africains ne sont pas nos alliés. N'oublions jamais qu'aux Etats-Unis des hommes blancs ont été lynchés par le KuKlux Klan pour avoir combattu le racisme. Nous comptons donc parmi les occidentaux des personnes qui portent en elles les valeurs universelles des droits de la personne quelque soit sa culture, sa nation ou son isoderme. Nos adversaires sont uniquement les africanophages. Qu'ils soient occidentaux ou africains.

Les africanophages sont puissamment armés, solidaires entre eux et disposent d'une grande capacité de répression. Ils nous observent et sont prêts à nous éliminer sans état d'âme dès lors qu'ils sentent que nous constituons une menace sérieuse. C'est pourquoi, nous devons désormais pratiquer le culte du secret lorsque nous débattons ou organisons les projets de notre émancipation.

Cheikh Ahmadou Bamba, Simon Kibangu, André Matsuwa, Lumumba, Ruben Um Nyobé, Ernest Ouandié, félix Moumié, Barthélémy Boganda, Kwamé Nkrumah, Thomas Sankara, Fela Ransome Kuti et bien d'autres encore sont les victimes les plus illustres des africanophages. Cheikh Anta Diop aussi qui s'est vu interdire le droit d'enseigner à l'Université de Dakar jusqu'au début des années 80. Doit-on rappeler que les africanophages ne se sont pas contentés de tuer Lumumba. Leur haine était tel qu'ils sont allés jusqu'à découper en morceau son cadavre et ceux de ses compagnons de combat avant de jeter ces morceaux dans un tonneau d'acide.

Comment vaincre les africanophages ? Sûrement pas par une attaque frontale. Nous sommes à armes inégales. Les africanophages d'Occident n'hésitent pas à faire des interventions militaires pour venir au secours de leurs congénères africains. Nous sommes condamné à ne pouvoir nous servir que de la méthode du judo qui consiste à se servir de la force de l'adversaire pour le déséquilibrer. On aurait pu penser qu'en Afrique la méthode du judo consisterait à prendre les africanophages occidentaux au piège de leur propre discours en jouant à fond la carte de la démocratisation des régimes politiques. Cela permettrait de prendre leur opinion publique à témoin et les priver ainsi des arguments par lesquels ils justifient auprès de celle-ci leurs interventions militaires. Mais l'exemple du FIS qui en Algérie a été privé de sa victoire électorale avec la complicité des africanophages occidentaux nous montre que ce n'est pas là une bonne solution. Car les africanophages tiennent un double langage. Ils veulent bien des élections démocratiques, mais à condition toutefois qu'elles portent au pouvoir des africanophages africains.

Comme vous le voyez, la question reste posée : peut-on vaincre la coalition des africanophages occidentaux et africains en évitant un affrontement frontal ? Faute de pouvoir répondre à cette question, on doit au moins la poser. Nous ne pouvons pas ignorer cette question. Thomas Sankara est mort à l'initiative de la coalition des africanophages occidentaux et Africain. Une chose est certaine : nous devons nous interroger sur les moyens qui peuvent nous permettent d'éviter un affrontement frontal avec la force militaire des africanophages occidentaux et africains. Trois solutions peuvent être soumises à la réflexion.

La première consiste à réduire le nombre d'africanophages africains pour l'avenir par le moyen de la diffusion massive de la version diopienne de l'histoire africaine. Seule, cette version peut faire en sorte que seul un minimum d'enfants africains se désolidarise du sort du devenir collectif des sociétés africaines. La deuxième consisterait à miser sur la capacité de la diaspora afro-descendante en Europe et aux USA à neutraliser les ingérences militaires occidentales dans le processus démocratique en Afrique. La stratégie consisterait à ce que cette diaspora s'investisse complètement dans la vie politique en Europe et aux USA pour accéder aux postes de décision et d'influence : parlement, gouvernement, médias, entreprises, mairies, etc.... Du sommet de ces postes, ses membres pourraient peser de façon conséquente sur la politique africaine des gouvernements occidentaux. La troisième consisterait à prendre à témoin l'opinion publique internationale en invitant les médias et les Organisations de la famille des Nations-Unies à ouvrir un débat sur le sujet de la manière la plus correcte de poser la question de la démocratie en Afrique. Ce débat permettrait de mettre les africanophages occidentaux sous la pression de leur propre opinion publique. La question à débattre serait la suivante : doit-on poser la question de la démocratie en Afrique en termes d'élections multipartite ou plutôt en termes de transparence politique ? La différence est importante et colossale. Car dans le premier cas on débouche sur de simples alternances électorales (changement d'hommes) qui ne remettent pas en cause les politiques africanophages que les uns et les autres appliquent. Dans le second cas, on débouche sur une véritable alternance politique puisque la transparence politique consiste à mettre en place un Etat de Droit c.-à-d. un ensemble des mécanismes qui permet un exercice modéré du pouvoir et la soumission de l'Etat à l'autorité de la Constitution. Ce sont ces mécanismes qui peuvent faire échec aux politiques africanophages.

Bref. Dans le cadre de ce débat, il nous faudra soutenir le point de vue selon lequel la question de la démocratie en Afrique doit être posée en terme de transparence politique. Il convient d'observer en effet que jusqu'à présent, là où la question de la démocratie en Afrique a été posée, elle y a toujours été posée en termes d'exigence d'élections multipartites. Et ces élections-là n'ont pu résoudre ni l'opacité ni l'arbitraire ni le caractère libertaire de l'exercice du pouvoir. La question de la démocratie y a donc été mal posée. Les élections multipartites conduisent dans la plupart des cas à un changement d'hommes (alternative électorale), mais pas à un changement des politiques mises en œuvre (alternative politique).

Pour poser correctement la question de la démocratie en Afrique il faut donc la poser en termes de transparence politique. Voilà une solution concrète à retenir.

Il existe trois mécanismes de la transparence politique. Le premier est celui de la transparence des élections : les élections sont transparentes lorsqu'elles mettent en compétition non pas une multitude de candidats, mais des candidats pluralistes, c.-à-d. dotés de programmes politiques différents et concurrents. Il nous faut donc mettre en place un mécanisme de contrôle des programmes politiques des candidats qui inciterait ceux dont les programmes sont apparentés à se regrouper sous la même bannière. Le second mécanisme est celui de la transparence des engagements électoraux : les engagements électoraux sont transparents lorsqu'ils font l'objet d'un contrôle post-électoral continu par un organe indépendant du pouvoir exécutif (solution des sociétés occidentales contemporaines qui emprunte la forme de la motion de censure) ou par un organe doté d'un pouvoir d'investiture et de destitution des candidats (solutions des sociétés africaines anciennes). Concrètement cela signifie qu'il faut créer un organe de contrôle des engagements électoraux. Celui-ci sera chargé de valider les candidatures, d'entériner les engagements électoraux, d'investir le candidat élu et enfin de destituer le candidat élu si l'action de son gouvernement ne coïncide pas avec ses engagements électoraux. Cet organe doit être un organe indépendant du pouvoir exécutif. C'est la leçon que nous donnent les expériences de la séparation des pouvoirs dans l'Afrique ancienne. Le troisième mécanisme est celui de la transparence de l'exercice des pouvoirs : l'exercice des pouvoirs est transparent lorsque chaque pouvoir (exécutif et législatif) est soumis à une procédure de contrôle. Ainsi les actes du pouvoir législatif doivent faire l'objet d'un contrôle de constitutionnalité ; les actes du pouvoir exécutif doivent faire l'objet d'un contrôle de légalité ; enfin le pouvoir exécutif et législatif doit être doté de moyens d'action réciproque : droit de dissolution pour le gouvernement contre la majorité parlementaire ; droit au dépôt d'une motion de censure pour la majorité parlementaire contre le gouvernement.

Il convient aussi de dire que dans l'hypothèse où nous ne pourrions éviter la confrontation frontale avec les africanophages alors d'un point de vue réaliste il n'existe qu'une seule solution qui nous permettrait de vaincre ces derniers. Cette solution consiste à leur opposer un facteur dissuasif. En l'espèce leur opposer la capacité dissuasive d'une force de frappe militaire. Celle d'un Etat fédéral africain. Une fois encore on s'aperçoit que l'Etat fédéral africain est le véritable levier qui peut faire basculer les peuples africains sur la pente de leur émancipation globale. C'est ce qu'avaient compris avec une acuité particulière Cheikh Anta Diop et Kwamé Nkrumah. C'est la solution concrète par excellence si les Africains veulent mettre définitivement fin à l'aptitude des nations étrangères à peser sur le devenir historique des peuples africains.

B) La fragmentation de notre imaginaire social actuel

Aujourd'hui en Afrique, notre imaginaire social est divisé, fragmenté, déchiré entre des imaginaires qui se perçoivent comme étrangers les uns aux autres et sont prêts à s'affronter les uns contre les autres. Nous véhiculons en effet un imaginaire religieux fragmenté (chrétien, musulman, Nzambéiste) ; un imaginaire intellectuel fragmenté (intellectuels africains d'obédience européocentriste et intellectuels africains d'obédience afrocentrique) ; un imaginaire politique fragmenté (marxistes, carriéristes, panafricanistes, clientélistes, démocrates), un imaginaire identitaire fragmenté (ethnique/nationale, créole/autochtone/bounty, européocentrisme/afrocentrisme/islamocentrisme).

Le fait que ces imaginaires soient différents les uns par rapport aux autres ne pose pas de problème en soi. Au contraire cela prouve que nos sociétés ne sont pas monolithiques. Le problème est que tous ces imaginaires ne tombent pas du ciel. Ils ont été amenés à coexister dans le cadre de rapports de force (machèmes) dont ils conservent la mémoire macchémologique et dont ils continuent à en charrier la violence symbolique. Or cette mémoire macchémologique rend ces imaginaires méfiants les uns à l'égard des autres pour ne pas dire agressifs les uns à l'égard des autres. Dès lors, les personnes qui véhiculent ces imaginaires sont potentiellement manipulables par les africanophages. Ceux-ci peuvent les amener à s'opposer les uns aux autres sur la question des intérêts généraux à promouvoir en Afrique.

Tous ces imaginaires peuvent donc être manipulés, être convaincus qu'ils s'opposent entre eux et être prêts à s'affronter. Ainsi par exemple dans les années 60 et 70 les marxistes africains pourfendaient Cheikh Anta Diop qu'ils qualifiaient de nationaliste identitaire et passéiste. En France certains militants de la cause africaine sont passés du kamitocentrisme à l'islamocentrisme. On a vu au Nigéria que musulmans et chrétiens ont été manipulés pour s'affronter ; en Angola il existe une tension latente entre les Africains assimilados[187] qui sont de culture créole et les autres qui ont une

[187] Les descendants des familles dites évoluées à l'époque coloniale

culture africaine ; au Congo Brazzaville, on a vu s'affronter les partisans d'un socialisme bantou et les partisans d'un socialisme scientifique, etc....

La question que pose l'existence de ces imaginaires est la suivante. Comment amener toutes ces personnes à désamorcer la violence potentielle que véhicule leur imaginaire respectif ? Comment reconfigurer le puzzle de l'imaginaire social en Afrique dans la forme d'un puzzle porteur d'une volonté de vivre ensemble et non pas porteur d'une volonté de s'exclure les uns les autres. Autrement dit, comment créer en Afrique une cohésion identitaire par delà nos imaginaires respectifs. Tel est un des grands défis auquel les sociétés africaines doivent apporter une réponse pertinente.

Nkrumah a proposé une solution : le Consciencisme. Mais combien parmi les intellectuels africains connaissent le consciencisme ? Existe-t-il en Afrique un débat sur le consciencisme ? Il faut donc lire son ouvrage et s'en faire une opinion[188]. Il faut lire aussi le texte dans lequel Marcien Towa explique avec brio ce qu'est le Consciencisme[189]. Diop aussi a proposé une solution : créer une conscience nationale africaine sur la base d'une prise de conscience par les peuples africains de leur communauté d'origine, d'intérêts et de destin par delà les multiples imaginaires dont ils sont porteurs. Il ressort des travaux de Cheikh Anta Diop que la référence à leur conscience historique est le seul moyen pour donner aux populations africaines un imaginaire identitaire à même d'engendrer des postures de cohésion et de solidarité politiques. Seul un tel imaginaire peut, sans nier leur identité particulière, faire échec à la violence potentielle que véhiculent ces identités particulières que sont les identités religieuse, ethnique, idéologique, etc.Mon avis est que cette solution offerte par l'œuvre de Diop est celle qui est la plus à même de faire échec à toutes les tentatives de manipulation de l'imaginaire social en Afrique. C'est en cela que l'œuvre de Cheikh Anta Diop est une œuvre d'une importance cruciale pour le devenir des sociétés africaines. Voilà pourquoi le travail de vulgarisation de l'œuvre de Diop est une des solutions à inscrire dans la liste des solutions concrètes. Mettre l'œuvre de Diop à la portée des populations africaines est une solution des plus concrètes. Il faut donc réfléchir aux moyens de mettre cette œuvre à la portée de nos populations. On peut recourir aux documentaires de télévision, à la bande dessinée, aux chansons, aux pièces de théâtre, au cinéma, etc. Et dans tous ces cas de figure, faire preuve de professionnalisme. Il s'agira par l'image, le dessin ou la parole de faire naître au sein des populations africaines un sentiment national africain et donc des réflexes de solidarité politique qui repose sur la conscience de leur communauté d'origine, d'intérêts et de destin.

---

[188] Kwame Nkrumah, Le Consciencisme, Présence Africaine, 1976

[189] Marcien Towa, Le consciencisme : émergence de l'Afrique moderne à la conscience philosophique, Etude publiée dans ABBIA, N° 20, 1968 puis reprise dans Présence Africaine, N° 85, 1973

C) La cacophonie intellectuelle dans nos sociétés

Une société n'est capable de répondre à la singularité des problèmes qu'elle affronte que si son élite intellectuelle participe à la réflexion mondiale sur les idées, les sciences, les arts et les techniques, non pas d'un point de vue hétéronome, mais d'un point de vue autonome. C'est dire donc qu'en Afrique nous avons besoin d'une élite intellectuelle qui participe de manière autonome au débat sur les idées qui déterminent les choix de société. Or l'Afrique est actuellement un déversoir de toutes les modes intellectuelles. Nous autres intellectuels africains adhérons à ces modes sans aucun recul critique et nous nous opposons les uns aux autres à partir de ce qui opposent ceux qui créent ces modes. Il s'ensuit une cacophonie intellectuelle qui ne permet pas à la Raison de jouer son rôle d'outil par excellence d'intelligence des solutions concrètes aux problèmes auxquels une société est confrontée. En fait il apparaît que les intellectuels africains ne sont bien souvent que les antennes périphériques d'intellectuels occidentaux. Ils se contentent de reproduire le discours des intellectuels occidentaux.

Il faut donc redonner à la Raison en Afrique son autonomie, lui donner les moyens de construire ses propres discours sur les réalités africaines. Des discours qui ne soient pas le reflet d'une tutelle intellectuelle étrangère, mais bel et bien le reflet d'une pensée autonome qui interroge le réel à partir du patrimoine scientifique universel.

Une chose est donc certaine : il nous faut créer en Afrique des centres d'excellence de la recherche en sciences humaines et sociales et en sciences exactes quelles soient fondamentales ou appliquées. Des centres de recherche qui ne se contentent pas de reproduire les analyses des intellectuels occidentaux, mais qui sont eux-mêmes capables de produire des analyses. C'est ce que nous avons fait en créant l'ARPEMA. L'Arpema est un espace associatif pour une recherche africaine libre. Libre de toute allégeance institutionnelle, financière et épistémologique. Voilà encore une solution à inscrire dans la liste des solutions concrètes. L'existence du Site Ankhonline en tant que plateforme de veille intellectuelle sur l'écriture de l'Histoire africaine est aussi un exemple à suivre et à multiplier dans d'autres domaines. La revue Ankh participe au progrès international de la science égyptologique à partir d'une réflexion africaine autonome et de haut niveau.

D) L'étendue territoriale de l'espace géographique occupé par nos populations

Dans le cadre de la compétition internationale entre les nations, les peuples africains ont pour concurrents des peuples qui se sont organisés dans le cadre de grands ensembles territoriaux : USA, Russie, Chine, Union Européenne. Pour faire le poids face à ces ensembles, il nous faut nous organiser sur la même échelle qu'eux c.-à-d. donner à nos peuples un Etat à échelle continentale. Face aux USA, à la Russie, à la Chine, et à l'Union

Européenne, peu d'Etats en Afrique peuvent s'en sortir seuls. Les grands Etats pétroliers et miniers sont les seuls qui le pourraient : Angola, Nigéria, Afrique du Sud, Congo Kinshasa. C'est pourquoi la majorité de nos pays ne peut s'en sortir que par la voie d'une solidarité continentale : l'Etat fédéral africain. C'est cela la signification du pan-africanisme. La solidarité politique entre les peuples africains par le moyen d'un Etat fédéral dont l'existence en outre n'ira pas sans répercussion sur la condition des peuples d'ascendance africaine aux Amériques et aux Caraïbes.

Notre action politique a donc vocation à se déployer sur l'étendue de l'ensemble des territoires occupé par nos populations. Cela correspond à l'Afrique dite sub-saharienne. Il nous faut donc organiser notre action politique à l'échelle de l'espace géographique occupé par nos populations. Or là précisément se trouve une grande difficulté. Comment coordonner notre action politique à l'échelle d'un continent qui à lui seul occupe une surface supérieure à la somme des surfaces occupées par la chine, les USA, la Russie et l'Union Européenne ? Che Guevara s'est heurté à ce problème en Afrique et a renoncé à y exporter la révolution. Cheikh Anta Diop prévient, qu'autant il est facile de coordonner une action politique à l'échelle d'un Etat dont l'espace territorial est réduit à celui d'une Cité, autant il est difficile de le faire à l'échelle d'un Etat dont l'espace territorial englobe plusieurs Cités. On devine encore plus la difficulté de la tâche lorsque l'espace politique à coordonner est à dimension continentale.

Une telle échelle ne peut être vaincue que par le moyen de l'organisation. Il nous faut nous organiser. Pour être efficace, notre organisation doit prendre la forme d'un parti politique à vocation fédéraliste et doté d'antennes nationales. Ces antennes doivent avoir en partage le même paradigme politique. Cela fait partie des solutions à inscrire dans la liste des solutions concrètes. Les USA ne sont devenus ce qu'ils sont que parce que dans chacun des Etats de l'Amérique du Nord il existait des antennes nationales d'un même parti. Toutes ces antennes partageaient un paradigme commun : l'indépendance, le fédéralisme et la démocratie.

Comment en Afrique parvenir à cette forme d'organisation politique ? De notre point de vue, la solution consiste à créer un parti politique dont les sections nationales partagent un même paradigme. Mais, et la question est cruciale, quel pourra être le paradigme commun à toutes ces sections que nous devons créer dans chaque pays africain ? Il pourra s'agir d'un paradigme constitué par les trois projets suivants : la démocratie, le fédéralisme et la renaissance africaine. De ce point de vue ces partis pourront partager un nom commun. On pourra les appeler des Parafedem (Parti pour la renaissance africaine, le fédéralisme et la démocratie).

SECTION 2. LA QUESTION DE LA MODERNITÉ ET DE NOTRE PROJET DE SOCIÉTÉ

Le bon sens informe que celui qui ne se donne pas un horizon est celui-là même qui fini par courir autour de lui-même tout en étant convaincu qu'il avance à pas de géant. Certes on atteint jamais l'horizon. Mais se donner un horizon c'est se donner un objectif. Et la marche que l'on accomplit en direction de cet objectif est toujours génératrice de conquêtes nouvelles, car entre l'horizon et nous s'étend un vaste champ de possibles. En Afrique il est impératif de nous fixer un horizon politique avec précision pour savoir vers quoi nous courons. Que voulons-nous construire, que voulons-nous réaliser ? Bref quel est notre projet de société ?

L'horizon est cette ligne au-devant de nous où le ciel, la terre et la mer se rejoignent. Notre horizon politique sera cet espace temporel où notre projet et notre réalité politiques se rejoindront, coïncideront. Mais comment saurons-nous que nous avons atteint notre objectif ? et chemin faisant comment nous apercevoir que çà et là nous nous éloignons de notre objectif ? Et pouvoir ainsi corriger le tir. Il faut pour cela que nous définissions au préalable la configuration que devra présenter notre société pour que nous puissions un jour nous mettre debout et dire : voilà nous avons atteint notre objectif. Notre réalité politique se confond désormais avec notre projet politique.

Il n'est pas facile pour un peuple de se construire de manière collective un projet de société. Un peuple peut être traversé par des projets de société opposés inhérents à des groupes sociaux qui s'opposent les uns aux autres. Mais au sein de ce peuple, peut aussi s'élever un groupe social qui se donne comme objectif la réalisation des intérêts généraux de la société par delà les intérêts particuliers à chaque groupe social. Une piste s'offre donc aux peuples africains pour se doter d'un projet de société collectif. Pour ce faire, il appartient à toutes les familles politiques et à tous les courants d'idées qui en Afrique se reconnaissent comme progressiste d'élaborer en commun un projet de société à la lumière de la problématique politique, économique, technique et scientifique à laquelle sont confrontés les populations africaines. Or en ce qui concerne l'Afrique sub-saharienne, ses populations sont confrontées à une problématique commune qui se décline dans les termes d'une problématique d'accès aux ressources de la modernité politique, économique, technique et scientifique. C'est pourquoi nous disons que la configuration actuelle des sociétés africaines invite les Africains progressistes à adopter la modernité comme projet de société commun. Ce projet présente l'avantage de pouvoir prendre en charge les intérêts généraux des peuples africains.

Mais une telle option exige des Africains progressistes une clarification sur le concept de modernité. Clarification, car à ce jour, la modernité est l'objet de définitions les plus confuses en Occident comme en Afrique. De part et d'autre on a tendance à la définir par opposition à la tradition et à en faire l'expression par excellence d'une occidentalisation de la culture. Doulaye Konaté[190] fait remarquer à propos des concepts de tradition et de modernité que « Ces deux mots d'usage courant à la signification évidente en apparence sont rarement définis de manière convaincante. On a tendance à définir l'un en référence, voire en opposition à l'autre. Bien souvent, comme le signale Joseph Paré « la tradition est confondue avec le passé » voire la coutume, et la modernité est évoquée comme synonyme de l'actualité ou du présent contemporain »,[191] mais en général lorsqu'on parle aujourd'hui de modernité, cela renvoie à l'occident ».

Nous verrons ici que ces définitions de la tradition et de la modernité sont des définitions erronées. Il importe donc pour les Africains progressistes d'avoir une intelligence exacte du concept de la modernité s'ils veulent en faire le socle de leur projet de société. C'est à la clarification de ce concept que nous nous adonnerons ici à travers l'examen de diverses questions que soulève la modernité comme projet de société.

A) Pourquoi définir un projet de société en Afrique ?

Nous devons en Afrique identifier au préalable la configuration que nous souhaitons que présente notre société, car bien souvent nous autres Africains nous confondons les moyens et les buts, les leviers et les solutions. Par exemple, au sein du courant pan-africaniste, l'unité africaine c.-à-d. le projet d'un Etat fédéral africain est présenté comme la solution par excellence à nos problèmes. Or c'est là une lourde erreur. Car ce faisant, les membres de ce courant en viennent à ne pas s'interroger sur le projet de société à construire au sein de cet Etat fédéral. C'est là une grave lacune, car rien ne s'oppose à l'hypothèse qu'un tel Etat puisse être construit à l'initiative d'une classe politique nationaliste, autoritaire et affairiste. Dans le cadre de ce scénario, les conditions de vie des peuples africains ne changeront pas.

De ce point de vue, il nous faut donc avoir présent à l'esprit que pour nous autres africains, l'Etat fédéral constitue le levier de la solution et non pas la solution elle-même. Le levier, car sur le plan externe seul un Etat fédéral peut offrir aux populations africaines le cadre optimal nécessaire d'une part pour construire un système de sécurité militaire viable c.-à-d. à même de pouvoir faire échec aux ingérences militaires étrangères et d'autre part, pour construire un système économique viable c.-à-d. à même de pouvoir faire face à la compétition des grands ensembles économiques que

---

[190] Doulaye Konaté, le paradigme de l'opposition tradition/modernité comme modèle d'analyse des réalités africaines, in Petit précis de remise à niveau sur l'histoire africaine à l'usage du président Sarkozy, sous la direction de Adame Ba Konaré, Ed La découverte, 2008, 2009

[191] J.Paré, Modernité, tradition et quête identitaire dans les sociétés africaines actuelles, in Mahamadou Ouédraogo et Salaka Sanou (dir), Culture, identité unité et mondialisation en Afrique, Presses universitaires de Ouagadougou, 2003, p23

sont les USA, l'Union Européenne, la Chine et la Russie. Mais sur un plan interne en revanche, un Etat fédéral africain ne pourra constituer une solution pour les populations africaines que s'il repose sur un projet de société émancipateur c.-à-d. à même de pouvoir faire échec à toute logique d'autoritarisme politique, de prédation économique et d'obscurantisme moral. Un projet de société qui donne aux populations africaines accès aux libertés individuelles, à la prospérité économique, à la santé publique, aux innovations les plus récentes des sciences et aux techniques.

Autrement dit, le courant pan-africaniste ne contribuera à changer de façon qualitative les conditions de vie des populations africaines que s'il arrive à répondre à la question suivante : nous souhaitons fédérer les Etats africains pour construire quel type de société ? Quels seront notre système politique, notre régime politique, notre système économique, notre système éducatif ? Quelles seront nos valeurs de civilisation ? Or sur ces questions, le courant pan-africaniste est à ce jour partagé entre les pan-africanistes marxistes, libéraux et afrocentrique. Bref il nous faut travailler à l'élaboration d'un projet de société. Faute de quoi les fédéralistes africains une fois au pouvoir se livreront à du bricolage politique. Ce qui conduira bien vite à une société ankylosée et arbitraire. C'est ce bricolage politique qui explique l'échec de la révolution communiste en URSS. Les bolcheviques savaient ce qu'ils voulaient renverser. Mais ils ne savaient pas de façon préalable ce que concrètement ils envisageaient de mettre à la place. C'est ce qui explique aussi le paradoxe des communistes chinois qui après avoir fait payer à la population un coût énorme (la longue marche et la révolution culturelle) pour acquérir l'indépendance nationale et construire le socialisme en sont finalement revenu à la société capitaliste qu'ils souhaitaient abolir. Rappelons-nous que la seule révolution qui ait réussi à l'époque contemporaine est la révolution libérale en Angleterre, en France et aux USA. Si elle a réussi, c'est uniquement parce que dans ces trois pays, avant de prendre le pouvoir, les révolutionnaires avaient anticipé sur leur projet de société, ils savaient déjà quel type de société ils voulaient construire. Ils avaient déjà défini les principes d'organisation de leur projet de société : un régime politique de séparation des pouvoirs, un système économique favorable à la liberté du commerce et d'industrie, un système politique démocratique garant des libertés individuelles.

Nous devons donc en Afrique définir notre projet de société par anticipation afin d'éviter d'avoir à construire notre société politique par l'improvisation et le bricolage politiques. Et pour définir notre projet de société, il nous appartient de réfléchir au type de configuration que nous souhaitons que présentent nos sociétés. Quelle configuration souhaitons-nous donner à notre société dans le cadre des Etats -Unis d'Afrique ? Autrement dit quel est notre horizon politique ? C'est une autre manière de dire quel est notre projet de société.

B) Pourquoi choisir la modernité comme projet de société

Felwine Sarr[192] rapporte que lors de la rentrée littéraire du Mali de 2015, Ibrahima Aya avait convié les participants à s'exprimer sur le thème Oser réinventer l'avenir. La question qui vient d'emblée à l'esprit est pourquoi Ibrahima Aya invite à ré-inventer et non pas simplement à inventer l'avenir ? Nul doute que c'est parce que Ibrahima Aya entend vouloir échapper à l'avenir chaotique que les autres (consciemment ou inconsciemment) planifient pour nous en perpétuant les visions développementalistes qui à ce jour ont conduit les sociétés africaines post-coloniales dans l'impasse. Ibrahima Aya a donc raison. Il nous faut ré-inventer l'avenir c.-à-d. choisir quel avenir nous voulons pour nos enfants.

La question qui se pose est donc bel et bien celle de savoir comment ré-inventer l'avenir. La réponse à cette question peut sembler difficile. Mais en réalité elle est à notre portée. Pour ré-inventer notre avenir, la Raison nous invite à prendre en charge, dans le contexte d'un nouveau cadre épistémologique, la conceptualisation de l'avenir que les autres nous refusent. Or que nous refusent-ils ? L'observation des faits montre qu'ils nous refusent l'accès autonome aux ressources dites de la modernité. A savoir, les libertés publiques, l'abondance matérielle, l'instrumentalité macro-technologique, etc.En d'autres termes ils nous refusent la voie d'un futur africain moderne. Or cette voie fait précisément écho à tout ce dont nous manquons et auquel nous aspirons. Autrement dit, pour ré-inventer notre avenir nous devons penser notre projet de société en terme de modernité et penser notre futur moderne dans le cadre d'un nouveau cadre épistémologique.

Penser notre avenir en terme de modernité, car l'observation de l'actualité africaine montre que chaque fois que les sociétés sub-sahariennes trébuchent dans l'histoire contemporaine elles trébuchent toujours par défaut d'une organisation sociale fondé à partir des critères de la modernité. A savoir, les critères d'efficience, d'émancipation et de rationalité. Autrement dit, elles trébuchent toujours par défaut d'une organisation sociale fondée sous l'angle de la modernité politique, économique, technique et sociale. De ce point de vue, on peut dire que toute l'actualité politique de l'Afrique post-coloniale se résume en une seule question : comment organiser les sociétés africaines post-coloniales comme espace de modernité ? Voilà pourquoi les conditions actuelles de vie des populations africaines invitent à adopter la modernité comme projet de société. L'option qui consiste à penser notre projet de société en terme de modernité est d'autant plus pertinente que l'observation de l'histoire montre que la modernité est finalement la configuration que fini par présenter toute société qui veut se construire comme société d'émancipation.

[192] Felwine Sarr, afrotopia, édition Philippe Rey, 2016

Penser notre devenir moderne dans le cadre d'un nouveau cadre épistémologique, car celui dans le cadre duquel nous l'avons pensé jusqu'à ce jour, non seulement nous a conduit dans l'impasse, mais en outre il véhicule sur notre passé, notre présent et notre avenir un discours qui abrutie l'esprit plus qu'il ne l'informe. L'élaboration de ce corpus intellectuel nouveau a ses exigences. Parmi elles, figure la clarification du concept de modernité, car il existe en Afrique sur ce sujet une grande confusion qui est due à la conception européocentriste de la modernité qui habite notre imaginaire.

Ibrahima Aya a donc raison. Nous autres africains devons ré-inventer notre avenir. Non seulement pour construire l'avenir que les autres nous refusent (celui d'une modernité d'expression africaine), mais aussi et surtout pour échapper à l'avenir qu'ils nous réservent (celui d'une modernité du Big Brother et des aliments synthétiques).

C) S'émanciper au préalable de la conception européocentriste de la modernité

Le discours dominant dans les sciences sociales et dans les médias, présente en Afrique la modernité comme un aspect caractéristique des sociétés occidentales. A tel point que pour l'opinion publique en général, être moderne c'est emprunter les formes européennes de civilisation, c'est épouser les standards de la civilisation européenne, c'est adopter le modèle occidental d'organisation de la société. Dans l'imaginaire social en Afrique, le concept de modernité est donc synonyme de civilisation occidentale. De ce point de vue une société qui se modernise serait une société qui s'occidentalise. Nous sommes là en présence d'une conception européocentriste de la modernité qui gouverne notre imaginaire. Nous verrons ici que nous devons nous en émanciper, car non seulement elle est fausse d'un point de vue épistémologique, mais en outre elle fausse notre rapport à la modernité et nous plonge dans un rapport pathologique à la modernité.

Pour nous en émanciper, il nous faut mettre au jour ses origines, la manière dont elle a été introduite en Afrique et la manière dont elle fausse notre rapport à la modernité.

1°) Les origines de la conception européocentrique de la modernité

La conception européocentriste de la modernité qui habite notre imaginaire social en Afrique est construite à partir d'une opposition entre modernité et tradition. Or dans notre imaginaire social, cette opposition renvoie à une autre opposition : celle entre une culture africaine qui serait de type traditionnel et une culture européenne qui serait de type moderne. Une telle opposition est-elle pertinente ? Les concepts de tradition et de modernité s'opposent-ils ?

D'un point de vue étymologique, le concept de tradition vient du latin traditio qui désigne l'acte de transmettre. Le mot latin traditio est lui-même un dérivé du verbe tradere qui signifie faire passer à un autre, livrer, remettre. Au sein des langues européennes contemporaines, le mot tradition a été utilisé pour désigner un corpus d'idées, de connaissances, de pratiques, de savoir-faire qui se transmet de génération en génération soit parce que ce corpus a fait la preuve de son efficacité soit parce que ce corpus se perpétue par la force arbitraire de la croyance. La tradition est donc un corpus de manières de faire et de penser dans différents domaines qui se transmet de génération en génération du fait d'une légitimité qui repose soit sur la preuve de son efficacité diachronique soit sur la force arbitraire de la croyance. Quant au concept de modernité il vient du latin modo (récemment), lequel a donné en bas latin au Ve siècle apr. J.-C. le mot modernus : ce qui est présent. Au sein des langues européennes contemporaines, le mot moderne a été utilisé à l'origine pour désigner ce qui est en phase avec les temps présents au sens de ce qui est en phase avec les aspirations progressistes du temps présent en raison de sa charge émancipatrice.

De ce point de vue, la modernité ne s'oppose pas à la tradition. Elle s'oppose à l'archaïque et au rétrograde. L'archaïque se dit de ce qui est dépassé du point de vue d'une évolution socio-linéaire des mœurs, des pensées, des connaissances et des techniques. C'est ce qui souffre désormais d'une obsolescence absolue. Le rétrograde se dit de ce qui est manifestement une régression des mœurs et des pratiques d'un point de vue éthique.

Il s'ensuit que le corpus constitué par la tradition peut avoir une tonalité rétrograde ou une tonalité émancipatrice et donc moderne. Ainsi par exemple la médecine traditionnelle en Chine bien que millénaire à une charge émancipatrice et donc moderne. A l'inverse en France par exemple, la tradition de l'incapacité juridique de la femme présentait au lendemain de la Seconde Suerre mondiale une tonalité archaïque. Elle a été abolie par souci d'émancipation et donc de modernité dans la seconde moitié du 20 siècle.

Comme on le voit, d'un point de vue étymologique les concepts de tradition et de modernité ne s'opposent pas. Or de nos jours en Afrique comme en Occident les usages que l'on fait des concepts de modernité et de tradition montre que l'un est le repoussoir de l'autre. Il y a a lieu de s'interroger sur l'origine de ces usages des concepts de tradition et de modernité qui sont à l'opposé du sens réel de ces concepts.

Ces usages en fait remontent au 19e siècle européen. Certains théoriciens de ce siècle considéraient que le XVIIIe siècle avait introduit une rupture fondamentale dans l'histoire des hommes et des sociétés. Ils considéraient que la révolution industrielle et la Révolution française avaient bouleversé le paysage social et qu'il y avait désormais un « avant » et un « après ». Certains d'entre eux (parmi lesquels E. Durkheim) décidèrent alors de se pencher sur la nouvelle donne introduite par les changements de toute nature survenus dans la vie sociale à la suite des bouleversements scientifiques, techniques, démographiques, politiques et juridiques de cette fin du XVIIIe. Par souci de mettre en évidence la spécificité du monde industriel moderne, ils furent amenés à qualifier les sociétés préindustrielles (société primitive, antique et féodale) comme étant des sociétés traditionnelles et les sociétés industrielles comme étant des sociétés modernes.

Dans le cadre de cette summa divisio ils donneront désormais aux concepts de tradition et de modernité une définition diachronique. La tradition sera assimilée à une caractéristique des sociétés du passé et la modernité à une caractéristique des sociétés industrielles contemporaines. C'est ainsi que dans l'imaginaire social en Occident la tradition finira par être assimilé au passé et la modernité au contemporain. C'est ainsi qu'a été modifié le sens réel des concepts de tradition et de modernité. C'est ainsi que les sciences sociales en Europe ont inventé le binôme antagonique tradition/modernité en faisant de l'un le repoussoir de l'autre. La tradition est assimilé au passé et synonyme de répétition tandis que la modernité est assimilé au contemporain et synonyme de projection dans l'avenir.

Nous sommes là en présence d'une définition diachronique du binôme tradition/modernité qui assimile la tradition au passé et la modernité au contemporain. Cette définition diachronique est épistémologiquement fausse comme le confirme Norbert Rouland. Il écrit : « Le critère diachronique, sans être inutilisable, ne peut fonder que des approximations, dans la mesure où l'évolutionnisme uni-linéaire ne constitue plus aujourd'hui une position tenable. Les sociétés modernes ne sont pas nécessairement les plus récentes : la Rome d'Auguste, urbanisée, centralisée et étatique, utilisant l'instrument monétaire et où, au moins dans les villes, les groupes familiaux étaient plus proches de la famille nucléaire qu'étendue se situe neuf siècles avant la société féodale, qui présente exactement les traits inverses. c'est donc plus à des critères structurels, ainsi qu'aux représentations qui les soutiennent, qu'il convient d'accorder notre attention »[193]. L'anthropologie naissante au XIX émé siècle, reprendra à son compte cette définition diachronique et en fera une définition ethnocentriste en assimilant la tradition aux cultures non européennes et la modernité à la culture occidentale. Cette définition ethnocentriste du binôme tradition/modernité est européocentriste en ce sens qu'elle procède en vérité d'une problématique exclusivement européenne. A savoir, établir une summa divisio entre l'avant et l'après de l'ère industrielle.

Cette définition diachronique et ethnocentriste à l'évidence déforme le sens réel des concepts de tradition de modernité. C'est une définition diachronique de la tradition et de la modernité que l'anthropologie coloniale introduira en Afrique. Elle contribuera ainsi à assimiler tradition et coutume

[193] Norbert Rouland, Anthropologie juridique, Edition PUF, 1988, p127

versus modernité et loi, mais aussi à assimiler tradition et culture africaine versus modernité et culture européenne.

2°) L'introduction de la conception européocentriste de la modernité en Afrique

Il apparaît que de façon générale les intellectuels africains abordent la notion de modernité par opposition à la tradition. D'où vient cet usage des concepts de modernité et de tradition en Afrique ?

C'est l'anthropologie occidentale qui a introduit en Afrique cet usage d'une définition de la modernité par opposition à la tradition et d'une définition de la tradition comme synonyme de culture africaine. L'anthropologie occidentale a d'autant plus emprunté cette voie que la trajectoire historique de l'Europe l'y invitait. En effet l'observation des faits montre qu'en Occident, la modernité s'est construite contre la tradition politique (monarchique) religieuse (catholique) et intellectuelle (scolastique) dans la mesure où précisément celle-ci présentait en Europe un caractère archaïque et rétrograde au regard des aspirations nouvelles qui dans la société s'exprimaient au niveau politique (contrat social), religieux (libre arbitre) et intellectuel (philosophie). En reprenant à son compte l'idée d'une opposition diachronique et culturelle entre tradition et modernité l'anthropologie coloniale a introduit en Afrique une vision ethnocentrique de la modernité. Une vision selon laquelle les sociétés et les cultures des aires pré industrielles appartiendraient à un stade archaïque de la civilisation. Celle de la société traditionnelle. Et qu'à l'inverse les sociétés et les cultures des aires industrialisées appartiendraient à un stade avancé de la civilisation. Celle de la modernité.

L'opposition tradition/modernité est donc une opposition européocentrique. C'est ce travers épistémologique, à savoir l'opposition tradition/modernité, que l'anthropologie coloniale a introduit dans l'imaginaire épistémologique en Afrique. Et ce faisant elle a introduit en Afrique une définition européocentrique de la modernité.

3°) Les problèmes inhérents à la conception européocentrique de la modernité

L'acception européocentriste de la modernité pose deux problèmes. Un problème épistémologique d'abord et un problème pathologique ensuite.

a) un problème épistémologique : une vision réductrice des formes d'expression de la modernité dans le temps et dans l'espace.

La vision européocentriste de la modernité pose d'abord un problème épistémologique. Elle réduit la modernité à ses formes d'expression occidentale alors que ces dernières ne sont en fait que le reflet de l'expérience occidentale de la modernité. Elles ne sauraient épuiser à elles seules les diverses formes possibles d'expression de la modernité dans le temps et dans l'espace. De la même manière, il importe de prendre conscience que les impasses actuelles de la modernité ne sont que les impasses de l'expérience occidentale de la modernité. Il est possible de faire une autre expérience historique de la modernité. Ce fut le cas de l'Egypte pharaonique comme l'attestent divers éléments de sa civilisation. A savoir : ses performances architecturales, son corpus scientifique, sa législation relative aux droits des personnes, son axiologie du pouvoir politique, son discours moraliste, le statut de la femme, son axiologie religieuse, etc.…

b) un problème sociologique : le rapport pathologique à la modernité

La vision européocentriste de la modernité pose ensuite un problème sociologique : elle fausse le rapport des Africains à la modernité. En effet soit ils s'en méfient, car ils y voient une trappe d'aliénation culturelle, ce qui les conduit à une identification sans inventaire critique à toute manifestation culturelle d'origine africaine. Soit ils y adhérent sans recul critique et se lancent dans un mimétisme caricatural de l'Occident. Une chose est donc certaine. Les Africains doivent s'émanciper de cette acception européocentriste de la modernité qui les amène à adopter une posture non constructive à l'égard de celle-ci. Il leur faut s'approprier une acception non ethnocentrique de la modernité.

D'un point de vue académique et politique il est important de ne pas tomber dans le piège de la définition européocentriste de la modernité, car elle est source de pathologie. Ainsi dans le tiers-monde par exemple elle a généré deux types de pathologie. A savoir, d'une part des réflexes de mimétisme culturel (par appropriation caricaturale de la modernité), d'autre part, des réflexes de fondamentalisme identitaire (par appréhension d'une assimilation culturelle). Dans un cas comme dans l'autre on est en présence d'un rapport pathologique à la modernité qui a retardé l'ouverture franche des sociétés contemporaines du tiers-monde à la modernité. En Occident aussi cette conception européocentriste est source de pathologie. Plus précisément elle génère en Occident trois postures pathologiques. La première est celle qui conduit au nom du relativisme culturel à accepter pour l'autre ce qui est inacceptable pour soi. La seconde est celle qui conduit au nom de l'évolutionnisme social à considérer autrui au pire comme une impasse historique, au mieux comme l'incarnation d'un retard historique et partant de prôner son assimilation. La troisième est celle qui consiste à prendre le contrepied de l'axiologie de la modernité par rejet de la société productiviste à laquelle a conduit la Raison en Occident. C'est le cas du courant post-moderne. Il y a là aussi un rapport pathologique, car en fait ce courant interprète comme impasses de la modernité ce qui n'est en vérité que l'impasse de l'expérience occidentale de la modernité.

D) La clarification du concept de la modernité

La modernité est un des concepts les plus importants pour les sociétés africaines contemporaines. C'est la configuration que nous devons donner à nos sociétés. La modernité de ce point de vue doit être considérée comme notre horizon politique. Et pourtant c'est aussi la notion dont les Africains ont une compréhension des plus confuses, car dans leur imaginaire elle est définie selon le point de vue que l'ancien colonisateur leur en a laissé en héritage. A savoir, la modernité comme phénomène d'occidentalisation. Or il s'agit là d'une définition ethnocentriste de la modernité. en l'espèce, une vision européocentriste de la modernité.

Aussi, avant de nous demander comment réaliser notre projet de modernité, encore faut-il que nous ayons une vision non ethnocentriste de la modernité. La question est donc celle de savoir si on peut s'élever à une définition non européocentriste de la modernité.

Définir la modernité aujourd'hui d'un point de vue non européocentriste est une chose difficile, car en raison de notre cursus scolaire et universitaire nous sommes tous enfermés dans une définition européocentriste de la modernité. Une piste existe cependant : concevoir une définition rationnelle de la modernité. Pour ce faire, il nous faut remonter à l'étymologie de ce concept et à la problématique qui en Europe a donné naissance au projet de la modernité. A partir de ces deux éléments, il est possible de s'élever à une définition rationnelle du concept de la modernité.

1°) L'origine étymologique du concept de la modernité

De façon générale en Occident, l'opinion publique comprend le concept de modernité comme un concept synonyme de nouveauté ou de contemporain. Il s'agit là d'une conception erronée ainsi que l'attestent l'étymologie de ce concept et la genèse historique du projet de la modernité en Occident.

Le concept de modernité vient du latin modo (récemment) qui a donné en bas latin au Ve siècle apr. J.-C. le mot modernus : ce qui est présent. Le concept de moderne apparaît seulement au XIVe siècle apr. J.-C. en Europe.Il sert alors à faire le distinguo entre le courant scolastique qui prétendait que le savoir hérité des anciens (c.-à-d. de l'antiquité gréco-romaine) était indépassable et le courant humaniste qui considérait que le savoir des anciens pouvait être dépassé. Si le mot moderne a été retenu pour faire le distinguo entre les tenants du savoir des anaciens (le courant scolastique) et les tenants d'un savoir neuf et innovant (courant humaniste) c'est précisément parce que dans son étymologie le mot moderne fait écho à ce qui est en phase avec les temps présents. Aussi pour comprendre le véritable sens du mot moderne, il faut donc rechercher, ce que le courant humaniste entendait par être en phase avec les temps présents. Pour cela il suffit de s'interroger sur la raison pour laquelle le courant humaniste cherchait tant à supplanter le savoir des anciens par un savoir neuf c.-à-d. un savoir plus en phase avec les exigences du présent.

2°) La problématique qui en Europe a donné naissance au projet de la modernité

L'enquête historique informe que cette préoccupation trouve son origine dans le fait que les membres du courant humaniste considéraient que le savoir des anciens ne leur permettait pas de répondre aux défis auxquels ils étaient confrontés. Les défis de leurs temps. A savoir l'adversité de la nature (cause de disette et de maladie), l'arbitraire du pouvoir politique (cause d'intolérance politique) et l'obscurantisme du préjugé (justification ontologique des inégalités sociales). Seul un savoir neuf pouvait y répondre. C'est pourquoi au XVe siècle le courant humaniste prend le parti de répondre à ces défis à partir d'un savoir en phase avec les temps présents. Or à cette époque, l'esprit du temps aspirait à un savoir efficient (science expérimentale), émancipateur (théorie du droit naturel) et rationnel (philosophie). Ce savoir-là se construisait pour permettre aux humanistes de pouvoir répondre aux aspirations progressistes de leur époque. En l'espèce, l'aspiration à la raison contre le théos, aux libertés contre l'arbitraire politique, à la connaissance expérimentale contre la connaissance empirique, à l'investigation contre le dogme. Etre en phase avec les temps présents et donc être moderne signifiait pour le courant humaniste être en phase avec ces aspirations progressistes. C'était prendre radicalement le parti de la Raison, de la Liberté et de la Science.

Tel était la problématique qui a conduit à la genèse du courant de la modernité en Europe. Etre moderne signifiait donc pour le courant humaniste être en phase avec les aspirations progressistes de son époque, s'appuyer sur un savoir à même de pouvoir répondre aux aspirations progressistes de son époque. Voilà pourquoi si on s'attache à son étymologie et à la problématique de sa genèse historique, le concept de moderne est applicable à tout ce qui atteste des deux qualités suivantes : d'une part, être en phase avec les aspirations progressistes de son époque, d'autre part, être porteur d'une charge de progrès c'est à dire d'une charge efficiente, émancipatrice et rationnelle au regard de ces aspirations.

Il apparaît donc que du point de vue de ses concepteurs, le concept de modernité épouse la notion de progrès. Il évoque le caractère que présente ce qui est en phase avec les progrès les plus récents. Par progrès il faut entendre tout ce qui concourt à rendre efficace l'action en retour de l'homme sur la nature en vue de vaincre l'adversité de celle-ci, tout ce qui concourt à émanciper les relations entre les hommes au sein de la Cité en vue de faire échec à l'arbitraire des rapports politiques, tout ce qui concourt à faire échec à l'arbitraire des rapports économiques (rapports de production et de redistributions des richesses), tout ce qui concourt à apprivoiser le silence de l'univers en donnant à l'homme une perception (un sens) rationnelle c.-à-d. constructive de l'existence.

Doit donc être considéré comme facteur de progrès tout élément qui participe d'une dynamique d'efficience, d'émancipation et de rationalité. Présente donc un caractère moderne tout ce qui participe d'une dynamique de progrès tel que définie ci-dessus.

Voilà pourquoi d'un point de vue non ethnocentrique, la modernité doit être définie comme la configuration que présente toute société qui s'organise sur la base des critères d'efficience, d'émancipation et de rationalité en vue d'aménager son espace citoyen comme espace de libertés individuelles, de responsabilité politique, de prospérité matérielle, d'innovation technologique et scientifique. C'est le caractère de tout ce qui charrie une charge d'efficience, d'émancipation et de rationalité et qui permet à l'humanité de s'affranchir de l'adversité de la nature, de l'arbitraire du pouvoir politique et de l'obscurantisme du préjugé. C'est en tout cas dans ce sens que ce concept apparaît au XIV siècle.

3°) Une définition rationnelle de la modernité

Au regard de son étymologie et de la problématique de sa genèse historique en occident, la modernité ne saurait donc -sous peine de cécité intellectuelle- être définie dans une acception culturelle et ethnocentrique qui l'assimilerait à un processus d'occidentalisation. Ce concept s'analyse comme une réponse universelle à une aspiration universelle. A savoir : vaincre une problématique socio-historique à laquelle sont confrontés tous les peuples et toutes les cultures. En l'espèce : l'adversité de la nature, l'arbitraire du pouvoir politique et l'obscurantisme du préjugé. La réponse civilisationnelle que ce concept donne à cette problématique explique qu'il exerce un effet attractif universel.

Pour ainsi dire, au-delà du temps et de l'espace, la modernité c'est ce qui nous parle. C'est ce qui fait sens à une société, ce qui pour nous fait sens. Non pas de n'importe quel point de vue. Mais du point de vue de nos aspirations à l'efficience, à l'émancipation et à la rationalité. Autrement dit, du point de vue, de l'aspiration des sociétés humaines à l'émancipation par rapport à l'arbitraire du pouvoir, à l'efficience par rapport à l'adversité de la nature, à la rationalité par rapport à l'inclination à l'obscurantisme, au sens par rapport au silence de l'univers. De ce point de vue, la problématique socio-historique à laquelle fait écho le concept de modernité, invite d'un point de vue rationnel à définir la modernité comme la configuration que présente toute société qui s'organise sur la base des critères d'efficience, de rationalité et d'émancipation en vue d'aménager son espace citoyen comme espace de libertés individuelles, de prospérité matérielle, d'inventivité technique et scientifique, etc. Cette configuration emprunte des formes diverses en fonction des expériences propres à chaque espace de civilisation. Cette configuration peut emprunter des formes diverses en fonction des expériences propres à chaque espace de civilisation. Mais ces formes ne permettent toutefois pas de conclure à un relativisme de la modernité. Car au-delà de cette diversité, ces formes présentent une problématique commune. Elles confèrent toutes aux sociétés concernées le profil d'une société qui s'organise comme espace de libertés, de prospérité matérielle, de responsabilité politique, d'inventivité, de sciences, de techniques et de spiritualité. La modernité c'est cela et seulement cela. Une société qui s'organise comme espace de libertés, de prospérité matérielle, de responsabilité politique, de spiritualité, d'inventivité dans le domaine des sciences, des techniques et des arts. On sait par exemple que la liberté d'expression en Europe et aux Etats-Unis n'a pas la même portée : limitée en Europe, elle est absolue aux USA. Cependant dans l'un et l'autre cas elles renvoient toutes les deux à une même exigence et problématique fondamentale : la liberté individuelle, l'autonomie de la personne.

Nous retiendrons donc l'idée suivante : la modernité est une posture rationnelle et une configuration sociologique. Une posture rationnelle dans le domaine politique face au phénomène de l'arbitraire des rapports sociaux, une posture rationnelle dans le domaine de la science face au phénomène de l'adversité de la nature, une posture rationnelle dans le domaine de la philosophie face au silence de l'univers. Une configuration sociologique. A savoir, celle que présente toute société qui s'organise sur la base des critères d'efficience, de rationalité et d'émancipation en vue d'aménager son espace citoyen comme espace de libertés individuelles, de prospérité matérielle, d'inventivité technique et scientifique. En d'autres termes, la modernité est une posture rationnelle qui se concrétise dans la forme d'une configuration sociologique. Elle n'est donc non pas un processus d'occidentalisation du monde, mais une logique d'organisation de la société sous l'angle de l'efficience, de la rationalité et de l'émancipation.

Nous retiendrons donc trois idées : la modernité est une posture rationnelle qui se concrétise dans la forme d'une configuration sociologique par le moyen d'une logique d'organisation de la société sous l'angle des principes d'efficience, de rationalité et d'émancipation. Tel est le sens que nous autres africains devons retenir de la modernité.

4°) La problématique universelle de la modernité

La modernité fait donc écho à une problématique d'organisation de la société sous l'angle de l'efficience, de la rationalité et de l'émancipation. Elle peut donc être définie d'un point de vue socio-historique comme un projet qui vise à organiser la société comme espace de libertés, de prospérité, de responsabilité politique, de spiritualité, d'inventivité dans le domaine des sciences, des techniques et des arts. Voilà la définition que nous autres africains devons retenir de la modernité.

Rappelons que le phénomène de modernité apparaît dans l'histoire associé non pas à une posture culturelle, mais à une posture de la Raison face à l'adversité de la nature, à l'arbitraire du pouvoir politique et face à l'absurdité du silence de l'Univers. Il faut donc réfuter les acceptions ethnocentriques que l'on propose de la modernité. Par exemple celle qui assimile la modernité aux normes culturelles occidentales et interprète par conséquent la crise de la société industrielle comme l'impasse même de la modernité alors qu'il ne s'agit que de l'impasse de l'expérience occidentale de la modernité. Il ne faut retenir qu'une conception sociologique de la modernité. Celle-ci s'analyse comme la configuration que présente toute société qui s'organise comme espace de libertés, de prospérité, de sciences, de techniques et de spiritualité.

La modernité de ce point de vue est ce qui fait sens au regard de l'adversité de la nature, de l'arbitraire du pouvoir politique et de l'obscurantisme du préjugé. C'est pourquoi sera dit moderne tout ce qui en raison de sa charge efficiente, émancipatrice ou rationnelle nous permet de nous affranchir de l'adversité de la nature, de l'arbitraire du pouvoir politique et de l'obscurantisme du préjugé. De ce point de vue sera dite moderne une société qui s'organise sur la base des principes d'efficience, d'émancipation et de rationalité. Un projet de société moderne est celui qui vise à organiser une société comme espace de libertés, de prospérité, d'invention, d'innovation, de sciences, de techniques et de spiritualité.

Il ressort de cette étude l'idée que du point de vue de la sociologie historique la modernité doit être entendue comme la configuration que présentent les sociétés qui s'organisent sur la base des principes d'efficience (option pour la science et la technologie), de rationalité (option pour la raison et non pas le Théos) et d'émancipation (option pour les fins humaines du pouvoir tel que l'entend Charles de Vischer[194]).

E) Epouser la philosophie africaine de la modernité

Nous avons dit que la modernité doit être est notre horizon politique en ce sens que c'est la configuration que nous devons souhaiter donner à nos sociétés. Nous devons d'autant plus adopter la modernité comme notre horizon politique que l'Afrique ancienne n'a pas ignoré le phénomène de la modernité. Elle nous donne à voir des exemples de sociétés qui ont su s'organiser sur la base des principes d'efficience, de rationalité et d'émancipation. Elle nous a même laissé en héritage une philosophie de la modernité. C'est celle qui transparaît à travers le concept de Mâat. Nous pouvons nous réapproprier cette philosophie africaine de la modernité. Non pas par souci identitaire, mais souci d'efficience. Cette philosophie africaine de la modernité a ceci de particulier qu'elle est en effet à même de nous

---

194 Charles de Vischer Théories et Réalités du pouvoir en droit international public, Editions Pedone, 1953

permettre d'éviter les impasses auxquelles a conduit l'expérience occidentale de la modernité.

La notion de Mâat est d'une richesse sémantique et axiologique exceptionnelle. Etymologiquement, selon l'égyptologue Charles Coovi Gomez, cette notion signifie ce qui est vrai. Nos recherches nous ont montré que lorsque l'on prend en compte les divers usages du concept de la Maât dans la langue pharaonique on s'aperçoit que ce concept peut faire l'objet de plusieurs lectures. Une lecture religieuse, morale, éthique, spirituelle, philosophique, politique, mathématique, etc. Nous proposons ici une lecture du concept de la maât sous l'angle de la philosophie politique. Ce qui va donc être dit ici concerne uniquement une lecture de la Mâat sous l'angle de la philosophie politique.

La lecture des différents usages du concept de la Mâat sous l'angle de la philosophie politique laisse apparaître que la Mâat est une norme déontologique de l'action et de la relation. Elle invite à construire notre rapport à la transcendance, à la nature, à la société, à la technologie, à la science, à l'individu et à autrui sur les trois critères suivants : le Vrai, le Beau et le Juste. Le vrai c'est ce qui permet à une société d'acquérir l'efficience nécessaire pour vaincre l'adversité du réel. Il s'agit donc de la science, de la technologie et des mathématiques. Le beau c'est ce qui permet à une société de faire triompher en son propre sein des postures rationnelles. Il s'agit donc de la raison, de l'éthique, de la morale et de l'esthétique. Enfin le juste c'est ce qui permet à une société de s'émanciper de l'arbitraire de la force. Il s'agit donc du Droit axiologique. Celui-là même qui véhicule les fins humaines du pouvoir. Autrement dit, des droits fondamentaux de l'individu à l'autonomie de sa personne.

Bref la Mâat est une norme de l'action et de la relation qui, dans la période qui court de -3000 av. J.-C. à 1500 apJ.-C., a permis à certaines sociétés africaines de présenter une configuration absolument moderne sur le plan de la pensée (rejet du Théos), des institutions politiques (régime constitutionnel de la séparation des pouvoirs), de la technologie (usage de la science pour émanciper et non point pour asservir). Il importe donc de connaître la signification exacte de la notion de Mâat. Certains Africains malheureusement commencent déjà à dénaturer cette notion en en faisant un usage mystique. Ils terminent leur courrier par l'expression que la Mâat soit avec toi comme certains disent que la force soit avec toi. Or c'est là quelque chose de tout à fait contraire à ce que pensaient nos ancêtres. Pour eux la Mâat n'est pas quelque chose dont on invoque la protection. Pour eux la Mâat est une manière d'agir, de penser et de se mettre en relation. Elle est quelque chose que l'on fait, que l'on accomplit dans son rapport avec la transcendance, la nature, la société, son prochain, la science, la technique, etc.... Lorsque pharaon dit qu'il a rétabli Mâat à sa place il nous laisse entendre qu'il a rétabli le règne du vrai, du beau et du juste sur la terre de

Tameri. C'est en cela que nous disons que c'est une norme de l'action et de la relation.

Rappelons-nous donc que la Mâat c'est la configuration idéale que nos ancêtres souhaitaient que présente leur société. C'était leur horizon politique. Leur idéal politique. Il nous appartient de nous réapproprier cet idéal politique pour reconstruire nos sociétés comme sociétés modernes c.-à-d. comme sociétés qui s'organisent sur la base des principes d'efficience, d'émancipation et de rationalité. Et lorsque nous disons que nous souhaitons que nos sociétés présentent une configuration Mâaty, nous avons par là même défini notre projet de société. Car en disant cela nous disons que nos sociétés doivent s'organiser selon une rationalité qui épouse le Vrai, le Beau et le Juste comme normes de l'Action et de la Relation. Autrement dit, elles doivent s'organiser à partir des principes d'efficience, d'émancipation et de rationalité.

CHAPITRE 3

La question de la démocratie et de l'Etat de droit en Afrique

La scène politique africaine post-coloniale est une scène politique fondamentalement violente. De ce point de vue, en ce qui concerne le devenir moderne des sociétés africaines, une des questions qui se posent est celle de la pacification de la scène politique africaine. L'observation de l'histoire montre que quels que soient le temps et l'espace, la pacification d'une scène politique emprunte toujours les chemins de la démocratie et de l'Etat de droit. Il nous appartient à nous autres africains d'engager une réflexion sur ces deux composantes de la modernité politique. Cela d'autant plus que les concepts de démocratie et d'Etat de droit font l'objet d'une grande confusion en Afrique post-coloniale.

SECTION 1. LE DÉMOCRATIE COMME MODÈLE POLITIQUE

L'observation des faits montre que le système politique de l'Afrique post-coloniale est un système d'arbitraire et de violence politiques. C'est ce système politique qui a conduit à la disparition tragique d'un grand nombre d'Africains progressistes, épris de liberté. Les origines de ce système politique post-colonial sont bien connues. Ce système puise ses origines dans les prescriptions de la doctrine du développement et dans l'axiologie de la guerre froide. C'est sous la pression de ces deux facteurs que les sociétés africaines post-coloniales se sont construite comme des sociétés d'arbitraire et de violence politiques. Les jeunes Africains doivent prendre le temps d'étudier l'histoire de la guerre froide et de la doctrine du développement du point de vue de leurs tenants et aboutissants. Ce n'est qu'ainsi qu'ils pourront avoir une intelligence de l'origine du système politique post-colonial en Afrique.

A) Le modèle post-colonial de la démocratie

Depuis la fin de la guerre froide, le discours des experts et idéologues du développement a changé en raison de la chute de l'URSS et de son corollaire la mondialisation c.-à-d. de l'universalisation du modèle capitaliste et libéral de société. Afin d'accélérer le processus de cette universalisation, les experts en développement recommandent désormais en Afrique la formation d'un système politique démocratique. Mais paradoxalement, leur discours sur la démocratie en Afrique se limite à l'exigence d'un système électoral multipartite. Ils introduisent dans l'imaginaire africain l'idée que la démocratie consiste à organiser des élections qui mettent en compétition plusieurs partis. Or la démocratie ne se réduit pas à un jeu de partis fut-il multipartite. La démocratie est un système politique qui comporte plusieurs éléments : la sélection des gouvernants par le suffrage universel, la séparation des pouvoirs et l'exercice modéré du pouvoir, la garantie judiciaire des libertés publiques, le contrôle de la légalité des actes administratifs et le contrôle de la constitutionnalité des lois. Tels sont les éléments constitutifs du modèle de la démocratie moderne.

En vérité les experts en développement ont orienté les sociétés africaines post-coloniales vers un modèle archaïque de la démocratie. Ils ont orienté les sociétés africaines non pas vers le modèle moderne de la démocratie, mais vers le modèle grec antique de la démocratie.

Dans la Grèce antique en effet la démocratie consistait à accorder aux citoyens (qui constituaient une minorité) le droit d'exercer collectivement, mais directement, plusieurs parties de la souveraineté : délibérer sur la place publique, de la guerre et de la paix, conclure avec les étrangers des traités d'alliance, voter les lois, prononcer les jugements, examiner les comptes, les actes, la gestion des magistrats, les faire comparaître devant tout le peuple, les mettre en accusation, les condamner ou les absoudre. Mais en même la démocratie grecque assujettissait les citoyens à la tyrannie de l'Etat dans la sphère de sa vie privée. Toutes les actions privées étaient soumises à une surveillance sévère. Rien n'était accordé à l'indépendance individuelle, ni sous le rapport des opinions, ni sous celui de l'industrie, ni surtout sous le rapport de la religion. Dans les relations les plus domestiques, l'autorité politique intervenait. Ainsi le jeune Lacédémonien ne pouvait visiter librement sa nouvelle épouse. A Rome, les censeurs portent un œil scrutateur dans l'intérieur des familles. Autrement dit la démocratie grecque antique organisait la liberté politique (la participation aux affaires de la cité), mais ne tolérait pas les libertés individuelles. Cette démocratie était donc paradoxale. Elle accordait aux citoyens un droit de participation aux affaires publiques tout en organisant la tyrannie de l'Etat dans la vie privée du citoyen.

De ce point de vue, le modèle de la démocratie africaine post-coloniale n'est pas sans présenter une analogie avec le modèle grec antique de la démocratie. Elle est même pire. Car si le citoyen grec antique participait aux affaires publiques au niveau de plusieurs échelles, la démocratie africaine post-coloniale ne reconnaît au citoyen la participation à la vie publique que sur une seule échelle : l'élection des gouvernants. Pour le reste elle organise la prédation des finances publiques, les atteintes aux libertés individuelles et les manquements de l'Etat à sa mission de service public.

La transposition de l'esprit de la démocratie grecque antique en Afrique post-coloniale réduit l'enjeu des élections à une simple alternance électorale des personnes alors que le citoyen aspire à une alternance électorale des politiques gouvernementales. C'est pourquoi ce modèle ouvre la voie de l'appareil d'Etat soit à la personne la mieux armée sur le plan militaire soit à la personne la plus habile en matière de tricherie électorale. Cela s'est vérifié au cours de plusieurs campagnes électorales en Afrique post-coloniale.

Nous autres africains devons absolument mettre fin à ce modèle de la démocratie, car il opère comme un facteur de violence permanente. Voilà pourquoi à ce jour, à quelques exceptions près, la compétition politique dans le cadre du multipartisme tourne en Afrique à un jeu du qui triche gagne, du qui paie le plus emporte le plus de suffrages et du qui est élue peut gouverner sans changer la politique de son prédécesseur. L'essentiel est qu'il soit déclaré élu. Dans le cadre de ce système, l'alternance politique est non pas une alternance de politique gouvernementale, mais une alternance de personne. Manifestement, la démocratisation des sociétés africaines prend une mauvaise direction. Il appartient aux jeunes générations en Afrique de s'émanciper de l'esprit du modèle de la démocratie antique que leur ont légué les experts en développement et d'épouser pleinement les valeurs du modèle de la démocratie moderne.

B) Pour un modèle moderne de la démocratie en Afrique

La démocratie au sens moderne du terme n'a rien à voir avec le modèle grec antique. La démocratie moderne est un système politique dont les valeurs fondamentales permettent d'assujettir l'Etat aux fins humaines du pouvoir et par cela, d'organiser le fonctionnement des institutions sur le mode de l'Etat de droit. Ces valeurs sont les suivantes : le pluralisme politique, l'alternance politique, la séparation des pouvoirs, la garantie judiciaire des libertés publiques, la dévolution citoyenne du pouvoir, la mission de service public de l'Etat, l'institutionnalisation de contre pouvoirs, le contrôle de la constitutionnalité des lois, le contrôle de la légalité des actes administratifs. Ce sont ces valeurs que l'on appelle les valeurs fondamentales de la démocratie. C'est leur effectivité qui garantit la pacification de la scène politique.

Mais la démocratie au sens moderne suppose l'adhésion des acteurs politiques à ces valeurs. Autant de valeurs auxquels n'adhèrent pas les acteurs politiques actuels en Afrique, car ils appartiennent à des générations dont la psyché politique a été formée à la sève du parti unique et de l'Etat autoritaire. C'est cette sève qui a donné en Afrique naissance à une culture de violence et d'intolérance politiques. Les générations d'acteurs politiques africains qui sont porteurs de cette culture ne tolèrent pas les valeurs fondatrices de la démocratie moderne.

Il appartient donc aux Africains de bonne volonté de faire triompher en Afrique le modèle de la démocratie moderne. Pour ce faire ils doivent s'engager dans un projet de construction d'un Etat de droit en Afrique. C'est en construisant un Etat de droit que nous construirons en Afrique une démocratie au sens moderne du terme. Celle-ci n'est qu'une composante de ce qu'on appelle l'Etat de droit.

SECTION 2. LE MODÈLE DE L'ETAT DE DROIT

L'Etat de droit est la forme institutionnelle de l'Etat qui permet de construire l'espace politique comme un espace pacifié. Un espace où les conflits et les litiges se règlent sur la base d'un droit axiologique. Un espace où l'arbitraire du pouvoir politique est mis en échec par un ensemble de règles qui assujettissent le pouvoir exécutif et législatif à un corpus de droit axiologique.

De nos jours en Afrique, majorité politique et opposition politique, utilisent de plus en plus la notion d'Etat de droit dans les débats qui les opposent. A écouter ces débats il apparaît que les uns et les autres donnent au concept d'Etat de droit un sens qui n'est pas le sien. Aussi il n'est pas inutile d'introduire ici le lecteur au sens réel du concept de l'Etat de droit.

A) L'Etat de droit dans le débat politique en Afrique post-coloniale

C'est à partir des années quatre-vingt-dix que le concept d'Etat de droit a fait irruption dans le débat politique en Afrique. Ce sont les institutions financières internationales (IFI) qui à cette époque ont imposé l'idée de l'Etat de droit comme critère de la bonne gouvernance dans un pays.

On observe que depuis lors plusieurs gouvernements s'auto-proclament Etat de droit alors même qu'ils n'en présentent pas les attributs et ne satisfont pas aux critères d'un Etat de droit. Il en est ainsi en Afrique où on remarque une tendance des gouvernements à se réfugier derrière le concept de l'Etat de droit pour donner une légitimité juridique à des décisions manifestement arbitraires, mais présentées comme ayant été prises selon les moyens du Droit. L'opposition politique est souvent démunie face à une telle instrumentalisation de la notion d'Etat de droit. En fait elle est souvent incapable de contester le qualificatif d'Etat de droit que s'auto attribue le gouvernement faute pour elle-même de pouvoir lui opposer une définition qui contredit la prétention du gouvernement concerné.

C'est dire donc que le débat politique en Afrique a manifestement besoin d'une clarification sur la notion d'Etat de droit pour faire échec à l'instrumentalisation de cette notion comme moyen pour les gouvernements de justifier des décisions manifestement arbitraires.

B) La confusion de langage sur l'Etat de droit en Afrique

Une telle clarification s'impose d'autant plus, qu'en fait il existe en Afrique une confusion de langage entre les gouvernements et les citoyens. Là où par Etat de droit les citoyens font référence à un Etat dont la volonté de puissance est limitée par le Droit, les gouvernements africains de leur côté font référence à toute autre chose. Par Etat de droit ils font référence à un Etat de police c.-à-d. un Etat qui agit certes par les moyens du droit, mais qui recourt aux moyens du droit non pas pour limiter sa volonté de puissance, mais simplement pour rationaliser l'action de ses services administratifs.

C'est cette confusion conceptuelle entre Etat de police et Etat de droit qui permet à certains gouvernements en Afrique d'instrumentaliser le concept de l'Etat de droit pour justifier des décisions manifestement arbitraire. Or il ne suffit pas qu'un Etat agisse par les moyens du droit pour mériter le qualificatif d'Etat de droit. Encore faut-il que le Droit sur lequel il s'appui opère comme un facteur limitatif de sa volonté de puissance. Limitatif à la fois d'un point de vue procédurale par le respect de la hiérarchie des normes (conception formelle de l'Etat de droit) et d'un point de vue axiologique par le respect des libertés fondamentales (conception substantielle de l'Etat de droit). La conception substantielle de l'Etat de droit correspond à la conception libérale de l'Etat de droit. Du point de vue des aspirations des populations africaines, c'est la conception libérale de l'Etat de droit qui doit être construit en Afrique. Elle est celle qui est à même de garantir en Afrique le respect de l'intérêt général et l'autonomie de la personne humaine. C'est donc cet Etat de droit que nous devons construire en Afrique.

Mais la doctrine politique et juridique est partagée sur la capacité des sociétés africaines s'organiser dans la forme d'un Etat de droit au sens libéral du terme. Il y a d'une part ceux qui pensent qu'un tel avènement est impossible du fait que cette figure de l'Etat serait en porte à faux avec la culture africaine[195]. Il y a d'autre part ceux qui pensent qu'un tel avènement est possible non seulement parce que l'Etat de droit a une vocation universelle et se construit toujours par le jeu du volontarisme politique,[196] mais aussi parce que l'Afrique ancienne n'ignorait ni la démocratie ni le mécanisme de contrôle du pouvoir[197].

---

[195] Alain Moyrand, Réflexions sur l'introduction de l'Etat de Droit en Afrique noire francophone, RIDC, 4, 1991

[196] Gérard Conac, Etat de Droit et Démocratie, in L'Afrique en transition vers le pluralisme politique, Ed Economica, 1993

[197] Lire à ce sujet José Do-Nascimento, Concept et conception africaine de l'Etat, livre à paraître

Ces deux écoles ne peuvent être départagées que par le verdict des faits historiques. Or ces faits consacrent le point de vue de la deuxième école. On observe en effet dans l'histoire que l'Etat de droit n'est pas une figure caractéristique d'une culture donnée. Il est une figure politique qui se construit par étape et par rupture avec les institutions et les valeurs politiques antérieures qui présentent un caractère arbitraire ou autoritaire. L'Etat de droit c'est toujours une conquête de la société civile sur la société politique.

Pour les besoins de l'information du lecteur, nous allons présenter ici d'une part la figure de l'Etat de droit au sens libéral, d'autre part l'histoire de la quête politique pour un Etat de droit en Afrique post-colonial.

SECTION 3. LA FIGURE DE L'ETAT DE DROIT : UNE CONSTRUCTION VOLONTARISTE

Jacques Chevalier compte au nombre des publicistes qui ont écrit les pages les plus pertinentes sur l'Etat de droit. Il écrit : « Forgée à la fin du XIXe siècle dans la doctrine juridique allemande puis française pour répondre à l'exigence de fondation du droit public, la théorie de l'Etat de droit a connu au XXe siècle de sensibles inflexions : le défi totalitaire a conduit au dépassement de la conception purement formelle, reposant sur l'idée de hiérarchie des normes, au profit d'une conception substantielle privilégiant la garantie des libertés fondamentales. Depuis les années quatre-vingt, l'Etat de droit s'est trouvé mis au centre des débats philosophiques et politiques concernant le statut et le rôle de l'Etat : la référence à l'Etat de droit sert désormais à étayer la revendication d'une meilleure protection face à l'interventionnisme étatique et à l'abus possible des majorités démocratiques » [198]. L'attention que porte Jacques Chevalier à l'Etat de droit tient donc au fait que cette figure originale de l'Etat est aujourd'hui la clé de voûte de nouveaux enjeux.

A la fin du 20e siècle en effet le concept d'Etat de droit est devenu un concept de référence dans les médias, les enceintes internationales et le discours des acteurs politiques. Instrumentalisé par les uns pour dénoncer diplomatiquement le déficit démocratique de certains Etats, adopter par les autres pour s'auto-attribuer des satisfecit de bonne gouvernance, le concept d'Etat de droit est devenu un vocable flou. Il n'est donc pas inutile de revenir sur sa définition pour exhumer ce que certains feignent d'ignorer. A savoir, qu'il n'y a d'Etat de droit que celui dont la volonté de puissance est limitée par un corpus de règles juridiques dont l'axiologie consacre les fins humaines du pouvoir selon la belle expression de Charles de Visscher.[199]

---

[198] Jacques Chevalier, L'Etat de droit, Ed Montchrestien, 1992

[199] Charles de Visscher : *Théories et réalités en droit international public,* Paris, 1953

A) La définition de l'Etat de Droit

D'un point de vue strictement juridique, l'Etat de droit apparaît comme celui qui organise l'encadrement normatif du pouvoir politique en subordonnant la mise en œuvre de ses moyens et la poursuite de ses buts aux prescriptions du droit. En ce sens le doyen Pierre Pactet a raison de dire que l'Etat de droit est celui qui agit par les moyens du droit[200].

Mais de quel droit s'agit-il ? Est-ce un droit qui trouve sa source dans une volonté distincte de celle de l'Etat (théorie du jusnaturalisme) ou est-ce un droit qui trouve sa source dans la volonté même de l'Etat (théorie positiviste) ? Et au-delà de la question relative à la source de ce droit, une autre question se pose. Est-ce un droit qui assujettit l'Etat à l'axiologie jusnaturaliste des fins humaines du pouvoir (celles des droits naturels inaliénables et sacrés de l'homme) ou est-ce un droit qui permet seulement à l'Etat de rationaliser son action par le moyen d'un dispositif pyramidal tant d'un point normatif (principe de la hiérarchie des normes), organique (hiérarchie politique entre les autorités publiques) que procédural (conditions de forme et habilitation à agir) ?

En Occident, c'est en Allemagne, qu'est apparue pour la première fois la notion d'Etat de droit. Ce terme est la traduction littérale du mot Rechtstaat par lequel la doctrine juridique allemande désignait au 19e siècle la forme institutionnelle de dépassement de l'Etat de police qui succédait lui-même à l'Etat despotique. L'Etat de police se distingue de l'Etat despotique par la place qu'il accorde au formalisme et à la procédure juridiques. Si au contraire de l'Etat despotique, l'Etat de police accorde une large place au droit, celui ci n'est cependant pour lui qu'un instrument d'action, qui ne saurait en retour être une source de contrainte pour l'administration. C'est seulement avec le Rechtstaat que le droit va devenir un vecteur de limitation de la puissance de l'Etat.

Avec le Rechtstaat, il s'agira cependant non pas d'une hétéro-limitation de l'Etat par le droit, mais d'une autolimitation de l'Etat par le droit. L'Etat respecte sa propre réglementation, ses organes n'agissent que sur habilitation juridique (compétence) et ses administrés disposent de voies de recours juridictionnelles contre les abus qu'il est susceptible de commettre au regard de sa propre réglementation. Gérard Conac écrit : « Lorsque, à la fin du XIXe siècle, les juristes prussiens opposent Etat de droit à Etat de police, ils visent à réagir contre l'arbitraire administratif et à limiter l'étendue de leur pouvoir discrétionnaire, tout autant dans un esprit d'efficacité que par souci de protection des citoyens. Leur démarche correspond essentiellement à une tentative de rationalisation d'un pouvoir centralisateur en pleine expansion. Pour eux, l'Etat de droit (Rechtstaat) implique l'intervention d'un juge pour faire respecter la loi par les autorités exécutives. Il s'agit essentiellement d'un Etat de droit administratif. Pour le reste, on comptait sur la sagesse de

---

200 Pierre Pactet, Droit Constitutionnel, Ed Masson 1995

l'Etat, considéré par les positivistes de l'époque comme seule source de droit, pour s'autolimiter. C'était présumer que la raison d'Etat était toujours raisonnable »[201].

C'est sous l'influence du débat doctrinal sur la question de l'extériorité ou non du Droit par rapport à l'Etat qu'émergera en Europe une nouvelle conception de l'Etat de droit. A savoir non plus un Etat de droit par autolimitation (Rechtstaat), mais un Etat de droit par hétéro-limitation. Non plus un Etat de Droit administratif, mais un Etat de droit constitutionnel. En d'autre termes, l'Etat de droit comme Etat assujetti au droit par le jeu d'une norme considérée comme extérieure et supérieure à la volonté de l'Etat. A savoir la Constitution.

En France par exemple la révolution de 1789 conduit non pas à l'avènement d'un Etat de droit, mais à celui d'un Etat légal. Sous la IIIe République, dans le cadre du débat sur l'extériorité ou non du droit par rapport à l'Etat, la théorie de l'Etat de droit va servir d'appui théorique à la dénonciation de la souveraineté parlementaire inhérente au régime de l'Etat légal qui présente alors comme particularité le fait que la loi y échappe au contrôle de constitutionnalité. Cette puissance législative illimitée apparaît à une partie de la doctrine comme incompatible avec les fondements de l'ordre juridique (elle contredit le principe de la hiérarchie de normes en remettant en cause la suprématie constitutionnelle) et dangereuse pour les libertés (le pouvoir législatif pouvant se révéler plus dangereuse encore pour les libertés individuelles que le pouvoir administratif). La doctrine converge alors vers l'idée que l'Etat de droit introduit l'exigence d'une garantie constitutionnelle des droits contre le pouvoir législatif. Comme le note Jacques Chevalier l'Etat de droit va apparaître sous cet angle comme une machine de guerre contre le système de l'Etat légal. Illustratif de cet état d'esprit, la charge de Carré de Malberg qui écrit alors que « la Constitution renferme des règles qui déterminent et bornent la puissance des assemblées constituées ».

Soucieux de protéger les libertés individuelles contre un arbitraire possible du pouvoir législatif, une partie de la doctrine va développer l'idée selon laquelle l'Etat de droit n'est véritablement établi que là où la loi est soumise au contrôle de constitutionnalité. C'est ce courant doctrinal qui, conjugué avec le succès de la déclaration universelle des droits de l'homme adoptée par les Nations – Unies en 1948, va progressivement propager l'idée de l'Etat de droit comme un Etat certes assujetti au droit, mais assujetti surtout à un droit qui lui est extérieur (qu'il s'agisse d'un droit objectif ou naturel). La doctrine adhérera progressivement à cette idée et fera évoluer la conception administrative de l'Etat de droit (Etat autolimité) vers une conception constitutionnelle de l'Etat de droit (Etat hétérolimité).

[201] Gérard Conac, Etat de Droit et Démocratie, in L'Afrique en transition vers le pluralisme politique, Ed Economica, 1993

C'est cette conception constitutionnelle que véhicule aujourd'hui en Occident le concept d'Etat de droit. Il désigne l'Etat de droit au sens le plus émancipateur du terme comme celui qui trouve ses limites dans trois éléments. D'abord dans une norme juridique fondamentale : la constitution. Cette norme émane d'une volonté supérieure à celle de l'Etat (celle du pouvoir constituant originaire). Ensuite dans l'axiologie jusnaturaliste qui fait de cette norme fondamentale un rubicon opposable aux actes (lois, règlement et décrets) qui émanent de la volonté des pouvoirs publics. Enfin, dans un ensemble de conditions de forme qui accompagnent la mise en œuvre de l'action des pouvoirs publics (hiérarchie des normes, habilitation juridique à agir, compétence lié). En d'autres termes, de nos jours en Occident un Etat est considéré comme présentant les qualités d'un Etat de droit lorsque le droit qui encadre et borne sa puissance associe les trois éléments cités ci-dessus. De ce point de vue l'Etat de droit au sens strict est celui qui satisfait au critère formel d'un ordre juridique hiérarchisé et au critère matériel d'un ordre juridique qui garantit la protection juridictionnelle des droits fondamentaux de la personne. Il s'agit donc d'un Etat qui subordonne la mise en œuvre de ses moyens et la poursuite de ses buts aux prescriptions d'un droit qui trouve sa source dans une volonté extérieure et supérieure à celle de l'Etat.

L'Etat de droit est donc un mode particulier d'organisation du pouvoir[202]. Il est de ce point de vue caractéristique des Etats démocratiques d'obédience libérale. Pierre Pactet écrit « Dans les Etats démocratiques et libéraux, l'aménagement du pouvoir a pour objectif l'institution d'un Etat de droit caractérisé par la volonté d'éliminer l'arbitraire des gouvernants ». Un arbitraire que la doctrine libérale entend éliminer par le moyen de diverses ressources : suffrage universel, séparation des pouvoirs, institutionnalisation de contre pouvoirs, proclamation des libertés et des droits, contrôle de la constitutionnalité des lois, indépendance de l'autorité judiciaire, finalité humaniste et libérale des institutions et des normes. C'est cette vision de l'Etat de droit que nous devons promouvoir et faire triompher en Afrique. Elle renvoie à la conception axiologique de l'Etat de droit c.-à-d. à la conception de l'Etat de droit que véhicule le droit constitutionnel moderne. En d'autres termes, il s'agit de l'Etat de Droit constitutionnel.

B) Un exemple des étapes de la construction d'un Etat de Droit constitutionnel : le cas de la France

Jacques Chevallier a offert à la doctrine française les plus belles pages qui aient jamais été écrites sur l'Etat de Droit. Dans une synthèse magistrale, il retrace les métamorphoses conceptuelles et les enjeux concrets qui ont

---

[202] Olivier Duhamel, Droit Constitutionnel et Institutions politiques, Ed Seuil, 2009

jalonné et jalonnent encore la construction de l'Etat de droit en Occident[203]. Il ressort de son ouvrage que l'avènement d'un Etat de droit ne se décrète pas. Il est toujours l'aboutissement d'un long cheminement conceptuel, jurisprudentiel et politique.

En fait l'Etat de droit se construit par étape. En France par exemple la République s'est d'abord construite comme Etat légal. Ce n'est que par la suite qu'elle va progressivement revêtir les contours d'un Etat de droit. Le cheminement a été long. L'Etat légal qui émerge en 1789 ne cheminera vers un Etat de droit qu'à partir de 1971. Retraçons ce parcours.

La République en effet s'est d'abord construite comme Etat légal : forme singulière d'organisation politique et constitutionnelle dans laquelle le parlement est considéré comme le délégataire exclusif de la souveraineté nationale[204]. Jean Claude Ricci rappelle que cette figure de l'Etat puise ses racines dans les idées rousseauistes selon laquelle la souveraineté du peuple ne peut s'incarner que dans l'organe politique qui le représente. En l'espèce le pouvoir législatif. Ce pouvoir domine tous les autres pouvoirs politiques, particulièrement le pouvoir exécutif. Il s'ensuit que dans un Etat où la loi est la règle suprême tout doit lui être subordonné. Affirmer la primauté législative c'est traduire en droit la hiérarchie politique des pouvoirs constitutionnels. Le parlement possède « une puissance initiale et inconditionnée » (R.Carré de Malberg) tandis que le pouvoir gouvernemental est un pouvoir commis, subordonné et dépendant. S'il en va ainsi précise Jean Claude Ricci c'est « parce ce qui est visé en premier lieu ce n'est pas la protection des citoyens contre un certain arbitraire, mais la volonté d'assurer la prééminence absolue de l'organe législatif, le Parlement, sur tout autre organe constitutionnel »[205].

Comment comprendre que les révolutionnaires de 1789 n'aient pas eu pour souci de protéger le citoyen contre un arbitraire possible de la loi. La raison est simple. Pour les constitutionnalistes révolutionnaires, la loi, en tant qu'expression de la volonté générale, ne saurait mal faire, elle doit bénéficier d'une primauté au sein de l'Etat et ne saurait connaître d'autres bornes que celles qu'elle se fixe à elle-même. C'est cette vision legicentriste qui conduira à la construction d'un Etat plus légal que de droit. Jacques Chevalier rappelle l'opposition fondamentale qui selon Carré de Malberg distingue ces deux figures possibles de l'Etat républicain. Là où l'Etat de Droit est établi « simplement et uniquement dans l'intérêt et pour la sauvegarde des citoyens » dont il place les droits au-dessus de toute atteinte, même du législateur, l'Etat légal se rattache plutôt à une « conception politique ayant trait à l'organisation fondamentale des pouvoirs » et tend « purement à assurer la suprématie du corps législatif ». Il faudra attendre le jeu des contingences de la vie politique pour que par étape la République en

[203] Jacques Chevallier, L'Etat de droit, Ed Montchrestien, 1992

[204] Jean Claude Ricci, Droit Administratif General, 4e édition, Hachette Supérieure, 2011

[205] Jean Claude Ricci, ibidem

France s'achemine vers l'Etat de droit. Ces étapes peuvent être identifiées d'abord à partir de l'œuvre du juge administratif puis à partir de celle du juge constitutionnel et enfin à partir de l'œuvre du pouvoir constituant dérivé.

D'abord l'œuvre du juge administratif : celui-ci bénéficie à partir de la loi du 24 mai 1872 d'un statut d'indépendance par le passage de la justice dite retenue à la justice dite déléguée. Son œuvre jurisprudentielle concernera surtout l'encadrement juridique du pouvoir réglementaire. Aux privilèges de ce pouvoir (privilège de la décision exécutoire, pouvoirs de police, de réquisition, d'expropriation, de recouvrement des créances), le juge administratif va progressivement opposer des contraintes favorables au citoyen. On peut citer : le recours pour excès de pouvoir qui dès 1812 est distingué du contentieux ordinaire et permet d'imposer à l'administration le respect de la hiérarchie des normes ; l'assujettissement dès 1873 de la puissance publique à un régime de responsabilité de l'Etat pour les dommages causés aux particuliers par le fait des personnes qu'il emploie dans le service public (TC, 1er février 1873, Blanco) ; l'élargissement des bases de la légalité aux principes généraux du droit (arrêt Roubeau, 1913), aux traités régulièrement incorporés dans l'ordre juridique interne (arrêt Dame Kirkwood, 1952), à la Constitution (arrêt Société Eky, 1960) ; consécration du principe de non-rétroactivité des actes administratifs, du principe de respect des droits de la défense, du principe de continuité du service public, etc.

Ensuite l'œuvre du juge constitutionnel : la constitution de 1958 conduit à l'avènement en France d'un juge constitutionnel au sens organique du terme. La loi n'est plus un acte incontestable et inattaquable. Elle peut désormais être déférée à un juge et éventuellement retirée par lui de l'ordonnancement juridique. Il y a toutefois que jusqu'en 1971, la Constitution de 1958 cantonnait le juge constitutionnel à la seule mission de gendarme du domaine de la loi et du règlement. Il avait parallèlement à sa mission de juge électoral, pour mission de veiller à ce que le législateur ne sorte pas du champ de son domaine de compétence. Celui des matières de l'article 34 de la Constitution. Par sa jurisprudence le Conseil Constitutionnel arrivera cependant à s'émanciper de ce rôle de simple gendarme du domaine de la loi et du règlement pour devenir une pièce maîtresse de la construction de l'Etat de droit en France. L'œuvre du juge constitutionnel va surtout concerner l'encadrement juridique du pouvoir législatif et réglementaire : d'abord par l'assujettissement du pouvoir législatif à l'axiologie des droits inaliénables et sacrés du citoyen (Décision du 16 juillet 1971 qui élève les principes contenus dans la Déclaration de 1789 et dans le préambule de la Constitution de 1946 au rang de principes à valeur constitutionnelle) ; ensuite par la surveillance indirecte de l'exécutif au moyen d'un contrôle de conformité sous réserve (cas de décisions par lesquelles le C.C indique au gouvernement comment il se doit d'appliquer la loi). Par la jurisprudence du Conseil

Constitutionnelle les normes constitutionnelles « ... voient leur prééminence consacrée et garantie contre l'emprise possible du législateur. Elles retrouvent leur place au sommet de l'édifice normatif »[206]

Enfin l'œuvre du pouvoir constituant dérivé : elle est attestée par l'élargissement des conditions de saisine du Conseil Constitutionnelle (loi du 29 octobre 1974 portant révision de l'article 61 pour permettre à 60 députés ou sénateurs et donc à l'opposition de saisir le Conseil constitutionnel) et par l'admission de la question prioritaire de constitutionnalité (révision constitutionnelle du 23 juillet 2008) qui permette aux justiciables, à l'occasion d'un litige judiciaire, de soulever une exception d'inconstitutionnalité (article 61-1). C'est cette dernière réforme qui conduit la République en France à sa maturité en tant qu'Etat de droit.

Section 4. La quête politique pour un Etat de droit en Afrique : une histoire d'occasions manquées

L'histoire de l'Etat de droit en Afrique post-coloniale se présente sous l'angle d'une histoire de rendez-vous manqué entre la société politique et les opportunités offertes par les circonstances pour instituer un Etat de droit. Rendez-vous manqué du fait du jeu des acteurs politiques internes et externes.

A) Les indépendances politiques : une occasion manquée

Au lendemain des indépendances, l'Etat nouveau avait en Afrique vocation à orchestrer l'entrée des sociétés africaines dans une ère de modernité politique, économique, technique et scientifique. Autrement dit, une ère à laquelle seul pouvait les y conduire un Etat de droit. Mais l'environnement doctrinal et géopolitique dans lequel va être inséré l'Etat nouveau le conduit à se donner une configuration aux antipodes d'un Etat de droit. A savoir celle d'un Etat autoritaire et libertaire.

Il faut rappeler en effet que dans la période qui précède immédiatement les indépendances, la plupart des Etats africains (anglophones ou francophones) connaissent une vie politique animée par plusieurs partis[207]. C'est en tout cas « ... à des gouvernements issus d'élections locales que les puissances coloniales, la France, l'Angleterre, la Belgique, l'Italie transmettaient les responsabilités du pouvoir »[208]. Les sociétés politiques africaines bénéficient alors d'un système politique multipartite qui laissait augurer le fait que l'Etat nouveau sera un Etat démocratique.

---

[206] Jacques Chevallier, L'Etat de droit, Ed Montchrestien, 1992

[207] D.G. Lavroff, Les partis politiques en Afrique noire, 1970

[208] Gérard Conac, Les processus de démocratisation en Afrique, in L'Afrique en transition vers le pluralisme politique, Economica, 1993, sous la direction de Gérard Conac

Mais peu d'années après les indépendances, les différentes écoles doctrinales du développement économique et du développement politique propagent l'idée selon laquelle le décollage économique, la mobilisation des énergies et la planification des comportements économiques requièrent un exécutif puissant. Gérard Conac rappelle que « Les approches développementalistes en tout genre dévalorisaient en effet le pluralisme politique. Dans la phase de construction de l'Etat et de démarrage économique, il paraissait nécessaire que toutes les élites modernistes soient rassemblées autour de quelques objectifs communs. De même que des industries naissantes doivent être protégées contre la concurrence internationale, la plupart des théoriciens du développement jugeaient qu'avant d'accéder aux formes les plus raffinées de la démocratie libérale, les Etats nouveaux devaient éviter de livrer leurs structures encore très fragiles à des luttes intestines entre majorité et opposition. La démocratie pluraliste était bien l'objectif, mais il fallait pour y parvenir parcourir d'abord les chemins de la nationalisation de l'Etat et du développement économique »[209].

En fait l'idée prévaut alors qu'un système autoritaire est plus apte, au moins à titre provisoire ou transitoire, à initier la modernisation au plan économique comme au plan politique[210]. Les critiques adressées au multipartisme vont alors se faire de plus en plus entendre et les sociétés africaines vont évoluer très rapidement vers le système du parti unique. Les partis d'opposition se trouvent éliminés par coalition ou par absorption[211]. Pour justifier l'établissement du parti unique, trois arguments principaux sont invoqués : le parti unique apparaît comme un instrument d'intégration nationale, comme un instrument de modernisation économique et sociale, comme un facteur d'homogénéité sociale.

Cette grille de lecture développementaliste qui voit dans l'Etat parti non pas un moyen de la tyrannie politique, mais un levier de la modernisation sera instrumentalisé par les acteurs politiques africains qui cherchaient à pérenniser leur présence au sommet de l'Etat par le moyen de l'autoritarisme politique[212]. Cet autoritarisme sera accentué par l'effet de la rente bipolaire. Selon Daniel Bourmaud en effet « L'accession des Etats africains à l'indépendance se réalise dans un contexte international caractérisé par l'opposition entre les Etats – Unis et l'Union soviétique ». Cette opposition géopolitique n'est pas allée sans influence sur les systèmes politiques

---

209 Gérard Conac, Les processus de démocratisation en Afrique, in L'Afrique en transition vers le pluralisme politique, Economica, 1993, sous la direction de Gérard Conac).
210 R.A Dahl, Modern Political Analysis, 2ème édition, 1970 ; J.S Coleman, C.G.Rosberg, ed, Political parties and national Integration in Tropical Africa, Berkeley, 1964 ; A.R.Zolberg, Creating Political Order. The Party State of West Africa, Chigaco, 1966 ; S.P Huntington, C.H.Moore, Authoritarian Politics in Modern Society. The Dynamics of Established One – Party Systems, new York, 1970
211 Roger-Gérard Schwartzenberg, Sociologie politique, Ed Montchrestien, 1988
212 Daniel Bourmaud, La politique en Afrique, Ed Montchrestien, 1997

africains. En contrepartie de l'alignement des gouvernements africains sur leurs prises de position en matière de politique étrangère, les deux grandes puissances garantissaient aux pouvoirs en place la protection militaire et le soutien financier nécessaire pour la pérennité de leur pouvoir et ne manquaient pas d'approuver les actes de répression contre l'opposition..

Les acteurs politiques en Afrique ont su faire jouer cette rente bipolaire comme facteur de structuration de la compétition politique. Cette instrumentalisation du système international bipolaire par les acteurs politiques africains a exacerbé la dérive autoritaire imprimée au système politique par le système du parti unique. C'est elle qui a conduit à une personnalisation du pouvoir. Et c'est cette dernière qui va entraîner la privatisation de l'espace public et des ressources publiques. Ce qui conduira progressivement à l'abandon de l'intérêt général et partant de l'objectif d'un Etat de droit. Lequel par définition se veut être au service de l'intérêt général.

Les théories développementalistes et l'axiologie Est-Ouest ont donc conduit très tôt les gouvernements en Afrique a condamné le multipartisme au profit du système du parti unique. C'est ce rejet du pluralisme politique qui a conduit à la structuration de l'Etat comme Etat parti ouvrant ainsi l'ère du parti unique et de la personnalisation du pouvoir. Or un tel Etat est aux antipodes de l'Etat de droit. Le droit qu'il produit porte atteinte à trois aspects fondamentaux du droit inhérent à un Etat de droit. A savoir : l'intérêt général, la liberté d'expression et la séparation des pouvoirs. De ce point de vue, après les indépendances politiques les sociétés africaines ont bel et bien raté leur rendez-vous avec l'Etat de droit.

B) La transition démocratique : une occasion encore manquée

A partir de 1989 les sociétés africaines sont traversées par une vague de contestation politique liée aussi bien à la dégradation du pouvoir d'achat consécutive aux plans d'ajustement structurel qu'à l'impact produit dans l'imaginaire politique par la chute du mur de Berlin. Privée des ressources de la rente bipolaire, la majorité des gouvernements africains hésitent alors à réprimer de manière aveugle cette vague de contestation et acceptent d'ouvrir un dialogue national sur le modèle de celui inauguré en premier par le Bénin. A savoir une conférence nationale. Les réformes adoptées au sein de ces conférences nationales font entrer les sociétés africaines dans un processus de transition démocratique qui donne à voir une Afrique qui « … s'engage dans le pluralisme et chante les louanges de l'Etat de droit aussi unanimement qu'elle avait opté au lendemain des indépendances pour le parti unique et la personnalisation du pouvoir »[213].

---

[213] Gérard Conac, Les processus de démocratisation en Afrique, in L'Afrique en transition vers le pluralisme politique, Economica, 1993, sous la direction de Gérard Conac

Parallèlement aux conférences nationales qui visent comme objectif l'avènement d'un Etat de droit, les Institutions financières internationales, ajoutent alors aux conditionnalités économiques des plans d'ajustement structurels de nouvelles conditionnalités. Des conditionnalités d'ordre politique et judiciaire par lesquels les IFI imposent aux pays emprunteurs du Sud des réformes politiques et juridiques justifiées par un discours qui empruntent à la rhétorique de l'Etat de droit[214]. Ce discours allie aux objectifs néo-libéraux du consensus de Washington (privatisation, déréglementation, protections des droits de propriété et limitation des pouvoirs de la bureaucratie), des exigences de démocratie politique (notamment des mécanismes de protection des droits de l'homme) que les IFI justifient par l'idée que les règles de droit et les institutions d'inspiration libérale peuvent avoir une profonde influence sur les résultats économiques. Le Droit et partant l'Etat de droit est alors considéré comme un facteur de développement économique.

On retrouve cette rhétorique de l'Etat de droit dans les documents ou discours officiels de divers organismes internationaux. Du côté de la Banque Mondiale on peut citer le Rapport de 1989 qui établit un lien entre libéralisation économique et légitimité politique[215]. Du côté de l'Union Européenne, on observe qu'à partir des années 80, au fil des conventions ACP (Lomé III en 1985, Lomé IV en 1990 puis révisée en 1995, Cotonou en 2000), l'UE dessine les contours d'une conditionnalité démocratique et prévoit, en cas de manquement aux principes démocratiques et de l'Etat de droit, la suspension totale ou partielle de la coopération, après consultation avec le pays en cause. L'accord dit de Cotonou en 2000 renforce les aspects institutionnels de la conditionnalité démocratique puisque les parties s'y engagent à promouvoir un environnement politique stable et démocratique, à améliorer le cadre institutionnel nécessaire au fonctionnement d'une société démocratique, à soutenir activement les processus de démocratisation et la consolidation de l'Etat de droit. Du côté du FMI on peut citer comme exemple le cas où cette institution a obligé l'Etat du Cameroun à prendre l'engagement de créer un Conseil constitutionnel, un Sénat et une Cour des comptes pour pouvoir bénéficier de l'Initiative en faveur des pays pauvres très endettés (PTTE). Cette obligation s'est concrétisée par la révision constitutionnelle de 1996. Du côté de l'ONU, on note la création de comités nationaux de droits de l'Homme recommandé par cette institution dans la résolution 1992/54 de la commission des droits de l'homme du 3 mars 1992. Sur le terrain c.-à-d. sur la scène politique africaine on constate un changement du régime juridique de la liberté d'association : elle passe du

---

214 J.KM Ohnesorge, Etat de droit (rule of law) et développement économique, l'étrange discours des institutions financières internationales, in Critique Internationale, n°18, janvier 2003 ; Hélène Tourand, L'Internationalisation des constitutions nationales, Ed LGDJ

215 L'Afrique sub-saharienne. De la crise à une croissance durable. Etude de prospective à long terme, Washington DC., 1989, pp190-19

régime de l'interdiction ou de l'autorisation préalable à celui de la déclaration préalable. On constate aussi la création d'autorités administratives indépendantes dans divers secteurs. Notamment celui de la presse et de l'audiovisuel.

Au-delà de son origine extérieure et imposée, cette rhétorique de l'Etat de droit conjuguée aux conditionnalités politiques et juridiques des IFI qui l'accompagnaient présentait un avantage. Elle exerçait une pression favorable à l'émergence d'un Etat de droit en Afrique. Elle offrait aux acteurs politiques en Afrique une opportunité pour s'orienter à nouveau vers la construction d'un Etat de droit au sens axiologique du terme. Mais le jeu des acteurs politiques en Afrique a eu raison de cette rhétorique et des conditionnalités qui l'accompagnaient. Non seulement le multipartisme n'a pas mis fin à la personnalisation du pouvoir, mais en outre les institutions crées en vue de favoriser l'avènement de l'Etat de droit ont été soit transformé en coquilles vides soit instrumentaliser par le pouvoir en place. C'est notamment le cas d'un certain nombre de cours constitutionnelles en Afrique. De ce point de vue la transition démocratique a bel et bien été pour les sociétés africaines un rendez-vous encore manqué avec l'Etat de droit.

Il reste que cette figure de l'Etat demeure l'objectif à atteindre. Les sociétés africaines doivent continuer à se mobiliser pour voir un jour triompher l'avènement de la conception axiologique de l'Etat de droit. Voilà aussi une solution concrète. Savoir de quoi l'on parle lorsque l'on revendique l'avènement d'un Etat de droit.

CHAPITRE 4

La question des origines de la condition actuelle des peuples africains

Cette question agite l'imaginaire des Africains. Elle détermine le point de vue qu'ils adoptent sur le sujet de l'aptitude de leurs sociétés à entreprendre et réaliser un projet de modernité d'initiative et d'expression africaine. Selon la réponse qu'ils apportent à cette question, ils adhèrent à l'idée d'un projet de modernité par occidentalisation ou à celle d'un projet de modernité autonome qui intègre la valorisation des fondamentaux du patrimoine historique africain.

De ce point de vue, la question des origines de la condition actuelle des peuples africains présente un intérêt qui ne se limite pas aux études académiques. Elle présente aussi un enjeu politique. Elle conditionne en effet le choix de la nature des politiques à mettre en œuvre pour donner aux sociétés africaines une configuration moderne. Selon que l'on considère que la condition actuelle des sociétés africaines trouve son origine dans un processus de retard historique ou dans un processus de régression historique, les politiques à mettre en œuvre ne seront pas les mêmes. Dans le premier cas, le choix se portera sur des politiques de rattrapage historique et donc de développement. Dans le second cas, le choix se portera sur des politiques de reconquête de l'initiative historique et donc de renaissance historique.

Que nous apprend la science de l'histoire sur le sujet des origines de la condition actuelle des peuples africains ? Retard historique ou régression historique ? Serait elle l'expression d'un retard historique de l'Afrique comme l'affirment les tenants de la version européocentrique de l'histoire de l'Afrique ? ou au contraire serait elle l'expression d'un phénomène récent de régression historique comme le laisse entrevoir la version Diopienne de l'histoire africaine ?

Pour répondre à cette question, il suffit de lire notre histoire du point de vue de la causalité historique en nous plaçant et sur le terrain des sources probantes de la connaissance en histoire et sur le terrain de la logique des événements c.-à-d. celui des faits et de leur corrélation. Autrement dit, pour répondre à cette question, il faut avoir une intelligence de la trajectoire historique des peuples africains à la lumière des sources probantes de l'histoire : paléontologie, archéologie, architecture, iconographie, linguistique. C'est cette trajectoire historique des peuples africains que nous allons présenter ici à partir du résumé d'un ouvrage que nous préparons sur Les grands courants de l'histoire africaine[216]. Un résumé de cet ouvrage en préparation a déjà été publié en langue italienne[217]. A la suite de cette présentation nous tirerons les conclusions que cette trajectoire impose sur la question des politiques à mettre en œuvre pour donner aux sociétés africaines une configuration moderne.

SECTION 1. LA TRAJECTOIRE HISTORIQUE DES PEUPLES AFRICAINS

Nous allons ici présenter la trajectoire historique des peuples africains depuis la préhistoire jusqu'à nos jours telle qu'elle apparaît à travers les sources probantes de l'histoire.

A) L'invention de la civilisation en Afrique : -200 000 av. J.-C. à 5.000 av. J.-C.

Il ressort des sources probantes de l'histoire que depuis les origines probables de l'humanité (- 200. 000 ans av. J.-C.) jusqu'au néolithique (- 10.000 ans av. J.-C. à -5000 av. J.-C.) les peuples africains ont été de manière incontestable les pionniers de la civilisation dans le domaine de la production des œuvres matérielles, intellectuelles et spirituelles. Ce sont eux qui les premiers ont fait preuve de pensée symbolique par l'invention de l'Art dès -70.000 av. J.-C. [218]. Ce sont eux également qui ont expérimenté la pratique des mathématiques bien avant le néolithique comme l'attestent les os de Lebombo (qui datent de -35.000 av. J.-C.) et les os de Ishango (qui datent de -25.000 av. J.-C.).

Dans la période qui court entre -18.000 et -6.000 av. J.-C., les peuples africains sont ceux qui les premiers ont inventé les éléments de la civilisation néolithique. Ils sont à l'origine d'un grand nombre d'inventions majeures pour l'humanité : l'agriculture (18 000 ans av. J.-C.), la poterie utilitaire (dès 10 000 av. J.-C.), l'élevage (dès 9000 av. J.-C.), la vie urbaine (dès -7. 000 av. J.-C.), l'Etat (dès -4.000 av. J.-C.), l'architecture monumentale (dès 2700 av. J.-C.), le travail des métaux, etc.

---

[216] Jose Do-Nascimento, Les grands courants de l'histoire africaine, ouvrage à paraître

[217] José do-Nascimento, Storia del continente africano, Una lettura razionale e sintetica, QuiEdit, 2015, pp. 137

[218] cf travaux sur la grotte de Bomblos en Afrique du sud et la grotte du porc épic en Ethiopie.

B) L'Apogée de la civilisation en Afrique : -5000 av. J.-C. à 1000 av. J.-C.

Dans la période qui va de -5000 av. J.-C. à 1000 av. J.-C., les peuples africains vont élevé la civilisation à son apogée dans le cadre luxuriant de la vallée du Nil. C'est là qu'ils vont donner naissance à la civilisation dite pharaonique d'abord dans le versant nubien de la vallée du Nil, ensuite dans le versant égyptien de la vallée du Nil. Cette civilisation va exercer pendant des millénaires une forte attraction sur les peuples caucasiens (les Européens) et orientaux (les Sémites). Ces peuples vont être attirés par le niveau de civilisation matérielle, intellectuelle et spirituelle des sociétés africaines de la vallée du Nil. A un point tel qu'à compter de -1500 av. J.-C., ils ne vont avoir de cesse que de vouloir migrer ou envahir les sociétés africaines par la porte d'entrée la plus proche : la vallée du nil.

C'est donc un acquis de l'histoire que de dire que depuis l'apparition de l'humanité jusqu'à -500 ans av. J.-C., ce sont les peuples africains qui ont été les pionniers dans la voie de la civilisation. Ce sont ces peuples qui ont les premiers affranchis l'humanité de ses conditions de vie rudimentaires et l'ont élevé jusqu'au stade de la civilisation. Toutes les innovations civilisationnelles que connaît l'humanité (l'Etat, la spiritualité, la religion, la philosophie, les mathématiques, la géométrie, la médecine, la technologie, l'agriculture, l'élevage, l'économie de production et d'échange, etc.) sont nées en Afrique. Et ce n'est que tardivement et seulement au contact avec le patrimoine des civilisations africaines que les autres composantes culturelles de l'humanité ont amorcé leur marche vers la civilisation. Cela est vrai des civilisations européennes antiques (Grèce et Rome) et post-moyen âge (ascension des Etats Ibériques : Portugal et Espagne). Cela est vrai aussi des civilisations orientales, asiatiques et amérindiennes.

C) Les colonisations successives du centre de gravité de la civilisation africaine par les peuples indo-européens : -1085 av. J.-C. à -500 av. J.-C.

A partir de -1085 av. J.-C., les peuples africains de la vallée du nil, vont commencer à connaître les prémisses d'une expérience de déclin historique. Cette expérience aura lieu dans l'espace politique alors le plus avancé dans la civilisation : l'Egypte pharaonique.

Pendant 7 siècles le pays des pharaons va faire l'objet de multiples invasions et colonisations successives. D'abord les invasions des peuples sémites : Assyriens vers 671 avant J.-C. Ensuite la colonisation par les peuples indo-européens : perse dès 525 av. J.-C.,, Grecs dès 332 av. J.-C. et romains de -30 av. J.-C. à 395 apr. J.-C.. Sous l'impact de ces siècles d'invasions et de colonisations successives, les populations du versant égyptien de la vallée du Nil vont progressivement perdre à partir de -500 av. J.-C. l'initiative historique. Concrètement ils vont progressivement perdre le contrôle de divers ressorts de l'historicité. A savoir : le contrôle de l'appareil d'Etat, le contrôle du système d'enseignement, le contrôle des espaces de production et d'échange économiques, etc.). Ils vont dès lors progressivement perdre dans la vallée du Nil la capacité à l'initiative historique et de ce fait ils vont basculer dans un processus de régression historique attesté dès l'époque de la colonisation romaine.

Cheikh Anta Diop écrit : « D'après le poète satirique latin Juvénal, qui écrivait dans la moitié du IIe siècle apr. J.-C.., les Egyptiens eux-mêmes avaient énormément régressé. Même en faisant la part des choses – Juvénal avait la haine des Orientaux, égyptiens en particulier – on doit constater que d'après son témoignage qui relate des faits datant du consulat d'Iuncus 127 après J.-C., la société égyptienne pliait déjà sous le poids des divinités totémiques et de la retribalisation. La conséquence de la colonisation ininterrompue depuis les Perses, les Grecs jusqu'aux Romains est que ce pays qui avait civilisé le monde retourne à la " barbarie ", s'il faut en croire Juvénal. L'Egypte, qui sous la XVIIIe dynastie (reine Hatshepsout) sillonnait déjà les mers avec des bateaux de haut bord, "ne savait plus que diriger avec des voiles minuscules ses barques d'argile et se pencher sur de courtes rames dans cette poterie bariolée" (satire XV, vers 126 à 128). Juvénal décrit les luttes sanglantes et fratricides de deux nomes – c'est-à-dire deux clans ou tribus – (les villes de Denderah et Hombos) dont les totems sont ennemis ; elles se seraient terminées par une scène d'anthropophagie qu'il faudrait alors qualifier de rituelle »

D) La multi polarisation des centres de civilisation en Afrique sub saharienne : -500 av. J.-C. à 1500 apr. J.-C.

A compter de -500 av. J.-C. une partie des populations de la vallée du Nil va émigrer vers l'Afrique sub-saharienne au cœur des régions où coulent les autres grands fleuves africains : le Djoliba (Afrique de l'Ouest), le Kongo (Afrique centrale), le Zambèze (Afrique australe), etc.... Les peuples africains d'origine nilotique vont acquérir un droit d'établissement sur les territoires des peuples africains sub-sahariens dans les vallées du Sénégal, du Niger, du Kongo et du Zambèze. La rencontre entre ces peuples va conduire à l'avènement de nouvelles expériences de civilisation dans le cadre d'espaces politiques nouveaux : Wagadu, Tekkrur, kanem-Bournou, Mandé, Songhai, Mogho, Kongo, Zimbabwe, Mapungwe, etc... Ces nouveaux pôles de civilisation en Afrique ont une renommée internationale ainsi que l'atteste la littérature orientale de cette période. Ces nouveaux pôles exercent une attraction sur les civilisations européenne, asiatique et orientale. Les écrits des voyageurs arabes qui ont séjourné dans les sociétés issues de la rencontre entre peuples africains d'origine nilotique et sub-sahariens attestent de la qualité de la civilisation matérielle et intellectuelle de ces sociétés. Au 14 siècle l'Etat du Mande par exemple est réputé en Europe comme étant l'Etat le plus riche au monde comme l'atteste la fameuse carte catalane. Un de ses chefs d'Etat, Bakari II, ira jusqu'à armer 200 navires pour aller prendre pied sur le continent sud-américain.

Autrement dit, dans le contexte de ces régions, une nouvelle civilisation naît de la symbiose entre les populations sub-sahariennes autochtones et les populations nilotiques. Ces peuples vont ensemble attester d'une maîtrise des ressorts de l'historicité et faire preuve de leur capacité à l'initiative historique. Elles vont produire dans ces régions les conditions matérielles et immatérielles de leur propre existence. Elles vont alors poursuivent leur expérience de civilisation en Afrique de l'Ouest, en Afrique centrale et en Afrique australe.

E) La crise géopolitique des sociétés africaines sub-sahariennes : 1500 apr. J.-C. à nos jours

Cette période est celle où l'Europe va prendre le pas sur toutes les autres civilisations. Certes grâce à ses propres innovations, mais surtout grâce à la capacité de destruction que vont lui procurer les armes à feu pour soumettre les Amériques et l'Afrique sous le joug d'une politique européenne de pillage économique internationale. Pour les sociétés africaines sub-sahariennes cette période est celle d'un tournant géopolitique dramatique. Cette période est celle où les sociétés africaines sub-sahariennes vont progressivement perdre le contrôle des ressorts de l'historicité et basculer dans un processus de régression historique. Cette régression est provoquée par une crise historique profonde qui puise ses sources dans les effets conjugués d'une violence géopolitique d'origine externe et interne.

1°) La violence géopolitique d'origine externe : l'expansion extraterritoriale des peuples européens à compter du 15e siècle

L'observation des faits de l'histoire et de leur corrélation montre que la cause objective de notre condition actuelle remonte aux répercussions géopolitiques d'un évènement qui s'est déroulé au milieu du 15e siècle. Il s'agit de la prise de Constantinople par les Turcs ottomans en 1453. Cet évènement survint à une époque où l'Europe de l'Ouest entrait dans un processus de reconquête de son indépendance vis-à-vis des occupants arabo-musulmans. Cette reconquête a d'abord pris la forme de la reconquista portugaise en 1249 puis celle de la reconquista espagnole en 1492. Ce sont ces reconquista qui allaient permettre à l'Europe de bouter hors de ses frontières l'envahisseur arabo-musulman. Cet évènement a eu un contrecoup géopolitique en ce sens qu'il a provoqué une expansion extra territoriale des peuples européens. Ce sont les répercussions de cette expansion en Afrique qui permettent de comprendre d'un point de vue objectif notre condition actuelle.

Concrètement, la prise de Constantinople par les Turcs ottomans en 1453 privait les Européens de l'accès aux commerçants arabes à qui ils achetaient des produits indispensables à leur vie matérielle : les épices, le sucre, l'or et les esclaves slaves. Elle mettait l'Europe occidentale devant un défi historique urgent à relever : celui de son approvisionnement.

Le choc que produisit la prise de Constantinople dans la conscience politique européenne eut deux conséquences. D'une part elle exacerba dans l'imaginaire européen la prise de conscience de leur communauté d'origine, d'intérêts et européens de destin. D'autre part, elle fit prendre conscience aux qu'ils ne produisaient pas par eux-mêmes les conditions matérielles de leur propre existence. Ils dépendaient sur cette question des commerçants arabes qui désormais ne pouvaient plus commercer avec l'Europe à cause de la prise de Constantinople par les Turcs.

L'Europe occidentale se trouve dès lors confrontée à un défi historique : vivre sous la dépendance de l'Empire ottoman ou prendre l'initiative historique de produire par elle-même les conditions matérielles de sa propre existence. L'Europe occidentale va choisir la voie de l'initiative historique. Elle va mettre en œuvre une initiative macchématique d'une grande ampleur pour produire désormais par elle-même les conditions matérielles et immatérielles de sa propre existence. Cette initiative prendra la forme d'un système expansionniste qui lui procurera un accès direct aux produits indispensable à sa vie matérielle sans devoir passer par un quelconque intermédiaire. L'objectif étant de pouvoir grâce à ce système, créer par elle-même les conditions matérielles de sa propre existence.

Au sein de ce système, deux dispositifs permettront à l'Europe occidentale d'atteindre ces objectifs non pas par la méthode de l'échange international, mais par celle du pillage international. D'une part, un dispositif de prédation des métaux précieux par l'occupation militaire de l'Amérique centrale et du sud : ce dispositif lui permet de se procurer l'or et l'argent des civilisations amérindiennes par le fer, le sang et l'épée. D'autre part, un dispositif de prédation de la force de travail africaine par la déportation atlantique d'une partie importante de la population. Ce dispositif permet à l'Europe occidentale de reproduire outre-Atlantique le système esclavagiste de production du sucre que les Arabes expérimentaient déjà en orient depuis le 8e siècle.

Pour déculpabiliser la conscience morale en Europe du crime contre l'humanité que les conquérants européens faisaient subir aux peuples africains et amérindiens, les idéologues européens vont créer un troisième dispositif dans la forme d'une soupape de sécurité morale : le racisme. Il s'agit d'un discours de discrimination ontologique que l'Eglise, les intellectuels et les monarchies européennes vont cautionner. En fait ils ne feront que projeter sur les Africains et les Amérindiens un discours de discrimination ontologique que les aristocraties européennes pratiquaient déjà dès l'antiquité à l'égard du corps social des esclaves et des serfs. Simplement là où entre Européens cette discrimination était imputée au sang, cette fois-ci elle sera imputée à la couleur de la peau.

Le commerce du sucre conjugué avec le pillage des mines d'or et d'argent des Amériques va être à l'origine d'une accumulation fantastique de richesse pour l'Europe. Comme l'atteste l'essor économique des grandes villes portuaires européennes de l'époque. Cette accumulation va surtout donner une stimulation extraordinaire à l'esprit d'entreprise et d'invention au point de conduire l'Europe au 19e siècle à un phénomène inédit dans l'histoire humaine : la révolution industrielle. L'expansion extraterritoriale des peuples européens est donc à l'origine de l'ascension civilisationnelle de l'Europe après le moyen âge. Elle stimula en Europe l'activité bancaire, l'agriculture, l'économie et l'invention technique. Le centre de gravité du commerce international se déplaça alors de la méditerranée à l'Océan Atlantique. La puissance et la richesse des villes italiennes (Florence, Gênes, Venise) déclinèrent au profit de villes situées sur la façade atlantique (Nantes, Lisbonne, Bordeaux, Séville).

Ce sont les bénéfices tirés par l'Europe du pillage de l'Or des Amériques et de l'exploitation d'Africains réduits en main-d'œuvre esclave et déportée aux Amériques qui va être à l'origine des capitaux qui vont permettre à l'Europe de financer et sa révolution agricole et sa révolution industrielle. Cette dernière l'obligera à aller plus loin encore : les besoins en matières premières de son industrie naissante la pousseront au 19e siècle à soumettre au joug colonial les territoires qui recèlent les matières premières indispensables à sa révolution industrielle naissante.

L'initiative macchématique que les Européens mirent en œuvre pour produire les conditions matérielles et immatérielles de leur propre existence a donc pris la forme d'un phénomène géopolitique majeur : l'expansion extraterritoriale des peuples européens. Cette expansion s'est faite en direction de l'Afrique, mais aussi en direction des Amériques. En Afrique elle va être à l'origine d'une crise économique singulière. Elle va faire basculer l'axe du commerce international de l'axe Sahara-Orient vers l'atlantique. La crise vient de ceci qu'elle vient corrompre la logique de participation des sociétés africaine au commerce international. Elle limite en effet désormais l'offre des sociétés africaines au commerce international à un seul produit : l'offre d'une main-d'œuvre esclave. Cela revenait à exclure l'Afrique comme acteur du commerce international.

2°) La violence géopolitique d'origine interne : la nouvelle configuration religieuse et militaire des sociétés africaines

Lorsqu'au début du 16 siècle cette expansion européenne se déploie en Afrique, les Etats africains disposent d'une organisation politique et militaire suffisante pour faire face et amortir le choc de l'expansion extraterritoriale des peuples européens. Mais c'est le scénario contraire qui va se produire. Quelles sont les causes de ce scénario ?

L'observation des faits montre que lorsqu'à la fin du 16e siècle, la violence géopolitique inhérente à l'expansion extraterritoriale des pays européens produisit ses effets les plus brutaux en Afrique, les Etats africains se trouvent être handicapés par deux facteurs qui vont annihiler leur capacité à amortir le choc géopolitique de l'expansion extraterritoriale des peuples européens. Ces deux facteurs sont : d'une part l'implosion des religions révélées sur la question de la doctrine de gouvernement ; d'autre part l'obsolescence soudaine des sociétés africaines sur le terrain de la technologie militaire.

Autrement dit, les Etats africains vont affronter l'expansion extraterritoriale des peuples européens dans un contexte particulier. Celui d'une crise politique interne : rupture du consensus politique et de la cohésion identitaire du fait des religions du livre. Mais aussi, celui d'une crise technologique interne : obsolescence de la technologie militaire. La conjugaison de ces deux crises va conduire à un effondrement du seul rempart qui aurait permis aux sociétés africaines d'amortir le choc de l'expansion européenne et conserver leur capacité à l'initiative historique. A savoir, l'Etat.

Examinons ces deux facteurs qui ont pour conséquence l'effondrement de l'Etat en Afrique et a entraîné la régression historique des sociétés africaines sub-sahariennes.

a) L'implosion des religions dites révélées : le conflit interne sur la question de la doctrine de gouvernement

Lorsque au début du 16e siècle les Européens abordent les côtes africaines, ce continent connaît l'existence d'Etats qui par leur forme d'organisation matérielle et institutionnelle sont à même de faire front à l'expansion européenne.

A cette époque l'Etat en Afrique n'est ni un Etat fédéral ni un Etat unitaire. Il se présente à l'analyse sous le profil d'un Etat d'intégration c.-à-d. un Etat qui associe et unifie des espaces centrifuges et de prospérité. D'un point de vue politique, cet Etat exerce son autorité sur des territoires et des peuples associés sur le mode de l'intégration politique. D'un point de vue économique, cet Etat est tourné vers la mise en valeur des richesses agro-pastorales, minières et artisanales colossales de l'intérieur du continent. Il fonctionne comme un Etat qui régule des espaces politiques centrifuges et de prospérité et configure son espace politique comme un espace géo-politique de sécurité, de prospérité et de libertés. Quant à son système politique il présente les caractères d'un système politique fondé sur une doctrine contractualiste de l'exercice du pouvoir. Son organisation interne et son assise territoriale lui confèrent une capacité de mobilisation de ressources matérielles nécessaire pour amortir le choc de l'expansion extraterritoriale des peuples européens.

Mais à compter de la fin du 16e siècle certains groupes sociaux vont chercher par conviction religieuse, par intérêts commerciaux ou ambition autocratique à remplacer le système politique contractualiste (qui est le système politique africain autochtone) par un système politique absolutiste d'obédience islamique (le khalifa) ou d'obédience chrétienne (la monarchie). Le khalifa et la monarchie devaient permettre aux uns et aux autres de pouvoir s'émanciper des règles contraignantes qui encadrent l'exercice du pouvoir dans le cadre du système politique contractualiste africain de l'époque.

A la fin du 16 siècle les Etats africains sont donc confrontés à une crise politique interne. Les religions révélées introduisent au sein des sociétés africaines une doctrine absolutiste du pouvoir qui s'avère être étranger et antagoniste à la doctrine africaine contractualiste du pouvoir. La doctrine absolutiste du pouvoir, opère alors comme un élément d'extranéité qui aura au sein des sociétés africaines une conséquence majeure. Elle va provoquer une rupture du consensus politique (conflit entre partisans des doctrines contractuelles et partisans des doctrines absolutistes de l'exercice du pouvoir) et une rupture de la cohésion identitaire (conflit de valeurs de civilisation entre fidèles de la religion autochtone et fidèle des religions étrangères). Ces deux ruptures vont faire basculer les sociétés africaines dans un état de guerre civile. Elles vont ainsi affaiblir en Afrique l'autorité et la capacité d'action du seul rempart qui pouvaient permettre aux peuples africains d'amortir le choc de la menace extérieure que constituait l'expansion extraterritoriale des peuples européens. A savoir, l'Etat. Celui-ci va s'effondrer du fait des guerres civiles qui opposent les partisans de la doctrine contractualiste du pouvoir et les partisans de la doctrine absolutiste du pouvoir à obédience islamique ou chrétienne. C'est ce qui s'est passé par exemple avec l'implosion de l'islam au Songhaï en Afrique de l'Ouest au 16e siècle et avec l'implosion du christianisme au Kongo en Afrique centrale au 16e siècle.

b) L'obsolescence soudaine de la technologie militaire des sociétés africaines

A la fin du XVI siècle, les troupes marocaines et européennes introduisent en Afrique les armes à feu : le fusil et le canon. Ces deux innovations technologiques font basculer de manière soudaine les sociétés africaines dans une ère d'obsolescence militaire. Au moment même où les armées marocaines et européennes déferlent sur l'Afrique en quête des mines d'or et de razzias des populations, les sociétés africaines accusent brutalement un déficit en matière de technologie militaire par rapport à l'Europe. Elles finissent donc par succomber face à la supériorité de la technologie militaire européenne. Les Etats africains dits d'intégration s'effondraient sous l'impact de la supériorité des armées arabes et européennes en technologie militaire.

Ainsi au moment où à la fin du XVI siècle, la violence géopolitique inhérente à l'expansion extraterritoriale des peuples européens produit ses effets les plus brutaux en Afrique, ce continent connaît l'existence d'Etats qui par leur organisation interne et leur assise territoriale sont à même de faire face à cette expansion. Mais à partir de la fin du XVI siècle ces Etats gouvernent désormais soient des sociétés qui ont déjà perdu leur cohésion politique interne du fait de l'implosion de l'islam sur la question de la doctrine du pouvoir (c'est le cas du Songhai en Afrique de l'Ouest) soient des sociétés en passe de perdre leur cohésion politique interne du fait de l'implosion avenir du christianisme (ce sera le cas du Kongo en Afrique centrale). Dès le 17e siècle ces Etats s'effondreront et laisseront la place à un espace politique morcelé. Les nouveaux Etats qui se formeront en Afrique de l'Ouest par exemple chercheront à recomposer l'espace géopolitique laissé vacant par les Etats antérieurs et à redonner aux sociétés africaines une cohésion politique interne.

F) La dynamique d'anarchie généralisée et de régression historique à partir du 17e siècle

Les troubles liés à la compétition entre les nouveaux Etats qui se forment à compter du 17e siècle et la pratique des razzias esclavagistes vont crée durant trois siècles un climat d'insécurité et d'anarchie générale qui va favoriser en Afrique les facteurs de régression : ruralisation de la vie sociale, atomisation de l'espace politique, montée des pouvoirs arbitraires, désorganisation des activités productives, etc.

Du 17 siècle au 19 siècle l'expansion extraterritoriale des peuples européens en Afrique transforme ce continent en une vaste zone de violence politique, économique et militaire. Pendant trois siècles ce continent sera un espace de prédation démographique, d'insécurité généralisée et de guerre permanente. Pour tout dire, la violence géopolitique inhérente l'expansion extraterritoriale des peuples européens aura en Afrique un impact particulier. Elle crée en Afrique un contexte d'anarchie général.

Or on sait qu'un tel contexte est peu propice aux œuvres de civilisation que sont les activités de création, de production, d'échange, de transformation, d'innovation, etc. Un tel contexte est générateur de facteurs de régression historique tels que le retour à l'économie de subsistance, l'atomisation de l'espace politique, la ruralisation de la vie, la retribalisation, la prolifération des chefs de guerre, etc.

Du 17 siècle au 19 siècle les sociétés africaines vont faire l'expérience de ces phénomènes de régression. Elles vont dès lors perdre progressivement le contrôle des ressorts de l'historicité. A savoir : l'appareil d'Etat, le système d'enseignement, les espaces et activités économiques de production et d'échange, etc.Elles vont de ce fait perdre progressivement la capacité à l'initiative historique. De ce fait elles basculent dans un processus de régression historique. C'est ce dont atteste en tout cas le contraste qui existe entre les écrits qui décrivent ces sociétés avant le 17e siècle et ceux qui décrivent la condition de ces mêmes sociétés après le 17e siècle.

C'est dans cet état que les expéditions coloniales vont trouver les sociétés africaines dans la deuxième moitié du 19 siècle. La technologie militaire européenne du 19 siècle (la mitrailleuse) suffira pour vaincre la souveraineté militaire des peuples africains. Les sociétés africaines auront entre temps perdu toute maîtrise de ressorts de l'historicité qui permettent à un peuple de produire par lui-même les conditions matérielles et immatérielles de sa propre existence. A savoir : le contrôle de l'appareil d'Etat, le contrôle du système éducatif, le système de production du discours historique, etc..

Il apparaît donc que la conjugaison de l'implosion des religions révélées et de l'obsolescence soudaine des sociétés africaines sur le terrain de la technologie militaire a conduit à l'affaiblissement de l'autorité et de la capacité d'action du seul rempart qui aurait permis aux sociétés africaines d'amortir le choc de l'expansion extraterritoriale des peuples européens. A savoir : l'Etat. C'est l'effondrement de ce rempart qui va conduire les sociétés africaines à la perte de leur souveraineté nationale. C'est l'effondrement de ce rempart qui va conduire ces sociétés à perdre l'initiative historique c.-à-d. la capacité de produire par elles-mêmes les conditions matérielles et immatérielles de leur propre existence.

SECTION 2. LES LEÇONS DE L'HISTOIRE AFRICAINE SUR LE TERRAIN DES POLITIQUES DE MODERNITÉ À METTRE EN ŒUVRE

Les sources probantes de l'histoire africaine indiquent que c'est un processus de régression historique qui est à l'origine de la condition actuelle des peuples africains. A savoir celle de peuples qui ont perdu toute capacité à l'initiative historique c. à d. la capacité de produire par eux-mêmes les moyens matériels et immatériels de leur propre existence. La condition actuelle des peuples africains est donc l'expression non pas d'un retard historique, mais d'une régression historique.

C'est la violence géopolitique inhérente à l'expansion extraterritoriale des peuples européens qui durant trois siècles va conduire progressivement les sociétés africaines à perdre leur capacité à l'initiative historique et donc leur capacité à produire par elle-même les conditions matérielles et immatérielles de leur propre existence. Il est urgent que nous autres africains nous nous approprions cette vision explicative de notre condition actuelle pour pouvoir en tirer toutes les conséquences nécessaires quant aux bonnes options à prendre pour notre avenir.

A) Le concept de régression historique comme grille de lecture

Pour répondre à la question de l'origine de notre condition actuelle, il faut donc s'attacher aux sources probantes de l'histoire africaine : paléontologie, archéologie, architecture, iconographie, linguistique. Or l'examen de ces sources milite en faveur de la thèse de la régression historique. Cette régression historique s'est traduite au XX siècle par une incapacité des peuples africains à produire les conditions matérielles et immatérielles de leur propre existence. Telle est la signification réelle de notre condition actuelle.

Le concept de régression constitue donc le prisme heuristique par lequel les peuples africains peuvent avoir une intelligence de leur condition actuelle de peuples incapable de produire par eux-mêmes les conditions matérielles et immatérielles de leur propre existence. Lui seul permet de leur apporter une réponse rationnelle à la question récurrente qu'ils ont tendance à poser. A savoir : s'il est vrai que l'Egypte antique était mélanoderme pourquoi nous retrouvons nous aujourd'hui à un niveau de civilisation aussi bas ?.

Cette question que se posent beaucoup d'Africains montre simplement que nous avons du mal à comprendre la notion et le phénomène de la régression historique. Tout cela pour une simple raison. Nous sommes aujourd'hui imprégnés de la philosophie européenne de l'histoire. Et selon cette philosophie le mouvement de l'histoire est linéaire et cumulatif. Dans le cadre d'une telle vision du mouvement de l'histoire, la notion de régression historique est incompréhensible. Pour l'esprit commun, un peuple qui a connu une ascension civilisationnelle ne peut pas régresser. C'est pourquoi comme l'écrit Cheikh Anta Diop : « la régression constitue un obstacle dans le raisonnement de beaucoup de gens. C'est tout à fait normal de poser cette question : pourquoi est-on parti de si haut pour retomber si bas ? ». Il nous appartient donc de nous affranchir de cette vision linéaire et cumulative du mouvement de l'histoire pour pouvoir enfin accéder à une intelligence de notre trajectoire historique à travers le prisme de la notion de régression historique. Cette notion doit désormais ne plus être pour nous un obstacle de raisonnement.

B) L'incidence du phénomène de la régression historique sur les politiques de modernité à mettre en œuvre en Afrique

Tout le long du XXe siècle les sociétés africaines se sont caractérisées par une incapacité à l'initiative historique c.-à-d. une incapacité à produire par elles-mêmes les conditions matérielles et immatérielles de leur propre existence. Tout le long du 20e siècle nous autres africains avons effectivement vécu sous la dépendance politique, militaire, technologique, scientifique et économique de l'Occident. Nous avons été incapables de produire par nous-mêmes les conditions matérielles de notre propre existence. Telle est encore aujourd'hui notre condition. Nous vivons non pas tant sous la tutelle d'autrui, mais assurément sous la dépendance d'autrui. Incapable que nous sommes aujourd'hui à nous organiser de manière à pouvoir produire par nous même les conditions matérielles et immatérielles de notre propre existence.

Certaines personnes pourront s'étonner de nous voir poser en ces termes la problématique de notre condition actuelle. Ils s'attendront à ce que nous la posions en terme de domination occidentale, d'aliénation culturelle, d'impérialisme, de sous-développement, de corruption politique, etc. Mais nous pensons que poser la problématique de notre condition actuelle en ces termes reviendrait à la poser de manière non pas fausse, mais non heuristique.

Un évènement récent confirme cette manière de voir. Il s'agit de l'invasion du Nord du Mali en 2013 par un groupe de fondamentalistes islamiques. Comment comprendre et expliquer le succès de cette occupation territoriale du Nord du mali ? Par le jeu d'une contrainte extérieure ? Assurément non. Cet évènement trahit l'incapacité de l'Etat malien à organiser par lui-même les conditions de sa sécurité territoriale. Cet évènement confirme que notre problème réel est notre incapacité à produire par nous même les conditions matérielles de notre propre existence sans que l'on puisse l'imputer à autrui. Le Mali en effet nous a montré qu'il n'avait pas été capable de produire par lui-même les conditions matérielles de sa sécurité territoriale. Il n'a fallu que quelques jours pour qu'un groupe armé de fondamentalistes islamiques mette en échec la souveraineté territoriale du Mali. Cela signifie que le Mali n'avait pas su créer les conditions de sa sécurité territoriale. Pour repousser ce groupe de fondamentaliste, ni l'Union Africaine ni la CEDEAO n'ont été capables d'organiser une intervention militaire d'initiative africaine. C'est donc collectivement que nous autres africains avons attesté de notre incapacité à produire les conditions matérielles de notre propre existence. Aucune contrainte extérieure ne nous a empêchés de nous organiser de manière à buter ces fondamentalistes islamiques hors du mali. Et nous aurions pu pour ce faire nous appuyer sur l'expérience militaire de pays tels que le Nigéria, l'Afrique du Sud, le Tchad et l'Angola. Or il a fallu qu'une puissance extérieure-en l'espèce la France-vienne aider le Mali à reconquérir sa souveraineté territoriale.

Il s'ensuit que pour sortir de notre condition actuelle d'adversité historique il y a lieu pour nous autres africains de poser notre problématique d'émancipation non pas en terme de libération d'une domination extérieure, mais en terme de création des conditions nécessaires pour que l'on puisse produire par nous même les conditions matérielles et immatérielles de notre propre existence. La perspective d'émancipation change. Il ne s'agit plus de se libérer d'un joug étranger ou de rattraper un retard historique. Il s'agit en tout et pour tout de faire simplement œuvre de créativité, d'invention et d'innovation. C'est cela la renaissance historique.

Nous avons dit que la question des origines de la condition actuelle des sociétés africaines présente un intérêt qui ne se limite pas aux études académiques. Contre toute attente elle présente aussi un enjeu politique. Elle conditionne en effet le choix de la nature des politiques à mettre en œuvre pour donner aux sociétés africaines une configuration moderne. Selon que l'on considère que la condition actuelle des sociétés africaines trouve son origine dans un processus de retard historique ou dans un processus de régression historique, les politiques à mettre en œuvre ne seront pas les mêmes. Dans le premier cas, le choix se portera sur des politiques de rattrapage historique et donc de développement. Dans le second cas, le choix se portera sur des politiques de reconquête de l'initiative historique et donc de renaissance historique.

Que nous apprend la science de l'histoire sur le sujet des origines de la condition actuelle des peuples africains ? Retard historique ou régression historique ? Pour répondre à cette question, il faut avoir une intelligence de la trajectoire historique des peuples africains à la lumière des sources probantes de l'histoire : paléontologie, archéologie, architecture, iconographie, linguistique.

Ces sources probantes indiquent que ce sont les peuples africains qui ont été les peuples pionniers dans la voie de la civilisation, que ce sont ces peuples-là qui ont les premiers affranchis l'humanité de ses conditions de vie rudimentaires et l'ont élevé jusqu'au stade de la civilisation. Toutes les innovations civilisationnelles que connaît l'humanité (l'Etat, la spiritualité, la religion, la philosophie, les mathématiques, la géométrie, la médecine, la technologie, l'agriculture, l'élevage, l'économie de production et d'échange, etc.) sont nées en Afrique. Et ce n'est que tardivement et seulement au contact avec le patrimoine des civilisations africaines que les autres composantes culturelles de l'humanité ont amorcé leur marche vers la civilisation. Cela est vrai des civilisations européennes antiques (Grèce et Rome) et post-moyen âge (ascension des Etats Ibériques : Portugal et Espagne). Cela est vrai aussi des civilisations orientales, asiatiques et amérindiennes. Les seules innovations que l'Europe doit à son propre génie culturel sont celles de la période moderne de son histoire. Il s'agit donc d'innovations majeures, mais tardives. En l'espèce : l'invention des armes à feu dès le XIVe siècle, l'invention du machinisme et de l'économie industrielle au 19e siècle et l'invention da la macro-technologie au XXe siècle.

Ce que nous disons du rôle pionnier des peuples africains dans la voie de la civilisation est vrai non seulement au stade de la préhistoire (paléolithique et néolithique), mais aussi au stade de la période historique qui va de l'antiquité jusqu'au 16e siècle apr. J.-C.. C'est seulement à partir du 17e siècle en effet que les sociétés africaines vont perdre leur rôle pionnier dans la voie de la civilisation. Ce siècle est celui où les peuples africains vont basculer dans un processus de régression historique consécutif à la violence géopolitique d'origine externe et interne dont le continent africain va être le théâtre. Il apparaît ainsi que la condition actuelle des peuples africains trouve ses origines non pas dans un phénomène de retard historique, mais dans un phénomène de régression historique. Ce sont les séquelles de ce phénomène de régression qui expliquent la posture actuelle des peuples africains. C'est ce que permet de soutenir en ce début du 21 siècle les conquêtes les plus récentes de la science historique dans le domaine de l'histoire en général.

Nous autres africains devons être capable de tirer sur le terrain de la science politique et de la science économique les conclusions qui s'imposent du point de vue des politiques de modernité à mettre en œuvre. Dès lors que notre condition actuelle relève non pas d'un processus de retard historique, mais d'un processus de régression historique, la Raison nous informe que pour être efficace, les politiques de modernité à mettre en œuvre doivent être non pas des politiques de rattrapage historique et donc de développement, mais des politiques de reconquête de l'initiative historique et donc de renaissance historique.

CHAPITRE 5

La sociologie politique des sociétés africaines post-coloniales

Les sociétés africaines post-coloniales sont-elles porteuse d'une dynamique de progrès historique ou ne sont-elles porteuse que de logiques de désordre, de violence et de chaos ? Nathanaël Yaovi Soede apporte à cette question une réponse métaphorique qui invite à un optimisme politique. Il écrit : « Les crises que connaît l'Afrique sont, au fond, des nuits où se tisse le jour »[219]. Une lecture des réalités africaines sous l'angle de la sociologie politique confirme-t-elle ou non que les nuits africaines seraient porteuses d'une aube nouvelle ?

Il apparaît au regard des faits que les sociétés africaines postcoloniales connaissent depuis les années 90, un contexte sociologique porteur d'une charge historique. Cette charge historique se présente sous les apparences d'une logique de violence et de désordre. Cependant lorsqu'elle est examinée à l'aune de l'analyse critique cette charge historique apparaît sous un tout autre jour. Elle se présente à l'analyse critique dans les termes d'une logique de déconstruction de l'ordre politique hérité de l'axiologie du conflit Est-Ouest.

Mais l'analyse critique montre aussi, que les effets déjà en cours de cette charge historique, ne parviennent pas à faire basculer de façon significative les sociétés africaines post-coloniales dans un processus de changement qualitatif. On verra ici que la raison de cet état de fait est un handicap fondamental dont souffrent les sociétés africaines postcoloniales. A savoir, l'absence d'un agent historique organisé et porteur d'un projet de société alternatif. A défaut de l'existence en Afrique d'un tel agent historique, nul ne peut dire si l'événementialité politique en cours en Afrique conduira à une société politique enfin alternative à l'ordre politique postcolonial. Cette évènementialité atteste simplement que ces sociétés disposent d'un potentiel de changement politique.

[219] Nathanaël Yaovi Soede, Le problème du devenir de l'Afrique, in Renaissance Africaine et Christianisme, N° 2(2012), revue Théologique africaine, Eglise et sociétés

Il appartient au courant de la renaissance africaine de s'organiser dans la forme d'un Parafedem (parti politique pour la renaissance africaine, la démocratique et le fédéralisme) à l'échelle de chaque pays afin de transformer cette évènementialité en un courant historique alternatif par le moyen d'un projet de société moderne et d'un contrat politique de fédération des Etats africains subsahariens.

SECTION 1. DES SOCIÉTÉS HABITÉES PAR UNE LOGIQUE DE DÉCONSTRUCTION DE L'ORDRE POLITIQUE HÉRITÉ DE L'AXIOLOGIE DE LA GUERRE FROIDE

Les sociétés africaines contemporaines donnent à voir un tissu social en pleine mutation. Ceci se vérifie tant sur le plan politique que sociologique. Cette dynamique de mutation prend ses racines dans une volonté de déconstruction de l'ordre politique hérité l'axiologie de la guerre froide.

A) Un tissu politique en ébullition

Depuis la fin du conflit Est-Ouest, les sociétés africaines postcoloniales attestent d'une ébullition politique sans précédent par rapport à la période antérieure. Celle-ci se manifeste à travers une événementialité significative provoquée par divers agents. D'une part, les Etats : tentatives de recomposition géopolitique d'initiative africaine, affranchissement de la tutelle diplomatique étrangère, immixtion politique et militaire régionale comme mode de règlement de conflits d'origine interne, reconquête çà et là de l'art de la logistique militaire, contestation des bornes frontalières par la force. D'autre part, la société civile : mobilisation des associations contre l'impunité des crimes politiques et économiques, grèves des étudiants et des agents de la fonction publique. Enfin aussi, l'ensemble des acteurs politiques : convocations de conférences nationales, exacerbation de la compétition politique en guerre civile.

Autant de postures qui sont devenues le lot quotidien de l'actualité politique africaine. Cette ébullition politique des sociétés africaines postcoloniales peut faire l'objet d'une typologie alarmiste, qui ferait la distinction entre des phénomènes d'implosion interne, d'explosion régionale et de risques internationaux. Une autre lecture est aussi possible. Par exemple, celle qui pourrait conduire à une typologie critique par une distinction entre des phénomènes de déconstruction interne, de recomposition régionale et de solidarités transnationales.

Mais quelle que soit la typologie adoptée, l'ébullition politique en cours en Afrique, tranche avec la théorie de l'unanimisme et de l'immobilisme des sociétés africaines. Elle déconcerte les analystes qui, jusque-là, étaient convaincus que la dynamique politique en Afrique noire relevait de deux registres et de deux seuls : le tribalisme et le conflit Est-Ouest. Quelques rares analystes ont pris acte de ce que les évènements qui ont cours en Afrique noire depuis les années 90 échappent de façon manifeste aux registres mentionnés ci-dessus. Ainsi, dans le Monde du 26 juin 1997, un journaliste s'exprime dans les termes suivants : "Une implacable logique semble frapper les pays francophones d'Afrique centrale. Les drames qui touchent aujourd'hui le Congo et le Centrafrique, après l'ex-Zaïre et le Rwanda, semblent pourtant être la résultante d'événements indépendants plutôt que le fruit d'un quelconque complot ou d'un inéluctable enchaînement".

En fait, l'ébullition politique en cours en Afrique est l'expression d'une logique de déconstruction de l'ordre politique interne imposé par l'axiologie du conflit Est-ouest. La violence qui accompagne cette événementialité en Afrique choque de façon légitime. Elle est cependant inhérente à toute logique de déconstruction d'un ordre politique arbitraire quel que soit l'espace et le temps.

Notons aussi que l'observateur attentif ne peut manquer d'être frappé par un ensemble d'indices qui depuis les années 90 montrent que l'événementialité politique en cours en Afrique ne va pas sans entraîner des conquêtes majeures de la société civile sur le chemin du changement politique. On constate d'abord un retour irréversible à la tradition électorale. Certes ces élections ne sont encore que multipartites et non pas pluralistes. Mais c'est là déjà un progrès par rapport au candidat unique de l'époque du monopartisme. Certes également, ces élections n'opposent encore que des candidats sans projet politique véritable. Mais peut-on jurer que bientôt l'arène politique africaine ne sera pas investie par des candidats dotés de programmes politiques réels. ? On constate ensuite une reconnaissance progressive du principe de liberté. A travers l'explosion des radios libres : dans nombre de pays africains, l'émission radio n'est plus un monopole de l'Etat, une prolifération de radios libres est en cours. Or cette liberté individuelle ne va pas sans conséquence sur la vie politique. Diverses études ont montré combien les radios libres contribuent désormais en Afrique à la lutte contre la fraude électorale. L'alternance politique au Sénégal en mars 2000 doit beaucoup à la mobilisation des radios libres, qui, en ouvrant le débat politique dans les langues nationales, ont su introduire les populations à une claire conscience de l'enjeu électoral.

Cette reconnaissance progressive du principe de liberté se vérifie aussi à travers l'effectivité de plus en plus large du droit d'association. Ce droit a un écho considérable au sein des sociétés africaines. Il permet notamment aux membres de la société civile de se constituer en ONG et participer à ce qui est appelé du terme ambigu de coopération décentralisée. En fait, la coopération entre des instances multilatérales et des acteurs de la société civile sans l'intermédiation de l'Etat territorial. La reconnaissance progressive du principe de liberté se vérifie aussi à travers la reconnaissance légale d'une opposition politique, la floraison des journaux d'opposition, le dialogue et non plus la répression des fonctionnaires grévistes. On constate enfin une juridiciarisation progressive des rapports entre l'Etat et la société civile. Ce phénomène, qui émerge à peine, se laisse deviner à travers l'indemnisation des dommages causés par les services de l'Etat à des particuliers (Nigeria en 1999), la formation de commissions d'enquête sur les crimes politiques (Burkina Faso en 1999), l'action judiciaire contre des responsables politiques pour crimes contre l'humanité (cas de l'ex-président Hissène Habré).

On sait que l'échec des conférences nationales a créé, en Afrique, un grand sentiment de frustration. On comprend dès lors pourquoi l'expression des contradictions internes s'accompagne depuis d'une violence dont la barbarie génère un scepticisme tenace quant au devenir historique de ces sociétés. Paradoxalement, cette violence pourrait se révéler être le levain qui conduira les sociétés africaines postcoloniales vers un changement politique réel. Le levain qui va entraîner l'avènement, en Afrique noire, d'un ordre politique alternatif à celui de l'Etat postcolonial.

Il faut se rappeler en effet que cette généralisation de la violence, au sein des sociétés africaines, se déroule dans un contexte particulier. Celui de sociétés politiques travaillées de l'intérieur par un certain nombre de facteurs porteurs de contingences. Ce contexte imprime à la violence politique en cours le caractère d'une violence porteuse d'une charge historique. Cette violence politique ne procède en effet ni du registre de la domination, ni de celui de la destruction. Elle procède du registre de la déconstruction. Déconstruction d'un ordre jusque-là maintenu par la seule force des alliances externes inhérentes alors au conflit Est-Ouest. Cette déconstruction emprunte bien souvent des voies diverses. Voie inattendue en Côte d'Ivoire où la simple chiquenaude, donnée à l'autorité politique par une dizaine de militaires de second rang qui réclamaient leur solde, a suffi pour faire s'écrouler comme un château de sable le PDCI sous la présidence de konan Bédié. Voie originale au Sénégal, où l'alternance en mars 2000 doit beaucoup à la volonté d'alternance électorale de la jeunesse urbaine et à la mobilisation des populations par les radios privées dans les langues locales. Voies paradoxales au Bénin avec le candidat prodige : retour au pouvoir par la voie des urnes d'un monocrate (Kérékou) qui en avait été chassé par la même voie. Voies dramatiques au Rwanda, au Zaïre, en Sierra Leone et au Libéria. Dans ces trois pays, la complexité de leur sociologie politique conduit à la dérive d'abord puis au drame de mouvements potentiellement animés d'une volonté de changement.

Mais cette déconstruction a l'avantage de rendre enfin transparents les ambitions et mobiles réels des acteurs politiques : le cas de la guerre civile au Congo Brazzaville est illustratif à cet égard. Mais d'autres exemples peuvent être cités. Que ce soit au Congo Kinshasa, en Angola, etc. Par cette transparence, la déconstruction en cours produit un appel au sens. Elle contraint le corps politique postcolonial à dévoiler son véritable visage.

Celui de politiciens dénués de projet de société, indifférents à la notion d'intérêt général et mus par le simple appât de la rente étatique. Le naufrage politique du président Abdoulaye Wade au Sénégal est illustratif de cela. Cette transparence conduira, à terme, à la décrédibilisation de ce corps politique auprès de l'électorat. Ce dernier se mettra alors en quête d'un corps politique neuf et doté d'un projet de société. Cette transparence va réintroduire, par la force des choses, le débat sur l'éthique politique au cœur de sociétés urbaines, qui avaient perdu tout souvenir des notions d'intérêt général et de service public comme critères de légitimité des gouvernants. De ce point de vue, il s'agit d'une déconstruction, dont les ressorts intimes visent à recréer l'espace politique comme espace de responsabilité gouvernementale, de libertés individuelles et d'abondance matérielle.

B) Un tissu social porteur de contingences

Le tissu social en Afrique atteste d'un certain nombre de phénomènes qui en font une matière à contingences. Autrement dit, une matière porteuse d'une charge historique de changement. Ces phénomènes sont les suivants : la pression au pluralisme philosophique inhérent au phénomène de l'urbanisation, l'écho de la philosophie des droits de l'homme au sein de la société civile, l'esprit d'entreprise dont font preuve les opérateurs économiques africains, l'existence d'un corps de spécialistes formés dans les disciplines les plus avancées des sciences exactes, sociales et techniques, l'existence d'une inventivité extraordinaire dans le domaine de la création esthétique. Autant d'éléments qui font de ce tissu social un tissu porteur de ruptures et d'innovations.

1°) La pression au pluralisme philosophique inhérente au phénomène de l'urbanisation

Les sociétés africaines contemporaines connaissent le développement d'un phénomène qui, dans un contexte de pénurie matérielle et politique, exerce toujours une forte pression au changement : l'urbanisation. On se souvient du rôle que le phénomène urbain a joué en Europe dans le processus de la modernité politique. Les analystes ne prêtent malheureusement pas une attention assez grande à l'incidence du phénomène de l'urbanisation sur la structuration des sociétés africaines contemporaines en tant que sociétés porteuses de dynamiques et de demandes inédites en termes de changement. Il faut lire à ce sujet le livre de Marie Alain[220]

La sociologie de la ville africaine postcoloniale montre, en effet, que le phénomène de l'urbanisation agglomère les populations dans un espace où celles-ci sont exposées à l'influence de divers facteurs générateurs de mutation culturelle et de différenciation philosophique.

---

[220] Marie (Alain) (Ed), L'Afrique des individus, Ed. Karthala, 1997

S'agissant de la mutation culturelle, la ville africaine se donne à voir comme un espace où la culture rurale de solidarité lignagère et linguistique cède le pas à une culture urbaine individualiste, qui privilégie désormais la famille nucléaire plutôt que la famille lignagère et l'individu plutôt que la famille nucléaire. Un espace où les réflexes ruraux de déférence envers l'autorité cèdent le pas devant des réflexes urbains d'interpellation de l'autorité. Or ces nouvelles attitudes culturelles ne resteront pas sans une incidence sur le rapport de l'individu au politique.

S'agissant de la différentiation philosophique, la ville africaine se donne à voir comme un espace où l'individu est exposé à des obédiences philosophiques diverses, qui exercent sur lui une forte attraction en raison de sa quête de sens et de repères. Son adhésion à ces obédiences (souvent d'origine nord-américaine et asiatique) par le biais de sectes, d'églises dites de réveil, d'associations et de confréries, etc., introduit dans les sociétés africaines postcoloniales un pluralisme philosophique. Or ce pluralisme ne manquera pas de retentir demain sur la scène politique dans la forme d'une exigence de pluralisme politique. Et ce pluralisme sera non pas le pluralisme d'étiquette que l'on connaît depuis la période de la transition démocratique, mais un pluralisme de conviction traduisant les divers projets de société qui traverseront les sociétés africaines. Un pluralisme non pas limité à la composante occidentalisée du corps social africain, mais un pluralisme reflétant la totalité des aspirations des membres du corps social.

Il convient de ne pas perdre de vue cette donnée fondamentale. Les obédiences philosophiques et religieuses diverses qui exercent sur l'individu, en Afrique sub-saharienne, une forte attraction en raison de sa quête de sens et de repères seront à l'origine de l'émergence d'individus électeurs se déterminant directement en fonction de programmes électoraux à contenu idéologique. Elles condamnent, à terme, la pratique du clientélisme alimentaire comme facteur de maintien au pouvoir. Elles feront passer le vote électoral du stade de vote intuiti personae à celui du vote rationne materiae. Cette sociologie urbaine amène en outre l'individu en Afrique à identifier de plus en plus l'Etat comme le seul agent de la régulation sociale et à exiger de celui-ci les prestations nécessaires à la réalisation de sa trajectoire individuelle. A savoir : l'accès aux libertés individuelles, le bénéfice de prestations de service public. Les grèves des fonctionnaires, des étudiants et des taxis sont révélatrices à cet égard. Elles sont l'expression de l'attente d'un interventionnisme étatique dans une perspective d'Etat providence. Le phénomène d'urbanisation fait de ces sociétés des sociétés porteuses de demandes prestatives vis-à-vis de l'Etat. Ce phénomène conduira à terme la société civile à une conquête de l'Etat, à la publicisation de l'appareil politique. En d'autres termes, le phénomène d'urbanisation fait des sociétés africaines sinon des sociétés porteuses de demandes inédites en termes de changement alternatif, en tout cas des sociétés demandeuses de prestations publiques.

2°) L'écho de la philosophie des droits de l'homme au sein de la société civile

Aucun observateur ne peut aujourd'hui contester l'idée que les sociétés africaines postcoloniales constituent un espace où résonne une intense aspiration à la jouissance des droits et libertés inhérents à la philosophie des droits de l'homme, tels que les conçoit la doctrine libérale. On constate d'ailleurs, en Afrique sub-saharienne, l'existence d'une société qui, progressivement, adopte la posture d'une société civile. C'est ce dont atteste l'extension du tissu associatif, la mobilisation contre l'impunité des crimes politiques, l'autonomie progressive des municipalités comme acteur social face au pouvoir central, la compensation de la faillite de l'Etat dans sa mission de service public par des initiatives citoyennes notamment dans le domaine de la voirie.

La société civile en Afrique aspire de fait aux plus belles conquêtes en matière de libertés publiques et n'hésite pas à affronter des appareils militaires et policiers répressifs pour protester contre un ordre politique arbitraire et clamer son adhésion à la philosophie des droits de l'homme. La figure héroïque du journaliste burkinabé Norbert Zongo symbolise et témoigne désormais de l'engagement de tous ces inconnus qui, en Afrique, ont été assassinés dans le silence de la presse internationale pour leur combat en faveur des libertés publiques. Le soutien post-mortem que la société civile du Burkina Faso a manifesté à la mémoire de Norbert Zongo est une preuve de l'aspiration des populations africaines aux libertés. Une preuve de leur aptitude à se mobiliser pour la cause des droits de l'homme, dès lors qu'elles trouvent une personnalité qui a le courage de s'ériger en porte-parole. Le préjugé sur l'insensibilité des populations africaines à la culture démocratique est démenti chaque jour par les protestations que les populations urbaines manifestent à l'endroit des actes d'abus de pouvoir.

3°) L'existence d'un corps de spécialistes formés dans les disciplines les plus avancées des sciences exactes, sociales et techniques

On constate aujourd'hui l'existence en Afrique noire d'un nombre impressionnant de gens formés dans les disciplines les plus avancées de la recherche scientifique. Sémou Pathé Gueye écrit : "... il n'y a aujourd'hui aucun domaine du savoir, quelque pointu soit-il, où ne brille une intelligence africaine..."[221]. Tant dans le domaine des sciences exactes que dans celui des sciences sociales. En effet, nombre d'Africains sont à jour par rapport aux connaissances les plus récentes des sciences de l'ingénieur, de l'informatique, de l'industrie, de l'agriculture, de la métallurgie, des hydrocarbures, de la médecine, etc. Les chercheurs d'origine africaine sont présents même dans un secteur aussi avancé que la recherche spatiale : on se

[221] Semou Pathé Diagne, Fin de l'histoire et perspectives de développement, La pensée N°309 janvier-février 1997, p.115

contentera de citer ici les noms des deux personnes les plus médiatisées de ce secteur. Le Malien Cheikh Diarra à la Nasa aux Etats-Unis et la Sénégalaise Nene Fall Diallo, qui mena des travaux remarquables au sein du Commissariat à l'Energie atomique en France.

Pour tous ces spécialistes africains, seul fait défaut l'appel d'un pôle industriel africain public ou privé, susceptible d'utiliser leurs compétences pour une dynamique de modernisation de l'économie, des infrastructures, des hôpitaux, de l'habitat, etc. A ces personnes, il ne manque que l'infrastructure et les subventions de recherches nécessaires pour donner toute la mesure de leur talent dans la recherche de solutions aux problèmes auxquels sont confrontées les sociétés africaines.

4°) L'esprit d'entreprise des opérateurs économiques africains

La modernité économique d'une société – on le sait – procède aussi bien de l'interventionnisme économique de l'Etat que de l'esprit d'initiative, d'entreprise et de création des opérateurs économiques du secteur privé. Les sociétés africaines postcoloniales regorgent d'opérateurs économiques privés, qui attestent de cet esprit de capitaine d'industrie. Tant dans le secteur dit informel que dans celui dit formel.

Dans le secteur informel, le talent des opérateurs économiques africains est générateur d'un profit considérable. C'est l'activité de ces agents économiques qui assure l'accès des populations africaines aux biens de consommation de la société moderne : biens alimentaires et d'équipement. Ces agents font preuve d'un sens de l'épargne, de l'investissement et de l'innovation qui contraste avec le défaut du sens de l'investissement et de l'innovation des opérateurs économiques publics. Le talent économique de ces agents ne s'exprime pas encore à sa pleine mesure pour la seule raison que l'Etat postcolonial les prive de l'accès aux moyens modernes de l'économie (notamment le crédit bancaire et le secteur industriel) et les confine au seul secteur de l'import-export. Et pourtant, de nombreuses études sur le secteur dit informel en Afrique noire ont montré que le dynamisme de ce secteur tranche avec la faillite de l'économie publique. On a parfois l'impression que si les acteurs de ce secteur étaient les partenaires des organismes financiers internationaux, l'Afrique connaîtrait un phénomène de croissance réelle. Dans ce secteur en effet, tout le profit ne va pas à la consommation. Une partie va à l'investissement dans les rares domaines où les acteurs de l'économie officielle daignent faire un peu de place aux hommes d'affaires du secteur informel. De ce point de vue, il est à parier que, le jour où les acteurs du secteur informel auront accès aux circuits officiels des échanges et du crédit, ils donneront toute la mesure de leur talent dans la création de la richesse nationale. Et que de leur consécration comme partenaires et interlocuteurs locaux des opérateurs économiques étrangers viendra l'émergence de l'espace économique africain comme espace générateur de croissance interne.

Concernant le secteur formel, on rencontre également des opérateurs économiques africains qui font preuve de grands talents dans la création d'emplois et de richesses. Leur contribution à l'avènement d'une économie africaine de croissance se heurte pour l'heure à leur impossible accès aux marchés régionaux. La limitation de leurs activités à l'échelle du seul marché national freine la compétitivité de leur entreprise.

5°) L'existence d'une inventivité extraordinaire dans le domaine de la création esthétique

Le domaine de l'esthétique atteste de l'existence en Afrique noire contemporaine d'une créativité extraordinaire. L'esthétique africaine contemporaine participe au mouvement mondial de renouvellement des genres. Ceci est vrai dans les domaines de la littérature, de la sculpture, de la peinture, de la couture, de la décoration, de la musique, etc. Dans tous ces domaines, les créations ou les modèles d'origine africaine s'exportent et ont droit de cité dans les milieux internationaux. Dans le domaine de la littérature notamment, l'Afrique compte des prix Nobel et des écrivains, dont le talent atteint les sommets de l'esthétique littéraire. Pensons au style narratif d'un Chinua Achebe, d'un Wole Soyinka ou encore d'un Tchicaya U Tam'si ou encore Ngugi wa Tchiongo.

Cette créativité dans le domaine de l'esthétique témoigne, en tout cas, de la sensibilité des sociétés africaines postcoloniales au Beau. Or la sensibilité au Beau est souvent, au sein d'une société, le signe avant-coureur d'une sensibilité au Vrai, au Juste et partant, à la Liberté. Une telle sensibilité ne pourra manquer d'avoir des répercussions sur le rapport de la société civile au pouvoir politique. L'artiste, on le sait, est bien souvent, dans la Cité, celui par qui Léviathan est mis à nu. De ce point de vue, on considérera que les dictatures militaires, qui se sont succédé au Nigeria, ne se trompaient pas lorsqu'elles voyaient dans l'artiste Fela Ransome Kuti l'obstacle le plus imminent à la pérennité de leur système. Les différentes tentatives d'assassinat dont il fut l'objet montrent combien en Afrique la sensibilité véhiculée dans le champ de l'esthétique n'ira pas sans incidence sur l'ordre politique. On se souviendra qu'au lendemain des indépendances l'un des premiers opposants au régime de Mobutu fut le musicien Franco. Face à la brutalité du pouvoir politique, ce musicien préférera plus tard se cantonner dans la satire sociale.

Comme on le voit, l'événementialité politique dont sont porteuses les sociétés africaines postcoloniales fait de celles-ci des sociétés porteuses de changement. Simplement elles sont pour l'heure handicapées par l'absence d'un agent historique organisé doté d'un projet de société.

SECTION 2. DES SOCIÉTÉS HANDICAPÉES PAR L'ABSENCE D'UN AGENT HISTORIQUE ORGANISÉ ET ALTERNATIF

Tout phénomène de changement fondamental dans l'organisation politique, économique et sociale d'une société s'opère par l'effet de l'action organisée d'un agent politique : parti politique, leader charismatique, courant intellectuel, etc. Un agent porteur d'un projet de société alternatif et qui canalise, dans son sillage, le flux contestataire de l'ensemble des catégories sociales, qui ne peuvent voir leurs conditions matérielles et immatérielles s'améliorer que par le renversement de l'ordre politique établi.

C'est pourquoi, il va de soi que l'événementialité politique dont sont porteuses les sociétés africaines postcoloniales ne conduira à une société politique alternative qu'à la condition toutefois que surgisse en Afrique sub-saharienne, un agent historique organisé doté d'un projet de société et auquel se reconnaissent toutes les catégories sociales qui ne peuvent voir leurs conditions matérielles et immatérielles s'améliorer que par le renversement de l'ordre politique établi. Dès lors une question fondamentale s'impose par elle-même : les sociétés civiles africaines bénéficient-elles du concours d'un agent à même de canaliser le courant événementiel dont elles sont porteuses vers un renversement alternatif du cours de leur histoire politique, économique et sociale ?

A) Le risque d'un avortement de la dynamique de changement en cours dans les sociétés africaines post-coloniales

Force est de constater que, après l'ère des leaders et partis politiques issus des combats pour les indépendances politiques, les sociétés africaines de cette décennie ne présentent aucun parti politique organisé sur la base d'un projet de société, capable de mobiliser les énergies politiques. Quant aux courants d'opposition au régime de l'Etat postcolonial, ils sont plus logomacchants que macchants. En raison de polémiques théoriques et idéologiques qui les empêchent de créer un front commun au service de la modernité en Afrique. Il est vrai que çà et là, au Sénégal (élection de Wade), au Bénin (réélection de Kérékou), l'opposition a prouvé sa capacité à former un front électoral uni. Le problème est que ce front s'est construit non pas pour un projet de société, mais seulement pour empêcher la réélection du président sortant. C'est pourquoi un doute sérieux pèse sur la capacité de l'opposition contemporaine en Afrique à transformer l'alternance électorale en alternance politique.

Plus grave encore, les alternances électorales qui se sont produites en Afrique depuis les conférences nationales ont mis en lumière le phénomène de non-renouvellement des élites au pouvoir. Ce phénomène est lié à l'absence en Afrique d'un agent historique organisé et porteur d'un projet de société. Il explique le fait que les alternances électorales qui ont suivi les conférences nationales n'aient pas conduit à des alternances politiques. Il importe pour les démocrates africains de prendre acte de cette réalité, car elle fait courir à la charge historique dont sont porteuses les sociétés africaines le risque d'un avortement politique. L'Afrique risque de sombrer dans une violence exacerbée si l'évènementialité dont elle est porteuse n'est pas prise en charge par un courant politique organisé et porteur d'un projet de société.

B) Un scénario efficace pour éviter l'avortement de la dynamique de changement en Afrique

Considérons toutefois, dans une optique panafricaniste, l'hypothèse de l'avènement en Afrique d'un agent historique organisé. Un tel agent conduira les sociétés africaines à un changement alternatif que s'il est porteur d'un projet de renaissance africaine, de démocratie et d'Union fédérale des Etats africains sub-sahariens.

De ce point de vue, le succès de son action rencontrerait immédiatement un obstacle majeur : l'immensité territoriale de l'espace politique subsaharien. Cette immensité rend impossible la coordination d'une politique de renaissance africaine à l'échelle panafricaine. Cheikh Anta Diop rappelle que cet élément géographique a été – dans l'antiquité africaine notamment – la source de l'échec de maintes insurrections ou révolutions politiques dans le cadre de l'Etat territorial (espace politique constitué par plusieurs cités) en Afrique précoloniale.

Selon Cheikh Anta Diop, autant une révolution avait toute chance d'aboutir dans le cadre de l'Etat Cité en Grèce antique, autant elles étaient vouées à l'échec dans le cadre de l'Etat territorial en Afrique, du fait du problème de coordination que posait son échelle territoriale. Il va de soi que cet élément géographique ne serait plus un obstacle dans l'hypothèse d'une fédération de l'espace politique subsaharien par l'action d'un Napoléon africain. Mais cette hypothèse n'est pas souhaitable en raison du risque liberticide qui lui est inhérent.

Il existe toutefois une solution aux deux aléas qui pèsent sur le devenir historique des sociétés africaines postcoloniales. L'obstacle géographique contraint en effet tout agent historique organisé en Afrique noire à limiter son action à l'échelle du cadre national. Paradoxalement, cette contrainte est un atout pour le mouvement de la renaissance africaine. Elle contraint ce mouvement à conquérir d'abord le pouvoir politique sur le plan national et par la voie des urnes, pour ensuite seulement opérer à l'échelle continentale une fédération des Etats africains démocratiques et acquis au projet d'une renaissance africaine. En ce sens, la victoire électorale des partisans de la renaissance africaine dans chaque pays africain résoudra en elle-même le problème de la coordination à l'échelle continentale. Cela signifie par conséquent que la première étape concrète vers la renaissance africaine et les Etats-Unis d'Afrique est l'enracinement de la démocratie en Afrique. Cela signifie concrètement que la renaissance africaine doit être poursuivie d'abord à l'échelle nationale et que la première tâche politique des partisans de la renaissance africaine est le combat pour la démocratie dans leurs pays respectifs. Ce n'est que lorsque, dans chaque pays africain, les partisans de la renaissance africaine seront parvenus démocratiquement au pouvoir que pourra être donnée au projet de la renaissance africaine une dimension continentale dans la forme d'un Etat fédéral africain.

Telle est l'information optimiste, mais lucide que nous tenons à adresser à l'ensemble des personnes qui souhaitent voir se construire en Afrique sub-saharienne une société d'abondance et un Etat de droit. Et il est sain de constater qu'à l'heure actuelle, le combat pour la démocratie est celui qui mobilise les sociétés civiles africaines. C'est celui dans lequel elles sont actuellement engagées à l'échelle nationale.

C) La perspective d'un agent historique porteur d'un projet alternatif

Nous avons dit que les sociétés africaines postcoloniales, attestent, depuis les années 90, d'une évènementialité politique porteuse d'une charge historique. Cette charge historique s'analyse non pas dans les termes d'une logique de chaos, mais dans les termes d'une logique de déconstruction de l'ordre politique hérité de l'axiologie du conflit Est-Ouest.

Or si cette logique de déconstruction n'est pas canalisée par un agent historique organisé et doté d'un projet politique alternatif, elle court le risque de déboucher sur un avortement politique de la charge historique de changement dont sont porteuses les sociétés africaines post-coloniales.

Pour que surgisse en Afrique un agent historique organisé et doté d'un projet politique alternatif nous encourageons vivement les démocrates africains à s'organiser sur le plan national dans le cadre d'un parti politique qui présente le profil d'un Parafedem porteur des idées contenu dans ce livre.

Examinons donc ici la question du parti politique et en particulier celui du Parafedem : le parti pour la renaissance africaine, le fédéralisme et la démocratie.

Pour conquérir le pouvoir politique, c.-à-d. accéder au contrôle de l'appareil d'Etat, il est nécessaire d'avoir une organisation. Cette organisation peut s'appeler parti politique, association, groupe, club, etc. Au 17e siècle par exemple les Mandingues l'appelaient Ton c.-à-d. association. En Europe à la même époque, on parlait de clubs. Par exemple le club des feuillants sous la Révolution française. Au milieu du 20e siècle André Matsoua au Congo a appelé son organisation Amicale. Il se trouve que de nos jours on parle de parti politique. Il semble (sauf erreur de ma part) que ce soit les socialistes et les marxistes qui aient popularisé le concept de parti politique au 19e siècle.

Un parti politique n'est donc pas un phénomène spécifiquement européen. Dans tous les pays où il y a eu une compétition pour le pouvoir entre des groupes rivaux il y a eu des partis politiques, dans tous les pays et toutes les civilisations il y a eu des partis politiques. Ils ne portaient peut-être pas ce nom, mais ils partageaient tous un même objectif : conquérir le pouvoir à partir d'une organisation et d'un programme politique commun.

Soyons précis. Un parti politique est un groupe d'action politique qui se caractérise par deux éléments : la discipline du groupe et la cohésion du groupe. Ces deux éléments garantissent l'efficacité de l'action.

*la discipline du groupe : tout le monde s'engage à agir selon les directives du comité de direction. On évite ainsi la pagaille et les querelles de personnes.

*la cohésion du groupe : tout le monde partage les mêmes convictions politiques, le même projet de société. On évite ainsi les palabres qui font perdre du temps et les scissions qui affaiblissent pour cause de divergence idéologique. C'est pourquoi avant d'adhérer à un parti, il faut savoir exactement quel est son programme politique et se demander si on adhère à ce programme.

C'est donc très important et indispensable qu'un parti se dote d'un programme politique clair et simple à expliquer. C'est le cas du Parafedem. Les personnes qui voudront créer des Parafedem pourront proposer l'adhésion au contenu de ce livre comme plateforme minimale pour pouvoir adhérer ou créer un Parafedem. Cette dénomination de parafedem présente 2 avantages.

D'abord elle a une consonance africaine. On a besoin d'un sigle que peuvent employer les Africains quelque soit leur langue. De ce point de vue le sigle Parafedem présente un avantage dans la mesure où il a une consonance africaine et peut donc être prononcé facilement dans n'importe quelle langue africaine. Les gens auront l'impression que c'est un mot de leur propre langue. Quant à son contenu (c.-à-d.parti pour la renaissance africaine, le fédéralisme et la démocratie) il appartient à chacun de le traduire dans sa propre langue. Par exemple s'il y avait le mot Unité dedans, les pays qui parlent kiswali traduiraient par Umoya. Il appartient à chacun de traduire dans sa langue les mots fédéralisme, démocratie et renaissance africaine. Il faut donc réfléchir longuement pour trouver l'équivalent de ces mots dans nos langues. Ces équivalents existent, car ces phénomènes ont déjà eu lieu en Afrique.

Ensuite cette dénomination indique un programme politique clair et simple à expliquer :

a) Accomplir la renaissance africaine pour deux raisons :

*nécessité d'assainir notre tissu social

*et nécessité de nous réapproprier les ressorts de l'historicité

b) Créer un Etat fédéral :

*par nécessité géo-politique : se doter d'un espace politique qui nous permet de faire face aux géants continentaux (USA, Canada, Russie, Union Européenne, Chine) avec qui nous sommes en compétition ;

*et par nécessité géo-économique : créer un espace économique optimal pour nous permettre de mettre en valeur nos richesses sous l'angle de la rentabilité interne.

c) Construire un système politique démocratique : cela a une signification bien précise. Cela signifie que nous devons mettre en place des institutions

*qui permettent d'organiser la transparence des mécanismes de dévolution du pouvoir (grâce à des élections non pas multipartite, mais pluraliste) ;

*qui permettent aussi d'organiser la transparence des mécanismes d'exercice du pouvoir (séparation des pouvoirs, contrôle de légalité des actes du pouvoir exécutif, contrôle de constitutionnalité des actes du pouvoir législatif).

On peut créer un Parafedem dans les pays européens où résident des Africains. Mais ce sera alors une association et non pas un parti politique. L'objectif est de créer des parafedem sous la forme de partis politiques en Afrique, dans chaque pays africain. C'est là bas, en Afrique, que doit se dérouler le vrai combat politique. Ainsi le Parafedem de France ne sera que la section française d'un Parafedem africain.

Nous avons essayé d'introduire le lecteur à une lecture alternative du mouvement chaotique actuellement en cours en Afrique. Nous avons cherché par cette analyse à montrer aux hommes de bonne volonté qu'au-delà de l'image catastrophique, mais réelle que les médias donnent de l'histoire en cours en Afrique, il existe, au sein des sociétés africaines, une autre dynamique historique. L'orientation de cette dynamique vers une solution alternative au cours du millénaire à venir dépendra donc exclusivement de l'aptitude des démocrates africains à canaliser l'ébullition politique en cours au sein des sociétés africaines vers un projet de société alternatif à l'ordre postcolonial. Il leur appartient donc de s'organiser, en créant dans leurs pays respectifs des partis électoraux, pour accéder démocratiquement à la tête des Etats africains.

TROISIÈME PARTIE

Un paradigme à déconstruire

INTRODUCTION

Le paradigme à déconstruire est celui du développement. Au regard de la littérature politique africaine, le développement est l'un des deux paradigmes en concurrence sur la question des politiques à mettre en œuvre pour donner aux sociétés africaines post-coloniales une configuration moderne. Il est en concurrence avec le paradigme de la renaissance africaine[222]

La notion de paradigme appartient à la philosophie des sciences. Dans cette discipline, ce terme a été utilisé par Thomas Kuhn pour désigner un modèle explicatif dominant au sein d'une discipline scientifique. Selon Thomas Kuhn les paradigmes se succèdent au cours de l'histoire et forment un cadre de pensée dominant au sein d'une communauté scientifique. Par extension, en sciences sociales, certains concepts font office de paradigme lorsqu'ils véhiculent une vision qui fait consensus comme explication globale d'un phénomène.

Le concept de développement par exemple fait partie de ces concepts. Il appartient aux sciences de la vie (biologie), mais aussi aux sciences humaines et sociales (anthropologie, sciences économiques, sciences politiques, sociologie). Au sein des premières, il fonctionne comme un modèle explicatif du processus qui conduit à la formation des êtres vivants par maturation diachronique. Au sein des secondes, il fonctionne comme un modèle explicatif de la dynamique historique des sociétés. Il présente cette dynamique comme l'expression d'un itinéraire linéaire et cumulatif dans le champ des institutions politiques, de la production économique, des techniques, des sciences et des idées. Autrement dit, si au sein des sciences exactes le concept de développement véhicule une vision évolutionniste du devenir de l'embryon, en revanche, au sein des sciences humaines et sociales, il véhicule une vision évolutionniste du devenir historique des sociétés. Dans un cas comme dans l'autre c.-à-d. en sciences de la vie comme en sciences des sociétés, le concept de développement fait donc office de paradigme.

---

[222] Jose nd -Nascimento, Deux paradigmes concurrents de la modernité en Afrique, in La Renaissance africaine comme alternative au développement Les termes du choix politique en Afrique,(sous la direction de José do-Nascimento), Editions L'Harmattan, 2008, 360 pages

Comme tel, ce paradigme est le corpus intellectuel qui a eu le plus grand impact sur le devenir politique des sociétés du tiers-monde en général et des sociétés africaines post-coloniale en particulier au xxe siècle. Il est à l'origine de la configuration actuelle des sociétés africaines post-coloniales. En fait, le paradigme du développement a opéré au sein des sociétés africaines post-coloniales le rôle d'une véritable idéologie de la modernité. Dans le cadre du paradigme du développement, la question du devenir moderne des pays africains a été posée en terme de rattrapage historique. Cette manière de poser la problématique du devenir moderne des sociétés africaines est-elle heuristique ? L'observation des faits, à savoir la faillite des politiques du développement, invite à répondre que cette approche n'est pas heuristique. Mais donner une telle réponse reviendrait à remettre en question le paradigme du développement. Certains s'y refusent et préfèrent mettre en cause des facteurs sociologiques ou politiques. Ce déni du réel s'explique aisément. Selon, le philosophe Gilbert Hottois en effet « Kuhn insiste beaucoup sur la stabilité d'un paradigme, sur le fait que lorsque des expériences ou des observations paraissent le contredire ou marquer ses limites, on suspecte toujours plutôt une erreur de calcul ou d'expérimentation, sans contester le paradigme (la théorie établie et faisant autorité) »[223]. Face à la faillite des politiques inhérentes au paradigme du développement que devons-nous faire ? Chercher l'erreur de calcul ou soumettre ce paradigme à l'épreuve de la critique ?

Certains analystes préfèrent chercher l'erreur de calcul et se lancent dans des travaux qui invitent à repenser et reformuler les politiques de développement[224]. Tel n'est pas notre cas. Nous préférons pour notre part soumettre le paradigme du développement à l'épreuve de la critique afin de vérifier si ce paradigme porte ou non en lui-même les causes de la faillite des politiques qui lui sont inhérents. Nous choisissons de poser la question de savoir si cet échec serait imputable à l'action des hommes ou à une carence épistémologique du paradigme du développement ?

Pour avoir une réponse rationnelle à cette question, il convient de mettre en perspective les tenants et aboutissants de ce paradigme. Mais identifier les tenants et aboutissants du paradigme du développement, n'est pas une chose facile. Cela pour deux raisons. La première difficulté est que ce paradigme n'est pas transparent. Il avance masqué. En fait depuis des décennies ce paradigme se dérobe à la critique, car il se présente dans l'imaginaire social sous le profil d'une idée logique, d'une idée naturelle, d'une idée qui va de soi. C'est pourquoi beaucoup de personnes n'arrivent pas à concevoir que l'on puisse faire une critique du paradigme du développement. La deuxième difficulté est que le corpus de connaissances qui est rattaché à ce paradigme lui confère les apparences d'une évidence épistémologique. Cette évidence

---

[223] Gilbert Hottois, De la Renaissance à la Postmodernité, Editions De Boeck, 1997, p345
[224] Stéphanie Treillet, L'économie du développement, Paris Nathan, 2002, 188p

épistémologique engendre un dogmatisme qui élève ce paradigme au rang d'un véritable monument mental. De sorte qu'au sein de l'université comme au sein de l'opinion publique les structures mentales de l'individu n'arrivent pas à envisager que l'on puisse penser la question du progrès en dehors du paradigme du développement.

Comme tel, ce paradigme dissuade la Raison critique de s'interroger sur sa validité épistémologique. Comme monument mental il encombre le champ de vision de la Raison critique en ce sens que le corpus de connaissance qui lui est rattaché engendre un dogmatisme qui l'impose à la Raison comme une évidence épistémologique et lui fait dès lors entrevoir toute critique du paradigme du développement comme une critique infondée. De ce point de vue la seule manière de mettre au jour les tenants et aboutissants de ce paradigme est de procéder à sa déconstruction, de procéder à la déconstruction du monument mental qu'il constitue désormais afin de rendre à la raison critique son champ de visibilité sur le thème des modalités du progrès historique.

Les économistes Wolfgang Sachs et Gustevo Esteva partagent ce point de vue. Ils écrivent : « De même que les ruines cachent leurs secrets sous des monceaux de terre et de débris, de même les structures mentales s'élèvent souvent sur des fondations recouvertes par des années, des siècles d'ensablement. Les archéologues, pelle en main, travaillent à excaver, couche par couche, les assises du monument en ruine et, du même coup, à en découvrir l'origine. D'où vient ce monument ? Que signifient ces ruines ? Quel lien établir entre ces deux évènements ? C'est ainsi qu'ils s'interrogeront et, étonnés et affligés tout à la fois, retraceront l'histoire de ces splendeurs disparues. L'idée de développement n'est plus aujourd'hui qu'une ruine dans le paysage intellectuel. Elle encombre notre pensée, mais elle constitue une partie immense d'une ère terminée. Il est grand temps de fouiller ce concept, d'en dégager les fondations, de les libérer des nombreuses constructions superposées pour le révéler comme le monument d'une ère révolue, mais digne d'intérêt »[225]. Toujours selon ces deux économistes « L'idée de développement a déjà été un monument qui soulevait l'enthousiasme international. Aujourd'hui, l'édifice s'effrite et menace de s'écrouler. Ses ruines immenses surplombent encore et bloquent la sortie. Il devient donc urgent d'enlever les décombres et d'ouvrir un nouvel espace »

L'essentiel est dit. L'idée de développement a été un monument gigantesque qui a occupé pendant des décennies tout l'espace consacré à la réflexion et aux actions sur les modalités d'insertion des pays du tiers-monde dans la modernité. Aujourd'hui ce monument s'est effondré sur lui-même. Mais au lieu de libérer l'espace de la pensée, voilà que ses décombres encombrent cet espace, car ils continuent à fasciner l'esprit et l'opinion par

[225] Wolfgang Sachs et Gustevo Esteva Des ruines du développement, Ed. Ecosociété, 1996

l'évidence épistémologique et la promesse historique dont ils étaient porteurs. Par cela, ces décombres empêchent les acteurs sociaux, d'entrevoir l'idée qu'il puisse exister un autre paradigme à partir duquel il serait possible de penser le progrès historique. C'est à l'ouverture de cet espace encombré que nous souhaitons contribuer ici en mettant au jour les tenants et aboutissants du paradigme du développement par la méthode de la déconstruction.

C'est à cette entreprise de déconstruction que nous travaillons depuis plusieurs années. Il résulte de notre recherche sur ce sujet qu'à travers l'épreuve de l'analyse critique le paradigme du développement se dévoile être un monument épistémologique constitué de huit étages à partir desquelles il est possible de saisir ses tenants et aboutissants. Ces étages sont autant de figures qui constituent et participent à l'identité du paradigme du développement. La première est celle d'un paradigme construit à partir d'un concept qui se dérobe à la critique. La seconde est celle d'un paradigme qui véhicule un corpus de connaissances d'inspiration européocentrique. La troisième est celle d'un paradigme qui véhicule un dessein géopolitique. La quatrième est celle d'un paradigme qui véhicule une perspective évolutionniste du progrès historique. La cinquième et la sixième sont celles d'un paradigme qui a conduit à deux expériences de société pathogène. La septième et la huitième sont celles d'un paradigme qui véhicule un discours de représentation idéologique et symbolique du réel. A partir de ces huit figures, nous nous interrogerons sur la question de savoir s'il est possible d'échapper au paradigme du développement comme perspective du devenir moderne des sociétés.

La déconstruction du paradigme du développement sera présentée ici dans la forme d'une critique. Pour les raisons que nous avons indiquées ci-dessus, un grand nombre de personnes s'étonnera que l'on puisse entreprendre une critique du paradigme du développement. L'opinion publique en général conçoit le concept de développement comme un concept synonyme de progrès. Dès lors, pour elle, critiquer le paradigme du développement reviendrait à critiquer l'idée même du progrès. Il importe donc de préciser qu'il ne va pas s'agir ici d'une critique du paradigme du développement au sens d'une critique de l'idée de progrès. Il va s'agir ici d'une critique de la vision du progrès que véhicule ce paradigme. Autrement dit, il va s'agir d'une critique du développement en tant que doctrine ou vision du progrès historique. C'est cette vision, cette doctrine, qui feront ici l'objet d'une critique. C'est pourquoi nous parlons ici non pas de la déconstruction de l'idée de développement, mais de celle du paradigme du développement.

Notre analyse sera d'une grande opportunité. Elle permettra en somme de prendre la mesure du rôle du paradigme du développement dans la configuration actuelle des sociétés africaines. De ce point de vue, elle va surtout nous permettre de restituer à la jeunesse africaine une histoire qu'elle connaît mal. Celle des tenants et aboutissants du paradigme qui a marqué la configuration des sociétés africaines post-coloniales depuis les années 60 jusqu'à nos jours. Celle du paradigme qui est à l'origine de la configuration actuelle des sociétés africaines. Nous autres africains devons accorder une grande attention à l'analyse critique du paradigme du développement qui sera présentée ci-dessous. Seule une telle analyse, peut nous permettre de décider en toute connaissance de cause s'il est opportun que les peuples africains poursuivent leur expérience historique post-coloniale dans le cadre normatif et épistémologique du paradigme du développement ou si au contraire il est urgent que ces peuples bifurquent vers un autre paradigme c. à. d vers un autre cadre normatif et épistémologique.

Pour la jeunesse africaine, l'analyse critique du paradigme du développement que nous allons exposer ici est cruciale. Elle leur permettra d'avoir une intelligence des tenants et aboutissants du paradigme qui a déterminé le sort des sociétés africaines depuis les indépendances politiques. Elle leur permettra de comprendre pourquoi les indépendances politiques ont débouché sur une impasse.

Pour l'essentiel au terme de notre entreprise de déconstruction du paradigme du développement le lecteur va essentiellement prendre conscience d'une part, que du point de vue de ses tenants il s'agit d'un paradigme attractif, normatif, intrusif et porteur d'un dessein géopolitique, et d'autre part, que du point de vue de ses aboutissants il s'agit d'un paradigme dont les termes de référence ont favorisé la subordination intellectuelle et organisationnelle des élites africaines à un ensemble de prescriptions institutionnelles, éducationnelles et économiques africanophage. De ce point de vue, il apparaîtra que les peuples africains ne doivent pas poser la question de leur devenir moderne dans le cadre du paradigme du développement. Ils découvriront ici que dès lors que les Africains posent la question de leur devenir moderne en terme de développement ils s'inscrivent dans une représentation péjorative de leur passé (théorie du retard historique), dans une perspective déterministe de leur marche vers le progrès (théorie d'un modèle de référence à rattraper à travers des étapes socio-linéaires universelles à parcourir et franchir) et, dans une posture attentiste du progrès historique (théorie de l'Aide, du trickle down effect du commerce international et des modèles d'industrialisation).

CHAPITRE 1

La première figure du paradigme du développement : un paradigme construit à partir d'un concept qui se dérobe à la critique sociale

Le paradigme du développement se présente d'abord sous l'angle d'un concept. Ce concept désigne à la fois une idée, un projet, un processus et une expérience de société. Une idée, à savoir, celle d'un progrès historique qui serait inhérent au mouvement même de l'histoire. Un processus : celui d'un itinéraire linéaire et cumulatif du mouvement de l'histoire dans le champ des institutions politiques, de la production économique, des techniques, des sciences et des idées. Un projet : celui d'une société qui s'émancipe de l'adversité de la nature, de l'empire de la rareté et de l'arbitraire du pouvoir politique. Une expérience de société, car ce projet a pris corps dans le réel dans la forme d'une société industrielle, démocratique, productiviste et de consommation de masse. Comme tel, ce concept véhicule une vision évolutionniste du progrès historique. C'est comme tel que ce concept a marqué de son empreinte le fonctionnement des sociétés humaines tout le long du 20e siècle et encore aujourd'hui au 21e siècle. Les intellectuels de droite comme de gauche, libéraux, marxistes ou tiers-mondistes y ont tous adhéré.

A partir du Tiers-monde comme lieu de réflexion, une question se pose. Comment expliquer que les élites et les populations des sociétés du tiers-monde continuent encore aujourd'hui à s'accrocher à ce concept alors que les politiques de modernité qui lui sont inhérentes ont échoué ? Poser cette question c'est se demander d'une part, comment le concept de développement opère dans l'imaginaire social, d'autre part, d'où est ce que ce concept tire sa force consensuelle ? Pour répondre à ces questions, il faut faire une critique sociologique de ce concept. Or, la première chose qui apparaît lorsque l'on entreprend une critique de ce concept est que celui-ci est l'un des concepts les plus difficiles à critiquer en sciences sociales. Difficile à critiquer, car ce concept a une aptitude particulière. Celle de pouvoir se dérober à la critique et cela pour deux raisons. D'une part il véhicule une connotation attractive qui lui confère une charge consensuelle. D'autre part, il charrie un ensemble de significations et de représentations qui en font un concept vecteur de sens. Comme tel, c.-à-d. comme concept attractif et vecteur de sens, il opère dans l'imaginaire social comme un concept intrusif en ce sens qu'il détermine à leur insu la manière dont les citoyens interprètent le passé, considèrent le présent et envisagent l'avenir. Ce sont ces trois caractères (attractif, vecteur de sens et intrusif) qui confèrent au concept de développement une aptitude à se dérober à la critique sociale.

C'est pourquoi, une déconstruction du paradigme du développement, requiert au préalable d'une part, une mise au jour des origines du concept à partir duquel il est formé et d'autre part, une critique sociologique de ce concept.

SECTION 1. LES ORIGINES DU CONCEPT DE DÉVELOPPEMENT

Il s'agit ici de son origine étymologique et de son origine doctrinale. Pour saisir l'origine du concept de développement, il faut partir de sa définition. En principe un concept se définit à partir de son étymologie. Mais il arrive que l'étymologie d'un concept ne nous apprenne pas grand-chose sur le concept en question. Il faut alors recourir à l'histoire du dit concept. Bien souvent, la signification d'un concept ne peut en effet être saisie qu'à travers son histoire. Et cette histoire est toujours soit celle de sa formation soit celle de ses usages. Qu'en est-il en ce qui concerne le concept de développement ?

A) Les origines étymologiques

Ce concept vient de la fin du XIVe siècle où il se disait *desvelopemens*. Il désignait alors l'« action de déplier ce qui était enroulé sur soi-même ». Autrement dit, au regard de son origine étymologique, développer est une action qui consiste à déployer, dérouler ce qui est roulé, plié sur lui-même (papier, tissu, etc.) : exemple le développement d'une banderole.

Il s'agit donc d'une action qui consiste à rendre effectif ce qui est encore à l'état de potentialité. De ce point de vue, par son origine étymologique, le mot développement apparaît comme un terme particulièrement approprié pour exprimer l'idée d'évolution c.-à-d. le processus par lequel quelqu'un ou quelque chose franchit les étapes linéaires qu'il porte en lui de manière potentielle. C'est la raison pour laquelle ce terme a été retenu en sciences exactes pour désigner le phénomène d'évolution de l'organisme biologique. En biologie en effet le mot développement sert à signifier le processus d'évolution de l'embryon de la forme d'un organisme simple à celle d'un organisme complexe. C'est aussi la raison pour laquelle ce terme a été repris en sciences sociales pour traduire l'idée d'une évolution de l'organisme social c.-à-d. ici aussi le processus qui conduit une société d'une forme d'organisation simple à une forme d'organisation complexe. C'est ce dont attestent les usages du concept de développement dans les sciences sociales. Dans les sciences sociales en effet, le concept de développement désigne le processus du devenir historique des sociétés dans le temps et présente ce processus comme un processus en évolution c.-à-d. comme celui d'un changement linéaire et cumulatif qui serait inhérent au mouvement de l'histoire dans le domaine politique, économique, culturel, technique et scientifique.

B) Les origines doctrinales

Dans la littérature en sciences sociales et humaines, le concept de développement véhicule un corpus d'idées, de significations et de représentations qui fait consensus sur la question de la trajectoire optimale et performante des sociétés. Ce corpus d'idées a pour fondement épistémologique une théorie de la dynamique des systèmes sociaux : l'évolutionnisme social.

Selon cette théorie, les sociétés humaines progressent dans l'histoire selon une voie unique, composée d'une série d'étapes universelles et incontournables, qui les conduit d'une forme d'organisation sociale simple à des formes d'organisation sociale complexe. En un mot, elle les conduit de la sauvagerie à la barbarie et de la barbarie à la civilisation. Dans le cadre de cette théorie, le concept de développement véhicule deux idées principales. Concernant les sociétés en général, il véhicule l'idée selon laquelle les sociétés humaines progressent dans l'histoire selon un itinéraire unique le long duquel certaines se trouvent en retard ou en avance les unes par rapport aux autres. Concernant les sociétés du tiers-monde en particulier ce concept véhicule l'idée selon laquelle les pays du tiers-monde peuvent rattraper le retard qu'ils accusent par rapport à l'Occident en mettant en œuvre des politiques appropriées de rattrapage historique. Ce sont ces politiques que l'on appelle politiques de développement.

Comme on le voit, le concept de développement en sciences sociales puise son origine dans la doctrine de l'évolutionnisme social et véhicule une vision évolutionniste du progrès historique. C'est comme telle que cette vision fait en sciences sociales l'objet d'un consensus qui l'élève au rang d'un paradigme à part entière du devenir historique des sociétés.

SECTION 2. LA CRITIQUE SOCIOLOGIQUE DU CONCEPT DE DÉVELOPPEMENT

L'observation des faits montre que le concept de développement ne va pas sans avoir un impact dans l'imaginaire social. Il opère au sein de cet imaginaire comme une représentation du mouvement de l'histoire. Cette représentation n'est pas neutre. Elle force au consensus et cela pour deux raisons. D'une part elle véhicule une connotation attractive. D'autre part sa connotation attractive lui confère une charge intrusive. Ces deux attributs du concept de développement ont deux conséquences. D'une part, ils déterminent à leur insu la vision que les citoyens se font de la configuration que doit présenter la société. D'autre part ils confèrent au concept de développement une aptitude à se dérober à la critique sociale. Dans un cas comme dans l'autre, ce concept impose aux citoyens des choix de société auxquels ils vont adhérer sans examen critique. Comme tel, ce concept véhicule une représentation attractive et intrusive du mouvement de l'histoire qui piège la raison critique.

A) Un concept attractif qui force au consensus

La critique du concept de développement est difficile, car il se présente dans l'imaginaire social comme un concept attractif. Cette attractivité vient de ce que ce concept est formé à partir d'un verbe qui lui confère une coïncidence sémantique avec la notion de progrès. Cette coïncidence donne au concept de développement une résonnance philanthropique, universaliste et émancipatrice qui en fait un concept synonyme de progrès. Elle inscrit le concept de développement dans l'imaginaire des acteurs sociaux comme un concept porteur d'un projet émancipateur, philanthropique et universaliste. Elle fait de ce concept, un concept qui véhicule une vision optimiste du devenir des sociétés. Il s'ensuit que ce concept résonne dans notre imaginaire social comme une promesse : celle d'un progrès politique, économique, technique et scientifique inhérent au mouvement même de l'histoire.

Par la résonance qu'il produit au sein de l'imaginaire social, le concept de développement charrie une charge consensuelle qui force à l'adhésion. C'est cette résonnance qui crée autour de ce concept un consensus général relatif au discours épistémologique, politique, économique, méthodologie et idéologique qu'il véhicule. C'est ce consensus qui se traduit par une adhésion spontanée c.-à-d. sans examen critique préalable au discours qu'il véhicule. C'est ce consensus qui conduit le corps social à épouser comme légitime les conclusions épistémologiques et les options sociétales qui lui sont inhérentes. C'est cette charge consensuelle qui très tôt a imposé le corpus d'idées, de significations et de représentations que ce concept véhicule dans la forme d'un paradigme de la trajectoire optimale et performante du devenir des sociétés.

Cette synonymie et cette résonnance ont une conséquence majeure. Elles donnent au concept de développement la faculté d'opérer dans l'imaginaire des acteurs sociaux comme une évidence épistémologique. Pour l'esprit commun en effet, qui dit développement dit progrès politique, économique, technique et scientifique. Voilà pourquoi le concept de développement est l'un de concepts les plus difficiles à critiquer dans le champ des sciences sociales. Voilà aussi pourquoi les analystes qui en font une critique passent de façon générale pour des originaux ou des marginaux. S'il est admis de manière habituelle au sein des universités que l'on puisse faire une critique des stratégies de développement en revanche il est peu toléré que l'on puisse faire une critique de l'idée même de développement, une critique de l'opportunité même du développement[226].

B) Un concept intrusif qui détermine l'imaginaire social

L'observation des faits montre qu'au sein de l'imaginaire social le concept de développement est perçu comme l'expression d'une promesse de progrès politique, économique, culturelle, technique et scientifique. Il est perçu comme l'expression d'une trajectoire optimale et performante des sociétés inhérente au mouvement même de l'histoire.

Comme tel le concept de développement opère au sein de l'imaginaire social comme une représentation du mouvement de l'histoire qui est à l'échelle des citoyens l'équivalent de ce qu'est la philosophie de l'histoire à l'échelle des philosophes. C'est donc à travers leur perception du concept de développement que les citoyens se représentent la marche de l'histoire.Or cette représentation du mouvement de l'histoire n'est pas neutre. Elle fait du concept de développement un vecteur de sens c.-à-d. un concept qui charrie un corpus d'idées, de significations et de représentations qui influence à notre insu notre manière d'interpréter le passé, de considérer le présent, d'envisager l'avenir. De ce point de vue, ce corpus détermine à leur insu la vision que les citoyens se font de l'orientation politique et économique que doit prendre la société. Il détermine à leur insu la vision que les citoyens se font de la configuration que doit présenter la société. Il impose en fait aux citoyens des choix de société auxquels ils vont adhérer sans examen critique. Ces choix vont leur apparaître comme inhérents au mouvement même de l'histoire.

De ce point de vue, on peut dire que ce corpus confère au concept de développement une charge intrusive, c.-à-d. la capacité de permettre à certains acteurs sociaux (en l'espèce les partisans d'une modernité productiviste) de faire irruption dans notre imaginaire social et d'y imposer comme légitimes des idées, des significations et des valeurs auxquelles nous allons adhérer sans examen critique préalable. De ce point de vue, on peut dire que le corpus que véhicule le concept de développement correspond parfaitement à ce que le sociologue Bourdieu appelle un bien symbolique. C.-à-d. un concept qui vient ajouter sa propre force à la violence des rapports de force qui existent déjà au sein de la société. Ainsi par exemple si l'Occident domine le tiers-monde grâce à sa supériorité militaire et

226 Stéphanie treillet, Misère de l'anti-développement, in recherches internationales, n° 72, 2-2004, pp.111-135

technique, il parvient aussi grâce à la charge attractive et intrusive du concept de développement à obtenir l'adhésion des élites du tiers-monde à un modèle de société dont l'existence implique le pillage de leurs matières premières.

C) Un concept téléologique qui piège la pensée critique

Il apparaît à l'aune de la critique sociologique que le concept de développement n'est pas seulement le véhicule d'un corpus de connaissances pour universitaires. Il est aussi le véhicule d'une croyance culturelle sur le but du mouvement de l'histoire[227]. Il s'agit d'une croyance selon laquelle le mouvement de l'histoire se déploie selon un rythme en développement c.-à-d. selon un rythme linéaire et cumulatif. Il s'agit d'une croyance selon laquelle l'histoire est installée et fonce naturellement sur les rails du progrès et aucun peuple n'a intérêt à ne pas prendre le train en marche.

Il s'agit donc là d'une croyance qui attribue au mouvement de l'histoire une vertu téléologique. Et comme toute croyance elle exerce d'une part, une fonction attractive qui lui confère une charge consensuelle et d'autre part, une fonction intrusive qui explique pourquoi les sociétés du tiers-monde continuent à y adhérer en dépit du poids de la faillite des politiques qui lui sont inhérentes. Il apparaît à la lumière de l'analyse sociologique que c'est la conjugaison de ces deux charges qui permet au concept de développement de se dérober à la critique sociale.

Comme tel, c. a. d comme concept téléologique, le concept de développement piège la pensée critique, car de par sa coïncidence avec le concept de progrès il oblige la pensée à adhérer aux représentations et significations qu'il véhicule sous peine de se voir accuser d'être contre le progrès politique, économique, technique et scientifique.

Critiquer le concept de développement c'est courir le risque de se voir accuser d'être contre le progrès dès lors qu'au sein de l'imaginaire social la coïncidence sémantique entre le concept de développement et le concept de progrès fait que qui dit développement dit progrès politique, économique, technique et scientifique.

Comme on le voit, la force de ce concept est donc dans sa capacité à générer un consensus autour du discours qu'il véhicule. C'est ce consensus qui lui permet de se dérober à la critique. Cette faculté du concept de développement à se dérober à la critique pose problème, car le discours qu'il véhicule ne coïncide pas avec le mouvement réel de l'histoire. Ce discours a une fonction non pas scientifique, mais idéologique. Il permet à certains acteurs sociaux de faire intrusion dans l'imaginaire social pour y imposer une vision du monde qui sert leurs intérêts matériels et immatériels.

---

[227] Lire sur ce sujet : Gilbert Rist, Le développement. Histoire d'une croyance occidentale, Paris, Presses de Sciences Po, coll. « Monde et sociétés », 2013, 511 p., 1re éd. 2007. 4e édition revue et augmentée

Il apparaît donc que le concept de développement véhicule une promesse de progrès politique, économique et sociale. Mais cette promesse est un piège épistémologique, politique et sociologique. Piège épistémologique, car elle suppose en effet que nous considérons comme acquis les conclusions qu'il véhicule quant à notre passé, notre présent et notre avenir. Piège politique, car ces conclusions nous amènent à accepter certaines prescriptions qui conduisent à des effets contraires et inverses à cette promesse. Piège sociologique, car ces conclusions ont une fonction intrusive. Elles opèrent au sein de l'imaginaire social comme une représentation du mouvement de l'histoire. Cette représentation n'est pas neutre. Elle détermine à leur insu la vision que les citoyens se font de la configuration que doit présenter la société. Elle impose aux citoyens des choix de société auxquels ils vont adhérer sans examen critique.

De ce point de vue c'est le concept le plus performant par lequel les partisans d'une configuration productiviste de la modernité perpétuent en Afrique les réflexes de subordination épistémologique, axiologique, normative et organisationnelle.

C'est pourquoi il est impératif que dans le tiers-monde en général et en Afrique en Afrique que les intellectuels créent un programme d'étude et de recherche à partir des deux questions suivantes que soulève le concept de développement en tant que véhicule d'une vision de la modernisation des pays du tiers-monde : d'où vient cette vision, et quelle est sa pertinence scientifique ?

Nous autres africains devons nous poser ces questions, car pendant 50 ans nous avons pensé nôtre devenir moderne en terme de développement. Or il apparaît à l'aune de l'analyse critique que sur le plan pratique le bilan des politiques du développement que nous avons mis en œuvre est catastrophique. Elles ont conduit à des régimes politiques autoritaires dont les sociétés civiles africaines éprouvent les plus grandes difficultés à se débarrasser aujourd'hui. Elles ont conduit à la faillite générale d'un système éducatif public que les sociétés civiles africaines essayent tant bien que mal de pallier par des structures d'éducation privée. Elles ont exacerbé les inégalités sociales au point d'engendrer des phénomènes jusque-là inconnus en Afrique : les enfants de rue, la prostitution enfantine et les migrations économiques. Elles ont conduit à une misère spirituelle et morale à laquelle les Africains tentent désespérément d'échapper par la conversion aux églises de réveil ou à un islam politique. Elles nous donnent le spectacle de villes africaines qui subissent de graves pénuries en eau et en électricité. Tel est le tableau de 50 ans de politiques du développement.

Et pourtant, malgré ce bilan catastrophique nous autres africains continuons à penser notre devenir moderne en terme de développement. Comme expliquer ce paradoxe ? Pour répondre à cette question, il importait de faire au préalable une analyse sociologique du concept de développement. Une analyse qui devait nous permettre de comprendre d'abord comment ce concept opère dans l'imaginaire social au point de constituer l'alpha et l'oméga de l'imaginaire politique des élites et des populations du tiers-monde en dépit d'une réalité qui exprime la faillite des politiques dites de développement. C'est la raison pour laquelle nous avons commencé notre travail de déconstruit par une critique sociologique du concept de développement au sens d'une analyse de la manière dont ce concept opère dans l'imaginaire social et force au consensus.

CHAPITRE 2

La deuxième figure du paradigme du développement : un paradigme qui véhicule un corpus de connaissances dogmatique

D'un point de vue intellectuel, le paradigme du développement se présente d'abord dans la forme d'un corpus de connaissances. Ce corpus de connaissances informe sur divers sujets tels que : les étapes universelles du progrès historique, les origines de la condition actuelle des pays du tiers-monde, la perspective d'accession des peuples du tiers-monde à la modernité, les stratégies d'industrialisation des pays du tiers-monde, le système politique adéquat pour les pays du tiers-monde, etc. Comme tel, il s'étend au domaine de l'histoire, de la sociologie historique, de la science politique et des sciences économiques.

Il y a lieu de s'interroger sur la validité scientifique de ce corpus de connaissances, car il apparaît du point de vue de l'analyse critique que ce corpus manque de base scientifique. Nous verrons ici que ce corpus de connaissance présente le défaut d'être non pas rationnel, mais dogmatique[228], non pas comparatiste, mais d'inspiration évolutionniste[229] et européocentrique[230]. C'est ce dont attestent en tout cas les récentes conquêtes du savoir dans le domaine de l'anthropologie et de l'histoire.

---

228 Le dogmatisme est une posture intellectuelle qui refuse le doute, la remise en question, la critique. Un discours dogmatique est un ensemble d'affirmations non démontrées. Il s'agit donc plus d'une opinion que d'un savoir. En cela le discours dogmatique s'oppose au discours rationnel lequel est un ensemble d'énoncés démontrés

229 Du point de vue de ses tenants et aboutissants, la théorie de l'évolutionnisme social se présente comme une explication générale de la dynamique des systèmes sociaux. Selon Norbert Rouland elle peut être définie « …de façon sommaire comme une théorie affirmant que tous les groupes humains passent par des stades identiques dans le développement de leurs formes d'organisation économique, sociale et juridique » (Norbert Rouland, in Anthropologie juridique, Ed. PUF, 1988

230 Par européocentrisme il faut entendre ici une posture intellectuelle qui consiste à considérer les figures et les standards de la trajectoire historique de l'Europe comme l'aune et la mesure d'évaluation de toute expérience historique

Ces conquêtes remettent en question le corpus de connaissances que véhicule le paradigme du développement dans sa prétention à présenter comme universels des séquences historiques qui ne sont que l'expression des seules contingences de l'histoire de l'Europe (il en est ainsi par exemple de la féodalité), sa prétention à proclamer comme inhérent au mouvement même de l'histoire un système économique (le capitalisme) qui n'est que l'aboutissement d'un cheminement forgé à coups d'épée, de sang, de fusil, de déportation, de génocide et de canon, sa prétention à élever en standards universels de la modernité des postures culturelles qui ne sont que l'expression de l'expérience occidentale de la modernité (il en est ainsi par exemple de l'opposition entre science et religion), sa prétention à présenter comme naturelle c.-à-d. comme inhérent au sens de l'histoire un modèle de société somme toute relative et vouée comme toute expérience de société à un déclin historique, un modèle de société qui d'autre part, se révèle à l'analyse n'avoir de singularité par rapport à d'autres expériences historiques que celle d'avoir porté aussi haut l'instrumentalité technologique, enfin sa prétention à élever les standards de la culture européenne au rang de postures universelles de la modernité alors qu'il s'agit avant tout de postures d'occidentalisation.

A travers la mise en question de l'assise scientifique du corpus de connaissances que véhicule le paradigme du développement c'est la pertinence épistémologique même de ce paradigme comme vision de la trajectoire historique des sociétés qui s'effondre. C'est ce que nous allons voir ici à partir de l'examen des origines épistémologiques du paradigme du développement et de sa remise en cause par les conquêtes les plus récentes dans le domaine des sciences sociales.

SECTION 1. LES ORIGINES ÉPISTÉMOLOGIQUES DU PARADIGME DU DÉVELOPPEMENT : LA DOCTRINE DE L'ÉVOLUTIONNISME SOCIAL

D'un point de vue chronologique, le paradigme du développement est issu de la transposition en sciences humaines et sociales d'un concept issue des sciences de la nature : le concept d'évolution. Cette transposition s'est faite d'abord au 19e siècle dans le domaine de l'anthropologie où il a donné naissance à la théorie de l'évolutionnisme social. Elle s'est faite ensuite au 20e siècle dans le domaine des sciences économiques et politiques où il a donné naissance à la théorie du développement. C'est au cours du 20e siècle en effet que les pionniers de l'Economie du développement ont construit cette théorie en s'inspirant de la doctrine de l'évolutionnisme social. C'est en cela que l'on est autorisé à dire que le paradigme du développement véhicule une vision évolutionniste de la trajectoire historique des sociétés.

A) Les origines de la doctrine de l'évolutionnisme social

Nous verrons ici que la doctrine de l'évolutionnisme sociale présente des origines lointaines et des origines proches.

1°) Les origines lointaines : la théorie du progrès des connaissances

Les origines de la théorie de l'évolutionnisme social remontent au XVIIe siècle européen. Ce siècle-là – il faut s'en souvenir –est habité par la querelle des Anciens et des Modernes. Au cœur de la controverse, on trouve l'hypothèse aristotélo-augustinienne, largement partagée, selon laquelle l'irréversible déclin du monde oblige en ce qui concerne les connaissances à s'en référer au modèle des Anciens, qui auraient vécu sur ce sujet en des temps meilleurs. Des philosophes tels que Descartes, Pascal, Leibniz, Fontenelle et Perrault prendront le contre-pied de cette hypothèse et introduiront dans le débat une hypothèse contraire. Celle d'un progrès historique des connaissances, qui serait linéaire et cumulatif.

Au XVIIIe siècle, on passera de l'hypothèse d'une dynamique des connaissances à celle d'une dynamique des sociétés. Des philosophes tels que Buffon et Condorcet reprennent en effet à leur compte la première hypothèse dans une théorie des progrès de l'esprit humain, entendu au sens d'un progrès des connaissances dans lequel ils voient en même temps l'indice d'un progrès de la civilisation. En 1794, dans son "Esquisse d'un tableau historique des progrès de l'esprit humain", Condorcet décrit le mouvement de l'histoire universelle comme celui d'une trajectoire qui va vers la destruction de l'inégalité entre les nations, les progrès de l'égalité dans un même peuple, enfin, le perfectionnement réel de l'homme.

L'idée que le progrès historique des connaissances s'accompagnerait d'un progrès de la civilisation, sera au XVIIIe siècle reprise et systématisée par Vico. En 1725, dans son ouvrage sur La Science Nouvelle, celui-ci distingue dans le mouvement de l'histoire trois étapes : poétique, héroïque, nature humaine intelligente. Voltaire s'inscrit dans ce courant ainsi que Fergusson qui, en 1767 dans son livre History of Civil Society, propose de distinguer trois stades du mouvement de l'histoire : sauvagerie, barbarie, civilisation. Adam Smith exprime la même idée en invoquant l'idée de quatre stades du progrès économique : nations de chasseurs, pasteurs, agriculteurs, progrès des manufactures et perfectionnement de l'art de la guerre. Comme on le voit, de simple hypothèse touchant à la question du progrès des connaissances, le postulat du XVIIe siècle devient au XVIIIe siècle une proposition explicative du devenir historique des sociétés.

2°) Les origines proches : la théorie biologique de l'évolution

Au XIXe siècle, les choses iront plus loin. Ce qui un siècle auparavant n'était qu'une proposition explicative va devenir une théorie à prétention scientifique. Au XIXe siècle en effet, les travaux de divers spécialistes en sciences naturelles (Karl Emst Von Baer, Lamarck, Darwin) introduisent l'idée que la nature serait elle-même gouvernée par une loi linéaire du devenir : l'évolution. Le zoologiste français Lamarck (1744-1829) publie en 1809 sa philosophie zoologique qui contient une théorie transformiste selon laquelle les espèces animales se modifient au cours du temps en donnant naissance à des espèces nouvelles. Plus tard Charles Darwin (1809-1882) publie en 1859 son livre intitulé *De l'origine des espèces,* dans lequel il défend l'idée d'une formation de nouvelles espèces par sélection naturelle. Mais surtout, l'anatomiste russe Karl Emst Von Baer (1792-1876) tire de l'observation de l'embryon, une théorie selon laquelle l'évolution de tout organisme vivant se fait selon un processus de développement, c'est-à-dire un processus de changement, qui va de l'homogène vers l'hétérogène. Cette loi dite de Baer va fonder ce que l'on connaît aujourd'hui dans les sciences de la nature sous le terme de théorie de l'évolution. Selon cette théorie, le devenir de tout organisme vivant emprunte, par voie de maturation diachronique, une trajectoire en développement c'est-à-dire une trajectoire qui va de l'homogène à l'hétérogène. C'est cette théorie biologique de l'évolution qui va donner naissance à ce que l'on connaît aujourd'hui dans les sciences sociales sous le terme de théorie de l'évolutionnisme social.

3°) La transposition du concept de l'évolution des sciences de la nature aux sciences sociales

La loi de Baer, va en effet avoir un retentissement colossal en sciences sociales. Au XIXe siècle, elle va exercer sur les théoriciens en sciences sociales une forte séduction intellectuelle, au point que ces derniers vont la transposer dans le domaine des sciences de la société, en postulant l'existence d'une loi analogue pour les sociétés humaines. Divers travaux en sciences sociales vont en effet exploiter la loi de Baer, en postulant l'idée d'une succession de stades linéaires que franchiraient les sociétés humaines par maturation diachronique. C'est le cas en anthropologie (avec Bachofen, Morgan et Engels), en sociologie (avec A. Comte), en philosophie de l'histoire (avec F. Hegel), en économie (avec l'Ecole historique allemande, List, Marx), en histoire des mentalités (avec Lévy-Bruhl). Pour certains, le facteur de la maturation diachronique est la lutte des classes (cas des marxistes) et pour d'autres c'est la diffusion des sciences et des techniques (cas des libéraux).

C'est toutefois avec les travaux de H. Spencer (1820-1903) que le consensus ambiant sur le principe de l'évolution va faire l'objet d'une systématisation en tant qu'explication générale de la nature, de la société et de la place de l'homme dans le monde vivant. Reprenant à son compte la théorie du développement de l'embryon formulé par Baer, Spencer donne de l'existence en général une explication évolutionniste. Celle-ci correspondrait au passage du simple au complexe, de l'inférieur au supérieur, du chaos à l'ordre, de l'organique au spirituel, des animaux à l'homme, des sociétés sauvages au monde civilisé. La synthèse opérée par Spencer allait avoir un écho retentissant. Elle allait inscrire de façon durable dans l'imaginaire intellectuel occidental, l'idée du mouvement universel de l'histoire comme l'expression d'un itinéraire de développement c.-à-d. un itinéraire linéaire et cumulatif par voie de maturation diachronique. Dans la synthèse de Spencer, le génie de la race est présenté comme étant le ressort de la maturation diachronique des sociétés. C'est cette idée qui allait ainsi inscrire de façon durable dans l'imaginaire intellectuel de l'Occident l'idée d'une répartition des sociétés humaines entre races supérieures et races inférieures.

4°) La vision évolutionniste de la dynamique des systèmes sociaux

C'est l'ensemble de ces travaux du 19e siècle, qui ont donné naissance à une théorie explicative de la dynamique des systèmes sociaux connue désormais sous le nom de théorie de l'évolutionnisme social. Du point de vue de ses tenants et aboutissants, la théorie de l'évolutionnisme social se présente comme une explication générale de la dynamique des systèmes sociaux. Selon Norbert Rouland elle peut être définie « ... de façon sommaire comme une théorie affirmant que tous les groupes humains passent par des stades identiques dans le développement de leurs formes d'organisation économique, sociale et juridique »[231]. Dans le cadre de cette théorie, les sciences sociales véhiculent l'idée selon laquelle, quels que soient le temps et l'espace, toutes les sociétés progressent de façon linéaire (c.-à-d. passent du simple au complexe) et cumulative (c.-à-d. ne reviennent pas en arrière), à travers des étapes incontournables et universelles. A savoir : sauvagerie, barbarie et civilisation pour les anthropologues évolutionnistes ; communauté primitive, antiquité, féodalisme, capitalisme et communisme pour les intellectuels marxistes ; société traditionnelle, société industrielle, société démocratique pour les intellectuels libéraux. Comme tel la doctrine de l'évolutionnisme social véhicule une vision linéaire et cumulative de la trajectoire historique des sociétés. Le concept de développement en sciences sociales renvoie à cet imaginaire cognitif et puise dans les travaux cités ci-dessus son fondement épistémologique.

B) L'élaboration de la théorie du développement à partir de la doctrine de l'évolutionnisme social au 20e siècle

La théorie de l'évolutionnisme social va être convoquée au XXe siècle, lorsqu'il s'est agi pour les économistes et les politologues, au lendemain de la Seconde Suerre mondiale, d'expliquer les écarts de civilisation matérielle qui existaient à la veille de la colonisation entre les pays occidentaux et les pays du tiers-monde. La théorie de l'évolutionnisme social va leur fournir une grille de lecture pour expliquer ces écarts du niveau de civilisation

[231] Norbert Rouland, in Anthropologie juridique, Ed. PUF, 1988

matérielle. Ils vont voir dans ces écarts l'expression d'un retard chronologique que ces sociétés accuseraient le long de l'itinéraire évolutionniste par lequel passeraient toutes les sociétés. Ces écarts seraient donc la conséquence d'un retard historique. Ils vont de ce fait appréhender la configuration des pays du tiers-monde comme l'expression d'un processus de retard historique. Dès lors ils seront conduits à poser la question du devenir moderne de ces pays en terme de rattrapage historique.

Pour les théoriciens du développement en effet on observe que le long de l'itinéraire historique des sociétés, celles-ci ne progressent pas toutes au même rythme. Certaines sont en avance ou en retard par rapport aux autres. Mais toutes ont vocation à passer par les mêmes stades socio-linéaires de l'organisation sociale pour aller vers la forme achevée du mouvement de l'histoire que certains suggèrent être la société occidentale industrielle et démocratique[232].

De ce point de vue, la théorie du développement est donc bel et bien le prolongement de la théorie anthropologique de l'évolutionnisme social sur le terrain politique et économique. Là où la théorie de l'évolutionnisme sociale présente la dynamique des systèmes sociaux comme l'expression d'un itinéraire socio-linéaire composé d'étapes incontournables et universelles qui conduisent sur le long terme de la sauvagerie à la barbarie et de la barbarie à la civilisation, la théorie du développement présente la dynamique historique des sociétés comme l'expression d'une trajectoire linéaire et cumulative dans le champ des institutions politiques, de la production économique, des techniques, des sciences. C'est dans le cadre de cette vision évolutionniste de la trajectoire historique des sociétés que politologues et économistes vont formuler la vision développementaliste du devenir moderne des pays du tiers-monde. Selon cette vision, il existe une voie unique du progrès historique que toutes les sociétés empruntent avec un certain décalage les unes par rapport aux autres. L'avenir des Etats des régions pauvres reproduira l'évolution de sociétés développées. Ils évolueront en parcourant, à leur tour, avec retard, les mêmes étapes.

Il apparaît donc que le paradigme du développement véhicule une vision évolutionniste du devenir des sociétés. Ce devenir se présente à l'analyse dans la forme d'une trajectoire qui conduit de l'ère de la nécessite à l'ère de la liberté par le cheminement des sociétés à travers un itinéraire linéaire et cumulatif dans le champ des institutions politiques, de la production économique, des techniques et des sciences. Cette vision unilinéaire et monolinéaire du mouvement universel de l'histoire a longtemps fait consensus au sein de l'ensemble des disciplines en sciences des sociétés,

---

232 Selon Jean Marc Fontaine la thèse de Rostow sur les modalités universelles du développement (à savoir Les étapes de la croissance économique) « présuppose une linéarité de l'évolution sociale, avec une succession de points de passages obligés, et un point d'aboutissement unique : le modèle occidental européen et nord-américain ».

auprès des universitaires de gauche comme de droite, mais aussi auprès des acteurs politiques de gauche comme de droite.

C'est ce consensus qui a élevé le concept de développement au rang d'un paradigme du devenir moderne des sociétés du tiers-monde.

SECTION 2. LE CONSENSUS ÉPISTÉMOLOGIQUE AUTOUR DU PARADIGME DU DÉVELOPPEMENT COMME CORPUS DE CONNAISSANCES

Le corpus de connaissances que véhicule la doctrine de l'évolutionnisme social a bénéficié depuis le 19e siècle d'un consensus général auprès des universitaires comme auprès des acteurs politiques, dans les pays d'obédience libérale comme dans les pays d'obédience marxiste.

C'est après la Seconde Suerre mondiale que les économistes et les politologues vont élever cette vision évolutionniste de la dynamique des systèmes sociaux au rang d'un paradigme du progrès historique c.-à-d. au rang d'un corpus de connaissances qui fait consensus sur la question des étapes et des modalités du progrès historique. C'est ce paradigme que l'on appelle le développement.

Nous allons présenter ici les thématiques qui font consensus autour du paradigme du développement et la vision dogmatique du discours qui se dégage de ce consensus.

A) Les thématiques du consensus

On peut dire qu'en tant que paradigme, le développement est un corpus de connaissances qui fait consensus sur les trois sujets suivants : les étapes universelles du progrès historique, le diagnostic de la condition actuelle des peuples du tiers-monde, la trajectoire optimale et performante des sociétés.

1°) Les étapes universelles du progrès historique

Le consensus porte sur l'idée selon laquelle, quels que soient le temps et l'espace, toutes les sociétés progressent de façon linéaire (c.-à-d. passent du simple au complexe) et cumulative (c.-à-d. ne reviennent pas en arrière), à travers des étapes incontournables et universelles. A savoir : sauvagerie, barbarie et civilisation pour les anthropologues ; communauté primitive, antiquité, féodalisme, capitalisme et communisme pour les intellectuels marxistes ; société traditionnelle, société industrielle, société démocratique pour les intellectuels libéraux.

2°) Le retard historique des pays du tiers-monde

Le consensus porte sur l'idée selon laquelle la condition actuelle des pays du tiers-monde est l'expression d'un retard historique que les sociétés de ces pays accusent par rapport à l'Occident depuis des millénaires pour des raisons tenants soit à la lente diffusion des sciences selon les marxistes soit à des barrières naturelles ou culturelles selon les libéraux.

3°) La trajectoire optimale et performante des sociétés dans l'histoire

Le consensus ici porte sur l'idée selon laquelle la société industrielle et démocratique est la forme aboutie et achevée du mouvement de l'histoire. Elle constitue le modèle de l'organisation sociale vers lequel les pays du tiers-monde doivent converger par le moyen de politiques industrielles de rattrapage historique. Le cheminement vers cette forme de société constitue la trajectoire optimale et performante du devenir des sociétés.

B) Le discours dogmatique issu du consensus

Il ressort de ce consensus qu'il existe une voie unique du devenir moderne des sociétés, que cette voie se présente dans la forme d'une série d'étapes universelles et incontournables (communauté primitive, antiquité, moyen âge, temps moderne, société industrielle et démocratique), que le long de ces étapes certaines sociétés sont en retard et d'autres en avance, que la société industrielle et démocratique est la forme aboutie et achevée de cette trajectoire historique, qu'elle constitue le modèle de l'organisation sociale vers lequel les pays du tiers-monde doivent converger par le moyen de politiques adéquat de rattrapage historique.

Autrement dit, il ressort du paradigme du développement qu'il existe une voie unique du progrès historique que toutes les sociétés empruntent avec un certain décalage les unes par rapport aux autres. Dans son ouvrage sur l'Art de la conjoncture, Bertrand de Jouvenel, commente avec humour cette vision en disant qu'elle correspond à une « théorie du chemin de fer » selon laquelle sur le grand rail de l'humanité, les nations sont des trains qui se succèdent dans les mêmes gares, avec plus ou moins de retard sur l'horaire. L'avenir des Etats des régions pauvres reproduira l'évolution de sociétés développées. Ils évolueront en parcourant, à leur tour, avec retard, les mêmes étapes. L'économiste Jean Marc fontaine confirme cette analyse. Il fait remarquer que « le concept de développement situe les sociétés sur une échelle qui va du moins au plus, de l'arriération à la modernité. En d'autres termes, il introduit la notion de retard qui situe les pays et les continents dans une ligne unique de l'évolution. C'est cette ligne unique que la théorie économique contemporaine appelle : le développement ».

C'est cette vision que l'on retrouve en effet chez l'économiste dont les travaux ont exercé la plus grande influence au sein de la réflexion sur le devenir moderne des sociétés du Tiers-monde tant le domaine des sciences politiques que dans celui des sciences économiques. En l'espèce les travaux de l'économiste américain WW.Rostow. Selon Jean Marc Fontaine la thèse de Rostow sur les modalités universelles du développement (à savoir Les étapes de la croissance économique) « présuppose une linéarité de l'évolution sociale, avec une succession de points de passage obligé, et un point d'aboutissement unique : le modèle occidental européen et nord-américain ». Selon les économistes Pierre Jacquemot et Marc Raffinot, les travaux de W.W.Rostow comme œuvre fondatrice de la théorie du développement se relient « par filiation aux théories évolutionnistes de la pensée scientifique de la seconde moitié du XIXe siècle ». C'est cette vision qui est enseignée dans les universités dans le cadre de la discipline appelée Economie du développement.

Section 3. La fin du consensus épistémologique autour du paradigme du développement comme corpus de connaissances

Tout le long du XXe siècle, le paradigme du développement comme vision de la trajectoire historique des sociétés a bénéficié d'un consensus général tant auprès des acteurs politiques, des universitaires et des organisations internationales qu'auprès de l'opinion publique et des médias.

Ce paradigme véhicule une vision linéaire et cumulative de la trajectoire des sociétés. Cette vision trouve son assise épistémologique non pas dans la science de l'histoire, mais dans une doctrine de la dynamique des sociétés : l'évolutionnisme social. Cette théorie a longtemps fait consensus auprès des universitaires comme auprès des acteurs politiques, dans les pays d'obédience libérale comme dans les pays d'obédience marxiste. Or cette théorie est désormais remise en question par les recherches les plus récentes en anthropologie et en histoire de l'économie. Ces travaux soulignent le manque d'assise historique de cette vision. A travers sa remise en question c'est la pertinence épistémologique du paradigme du développement comme vision de la trajectoire historique des sociétés qui s'effondre.

A partir des années 1980 en effet, la validité du paradigme du développement comme explication de la trajectoire historique des sociétés a été progressivement remise en question par un nombre croissant d'analystes[233]. Il apparaît au regard de leurs analyses que le paradigme du développement accuse désormais une crise épistémologique. Il ne fait plus consensus comme vision de la dynamique historique des sociétés.

Cette crise atteste de la fin du consensus épistémologique sur le paradigme du développement en Occident.

---

233 Anne-Marie Chartier Essai critique sur le concept de développement, Ed Pug, 1996 ; Gilbert Rist, Le développement, Histoire d'une croyance occidentale, Ed Presses de sciences PO, 2007

A) La critique du point de vue de la science de l'histoire

Nous allons voir ici que ce corpus de connaissances se révèle être non fondé du point de vue de la science de l'histoire : tant à l'échelle de l'histoire universelle qu'à celui de l'histoire africaine.

1°) Du point de vue de l'histoire universelle

Le discours que véhicule ce paradigme sur le sujet des étapes universelles du progrès historique est anhistorique, il manque de base historique. Aucune société n'est passée par des étapes linéaires et cumulatives. L'Europe elle-même y a échappé puisqu'entre l'antiquité et le moyen âge il n'y a pas linéarité, mais régression. L'histoire de l'Europe contredit en effet cette vision, puisqu'à des séquences de progrès (antiquité gréco-romaine) elle voit se succéder des séquences de régression (Haut Moyen-âge) dont elle ne s'émancipera qu'au prix d'âpres actes de lutte et actes de combat contre l'adversité de la nature (conquête de la science expérimentale), l'arbitraire du pouvoir politique (lutte contre l'absolutisme monarchique) et l'obscurantisme des croyances (lutte contre les superstitions). L'idée d'étapes universelles et incontournables par lesquels passeraient toutes les sociétés est donc une simple vue de l'esprit.

2°) Du point de vue de l'histoire africaine

Le discours que véhicule ce paradigme sur le sujet des origines de la condition actuelle des sociétés africaines est en porte à faux avec l'histoire réelle. Sur cette question en effet ce paradigme véhicule un diagnostic de notre condition actuelle en terme de retard historique. Ce diagnostic ne correspond pas à notre expérience historique réelle.

L'histoire réelle de l'Afrique informe que la condition actuelle des peuples africains tire son origine d'un processus de régression historique dans laquelle les sociétés africaines ont basculé à compter du 17e siècle sous l'impact d'une violence géopolitique interne et externe dont le continent est devenu le théâtre à partir de la fin du 16e siècle. Le diagnostic que véhicule ce concept est donc en porte à faux avec l'expérience historique réelle de l'Afrique. C'est une simple vue de l'esprit.

B) la critique du point de vue de l'anthropologie

Au sein de cette discipline, cette rupture se vérifie à travers la mise en perspective de deux défauts majeurs de la théorie de l'évolutionnisme social : son manque de base historique (fictivité historique) et son contenu ethnocentrique (européocentrisme).

1°) La critique de l'évolutionnisme social comme fiction historique

Du point de vue de ses tenants et aboutissants, la théorie de l'évolutionnisme social se présente comme une explication générale de la dynamique des systèmes sociaux. Selon Norbert Rouland elle peut être définie « ... de façon sommaire comme une théorie affirmant que tous les groupes humains passent par des stades identiques dans le développement de leurs formes d'organisation économique, sociale et juridique »[234]

Dans le cadre de cette théorie les sciences sociales véhiculent l'idée selon laquelle quels que soient le temps et l'espace, toutes les sociétés progressent de façon linéaire (c.-à-d.passent du simple au complexe) et cumulative (c.-à-d.ne reviennent pas en arrière), à travers des étapes incontournables et universelles. A savoir : sauvagerie, barbarie et civilisation pour les anthropologues évolutionnistes ; communauté primitive, antiquité, féodalisme, capitalisme et communisme pour les intellectuels marxistes ; société traditionnelle, société industrielle, société démocratique pour les intellectuels libéraux. Toujours selon cette théorie on observe que le long de cet itinéraire évolutionniste, les sociétés ne progressent pas toutes au même rythme. Certaines sont en avance ou en retard par rapport aux autres. Mais toutes ont vocation à passer par les mêmes stades socio-linéaires de l'organisation sociale pour aller vers la forme achevée du mouvement de l'histoire que certains suggèrent être la société occidentale industrielle et démocratique.

Rouland Norbert rappelle que la tentation est grande pour celui qui fait sienne la théorie évolutionniste d'assimiler évolution et complexification. Dans les faits le courant évolutionniste a cédé à cette tentation.

D'abord par une lecture unilinéaire. L'importance accordée à la notion de complexification conduit le courant évolutionniste en effet à considérer « les sociétés humaines comme un ensemble cohérent et unitaire, soumis à des lois de transformation globales et générales, qui font passer toutes les sociétés par des phases identiques dans leur contenu et leur succession, et s'emboîtent harmonieusement les unes dans les autres. Les sociétés sauvages, dès lors qualifiées de primitives représentent ainsi un stade de développement originel par lequel sont passées nos propres sociétés, de même que les plus simples de ces sociétés primitives – les chasseurs pêcheurs collecteurs – seraient une image des sociétés de la préhistoire »[235]. Ensuite par une lecture monolinéaire. La référence à la notion de complexification rend en effet facile « l'assimilation de la transition du simple au complexe à celle du rudimentaire au perfectionné, et du primitif au civilisé. Autrement dit, elle est porteuse d'un jugement de valeur discriminatoire, car la notion de transition diachronique peut aisément en

[234] Norbert Rouland, in Anthropologie juridique, Ed. PUF, 1988
[235] Norbert Rouland, in Anthropologie juridique, Ed. PUF, 1988

engendrer une autre, celle d'une hiérarchie ontologique »[236]. Il apparaît donc de façon fondamentale que la théorie évolutionniste d'un côté réduit les figures sociolinéaires de l'expérience historique à des formes d'expression homogènes quels que soient l'espace et le temps, de l'autre, elle ramène les formes différentiées de l'organisation sociale à un ordre de succession diachronique, nécessaire et homogène dans l'espace et le temps.

Cette lecture du mouvement de l'histoire universelle, a fait l'objet d'une première critique qui a pour l'essentiel montré que cette lecture renvoyait à une fiction historique. Il s'agit de la critique opérée par Cheikh Anta Diop. L'égyptologue Cheikh Anta Diop avait déjà à la fin des années 50 mis en perspective le caractère fictif de la vision évolutionniste du mouvement de l'histoire en déconstruisant une des thèses fondamentales de cette théorie. A savoir, la thèse du passage diachronique du matriarcat au patriarcat. Diop a démontré de façon probante que l'opposition entre les valeurs des civilisations matriarcales et celles des civilisations patriarcales procède non pas d'une succession diachronique de l'une à l'autre, mais de la simple scission de l'humanité en deux berceaux distincts de civilisation sous la pression d'un contexte écologique différent[237].

Des travaux récents en anthropologie viennent confirmer l'idée de l'évolutionnisme social comme fiction historique. Dans le cadre d'une synthèse récente et magistrale, Norbert Rouland attire l'attention de la communauté scientifique sur le fait que les travaux les plus récents en anthropologie indiquent que les travaux fondateurs de la théorie de l'évolutionnisme social reposent sur un matériau historique lacunaire[238]. Il rappelle que pour construire la théorie de l'évolutionnisme social, les pères fondateurs se sont appuyés sur les informations parcellaires et donc lacunaires qu'ils détenaient alors sur quelques sociétés non occidentales. À partir de ces informations, ils ont élaboré des généralisations hâtives qui ont débouché sur une histoire comparative des sociétés humaines. Cette histoire comparative présente les sociétés occidentales et non occidentales, comme des sociétés reliées par la régularité des mêmes mécanismes diachroniques. Le devenir historique correspondrait à celui d'un itinéraire de changement socio linéaire qui, par voie de maturation diachronique du mouvement universel de l'histoire, irait du simple au complexe, de l'homogène à l'hétérogène, de la barbarie à la civilisation.

Il apparaît donc que le paradigme du développement repose sur une assise théorique qui présente un défaut majeur. Celui de ne correspondre à aucune expérience historique réelle. Aucune société en effet n'atteste à ce jour d'un processus de progrès historique par voie de maturation diachronique. On n'observe nulle part une succession d'étapes linéaires et universelles allant du simple au complexe. L'histoire de l'Europe elle-même contredit cette

[236] Norbert Rouland, in Anthropologie juridique, Ed. PUF, 1988
[237] Cheikh Anta Diop, in L'unité culturelle de l'Afrique noire, Ed. Présence Africaine, 1959.
[238] Norbert Rouland in Anthropologie juridique, Ed. PUF, 1988

vision, puisqu'à des séquences de progrès (antiquité gréco-romaine) elle voit se succéder des séquences de régression (Haut Moyen-âge) dont elle ne s'émancipera qu'au prix d'âpres actes de lutte et actes de combat contre l'adversité de la nature (conquête de la science expérimentale), l'arbitraire du pouvoir politique (lutte contre l'absolutisme monarchique) et l'obscurantisme des croyances (lutte contre les superstitions).

La société occidentale industrielle et démocratique ne saurait donc être considérée comme l'aboutissement du mouvement de l'histoire. Elle n'est qu'une forme d'expérience de société parmi d'autres. Elle n'est qu'une forme contingente de l'expérience historique. Ainsi sur le plan de la science historique, la théorie de l'évolutionnisme social comme modèle explicatif de la dynamique des systèmes sociaux n'a aucun fondement scientifique. Ce n'est qu'une spéculation, une fiction historique. Elle trouve son origine, non pas dans une enquête historique sur le mouvement réel de l'histoire universelle, mais dans une hypothèse intellectuelle jamais vérifiée. A savoir, l'existence d'une loi de maturation diachronique, qui imprimerait aux systèmes sociaux une trajectoire linéaire et cumulative allant du simple au complexe, de la rareté à l'abondance, de l'arbitraire aux libertés, de la superstition à la science, du Théos à la Raison, à travers une succession d'étapes diachroniques, incontournables et universelles.

Norbert Rouland étaye cette thèse et va même plus loin en mettant en perspective l'idée que la théorie de l'évolutionnisme social véhicule un préjugé et un préjugé ethnocentriste.

2°) La critique de l'évolutionnisme social comme discours ethnocentriste

Norbert Rouland rappelle que l'évolutionnisme social ne va pas sans corollaires et sans corollaires ethnocentristes.

Le premier corollaire est l'assimilation de l'évolution à la complexification. L'idée est que tout changement n'est pas synonyme d'évolution. Seuls les changements qui traduisent un passage du simple au complexe, de l'homogène à l'hétérogène, sont l'expression d'une évolution. Par cette assimilation, l'évolutionnisme selon N. Rouland véhicule un risque de jugement de valeur. En ce sens « qu'elle rend facile l'assimilation de la transition du simple au complexe à celle du rudimentaire au perfectionné, et du primitif au civilisé. Autrement dit, elle est porteuse d'un jugement de valeur discriminatoire, car la notion de transition diachronique peut aisément en engendrer une autre, celle d'une hiérarchie ontologique ».

Le deuxième corollaire, selon N. Rouland, est la réduction du mouvement de l'histoire à un itinéraire unilinéaire. L'idée est que les sociétés humaines constituent « un ensemble cohérent et unitaire, soumis à des lois de transformations globales et générales, qui font passer toutes les sociétés par des phases identiques dans leur contenu et leur succession, et s'emboîtent harmonieusement les unes dans les autres. Les sociétés sauvages, dès lors qualifiées de primitives, représentent ainsi un stade de développement originel par lequel sont passées nos propres sociétés, de même que les plus simples de ces sociétés primitives -" les chasseurs pêcheurs collecteurs"- seraient une image des sociétés de la préhistoire ».

Cette réduction unilinéaire conduit à un troisième corollaire, qui est l'idée d'une expression homogène, et partant monolinéaire, des figures du progrès historique. Norbert Rouland écrit « Sur le plan politique, l'évolution conduit des systèmes non centralisés à des formes centralisées et étatiques. Sur le plan juridique, elle conduit à spécifier le Droit par rapport à la morale et à la religion ; à transférer progressivement sa genèse du groupe social (coutume) à l'Etat (loi) ; et à l'émergence d'un appareil spécialisé de sanction (apparition et développement des systèmes judiciaires) à partir de formes primitives, où les conflits sont réglés par les parties elles-mêmes (vengeance), alors que dans les sociétés civilisées, leur solution dépend de l'intervention toujours plus déterminante d'un tiers (médiateur, arbitre, juge) dont les pouvoirs croissent de pair avec sa qualité de représentant de la société ».

Ainsi dans le cadre de l'évolutionnisme social, le progrès historique se présente comme l'expression d'une maturation diachronique du mouvement de l'histoire universelle. Toute société humaine est appelée à connaître cette orientation à travers un itinéraire monolinéaire que traduisent les étapes parcourues par les nations européennes. Itinéraire qui ferait passer toute société d'une forme archaïque de son organisation sociale à une forme moderne de celle-ci. Le niveau d'organisation des sociétés européennes démocratiques et industrielles représentant le terme achevé de cet itinéraire et celui des sociétés non européennes les stades antérieurs. Cette lecture du mouvement ascendant de l'histoire universelle est européocentrique.

C) La critique du point de vue de la science de l'histoire économique

La discipline de l'histoire économique est fortement marquée par la théorie de l'évolutionnisme social et son ethnocentrisme. C'est cette théorie qui a conduit à l'élaboration de ce qu'Anne-Marie Chartier appelle le mythe du capitalisme né de l'intérieur[239]. Imprégnés de la vision évolutionniste de la dynamique des sociétés, les historiens de l'économie en Occident ne recherchent en effet selon Xavier De La Vega « qu'à l'intérieur de ses frontières les ressorts économiques de l'Europe. Renaissance, grandes découvertes, transition du féodalisme au capitalisme, révolution industrielle, conquête économique du monde »[240]. Xavier De La Vega précise que « selon cette histoire tunnel, les moments forts de l'histoire européenne s'enchaînent et se suffisent, réduisant le reste du monde au rôle de récepteur passif des

[239] Anne-Marie Chartier Essai critique sur le concept de développement, Ed Pug, 1996
[240] Xavier De La Vega in Sciences humaines, A l'Ouest rien de nouveau, Mars 2010, N°213.

lumières occidentales ou de victimes inéluctable d'une arrogante supériorité »

Cette vision de l'histoire économique du monde a longtemps fait consensus au sein de la discipline des sciences économiques, auprès des universitaires de gauche comme de droite. Une école récente, l'école dit de l'Histoire économique globale, vient de rompre ce consensus. Selon Xavier De La Vega « Non seulement ce courant de recherche de plus en plus nourri a-t-il mis au jour les multiples et constantes interconnexions qui existent, depuis au moins deux millénaires, entre les différentes parties du monde (continent américain exclu, tout au moins jusqu'au XVe siècle), mais il montre que l'Europe a fort longtemps été à la traîne sur le plan du développement économique, au moins entre le Ve et le XVe siècle. Plus encore, à lire certains historiens, le capitalisme européen devrait son essor au dynamisme commercial des contrées orientales et aux innovations chinoises, indiennes ou arabes »[241]

Notons que la discipline de l'histoire économique globale n'ignore cependant pas les innovations propres à l'Europe. Celles qui lui ont permis à partir des emprunts faits çà et là d'innover et de donner au mouvement de l'histoire une accélération d'une nature jusque-là inédite. Il reste que concernant la question des conditions de l'essor de l'Europe, l'histoire économique globale met en perspective le caractère mythologique de la vision évolutionniste de cet essor. Pour une présentation exhaustive des travaux de ce courant de la recherche en histoire économique, il faut lire le livre de Philippe Norel[242].

D) La tonalité européocentrique du corpus de connaissances que véhicule le paradigme du développement

Il ressort de notre analyse que le paradigme du développement repose sur un corpus de connaissances qui n'est pas scientifique. Pire encore il est ethnocentriste. En l'espère il véhicule une vision européocentriste de la trajectoire historique des sociétés.

Ce corpus présente la dynamique historique des sociétés comme étant l'expression d'une trajectoire composée d'un certain nombre d'étapes universelles et incontournables (communauté primitive, antiquité, moyen âge, temps moderne) qui conduisent à une étape finale qui est la société industrielle et démocratique. Cette vision est européocentrique, car d'une part, elle érige en étapes universelles des étapes qui ne sont que l'expression d'une expérience historique régionale et d'autre part, elle présente comme naturelle c.-à-d. comme inhérent au mouvement même de l'histoire une trajectoire qui n'est que l'aboutissement d'un cheminement forgé certes au

241 Xavier De La Vega in Sciences humaines, A l'Ouest rien de nouveau, Mars 2010, N°213.
242 Philippe Norel, L'histoire économique globale, Ed Seuil, 2009.

moyen des innovations techniques et scientifiques d'origine européenne, mais surtout à coups de canon, d'épée, de sang, de fusil, de déportation, de génocide et.

Notons que le corpus de connaissances que véhicule le paradigme du développement est aussi européocentriste au regard de sa vision du devenir moderne des pays du tiers-monde. Ce corpus présente ce devenir comme l'expression d'un processus de rattrapage de l'Occident. Il importe de relever que le rattrapage envisagé n'est pas seulement technique et économique. Il est aussi culturel. Dans le cadre de cette vision en effet les standards de la culture européenne sont élevés au rang de standards culturels universels et l'assimilation à ces standards est considérée comme une posture de modernité. Alors qu'il s'agit en fait d'une simple posture d'occidentalisation. Cela s'est vérifié en particulier en Afrique où cette vision a conduit à la dévalorisation des langues nationales comme langues de culture. Enfin ce corpus est européocentriste, car il pose l'expérience occidentale de la modernité comme l'expression universelle de la modernité alors que celle-ci n'en est qu'une expression régionale.

Il apparaît donc que le corpus de connaissances que véhicule le paradigme du développement véhicule une vision de la dynamique historique des sociétés qui est non pas scientifique, mais culturelle. Culturelle en ce sens qu'elle n'est que la transposition de la philosophie européenne de l'histoire dans le domaine de la sociologie historique.

Nous avons vu que le paradigme du développement comme corpus de connaissance est en porte à faux avec l'expérience réelle du mouvement historique universelle et du mouvement historique en Afrique. Il ne peut donc pas servir comme corpus de connaissances pour avoir une intelligence des problèmes africains. Il ne peut pas servir comme corpus de connaissances pour avoir une intelligence des grandes questions qui déterminent le devenir moderne des sociétés africaines post-coloniales. Autrement dit, il n'est pas éligible pour fournir une intelligence des politiques à mettre en œuvre pour faire entrer les sociétés africaines dans une dynamique de modernité.

CHAPITRE 3

La troisième figure du paradigme du développement : un paradigme qui véhicule un dessein géopolitique

Le paradigme du développement se présente aussi à l'analyse comme le véhicule d'un projet politique internationale de coopération entre les Etats. Ce projet vise à coordonner l'action des Etats et des institutions internationales en vue de promouvoir l'accession des peuples du tiers-monde au progrès politique, économique, social, technique et scientifique selon une perspective évolutionniste du progrès historique.

Comme tel, ce paradigme est entré dans la terminologie politique internationale et nationale dans le contexte de la guerre froide à l'initiative du président américain Harry Truman. Il y a donc lieu d'examiner la figure du paradigme du développement du point de vue du contexte des relations internationales. Ce contexte apporte-t-il un éclairage particulier sur les tenants et aboutissants du paradigme du développement comme terme de référence de l'action des Etats et des institutions internationales en vue du progrès historique des peuples du tiers-monde ? Les relations entre les Etats étant des relations d'intérêts et de puissance, la question se pose de savoir si l'appel du président Truman en 1949 à une coopération entre les Etats pour le développement des régions pauvres véhiculait un dessein politique philanthropique ou géopolitique ? C'est en tout cas du point de vue de cette question que nous allons examiner la figure du paradigme du develeopement en tant que terme de référence de l'action politique internationale et nationale des Etats en vue du progrès historique des peuples du tiers-monde.

SECTION 1. L'AVÈNEMENT DU CONCEPT DE DÉVELOPPEMENT DANS LA TERMINOLOGIE POLITIQUE INTERNATIONALE

Le concept de développement appartient à la terminologie des sciences exactes (biologie) et des sciences sociales (sciences économiques, sciences politiques) Il appartient aussi à la terminologie politique internationale. C'est le président des USA, Harry Truman, qui le premier introduisit le concept de développement dans la terminologie politique des relations internationales. Si Truman a orchestré la promotion diplomatique de ce concept, en revanche c'est son conseiller W.Rostow qui en a orchestré la promotion épistémologique.

A) L'appel de H.Truman à une coopération internationale pour le développement

Lorsqu'en 1949, au cours de son discours d'investiture, le Président Truman propose pour la première fois la coopération pour le développement comme nouveau paradigme des relations internationales, son discours se présente comme un discours philanthropique. Il s'agit de mettre le progrès technique et scientifique à la portée de tous les peuples de la terre afin de favoriser la paix entre les nations. Le développement est alors érigé comme une nouvelle condition de la paix internationale. Toutefois, dans l'esprit de Truman, ce projet était conditionnel. Pour qu'il puisse se réaliser, il fallait selon Truman que tous les peuples puissent participer au commerce international et accepter de s'ouvrir aux capitaux extérieurs.

Cette condition n'est pas banale. Elle coïncide étrangement avec l'intérêt que connaissaient à cette époque les USA de voir émerger une société internationale ouverte à la libre circulation des biens et des capitaux. Est-ce à dire que la promotion internationale du développement comme nouveau paradigme des relations internationales masquait en vérité un dessein géopolitique ?

B) Le renversement de perspective opéré par l'appel de H.Truman

Pour identifier les motifs réels de l'appel de Truman il faut examiner la manière dont était posé la question devenir moderne des peuples des colonies à l'époque où Truman fait son discours. Autrement dit, en pleine époque coloniale.

L'observation des faits montre que dans le cadre de la colonisation, le devenir moderne des sociétés du tiers-monde ne se concevait que sous l'angle de la tutelle civilisatrice des puissances coloniales. C'était la fameuse mission de civilisation. C'est le président des USA, Harry Truman, qui le premier, viendra mettre en cause cette perspective. Ce sera le cas lorsque le 20 janvier 1949, il invite l'ensemble des membres de la communauté internationale à une coopération internationale pour sortir les régions pauvres du sous-développement en mobilisant les atouts scientifiques, techniques et industriels des pays riches pour les mettre à la disposition et au service de la croissance économique de ces régions.

L'économiste Arnaud Zacharie fait remarquer que dans son discours de janvier 1949, le Président Harry Truman « remplaçait l'ancienne dichotomie entre métropoles et colonies par celle entre régions développées et régions sous-développées. Ces dernières étaient présentées comme étant en retard sur les premières, qui seules avaient atteint le stade du développement. La solution proposée pour résorber ce retard fut de doper la croissance de la production industrielle dans le sud par des investissements et une assistance technique en provenance du nord »[243]

Par son appel à une coopération internationale pour vaincre le sous-développement des régions pauvres comme nouvelle condition de la paix, le Président Truman introduisait dans les relations internationales l'idée selon laquelle le développement est une perspective de progrès politique, économique technique et scientifique accessible à tous les peuples, quels que soient l'espace, le temps et la culture. Il introduisait l'idée selon laquelle chaque peuple et chaque nation sont à même de prendre en charge sa dynamique de progrès historique. Il introduisait l'idée selon laquelle la différence de développement matériel entre les nations occidentales et les nations non occidentales étaient non pas une différence de nature, mais une différence de degré.

Ce faisant, Truman renversait la perspective du devenir moderne des peuples des colonies tel que l'avaient jusque-là conçue les puissances coloniales. Ce devenir ne passait plus par la mission civilisatrice des puissances coloniales. Désormais, il passait par la coopération internationale entre tous les peuples et leurs Etats respectifs pour le développement de tous[244].

C'est ce qu'énonce avec clarté le point IV de la déclaration d'investiture du président Truman en 1949. Ecoutons Truman : *« Quatrièmement, il nous faut lancer un programme qui soit audacieux et qui mette les avantages de notre avance scientifique et de notre progrès industriel au service de l'amélioration et de la croissance des régions sous-développées. Plus de la moitié des gens de ce monde vivent dans des conditions voisines de la misère. Leur nourriture est insatisfaisante. Ils sont victimes de maladie. Leur vie économique est primitive et stationnaire. Leur pauvreté constitue un handicap et une menace, tant pour eux que pour les régions les plus prospères. Pour la première fois de l'histoire, l'humanité détient les connaissances techniques et pratiques susceptibles de soulager la souffrance de ces gens. Les Etats-Unis occupent parmi les nations une place prééminente quant au développement de techniques industrielles et scientifiques. Les ressources matérielles que nous pouvons nous permettre d'utiliser pour l'assistance à d'autres peuples sont limitées. Mais nos connaissances techniques – et qui, physiquement, ne pèsent rien- ne cessent de croître et sont inépuisables. Je crois que nous devrions mettre à la disposition des peuples pacifiques les avantages de nos réserves de*

[243] Arnaud Zacharie (dir.), Refonder les politiques de développement, Ed. Le Bord de l'eau 2010.

[244] Hervé Cassan, G. Feuer, Droit international du Développement, 2e édition, Paris, Dalloz, 1991, 613 pages

connaissances techniques afin de les aider à réaliser la vie meilleure à laquelle ils aspirent. Et, en collaboration avec d'autres nations, nous devrions encourager l'investissement de capitaux dans les régions où le développement fait défaut. Notre but devrait être d'aider les autres peuples libres du monde à produire, par leurs propres efforts, plus de nourriture, plus de vêtements, plus de matériaux de construction, plus d'énergie mécanique afin d'alléger leur fardeau. Nous invitons les autres pays à mettre en commun leurs ressources technologiques dans cette opération. Leurs contributions seront accueillies chaleureusement. Cela doit constituer une entreprise collective à laquelle toutes les nations collaborent à travers les Nations Unies et ses institutions spécialisées pour autant que cela soit réalisable. Il doit s'agir d'un effort mondial pour assurer l'existence de la paix, de l'abondance et de la liberté. Avec la collaboration des milieux d'affaire du capital privé, de l'agriculture et du monde du travail de ce pays, ce programme pourra accroître grandement l'activité industrielle des autres nations et élever substantiellement leur niveau de vie. Ces développements économiques nouveaux devront être conçus et contrôlés de façon à profiter aux populations des régions dans lesquelles ils seront mis en œuvre. Les garanties accordées à l'investisseur devront être équilibrées par des garanties protégeant les intérêts de ceux dont les ressources et le travail se trouveront engagés dans ces développements. L'ancien impérialisme – l'exploitation au service du profit étranger – n'a rien à voir avec nos intentions. Ce que nous envisageons, c'est un programme de développement fondé sur les concepts d'une négociation équitable et démocratique. Tous les pays, y compris le nôtre, profiteront largement d'un programme constructif qui permettra de mieux utiliser les ressources humaines et naturelles du monde. L'expérience montre que notre commerce avec les autres pays s'accroît au fur et à mesure de leurs progrès industriels et économiques. Une production plus grande est la clef de la prospérité et de la paix. Et la clef d'une plus grande production, c'est une mise en œuvre plus large et plus vigoureuse du savoir scientifique et technique moderne. Ce n'est qu'en aidant ses membres les plus défavorisés à s'aider eux-mêmes que la famille humaine pourra réaliser la vie décente et satisfaisante à laquelle chacun à droit. Seule la démocratie peut fournir la force vivifiante qui mobilisera les peuples du monde en vue d'une action qui leur permettra de triompher non seulement de leurs oppresseurs, mais aussi de leurs ennemis de toujours : la faim, la misère, le désespoir ».

Le discours de Truman ne resta pas lettre morte. Il fut suivi de la signature en juin 1950 de l'Act for International Development (AID : programme pour le développement international).

SECTION 2. LA PROMOTION DIPLOMATIQUE ET ÉPISTÉMOLOGIQUE DU PARADIGME DU DÉVELOPPEMENT

C'est par la voie diplomatique que les USA ont fait la promotion du développement comme politique internationale de coopération entre les Etats. Cette promotion diplomatique s'est accompagnée d'une promotion épistémologique du développement comme perspective de modernisation des régions pauvres.

A) La promotion diplomatique du développement comme paradigme des relations internationales

Une première tentative pour introduire l'idée de coopération internationale pour le développement avait été faite dès 1941 dans le cadre des négociations entre les puissances alliées sur la configuration du monde de l'après-guerre. Dès le mois d'août 1941 (Charte de l'Atlantique) en effet les puissances alliées se sont interrogées entre autres choses sur la question du devenir post-guerre des colonies.

Tout le long des discussions qui allaient conduire à l'élaboration de la Charte des Nations Unies, le gouvernement américain et les Etats européens se sont opposés sur la question du devenir après guerre des colonies. A la solution préconisée par les puissances coloniales européennes d'un devenir moderne sous la tutelle de l'Occident (la fameuse mission de civilisation), les USA opposaient une autre solution. Celle d'un devenir moderne sous l'impulsion d'une politique internationale de coopération pour le développement[245].

La lecture de la Charte des Nations-Unies informe que les alliées ne sont parvenues qu'à un compromis de surface. Cette Charte consacre en effet à la fois le régime de la tutelle (donc la mission de civilisation), le droit des peuples à disposer d'eux-mêmes (donc la négation de la tutelle : l'indépendance) et la coopération économique et sociale entre les Etats en vue de promouvoir le développement. Cependant, cette initiative diplomatique connaîtra un grand succès, car elle va bénéficier du soutien de l'ONU pour deux raisons.

La première raison tient au fait qu'au sein des Nations Unies ce sont les Etats du tiers-monde eux-mêmes qui vont garantir le plein succès de la promotion diplomatique du développement comme nouveau paradigme des relations internationales. Ils vont en fait se servir de ce concept comme argument pour légitimer leur politique de nationalisation des entreprises étrangères. On connaît l'histoire mouvementée des résolutions de l'ONU en faveur du développement et le contentieux juridique auquel ces résolutions

---

[245] Si les économistes ignorent ou feignent d'ignorer cela, les spécialistes de Droit International le savent eux. Il faut lire à ce sujet La charte des Nations Unies, commentaire article par article, Dirigé par Jean-Pierre Cot, Alain Pellet, Economica, 1991

ont donné lieu au sein de la Cour International de Justice de la Haye en matière de sécurité des investissements étrangers[246]. Les pays du tiers-monde ont fait la promotion diplomatique du paradigme du développement pour donner une légitimité internationale à leur politique de nationalisation des entreprises étrangères présent sur leur territoire. Paradoxalement, ce sont donc les pays du Tiers-monde eux-mêmes qui ont pris le relais des USA pour faire triompher le développement comme nouveau paradigme des relations internationales. La deuxième raison tient au fait que la mission statutaire de l'ONU (à savoir : la sécurité collective) était mise entre parenthèses à cause de la paralysie du conseil de sécurité inhérente au conflit Est-Ouest en Corée. Dès lors l'ONU va se donner une autre mission principale. Elle va faire de la question du développement sa mission principale. Dans les faits les USA seront donc parvenus à faire triompher leur vision du devenir des colonies en s'appuyant sur les Nations Unies.

B) La promotion épistémologique du développement comme paradigme des relations internationales

La promotion du développement comme projet politique internationale s'est aussi faite par la voie épistémologique. Cette promotion épistémologique s'est faite grâce au succès phénoménal dont va bénéficier le livre qui théorise sur le plan épistémologique la vision américaine du devenir des colonies. Il s'agit du livre d'un conseiller du gouvernement américain, Walter Rostow, publié sous le titre Les Etapes de la croissance économique. C'est W.W.Rostow qui transposera dans les sciences économiques contemporaines cette vision d'une ligne unique de l'évolution que l'on appelle aujourd'hui le développement.

Dès 1958, W.W.Rostow donne une série de conférences à l'Université de Cambridge pour propager cette vision du progrès économique des sociétés. Ces Conférences seront publiées en 1960 sous le titre The stages of Economic Growth. L'ouvrage de Rostow connaît alors un vif succès auprès des hommes politiques et des universitaires occidentaux et du tiers-monde. La raison de ce succès est l'optimisme historique qui se dégage de sa théorie. Rostow présente le développement comme un processus historique universel passant par le chemin unique de la croissance et ponctué par des étapes qui sont des points de passage obligatoires. De ce point de vue le développement est perçu comme une promesse de progrès politique, économique technique et scientifique accessible à tous les peuples, quels que soient l'espace et le temps.

---

[246] Dominique Carreau, Patrick Juillard, Droit International éconoique, Edition, LGDG, 2e édition ; Charles Leben, Les modes de coopération entre pays en developpement et entreprises multinationales dans le secteur de la production des matières premières, in JDI, 1980 ; Les Nations unies et le Droit International économique, Colloque de la SFDI, Paris, Pedone, 1986

Dans son ouvrage sur les étapes de la croissance économique W.W.Rostow définit le développement comme un processus par étapes et postule que toute société passe inéluctablement par une série de 5 étapes avant d'atteindre l'état de développement. Il s'agit des étapes suivantes : la première est celle de la société traditionnelle agricole (société stationnaire où le progrès technique est nul), la seconde étape est celle où les conditions préalables du démarrage se mettent en place (apparition du commerce, des échanges, du progrès technique, évolution des idées et des comportements), la troisième est celle du décollage (l'accroissement du taux d'épargne et du taux d'investissement conduit à une croissance autoentretenue, intervention de l'Etat pour la mise en place des infrastructures et la coordination des activités économiques) la quatrième étape est celle de la marche vers la maturité (diffusion de la technologie à toutes les activités, diversification de la production), la cinquième étape est celle de l'avènement de la consommation de masse (accession de la classe moyenne aux biens de biens durables). époque de la consommation de masse de la croissance) [247]. Selon Rostow « les sociétés traditionnelles (ou sous développés) sont susceptibles de rattraper le retard qu'elles ont accumulé sur les sociétés modernes (ou développés), à condition d'imiter le parcours réalisé auparavant par les pays occidentaux pour atteindre le stade final de la modernité, caractérisée par l'accumulation capitaliste et la consommation de masse ».

La théorie de Rostow sur les étapes de la croissance économique a eu un retentissement considérable. Pierre Jacquemot et Marc Raffinot écrivent : « Il reste encore à écrire sur les raisons de l'influence considérable exercée par l'ouvrage de W.W.Rostow, dans l'imaginaire collectif des théoriciens, des experts et des hommes politiques »[248]. Selon Pierre Jacquemot et Marc Raffinot « La thèse de W.W. Rostow a reçu de multiples consécrations officielles, en particulier dans le Rapport de la Commission Pearson sur Le développement international présenté à la Banque mondiale en 1969. Elle fut cependant critiquée très tôt, et au plan moral et au plan historique, par des universitaires libéraux (A.Cairncross, 1962 ; A.Gerschenkron, 1965). Mais, nonobstant ces critiques internes, cette conception déterministe et universaliste du développement des sociétés reste encore dominante si l'on note la fréquence de certaines expressions telles que retard, structures archaïques, décollage, rattrapage, maturité… »[249]. De fait la théorie de Rostow a conduit la majorité des spécialistes en sciences sociales à adhérer à l'idée selon laquelle il existerait une voie unique du progrès historique que toutes les sociétés empruntent avec un certain décalage les unes par rapport aux autres.

---

[247] W.W Rostow, The stages of Economic Growth, 1960, traduit en français aux Ed seuil, Les étapes de la croissance économique, 1963).
[248] Pierre Jacquemot, Marc Raffinot, Accumulation et développement, Ed l'Harmattan, 1985.
[249] Pierre Jacquemot, Marc Raffinot, Accumulation et développement, Ed l'Harmattan, 1985.

L'ouvrage de Rostow a connu un vif succès auprès des hommes politiques et des universitaires occidentaux et du tiers-monde. La raison de ce succès est l'optimisme historique qui s'en dégage. Rostow exploite le concept de sous développement mis en perspective par le discours de Truman. Selon Jean Marc fontaine, ce concept situe les sociétés sur une échelle qui va du moins au plus, de l'arriération à la modernité. En d'autres termes, il introduit la notion de retard qui situe les pays et les continents dans une ligne unique de l'évolution. C'est cette ligne unique que la théorie économique contemporaine appelle : le développement. Rostow présente le développement comme un processus historique universel passant par le chemin unique de la croissance et ponctué par des étapes qui sont des points de passage obligatoires. De ce point de vue le développement est perçu comme une promesse de progrès politique, économique technique et scientifique accessible à tous les peuples, quels que soient l'espace et le temps.

Maurice Soudieck Dione rappelle que dans le sillage des travaux de Rostow, le gouvernement américain, à travers l'institution universitaire dénommée Social Science Research Council, lança « un vaste programme de recherche sur la problématique du développement, avec comme sève nourricière le concept de modernisation, qui repose sur un ensemble de changements simultanés : de l'économie de subsistance à l'économie de marché, de la culture politique de sujétion à la culture politique de participation, de la famille élargie à la famille nucléaire, d'un système marqué par la primauté du religieux vers un système sécularisé. Les figures emblématiques de ce mouvement sont entre autres Gabriel Almond, Sydney Verba, David Apter, James Coleman, Lucian Pye, Edward Shils, Daniel Lerner, Samuel Huntington, Saymour Martin Lipset. A travers ces travaux, le modèle de développement des Etats-Unis est présenté comme le nec plus ultra, le summum de l'évolution unidirectionnelle et unilinéaire de toutes les sociétés humaines, aux plans politique et économique, culturel et social. »[250]

Section 3. Le dessein géopolitique inhérent au paradigme du développement

L'observation des faits confirme l'idée que l'appel philanthropique de Truman à une coopération internationale pour le développement cachait en fait un dessein géopolitique : d'une part, l'ouverture de tous les marchés à la libre circulation des capitaux et des marchandises, d'autre part, faire échec à la perspective soviétique du progrès historique qui à cette époque pouvait séduire des pays du tiers-monde et mettre ainsi les matières premières des colonies hors du contrôle de l'URSS. C'est ce dont atteste en tout cas

[250] Maurice Soudieck Dione, Les impasses éstémologiques autour de l'objet Afrique, in Ecrire l'Afrique-monde (sous la direction de Achille Mbembe et Felwine Sarr, Edition Philippe Rey/Jimsaan, 2017

l'analyse des motifs qui ont conduit Truman à faire cet appel et de ceux qui ont conduit Rostow à écrire son livre.

A) Les motivations géopolitiques de l'appel de Truman

La question qui se pose est celle de savoir quels sont les motifs qui ont amené le président Truman à proposer une coopération internationale entre les Etats pour sortir les régions pauvres du sous-développement ?

Cette question se pose, car il faut se demander pourquoi un pays comme les USA, qui au lendemain de la Seconde Suerre mondiale pratiquait la ségrégation raciale sur son territoire se lance dans un projet philanthropique de recherche du bien-être matériel des peuples non occidentaux alors même que sur son propre territoire il ne se préoccupe pas du sort des Amérindiens ?

Pour répondre à cette question, il faut se rappeler que la politique internationale des USA a été déterminée dès le 19e siècle par la quête de l'accès aux marchés et aux matières premières des colonies. Cet accès leur était impossible en Afrique et en Asie à cause d'une disposition du droit international : le pacte colonial. Ce pacte réservait aux puissances coloniales et donc à l'Europe, le monopole du commerce avec les colonies. Pour briser le monopole des métropoles coloniales, les USA cherchèrent à imposer aux puissances coloniales le principe de l'open door policy dans le cadre de la SDN. Cette tentative sera un échec. Ils obtinrent seulement que dans le cadre de la SDN (article 22), les territoires coloniaux perdus par l'Allemagne bénéficient d'un régime international. Les USA obtinrent ainsi que ces territoires échappent au monopole commercial des puissances coloniales et bénéficient du régime de l'open door policy. Ce ne fut toutefois là qu'une demi-victoire, car la majorité des territoires coloniaux restaient bel et bien sous le monopole commercial des métropoles coloniales.

Au lendemain de la Seconde Suerre mondiale, la question de l'accès aux marchés et aux matières premières des colonies était devenue pour les USA un souci de grande préoccupation. Selon Cheikh Anta Diop cette préoccupation a été rendue officielle par le gouvernement américain en 1951 avec le Rapport Pherson. A partir des années 50 en effet, cet accès était devenu problématique pour les USA, car les mouvements armés de décolonisation dans les colonies risquaient de se tourner vers l'URSS pour se libérer de la colonisation et opter pour une révolution nationale et anti-capitaliste. Les matières premières des colonies risquaient alors de tomber dans la sphère d'influence de l'URSS.

Or depuis 1949 les USA et l'URSS s'affrontaient dans le cadre de la guerre froide avec pour enjeu l'universalisation de leur modèle respectif de sociétés[251]. Il fallait donc aux USA trouver une stratégie à la fois pour briser

---

[251] André Fontaine, Un seul lit pour deux rêves, 1962-1981, Ed Fayard, 1981 ; Charles Zorgbibe, Les Politiques étrangères des grandes puissances, 1984

le pacte colonial et pour offrir aux peuples des colonies une perspective de liberté suffisamment attractive pour les détourner de la tentation de l'offre soviétique d'un progrès historique par le moyen d'une révolution anticapitaliste. Il leur fallait absolument pouvoir accéder aux marchés et aux matières premières des colonies et éviter que ces matières premières ne tombent sous la sphère d'influence soviétique.

Le concept de développement était suffisamment opératoire pour permettre d'atteindre cet objectif. Appliqué à la question des colonies, le concept de développement avait en effet les implications suivantes.

D'abord il **ruinait** la justification du pacte colonial : l'idée du développement implique que tous les marchés soient ouverts. Ensuite **il militait** en faveur de la décolonisation : l'idée de développement implique que les peuples colonisés peuvent évoluer par eux-mêmes et donc en dehors de la tutelle coloniale. Pour contraindre les puissances coloniales européennes à la décolonisation, les USA iront jusqu'à inclure la décolonisation au nombre des conditions pour l'octroi d'un plan Martshall à l'Europe. Enfin **il discréditait** la perspective communiste et donc anti-capitaliste du progrès historique : le développement en tant que processus linéaire du progrès historique implique le passage via des étapes obligées dont un processus révolutionnaire ne saurait faire l'économie. Ce concept sapait la théorie soviétique des raccourcis vers la modernité en sautant l'étape capitaliste.

On peut se demander comment les idéologues du gouvernement américain sont venus à l'idée de pouvoir instrumentaliser le concept de développement. En fait, la référence des idéologues du gouvernement américain au concept de développement leur a été inspirée par la théorie de l'évolutionnisme social. Cette théorie exerçait dès le début du XXe siècle une grande influence sur l'intelligentsia américaine. En 1939 la ville de Chicago accueillit un grand colloque international consacré à cette notion. Les idéologues du gouvernement américain n'ont donc pas pu échapper à l'influence intellectuelle de la doctrine évolutionniste dans leur réflexion sur le devenir des colonies au regard des intérêts américains. Très tôt ils ont tiré les conclusions de la théorie évolutionniste en termes de politique internationale. Ils ont compris le bénéfice géopolitique qu'ils pouvaient en tirer et ont résumé ces conclusions sous le concept de coopération internationale pour le développement. C'est cela que le gouvernement américain va vouloir imposer par le moyen d'une promotion diplomatique. On comprend mieux l'option anti-coloniale des USA à l'égard des puissances coloniales européennes.

B) Les motivations géopolitiques de l'œuvre de Rostow : un manifeste non communiste

Dans son livre sur les étapes de la croissance économique, Rostow présente le développement comme un processus historique universel passant par le chemin unique de la croissance et ponctué par des étapes qui sont des points de passage obligatoires. De ce point de vue le développement est perçu comme une promesse de progrès politique, économique technique et scientifique accessible à tous les peuples, quels que soient l'espace et le temps.

Dans ce livre en fait, Walter Rostow s'appuie sur la théorie de l'évolutionnisme social pour construire une théorie d'un mouvement de l'histoire alternatif à celui que proposait l'URSS. Ce livre qui pour des générations entières a joué le rôle d'une véritable bible du progrès véhiculait donc non pas un argumentaire scientifique, mais un argumentaire géopolitique C'est ce dont atteste le sous titre du livre (manifeste non communiste). Ce sous-titre dévoile les intentions véritables de l'auteur.

Cette lecture de la théorie du développement comme véhicule d'un dessein géopolitique n'est donc pas une vue de l'esprit. Si durant le conflit Est-Ouest peu d'universitaires osaient souligner ce caractère (sûrement pour des raisons de carrière universitaire) dans la période post-guerre froide certains n'ont pas hésité à le souligner.

C) La confirmation du dessein géopolitique du paradigme du développement par des travaux universitaires

Les politiques économiques sont largement déterminées par le contexte de leur genèse. Quelques économistes ces derniers temps, ont eu le courage, de rappeler l'origine purement géopolitique du développement comme projet politique internationale.

C'est le cas de Arnaud Zacharie qui rappelle à juste titre que « C'est après la Deuxième Guerre mondiale qu'a pris naissance le concept de développement. Il a façonné les relations Nord-Sud en période de guerre froide, à une époque où les pays industrialisés du Nord devenaient économiquement dépendants des ressources naturelles du Sud pour alimenter leur modèle de croissance économique. Dès son origine, le développement a donc été conçu pour répondre aux impératifs géopolitiques de la guerre froide : les relations Nord-Sud étaient déterminées par l'axe Est-Ouest du nouveau monde bipolaire, où chaque pôle rivalisait pour conquérir ou conserver des aires d'influence dans le Sud ».

C'est aussi le cas de l'économiste J.M Fontaine qui témoigne dans le même sens. Il écrit « En réalité, le débat autour du livre et des idées de Rostow ne se comprend qu'à la lumière des tensions politiques internationales de l'époque. Nous sommes alors en pleine Guerre froide, le livre de Rostow porte le sous-titre : « un manifeste non communiste », et l'affirmation de la nécessité de passer par certaines étapes prédéterminées s'oppose directement à l'adoption des raccourcis que pensent avoir découvert les dirigeants de l'URSS bolchevique, de la chine révolutionnaire et de l'Inde nouvellement indépendante »[252].

Il apparaît donc que la doctrine du développement élaborée par Truman disposait d'un argumentaire philanthropique qui servait à masquer le dessein géopolitique que poursuivaient ses promoteurs. A savoir : briser le pacte colonial, favoriser la décolonisation pour l'ouverture des marchés, soustraire les richesses des futurs pays décolonisés de la sphère d'influence soviétique. Ce que l'on a appelé la coopération internationale pour le développement n'était donc en vérité que la politique d'intégration des territoires du tiers-monde au commerce international sous l'angle de la prospérité des intérêts étrangers à ces territoires.

La promotion de la doctrine du développement comme perspective de la modernité dans le tiers-monde loin d'être une option scientifiquement fondée, s'avère en fait n'être qu'un choix géopolitique. Il visait à garantir à l'Occident l'accès aux ressources naturelles indispensables à son industrie. Ce n'est donc pas par hasard si le discours des économistes libéraux incitait dès les années 50 les pays décolonisés à s'insérer dans la division internationale du travail par la voie d'une stratégie de promotion des exportations du secteur primaire. Or par définition une telle spécialisation conduit à un désert industriel dès lors qu'il consiste à exporter brut ce qui est précisément nécessaire à l'activité industrielle de transformation.

SECTION 4. RÉTROSPECTIVE DU PARADIGME DU DÉVELOPPEMENT COMME VÉHICULE D'UN DESSEIN GÉOPOLITIQUE

Une telle rétrospective se fera ici à travers l'analyse du poids du pacte colonial, des stratégies visant à faire échec à ce pacte et de la promotion internationale de la stratégie développementaliste.

A) Le poids du pacte colonial

Rappelons que l'exploitation coloniale peut se définir pour l'essentiel comme la mise en valeur des ressources d'un pays sous l'angle de la rentabilité externe dans un contexte d'occupation militaire étrangère. Or jusqu'aux années 40, cette mise en valeur a bénéficié exclusivement aux puissances coloniales. Les Etats dépourvus de colonies ne pouvaient y participer en raison du pacte colonial qui réservait à la puissance coloniale l'exclusivité des échanges avec la colonie. Pour avoir accès aux ressources des colonies, les Etats dépourvus de colonies avaient besoin de briser ce

---

[252] (cf J.M Fontaine, Mécanismes et politiques de Développement économique, Editions Cujas 1994, p.43-44

monopole des puissances coloniales. Il leur fallait une stratégie qui leur donna accès aux matières premières du tiers-monde afin de participer à leur mise en valeur sous l'angle de la rentabilité externe. C'est ce à quoi s'employèrent les USA.

B) Les stratégies visant à faire échec à pacte colonial

Une première tentative des Etats-Unis pour briser ce monopole consista à demander dans le cadre de la SDN (article 22) que les territoires coloniaux perdus par l'Allemagne bénéficient d'un régime international. Les USA obtinrent ainsi que ces territoires échappent au monopole commercial des puissances coloniales et bénéficient du régime de l'open door policy. Ce ne fut toutefois là qu'une demi-victoire, car la majorité des territoires coloniaux restaient bel et bien sous le monopole commercial des métropoles coloniales. Il faudra attendre la fin de la Seconde Suerre mondiale pour que les Etats-Unis sous la pression de la guerre froide trouvent enfin la stratégie efficace.

A cette époque, les Etats-Unis et l'URSS entrent en compétition pour l'universalisation de leurs modèles respectifs de société. Cette compétition connue sous le terme de guerre froide redonne alors un regain d'actualité à la question du devenir des colonies. En plus de l'intérêt économique des Etats-Unis à briser le monopole commercial des puissances coloniales venait s'ajouter un intérêt nouveau et de nature stratégique. Empêcher que les matières premières des colonies ne tombent dans la sphère d'influence de l'URSS. L'impératif pour les Etats-Unis de donner une réponse à cette double attraction des territoires coloniaux allait conduire le gouvernement américain à trouver une stratégie permettant de faire d'une pierre deux coups. Concrètement, il fallait au gouvernement américain d'une part opposer à la vision coloniale du devenir des peuples colonisés (civilisation sous la tutelle des métropoles coloniales) une autre vision de ce devenir ; d'autre part, opposer à la théorie marxiste du moteur de l'histoire (la lutte des classes) une autre théorie de ce moteur.

Les politologues américains se tournent alors vers les travaux des anthropologues évolutionnistes (Lewis H. Morgan, Edward B. Tylor, etc.). Ces derniers exercent à ce moment-là une grande influence sur les cercles intellectuels anglo-saxons. Ces politologues vont s'inspirer des travaux du courant de l'évolutionnisme social pour construire une stratégie suffisamment opératoire non seulement pour maintenir les richesses des territoires coloniaux dans la sphère d'influence de l'Occident capitaliste, mais aussi pour permettre aux USA de participer à la mise en valeur de ces richesses sous l'angle de la rentabilité externe dans un contexte non colonial.

La philosophie politique et économique du progrès historique que laissait entrevoir la théorie de l'évolutionnisme social était de ce point de vue une stratégie idéale. Selon la théorie évolutionniste en effet les sociétés humaines font toutes l'expérience des mêmes types de sociétés et passent d'un stade de société à un autre par la dynamique d'un certain nombre de facteurs qui sur le long terme déterminent le changement social. Il était tentant à partir de cette vision de la dynamique des sociétés de construire une philosophie du progrès politique et économique à même de servir les intérêts de l'Occident capitaliste en général et des Etats-Unis en particulier. Il suffisait pour cela de transposer cette vision de la dynamique historique des sociétés à la question du devenir des territoires coloniaux et de présenter la diffusion des techniques, des sciences et des capitaux comme un facteur accélérateur (donc substituable aux facteurs qui agissent sur le long terme) pour précipiter le passage des peuples coloniaux du stade de sociétés archaïques à celui de sociétés modernes.

C'est ce que firent les idéologues du gouvernement américain en élaborant une philosophie politique selon laquelle il existerait une voie unique du progrès historique, une voie que toutes les sociétés empruntent avec un certain décalage les unes par rapport aux autres et que, sous l'impact de la diffusion des sciences et des techniques, de la circulation des capitaux et du libre commerce international, les nations en retard le long de cette voie universelle pourraient connaître un effet d'accélération de leur processus de progrès historique.

Cette philosophie politique présentait pour les Etats Unis un avantage indéniable. D'une part elle impliquait l'indépendance des colonies et partant, la fin du monopole des puissances coloniales sur les matières premières de ces territoires. D'autre part, elle opposait à la version marxiste du sens de l'histoire (progrès historique par succession des modes de production antique, féodale, capitaliste et socialiste) qui présentait l'URSSS comme le modèle aboutit de l'évolution historique, une autre version du sens de l'histoire qui présenterait les Etats-Unis comme le véritable modèle aboutit de l'évolution historique. Enfin, elle présentait le profil d'une version du progrès historique plus attractive que celle l'URSS. Elle faisait en effet l'économie d'une perspective à laquelle la majorité des dirigeants des mouvements indépendantistes étaient peu sensibles. A savoir, la lutte des classes. De ce point de vue, elle était à même d'irradier dans l'imaginaire politique des mouvements de libération anticoloniaux l'idée qu'il était possible d'accélérer le processus historique des pays nouvellement indépendants non pas par une révolution interne violente sous la bannière d'une classe ouvrière (alors inexistante ou inorganisé dans les colonies), mais simplement par la diffusion des sciences et techniques, l'ouverture au commerce international et aux capitaux américains.

C) La promotion internationale de la stratégie développementaliste.

C'est cette philosophie politique que le gouvernement américain a synthétisée sous le terme de développement en 1948 et que l'économiste Walter Rostow systématisera dès 1950 dans sa théorie des cinq étapes de la croissance économique. Le gouvernement américain allait parvenir à imposer cette philosophie politique aux puissances coloniales en s'appuyant sur l'ONU. Il le fera à l'occasion de la présentation du point IV du discours d'investiture politique du Président Truman du 20 janvier 1949. Dans ce discours Truman invite l'ensemble des peuples à s'engager dans la voie du développement en s'ouvrant à l'offre américaine d'une aide technique et scientifique, mais aussi au commerce international et aux capitaux américains. Pour masquer les intentions véritables de cet appel, Truman poussera le cynisme jusqu'à garantir que « L'ancien impérialisme – l'exploitation au service du profit étranger – n'a rien à voir avec nos intentions. Ce que nous envisageons, c'est un programme de développement fondé sur les concepts de négociation équitable et démocratique ».

Le projet de Truman allait être cautionné, validé, par un grand nombre de travaux académiques soutenant que non seulement les sociétés humaines accèdent au progrès historique par voie de de maturation diachronique et donc de développement, mais qu'en outre ce développement pouvait être accélérée sous l'impulsion de la diffusion du progrès technique, lequel en entraînant le progrès économique entraîne le progrès politique. Est fait référence ici d'une part aux travaux sur le développement économique et ses effets politiques avec notamment Robert A. Dahl, Bruce M. Russet, etc., d'autre part aux travaux sur le développement politique relatif aux mécanismes proprement politiques qui marquent le passage d'un système politique traditionnel à un système politique moderne, avec notamment les travaux de Roy Macridis, Gabriel Almond, Lucian Pye, Edward Shils, David E. Apter, Joseph LaPalombra, Sidney Verba, etc. Tous ces travaux, selon Bertrand Badie, avaient pour seul objet de diffuser l'idée selon laquelle « ... il existerait des mécanismes internes de changement auxquels obéiraient nécessairement toutes les sociétés, quelle que soit leur situation dans l'espace et le temps, et qui aboutiraient à la réalisation finale d'un modèle donné de société, déjà présent en germes en tout point du globe ».

Le projet de Truman emportera l'adhésion de toute la communauté internationale. Non pas que celle-ci fut dupe des motivations strictement nationales de Truman. Mais cette philosophie politique d'une part coïncidait avec les intérêts immédiats de chacun, d'autre part synthétisait la vision de la dynamique des sociétés alors dominante dans les cercles intellectuels et politiques du Nord et du Sud, de l'Ouest et de l'Est ; enfin ce concept évacuait du débat au sein des enceintes internationales l'idée de l'incapacité de certaines races ou peuples à franchir certaines étapes du progrès historique. Pour les mouvements de libération du tiers-monde le paradigme du développement présentait donc le profil d'un argument de plus en faveur de l'indépendance politique, car il faisait du progrès historique une perspective réalisable hors de la tutelle coloniale pour autant que les peuples du Sud acceptaient de s'ouvrir au commerce international.

Les puissances coloniales cédèrent à cette perspective d'indépendance comme prix à payer à la contribution militaire américaine contre l'Allemagne nazie. Et ce, d'autant plus qu'elle ne remettait nullement en cause la perpétuation de la mise en valeur des ressources du tiers-monde sous l'angle de la rentabilité externe. Seul le contexte politique de cette mise en valeur changeait. Mais elles cédèrent surtout parce que les Etats-Unis avaient inclus la décolonisation au nombre des conditions pour l'octroi d'un plan Marshall à l'Europe.

Enfin les intellectuels du tiers-monde comme ceux de l'Europe, formés à l'école de l'évolutionnisme social en raison de leur cursus universitaire, accueillirent comme une évidence l'idée du développement des sociétés du tiers-monde par voie d'accélération du processus de maturation diachronique. La théorie du développement ne faisait que formuler en termes de philosophie politique ce dont ils étaient déjà convaincus en termes de philosophie de l'histoire. Voilà pourquoi la majorité des intellectuels dans le monde sont tombés dans le panneau et s'y complaisent encore.

Il n'échappa toutefois pas à certains intellectuels du tiers-monde que la philosophie politique du développement était une impasse. Que par ce projet les Etats-Unis ne visaient qu'une seule chose : participer à la mise en valeur des ressources du tiers-monde sous l'angle de la rentabilité externe. Ils furent soit assassinés (c'est le cas du Mahatma Gandhi qui rappelons le s'opposa au premier plan de développement présenté par Nehru) soit déclarés persona non grata au sein des instances universitaires (c'est le cas de Cheikh Anta Diop dont le plan d'industrialisation fédérale de l'Afrique noire fut ignoré). C'est Cheikh Anta Diop d'ailleurs qui cherchant à mettre en perspective la dimension déficitaire des politiques de développement au regard des intérêts africains leur donnera le qualificatif de politiques de mises en valeur des ressources africaines sous l'angle de la rentabilité externe.

CHAPITRE 4

La quatrième figure du paradigme du développement : un paradigme qui véhicule une perspective de progrès historique spécifique pour l'Occident

Le paradigme du développement véhicule une perspective téléologique du progrès historique. Cette perspective présente deux modalités différentes selon qu'elle concerne les sociétés occidentales ou celles des pays du tiers-monde.

Concernant les sociétés occidentales, cette perspective téléologique se présente dans la forme d'une perspective technologique du progrès historique. On verra ici que cette perspective prend sa source dans une conception évolutionniste de l'impact des sciences et des techniques. On verra aussi qu'elle a engendré en Occident une civilisation du surdéveloppement qui a conduit à un malaise dans la civilisation. La contestation et la critique de ce malaise attestent qu'en Occident la perspective du progrès historique que véhicule le paradigme du développement ne bénéficie plus du consensus politique dont elle pouvait encore se prévaloir au lendemain de la Seconde Suerre mondiale.

SECTION 1. UNE PERSPECTIVE TECHNOLOGIQUE DU PROGRÈS HISTORIQUE : LE PROGRÈS PAR L'IMPACT DIACHRONIQUE DES SCIENCES ET DES TECHNIQUES

Nous verrons ici les origines de cette perspective et son impact sur la société.

A) Les origines de la perspective technologique du progrès historique

Durant l'antiquité les philosophes grecs se sont interrogés sur la nature des choses afin de mettre leur comportement en adéquation avec la nature. Cette posture correspond à ce qu'ils appellent la Sophia. La quête de la connaissance reposait donc chez eux non pas sur une problématique utilitariste, mais sur une problématique béhavioriste. Il en ira autrement dans l'Europe post-médiévale. Au cours de cette période de l'histoire de l'Europe, la problématique des philosophes va se modifier. Confrontés à un environnement naturel d'adversité, les philosophes ne limiteront plus leur réflexion à la nature des choses et au sens de l'existence. Ils chercheront aussi désormais à connaître les lois de la nature, pour pouvoir agir en retour sur leur environnement. Descartes résume bien ce projet d'aller au-delà de la philosophie spéculative lorsqu'en 1637dans le discours de la méthode, il encourage l'étude des sciences et des techniques, car celles-ci selon lui pourraient nous rendre « comme maîtres et possesseurs de la nature »

Cette posture nouvelle de la philosophie en Europe va imprégner les sciences de la nature et de l'ingénieur et donner naissance en Occident à un optimisme technologique selon lequel, par les sciences de la nature, l'homme peut accéder à une somme de connaissances linéaires et cumulatives à même de lui procurer une capacité d'action linéaire et cumulative sur son environnement. Une action linéaire en ce sens qu'elle s'accompagnerait de toujours plus d'innovations. Une linéarité cumulative en ce sens que ces innovations conduiraient à franchir des étapes toujours plus qualitatives.

Dans le cadre de cet optimisme technologique les gouvernants, les experts et les idéologiques en Occident vont avoir tendance à considérer d'une part que les problèmes de l'humanité doivent être posés comme des problèmes techniques, solubles par le développement des arts et des sciences, d'autre part, que les sciences et les techniques doivent être comprises comme les sources d'une gamme infinie de solutions à même de vaincre l'adversité de la nature. C'est cette vision téléologique de l'impact des sciences et des techniques qui aujourd'hui en Occident imprègne les sciences de l'ingénieur.

Cette vision de l'impact des sciences et des techniques va avoir une incidence particulière en Occident. Elle va être à l'origine d'une philosophie singulière de la production que l'on appelle le productivisme. Selon cette philosophie de la production, l'efficience des sciences et des techniques offre à la société l'opportunité d'une émancipation de l'empire de la rareté par le moyen d'une politique qui organise les activités économiques selon une logique de production illimitée, linéaire et cumulative des biens et des services. C'est cette politique que l'on désigne en Occident par le terme politique de croissance et que mettent en œuvre les gouvernements en Occident. Cette politique véhicule l'optimisme technologique inhérent à la perspective technologique du progrès historique en Occident.

De ce point de vue, il apparaît que la vision téléologique de l'impact des sciences et des techniques véhicule ainsi une perspective technologique du progrès historique. Celle d'une émancipation de l'empire de la rareté et de l'adversité de la nature par le moyen de l'opportunité que la technologie offre à la société. A savoir, l'opportunité d'une logique de production illimitée, linéaire et cumulative des biens et des services.

C'est cette logique de production qui depuis le 19 siècle gouverne en Occident l'appareil économique dans le cadre des politiques dites de croissance. Cette logique de production a longtemps bénéficié d'un consensus politique au sein de l'ensemble des acteurs politiques, aussi bien dans les pays d'obédience libérale que dans les pays d'obédience marxiste. C'est pourquoi, en Occident, dans le domaine de l'économie, le développement opère comme le prisme à travers lequel l'Etat (quelle que soit son obédience politique) élabore la politique nationale de production des richesses. Et il l'élabore comme une politique de croissance c.-à-d. une politique de production illimitée des biens et des services.

B) L'impact sociétal de la perspective technologique du progrès historique

L'impact de la logique de production que véhicule en Occident la perspective technologique du progrès historique est considérable. Elle se traduit par une forte élévation du niveau de vie qui permet de satisfaire les besoins primaires (nourriture, vêtements, logement, santé) et les besoins secondaires (confort, loisirs, culture). Mais en contrepartie, elle introduit un malaise dans la civilisation. Au nom du progrès, elle soumet et subordonne, toute l'organisation sociale à un impératif de production illimitée des biens et des services qui donne à la modernité en Occident une configuration productiviste. Elle organise l'économie sous l'angle d'un système dans lequel la production est donnée comme la fin de toutes choses. Cette orientation productiviste a donné à la civilisation moderne en Occident une configuration particulière. Celle d'une civilisation de surdéveloppement[253]. Cette civilisation tend d'une part à réduire la personne humaine à une seule dimension. Celle d'une consommation effrénée où la demande est manipulée par une publicité qui modèle le comportement du consommateur à qui on offre d'une part, des biens en surabondance, mais toxiques, d'autre part, des biens artificiels et divertissants, mais superflus.

Cette civilisation du surdéveloppement fait peser sur l'écologie de la planète une épée de Damoclès en raison des politiques génératrices de risques majeurs : risque d'épuisement des ressources naturelles, risque de pollution industrielle, risque de réchauffement climatique, risque nucléaire, risque alimentaire, etc. L'observation des faits montre que cette civilisation provoque un grand refus qui se traduit dans la forme d'une contestation théorique, idéologique et culturelle de la logique civilisationnelle qu'elle véhicule. C'est la raison pour laquelle aujourd'hui en Occident la perspective

---

[253] Sur la notion de surdéveloppement il convient de lire Roger-Gérard Schwartzenberg, Sociologie politique, Ed Montchrestien, 1998

technologique du progrès historique connaît une rupture du consensus dont elle a bénéficié à son origine. Cette rupture de consensus est identifiable à travers la contestation dont sa logique de civilisation fait l'objet dans le champ de l'économie critique (théorie de la décroissance), dans le champ de la philosophie critique (l'Ecole de Frankfort), dans le champ de l'idéologie critique (l'écologie politique) et dans le champ de la culture alternative (mouvement hippie).

SECTION 2. LA FIN DU CONSENSUS POLITIQUE SUR LA PERSPECTIVE TECHNOLOGIQUE DU PROGRÈS EN OCCIDENT

Cette fin du consensus politique est attestée par une contestation de la logique civilisationnelle de la société engendrée par la perspective technologique du progrès historique. Cette contestation est attestée dans le champ de la philosophie critique, dans le champ de l'économie critique, dans le champ de l'idéologie critique et dans le champ de la culture.

A) la contestation dans le champ de la philosophie critique : l'Ecole de Frankfort

L'observation des faits montre que la civilisation du développement auquel a conduit en occident la perspective technologique du progrès historique fait l'objet d'une contestation théorique et culturelle d'une rare pertinence· Le politologue Roger Gérard Schwarzenberg a fait un compte rendu exhaustif de cette contestation dans son ouvrage[254]. Cette contestation émane de divers courants tant académique, idéologique que culturel. Tous condamnent dans un même élan la perspective technologique du progrès historique comme expérience de civilisation. Comme exemple on peut citer l'Ecole dite de Francfort pour la contestation théorique et le mouvement hippie pour la contestation culturelle.

Force toutefois est de constater que cette contestation a été impuissante à proposer une alternative opératoire à la civilisation du surdéveloppement tant elle a éprouvé elle-même des difficultés à penser au-delà du corpus épistémologique qui a conduit à cette civilisation du développement. Prisonnière du corpus épistémologique du paradigme du surdéveloppement, mais consciente de ses limites, la Raison en Occident semble s'enfermer dans une impasse historique dont elle ne peut s'affranchir faute d'un corpus épistémologique heuristique pour sortir de la civilisation du surdéveloppement. Elle y fait figure d'un serpent qui se mord la queue.

Roger Gérard Schwartzenberg a consacré une étude exhaustive aux éléments de la critique tant théorique que pratique de ce qu'il appelle la

254 Roger-Gérard Schwartzenberg, Sociologie politique, Ed Montchrestien, 1998

société du Surdéveloppement[255]. Il souligne d'emblée que la réaction contre la société du surdéveloppement « a pris la forme insolite d'une contestation surgie, non pas de la pauvreté, mais de l'abondance. L'emballement de l'économie, la pression de la technologie, le choc du futur sur la société industrielle avancée, provoquent un grand refus (H Marcuse). C'est-à-dire une contestation globale, culturelle, qui ne vise plus seulement une politique, mais une civilisation. Cette contestation métapolitique déborde donc les institutions et les mécanismes traditionnels. Pour se développer de manière originale sur le plan de la théorie comme sur celui de la pratique. Car une véritable théorie critique de la société industrielle avancée s'est élaborée, qui inspire, dans les faits, de nombreuses expériences de ruptures avec la culture dominante »[256]

La théorie critique de la société du surdéveloppement concerne aussi bien sa dimension sociétale (voir les travaux de l'Ecole dite de Frankfort) que sa dimension économique (voir les rapports du Club de Rome, le rapport du MIT de 1972, la lettre dite de Mansholt en 1972, les travaux de l'Ecole de la décroissance). C'est toutefois la critique de sa dimension sociétale qui a mis en perspective l'impasse de la société du surdéveloppement en tant qu'expérience de civilisation. Au sein de cette critique, le discours de Herbert Marcuse est le plus incisif. Son œuvre critique se développe en quatre étapes successives : Eros et civilisation (1955), L'homme unidimensionnel (1964), Vers la libération (1969), Contre-révolution et révolte (1972).

Pour faire court, on peut dire que la thèse de Marcuse se résume dans l'idée selon laquelle la configuration de la société industrielle avancée présente trois composantes qui en font une impasse historique : elle produit un homme unidimensionnel c.-à-d. un homme privé de tout autre idéal supérieur que celui de la consommation, elle neutralise par ce biais l'émergence de tout agent historique porteur d'émancipation, elle porte enfin en elle une contradiction insoluble en ce sens que l'idéologie productiviste qui est à la source de l'impasse civilisationnelle est celle-là même qui est aussi à la source de cette macro-technologie qui rend désormais l'utopie possible.

Selon Marcuse la société industrielle avancée engendre une technologie qui pour la première fois dans l'histoire rend l'utopie possible. Elle est à même d'émanciper l'ensemble de l'humanité de l'empire de la rareté et de la contrainte du travail. Et pourtant cette société trahit ses promesses et ses possibilités. Elle met cette technologie au service d'une logique de production qui paradoxalement organise l'empire de la rareté hors de l'Occident et l'empire de la standardisation de l'existence au sein de l'Occident. Cette standardisation de l'existence se fait par le moyen d'une

[255] Roger Gérard Schwartzenberg, Sociologie politique, Ed Montchrestien, 1998
[256] (Roger-Gérard Schwartzenberg, Sociologie politique, Ed Montchrestien, 1998).

culture de consommation qui prive la personne humaine de tout idéal supérieur autre que celui de consommer ou d'accéder à des biens matériels qui font écho moins à des besoins réels qu'à des besoins artificiels. Cette unidimensionnalité neutralise au sein du tissu social l'émergence de tout agent porteur d'émancipation. L'idéal matériel est en effet tellement intériorisé que même les revendications ne sont plus qualitatives, mais quantitatives. Le serpent se mord donc la queue. Pour sortir de ce cercle vicieux, Marcuse préconise de détruire l'idéologie de la société industrielle afin d'orienter la technologie vers des fins autres que celles qu'elle sert dans le cadre de la société industrielle avancée.

La critique de Marcuse permet de mettre en perspective l'impasse historique auquel a abouti le projet de modernité en Occident. L'abolition préconisée par Marcuse est impérative, car à défaut la société occidentale court à grande vitesse vers sa propre fin. Mais l'abolition de l'idéologie de la société industrielle se présente aussi comme une perspective improbable. Improbable, car comment donner à la technologie une nouvelle orientation, une orientation autre que productiviste, en rompant avec l'idéologie développementaliste, lorsque l'on sait que la perspective du profit qui se profile derrière cette idéologie productiviste est le moteur même des innovations constitutives de cette technologie ? Au point que supprimer cette idéologie reviendrait peut être à supprimer cette technologie porteuse de tant de promesses. Le serpent se mord donc à nouveau la queue.

C'est sans doute pourquoi toutes les expériences concrètes de ruptures avec cette société du développement qui ont été expérimentées se présentent à l'analyse non pas comme des alternatives stricto sensu, mais plutôt comme des échappatoires c.-à-d. des expériences de vie à la marge de la société du développement. Elles se sont construites à la marge (et non pas en dehors) comme contre valeurs, contre culture et contre forces aux paramètres de la société développementaliste[257]. C'est le cas notamment pour le mouvement culturel hippie.

B) la contestation dans le champ de la culture : la floraison des cultures alternative

En Occident la société du surdéveloppement a engendré un mouvement de grand refus qui s'est traduit sur le terrain culturel par des expériences de rupture avec le mode de vie imposé par la logique civilisationnelle du développement.

Ce grand refus s'et traduit par l'apparition de sous sociétés qui fonctionnent comme des contre-sociétés en raison des contre-valeurs qu'elles véhiculent. Ce sera le cas avec la floraison des new power : flower

---

[257] Pour une description de ces expériences de ruptures il faut lire Roger-Gérard Schwartzenberg, Sociologie politique, Ed Montchrestien, 1998

power, ethnic power, green power, black power, indian power, protest song beatnic, hippies, yippies, etc…

Tous ces courants se donnaient comme objectif de retrouver un rapport convivial avec la nature, l'autre, l'objet, la technique, l'alimentation. Autant de rapports conviviaux dont s'appauvrit et réprime la société du sur développement.

Roger-Gérard Schwartzenberg a fait une excellente analyse de ces expériences dans son ouvrage sur la Sociologie politique, Ed Montchrestien, 1998. Il convient de lire cet ouvrage.

C) La contestation dans le champ de l'économie critique : la théorie de la décroissance

En Occident dans le domaine de l'économie, le développement est le prisme à travers lequel l'Etat élabore la politique nationale de production des richesses. Ce prisme invite à concevoir cette politique comme une politique de croissance illimitée c.-à-d. une politique de production linéaire et cumulative des biens et des services. C'est cette logique qui donne à l'activité économique une orientation productiviste.

Or cette orientation productiviste ne va pas sans une incidence singulière sur les rapports entre les agents de production et les citoyens consommateurs. D'une part elle conduit les opérateurs économiques à organiser la confusion entre l'intérêt de la société à un rythme de production qui sauvegarde de la pénurie, et l'intérêt des détenteurs des moyens de production à l'accroissement de leur propre profit par une production illimitée des biens et services sans rapport avec les besoins réels de consommation. D'autre part, elle organise une confusion entre l'intérêt du consommateur à des prix compétitifs et l'intérêt du producteur à un élargissement de la sphère de consommation des produits non durable.

Cette confusion engendre une contradiction entre l'exigence développementaliste d'une croissance illimitée, le caractère épuisable des ressources de la nature et l'exigence citoyenne d'une consommation qui trouve son moteur dans les besoins réels et non pas dans l'exacerbation de besoins artificiels. C'est le risque entropique inhérent à cette contradiction qui est venue briser le consensus politique dont faisait jusque-là l'objet l'orientation productiviste du modèle économique au nom de l'impératif d'émancipation de l'empire de la rareté.

La rupture du consensus sur l'orientation productiviste de l'activité économique est à l'initiative d'un nouveau courant critique en sciences sociales : l'école de la décroissance. Marginale à ses débuts elle rencontre aujourd'hui un écho de plus en plus large au point de connaître même un écho électoral par le biais de l'écologie politique. Pour l'essentiel, elle met en perspective la contradiction qui existe entre l'exigence développementaliste d'une croissance illimitée et le caractère épuisable des ressources de la nature et l'intérêt du citoyen à une consommation qui fait écho à des besoins réels.

1°) Les théoriciens de la décroissance

La théorie de la décroissance est un ensemble d'idées soutenues par certains mouvements anti-productivistes, anti-consuméristes et écologistes que l'on appelle désormais les objecteurs de croissance. Cette théorie renvoie donc à des analystes d'horizons politiques et idéologiques divers. Tous convergent cependant pour mettre en garde la société politique contre la menace que fait peser sur la pérennité même des sociétés humaines l'impact de la politique de croissance sur l'environnement de ces sociétés.

Parmi les travaux les plus représentatifs de ce courant de pensée, on peut citer les travaux des experts du Club de Rome, ceux de Nicholas Georgescu-Roegen, ceux de Jean Baudrillard, ceux de André Gorz, ceux de Ivan Illich et ceux de Serge Latouche.

2°) L'argumentaire des théoriciens de la décroissance

La revue électronique Wikipédia donne une bonne vision d'ensemble de cet argumentaire. Il ressort de cette revue que les partisans de la **décroissance** rejettent l'objectif, en tant que tel, d'une augmentation du taux de croissance économique. Certains prônent même une réduction contrôlée de ce taux de croissance. Ils contestent l'idée d'un développement économique infini. Selon eux, le taux de production et de consommation ne peut pas être durablement accru ni même maintenu, dans la mesure où la création de richesse mesurée par les indicateurs économiques comme le PIB correspond à une destruction du capital naturel et que ce dernier est épuisable.

Pour les membres de ce courant de pensée, l'arrêt de la croissance sera, tôt ou tard, imposé par la raréfaction des ressources naturelles, en particulier des ressources en énergie (pétrole, gaz, charbon et uranium). Selon Yves Cochet, « On n'a pas à choisir si l'on est pour ou contre la décroissance, elle est inéluctable, elle arrivera qu'on le veuille ou non ». La question est donc selon eux de la choisir maintenant afin d'enrayer les risques qui peuvent survenir dans un futur assez proche (pénuries, dépassement des pics de l'énergie et tensions géopolitiques qui pourraient en découler) ou d'attendre que ces évènements arrivent pour la choisir.

L'idée de décroissance rencontre un écho important dans le débat public pour différentes raisons, problématiques, et conjonctures. D'abord, l'épuisement des ressources énergétiques : pétrole (pic pétrolier mondial arrivant entre 2008 et 2040 selon les prévisions des compagnies et des gouvernements), gaz (70 ans), uranium (entre 50 et 220 ans), charbon (200 ans). Ensuite la raréfaction de nombreuses ressources minières : indium, nickel, cobalt (ces deux derniers éléments entrent dans la composition de certains aciers), cuivre, iridium, etc.En fin, la dégradation de l'environnement : effet de serre, dérèglement du climat, perte de la biodiversité, pollutions diverses. Avec pour corollaire : dégradation de la santé des populations. Stérilité, allergies, malformations, troubles mentaux et augmentation du cancer en France de 63 % de 1980 à 2000 (280 000 cas, dont seuls 30 % sont imputables au tabac et à l'alcool), bien que le vieillissement de la population soit aussi un facteur multiplicateur.

D'autres thématiques sont aussi invoquées. Il en est ainsi de l'évolution du mode de vie des pays développés : transports, traitement des déchets, alimentation (obésité dans les pays développés, malnutrition dans les pays pauvres). Exploitation des ressources des pays du sud au profit de ceux du Nord, ressources énergétiques et minières, et ressources agricoles (cultures fourragères au détriment des cultures vivrières). Exploitation parfois considérée comme « néo-coloniale » ou « post-coloniale ». Il en est ainsi aussi du problème de l'empreinte écologique (en hectares) du mode de vie des populations riches d'Europe et d'Amérique du Nord (c'est-à-dire la surface estimée nécessaire pour produire ses ressources consommées et pour absorber ses déchets et pollutions). Les estimations montrent, par exemple, qu'il faudrait entre 3 et 8 planètes Terre pour que la population mondiale puisse vivre à la manière d'un Européen.

La théorie de la décroissance tente de montrer qu'augmenter constamment la production de biens et services augmente nécessairement la consommation des ressources naturelles. Ce qui ne fait donc qu'accélérer le moment de leur épuisement complet. Il tente de montrer aussi que la dématérialisation de l'économie, espérée par les partisans de la croissance, est un leurre.

3°) La contribution de la théorie de la décroissance

Quel est le contenu alternatif de la théorie de la décroissance ? De l'aveu même des théoriciens de la décroissance, il s'agit surtout d'un concept obus en ce sens que le vocable de décroissance serait plus un vocable d'interpellation qu'un vocable programme. Certains partisans de la décroissance proposent cependant un catalogue d'options sociétales qu'ils réunissent sous le concept de décroissance conviviale. Mais ces options sociétales traduisent surtout la difficulté pour les membres de cette école à imaginer une alternative réelle qui soit autre chose que la réplique inverse de la société de croissance illimitée. Leur horizon intellectuel a été tellement formaté par l'épistémologie qui a présidé à la naissance de la vision développementaliste du mouvement de l'histoire qu'ils éprouvent la plus grande difficulté à penser autrement que par simple opposition à cette épistémologie. C'est sans doute pourquoi Serge Latouche recommande une décolonisation préalable de l'imaginaire épistémologique[258]

[258] Serge Latouche, *Décoloniser l'imaginaire : La Pensée créative contre l'économie de l'absurde,* Parangon, 2003

On peut penser que là pourrait se situer un apport concret de la théorie de la décroissance. Du point de vue de cette exigence de décolonisation de l'imaginaire économique productiviste, elle n'est pas sans présenter un aspect heuristique au regard de l'intégrisme des partisans de la croissance illimitée.

a) L'exigence d'une rupture avec l'imaginaire économique productiviste

Serge Latouche a tenté de donner au concept de décroissance une définition qui présente un certain potentiel heuristique. Partant du diagnostic de Nicholas Georgescu-Roegen (le fondateur de l'idée de décroissance), il écrit : « De l'impossibilité qui s'ensuit d'une croissance illimitée ne résulte pas, selon lui, un programme de croissance nulle, mais celui d'une décroissance nécessaire.... Le processus économique n'est pas un processus purement mécanique et réversible, il est de nature entropique. Or, notre surcroissance économique dépasse déjà largement la capacité de charge de la terre... Si tous les citoyens du monde consommaient comme des Américains ou même comme des Européens moyens, les limites physiques de la planète seraient largement dépassées... Si l'on prend comme indice du poids environnemental de notre mode de vie l'empreinte écologique de celui-ci en superficie terrestre nécessaire, on obtient des résultats insoutenables tant du point de vue de l'équité dans les droits de tirage sur la nature que du point de vue de la capacité de régénération de la biosphère... La décroissance ne signifie pas pour autant une régression du bien-être... Aménager la croissance signifie, en d'autres termes, renoncer à l'imaginaire économique, c'est à dire à la croyance que plus égale mieux. Le bien et le bonheur peuvent s'accomplir à moindres frais... Le mot d'ordre décroissance a surtout pour but de marquer fortement l'abandon de l'objectif insensé de la croissance pour la croissance, objectif dont le moteur n'est autre que la recherche effrénée du profit par les détenteurs du capital....La réalisation de ce programme participe pleinement de l'idéologie du progrès et suppose le recours à des techniques sophistiquées dont certaines sont encore à inventer. Il serait injuste de taxer les partisans d'un post-développement de technophobes et d'anti-progressiste sous le seul prétexte qu'ils réclament un droit d'inventaire sur le progrès et la technique. Cette revendication est un minimum pour l'exercice de la citoyenneté »[259]

Pour Serge Latouche la décroissance passe donc moins par des recettes d'une croissance zéro que par un effort préalable de conversion épistémologique de l'imaginaire économique qu'il appelle la décolonisation de l'imaginaire économique. Une telle conversion permettrait d'émanciper la société d'un objectif irrationnel. A savoir : la croissance pour la croissance. De ce point de vue on peut mesurer la portée de la critique de l'école de la décroissance. Il apparaît en effet que l'intérêt du courant de la décroissance réside moins dans ses propositions que dans la pertinence des questions qu'il soulève. La thèse de

[259] Serge Latouche, Survivre au développement, Ed mille et une nuits, 2004

la décroissance a donc surtout une fonction d'interpellation. Cette fonction est salutaire au regard de l'intégrisme suicidaire auquel conduit la cécité intellectuelle des partisans de la croissance illimitée.

b) Un contrepoids à l'intégrisme des partisans de la doctrine de la croissance illimitée

L'intégrisme de cécité des partisans de la croissance illimitée a de quoi inquiéter. Il peut conduire l'Occident à rater l'opportunité d'une croissance qui ne soit plus faustienne, mais enfin prométhéenne. Dans son livre Décoloniser l'imaginaire, Serge Latouche rapporte une citation qui donne une idée exacte de cet intégrisme de cécité intellectuelle des partisans de la croissance illimitée. Il s'agit d'un discours de Lawrence Summers, vice-président de la Banque mondiale, puis secrétaire au trésor sous la présidence de Clinton. Au début des années 90 Summers affirme que : « les ressources de la Terre n'ont pas de limites qui pourraient devenir contraignantes dans un futur prévisible. Il n'ya pas de risque d'apocalypse due au réchauffement de la Terre, ni rien de semblable. L'idée que nous devrions limiter la croissance à cause d'une quelconque limite naturelle est une grave erreur qui, si elle devait avoir de l'influence, aurait d'immenses coûts sociaux ».

Serge Latouche rapporte qu'à la même époque Summers, dans une note interne de la Banque mondiale, souhaitait le déplacement des industries polluantes vers les pays moins développés. Summers écrit "J'ai toujours pensé que les pays sous-peuplés d'Afrique sont largement sous-pollués : la qualité de l'air y est d'un niveau inutilement élevé par rapport à Los Angeles ou Mexico »[260]. Cette opinion de Laurence Summers est typique de celle que partagent les partisans de la croissance illimitée. Elle traduit un intégrisme de cécité qui met en perspective tout l'intérêt de la thèse de la décroissance. Mais l'intérêt de cette thèse répétons le réside surtout dans sa force d'interpellation de la société sur un problème réel qui conditionne sa pérennité et dont la solution exige une réflexion qui déborde l'horizon intellectuel des familles politiques traditionnelles.

Or tout le problème est là. La Raison en Occident peut-elle imaginer à partir de son patrimoine intellectuel contemporain une économie de croissance qui soit autre chose qu'une économie de prédation de la nature et de pillage des richesses minérales des autres peuples, une économie qui soit une économie non plus faustienne, mais prométhéenne ? L'avenir même de l'Occident est au prix de la capacité de la Raison à répondre à cette question. Pire encore, l'impact exorbitant de la civilisation occidentale sur le reste de la planète fait que c'est aussi l'avenir même de l'humanité qui dépend de la capacité de la Raison en Occident à répondre à cette question. Ne pas anticiper sur le risque objectif que crée la logique développementaliste de

[260] Laurence Summers, Background Briefings, Australian broadcasting Company

production c'est se condamner à faire de la production des biens et des services la chronique annoncée d'une auto-destruction de l'humanité.

D) La contestation dans le champ de l'idéologie : l'Ecologie politique

En Occident les familles politiques de gauche et de droite se sont longtemps divisées sur la question de la répartition des richesses, sur celles des libertés individuelles ou collectives, sur la régulation de l'économie par le marché ou par l'Etat. Cependant elles connaissaient un consensus sur l'impératif d'une production illimitée des biens et des services. Depuis les années 80, ce consensus commence à s'effriter au sein de la droite comme de la gauche. Mais là où la fin du consensus est surtout significative dans le paysage politique, c'est au niveau de l'électorat. L'écho que rencontre en son sein le discours écologique et qu'il traduit sur le plan électoral montre la fin du consensus social sur le productivisme. Avec l'émergence de l'écologie politique, ce consensus fait désormais défaut dans le paysage politique.

Comment expliquer cette émergence ? Il faut se rappeler que si la critique théorique de la civilisation du développement a été pendant longtemps marginalisée, c'est en raison du poids de l'axiologie du conflit Est-Ouest qui rendait suspect de sympathie communiste tout courant de pensée critique à l'égard du modèle occidental de société. Mais depuis l'effondrement du système communiste, l'opinion publique ne craint plus d'être accusée de sympathie communiste si elle manifeste son empathie pour le thème de l'impact écologique d'un système économique productiviste. Du coup, le thème de l'impact écologique est devenu en Occident un thème du débat politique électoral et diplomatique. Depuis lors, l'imaginaire politique en Occident a vu son horizon s'élargir vers une nouvelle contrée à conquérir : le développement durable et le commerce équitable. Ces concepts invitent l'imaginaire politique à s'interroger sur l'idéal d'une société industrielle différente et de rapports nord/sud différents. Mais déjà les sociétés commerciales instrumentalisent ces deux notions comme argument de marketing commercial et certains partis politiques comme arguments de marketing électoral.

Toutefois on peut penser que la raison émancipatrice qui était jusque-là en Occident entravé par les tenants et aboutissants du conflit Est-Ouest est désormais libre depuis la fin des régimes communistes. Cette liberté va l'amener sans aucun doute à interroger le sens de la société du surdéveloppement et à imaginer solution pour s'émanciper de cette forme de société. C'est ce qui explique le succès rencontré en Occident par le livre de Stéphane Hessel sur les indignés[261].

---

[261] Stéphane Hessel Indignez-vous !, Montpellier, Indigène éditions, collection « Ceux qui marchent contre le vent », 2010

CHAPITRE 5

La cinquième figure du paradigme du développement : un paradigme qui véhicule une perspective industrielle du progrès historique spécifique aux sociétés du Tiers-monde

Le paradigme du développement véhicule une perspective téléologique du progrès historique. Cette perspective présente deux modalités différentes selon qu'elle concerne les sociétés occidentales ou celles des pays du tiers-monde.

Concernant les sociétés du tiers-monde, cette perspective se présente dans la forme d'une perspective industrielle du progrès historique. A savoir, le progrès historique par une stratégie industrielle de rattrapage. Ce sont ces stratégies que l'on appelle politiques de développement. On verra ici que cette perspective prend sa source dans une conception évolutionniste la trajectoire historique des sociétés On verra aussi que la théorie du rattrapage historique et les stratégies qui lui sont inhérentes ont été mis en échec par le principe de réalité et ne bénéficie plus du consensus dont elles faisaient l'objet à leur origine.

SECTION 1. UNE PERSPECTIVE INDUSTRIELLE DU PROGRÈS HISTORIQUE : LE PROGRÈS PAR UNE STRATÉGIE INDUSTRIELLE DE RATTRAPAGE HISTORIQUE

Nous verrons ici les origines de cette perspective et la théorie de rattrapage à laquelle elle a donné naissance.

A) Les origines de la perspective industrielle de rattrapage historique

Il s'agit de la théorie de l'évolutionnisme social. Selon la théorie de l'évolutionnisme social, les sociétés évoluent dans l'histoire dans le cadre d'un processus qui les fait passer d'une forme d'organisation simple à une forme d'organisation complexe. Ce processus est composé par une succession d'étapes linéaires et incontournables qui les fait passer de la sauvagerie à la barbarie et de la barbarie à la civilisation par voie de maturation diachronique. Ces étapes se déclinent dans la forme de séquences historiques appelées communauté primitive, antiquité, moyen âge, temps moderne, société industrielle et démocratique.

Cette théorie de la dynamique historique des sociétés, élaborée au 19e siècle, va être convoquée au XXe siècle, lorsqu'il s'est agi pour les économistes et les politologues, au lendemain de la Seconde Suerre mondiale, d'expliquer les écarts de civilisation matérielle qui existaient à la veille de la colonisation entre les pays occidentaux et les pays du tiers-monde.

La théorie de l'évolutionnisme social va leur fournir une grille de lecture pour expliquer ces écarts du niveau de civilisation matérielle. Ils vont voir dans ces écarts l'expression d'un retard chronologique que ces sociétés accuseraient le long de l'itinéraire évolutionniste par lequel passeraient toutes les sociétés. Ces écarts seraient donc la conséquence d'un retard historique. Ils vont de ce fait appréhender la configuration des pays du tiers-monde comme l'expression d'un processus de retard historique. Dès lors ils seront conduits à poser la question du devenir moderne de ces pays en terme de rattrapage historique.

B) La théorie du rattrapage historique

Les théoriciens du développement vont donc propager l'idée selon laquelle on observe que le long de l'itinéraire évolutionniste des sociétés, celles-ci ne progressent pas toutes au même rythme. Certaines sont en avance ou en retard par rapport aux autres. Mais toutes ont vocation à passer par les mêmes stades socio-linéaires de l'organisation sociale pour aller vers la forme achevée du mouvement de l'histoire que certains suggèrent être la société occidentale industrielle et démocratique[262].

Il va s'en suivre un consensus sur l'idée selon laquelle les pays du tiers-monde peuvent rattraper le retard qu'ils accusent par rapport à l'Occident en mettant en œuvre une politique de big push c.-à-d. une politique appropriée de rattrapage historique. En l'espèce une politique industrielle de rattrapage. Politique industrielle de rattrapage historique, car selon les spécialistes des sciences économiques expliquaient l'industrie constitue le secteur où se produisent le plus d'innovations technologiques et où les gains de productivité sont les plus élevés. Elle serait donc le secteur le plus apte à générer les effets d'entraînement et donc de rattrapage le plus important.

262 Selon Jean Marc Fontaine la thèse de Rostow sur les modalités universelle du développement (à savoir Les étapes de la croissance économique) « présuppose une linéarité de l'évolution sociale, avec une succession de points de passage obligés, et un point d'aboutissement unique : le modèle occidental européen et nord-américain ».

Ce sont ces politiques que l'on appelle politiques de développement. Ces politiques ont été formulées par diverses écoles sous la forme de stratégies de développement.

Dans le cadre du paradigme du développement, les économistes ont élaboré divers types de politiques à mettre en œuvre comme politique d'accès des pays du tiers-monde à la modernité. Ce sont ces politiques que l'on nomme dans la littérature académique par le terme de politiques du développement. Dans l'élaboration de ces politiques, c'est la théorie de Rostow qui a exercé la plus grande influence auprès des acteurs politiques, des experts et des enseignants. Ainsi c'est à partir de l'adhésion ou de la divergence avec un aspect de la théorie Rostownienne du rattrapage que diverses stratégies vont être élaborées et expérimenté comme constitutif d'une politique de développement.

SECTION 2. LA TYPOLOGIE DES STRATÉGIES DE RATTRAPAGE HISTORIQUE

Ces stratégies se divisent pour l'essentiel en deux groupes. D'un côté la stratégie d'inspiration libérale du rattrapage par le commerce international. De l'autre, des stratégies d'inspiration diverse, mais qui convergent toutes sur l'idée d'un rattrapage par l'industrialisation. Il s'agit d'une part, d'une stratégie d'inspiration structuraliste : l'ISI (industrialisation par substitutions des importations) ; d'autre part, d'une stratégie d'inspiration libérale : l'ISE (industrialisations par substitutions aux exportations) ; et enfin d'une stratégie d'inspiration soviétique : celle des industries industrialisantes.

A) La stratégie de rattrapage par le commerce international

A partir de la vision optimiste que Rostow donne de la dynamique des sociétés, l'école libérale va élaborer une politique à mettre en œuvre pour le développement des pays du tiers-monde. Pour les libéraux il s'agit de mettre en œuvre une politique dont l'objet est de provoquer l'accélération du mouvement de l'histoire au sein des pays du tiers-monde afin de leur faire franchir plus vite les étapes qui mènent à la 5e étape du développement décrit par Rostow. Pour ce faire ils vont appliquer la théorie économique néoclassique aux problèmes du développement en mettant en perspective l'utilité de la spécialisation internationale, le rôle développant du libre jeu du marché et la possibilité d'un développement par diffusion du progrès technique. C'est la stratégie libérale du rattrapage par le commerce international. Elle s'est formée au lendemain de la Seconde Suerre mondiale sous l'influence des travaux de Rostow.

Selon Philippe Norel cette stratégie « constitue l'application de la théorie économique néoclassique aux problèmes de développement. Elle montre l'utilité de la spécialisation internationale, le rôle développant du libre jeu du marché et la possibilité d'un développement par diffusion du progrès technique »[263]. En fait, cette stratégie invite à la combinaison d'un certain nombre d'éléments comme politique de rattrapage historique : la spécialisation internationale dans le respect des dotations en facteurs, l'ouverture du marché national aux capitaux extérieurs dans un contexte de libre concurrence, le transfert de technologie dans le cadre du financement d'un ensemble industriel complet clé en main, le concours de l'aide et de la coopération internationales. Concernant le commerce international, la doctrine libérale recommande une spécialisation conforme à la doctrine de l'exploitation des avantages comparatifs. Selon cette doctrine « un pays se spécialisera dans l'exportation des biens dont les coûts relatifs de production sont les plus bas (Ricardo), ou des biens utilisant le plus intensivement les facteurs de production dont il est le mieux doté (Hekscher-Ohlin) »[264]

Dans le cadre de cette politique de développement, le rattrapage est attendu du trickle down effect (effet diffuseur de progrès) du commerce international c.-à-d. des retombées du commerce international en terme de diffusion du progrès. Le commerce international serait à même de transmettre la croissance et donc le développement des pays développés vers les pays sous-développés par le jeu de trois mécanismes :

a) Celui des mouvements de marchandises : les forts taux de croissance des pays développés conduisent ceux-ci à accroître leurs importations. Il en résulte, pour les pays du tiers-monde, une tendance à l'augmentation des exportations et également la possibilité d'importer des technologies plus efficaces.

b) Celui des prix : dans les pays développés la croissance de la productivité se traduit par une diminution des coûts de production et donc des prix. Par des importations moins chères, le tiers-monde bénéficie des gains de productivité réalisés dans les pays industrialisés.

c) Celui et des mouvements des capitaux : dans les pays industrialisés l'abondance de l'épargne permet d'en diriger une partie vers le tiers-monde où les taux de profit potentiels sont plus élevés. L'endettement extérieur des pays du tiers-monde facilitera le développement. Les pays nouvellement emprunteurs deviendront emprunteurs évolués puis grâce aux excédents commerciaux dégagés, nouvellement prêteurs et prêteurs évolués.

Ces mécanismes permettraient d'assurer la mise en place des mécanismes qui avaient engendré, il y a deux siècles la révolution industrielle en occident[265]. Dans le cadre de cette stratégie, la dynamique de rattrapage historique est donc attendue de l'effet diffusionniste de progrès (trickle down

---

263 Philippe Norel Problèmes du développement économique, Ed Seuil, 1997

264 J.M Fontaine, Mécanismes et politiques de Développement économique, Editions Cujas 1994.

265 A. Cazorla, A.M. Drai, Sous-développement et Tiers-mondes, Une approche historique et théorique, Ed. Vuibert, 1992

effect) que ne manqueront pas de produire le commerce international et le transfert de technologie.

Dans la pratique, la stratégie libérale de rattrapage par le commerce international a été expérimentée dans la forme d'une politique de promotion des exportations primaires. Cette politique consiste à « tenter de se procurer les biens manufacturés indispensables en misant sur l'exploitation de produits pour lesquels le pays dispose d'avantages naturels (mines, terre, climat)... »[266]. L'idée fondamentale était que les ressources financières tirées de ces exportations doivent permettre d'importer des biens d'équipement pour favoriser l'industrialisation du pays. Son expérience a montré qu'elle présente une limite importante : elle crée une dépendance à l'égard de la fluctuation des cours mondiaux des matières premières et conduit à un déficit extérieur qui hypothèque la politique du développement. C'est en réaction contre cette dépendance qu'ont été élaborées les stratégies de rattrapage par l'industrialisation.

B) Les stratégies de rattrapage par l'industrialisation

Les stratégies de rattrapage par l'industrialisation convergent sur l'idée que l'insertion des sociétés du tiers-monde dans une dynamique de modernité passe par le moyen d'une politique industrielle de rattrapage historique. Comment expliquer cette convergence sur l'industrie comme facteur de rattrapage ? Elle vient de ceci que les spécialistes des sciences économiques expliquaient dans les années 50 et 60 que l'industrie constitue le secteur où se produisent le plus d'innovations technologiques et où les gains de productivité sont les plus élevés. Elle serait donc le secteur le plus apte à générer les effets d'entraînement et donc de rattrapage les plus importants. Elle aurait la capacité de produire un effet trickle down c.-à-d. un effet de diffusion du progrès dans l'ensemble du tissu social.

Trois stratégies de rattrapage par l'industrialisation ont été élaborées et expérimentées : une stratégie d'inspiration structuraliste : l'ISI (industrialisation par substitutions des importations) ; une stratégie d'inspiration libérale : l'ISE (industrialisations par substitutions aux exportions) ; enfin une stratégie d'inspiration soviétique : celle des industries lourdes ou industries industrialisantes.Seule l'ISE a connu un succès réel pour des raisons qui n'ont rien à voir avec les supposées vertus trickle down effect de l'industrialisation.

1°) L'industrialisation par le modèle de l'ISI

Les concepteurs de cette stratégie se sont inspirés de l'expérience des pays latino-américains. Au XIXe siècle, au moment de leur indépendance, ces pays avaient mis en œuvre une politique de promotion des exportations

[266] Philippe Norel, Problèmes du développement économique, Ed Seuil, 1997.

primaires. Les limites rencontrées dans le cadre de cette politique amenèrent les pays latino-américains entre les deux guerres à s'orienter vers une autre politique. Ils abandonnèrent la politique de promotion des exportations primaires pour lutter contre la chute des rentrées de devises provoquée par la crise des années 30. La politique empirique que ces pays mirent en œuvre (la substitution aux importations) fut théorisée et érigée en stratégie d'industrialisation dans les années 50 par l'école structuraliste au sein de la CEPAL comme solution aux limites de la politique d'insertion internationale par l'exportation des produits primaires.

C'est la stratégie de l'Ecole structuraliste dont les membres appartenaient au Cepal. Cette école conteste l'effet trickle down assigné au commerce international par les libéraux et préconise en lieu et place de s'appuyer sur l'effet trickle down que ne manquerait pas de produire une stratégie d'industrialisation comme politique de rattrapage. Pour la Cepal le sous-développement n'est pas une affaire de retard, mais de modalité d'insertion dans le marché international. La spécialisation des pays du sud dans l'exportation de matières premières les condamne à un échange inégal avec le Nord. Sortir du sous-développement implique dès lors de s'affranchir du schéma de spécialisation par le moyen d'une stratégie d'industrialisation. Cette école proposa alors une stratégie d'industrialisation par substitution des productions locales aux importations : l'ISI (industrialisation par substitutions aux importations). Cette stratégie consiste à remplacer les produits importés par des produits locaux. Dans le cadre de cette politique, le rattrapage est attendu de l'effet trickle down de l'industrie c.-à-d. des retombées de l'industrie en terme de diffusion du progrès dans l'ensemble du tissu social.

Quels ont été les résultats de cette politique ? Gérard Grellet observe que de façon plus générale « A partir des années 50 les pays du Sud mirent en œuvre des politiques de substitutions à l'importation fondées sur une industrialisation planifiée. Or ces politiques se sont de plus en plus grippées au cours des années 70, d'une part parce que ces pays n'ont pas su générer les suppléments de demande nécessaires à l'élargissement du processus productif et d'autre part parce qu'ils eurent de plus en plus de difficultés à accéder à des technologies performantes. A partir des années 80, la quasi-totalité des pays du Sud abandonnèrent plus ou moins rapidement ces politiques au profit de politiques d'extraversion et de dérégulation. »[267]. En d'autres termes ils en revinrent à la stratégie libérale du rattrapage par le commerce international.

2°) L'industrialisation par le modèle de l'ISE

Tirant les leçons des limites de l'ISI, quelques pays asiatiques adoptèrent une autre stratégie d'industrialisation. En l'espèce, l'ISE : une stratégie de

[267] Gérard Grellet, Les politiques économiques des pays du Sud p19

l'industrialisation par substitution aux exportations (ou promotion des exportations des produits manufacturés). Cette stratégie consiste à remplacer les produits du secteur primaire exportés par des produits industriels à plus grande valeur ajoutée en se fondant sur l'utilisation d'avantages relatifs notamment en termes de coût de main-d'œuvre. C'est la stratégie majoritairement suivie par les pays asiatiques : la Corée du Sud et Taiwan d'abord puis les pays du sud est asiatique.

C'est un modèle d'inspiration libéral. A la différence de la stratégie de promotion des exportations primaires, celle-ci préconise l'industrialisation par la promotion des exportations des produits manufacturés. Historiquement elle apparaît dans le cadre de la critique de la stratégie d'industrialisation par l'ISI en raison des limites qu'elle a présentées[268].

Cette stratégie n'est pas allée sans succès. Sans doute d'ailleurs parce qu'il s'est agi moins d'une stratégie de rattrapage que d'une politique de croissance tout court. Incontestablement cette stratégie a débouché sur des résultats concrets en termes de croissance. Elle a cependant présenté des limites. Pour l'essentiel elle crée une forte dépendance vis-à-vis des perspectives du marché international en terme d'exportations. Elle est aussi tributaire du maintien d'un coût salarial faible. Elle n'est donc pas à l'abri d'une mise en échec par le fait de revendications salariales. C'est pour éviter ces limites que fut conçu en Algérie la stratégie des industries industrialisantes.

3°) L'industrialisation par le modèle des industries industrialisantes

C'est une stratégie d'inspiration soviétique. Elle consiste à créer de filières modernes de production d'amont en aval. C'est la stratégie expérimentée par l'Algérie. Charles Albert Michalet écrit : « La voie des industries industrialisantes a été suivie par l'Algérie à partir de 1966, dans le cadre d'un développement se référant au socialisme. L'objectif principal est d'assurer une croissance accélérée à la fois de l'emploi et de la production industrielle et agricole. A cette fin, le développement de la production et de la productivité agricole passe par l'utilisation de biens fournis par l'industrie : machinisme agricole, pétrochimie, engrais, plastiques. L'amélioration des conditions de production agricole doit permettre une extension des marchés pour les produits industriels. Simultanément, le développement de la production et de l'emploi industriels doit fournir des débouchés pour l'agriculture. Le point de départ et d'impulsion de cette dynamique d'ensemble consiste dans la création des industries industrialisantes : d'abord celles qui sont nécessaires pour le développement agricole (machinisme agricole, pétrochimie, engrais, plastiques.), puis les industries de biens d'équipement utiles pour le développement des industries

---

[268] Sur ces limites, voir Charles Albert Michalet, Le défi du développement indépendant, Les éditions Rochevignes, 1983

de transformation. La mise en œuvre d'une telle stratégie requiert d'importants investissements initiaux. Dans le cas de l'Algérie, le développement du secteur des hydrocarbures doit permettre de dégager les ressources financières nécessaires. Mais le développement de ce secteur nécessite lui-même des investissements. Il en résulte donc que le problème central de la planification devient celui de l'orientation prioritaire des investissements entre les différentes activités »[269]. Dans la pratique ce modèle s'est heurté à certaines limites qui l'ont conduit à l'échec. Notamment une dépendance accrue vis-à-vis de l'étranger pour l'acquisition de la technologie et donc d'importation de biens d'équipements et l'assistance technique[270].

C) La stratégie de la déconnexion

Mentionnons également ce que l'on peut qualifier comme cinquième stratégie de développement : celui de l'école de la dépendance. Cette école critiqua l'ensemble des stratégies d'industrialisation au motif qu'elles ne prenaient pas en compte les relations de classes pour prendre la mesure des causes du sous-développement. Selon cette école le sous-développement est imputable à un phénomène de blocage de la dynamique historique des pays du tiers-monde par l'effet de l'accumulation du capital à l'échelle mondiale à partir du 16e siècle. Elle préconise une politique de déblocage : la politique de déconnexion du marché capitaliste[271].

SECTION 3. LES STRATÉGIES DE RATTRAPAGE À L'ÉPREUVE DU RÉEL EN AFRIQUE

Pour réaliser la promesse du développement, à savoir la promesse d'un rattrapage historique, les Etats africains, sous le conseil de leurs experts occidentaux d'obédience libérale, marxiste, socialiste, ont mis en œuvre des stratégies diverses. D'abord une stratégie de rattrapage par le commerce international, ensuite une stratégie de rattrapage par l'industrialisation. Dans les deux cas ces stratégies ont conduit à un échec.

---

[269] Charles Albert Michalet Le défi du développement indépendant, Les éditions Rochevignes, 1983

[270] Pour une explication exhaustive sur ces limites : voir Charles Albert Michalet, Le défi du développement indépendant, Les éditions Rochevignes, 1983

[271] Samir Amin, La Déconnexion, pour sortir du système mondial, Ed La découverte

A) Les différentes politiques de développement mises en œuvre en Afrique

Il s'agit ici de voir quels sont les pays qui ont adopté telle ou telle stratégie et quels ont été les résultats.

1°) L'option pour une stratégie de rattrapage par le commerce international

La stratégie du rattrapage par le commerce international s'est traduite sur le terrain dans la forme d'une politique de promotion des exportations du secteur primaire. Autrement dit par la mise en place sur le terrain industriel d'une activité de simple extraction minière et sur le terrain agricole d'une activité de commercialisation de cultures d'exportation au détriment des cultures vivrières. Les grands champions de cette stratégie en Afrique ont été en Afrique de l'Ouest la Côte d'Ivoire et le Nigéria, en Afrique centrale le Zaïre et le Gabon, en Afrique australe la Zambie, en Afrique orientale le Kenya Pour une description détaille et chiffré de l'expérience de cette stratégie de rattrapage en Afrique il convient de lire l'ouvrage documenté de Gérard Grellet[272].

Philippe Norel écrit à propos de cette stratégie qu'elle consiste à « tenter de se procurer les biens manufacturés indispensables en misant sur l'exploitation de produits pour lesquels le pays dispose d'avantages naturels (mines, terre, climat) et d'une main-d'œuvre corvéable capable de réaliser une première transformation des produits primaires. En aucun cas il ne s'agit d'un pari industriel : il n'ya pas de tentative réelle d'importer, pour produire localement, les combinaisons capital/travail propres aux pays développés. Caractéristiques des économies d'Afrique noire, cette stratégie a connu beaucoup de difficultés »[273]

Dans la pratique la stratégie de rattrapage par le commerce international a présenté des difficultés inhérentes aux limites mêmes de cette stratégie. A savoir : la dépendance à l'égard des fluctuations du cours mondial des matières premières (la chute des cours des matières premières entraîne une baisse des ressources financières) et l'allocation du surplus tiré du secteur primaire (agriculture et mines) à la consommation et non pas à l'investissement dans les autres secteurs.

2°) L'option pour une stratégie de rattrapage par l'industrialisation

Devant les impasses auxquelles conduisait la stratégie de rattrapage par le commerce international, certains Etats en Afrique ont été tentés par la voie du rattrapage par l'industrialisation dans le cadre de la stratégie dite de l'ISI. Celle-ci s'est traduite sur le terrain dans la forme d'une politique

[272] Gérard Grellet, Les structures économiques de l'Afrique noire, IEDES, Ed PUF
[273] Philippe Norel, Problèmes du développement économique, Ed Seuil, 1997

d'industrialisation par substitution aux importations. L'objectif était de vaincre la dépendance commerciale en substituant les biens de consommation finale importés par des productions locales. Selon les pays, cette substitution s'est limitée à un petit nombre de produits destinés à la consommation intérieure : boissons, produits alimentaires, textiles, tabacs, raffinage de pétrole, matériel de transport, articles d'habillement, première transformation de métaux non ferreux. Les secteurs dominants ont toutefois été l'alimentation, les boissons et les textiles. Cette politique a eu pour corollaire : la protection de l'activité industrielle nationale vis-à-vis de la concurrence internationale, le monopole public (entreprises publiques) sur les principaux secteurs de l'économie, le contrôle des prix. Pour une description détaille et chiffré de l'expérience de cette stratégie de développement en Afrique il convient de lire l'ouvrage de Gérard Grellet[274].

Dans la pratique la stratégie de rattrapage par l'industrialisation a présenté des difficultés inhérentes aux limites mêmes de cette stratégie. A savoir : l'endettement excessif pour l'acquisition et donc l'importation des biens d'équipement.

Gérard Grellet donne de l'expérience de l'ISI en Afrique le point de vue suivant : « La période 1950-1970 a connu une phase active de substitution à l'importation. Les raisons en sont d'abord de politique économique. Avec l'indépendance les grandes maisons d'import-export voient leur monopole compromis. Les nouveaux Etats à la recherche de recettes fiscales renforcent les taxes à l'importation. Ceci eut pour conséquence un renversement de la stratégie des firmes d'import-export. Celles-ci implantèrent en Afrique des unités de production de façon à conserver un monopole sur les marchés nationaux, monopole renforcé par la protection douanière. Une telle politique de substitution à l'importation rencontre toutefois une limite évidente qui est celle de la taille du marché. La balkanisation de l'Afrique noire et le faible niveau de vie des populations ne permettent que des débouchés modestes, réduits à quelques biens de consommation courante : textiles, matériaux de construction, produits alimentaires. L'étroitesse des marchés va entraîner un essoufflement de l'industrialisation en Afrique noire pendant les années 70. En 1980, l'Afrique noire ne contribuait que pour 0,5 % à la production industrielle mondiale. Durant cette période les industries nationales deviennent de plus en plus subventionnées, soit directement, soit indirectement par le biais de la protection douanière. L'industrie, au lieu de produire une valeur ajoutée, devient consommatrice de surplus des autres secteurs. De plus elle reste limitée à un petit nombre de produits destinés à la consommation intérieure… »[275]

---

[274] Gérard Grellet, Les structures économiques de l'Afrique noire, IEDES, Ed PUF.

[275] Gérard Grellet, Les structures économiques de l'Afrique noire, IEDES, Ed PUF, p75

B) La faillite des politiques de développement en Afrique

Sur le plan de la pratique, les expériences concrètes des politiques mises en œuvre dans les pays africains dans une perspective de développement ont toutes débouché sur une faillite générale dans un contexte d'endettement exorbitant[276], engendré par ces politiques elles-mêmes.

1°) Le constat d'un échec des politiques de développement en Afrique

Dans la pratique, la plupart des Etats africains ont essayé de combiner ou d'adopter l'un après l'autre la stratégie du rattrapage par le commerce international et la stratégie du rattrapage par l'industrialisation. L'échec de l'un conduisant à l'adoption de l'autre et l'échec de l'autre ramenant à l'un. En somme les politiques du développement en Afrique ont donc consisté à s'appuyer sur l'exportation des produits du secteur primaire (mines et agricultures) pour permettre de dégager des capitaux destinés à être réinjectés dans le secteur industriel national. Qu'il s'agisse du secteur industriel constitué dans le cadre d'une politique de substitution aux importations ou de celui constitué dans le cadre d'une politique d'importation de biens d'équipement (transfert d'usines clé en main). On peut citer l'exemple typique du plan septennal (1963-1970) du Ghana qui favorise une politique d'exportation de cacao dont les recettes doivent servir au financement de la stratégie d'industrialisation.

Dans un premier temps les politiques du développement par la stratégie du rattrapage ont permis aux pays africains de connaître un succès relatif. Ce succès était favorisé par la valorisation des cours de matières premières et l'accès aux ressources financières internationales. Ces pays ont pu ainsi accomplir des actions positives dans le domaine de l'éducation et de la santé. Mais cette dynamique ne dura pas longtemps. Au début des années 80, il apparaît que le dynamisme de ces politiques reposait sur un endettement excessif.

Arnaud Zacharie écrit « Au début des années 1980, la crise de la dette du tiers-monde mit brutalement fin aux espoirs de nouvel ordre économique international. Des dizaines de pays du tiers-monde avaient emprunté auprès des banques au cours des années 1970, profitant de la conjoncture et des taux d'intérêt avantageux. Mais la majorité de ces emprunts avaient été contractés à des taux d'intérêt variables. Par conséquent, lorsque les Etats-Unis décidèrent en octobre 1979 d'augmenter radicalement les taux d'intérêt pour sortir de leur crise d'inflation, ce choc sur les taux d'intérêt provoqua des dégâts collatéraux dans les pays du tiers-monde, contraints de faire face à des charges d'endettement devenues excessives. Des dizaines de pays se

---

[276] Grellet Gérard, "La fin des modèles", in Le Monde du 1er novembre 1988 ; Samir Amin, La faillite du développement en Afrique et dans le tiers-monde, L'Harmattan, Paris, 1989 ; Gérard Azoulay, Les théories du développement : du rattrapage des retards à l'explosion des inégalités, Ed Les Presses Universitaires de Rennes, 2002

retrouvèrent ainsi en défaut de paiement, contraints de solliciter auprès des institutions financières internationales des financements extérieurs conditionnés par la mise en œuvre de programmes d'ajustement structurel ».

Face à l'incapacité de ces pays à rembourser le service de la dette, les institutions financières internationales leur ont imposé la mise en œuvre de politiques d'ajustement et de stabilisation macro-économique. Ces mesures ont conduit au désengagement de l'Etat de toutes les activités économiques (privatisation des entreprises publiques) à la libéralisation des prix, à l'ouverture des marchés à la concurrence interne et internationale. Si les programmes d'ajustements structurels ont permis d'améliorer les équilibres macro-économiques, il reste que ces Etats ont perdu la maîtrise de leur souveraineté budgétaire. Celle-ci est désormais dans les mains des institutions financières internationales. C'est dire donc que ces pays ne maîtrisent plus les choix de leur stratégie économiques. Quant au désengagement de l'Etat il a conduit à une explosion des inégalités qui a fait basculer les populations africaines de la pauvreté à la misère sociale. Enfin on peut dire aussi qu'à partir des années 80 la quasi-totalité des pays africains sont revenus contraint et forcés à la stratégie du rattrapage par le commerce international. Or cette dernière se traduit concrètement par une politique de mise valeur des richesses nationales sous l'angle de la rentabilité externe et donc du déficit interne.

De ce point de vue on peut dire donc que la modernisation par la stratégie du rattrapage historique a échoué. Samir Amin écrit : « Si les années 60 avaient été marquées par un grand espoir de voir amorcer un processus irréversible de développement à travers l'ensemble de ce que l'on appelait le tiers-monde et singulièrement l'Afrique, notre époque est celle de la désillusion. Le développement est en panne, sa théorie en crise, son idéologie l'objet de doute. L'accord pour constater la faillite du développement en Afrique est hélas général »[277]

2°) Les explications doctrinales de l'échec des politiques de démarrage industriel en Afrique

Les politiques du développement ont débouché en Afrique sur un échec global. Un tel échec laisse interrogateur eut égard aux moyens financiers qui ont été mobilisés par la communauté internationale et eut égard aux ressources agricoles et minières dont disposent certains pays d'Afrique. Face à cet échec il y a donc lieu de s'interroger sur ses causes. Rappelons-nous la remarque de Gilbert Hottois : « Kuhn insiste beaucoup sur la stabilité d'un paradigme, sur le fait que lorsque des expériences ou des observations paraissent le contredire ou marquer ses limites, on suspecte toujours plutôt

[277] in Samir Amin, La faillite du développement en Afrique et dans le tiers-monde, L'Harmattan, paris, 1989, p5

une erreur de calcul ou d'expérimentation, sans contester le paradigme (la théorie établie et faisant autorité). »[278].

Face à la faillite des politiques inhérentes au paradigme du développement que devons-nous faire ? Chercher l'erreur de calcul ou contester le paradigme ? Il y a donc deux manières de s'interroger sur les causes de l'échec des politiques inhérentes au paradigme du développement. Soit on interroge la configuration même des sociétés africaines soit on interroge le paradigme du développement lui-même. La première voie est celle qui a été suivie par la majorité des économistes. Ils ont donc cherché l'erreur de calcul. Ces économistes qui sont majoritaires avancent trois explications : l'insuffisance des facteurs de production, la domination externe et le choix de stratégies économiques et sociales inadaptées. Dans un article remarquable, Gérard Grellet a montré combien ces explications ne sont pas fondées[279]. Nous préférons renvoyer chaque lecteur à la lecture de cet article pour que chacun se rende compte de l'excellence de l'analyse de Gérard Grellet et partant de l'irrecevabilité des explications qui jusqu'ici sont données à l'échec des politiques du développement en Afrique.

La seconde voie est celle qui a été suivie par un groupe minoritaire d'économistes. Ils ont préféré interroger le paradigme du développement lui-même pour comprendre les raisons de l'échec des politiques du développement en Afrique. Il s'est agi pour eux de vérifier si ce paradigme ne portait pas en lui-même les causes de l'échec des politiques qui lui sont inhérentes. On peut citer parmi eux les travaux les plus explicites : ceux de Gilbert Rist[280] et ceux de Serge Latouche[281]. Nous invitons donc les lecteurs à lire leurs travaux.

Pour notre part, nous avons aussi emprunté la voie de l'analyse critique du paradigme du développement. Pour avoir une intelligence de l'échec des politiques du développement en Afrique, nous avons choisi de déconstruire le paradigme du développement.

---

278 Gilbert Hottois, De la Renaissance à la Postmodernité, Editions De Boeck, 1997, p345

279 Gérard Grellet, Stratégie d'industrialisation pour l'Afrique Noire, in Revue tiers-monde, T.XXIX, n° 115, juillet (septembre 1988).

280 Gilbert Rist in Le développement. Histoire d'une croyance occidentale, Ed. Presses de Sciences Po, Ed. 2001

281 Serge Latouche, La planète des naufragés, La découverte, 1991 ; L'Autre Afrique, Ed Albin Michel, 2000 ; Survivre au développement, Ed Mille et une Nuits, 2004

SECTION 4. LA FIN DU CONSENSUS DOCTRINAL SUR LA PERSPECTIVE DU PROGRÈS HISTORIQUE PAR UNE POLITIQUE INDUSTRIELLE DE RATTRAPAGE HISTORIQUE

Au début des années 80, l'ensemble de la doctrine en économie prenait acte de la faillite des politiques et stratégies de développement[282] conçues pour les pays du tiers-monde à l'exception de celle mise en œuvre par certains pays asiatiques. La question se posait alors de savoir quelle posture adopter. Fallait-'-il simplement recommander des politiques de refondation du développement ou alors rompre avec l'objectif du développement ? Si la plupart des économistes et des centres de recherche en développement brillèrent par leur silence, une chose est désormais certaine. Le développement comme perspective du rattrapage historique fait désormais l'objet d'une rupture de consensus : soit parce que l'opportunité même d'un rattrapage historique est contestée, soit parce que la politique des IFI tourne désormais le dos à l'objectif de rattrapage. D'un point de vue scientifique, il apparaît aussi que le diagnostic sur lequel repose la perspective du rattrapage historique manque de base scientifique. D'un point de vue politique, il apparaît aussi que les stratégies industrielles de rattrapage ont été élaborées moins comme des stratégies de croissance économique que comme des stratégies géopolitiques pour faire échec à la détérioration de termes de l'échange et à l'emprise des multinationales.

A) La rupture du consensus sur le rattrapage historique comme perspective

Elle se traduit à travers le rejet doctrinal du rattrapage comme opportunité et l'abandon du développement comme objectif par les IFI.

1°) Le rejet doctrinal du rattrapage comme opportunité

Un courant de la doctrine en économie apporte une réponse inattendue au constat de la faillite générale des politiques du développement. Ce courant propose de sortir du développement. Plus précisément il propose d'organiser l'après-développement. Il s'agit de l'école de l'après-développement.

Cette école remet en cause le projet du développement au sud à partir de deux constats. D'abord celui du caractère mystificateur de la théorie du trickle down effect : nulle part dans le tiers-monde les politiques industrielles de rattrapage n'ont eu pour conséquence un effet diffusionniste du progrès. Ensuite celui d'une impossible généralisation du modèle de consommation occidental à l'ensemble de la planète[283].

---

[282] Grellet Gérard, "La fin des modèles", in Le Monde du 1er novembre 1988 ; Samir Amin, La faillite du développement en Afrique et dans le tiers-monde, L'Harmattan, paris, 1989, p5

[283] Serge Latouche in Survivre au développement, Ed mille et une nuits, 2004, p.19 et 36

En fait, cette école remet en cause l'opportunité même du rattrapage. Pour ce faire, cette école insiste sur l'idée que le modèle occidental de production et de consommation n'est pas reproductible ailleurs. Selon cette école il nous faudrait trois planètes pour que l'ensemble de la population mondiale adopte le modèle occidental de consommation. Serge Latouche résume assez bien cette position théorique de l'école de l'après-développement. Il écrit : « théoriquement reproductible, le développement n'est pas universalisable. Les plus connues et les plus faciles à saisir, sinon les plus décisives, en sont les raisons écologiques : la finitude de la planète rendrait la généralisation du mode de vie américain impossible et explosif »[284]

L'école de l'après-développement s'inspire de la théorie de l'empreinte écologique construite par William Rees et Mathis Wackernagel en 1996. Cette théorie est en effet la plus grande objection à ce paradigme pour les pays du tiers-monde. Jean-Marie Harribey écrit « Cet indicateur mesure la surface nécessaire pour accueillir toutes les activités humaines. Selon des calculs de l'organisation Redefining Progress, il faudrait aujourd'hui quatre à cinq planètes si toute la population mondiale consommait comme un habitant des Etats-Unis d'Amérique »[285]. A partir de ce constat, l'école de l'après-développement invite les pays du tiers-monde à rejeter le développement et à construire un après-développement. Comment cette école conçoit-elle cet après développement ? Selon Serge Latouche l'après-développement se dessine de façon sensiblement différente au Nord et au Sud. Si pour le Nord Latouche conçoit l'après-développement en terme de décroissance, pour le Sud il le conçoit en termes de réappropriation de l'identité. Il écrit « en ce qui concerne les pays du sud, touchés de plein fouet par les conséquences négatives de la croissance du nord, il s'agit moins de décroître (ou de croître d'ailleurs) que de renouer le fil de leur histoire rompu par la colonisation, l'impérialisme et le néo-impérialisme militaire, politique, économique et culturel, pour se réapproprier leur identité. C'est la condition pour qu'ils soient en mesure d'apporter à leurs problèmes les solutions appropriées »[286]

La solution de Serge Latouche ne va pas sans ambiguïté. De quelle identité s'agit-il ? et dans quelle mesure la réappropriation d'une telle identité permettrait de résoudre les problèmes auxquelles sont confrontées les sociétés du tiers-monde ? Espérons que Serge Latouche ne parle pas de l'identité culturelle, car alors il verserait dans le péché de la croyance en une identité culturelle immuable des sociétés du tiers-monde.

Une autre école adhère à l'objection de l'empreinte écologique, mais apporte une solution différente de celle de l'école de l'après-développement.

---

[284] Serge Latouche, Survivre au développement, Ed mille et une nuits, 2004

[285] J.M Harribey, Les théories de la décroissance : enjeux et limites, Cahiers Français, N°337, mars-avril 2007

[286] Serge Latouche, in Survivre au développement, Ed.Mille et une Nuits, 2004

Il s'agit de l'école du développement durable. Cette école conserve l'objectif du développement, mais invite à une nouvelle philosophie générale du développement : le développement durable ou soutenable. Celui-ci invite à ne pas rejeter la croissance, mais à la mettre en œuvre dans le cadre d'une gestion raisonnable des ressources et des milieux naturels. Mais cette philosophie nouvelle du développement ne fait pas consensus. Les partisans de l'après-développement dénoncent ce qu'ils appellent l'incohérence de cette notion, car selon eux le développement est par nature linéaire et cumulatif. Dès lors pour eux le concept de développement durable serait un oxymore c.-à-d. une figure de rhétorique consistant à juxtaposer deux mots contradictoires, comme l'obscure clarté. Il s'agirait d'un bricolage conceptuel visant à changer les mots à défaut de changer les choses... Certains vont même très loin. Ils voient dans ce concept un cheval de Troie des pays du Nord pour pérenniser leur domination sur ceux du Sud.

Notons cependant qu'en Occident la théorie du développement durable a engendré des pratiques concrètes et nouvelles visant à réduire l'empreinte écologique dans la vie quotidienne. Ces pratiques déboucheront-elles ou non sur ce que les Anglo-saxons appellent le développement soutenable ?

2°) L'abandon du développement comme objectif par les IFI

Les institutions financières internationales (IFI) attestent depuis les années 90 d'une nouvelle politique économique qui s'assimile à un abandon du développement comme perspective de rattrapage. Leurs experts optent désormais pour la lutte contre la pauvreté et la solvabilité des pays du tiers-monde comme nouveaux objectifs.

C'est une véritable rupture par rapport aux années antérieures. Il faut rappeler que des années 5O aux années 70 le conflit Est-Ouest amena les deux grandes puissances à accorder un soutien financier massif aux économies de leurs alliés respectifs du tiers-monde. Ce soutien donna l'illusion pendant deux décennies que le développement comme politique de rattrapage se couronnait de succès progressif. Mais la conjoncture politique et économique mondiale des années 80 allait mettre à nu le manque de pertinence des politiques de rattrapage.

Arnaud Zacharie écrit « Au début des années 1980, la crise de la dette du tiers-monde mit brutalement fin aux espoirs de nouvel ordre économique international. Des dizaines de pays du tiers-monde avaient emprunté auprès des banques au cours des années 1970, profitant de la conjoncture et des taux d'intérêt avantageux. Mais la majorité de ces emprunts avaient été contractés à des taux d'intérêt variables. Par conséquent, lorsque les Etats – unis décidèrent en octobre 1979 d'augmenter radicalement les taux d'intérêt pour sortir de leur crise d'inflation, ce choc sur les taux d'intérêt provoqua des dégâts collatéraux dans les pays du tiers-monde, contraints de faire face à des charges d'endettement devenues excessives. Des dizaines de pays se retrouvèrent ainsi en défaut de paiement, contraints de solliciter auprès des institutions financières internationales des financements extérieurs conditionnés par la mise en œuvre de programmes d'ajustement structurel ».

Pour les institutions financières internationales, le désendettement des pays du tiers-monde nécessitait la mise en œuvre d'un ensemble de prescriptions qui impliquaient l'abandon des politiques suivies jusqu'alors. Les prescriptions à mettre en œuvre devaient se décliner en terme de réduction de la dépense publique, en terme de réduction du périmètre des Etats qui par le biais des entreprises publiques interféraient dans la production, en terme de suppression des mesures qui faussaient les prix de marché par le jeu de divers garanties, taxes et droit de douane destinés à protéger les industries nationales. Par ces prescriptions, les institutions financières internationales créaient une nouvelle politique économique à mettre en œuvre par les pays du tiers-monde. Cette nouvelle politique économique reposait sur trois paramètres : stabilisation de la monnaie, privatisation des entreprises publiques, libéralisation des marchés pour ouvrir les frontières nationales aux marchandises et aux capitaux. Au début des années 1990, John Williamson qualifia cette nouvelle politique économique du terme de consensus de Washington.

Les prescriptions du consensus de Washington consacrent de fait l'abandon de toute finalité de rattrapage et donc de développement. Le développement comme perspective de rattrapage cesse d'être un objectif. Peu importe désormais que ces pays rattrapent ou non l'Occident. L'essentiel est que ces pays soient solvables et que leur politique économique soit favorable à la dynamique d'une globalisation des marchés. L'Etat est réduit à être un simple régulateur du marché national et de l'ordre public. On ne doit donc pas s'étonner du fait que la mise en œuvre de ces politiques économiques ait eu des conséquences sociales dramatiques. Elle fit basculer les conditions de vie des populations du tiers-monde de la pauvreté à la misère. C'est elle qui est par exemple à l'origine des migrations économiques africaines vers l'Europe. Jean-Marie Harribey écrit « L'ampleur des dégâts occasionnés par ces politiques est aujourd'hui reconnue par tous : explosion des inégalités, régression des couvertures sociales, dans certains cas recul de l'espérance de vie et de l'alphabétisation, engrenage de la dette »[287]

Face à ces conséquences dramatiques des voix s'élevèrent au sein même des institutions financières internationales pour recommander de mettre en œuvre des mesures d'accompagnement. La prise en compte de ces remarques se traduisit en 1999 par la création des documents stratégiques de réduction de la pauvreté et en septembre 2000, l'Assemblée Générale des Nations Unies réaffirma le dessein d'un développement par l'adoption de la déclaration du millénaire dans laquelle les gouvernements se sont engagés à

[287] ATTAC, Le développement a-t-il un avenir ? Pour une société solidaire et économe, Coordination et rédaction Jean-Marie Harribey, 2004

atteindre huit objectifs du millénaire pour le développement à l'horizon 2015.

Depuis lors les IFI naviguent de consensus en consensus. Elles font succéder les consensus les uns à la suite des autres au gré des équipes d'économistes qui se succèdent au sein des IFI. Tantôt elles font l'éloge de l'agriculture comme nouveau sésame (cas du rapport de la Banque Mondiale sur le développement mondial en octobre 2007), tantôt elles redécouvrent les vertus d'un Etat interventionniste par la planification et les dépenses publiques (cas du rapport Croissance et développement de la Banque Mondiale en mai 2008), etc.…

Il reste que par delà ces circonvolutions, la nouvelle politique économique prônée par les institutions financières internationales évacue désormais de leurs préoccupations le dessein du développement comme perspective de rattrapage historique. Leur ambition se borne désormais à la solvabilité de l'Etat, la lutte contre la pauvreté, la libéralisation totale des économies des pays du tiers-monde et l'interprétation purement comptable de l'opportunité ou non des dépenses publiques.

Vincent Geronimi, rend compte du changement de perspective dans les termes suivants : « Les problématiques de l'industrialisation s'inscrivent dans une logique de transformation structurelle, alors que la lutte contre la pauvreté se décline selon des programmes qui ne posent même pas la question de la redistribution interne aux économies (cf les Documents stratégiques de réduction de la pauvreté (DSRP). Ainsi les travaux appliqués récents se concentrent-ils sur la question du montant d'aide additionnel nécessaire pour atteindre les objectifs du Millénaire à l'horizon 2015 (Kraay et Raddatz, 2006), alors que les questions initiales portaient d'abord sur le montant de financement supplémentaire nécessaire pour initier un développement auto-entretenue, pour sortir du cercle vicieux de la pauvreté. Cela suscite une interrogation sur la cohérence temporelle des politiques qui se déploient au nom de la lutte contre la pauvreté. Le passage d'un objectif de croissance auto-entretenue à un objectif de lutte contre la pauvreté introduit une rupture dans l'horizon temporel des analyses. A l'horizon du changement structurel associé à l'industrialisation, se substitue l'horizon de la réduction de la moitié de la proportion des pauvres en 2015 »[288].

En fait on peut dire que depuis les années 2000, les politiques de développement se réduisent à des politiques de conformité aux critères qui permettent d'obtenir des financements internationaux. Un indice significatif de l'abandon du développement comme objectif par la famille des Nations-Unies est la disparition d'une discipline fortement liée à ces institutions : le Droit international du développement. Lorsque les acteurs sociaux veulent que leurs idées mordent sur le réel, ils leur donnent une traduction juridique.

---

[288] p75, V.Géronimi, Le temps de la normalisation ? Big Push et trappe à, pauvreté in Savoirs et politiques de développement. Questions en débat à l'aube du XXI siècle (sous la direction de V.Géronimi, I.Bellier, J.J.Gabas, M.Vernières, Y.Viltard, Editions Karthala-Gemdev, 2008

Ce fut le cas avec les Nations-Unies lorsque des années 50 aux années 70, elles élaborèrent tout un corpus de résolutions à valeur tantôt recommandatoire, tantôt contraignante sur le Droit du développement. Ces textes entraînèrent dans leur sillage la naissance d'une discipline universitaire (le droit international du développement) et d'un grand nombre d'ouvrages sur le Droit international du développement. Aujourd'hui ces ouvrages ont été rangés dans les archives et plus personne ne parle du Droit international du développement.

B) Le manque d'assise scientifique de la perspective du rattrapage historique

La perspective du progrès historique des pays du tiers-monde selon le paradigme du développement est celle de la modernisation par une politique de rattrapage historique. Or du point de vue de l'histoire africaine, cette perspective a été établie sur la base d'un diagnostic faux. A savoir : le retard historique. Il s'ensuit que cette perspective ne saurait prendre le contrepied de la dynamique historique réelle qui a conduit les sociétés africaines à leur condition actuelle. A savoir une dynamique de régression historique. Par définition, si une politique de rattrapage historique est adéquate pour prendre le contrepied d'une dynamique de retard historique, il va de soi qu'elle n'est pas adéquate pour prendre le contrepied d'une dynamique de régression historique. Cette politique est éligible pour une société dont la condition actuelle est liée à un processus de retard historique. Or ce n'est pas le cas pour l'Afrique.

Il ressort des sources probantes de l'histoire que la dynamique historique à l'origine de la configuration contemporaine des sociétés africaines est une dynamique de régression historique amorcée à partir du 17e siècle sous la conjonction d'une violence géopolitique d'origine externe (l'expansion extraterritoriale des peuples européens) et d'origine interne (recomposition des espaces politiques africains consécutive à l'implosion des grands Etats stabilisateurs que furent le Songhai, le Kongo etc.). Cette dynamique causale à l'origine de sa configuration contemporaine invite donc à mettre en œuvre des politiques dont la logique de transformation est autre chose qu'une logique de rattrapage historique. Une telle logique est inappropriée pour prendre le contrepied d'une logique de régression historique.

Il faut comprendre en effet que quelque soit l'espace ou le temps, la transformation des réalités d'une société nécessite l'adoption d'une politique sui generis. Il doit s'agir impérativement d'une politique dont la logique de transformation (rattrapage, révolution, déconnexion, reconfiguration du tissu social, etc.) prend par définition le contrepied de la dynamique historique qui a conduit aux réalités que l'on veut transformer. Il importe donc de bien connaître la nature de cette dynamique historique causale. C'est en effet par contraste avec la nature de celle-ci que sera mise au jour la logique de transformation sociale à même d'en prendre le contrepied. Ainsi à une dynamique historique causale qui se présente à l'analyse dans les termes d'un retard historique on devra opposer par contraste une politique qui véhicule une logique de transformation en termes de rattrapage historique. C'est le cas des politiques développementalistes dites de big push. A l'inverse, à une dynamique historique causale qui se présente à l'analyse dans les termes d'une régression historique (et donc d'une perte de l'initiative historique) on devra opposer par contraste une politique qui véhicule une tout autre logique de transformation sociale.

Autrement dit, pour transformer une société, il faut interpréter ses réalités à travers une grille de lecture qui est l'expression conceptuelle de la dynamique historique qui est à l'origine des réalités que l'on cherche à transformer. Une telle grille de lecture est heuristique en ce sens qu'elle ne manque pas d'informer sur la logique de transformation sociale que doivent véhiculer les politiques à mettre en œuvre pour prendre le contrepied de la dynamique historique causale qui a conduit aux réalités que l'on cherche à transformer. Il s'ensuit que si on se trompe sur la nature de la dynamique historique causale concernée alors la politique que l'on adoptera ne véhiculera pas une logique de transformation à même de prendre le contrepied de la dynamique causale réelle dans laquelle s'originent les réalités que l'on veut transformer. C'est là où intervient la question de la grille de lecture. Selon que l'on adopte telle ou telle grille de lecture, la dynamique historique causale sur laquelle on s'appuiera ne sera pas la même. Elle correspondra ou non à la dynamique historique dans laquelle s'originent les réalités que l'on veut transformer.

Concernant l'Afrique, la question fondamentale est donc double. D'une part, quelle est la grille de lecture qui informe sur la dynamique historique causale qui est à l'origine des réalités africaines contemporaines ? D'autre part, quelle est au regard de cette dynamique historique causale, la logique de transformation qui par contraste permet de prendre le contrepied de la dynamique historique qui a conduit aux réalités africaines contemporaines ?. Ce n'est que par cette méthode que l'on pourra construire le paradigme explicatif des politiques à mettre en œuvre pour donner aux sociétés africaines contemporaines une configuration moderne.

C) Les limites inhérentes aux stratégies d'industrialisation

Toutes les stratégies de rattrapage historique élaborées dans le cadre du paradigme du développement se sont heurtées au principe de réalité. Elles ont donc échoué On va examiner les limites communes à toutes ces stratégies. En effet quelque soit le groupe auquel appartient ces stratégies, elles présentent deux points communs qui expliquent leur échec.

1°) Le premier point commun

Toutes ces stratégies ont en commun le fait de considérer l'industrialisation comme le paramètre suffisant d'un processus de modernisation dans le tiers-monde. Elles ont en commun le fait d'être prisonnière du prisme de l'industrie Elles véhiculent l'idée selon laquelle l'industrie serait le seul facteur de modernisation, un facteur nécessaire et suffisant. Elles ont en cela ignoré les autres facteurs incontournables de la modernisation : l'éducation, la santé, les libertés, l'Etat de droit, etc.

C'est la raison pour laquelle dans la pratique elles ont toutes échoué sauf celle adoptée par les tigres asiatiques sans doute parce que leur stratégie prenait en compte les autres facteurs de la modernisation. Ce qui est pire est qu'à l'exception des tigres asiatiques, tous les autres pays en sont revenus à la première stratégie. A savoir, celle du rattrapage par le commerce international. Or cette stratégie présente une limite importante : elle crée une dépendance à l'égard de la fluctuation des cours mondiaux des matières premières, elle conduit à un endettement excessif, elle encourage les firmes multinationales à des pratiques d'évasions fiscales sur grande échelle.

Mais surtout son expérience a montré que par définition une telle stratégie conduit à un désert industriel dès lors qu'elle consiste à exporter brut ce qui est précisément nécessaire à l'activité industrielle de transformation.

2°) Le deuxième point commun

L'analyse montre que les stratégies d'industrialisation ont été élaborées plus comme des stratégies géopolitiques pour faire échec à la détérioration des termes de l'échange et à l'emprise des multinationales que comme des stratégies de croissance économique.

Elles ont été conçues non pas dans le cadre d'une problématique de croissance économique, mais conçue dans le cadre d'une problématique géopolitique visant soit à garantir à l'Occident l'accès aux matières premières du tiers-monde (industrialisation par le commerce international) soit à faire échec à ce que certains qualifient comme une dépendance extérieure ou comme une détérioration des termes de l'échange (ISI et industries industrialisante).

La seule stratégie qui n'a pas échoué est celle de l'ISE adopté successivement par divers pays asiatiques. La raison de ce succès vient sans doute de ce que l'ISI a été élaborée dans le cadre d'une problématique de croissance économique et non pas dans le cadre d'une problématique géopolitique. Mais même là, on ne peut s'empêcher d'y voir une stratégie des multinationales occidentales pour avoir accès à une main-d'œuvre formée, mais bon marché. Il s'agissait aussi pour les USA d'opposer au modèle nord-coréen un modèle sud-coréen attractif.

Il apparaît donc que la doctrine du développement élaborée par Truman disposait d'un argumentaire philanthropique qui servait à masquer le dessein géopolitique que poursuivaient ses promoteurs. A savoir : briser le pacte colonial, favoriser la décolonisation pour l'ouverture des marchés, soustraire les richesses des futurs pays décolonisés de la sphère d'influence soviétique. Ce que l'on a appelé la coopération internationale pour le développement n'est donc en vérité que la politique d'intégration des territoires du tiers-monde au commerce international sous l'angle de la prospérité des intérêts étrangers à ces territoires.

Il apparaît donc que la promotion de la doctrine du développement comme perspective de la modernité dans le tiers-monde loin d'être une option scientifiquement fondée, s'avère en fait n'être qu'un choix géopolitique. Elle visait à garantir à l'Occident l'accès aux ressources naturelles indispensables à son industrie. Ce n'est donc pas par hasard si le discours des économistes libéraux incitait dès les années 50 les pays décolonisés à s'insérer dans la division internationale du travail par la voie d'une stratégie de promotion des exportations du secteur primaire. Or par définition une telle spécialisation conduit à un désert industriel dès lors qu'il consiste à exporter brut ce qui est précisément nécessaire à l'activité industrielle de transformation. L'échec des autres stratégies qui se voulaient alternatives à cette stratégie a ramené les économies de la majorité des pays du tiers-monde à cette stratégie d'origine.

D) Le piège fondamental de la perspective du rattrapage historique

Nous avons dit qu'à l'exception des tigres asiatiques, tous les autres pays du tiers-monde en sont revenus à la première stratégie. A savoir, celle du rattrapage par le commerce international. Dans les faits cette stratégie présente une limite importante : elle crée une dépendance à l'égard de la fluctuation des cours mondiaux des matières premières, elle conduit à un endettement excessif, elle encourage les firmes multinationales à des pratiques d'évasions fiscales sur grande échelle. Mais surtout son expérience a montré que par définition une telle stratégie conduit à un désert industriel dès lors qu'elle consiste à exporter brut ce qui est précisément nécessaire à l'activité industrielle de transformation.

En fait le piège de cette stratégie du développement par le commerce international est sa théorie du trickle down effect. Le concept de trickle down effect (ou effet de ruissellement) est un concept économique élaboré au début du 19e siècle par deux économistes, Adam Smith et David Ricardo. Selon ces deux auteurs, plus on s'enrichit, plus on fait ruisseler sa richesse vers les plus pauvres, en sorte que tout le monde est gagnant. Autrement dit, en termes concrets ces auteurs veulent dire que plus on gagne de l'argent, plus on le redistribue en achetant des services : le milliardaire embauchera par exemple un chauffeur, un jardinier, un cuisinier, un coiffeur, etc. qu'il paiera plus cher tout simplement parce que, n'ayant plus de prise avec la réalité, il dépensera sans trop compter...

La théorie économique dite du "trickle-down effect" peut donc être considérée comme celle de la "relance économique par le haut". L'image utilisée est celle des cours d'eau qui ne s'accumulent pas au sommet d'une montagne, mais qui ruissellent vers la base. Par trickle down effect la théorie économique entend donc l'idée selon laquelle il existerait une corrélation entre l'augmentation des revenus des classes riches et l'amélioration des conditions de vie des classes pauvres. L'enrichissement des premiers améliorerait automatiquement la condition sociale des seconds par ruissellement (to trickle down) des effets de la croissance dans l'ensemble du corps social.

Transposée au domaine des rapports entre classes aisées et classes pauvres, cette théorie prône l'idée selon laquelle tout ce qui favorise l'enrichissement des personnes déjà riche a une répercussion positive sur la condition des classes pauvres. Il faut donc favoriser les mécanismes d'enrichissement des classes aisées, ne leur faire supporter en matière de fiscalité qu'une taxation réduite afin que par leur pouvoir d'achat, d'embauche, d'investissement et d'épargne, leur richesse, participe à l'amélioration du bien-être général, leur richesse contribue à améliorer par répercussion la condition des pauvres.

Transposé à la question du commerce international et donc aux rapports entre pays développés et pays en voie de développement, cela signifie que l'augmentation du volume des échanges internationaux des pays en voie de développement avec les pays développés et les gains de productivité qu'ils retireront du processus d'industrialisation de leur tissu social produiront automatiquement au sein de leur économie des effets performants en termes d'emploi, d'amélioration du nouveau de vie, d'éducation, d'accès aux soins, de libertés publiques, etc.

La pratique des échanges internationaux en vérité a infirmé cette théorie. Non seulement le commerce international s'est avéré être inégal (détérioration des termes de l'échange), mais en outre les politiques d'industrialisation ont été réduites à des industries de simple extraction là où la raison économique exigeait qu'elles soient élevées au rang d'industries de transformation. Dans un ouvrage récent sur le bilan des politiques du développement, Gérard Azoulay, un spécialiste des questions du développement, donne à son ouvrage un sous-titre on ne peut plus explicite : du rattrapage des retards à l'explosion des inégalités[289]

L'adhésion des élites africaines à la croyance au trickle down effect leur fit et leur fait encore adopter une posture attentiste du progrès là où la Raison eut voulu qu'ils adoptent une posture anticipatrice par des initiatives

[289] Gérard Azoulay, Les théories du développement : du rattrapage des retards à l'explosion des inégalités, Ed Les Presses Universitaires de Rennes, 2002.

modernisantes en terme de politiques de croissance, de politiques des infrastructures, de politiques relatives à la formation scolaire et universitaire, de politiques relatives à la recherche scientifique fondamentale et appliquée, etc.Cinquante ans après la mise en œuvre des politiques de développement, les élites africaines attendent toujours les retombées du trickle down effect en dépit de l'objectivité des faits qui dévoilent de façon dramatique la naïveté de la croyance à la théorie du trickle down effect.

C'est sans doute pourquoi dès les années 50, Cheikh Anta Diop, mettait en garde ses compatriotes africains contre l'adoption d'une posture attentiste. Il écrivait : « Les évènements ne s'accomplissent pas par la force des choses, mais parce qu'il existe des hommes qui agissent »[290]. Nous autres africains gagneront beaucoup à méditer longuement cette observation de Cheikh Anta Diop. Tout au long du 20e siècle nous avons attendu que le progrès nous vienne des initiatives et des solutions conçues en Occident à partir de doctrines issues de problématiques liées à des contingences propres à l'histoire de l'Europe[291]. Ces solutions ont-elles répondu aux attentes que les partisans de ces doctrines en escomptaient du point de vue de leurs intérêts ? Une chose est certaine. Ces solutions n'ont pas répondu aux attentes des sociétés et des populations africaines[292]. A l'évidence nous aurions dû agir, c.-à-d. prendre l'initiative d'analyser nous même nos réalités, et à partir de cette analyse, élaborer un plan général pour une action en retour sur nos propres réalités. Seul, Cheikh Anta Diop l'a fait. Mais ses travaux ont été mis en quarantaine.

Si nous voulons que le 21e siècle soit pour nos enfants et petits-enfants le siècle d'une Afrique pleinement moderne, alors il nous faut réfléchir de manière autonome et agir dans le cadre d'un projet de société et de civilisation conçue par nous dans une perspective d'autonomie des normes, des principes, des priorités et des intérêts qui président à notre action. Nous ne pouvons comme nous le fîmes au 20e siècle, laisser notre devenir moderne dépendre des aléas du commerce international, de l'opinion fluctuante des économistes des Institutions financières internationales, des ambiguïtés de l'Aide au développement, de l'imaginaire européocentrique des experts en développement, des contraintes et agendas de la coopération Nord-Sud, du triomphe hypothétique de la classe ouvrière, des improvisations politiques et économiques des gouvernements africains post-coloniaux et de la bonne volonté des héros de l'urgence humanitaire. Nous

---

[290] Cheikh Anta Diop, Alerte sous les tropiques, in revue Présence Africaine, n°5, décembre 1955, janvier 1956 ; Pour une présentation de l'homme et de son œuvre lire le livre de Cheikh Mbacké Diop, Cheikh Anta DIOP, l'homme et l'oeuvre, Paris, Présence Africaine, 2003.

[291] Il s'agit des doctrines suivantes : le libéralisme, le communisme, le socialisme, la révolution, etc..

[292] Lire : Serge Latouche, La planète des naufragés. Essai sur l'après-développement, Editions La découverte, 1991 ; Serge Latouche, Survivre au développement, Ed mille et une nuits, 2004 ; Gérard Azoulay, Les théories du développement : du rattrapage des retards à l'explosion des inégalités, Ed Les Presses Universitaires de Rennes, 2002

devons par nous-mêmes prendre l'initiative d'une réflexion critique et autonome, qui débouche sur un plan d'action en retour sur nos propres réalités. Un plan d'action qui présente la forme d'un projet de société et de civilisation construit dans une perspective d'autonomie des normes, des principes, des priorités et des intérêts qui présideront à notre action.

L'histoire africaine post-coloniale confirme tout le sens et la profondeur du propos de Cheikh Anta Diop lorsqu'il nous dit que « Les évènements ne s'accomplissent pas par la force des choses, mais parce qu'il existe des hommes qui agissent »[293]. La posture attentiste des élites africaines a conduit les sociétés dont elles ont en charge le destin historique à devenir des espaces d'adversité matérielle et immatérielle qui poussent un grand nombre d'Africains à abandonner leur continent pour aller se réfugier en Occident. Cela ne s'était jamais vu auparavant depuis la haute antiquité.

Nous autres africains devons donc plus que jamais méditer la réflexion de Cheikh Anta Diop et prendre conscience que les sociétés progressent ni par la force des choses ni par des solutions d'emprunt. Elles ne progressent que sous l'effet de levier d'un projet autonome et réfléchi de civilisation. Ce n'est donc que par une action volontaire en retour sur leur propre environnement que les sociétés africaines parviendront à transformer efficacement leurs réalités. Elles attesteront ce faisant avoir eu la présence d'esprit d'agir non pas dans l'improvisation, mais dans le cadre de grandes lignes directrices et anticipatrices.

---

[293] Cheikh Anta Diop, Alerte sous les tropiques, in revue Présence africaine, n°5, décembre 1955, janvier 1956.

CHAPITRE 6

La sixième figure du paradigme du développement : un paradigme qui en Occident conduit à une perversion du projet initial de la modernité

Le paradigme du développement présente le devenir historique des sociétés dans une perspective évolutionniste. A savoir celle d'une trajectoire qui conduit de l'ère de la nécessite à l'ère de la liberté à travers un itinéraire composé d'étapes incontournables et universelles.

Pour les anthropologues évolutionnistes, ces étapes conduisent sur le long terme de la sauvagerie à la barbarie et de la barbarie à la civilisation. Pour les intellectuels marxistes, ces étapes conduisent sur le long terme de la communauté primitive à l'antiquité, de l'antiquité au féodalisme, du féodalisme au capitalisme puis au communisme. Pour les intellectuels libéraux, ces étapes conduisent sur le long terme de la société traditionnelle à la société industrielle et à la société démocratique.

Comme tel, le paradigme du développement présente la trajectoire historique des sociétés comme l'expression d'un itinéraire linéaire et cumulatif dans le champ des institutions politiques, de la production économique, des techniques, des sciences et des idées. Cet itinéraire serait un itinéraire incontournable, optimal et performant des sociétés. Cette vision n'est pas allée sans répercussion sur la configuration que présente la modernité contemporaine. Tout le long du XXe siècle, ce paradigme a opéré comme une norme prescriptrice des orientations que devait prendre la société aussi bien en Occident que dans le tiers-monde. Comme tel ce paradigme a largement contribué à donner à la modernité contemporaine une orientation qui a conduit les sociétés de l'Occident comme celles du tiers-monde dans une impasse historique. Cette impasse se présente soit dans la forme d'une perversion du projet de modernité (c'est le cas pour l'Occident) soit dans celle d'un avortement du projet de modernité (c'est le cas pour le tiers-monde). De ce point de vue on peut dire que le développement comme expérience de société atteste d'une crise sociétale qui s'est transformée en une véritable crise de civilisation.

Nous verrons ici qu'en Occident le paradigme du développement subordonne toute l'organisation sociale autour d'un impératif de production illimitée, linéaire et cumulative des biens et des services. Cet impératif donne à l'expérience occidentale de la modernité une orientation productiviste dont les répercussions sociales pervertissent le projet même de la modernité. Perversion du projet de modernité, car ces répercussions conduisent concrètement à une configuration des sociétés comme espace de risque majeur et comme espace qui évacue le sens. Autrement dit, ces pratiques conduisent concrètement d'une part à une société du risque d'autre part à une société qui évacue ou marginalise le sens. C'est cet impact exorbitant non pas de la modernité, mais de l'expérience occidentale de la modernité dont nous allons présenter les différents aspects.

SECTION 1. LES PRESCRIPTIONS DÉVELOPPEMENTALISTES DE LA MODERNITÉ EN OCCIDENT

Il s'agit de l'impératif d'une politique économique productiviste et d'une subordination de toute l'organisation sociale à cette logique de production.

A) Une politique économique productiviste

En Occident le paradigme du développement véhicule l'idée que la société peut s'émanciper de l'empire de la rareté et de l'adversité de la nature par le moyen d'une opportunité que la technologie offre à la société. A savoir, celle d'une production illimitée des biens et des services. C'est cette logique de production illimitée des biens et des services que véhiculent en Occident les politiques économiques dites de croissance. Elles officient comme la norme par excellence de l'activité économique.

Cette norme de l'activité économique a opéré en Occident comme le ressort d'une utopie prométhéenne qui dans les faits s'est vite transformée en une utopie faustienne. Celle d'une subordination de l'outil technique et scientifique à une entreprise d'exploitation maximale des ressources de la planète selon une logique productiviste c.-à-d. selon une logique de production linéaire et cumulative des biens et des services.

Cette entreprise d'exploitation maximale donnera à la politique de croissance le profil d'une politique économique qui est certes performante, mais dont la logique interne (logique de production illimitée, linéaire et cumulative des biens et des services) et la philosophie interne (exploitation systématique de tout ce qui est techniquement possible) conduit les acteurs sociaux à accepter comme légitime la subordination de toute l'organisation sociale à un impératif de production qui fait de la marchandise la fin de toute chose et de la rentabilité la mesure de toute chose. Cet impératif substitue à l'idéal d'émancipation un idéal de consommation qui finit par polariser toute l'activité sociale autour d'un impératif de production illimitée, linéaire et cumulatif des biens et des services.

L'impact de cet impératif sur la configuration de la modernité en Occident a rarement été souligné. Cet impératif invite au nom du progrès à accepter comme légitime la subordination de l'ensemble des activités sociales à une logique économique productiviste c.-à-d. à une logique de production linéaire et cumulative des biens et des services. Cet impératif donne à la modernité en Occident une configuration productiviste qui s'accompagne d'un coût social exorbitant. Il s'agit d'un coût qui se décline en termes de politiques génératrices de risques majeurs : risque de pollution industrielle, risque nucléaire, risque alimentaire, etc....

B) La subordination de toute l'organisation sociale à une logique économique productiviste

En Occident, la politique économique subordonne toute l'organisation sociale à un impératif de production linéaire et cumulative des biens et des services.

Que dans une société, toute l'activité sociale puisse être polarisée autour d'un impératif de production, il n'y a là rien que de très normal. Les sociétés humaines ont en effet pour préoccupation principale la quête de l'alimentation. Ce qui est anormal en revanche c'est que cette polarisation s'accompagne d'une croyance dans l'idée que la production illimitée, linéaire et cumulative des biens et des services est la clef de l'histoire. Cette croyance pose problème, car elle confère une légitimité à des pratiques que les citoyens perçoivent comme incontournable alors même qu'elles ne le sont pas et en plus elles viennent pervertir le projet de modernité par une configuration de l'espace social comme espace de risques majeurs et comme espace qui évacue le sens.

C'est ce dont attestent les répercussions sociétales de la logique normative de production que véhicule le paradigme du développement. Elles pervertissent le projet de modernité en ce sens qu'elles conduisent concrètement à une configuration des sociétés comme espace de risque majeur et comme espace qui évacue le sens.

Section 2. Les figures de la perversion du projet de modernité en Occident

Les figures perverses de la société occidentale moderne sont celles d'une société de risques majeurs, celles d'une société qui évacue le sens et celles d'une société qui occulte le pouvoir d'émancipation planétaire de la macro-technologique.

A) Une société du risque

L'observation des faits montre qu'en Occident l'orientation productiviste de la modernité émancipe certes de la rareté, mais elle émancipe de cette rareté à coups de risques majeurs. Ces risques se présentent comme risque nucléaire, biologique, industriel, alimentaire et génétique. D'aucuns pourraient objecter que toute société, voire toute civilisation, engendre des risques. Certes. Cependant depuis 10.000 ans diverses civilisations se sont épanouies sur la terre. Parmi ces civilisations, la civilisation du surdéveloppement est la seule à avoir engendré des risques qui mettent en péril la pérennité même de l'espèce humaine, de la flore et de la faune. Les risques engendrés par telle ou telle autre civilisation ont toujours été cantonnés à l'aire géographique de cette civilisation. La civilisation du développement est la première a engendrer des risques dont l'impact géographique et temporel présente un caractère exorbitant. Exorbitant, car sur le plan géographique ses risques s'étendent à l'ensemble de la planète, et sur le plan temporel ses risques hypothèquent la survie même de l'espèce humaine dans le temps. Contrairement à une idée répandue, elle met en danger non pas la planète terre, mais l'humanité comme espèce vivante.

B) Une société qui évacue le sens

En Occident, l'orientation productiviste de l'activité économique ne va pas sans une incidence singulière sur les rapports entre les opérateurs économiques et les citoyens consommateurs. D'une part elle conduit les opérateurs économiques à organiser la confusion entre l'intérêt des consommateurs à un rythme de production qui sauvegarde de la pénurie et l'intérêt des opérateurs économiques à l'accroissement de leur propre profit par une production illimitée des biens et services sans rapport avec les besoins réels de consommation. D'autre part, elle organise une confusion entre l'intérêt du consommateur à des prix compétitifs et l'intérêt de l'opérateur économique à un élargissement de la sphère de consommation des produits non durable. Cette confusion engendre une contradiction entre l'exigence développementaliste d'une croissance illimitée, le caractère épuisable des ressources de la nature et l'exigence citoyenne d'une consommation qui trouve son moteur dans les besoins réels et non pas dans l'exacerbation de besoins artificiels. C'est le risque entropique inhérent à cette contradiction qui est venue briser le consensus dont faisait jusque-là l'objet l'orientation productiviste du modèle économique au nom de l'impératif d'émancipation de l'empire de la rareté.

L'orientation productiviste de la modernité en Occident conduit les acteurs sociaux à privilégier la Raison instrumentale sur la Raison émancipatrice. La première n'est plus au service de la seconde. C'est la raison instrumentale qui donne le tempo de l'orientation que doit prendre la vie sociale. Cette substitution conduit à une évacuation du sens, à une perte du sens c.-à-d. de la déontologie à laquelle toute activité humaine doit s'assujettir afin que la société et la civilisation présentent une configuration non pas faustienne, mais prométhéenne. En Occident, cette perte de sens se traduit par une inversion des valeurs et des priorités, par une confusion des intérêts et des besoins, par une occultation volontaire du pouvoir d'émancipation planétaire de la macro-technologie.

1°) La confusion des intérêts et des besoins

En Occident l'orientation productiviste de la modernité organise la confusion des intérêts. Elle conduit les opérateurs économiques à organiser la confusion entre l'intérêt de la société à un rythme de production qui sauvegarde de la pénurie et l'intérêt des opérateurs économiques à l'accroissement de leur profit par une production illimitée des biens et services sans rapport avec les besoins réels de consommation. Elle organise une confusion entre l'intérêt du consommateur à des prix compétitifs et l'intérêt de l'opérateur économique à la fabrication de produits non durables.

Plus grave encore, l'orientation productiviste de la modernité organise aussi la confusion des besoins. Elle parvient à faire intérioriser comme indispensable à l'existence les besoins artificiels au même titre que les besoins fondamentaux. Elle garantit la consommation de masse à coups de pollution alimentaire (conservateur chimique, OGM).

2°) L'inversion des valeurs et des priorités

En Occident l'orientation productiviste de la modernité inverse l'ordre des priorités publiques : la rentabilité financière prend le pas sur le service public. Les dépenses sociales sont progressivement assujetties à la logique de gestion des biens privés. On assiste ainsi au recul des conquêtes sociales acquises au moyen d'âpres luttes pour le progrès social. Ainsi par exemple des hôpitaux publics ferment des services de maternité pour cause de non-rentabilité.

De ce point de vue, l'orientation productiviste de la modernité renverse l'échelle des valeurs sociales : la marchandise prend le pas sur la personne. A tel point qu'elle en vient à intégrer les atteintes à la santé humaine comme un coût incontournable d'amélioration de la productivité. C'est le cas de la pomme de terre à OGM. La commission européenne a autorisé en 2010 la culture de cette pomme de terre transgénique. Ce qui est consternant est que cette pomme de terre fait courir un risque de santé publique alors même qu'elle a été inventée non pas pour améliorer la qualité de l'alimentation des personnes, mais pour améliorer la qualité de l'amidon dont a besoin l'industrie du papier. Cette pomme de terre est dotée d'un marqueur de résistance aux antibiotiques. Ce marqueur accroîtrait la résistance des bactéries aux antibiotiques si par hasard il passait dans l'organisme humain. Ce qui sera le cas puisque cette pomme de terre est aussi destinée à l'alimentation du bétail. Par ce biais son marqueur de résistance aux antibiotiques passera dans l'organisme humain. Un autre exemple illustre par l'absurde ce processus de renversement des valeurs. Il s'agit d'une déclaration publique surprenante du PDG d'une chaîne de télévision privatisé. Le PDG de la principale chaîne de télévision française, TF1, a déclaré en 2004 que « A la base, le métier de TF1, c'est d'aider Coca cola, par exemple, à vendre son produit. Pour qu'un message publicitaire soit perçu, il faut que le cerveau du téléspectateur soit disponible. Nos émissions ont pour vocation de le rendre disponible. Ce que nous vendons à Coca cola, c'est le temps de cerveau disponible »[294]. Par cet exemple nous voyons comment la ressource financière que représente la publicité pour une chaîne de télévision amène celle-ci à réduire la vocation de cette invention formidable qu'est la télévision à un simple rôle d'endormissement de la conscience critique du téléspectateur pour la rendre disponible à un argumentaire de vente.

En Occident, le paradigme du développement a donc conduit à une organisation sociale productiviste, c.-à-d. à une société qui polarise toute l'activité sociale autour d'une problématique de production illimitée des biens et des services en vue de s'émanciper de l'empire de la rareté. Que la mobilisation de toute la macro-technologie que l'intelligence humaine a su conquérir en Occident n'ait servi qu'à conduire à une société où l'abondance devient une source de risques majeurs, invite à s'interroger sur le sens de l'émancipation dont serait porteuse cette macro-technologie.

C) Une société qui occulte le pouvoir d'émancipation planétaire de la macro-technologie

A partir de l'Occident, l'orientation productiviste de la modernité unifie le monde, mais l'unifie de façon négative. Elle organise la prospérité des uns à partir de l'appauvrissement des autres. Concrètement elle organise le pillage des autres par une mise en valeur de leurs ressources sous l'angle de la rentabilité externe. Jean Ziegler écrit : « La société planétaire vit sous le règne de la rareté. Cette rareté est un fait social et non un fait de la nature. La rareté organisée unifie le monde. Mais elle l'unifie négativement »

Ecoutons encore Jean Ziegler : « L'accumulation accélérée dont bénéficient les peuples du centre (ou, du moins, certaines de leurs classes) se paie du martyre, de la destruction des hommes de la périphérie. La rareté gouverne la planète : rareté des libertés, rareté des denrées alimentaires, rareté des chances de vie. Cette rareté est organisée. La production mondiale des biens, les progrès constants de la science, du savoir, de la technologie, de l'outillage qui en découlent, seraient largement suffisants, aujourd'hui, pour

[294] in Décroissance par Guy Roustang, in Dictionnaire de L'Autre Economie, sous la direction de Jean-Louis Laville et Antonio David Cattani, Ed Desclée de Brouwer, 2005).

nourrir et faire vivre tous les hommes de la terre. Or, les deux tiers d'entre nous ne vivent pas comme doivent vivre des hommes. Des millions souffrent de malnutrition permanente. Des millions sont rendus infirmes par les épidémies, la maladie. Des enfants, par millions, vivent sans parents, sans famille, dans les rues sordides des grandes villes, livrés irrémédiablement à la misère, à la violence, à la solitude »[295]

Cet empire de la rareté trouve ses ressorts dans une vision archaïque du rapport entre les nations. Archaïque, car désormais plus rien ne la justifie. La macro-technologie dont dispose l'Occident est désormais porteuse d'une capacité d'émancipation universelle. Elle est à même d'émanciper l'ensemble de l'humanité de l'empire de la rareté. Comme le dit H.Marcuse, elle permet d'entrevoir pour la première fois dans l'histoire que l'utopie est désormais possible. Jean Ziegler a publié en 1980 aux éditions du Seuil un livre qui traduit cette espérance. Il y écrit : « Je dirai en *conclusion* l'espérance qui habite ce livre : personne ne sait où va le monde, quelle sera demain la vie des hommes. Une certitude pourtant : en cette fin du xxe siècle, et pour la première fois de son histoire, l'humanité possède les moyens scientifiques, idéologiques, économiques nécessaires pour vaincre – partout sur la planète – la plupart des fléaux – la tyrannie, la faim, l'exploitation, le sur-travail, la maladie – qui, de tout temps, ont affligé la vie des hommes. Les conditions objectives, concrètes, sont aujourd'hui réunies pour que notre terre devienne – enfin ! – habitable pour tous. Il suffirait que nous le voulions et que nous choisissions notre camp : celui des exploités, des offensés, des humbles »[296]. Cette espérance et cette utopie que la macro-technologie occidentale met désormais à portée de main se heurtent à l'archaïsme d'un héritage épistémologique en retard sur le réel et qui est incapable de penser la technologie autrement que dans une perspective faustienne. C'est ce que dénonce avec force la critique de la civilisation du surdéveloppement. Cette critique se présente dans la forme d'une critique théorique (Ecole de francfort, Ecole de la décroissance, etc.) et d'une contestation culturelle (le mouvement hippie).

[295] Jean Ziegler, Retournez les fusils. Manuel de sociologie d'opposition, Ed Seuil, 1980).
[296] Jean Ziegler, Retournez les fusils. Manuel de sociologie d'opposition, Ed Seuil, 1980).

CHAPITRE 7

La septième figure du paradigme du développement : un paradigme qui en Afrique conduit à un avortement du projet de la modernité

Le paradigme du développement présente le devenir historique des sociétés dans une perspective évolutionniste. A savoir celle d'une trajectoire qui conduit de l'ère de la nécessite à l'ère de la liberté à travers un itinéraire composé d'étapes incontournables et universelles. Pour les anthropologues évolutionnistes, ces étapes conduisent sur le long terme de la sauvagerie à la barbarie et de la barbarie à la civilisation. Pour les intellectuels marxistes, ces étapes conduisent sur le long terme de la communauté primitive à l'antiquité, de l'antiquité au féodalisme, du féodalisme au capitalisme puis au communisme. Pour les intellectuels libéraux, ces étapes conduisent sur le long terme de la société traditionnelle à la société industrielle et à la société démocratique Comme tel, le paradigme du développement présente la trajectoire historique des sociétés comme l'expression d'un itinéraire linéaire et cumulatif dans le champ des institutions politiques, de la production économique, des techniques, des sciences et des idées. Cet itinéraire serait un itinéraire incontournable, optimal et performant des sociétés.

Cette vision n'est pas allée sans répercussion sur la configuration que présente la modernité contemporaine. Tout le long du XXe siècle, ce paradigme a opéré comme une norme prescriptrice des orientations que devait prendre la société aussi bien en Occident que dans le tiers-monde. Comme norme prescriptrice le paradigme du développement a largement contribué à donner à la modernité contemporaine une orientation qui a conduit les sociétés de l'Occident comme celles du tiers-monde dans une impasse historique. Cette impasse se présente soit dans la forme d'une perversion du projet de modernité (c'est le cas pour l'Occident) soit dans celle d'un avortement du projet de modernité (c'est le cas pour le tiers-monde). Dans le tiers-monde deux cas illustrent cet avortement du projet de la modernité : l'Iran du shah et l'Afrique post-coloniale.

En Iran, la mise en œuvre des prescriptions développementaliste a été poussée jusqu'à son paroxysme par le gouvernement du Shah entre 1960 et 1978. L'autoritarisme politique et l'occidentalisation à marche forcée qui s'en est suivi a conduit à une crise politique et identitaire d'une extrême violence. C'est dans ce contexte, qu'en 1979 les partisans d'un Etat d'obédience islamique ont pu accéder au pouvoir politique en présentant aux populations l'Islam chiite comme le refuge d'une identité alternative. C'est ainsi que le projet d'un Etat et d'une société moderne qui fut celui des développementalistes en Iran a conduit au retour inattendu à la forme d'un Etat théocratique et d'une société conservatrice.

En Afrique, le développement comme vision du devenir moderne des sociétés a conduit les acteurs sociaux en Afrique à concevoir le devenir moderne des sociétés africaines selon une perspective industrielle de rattrapage historique. Cette perspective s'est traduite sur le terrain par un ensemble de prescriptions normatives qui pour l'essentiel se présente dans la forme d'une norme développementaliste de l'orientation politique, économique et éducationnelle. Ces normes ont été mises en œuvre dans la forme d'une politique institutionnelle de rattrapage, d'une politique économique de rattrapage et d'une politique éducationnelle de rattrapage. On verra ici que ce sont ces politiques qui ont conduit à un avortement du projet de modernité en Afrique sous l'angle de trois traits majeurs : la généralisation d'une culture politique de l'intolérance, la formation d'un modèle économique africanophage, et l'adoption d'une posture historique attentiste.

Section 1. Les prescriptions développementalistes de la modernité en Afrique

En Afrique, le développement comme vision du devenir moderne des sociétés africaines post-coloniales a conduit les acteurs sociaux à concevoir le devenir moderne des sociétés africaines selon une perspective de rattrapage historique. Cette perspective s'est traduite sur le terrain dans la forme de trois prescriptions : une prescription politique, une prescription économique, une prescription éducationnelle.

A) La prescription politique : la promotion d'un Etat autoritaire dans le cadre d'un parti unique

L'Etat post-colonial on le sait s'est construit comme Etat autoritaire. La question qu'il convient de se poser est celle de savoir d'où vient cette construction ? Si on analyse cette question sous l'angle de la causalité historique il apparaît que cette construction puise ses origines dans un environnement doctrinal et géopolitique défavorable à la modernité politique. L'environnement doctrinal a été celui de la théorie du développement. L'environnement géopolitique a été celui de la guerre froide. Ce sont ces deux facteurs qui ont conduit à la formation en Afrique d'un Etat autoritaire qui a monopolisé la scène politique par le moyen d'un parti unique des années 60 jusqu'aux années 80.

1°) Examinons d'abord l'environnement doctrinal

L'observation des faits montre que dans la période qui précède immédiatement les indépendances, la plupart des Etats africains (anglophones ou francophones) connaissent une vie politique animée par plusieurs partis[297]. C'est en tout cas « … à des gouvernements issus d'élections locales que les puissances coloniales, la France, l'Angleterre, la Belgique, l'Italie transmettaient les responsabilités du pouvoir »[298].

Au début des années 60, les sociétés politiques africaines bénéficiaient donc d'un système politique multipartite qui laissait augurer le fait que l'Etat nouveau serait un Etat de droit c.-à-d. un Etat organisé sur la base de cinq principes fondamentaux du droit public moderne : les fins humaines du pouvoir (les droits de l'homme et les libertés publiques), la séparation des pouvoirs, le contrôle de la constitutionnalité des lois, le contrôle de la légalité des actes administratifs et l'élection des gouvernants au suffrage universel. Mais peu d'années après les indépendances, les différentes écoles doctrinales du développement (libéraux et marxistes) vont propager l'idée selon laquelle le décollage économique, la mobilisation des énergies et la planification des comportements économiques requièrent l'existence d'un exécutif puissant, l'existence d'un Etat autoritaire. La mission de cet Etat serait de garantir le contrôle social nécessaire à l'accumulation dite primitive et à l'industrialisation lourde ou légère. Par contrôle social il fallait entendre la neutralisation des logiques ethniques réputées être centrifuges.

Gérard Conac, un spécialiste des systèmes politiques en Afrique confirme que c'est bel et bien sous l'influence des théoriciens du développement que les acteurs politiques africains se sont orientés vers l'adoption du modèle de l'Etat autoritaire et du parti unique. Il rappelle que dans les années 60 « Les approches développementalistes en tout genre dévalorisaient en effet le pluralisme politique. Dans la phase de construction de l'Etat et de démarrage économique, il paraissait nécessaire que toutes les élites modernistes soient rassemblées autour de quelques objectifs communs. De même que des industries naissantes doivent être protégées contre la concurrence internationale, la plupart des théoriciens du développement jugeaient qu'avant d'accéder aux formes les plus raffinées de la démocratie libérale, les Etats nouveaux devaient éviter de livrer leurs structures encore très fragiles à des luttes intestines entre majorité et opposition. La démocratie

---

[297] D.G. Lavroff, Les partis politiques en Afrique noire, 1970

[298] Gérard Conac, Les processus de démocratisation en Afrique, in L'Afrique en transition vers le pluralisme politique, Economica, 1993, sous la direction de Gérard Conac

pluraliste était bien l'objectif, mais il fallait pour y parvenir parcourir d'abord les chemins de la nationalisation de l'Etat et du développement économique »[299].

En fait l'idée prévalait alors qu'un système autoritaire était plus apte, au moins à titre provisoire ou transitoire, à initier la modernisation au plan économique comme au plan politique[300]. Les critiques adressées au multipartisme vont alors se faire de plus en plus entendre et les sociétés africaines vont évoluer très rapidement vers le système du parti unique. Les partis d'opposition seront dès lors éliminés par coalition ou par absorption[301]. Pour justifier l'établissement du parti unique, trois arguments principaux sont invoqués : le parti unique apparaît comme un instrument d'intégration nationale, comme un instrument de modernisation économique et sociale, comme un facteur d'homogénéité sociale.

2°) Examinons maintenant l'environnement géopolitique

La construction de l'Etat africain post-colonial s'est faite dans le cadre d'un contexte géopolitique spécifique. Celui de la guerre froide. Ce contexte n'est pas allé sans marquer de son empreinte le profil de l'Etat africain post-colonial. Pour l'essentiel il a exonéré les gouvernements africains de toute légitimité politique interne.

Il faut en effet se rappeler que durant la guerre froide les deux grandes puissances mondiales ont offert aux gouvernements africains l'opportunité d'exploiter ce que Daniel Bourmaud appelle la rente bipolaire. Par rente bipolaire il faut entendre le soutien financier et militaire que l'URSS ou les USA accordaient aux gouvernements africains. En contrepartie de cette rente, les Etats qui acceptaient celle-ci devaient sur le plan de la politique étrangère s'aligner sur les positions de l'une ou de l'autre des deux grandes puissances.et sur le plan de la politique nationale devaient organiser la répression de toute opposition politique c.-à-d. la répression des partisans du système politique de l'une ou de l'autre des deux grandes puissances. A cette époque en sciences politiques la typologie des Etats africains faisait une distinction entre Etats pro-occidentaux (Côte d'Ivoire, Zaïre, Sénégal, Gabon, etc....) et Etats progressistes (Somalie de Siad Baré, Ethiopie de Mengistu, Congo Brazzaville, Soudan de Nimeiry etc...). La rente bipolaire exonérait par conséquent les gouvernements africains de toute légitimité politique interne. De ce point de vue, ce facteur a favorisé en Afrique

299 Gérard Conac, Les processus de démocratisation en Afrique, in L'Afrique en transition vers le pluralisme politique, Economica, 1993, sous la direction de Gérard Conac

300 R.A Dahl, Modern Political Analysis, 2ème édition, 1970 ; J.S Coleman, C.G.Rosberg, ed, Political parties and national Integration in Tropical Africa, berkeley, 1964 ; A.R.Zolberg, Creating Political Order. The Party State of West Africa, Chigaco, 1966 ; S.P Huntington, C.H.Moore, Authoritarian Politics in Modern Society. The Dynamics of Established One – Party Systems, new York, 1970

301 Roger-Gérard Schwartzenberg, Sociologie politique, Ed Montchrestien, 1988

l'adoption et la diffusion du modèle de l'Etat autoritaire et la pratique des coups d'Etat militaire.

De 1960 à la fin des années 80, les théoriciens du développement et l'axiologie politique du conflit Est-ouest ont donc été favorable à la diffusion du modèle de l'Etat autoritaire et du parti unique en Afrique. C'est ce type d'Etat qui a proliféré en Afrique conformément aux canons de la doctrine du développement et à l'axiologie du confit Est-Ouest. Ce sont ces deux facteurs qui ont conduit à la construction de l'Etat africain comme Etat autoritaire.

A ceux qui ont la mémoire courte et se permettent de verser dans des théories culturalistes pour expliquer la logique de l'exercice du pouvoir en Afrique, Serge Latouche rappelle que : « En matière de développement, le prix à payer sur le seul plan social et humain est souvent énorme. Si, aujourd'hui, la mode est à la démocratie, dans les années 1960, on considérait comme normaux la dictature, le parti unique, le régime policier, les emprisonnements arbitraires, la torture, les disparitions, pour réaliser le contrôle social nécessaire à l'accumulation dite primitive, à l'industrialisation lourde ou légère »[302]. Serge Latouche cite l'humaniste G.Myrdal qui contre toute attente n'hésitait pas à écrire qu'« Il faut préférer un régime autoritaire, capable d'accomplir les réformes nécessaires, irréalisables dans un régime démocratique ».

Cette grille de lecture développementaliste qui voit dans l'Etat parti non pas un moyen de la tyrannie politique, mais un levier de la modernisation sera instrumentalisée par les hommes politiques adeptes de Macchiavel. Beaucoup de chefs d'Etat africains avouent avoir le prince comme livre de chevet. Ce sont ces acteurs politiques africains qui cherchaient à pérenniser leur présence au sommet de l'Etat par le moyen de l'autoritarisme politique[303]. Ils s'approprièrent donc cette grille politique non pas par conviction idéologique, mais par opportunisme politique. Dès les années 60 donc une partie des acteurs politiques africains s'est appuyée sur la légitimité internationale du discours développementaliste pour adopter le régime du parti unique et celui l'Etat parti[304]. L'Etat post-colonial comme Etat autoritaire n'est donc pas un héritage de la culture politique africaine précoloniale. Il s'agit d'un héritage la doctrine du développement et de l'axiologie de la guerre froide.

B) La prescription économique : la promotion d'une économie spécialisée dans les exportations du secteur primaire

Les économies africaines se sont construites comme des économies périphériques c.-à-d. comme des économies organisées selon une logique

[302] Serge Latouche, Survivre au développement, Ed Mille et une Nuits, 2004

[303] Daniel Bourmaud, La politique en Afrique, Ed Montchrestien, 1997

[304] Lire sur ce sujet : Roger-Gérard Schwartzenberg, *Sociologie politique*, 5e édition.

d'approvisionnement d'un centre industriel en matières premières. Elles se sont donc construites non pas comme des économies de transformation, mais comme des économies d'extraction. D'où vient cette construction qui par définition est aux antipodes d'un projet économique d'industrialisation ?

L'analyse des travaux des spécialistes de l'économie du développement montre que cette construction puise sa source dans la conception développementaliste d'une politique économique de rattrapage. Dans l'élaboration de ces politiques, c'est la théorie de Rostow qui a exercé la plus grande influence auprès des acteurs politiques, des experts et des enseignants. Ainsi, c'est à partir de l'adhésion ou de la divergence avec un aspect de la théorie Rostownienne du rattrapage que diverses stratégies vont être élaborées et expérimenté comme constitutif d'une politique de développement. Ces stratégies se divisent pour l'essentiel en deux groupes. D'un côté une stratégie de rattrapage par le commerce international. De l'autre, diverses stratégies d'un rattrapage par l'industrialisation.

Concernant l'Afrique c'est d'abord la stratégie du rattrapage par le commerce international qui a été mise en œuvre. Dans le cadre de cette stratégie, le rattrapage est attendu des retombées du commerce international en terme de diffusion du progrès. C'est ce que la théorie économique appelle le trickle down effect du commerce international. Selon cette théorie le commerce international serait à même de transmettre la croissance et donc le développement des pays développés vers les pays sous-développés par le jeu de trois mécanismes : celui du mouvement des marchandises, des prix et des capitaux. Ces mécanismes permettraient d'assurer la mise en place des mécanismes qui avaient engendré, il y a deux siècles la révolution industrielle en occident[305].

Dans la pratique, cette stratégie de rattrapage par le commerce international a été expérimentée dans la forme d'une politique de promotion des exportations primaires. Cette politique consiste à « tenter de se procurer les biens manufacturés indispensables en misant sur l'exploitation de produits pour lesquels le pays dispose d'avantages naturels (mines, terre, climat)... »[306]. L'idée fondamentale était que les ressources financières tirées de ces exportations doivent permettre d'importer des biens d'équipement pour favoriser l'industrialisation du pays. Son expérience a montré que cette stratégie présente une limite importante : elle crée une dépendance à l'égard de la fluctuation des cours mondiaux des matières premières, elle conduit à un endettement excessif, elle encourage les firmes multinationales à des pratiques d'évasions fiscales sur grande échelle. Mais surtout son expérience a montré que par définition une telle stratégie conduit à un désert industriel dès lors qu'il consiste à exporter brut ce qui est précisément nécessaire à l'activité industrielle de transformation.

---

305 A. Cazorla, A.M. Drai, Sous-développement et Tiers-mondes, Une approche historique et théorique, Ed. Vuibert, 1992

306 Philippe Norel, Problèmes du développement économique, Ed Seuil, 1997.

C'est en réaction contre ces aspects préjudiciables qu'ont été élaborées les stratégies de rattrapage par l'industrialisation. Que ce soit la stratégie d'inspiration structuraliste d'une industrialisation par substitutions des importations (ISI) ou la stratégie d'inspiration libérale d'une industrialisation par substitutions aux exportations (ISE) ou enfin la stratégie d'inspiration soviétique d'une industrialisation par des industries industrialisantes. L'échec en Afrique de ces stratégies qui se voulaient alternatives a ramené les économies de la majorité des pays africains à la stratégie de rattrapage par le commerce international. Tous les Etats africains sont revenus à cette stratégie du rattrapage par le commerce international. Le problème est que par définition cette stratégie conduit à un désert industriel dès lors qu'il consiste à exporter brut ce qui est précisément nécessaire à l'activité industrielle de transformation.

C) La prescription éducationnelle : la promotion d'un système éducatif hétérocentré

Le système éducatif en Afrique s'est construit comme un système éducatif hétérocentré c.-à-d. un système éducatif qui reçoit de l'extérieur ses orientations directrices. D'où vient cette construction ? L'observation des faits montre qu'elle puise ses sources dans la conception développementaliste d'un système éducatif de rattrapage.

Sur le plan éducationnel, les experts du développement ont recommandé aux élites africaines l'adoption d'une politique éducationnelle centrée sur les langues européennes comme norme éducationnelle de rattrapage historique. L'idée prévaut alors que seules les langues européennes peuvent faire office de langue de culture et d'enseignement. Ces experts considéraient qu'il était opportun d'exclure les langues africaines au profit des langues européennes comme langue de culture et d'enseignement, car selon eux les langues africaines ne présentaient pas une complexité suffisante pour pouvoir être le véhicule du savoir moderne.

Cette exclusion des langues africaines s'est accompagnée de la diffusion par le système éducatif d'une version évolutionniste de l'histoire africaine. Il s'est agi d'une histoire où les élites africaines se découvrent appartenir à des sociétés qui accusent un retard spirituel (peuples païens) et matériel (peuples sous-développés) sur le reste de l'humanité. Ils se découvrent appartenir à des sociétés qui ne peuvent entrer dans l'histoire que par le biais de l'Occident.

L'impact de cette norme éducationnelle a rarement été souligné en dehors de Cheik Anta Diop et de Albert Moumouni. Cet impact a été d'ordre intellectuel et psychologique.

Prenons d'abord l'impact des langues européennes. L'option des langues européennes comme langue de culture et d'enseignement constitue un handicap scolaire pour l'enfant africain dans les premières années de sa scolarisation. Le fait de commencer l'apprentissage scolaire dans une langue qui n'est pas sa langue maternelle favorise des réflexes de mémorisation et non pas de réflexion. Partant elle favorise la formation d'un esprit de répétition et donc de suivisme plutôt qu'un esprit d'invention et d'innovation.

Prenons ensuite l'impact de la vision évolutionniste de l'histoire africaine. L'option pour une vision évolutionniste de l'histoire africaine introduit un regard péjoratif sur l'expérience africaine de civilisation. Elle a une incidence sur la posture des élites africaines face à l'impératif de modernité. Elle conduit les élites africaines à intérioriser l'idée qu'il existe un modèle à rattraper, que ce modèle c'est l'Occident, que seul celui-ci est habilité à nous dire quel type de politique il faut mettre en œuvre pour le rattraper. Dès lors la subordination intellectuelle au point de vue de l'Occident, aux prescriptions qui émanent de l'Occident, apparaît à la conscience politique africaine comme étant l'attitude la plus rationnelle à adopter. C'est cette subordination intellectuelle qui explique l'européocentrisme de la majorité de la production scientifique en sciences sociales en Afrique et son corollaire, la marginalisation de l'œuvre qui est à même de restituer aux sociétés africaines leur autonomie intellectuelle. A savoir l'œuvre de Cheikh Anta Diop.

De ce point de vue, il importe de souligner que la participation de l'intelligentsia africaine à la conspiration du silence autour de l'œuvre Diop s'explique non pas par une analyse critique de cette œuvre, mais simplement par la non-approbation de cette œuvre par les mentors occidentaux de cette intelligentsia. Comme l'a dit Cheikh Anta Diop tout se passe comme si pour l'intelligentsia africaine la vérité sonne blanche. Quant aux mentors occidentaux, leur réaction épidermique à l'œuvre de Diop en dépit du caractère probant de son discours comme l'a consacré le colloque du Caire s'explique par la crainte de voir l'intelligentsia africaine échapper à leur tutelle intellectuelle.

Section 2. Les figures de l'avortement du projet de modernité en Afrique

En Afrique la mise en œuvre des prescriptions développementalistes a conduit à un avortement du projet de la modernité. C'est ce dont attestent les répercussions des politiques du développement sur le terrain politique, économique et éducationnel.

Concrètement, elles ont conduit en Afrique à la formation d'une culture politique de l'intolérance, d'un modèle économique africanophage et d'un modèle éducationnel qui prédispose à une posture attentiste de la modernité.

A) La formation d'une culture politique de l'intolérance

La première figure de l'avortement du projet de la modernité en Afrique est l'avortement du projet de la modernité politique.

La modernité politique est la configuration que présente une société qui non seulement proclame, mais aussi organise un Etat de droit Card un Etat organisé sur la base de cinq principes fondamentaux du droit public moderne : les fins humaines du pouvoir (les droits de l'homme et les libertés publiques), la séparation des pouvoirs, le contrôle de la constitutionnalité des lois, le contrôle de la légalité des actes administratifs et l'élection des gouvernants au suffrage universel. Mais une telle configuration de l'Etat n'est possible que dans le contexte d'une culture politique pluraliste. Or précisément la doctrine du développement s'est opposée à l'émergence d'une culture politique pluraliste dans les sociétés africaines post-coloniales.

En prescrivant la construction d'un Etat autoritaire et d'un système politique du parti unique, la doctrine du développement a contribué à la formation d'une culture politique hostile au pluralisme des idées, aux libertés publiques et à l'alternance politique. Par le biais de son système de parti unique, l'Etat africain post-colonial a formé toute une génération de cadres politiques africains au rejet du pluralisme politique, des libertés publiques et de l'alternance politique.

Dans la vie quotidienne, cette culture politique s'est manifestée dans la forme d'unc culture politique de l'intolérance. Une culture qui conduit à voir dans tout concurrent politique un adversaire qu'il convient sinon de supprimer du moins de bâillonner. C'est cette culture politique de l'intolérance vis-à-vis du concurrent politique que la société civile africaine tente de déconstruire progressivement depuis les conférences dites nationales. C'est cette culture politique dont les sociétés africaines ont toutes les difficultés à se défaire en dépit de la consécration du multipartisme depuis les années 90.

Et pourtant des conquêtes ont été accomplies depuis que les Etats africains ne bénéficient plus de la rente bipolaire. Ces conquêtes ne sont pas négligeables : retour au multipartisme, liberté de la presse, liberté d'association, droit de grève, etc. Mais ces conquêtes sont encore insuffisantes. Elles ne mettent pas encore en échec la culture politique de l'intolérance héritée de la doctrine du développement et de l'axiologie politique Est-Ouest.

La raison de cette situation est simple. La majorité des cadres politiques qui s'affrontent dans le contexte d'élections multipartites ont pour la plupart été formés dans le cadre des anciens partis uniques. Ils en portent la culture. Ils sont habités par une culture politique de l'intolérance qui les amène à exclure toute hypothèse d'alternance politique, toute hypothèse d'échec électoral et explique pourquoi les élections multipartites en Afrique sont des sources de conflits.

B) La formation d'un modèle économique africanophage

La deuxième figure de l'avortement du projet de la modernité en Afrique est l'avortement du projet de la modernité économique.

La modernité économique est la configuration que présente une société qui organise la mise en valeur de ses ressources sous l'angle de la rentabilité interne c.-à-d. sous un angle favorable et propice à la création d'entreprises, d'emploi et de salaires sur le territoire national. Or en prescrivant le recours à la stratégie du rattrapage par le commerce international, la doctrine du développement a conduit à une mise en valeur des ressources nationales sous le seul angle de la rentabilité externe c.-à-d. un angle propice et favorable à la création d'entreprises, d'emploi et de salaires sur les territoires d'origine des opérateurs économiques étrangers.

Cette logique de mise en valeur des ressources africaines produit un effet asymétrique qui conduit à un véritable avortement du projet d'une modernité économique. Asymétrique, car elle a pour effet d'enrichir les uns à partir de l'appauvrissement des autres. Plus précisément elle conduit d'une part à enrichir les prestataires des politiques de développement (experts, coopérants, professeurs, conseillers, opérateurs économiques étrangers, membres des gouvernements africains, OIG, ONG) et d'autre part, à appauvrir les destinataires de ces politiques (les populations africaines).

De ce point de vue, la stratégie du rattrapage par le commerce international conduit à la formation d'un modèle économique africanophage. Africanophage en ce sens qu'il produit de la valeur par appauvrissement des populations africaines. C'est de ce point de vue qu'il est à la source de l'impasse politique, économique et sociale dans laquelle se retrouvent aujourd'hui les peuples africains. Dans la pratique, ce modèle a conduit à un échec général qui s'est traduit par le basculement des populations africaines de la pauvreté vers la misère. Ce modèle a conduit à l'explosion des inégalités et à un endettement considérable[307].

Ce modèle africanophage qui perdure encore aujourd'hui en Afrique transparaît dans la logique de mise en valeur des ressources minières et agricoles en Afrique.

1°) La mise en valeur des richesses minières sous l'angle de la rentabilité externe

La mise en œuvre du modèle économique issue du paradigme du développement en Afrique s'est traduite par une politique économique orientée vers des industries d'extraction et non pas vers des industries de transformation. Autrement dit, elle s'est traduite par une politique d'exportation de matières premières brutes provenant tant du secteur agricole que du secteur minier. Or les politiques d'exportation des matières premières

---

307 Gérard Azoulay, Les théories du développement, Ed Presses universitaires de Rennes, 2002, 332 p

brutes ne sont pas créatrice de richesse. Elles constituent des politiques de mise en valeur des richesses selon une logique de rentabilité externe. C'est ce qu'illustre la politique de mise en valeur du pétrole africain.

La mise en valeur du pétrole en Afrique est en effet typique de cette politique de mise en valeur des richesses africaines sous l'angle de la rentabilité externe et donc du déficit interne. Ce pétrole que nous vendons brute à l'Occident permet dans les pays occidentaux la création d'entreprises qui fabriquent les produits dérivés du pétrole : essence, brosse à dents, lunettes ou verres de contact, emballages, sacs en plastique, vernis, peinture, pneus de voiture, patin de freins, colles, teintures, produits pharmaceutiques, pommades, crèmes, fibre nylon pour l'habillement, etc.Autrement dit, ce pétrole y fait l'objet de diverses transformations génératrices de croissance économique. Il s'y transforme en entreprises, or qui dit entreprise dit emplois, qui dit emploi dit salaires, qui dit salaires dit impôts, qui dit impôt dit finances publiques pour etc. Bref il y est un facteur créateur de prospérité. C'est ce que l'on appelle la mise en valeur de nos ressources pétrolières sous l'angle de la rentabilité externe. Ce pétrole que nous vendons brut à l'Occident pourrait être en Afrique un facteur créateur de croissance économique par la création d'entreprise, d'emplois, de salaires, d'impôts si nous prenions l'option de le transformer sur place. Cela ne signifie pas que nous devons priver nos partenaires internationaux de l'accès aux ressources pétrolières africaines. Non ! Cela signifie simplement que nous devons allouer une part de notre pétrole à la création d'activités de transformations génératrices de croissance économique. Ce pétrole doit en Occident, mais aussi en Afrique être la source de créations d'entreprises, d'emplois, de salaires et d'impôt. C'est cela qui serait une mise en valeur du pétrole sous l'angle de la rentabilité interne. Elle n'exclut pas l'accès des partenaires étrangers à ce pétrole.

2°) La mise en valeur des richesses foncières sous l'angle de la rentabilité externe

La mise en valeur des terres agricoles est aussi illustrative de cette politique de mise en valeur des richesses africaines sous l'angle de la rentabilité externe et donc du déficit interne. Lors des indépendances politiques, les doctrines du développement ont misé sur le seul effet d'entraînement du secteur industriel. Elles ont marginalisé le secteur agricole et n'ont préconisé sa mise en valeur que sous l'angle de la rentabilité externe c.-à-d. sous l'angle d'une production de cultures d'exportations. Celles-ci se faisant non pas en équilibre avec la production de cultures vivrières, mais au détriment des cultures vivrières. Pire encore depuis les années 2000 ce déséquilibre tend à s'aggraver. Une nouvelle pratique accentue la mise en valeur des terres agricoles africaines sous l'angle de la rentabilité externe. Il s'agit de la cession des terres agricoles à des multinationales étrangères qui souhaitent soit réserver les terres agricoles africaines à la production de bio carburants soit produire directement et par eux-mêmes en Afrique les denrées alimentaires destinées aux marchés occidentaux ou orientaux.

Dans le Monde du 6 juin 2009, Jean Pierre Stroobants et Antoine Le Bozec rapportent que « Olivier De Schutter, rapporteur spécial des Nations unies pour le droit à l'alimentation, s'inquiète de l'extension rapide des acquisitions et locations de terres agricoles dans des pays en développement par des Etats riches et des fonds d'investissement. Cette pratique du land grabbing (accaparement de terres) s'est accélérée à la faveur de la crise alimentaire de 2008... Selon les estimations, de 15 à 20 millions d'hectares-l'équivalent des terres arables françaises-ont fait l'objet de transactions depuis trois ans, essentiellement en Afrique. La Chine aurait acheté 2,8 millions d'ha en République démocratique du Congo pour y développer la plus grande exploitation mondiale d'huile de palme. La Corée du Sud, les Emirats arabes unis et l'Egypte ont acquis, au total, plus de 1,5 million d'ha au Soudan. L'Arabie saoudite aimerait louer un demi-million d'ha en Tanzanie »

Dans le monde du 4 septembre 2010 Hervé Kempf rapporte que « Dans un rapport publié le 30 août 2010, l'ONG Les Amis de la Terre affirme que 4,5 millions d'hectares de terres sont sur le point d'être acquis par des investisseurs étrangers afin de produire des agrocarburants destinés essentiellement au marché européen ». Hervé kempf cite les propos du juge Ngongi Naaanga selon qui « C'est de la folie de se lancer dans la bioénergie. Le continent est déficitaire en produits alimentaires, il faut d'abord produire pour nourrir la population ». Telle est donc l'effet paradoxal du système économique en Afrique. Ce système organise la mise en valeur des richesses africaines sous l'angle de la rentabilité externe. C'est pourquoi nous disons qu'il est africanophage. Il nourrit l'extérieur en affamant l'Africain.

C) La formation d'une posture attentiste de la modernité

La troisième figure de l'avortement du projet de la modernité en Afrique est l'avortement du projet de formation d'un système éducatif moderne.

La modernité d'un système éducatif se manifeste dans son aptitude d'une part à insuffler à l'élite nationale une ambition historique, celle d'être l'agent de sa propre histoire et d'une histoire socio-linéaire, d'autre part à former un ensemble de cadres dont les compétences confèrent au pays une autonomie intellectuelle, scientifique et technique à même de permettre au pays de produire par lui-même les conditions matérielles et immatérielles de sa propre existence.

C'est du point de vue de ces deux éléments que le système éducatif post-colonial a conduit à un avortement du projet de la modernité. En effet si elle contribue à la formation de cadres compétents, ces derniers n'attestent d'aucune autonomie intellectuelle, scientifique et technologique. Ils sont incapables de penser par eux même la solution des problèmes auxquels sont confrontées les sociétés africaines. Ils attendent que ces solutions viennent de l'occident. C'est en cela qu'on peut dire que ces cadres adoptent une posture attentiste face à l'impératif de modernité. Attentiste en ce sens qu'ils attendent l'avènement de la modernité non pas de l'exercice de leur génie créateur, mais du concours de l'Occident.

Cette posture attentiste est exacerbée par le discours miraculeux des théoriciens du développement. Ces théoriciens préconisent en effet une spécialisation internationale (l'exportation des biens primaires tropicaux ou miniers), censée produire un effet trickle down (effet diffuseur de progrès). C'est cette croyance dans les vertus trickle down effect du commerce international qui conduit les élites africaines en général à embrasser une vision attentiste de la modernité. Au lieu d'agir, elles attendent que le miracle (c.-à-d.le trickle down effect) se produise. C'est pourquoi elles raisonnent plus en termes d'Aide au développement qu'en termes d'initiatives pour la croissance et le progrès socio-économique. C'est la perspective attentiste.

L'exemple le plus criant de cette conception attentiste de la modernité est celui gaz du Delta du Niger. Jusqu'en 2012, l'opérateur économique qui exploite ce pétrole au large du Nigéria ne commercialise pas le gaz qui sort des poches du pétrole. Il le laisse brûler. Or si le gouvernement nigérian mettait en œuvre une politique de récupération de ce gaz, il pourrait donner accès à l'électricité non seulement aux populations du Delta du Niger, mais aux populations africaines en totalité. C'est pour faire échec à cette posture attentiste du progrès que Thabo Mbeki a construit sa vision de la renaissance africaine comme projet d'orchestration des politiques du développement par les Africains eux-mêmes. C'est cette volonté de faire échec à la posture historique attentiste des élites africaines que traduit la doctrine Mbékienne de la renaissance africaine.

Un chef d'Etat africain a illustré cette philosophie attentiste alors même qu'il est connu pour son réalisme et volontarisme. Il s'agit d'Houphouet-Boigny. Au cours d'une réunion internationale Houphouët-Boigny assis à côté de François Mitterand et de Mobutu, reconnaît que l'Afrique ne s'en sortira pas tant qu'elle ne remplacera pas sa politique d'exportations des matières premières brutes par une politique de transformation des matières premières. Quant à la question de savoir comment opérer ce changement de politique, de manière étonnante, il déclare attendre l'aide de l'Occident. Voilà pour la posture attentiste.

Chapitre 8

La huitième figure du paradigme du développement : un paradigme qui véhicule un discours de représentation idéologique et symbolique du réel

A l'aune de l'analyse critique, il nous est apparu que le paradigme du développement véhicule non pas un discours de connaissance, mais un discours de représentation. Ce discours se présente à l'analyse sous deux formes différentes. D'une part, sous la forme d'un discours de représentation idéologique du réel. D'autre part, sous la forme d'un discours de représentation symbolique du réel. Comme tel, le paradigme du développement opère dans l'imaginaire académique et social comme un prisme à travers lequel les acteurs sociaux interprètent le réel. Or ce prisme n'est pas neutre. D'une part, il opère comme une grille de lecture idéologique qui déforme ou occulte le réel. D'autre part, il opère comme une grille de lecture symbolique qui vient ajouter la violence immatérielle de l'imaginaire qu'il véhicule à la violence matérielle des rapports sociaux existants.

Section 1. Un discours de représentation symbolique du réel : le paradigme du développement comme bien symbolique

Un discours de représentation symbolique du réel est un discours qui inscrit dans l'imaginaire social l'idée de ce qui est ou doit être selon l'ordre naturel des choses. Un tel discours confère aux rapports sociaux une explication dont le critère de légitimité et de validité se situe hors de portée de la critique sociale. De ce point de vue, ce discours est non seulement vecteur de sens, mais aussi vecteur de violence symbolique. Vecteur de sens en ce qu'il véhicule une vision réputée être celle de l'ordre naturel des choses. Vecteur de violence symbolique dans la mesure où cette vision de l'ordre naturel des choses détermine à leur insu la vision que les citoyens se font de la configuration que doit présenter la société. C'est ce qui apparaît à travers la charge symbolique de la vision de la marche de l'histoire que véhicule le paradigme du développement.

A) La notion de bien symbolique

Selon le sociologue Pierre Bourdieu, un bien symbolique est un concept qui véhicule un ensemble de représentations et de significations qui lui confère d'une part, la faculté d'imposer comme légitimes des configurations sociales qui servent des intérêts arbitraires, d'autre part, la faculté de dissimuler les rapports de force qui sont au fondement de ces configurations sociales. Par cette fonction, un bien symbolique ajoute à la violence matérielle des rapports de forces sociaux sa propre violence qui pour être d'ordre symbolique n'en affecte pas moins tant l'orientation de la vie politique que celle de la vie économique.

Comme tel, un bien symbolique est un concept, une idée dont la charge symbolique permet à un groupe de faire irruption dans l'imaginaire d'un autre groupe, de contrôler cet imaginaire notamment en déterminant à son insu sa vision du passé, du présent et de l'avenir.

Dans ses travaux, le sociologue Jean Ziegler a accordé une attention particulière à l'étude de la charge symbolique des concepts. Il écrit : « La sociologie matérialiste et dialectique a longtemps péché par aveuglement volontaire. Fascinée par la lutte de classe pratique, par les multiples conflits que les hommes vivent sur le front de la production matérielle, elle a négligé un autre champ de bataille : celui où les guerres se livrent pour la domination de l'imaginaire. J'insiste sur ce point : la production des biens symboliques revêt, dans chaque société, une importance théorique et pratique aussi considérable que la production des marchandises. Les images ne sont jamais innocentes. Elles sont destinées soit à libérer, soit à asservir les hommes. »[308]. Cette capacité des biens symboliques à asservir ou à libérer procède du pouvoir de violence symbolique qu'ils véhiculent. Or selon Pierre Bourdieu « Tout pouvoir de violence symbolique, c'est-à-dire tout pouvoir qui parvient à imposer des significations et à les imposer comme légitimes, en dissimulant les rapports de force qui sont au fondement de sa force, ajoute sa force propre à ces rapports de force ».

Jean Ziegler donne un exemple typique d'un bien symbolique. Il s'agit d'un exemple bien connu en sciences sociales. Il écrit « Saint Louis, dont le règne au XIIIe siècle marque l'apogée de la monarchie capétienne, utilise pour légitimer son pouvoir la formule Louis, par la grâce de Dieu, roi de France »[309] Cette formule est un bien symbolique. Non seulement elle permet de dissimuler l'origine purement arbitraire et violente de la royauté, mais en outre elle donne à l'institution monarchique une légitimité qui la

---

308 Jean Ziegler, Main basse sur l'Afrique, Edition du Seuil). Ed du Seuil, 1978. Nouvelle édition 1980.

309 Jean Ziegler, Retournez les fusils, manuel de sociologie d'opposition, Ed seuil, 1980, p18

place au-dessus de la critique sociale. Comme tel un bien symbolique constitue et opère bel et bien comme une arme immatérielle.

La notion d'arme immatérielle peut surprendre. Elle renvoie pourtant à une réalité. Toute société est en effet travaillé par des armes immatérielles. Ces armes se présentent sous la forme de concepts qui véhiculent et charrient un certain nombre d'idées, de représentations et de significations qui échappent à la conscience critique des acteurs sociaux tout en exerçant une emprise réelle sur leurs actes et leur vision de la société. Ces représentations et significations sont porteuses de violence symbolique en ce sens qu'elles permettent à un groupe social de faire irruption dans l'imaginaire d'un autre groupe social, de prendre le contrôle de son imaginaire et de conduire ce groupe à accepter comme légitime des options sociales qui libèrent ou asservissent, qui servent ou desservent ses intérêts, qui le transforme en acteur de sa propre liberté ou en acteur de son propre asservissement. De ce point de vue ces biens sont porteurs d'un pouvoir de violence symbolique qui libère ou aliène.

B) La violence symbolique inhérente au concept de développement

Le paradigme du développement véhicule un discours sur la marche de l'histoire et interprète cette marche comme étant l'expression d'un mouvement naturel de l'histoire. Selon ce discours il existe une voie unique du devenir moderne des sociétés, cette voie se présente dans la forme d'une séries d'étapes universelles et incontournables que les sociétés franchissent par voie de maturation diachronique, le long de ces étapes certaines sociétés sont en retard et d'autres en avance, le long de cet itinéraire les problèmes que rencontrent l'humanité sont solubles par la technologie, celle-ci offre l'opportunité d'une émancipation de l'empire de la rareté par le moyen d'une logique de production illimitée des biens et des services, la société industrielle et démocratique est la forme aboutie et achevée de cette trajectoire historique, elle constitue le modèle de l'organisation sociale vers lequel les pays du tiers-monde doivent converger par le moyen de politiques commerciales ou industrielles de rattrapage historique.

Comme tel le paradigme du développement opère au sein de l'imaginaire social comme une représentation du mouvement de l'histoire qui est l'équivalent à l'échelle des citoyens de ce qu'est la philosophie de l'histoire à l'échelle des philosophes. C'est donc à travers leur perception du concept de développement que les citoyens se représentent la marche de l'histoire. Or cette représentation du mouvement de l'histoire n'est pas neutre. Elle a une répercussion dans l'imaginaire des acteurs sociaux.

D'abord une répercussion sur la représentation des rapports entre les différentes aires de civilisation. Elle conduit les acteurs sociaux à intérioriser comme légitime l'idée selon laquelle la suprématie actuelle de l'Occident sur le reste du monde découle du cours naturel de l'histoire. Elle serait un symbole de l'ordre naturel des choses. Ensuite une répercussion sur la représentation des choix de société. Elle détermine à leur insu la vision que les citoyens se font de l'orientation politique et économique que doit prendre la société. Elle détermine à leur insu la vision que les citoyens se font de la configuration que doit présenter la société. Elle impose en fait aux citoyens des choix de société auxquels ils vont adhérer sans examen critique. Ces choix vont leur apparaître comme inhérents au mouvement même de l'histoire. C'est ainsi par exemple qu'elle exerce une influence sur la représentation de la configuration que doit présenter de la modernité. Elle conduit les acteurs sociaux à intérioriser comme légitime l'idée selon laquelle la configuration productiviste de la modernité découle du cours naturel de l'histoire. Elle serait un conséquence de l'ordre naturel des choses.

Comme tel, le concept de développement charrie un corpus d'idées, de significations et de représentations qui influence à notre insu notre manière d'interpréter le passé, de considérer le présent et d'envisager l'avenir. De ce point de vue, on peut dire, que ce corpus confère au concept de développement une charge intrusive, c.-à-d. la capacité de permettre à certains acteurs sociaux (en l'espèce les partisans d'une modernité productiviste) de faire irruption dans notre imaginaire social et d'y imposer comme légitimes des idées, des significations et des valeurs auxquelles nous allons adhérer sans examen critique préalable. De ce point de vue, on peut dire que le corpus d'idées que véhicule le concept de développement n'est donc pas neutre. Il est vecteur de sens et comme tel il correspond parfaitement à ce que le sociologue Bourdieu a appelé un bien symbolique. C.-à-d. un concept qui vient ajouter sa propre force aux rapports de force qui existent déjà au sein de la société.

Il apparaît donc à l'aune de l'analyse critique que le discours que véhicule le paradigme du développement sur la marche de l'histoire n'est pas seulement un discours faux. Il est aussi un discours qui opère sur le registre d'un bien porteur de violence symbolique c.-à-d. un bien qui vient ajouter sa propre force aux rapports de force qui lui préexistent.

Le paradigme de développement véhicule donc une épistémologie sur la marche de l'histoire. Cette épistémologie a une répercussion symbolique dans l'imaginaire des acteurs sociaux. Elle inscrit dans l'imaginaire social l'idée selon laquelle la suprématie actuelle de l'Occident et la configuration productiviste de la modernité qui lui est inhérente découlent du cours naturel de l'histoire. Elles seraient toutes les deux les conséquences de l'ordre naturel des choses. Mais la charge symbolique de cette épistémologie non seulement échappe à la conscience critique des acteurs sociaux, mais elle détermine en plus à leur insu la vision politique que les acteurs sociaux ont de l'orientation que doit prendre la société.

De ce point de vue, l'épistémologie que véhicule le paradigme du développement vient ajouter la violence de sa propre force à la violence des rapports de force qui ont contribué et contribuent encore à la suprématie de l'Occident sur le reste du monde et à la configuration productiviste de la modernité qui lui est inhérente. Elle opère bel et bien de ce point de vue sur le registre d'un discours de représentation symbolique de ce qui est ou doit être selon l'ordre naturel la marche de l'histoire.

De ce point de vue, le concept de développement n'est donc pas un concept neutre. Il s'agit d'un concept vecteur de sens. Il véhicule un corpus d'idées et de significations qui exercent une influence sur la représentation que nous nous faisons du progrès historique et partant, sur la représentation que nous nous faisons de l'orientation que doit prendre la société.

Comme tel, il s'agit d'un concept attractif (il se décline sur le mode d'une promesse de progrès historique inhérente au mouvement naturel de l'histoire), et normatif (il informe sur les postures et les prescriptions à mettre en œuvre pour concourir à ce progrès naturel). Mais il s'agit aussi et surtout d'un concept intrusif. Il charrie en effet un ensemble d'idées, de représentations et de significations qui d'une part échappe à la conscience critique des acteurs sociaux et d'autre part, permet à certains groupes sociaux de faire irruption dans l'imaginaire d'un groupe social, de contrôler cet imaginaire en y imposant comme légitimes des conclusions épistémologiques. Ces conclusions conduisent le groupe porteur de cet imaginaire d'une part, à accepter comme légitime des options sociales dont la légitimité ne va pas forcément de soi du point de vue de l'intérêt général, d'autre part à épouser comme incontournables des options sociétales qui servent en vérité des intérêts particuliers. A savoir : ceux des groupes sociaux dont les intérêts ne peuvent prospérer que dans le cadre d'une logique de la production illimitée des biens et des services ; ceux des groupes sociaux dont les intérêts ne peuvent prospérer que dans le cadre d'une perspective ethnocentrique et attentiste de la modernité dans le tiers-monde dès lors que seule une telle perspective garantit la mise en valeur de leurs richesses sous l'angle de la rentabilité externe.

C'est de ce point de vue que l'on peut dire que le discours que véhicule le paradigme du développement est un discours de violence symbolique. Nous verrons ici que comme tel ce discours a joué le rôle d'une arme immatérielle dans les rapports sociaux et internationaux.

C) Les biens symboliques comme arme immatérielle dans les rapports sociaux et internationaux

L'identification de l'impact du concept du développement comme bien symbolique a un intérêt pratique. Elle permet de mettre en perspective l'idée selon laquelle ce concept peut être utilisé dans les rapports sociaux ou internationaux comme une arme de manipulation de l'imaginaire des acteurs sociaux et donc comme une arme de domination politique d'un groupe social sur un autre groupe social. Dans les faits, le concept de développement a été utilisé comme tel dans les rapports sociaux et internationaux par certains groupes sociaux pour s'assurer la docilité psychologique des groupes sociaux qu'ils envisageaient d'assujettir. On peut vérifier cela à travers les acceptions différentes que le concept de développement présente en Occident et dans les pays du tiers-monde.

En Occident par exemple le concept de développement revêt une acception qui n'est pas neutre. Il se présente à l'imaginaire social comme un projet d'émancipation de l'empire de la rareté par le moyen d'une logique de production illimitée des biens et des services. Comme telle, cette acception du développement charrie une philosophie de l'histoire qui appelle au nom du progrès à subordonner toute l'organisation sociale à un impératif de production illimitée des biens et des services et à accepter en contrepartie comme légitime un coût social exorbitant qui se décline en termes de politiques génératrices de risques majeurs : risque de pollution industrielle, risque nucléaire, risque alimentaire ; etc. Il s'ensuit que dans les faits les significations et les représentations que ce discours charrie nous conduisent à épouser comme légitime des conclusions épistémologiques et des options sociétales qui nous font accepter comme incontournable une orientation productiviste de la modernité. Or cette orientation conduit à une perversion du projet de modernité.

En Afrique le concept de développement revêt aussi une acception qui n'est pas neutre. Il charrie une périodisation du mouvement universel de l'histoire qui interdit de penser la perspective de la modernité en Afrique autrement qu'en terme de rattrapage historique. Concrètement il s'agit d'une périodisation de l'histoire universelle dans laquelle les Africains se découvrent appartenir à des sociétés qui accusent un retard historique spirituel (peuples païens) et matériel (peuples sous-développés) sur le reste de l'humanité. Ils se découvrent appartenir à des sociétés qui ne peuvent entrer dans l'histoire que par le biais de l'Occident[310].

C'est cette périodisation qui conditionne l'imaginaire africain et le conduit à intérioriser comme légitime l'idée du développement dans les termes d'une promesse de modernité par le moyen du trickle down effect d'une politique commerciale ou industrielle de rattrapage historique. C'est elle qui le conduit à intérioriser comme légitime l'idée de rattrapage historique comme perspective d'accès à la modernité. Or cette perspective a conduit à mettre en œuvre des politiques qui organise une mise en valeur des richesses africaines sous l'angle de la rentabilité externe et donc du déficit interne.

---

[310] Il s'agit d'une part d'une périodisation évolutionniste et européocentriste du mouvement universel de l'histoire dont les étapes sont : préhistoire, antiquité, moyen âge, temps modernes (c.-à-d. expansion de l'Europe, découvertes des territoires non européens) époque contemporaine : industrialisation, colonisation. Mais il s'agit aussi d'autre part, d'une périodisation de l'histoire africaine à caractère évolutionniste et européocentriste dont les étapes sont les suivantes : préhistoire, siècles obscurs, découverte de l'Afrique, colonisation, indépendance.

Il apparaît bel et bien que l'épistémologie que véhicule le concept de développement donne à l'imaginaire cognitif des acteurs sociaux une configuration qui les rend incapables d'entrevoir la modernité autrement que dans une perspective productiviste pour l'Occident et dans une perspective de rattrapage historique pour les pays du tiers-monde.

Le concept de développement est donc un vecteur de sens qui opère sur le registre d'un bien symbolique. Comme bien symbolique il véhicule une épistémologie à laquelle les acteurs sociaux adhèrent sans recul critique en raison de la coïncidence sémantique du concept de développement et la notion de progrès. Comme tel cette épistémologie exerce dans l'imaginaire des acteurs sociaux une violence immatérielle. Cette épistémologie est violente, car elle conduit les acteurs sociaux d'une part à adhérer à un discours qui déforme les réalités historiques et oblige de ce fait à penser le réel aux antipodes de la Raison et de la réalité historique.

Comme bien symbolique le concept de développement véhicule donc toute une épistémologie de violence qui vient ajouter sa propre force aux rapports de force par lesquels les partisans d'une orientation productiviste de la modernité s'imposent en Occident et exercent une emprise intellectuelle, militaire et économique dominante sur l'Afrique. On peut saisir et identifier la matière de cette épistémologie de violence à travers les déclinaisons idéologiques du paradigme du développement.

SECTION 2. UN DISCOURS DE REPRÉSENTATION IDÉOLOGIQUE DU RÉEL : LE PARADIGME DU DÉVELOPPEMENT COMME GRILLE DE LECTURE IDÉOLOGIQUE

Un discours est dit scientifique lorsqu'il donne une représentation objective de la réalité. Objective c.-à-d. une représentation indépendante de la subjectivité et des intérêts matériels et immatériels de la personne qui l'élabore. A l'inverse, un discours est dit idéologique lorsqu'il décrit la réalité à travers le prisme déformant des intérêts matériels ou immatériels d'un groupe social ou de celui qui l'élabore. Il s'agit donc d'un discours qui véhicule une fausse interprétation du réel dans le dessein de servir les intérêts matériels et immatériels d'un groupe social au détriment de la vérité scientifique et de la justice sociale. De ce point de vue il s'agit d'un discours partisan qui véhicule une épistémologie arbitraire et opère à la manière d'un prisme déformant du réel.

Quelle est concrètement la matière de cette épistémologie arbitraire que véhicule le paradigme du développement ? Cette matière est celle qui transparaît à travers les usages du concept de développement au sein des sciences sociales. Notre étude des différents usages du concept de développement en sciences sociales, nous a permis d'établir que dans ces disciplines le concept de développement véhicule en fait un argumentaire épistémologique dont la fonction est de masquer et d'occulter, d'une part, les rapports de force qui sont à l'origine de la domination que l'Occident exerce aujourd'hui sur le reste du monde, d'autre part, les intérêts qui en occident ne peuvent prospérer que dans le cadre d'une orientation productiviste de la modernité et d'une mise en valeur des richesses du tiers-monde sous l'angle de la rentabilité externe.

A) Les déclinaisons idéologiques du concept de développement en sciences sociales : la déformation du réel

Cette fonction idéologique du paradigme du développement se vérifie dans diverses disciplines des sciences sociales : celui des sciences économiques, celui de l'histoire économique, celui de l'économie du développement, celui de la sociologie historique et celui de la philosophie de l'économie.

1°) Dans le cadre des sciences économiques

Ici la fonction idéologique du concept de développement se vérifie à travers la vision du progrès historique que véhicule cette discipline. Dans le cadre de cette discipline en effet, le progrès historique est présenté comme l'expression d'un itinéraire linéaire et cumulatif du mouvement de l'histoire par voie de maturation diachronique. Toujours dans le cadre de cette discipline, la société industrielle et démocratique est présentée comme l'étape ultime de l'itinéraire optimal et performant des sociétés. Comme tel le développement est un des rares concepts qui en sciences sociales fait l'objet d'une belle unanimité. Si certains polémiquent sur ses modalités (Ecoles libérale, marxiste et néomarxiste) voir sur son opportunité (Ecole de la décroissance), en revanche personne ne remet en cause sa pertinence épistémologique sur le terrain de la sociologie historique. A savoir, l'idée même que les sociétés seraient des structures en progrès et progresseraient par maturation diachronique selon un itinéraire unique, linéaire et cumulatif.

Cette belle unanimité interpelle la raison, car en sciences sociales l'unanimité est parfois l'indice d'une interprétation idéologique du réel. De fait, cette unanimité vient de ceci que le cursus scolaire et universitaire des analystes en sciences sociales les prépare à adhérer à une vision évolutionniste de la dynamique de l'histoire. Ce cursus les amène à considérer le paradigme du développement comme un paradigme qui va de soi. Aussi, rares sont les analystes qui ont su transcender l'impact de leur cursus scolaire et universitaire et ainsi avoir le recul nécessaire pour s'interroger sur l'hypothèse du caractère idéologique du discours que véhicule le paradigme du développement. Parmi ceux qui ont su le faire, on peut citer : Gilbert Rist[311] ; Anne-Marie Chartier[312] et Serge Latouche[313]. Il faut absolument lire les travaux de ces trois auteurs.

---

311 Gilbert Rist, Le développement : Histoire d'une croyance Occidentale, Ed. Presses de Sciences PO, 2007

2°) Dans le cadre de l'histoire de l'économie

Ici la fonction idéologique du concept de développement se vérifie à travers la vision de l'industrialisation de l'Europe que véhicule cette discipline.

Dans le cadre de cette discipline en effet on trouve l'idée selon laquelle l'industrialisation de l'Europe serait issue d'une évolution interne dont l'élément central serait l'élargissement progressif des marchés intérieurs venant de l'agriculture. Celle-ci aurait déclenché l'accumulation du capital nécessaire à l'industrialisation.

Or cette théorie en vérité ne correspond pas au processus réel d'accumulation primitive du capital qui a permis de financer l'industrialisation de l'Europe. Le processus réel est celui des rapports de force externe suivants : la conquête de l'Amérique, la traite atlantique, la colonisation. En fait depuis Adam Smith le développement est le discours par lequel l'Occident se déculpabilise de son passé en occultant les rapports de force externe qui ont permis l'accumulation primitive du capital ayant déclenché l'industrialisation. Cette théorie ne repose donc sur aucune base réelle. Elle a en vérité une fonction idéologique : elle véhicule une vision idéalisée du processus d'industrialisation de l'Europe. Les travaux de Samir Amin et de Walter Rodney montrent remarquablement le lien entre ces rapports externe et l'accumulation primitive du capital en Europe. Bref, le concept développement véhicule une vision idéaliste du processus d'accumulation du capital qui a permis de financer l'industrialisation de l'Europe. En d'autres termes il occulte le processus réel de cette accumulation (conquête des Amériques, commerce triangulaire, colonisation).

3°) Dans le cadre de l'économie du développement

Ici la fonction idéologique du concept de développement se vérifie à travers la vision de la trajectoire historique des sociétés africaines que véhicule cette discipline. Celle-ci postule la thèse du retard historique des sociétés africaines. Comme tel elle véhicule une vision de la trajectoire historique des sociétés africaines qui est pourtant infirmé par les sources probantes de cette histoire. En d'autres termes il occulte le mouvement réel de l'histoire africaine tel qu'il apparaît à travers les sources probantes de l'histoire. Ces sources montrent que de la préhistoire jusqu'au 16e siècle, les sociétés africaines attestent d'un mouvement socio-linéaire de leur histoire. C'est seulement à compter du 17e siècle qu'elles vont basculer dans la précarité historique suite à un processus de régression historique provoqué par des faits de géopolitique interne et externe. En d'autres termes, le

[312] Anne-Marie Chartier, Essai critique sur le concept de développement, Ed Plug, 1996

[313] Serge Latouche, *Survivre au développement : De la décolonisation de l'imaginaire économique à la construction d'une société alternative,* Paris, Mille et Une Nuits, 2004

concept de développement nous conduit à adhérer aux conclusions auxquelles aboutit la version évolutionniste et coloniale de l'histoire africaine.

4°) Dans le cadre de la sociologie historique

Ici la fonction idéologique du concept de développement se vérifie à travers la vision que cette discipline donne de l'écart de niveau de civilisation matérielle entre diverses aires de culture au 19e siècle.

Cette discipline charrie un argumentaire épistémologique qui vise entre autres choses à conduire les acteurs sociaux à se représenter l'écart de niveau de civilisation matérielle que les Amérindiens et les Africains accusent dès le 17e siècle face aux Européens comme étant un écart naturel. Cet argumentaire vise en fait à conduire les acteurs sociaux à se représenter la supériorité actuelle de l'organisation matérielle de l'Occident comme étant l'expression d'une supériorité naturelle.

Comme tel le paradigme du développement véhicule un argumentaire épistémologique qui masque les rapports de force et de domination qui sont à l'origine de l'ascension historique de l'Occident et du déclin historique et de l'Afrique et de l'Amérique amérindienne à partir du 16e siècle. En cela cet argumentaire épistémologique est arbitraire. Il donne une lecture déformée de la marche réelle de l'histoire. Il déforme la lecture que les acteurs sociaux peuvent faire des réalités historiques. Par cette déformation il occulte les origines réelles de la condition actuelle des sociétés européennes, africaines et amérindiennes. Il explique l'ascension des sociétés européennes par le génie de la race et la faveur du climat là où l'histoire réelle montre que cette ascension s'est faite par des emprunts culturels, des innovations locales, mais surtout par le feu, le fer et le sang. Il explique la condition actuelle des sociétés africaines par des handicaps tenants à la race, à la culture, à la géographie et aux inconvénients du climat là où l'histoire réelle montre que la condition actuelle des sociétés africaines est un fait de régression historique causé par l'impact d'une violence géopolitique d'origine externe. A savoir, l'expansion extra territoriale des peuples européens à compter du de la fin du 15e siècle.

Le concept de développement véhicule une vision naturaliste de la dynamique des sociétés. Cette vision naturalise les écarts de niveau de civilisation entre les peuples et partant confère à la domination que les pays occidentaux exercent sur le reste du monde une justification naturelle. En d'autres termes, il rend légitime la domination occidentale sur le reste du monde. Il l'a présente comme une domination naturelle. Or nous savons que l'Occident a pris le pas sur les autres sociétés non pas par un processus naturel, mais par un processus macchémologique.

5°) Dans le cadre de la philosophie de l'économie

Le concept de développement véhicule une vision faustienne de l'activité de production des biens et des services. En d'autres termes il rend légitime la soumission de la société aux fins de la production là où c'est la production qui devrait être soumise aux fins de la société. Notons que l'impasse de la modernité en Occident trouve d'ailleurs là ses origines. Dans sa dynamique de modernité, l'Occident a vu la philosophie faustienne (appropriation de la technique, de la science et de la nature pour dominer) prendre le pas sur la philosophie prométhéenne (appropriation de la technique, de la science et de la nature pour émanciper). C'est d'ailleurs ce que dénonce l'Ecole de la décroissance dont un des représentants est Serge Latouche.

On peut ainsi expliquer l'échec en Occident de toutes les luttes qui se veulent alternatives. Elles combattent le capitalisme là ou en vérité ce n'est pas le capitalisme qui est en cause, mais la philosophie faustienne qui gouverne la société industrielle. A savoir : s'approprier la technique, la science et la nature en dehors de toute régulation déontologique de l'action et de la relation. Un des paramètres de l'équilibre du progrès historique dans les civilisations africaines anciennes a été justement l'encadrement de l'action de l'homme sur la nature et sur la société par une norme déontologique de l'action et de la relation : la Mâat.

B) Les déclinaisons idéologiques du paradigme du développement dans l'imaginaire social en Afrique : l'occultation du réel

Le paradigme du développement véhicule en Afrique un ensemble de représentations et de significations dont l'impact idéologique sur l'imaginaire social des Africains est rarement mis en perspective. Ces représentations et significations charrient en effet quatre argumentaires qui donnent aux acteurs politiques africains une lecture déformée du réel en général et des réalités africaines en particulier. C'est cette lecture déformée qui les rend incapables de prendre conscience de la différence qui existe entre le développement comme promesse et le développement comme politique concrète. C'est cette lecture déformée qui les rend aveugles face à l'évidence d'une faillite des politiques du développement.

Concrètement, le concept de développement opère en Afrique comme un prisme déformant du réel par le moyen de quatre argumentaires qui conduisent les acteurs politiques à accepter comme légitime des conclusions épistémologiquement fausses. A savoir : la thèse des étapes universelles du progrès historique, la thèse du retard historique de l'Afrique, la thèse du rattrapage historique par le trickle down effect du commerce international ou de l'industrialisation. Ces conclusions, bien que fausses, produisent en Afrique l'effet recherché. A savoir, conduire les acteurs politiques en Afrique à adopter un modèle économique propice non pas à la prospérité des populations africaines, mais à une mise en valeur des richesses africaines sous l'angle de la rentabilité externe et partant du déficit interne.

1°) L'occultation du réel par un argumentaire épistémologique

Le paradigme du développement véhicule un argumentaire épistémologique selon lequel le progrès historique est un processus historique universel qui passe par un chemin unique et ponctué par des étapes qui sont des points de passage obligatoires. Le long de cet itinéraire, les sociétés ne progressent pas toutes au même rythme. Certaines sont en avance ou en retard par rapport aux autres. Ce serait selon cet argumentaire le cas des sociétés africaines dont le niveau de civilisation matérielle témoigne d'un retard que ces sociétés accuseraient par rapport à l'Europe depuis des millénaires.

Cet argumentaire est un prisme déformant du réel, car il est en porte à faux avec l'information que procurent sur ce sujet les sources probantes de l'histoire en général et de l'histoire africaine en particulier. Selon ces sources non seulement l'histoire universelle n'atteste pas de l'existence de points de passage obligé du progrès historique, mais en outre la configuration que présentent les sociétés africaines depuis le 19e siècle est imputable non pas à un processus de retard historique, mais à un processus de régression historique.

Le problème est que la thèse du retard historique conduit les acteurs politiques africains à adhérer à une version du mouvement de l'histoire de l'Afrique qui ne correspond pas au mouvement réel de cette histoire. Cet argumentaire permet à ses auteurs d'atteindre le but recherché. A savoir : amener les acteurs politiques africains à adhérer à une version de l'histoire de l'Afrique qui est certes fausse, mais utile pour justifier que l'on pose la question de la modernité en Afrique en terme de rattrapage historique.

L'argumentaire épistémologique (à savoir la thèse du retard historique) masque donc la contradiction qui existe entre l'histoire réelle de l'Afrique et la version coloniale de cette histoire. La thèse du retard historique rend légitime la perspective du rattrapage alors que les sources probantes de l'histoire africaine convient à une autre perspective. Elles informent que la configuration que présentent les sociétés africaines depuis le 19e siècle est imputable à un processus de régression historique. Dès lors la question de la modernité en Afrique post-coloniale doit être posée non pas en terme de rattrapage historique, mais en terme de renaissance historique.

2°) L'occultation du réel par un argumentaire doctrinal

Un grand nombre d'économistes partagent l'idée selon laquelle l'industrie est à même de jouer comme facteur de rattrapage, car elle est le secteur où se produisent le plus d'innovations technologiques et où les gains de productivité sont les plus élevés. Elle serait donc le secteur le plus apte à générer les effets d'entraînement et donc de rattrapage les plus importants. Elle a la capacité de produire un effet trickle down c.-à-d. un effet de diffusion du progrès dans l'ensemble du tissu social par ruissellement.

Du point de vue de cet argumentaire, on peut dire que la doctrine du développement réduit la problématique de la modernité en Afrique à une problématique d'industrialisation. Elle déforme en cela la lecture des réalités africaines. Celles-ci invitent à une problématique de la modernité plus globale. A savoir, une problématique de reconquête de l'initiative historique dans tous les domaines du savoir et du savoir-faire. Dans le cadre de cette problématique, il s'agit non pas de rattraper l'occident, mais plutôt de reconquérir l'initiative historique c.-à-d. la capacité de produire par soi même les conditions matérielles et immatérielles de sa propre existence. Autrement dit, il s'agit de mettre en œuvre une politique dont la logique de transformation est à même de prendre le contrepied de la dynamique historique qui a conduit à la configuration actuelle de l'Afrique.

3°) L'occultation du réel par un argumentaire philanthropique

La doctrine du développement dispose d'un argumentaire philanthropique qui lui confère une légitimité politique. Dès 1949 elle se présente dans la forme d'une rhétorique internationale qui prône la coopération internationale pour le développement dans le cadre d'une ouverture des marchés aux capitaux afin de donner à tous les peuples de la terre accès aux conquêtes les plus récentes de l'humanité dans le domaine de la science et des techniques C'était là une déformation de la lecture des réalités internationales. Elle avait pour objet de présenter sous un angle optimiste une vision des relations internationales qui a d'abord servi les intérêts géopolitiques des USA en particulier et a servi ensuite les intérêts géopolitiques de l'Occident en général.

Cette vision philanthropique masque en fait le dessein géo-politique que poursuivaient les promoteurs du paradigme du développement. A savoir : briser le pacte colonial, favoriser la décolonisation pour l'ouverture des marchés et mettre les ressources du tiers-monde hors de portée des Soviétiques et enfin encourager une mise en valeur des ressources minérales et agricoles du tiers-monde sous l'angle de la rentabilité externe.

CHAPITRE 9

Peut-on échapper au développement comme perspective du devenir moderne des sociétés ?

Le paradigme du développement véhicule la vision d'une trajectoire incontournable, optimale et performante des sociétés. Cette vision n'est pas allée sans répercussion sur la configuration que présente la modernité contemporaine. Tout le long du XXe siècle, ce paradigme a opéré comme une norme prescriptrice des orientations que devait prendre la société aussi bien en Occident que dans le tiers-monde.

Mais la vision normative de la trajectoire des sociétés qu'il véhicule a largement contribué à donner à la modernité contemporaine une orientation productiviste. Cette orientation a conduit les sociétés de l'Occident comme celles du tiers-monde dans une impasse historique. Cette impasse se présente soit dans la forme d'une perversion du projet de modernité (c'est le cas pour l'Occident) soit dans celle d'un avortement du projet de modernité (c'est le cas pour le tiers-monde). De ce point de vue on peut dire que le développement comme expérience de société atteste d'une crise sociétale qui s'est transformée en une véritable crise de civilisation.

Cette crise de la civilisation du développement a fait l'objet d'une critique théorique et d'une contestation culturelle d'une rare pertinence Le politologue Roger Gérard Schwarzenberg a fait un compte rendu exhaustif de cette critique et de cette contestation dans son ouvrage[314]. Cette critique et cette contestation émanent de divers courants tant académique, idéologique que culturel. Tous condamnent dans un même élan la civilisation du développement comme expérience de société. Comme exemple on peut citer l'Ecole dite de Francfort pour la critique théorique et le mouvement hippie pour la contestation culturelle.

Force toutefois est de constater que cette critique et cette contestation ont été impuissantes à proposer une alternative opératoire à la civilisation du développement tant elles ont éprouvé elles même des difficultés à penser au-delà du corpus épistémologique qui a conduit à cette civilisation du

[314] Roger-Gérard Schwartzenberg, Sociologie politique, Ed Montchrestien, 1998

développement. Prisonnière du corpus épistémologique du paradigme du développement, mais consciente de ses limites, la Raison en Occident semble s'enfermer dans une impasse historique dont elle ne peut s'affranchir faute d'un corpus épistémologique heuristique pour sortir de la civilisation du développement. Elle fait désormais figure d'un serpent qui se mord la queue.

La question qui se pose dès lors est celle de savoir s'il existe en Occident comme en Afrique une alternative à ce paradigme.

Nous verrons ici qu'en ce qui concerne l'Afrique, l'œuvre de Cheikh Anta Diop, milite en faveur d'un paradigme différent de celui du développement. Concernant l'Occident nous verrons ici que les travaux récents de Edgar Morin proposent une piste heuristique pour sortir de la civilisation du développement.

Section 1. La perspective d'une alternative au paradigme du développement en Afrique

Peut-on penser la modernité en Afrique en dehors du paradigme du développement ? Autrement dit, est-il possible de penser la modernité en Afrique en dehors de la perspective de rattrapage historique. Nous tenterons ici d'apporter une réponse à cette question. D'abord en nous interrogeant sur la position de Cheikh Anta Diop sur la question du paradigme du développement. Ensuite en nous interrogeant sur la possibilité ou non de s'émanciper du modèle économique inhérent à la théorie du rattrapage historique. A savoir le modèle économique de rentabilité externe.

A) Cheikh Anta Diop et la question du développement

L'œuvre de Cheikh Anta Diop est connue en tant qu'œuvre scientifique qui introduit à la lecture de la trajectoire du mouvement de l'histoire africaine au regard des sources probantes de l'histoire[315]

Mais l'œuvre de Diop est aussi une œuvre politique, une œuvre qui expose les modalités d'une reconfiguration des sociétés africaines comme espace de modernité c.-à-d. comme espace de libertés, de prospérité, de responsabilité gouvernementale, d'invention et d'innovation dans le domaine des sciences et des techniques. C'est ce dont atteste notamment ses écrits politiques[316] dont il nous offre une synthèse dans son ouvrage politique principale[317] Ces livres contient notamment un plan détaillé des modalités d'une industrialisation de l'Afrique.

---

[315] lire sur ce sujet Le Sphinx de Obenga et Les chemins du Nil de Moussa Lam

[316] Textes chez Présence africaine sous le titre Alerte sous les tropiques, Présence Africaine, 1990

[317] Cheikh Anta Diop, Les fondements économiques et culturels d'un Etat fédéral d'Afrique noire, Présence Africaine, 1960, 1974.

Les objectifs de ce plan ne s'inscrivent pas dans une perspective de rattrapage historique par l'industrie. Ils visent simplement à une mise en valeur du potentiel énergétique du continent sous l'angle de la mutualisation et de la rentabilité interne c.-à-d. dans une perspective d'accès de tous les peuples africains aux ressources énergétiques nécessaires à la vie moderne contemporaine. Il s'agit donc d'une industrialisation dans une perspective pan-africaniste c.-à-d. de solidarité entre les peuples africains.

1°) La question du développement dans l'œuvre de Cheikh Anta Diop

Cheikh Anta Diop est l'intellectuel africain qui a réfléchi avec la plus grande acuité sur la question des chemins de la modernité en Afrique. La question qui se pose est celle de savoir si Cheikh Anta Diop s'est prononcé ou non sur la question des politiques du développement ? A notre connaissance il n'existe pas un texte de Diop consacré explicitement à cette question. Nulle part il ne se prononce sur le débat relatif aux stratégies de développement. Certes le vocable de développement n'est pas absent de ses écrits. Mais non seulement il y est rarement mentionné, mais en outre il y figure toujours comme un terme de commodité de langage et non pas comme une référence explicite au paradigme ou à la théorie du développement. On peut y voir une présomption de rejet par Cheikh Anta Diop de la doctrine du développement. Ce rejet est d'autant plus probable qu'il existe un certain nombre de prises de position à partir desquelles il nous semble que Cheikh Anta Diop adresse une mise en garde contre le discours fondateur de la doctrine du développement

2°) La mise en garde Cheikh Anta Diop contre le discours fondateur de la doctrine du développement

C.A.Diop ne s'est pas prononcé sur les controverses qui opposent les différentes écoles de pensée sur la question des politiques du développement en Afrique. Pourquoi ? La question est d'importance. Serait-ce parce qu'il aurait dès le départ renvoyé dos à dos les participants à cette controverse ? Serait-ce parce qu'il aurait d'emblée tourné le dos à la problématique du développement et conçu sa stratégie d'industrialisation en dehors du paradigme du développement ?

C'est ce dont semble attester sa prise de position dès 1952 sur le point IV du discours à l'occasion duquel le Président Trumann proposa le développement comme paradigme des politiques à mettre en œuvre pour l'accès des peuples du tiers-monde à la modernité. Par cette prise de position, Cheikh Anta Diop ne mettait-il pas les Africains en garde contre ce qui lui apparaissait être une manœuvre géo-politique visant à une mise en valeur des ressources africaines sous l'angle de la rentabilité externe ?

On sait que c'est par ce point IV que le Président Truman a introduit dans les relations internationales l'idée du développement comme politique d'accès des peuples du tiers-monde à la modernité. Or dès 1952 Diop expose sa méfiance vis-à-vis de cette déclaration de Truman, car il y voit une stratégie américaine pour mettre la main sur les matières premières africaines par le moyen d'une politique qui vise à mettre en valeur les richesses africaines sous l'angle de la rentabilité externe.

En 1952, Diop écrit « L'Amérique a perdu sans retour les matières premières et les marchés de l'Asie. Or l'Asie et l'Afrique sont les seuls pays producteurs de matières premières. L'Amérique n'a donc plus le choix ; il lui faut, avant 20 ans, comme l'indique le rapport Pherson, c'est à dire, au cours de notre propre génération, s'emparer de l'Afrique. L'immixtion américaine a déjà commencé derrière le faux rideau de protection européenne : le fameux point IV prévoyant l'aide aux pays économiquement arriérés, les investissements de capitaux, l'extraction de l'uranium du Congo belge, les nombreuses missions qui sillonnent l'Afrique dans tous les sens, les constructions d'aérodromes et de routes stratégiques reliant les bases du cap, de Nairobi, Khartoum, Brazzaville, Dakar, fort-Lamy, les tentatives récentes d'établissement d'un consulat à Abidjan, soi-disant pour surveiller les activités communistes en Afrique (nous dirons : pour réprimer toute velléité d'indépendance nationale), le Libéria, fief des magnats du caoutchouc américain, n'en sont que les signes précurseurs. L'Europe capitaliste agonisante ne peut plus opposer à une telle pénétration qu'une résistance symbolique ou littéraire. »[318]

Pour Diop, le point IV était donc un signe précurseur de l'immixtion américaine sur le continent africain. En 1956 Diop revient sur cette problématique dans les termes suivants : Il écrit « La troisième force, peut être la plus dangereuse, en tout cas la plus vigoureuse, qui cherche à digérer l'Afrique est l'impérialisme américain. Il se profile derrière tous les impérialismes occidentaux par l'intermédiaire des banques et des sociétés commerciales d'un bout à l'autre de l'Afrique. L'Amérique est un pays dont la production industrielle est hypertrophiée et qui n'a plus de débouchés ni de matières premières. Elle a perdu sans retour les matières premières et les marchés de l'Asie ; or, l'Afrique et l'Asie sont les seuls pays producteurs de matières premières. L'Amérique n'a donc plus le choix ; il lui faut avant 20 ans, comme l'indique le rapport Pherson, c'est à dire, au cours de notre génération s'implanter en Afrique »[319]. Une chose est claire. Derrière la volonté des USA d'avoir accès aux matières premières de l'Afrique, Diop dénonce par anticipation non pas tant la présence américaine en Afrique, mais le projet d'une mise en valeur des ressources africaines sous l'angle de la rentabilité externe.

L'expérience des politiques du développement en Afrique confirme-t-elle ce point de vue de Cheikh Anta Diop ? Les politiques du développement ont

[318] Vers une idéologie politique africaine, 1952

[319] Cheikh Anta Diop, Alerte sous les tropiques., 1956

conduit en Afrique à la mise en œuvre d'un modèle économique de rentabilité externe c.-à-d. un modèle qui organise la mise en valeur des richesses africaines sous l'angle de la rentabilité externe. Cheikh Anta Diop avait donc raison de mettre les Africains en garde contre le point IV du discours du président Truman.

B) Peut-on s'affranchir du modèle économique de rentabilité externe inhérent au paradigme du développement ?

Le modèle économique inhérent au paradigme du développement est un modèle qui organise la mise en valeur des richesses du tiers-monde sous l'angle de la rentabilité externe. Il y a lieu de s'interroger sur les possibilités d'y échapper ?

Trouver une réponse à cette question n'est pas chose aisée. Un livre permet de conduire une réflexion sérieuse sur ce sujet ; Il s'agit de l'ouvrage de Charles-Albert Michalet : Le défi du Développement indépendant,, (Les conditions de la souveraineté économique dans le Tiers-monde), Les Editions Rochevignes, 1983

1°) Les éléments constitutifs du modèle économique de rentabilité externe

Le modèle économique inhérent à la doctrine du développement est celui du rattrapage historique par l'effet trickle down du commerce international ou de l'industrie. Ce modèle s'est avéré dans la pratique être un modèle de mise en valeur des richesses du tiers-monde sous l'angle de la rentabilité externe.

C'est Walter Rostow qui a systématisé la première version de ce modèle économique dans un livre[320] qui a eu un retentissement formidable auprès des dirigeants du tiers-monde et des économistes occidentaux. Ce modèle de développement sera largement diffusé par les organes de l'ONU. C'est aussi ce modèle qui sera mis en œuvre par un grand nombre de pays du tiers-monde en particulier par les pays africains.

Dans la pratique la mise en œuvre de ce modèle par les pays du tiers-monde s'est traduite dans la forme d'une politique de promotion des exportations du secteur primaire agricole et minier. Cette stratégie consiste à se procurer des biens manufacturés indispensables pour la consommation et l'industrialisation en misant sur l'exportation de produits primaires pour lesquelles le pays dispose d'avantages naturels (mines, terre, climat) et d'une main-d'œuvre corvéable capable de réaliser une première transformation des produits primaires. La perspective est donc non pas celle d'une stratégie industrielle manufacturière, mais d'une stratégie industrielle d'extraction et agricole. L'idée est que le commerce international va tendre à transmettre la

[320] Rostow, Les étapes de la croissance économique

croissance et donc le développement des pays développés vers les pays sous-développés par le jeu de trois mécanismes : le mouvement des marchandises, celui des prix et celui des capitaux. Ces mécanismes sont censés provoqués un effet trickle down c.-à-d. un effet de diffusion du progrès technique et scientifique.

Cette stratégie a conduit à un échec général qui s'est traduit par l'explosion des inégalités et un endettement considérable. Certains ont vu dans cet échec une conséquence de la tendance à la dégradation des termes de l'échange inhérente à l'asymétrie inévitable à ce type de spécialisation (école structuraliste). D'autres y ont vu une conséquence de la fonction périphérique que cette politique assigne aux économies du tiers-monde par rapport à un centre capitaliste d'exploitation (école néo-marxiste). Une chose est certaine cette stratégie mettait les pays concernés dans une situation de dépendance à l'égard des pays occidentaux en raison de variables extérieures sur lesquels sur lesquels ils n'avaient aucune emprise.

Pour échapper à cette situation de dépendance, certains pays du tiers-monde ont élaboré un autre modèle de développement. Celui-ci se présente dans la forme d'une stratégie de rattrapage non pas par le trickle down effect du commerce international, mais par le trickle down effect d'une stratégie d'industrialisation dans le domaine des biens manufacturés.

On verra ci-dessous que ce modèle aussi a échoué. Les pays qui l'ont adopté en sont revenus au modèle du rattrapage par le trickle down effect du commerce international. Seule une catégorie minime de pays a pu échapper à ce modèle. Il s'agit des pays asiatiques qui ont adopté non pas une politique de rattrapage historique, mais tout simplement une politique de croissance.

2°) Les tentatives pour faire échec au modèle économique de la rentabilité externe

Pour échapper à la dépendance extérieure à laquelle a conduit la stratégie de rattrapage historique par le commerce international, certains Etats du tiers-monde ont expérimenté diverses autres stratégies. D'une part, deux stratégies d'industrialisation selon une logique de rattrapage, d'autre part, une stratégie d'industrialisation selon une logique de croissance.

a) L'ISI : une stratégie d'industrialisation selon une logique de rattrapage

C'est la stratégie dite de l'industrialisation par substitution aux importations. Cette stratégie consiste à remplacer les importations des produits manufacturés par des productions manufacturées locales à l'abri des barrières douanières. On attend de cette stratégie qu'elle diminue la dépendance du pays envers les importations de produits finis, qu'elle diversifie la production domestique, qu'elle favorise la formation de la main-d'œuvre et l'acquisition de technologies modernes, enfin qu'elle diversifie à terme la structure des exportations. C'est le choix qu'ont fait à un moment de leur histoire certains pays tels que l'Argentine, le Brésil, le Chili, la Colombie, l'Egypte, le Ghana, l'Inde, la Malaisie, le Mexique, le Pakistan, la Corée du Sud, les Philippines, Taiwan, la Turquie). Cette stratégie à son tour a conduit à un échec imputable à l'étroitesse du marché local, au recours accru aux subventions à l'exportation et à l'endettement excessif pour l'acquisition de biens d'équipement nécessaire à la fabrication des produits finis[321].

b) L'ISE : une stratégie d'industrialisation selon une logique de croissance

Pour échapper aux limites de la stratégie d'industrialisation par la substitution aux importations, certains Etats (Corée du Sud, Taiwan, Hong Kong, Singapour, Brésil, Mexique) ont adopté une stratégie d'industrialisation fondée non plus sur une logique de rattrapage, mais sur une logique de croissance. Il s'agit d'une stratégie d'industrialisation par la promotion des exportations de produits manufacturés. Cette stratégie consiste à se spécialiser dans des produits industriels légers et/ou lourds, utilisant l'avantage d'un facteur travail provisoirement abondant et peu cher dans des conditions techniques qui se rapprochent de celles des pays du nord. Elle implique une remontée progressive des filières légères vers les filières lourdes pour remplacer les équipements précédemment importés par des productions nationales. Cette stratégie a conduit à des résultats performants en termes de croissance de la production industrielle, d'augmentation des exportations de biens manufacturés et d'élévation du niveau de vie. Le succès de cette stratégie est imputable non pas au libre jeu du marché, mais à la cohérence des politiques mises en œuvre par l'Etat : plans d'exportation, subventions aux exportateurs, contrôle des importations, utilisation de crédits bancaires pour orienter les investissements privés. Cette stratégie trouve son origine dans le modèle des exportations en vol d'oies théorisé par l'économiste japonais K.Akamatsu en 1950. Selon l'économiste Jean Marc Fontaine il s'est agi d'une politique à long terme où « chaque secteur d'exportation doit tirer les suivants, de sorte que la composition des exportations se modifie sans cesse suivant un projet de long terme. Et l'Etat, naturellement, intervient pour assurer la transition. Ce n'est donc pas le libre jeu du marché qui a permis la transition des modèles domestiques aux modèles extérieurs, puis la diversification des exportations, mais une manipulation judicieuse par l'Etat, des incitations à produire pour le marché domestique ou pour tel ou tel marché d'exportation ». Jean Marc Fontaine conclut en disant que « C'est moins l'orientation en elle-même que la

321 Pour une introduction à cette stratégie lire Charles-Albert .Michelet, Le défi du Développement indépendant (Les conditions de la souveraineté économique dans le Tiers-monde), Les Editions Rochevignes, 1983.

cohérence des politiques mises en œuvre qui explique la différence de performances ».

Mais cette stratégie est difficilement généralisable et difficilement pérenne. Difficilement généralisable, car l'efficacité de cette stratégie requiert qu'un certain nombre de conditions soient réunies : coûts salariaux peu élevés, introduction de la technologie étrangère, investissement de capital étranger, zones franches et sous-traitance internationale. Ces conditions indiquent les limites de cette stratégie industrielle : la croissance est déterminée par le dynamisme des exportations lequel reste tributaire des perspectives du marché international, la compétitivité extérieure est largement déterminée par l'évolution des salaires. Si cette stratégie a permis aux pays qui l'ont adoptée de bénéficier d'une amélioration relative du niveau de vie de leur population, il reste que ce modèle est difficilement pérenne. Il reste tributaire des perspectives du marché international pour les exportations et ne manquera pas de se heurter à long terme à des revendications salariales[322] ;

C'est pour éviter cette dépendance à l'égard des exportations et des compétences technologiques des firmes multinationales qu'une autre stratégie industrielle a été élaborée : celle des industries industrialisantes.

c) les industries industrialisante : une stratégie d'industrialisation selon une logique de rattrapage

Mise en œuvre par l'Algérie cette stratégie consiste dans la création d'industrie industrialisantes : d'abord celles qui sont nécessaires pour le développement agricole (machinisme agricole, pétrochimie, engrais, plastiques), ensuite les industries de biens d'équipement utiles pour le développement des industries de transformation. Cette stratégie consiste en fait à s'inspirer du modèle soviétique en œuvre dans les années 30, en favorisant par une politique étatique volontariste utilisant les moyens de la planification centralisée, les activités économiques situées en amont des filières de production. On recherche un effet d'entraînement qui permettra dans un second temps, de développer les industries des biens de consommation et l'agriculture. Cette stratégie a toutefois conduit à un échec. Elle a secrété un besoin de devises fortes pour des investissements peu créateurs d'emplois ni créateurs d'une production locale compétitive sur les marchés internationaux. Cette stratégie n'a pas permis d'éviter une dépendance accrue vis-à-vis de l'étranger pour l'acquisition de la technologie[323].

---

322 Pour une introduction à cette stratégie lire Charles-Albert .Michelet, Le défi du Développement indépendant (Les conditions de la souveraineté économique dans le Tiers-monde), Les Editions Rochevignes, 1983

323 Pour une introduction à cette stratégie lire Charles-Albert .Michelet, Le défi du Développement indépendant (Les conditions de la souveraineté économique dans le Tiers-monde), Les Editions Rochevignes, 1983

C) La voie heuristique pour échapper en Afrique au modèle de la rentabilité externe

Au terme de 50 ans de politiques de développement, quel bilan peut être fait ? L'observation des faits montre que toutes les politiques de modernisation des pays du tiers-monde selon une logique développement ont échouées. Ces expériences se sont toutes heurtées à un obstacle majeur : la dépendance de leur politique industrielle vis-à-vis des marchés et des acteurs économiques occidentaux. Seule l'expérience d'une modernisation selon une logique de croissance a conduit à un succès relatif au sein des NPI. Mais leur stratégie n'est pas généralisable et peut sur le long terme être mise en échec par les revendications salariales.

La question est donc celle de savoir si les pays du Tiers-monde peuvent vaincre cette dépendance extérieure ? Pour répondre à cette question, un retour en arrière s'impose.

Lorsqu'au 16e siècle, les pays occidentaux se lancent dans le commerce international ils n'ont pas eu–à l'inverse des pays du tiers-monde- à affronter la contrainte extérieure que constitue l'existence d'un groupe de pays décidés à configurer le commerce international sous l'angle de l'échange inégal, sous l'angle de l'exploitation des uns par les autres. Ils n'ont donc pas eu à subir le jeu d'une contrainte extérieure qui aurait eu pour effet de réduire leur marge de manœuvre. Les pays du tiers-monde ont eu à affronter une telle contrainte extérieure. Et c'est parce qu'ils n'ont pas réussi à la vaincre que leurs politiques ont débouché dans une impasse. Les seuls pays qui ont réussi à vaincre cette contrainte extérieure de manière relative sont ceux qui ont su mettre à profit la seule marge de manœuvre qu'autorise cette contrainte extérieure. A savoir : l'exploitation du facteur travail comme avantage comparatif dans le cadre d'un Etat doté d'une vision d'ensemble et de long terme. Malheureusement cette marge de manœuvre ne peut pas être mise à profit par l'ensemble des pays du tiers-monde. Elle n'est pas généralisable. Les autres pays du tiers-monde doivent donc concevoir d'autres stratégies suffisamment performantes pour leur permettre de vaincre cette contrainte extérieure.

Pour les pays africains, une telle stratégie existe. C'est celle qui consiste à vaincre la dépendance vis-à-vis du marché externe par le moyen d'une industrie manufacturière orientée d'abord vers la satisfaction d'un vaste marché intérieur. C'est cette perspective d'une industrie manufacturière adossée sur un vaste marché intérieur que propose le paradigme de la renaissance africaine. Mais les acteurs politiques africains n'arriveront pas à se hisser à la hauteur de ce paradigme tant qu'ils resteront sous l'emprise de la charge symbolique de la philosophie de l'histoire que véhicule le paradigme du développement.

Voilà pourquoi il est impératif que les sociétés africaines s'émancipent du discours que véhicule le paradigme du développement. Pour ce faire ils doivent se libérer de la version de l'histoire africaine que véhicule le paradigme du développement.

SECTION 2. LA PERSPECTIVE D'UNE ALTERNATIVE AU PARADIGME DU DÉVELOPPEMENT EN OCCIDENT : LA MÉTAMORPHOSE

Peut-on penser la modernité en Occident en dehors du paradigme du développement. Autrement dit, peut-on penser la modernité en Occident en dehors d'une perspective productiviste de la modernité ?

Le projet de modernité en Occident a permis au sein de la civilisation occidentale de s'émanciper de l'arbitraire politique et de l'adversité de la nature. Mais il a aussi engendré une logique de production des biens et des services qui a conduit à une perversion du projet initial de la modernité. Celle-ci y présente désormais la configuration d'une société de risques majeurs. Des risques qui par leur nature peuvent provoquer du jour au lendemain soit l'implosion de la civilisation occidentale soit l'extinction même de l'espèce humaine. Une réflexion sur l'alternative à la configuration productiviste de la modernité en occident s'impose donc à la raison.

Ecoutons Philippe Moati, professeur d'économie. Il écrit : « Les sociétés occidentales sont malades d'avoir perdu la boussole du progrès. La modernité dont elles sont issues est en crise, en particulier cette foi dans la raison qui devait produire le progrès social. Dans le temps long, la promesse a été tenue. Malheureusement, le ressort semble s'être cassé. Si la science et la technologie progressent encore à grands pas, si l'économie continue bon an mal an de croître, ce progrès ne semble plus au service de l'intérêt collectif. Crise environnementale, montée des inégalités, instabilité financière... le progrès est devenu difficile à percevoir pour le commun des Occidentaux. Le doute s'installe et le pessimisme gagne.......Nous n'avons collectivement plus confiance dans la matrice dont nous sommes issus ; comment espérer continuer d'être un modèle pour le monde si notre propre avenir ne nous semble pas désirable ? Alors que les valeurs fondamentales de la culture occidentale se trouvent contestées, il est urgent de renouer avec une vision positive de notre avenir, faute de quoi nous vivrons cette confrontation des systèmes de valeurs en position de faiblesse, offrant une perméabilité à des visions du monde susceptibles de remettre en cause les acquis de la modernité qui soutiennent encore l'édifice. Car comment ne pas voir dans le retour du religieux, du régionalisme, du nationalisme, du populisme, voire dans l'écologisme radical, les effets d'un malaise existentiel résultant d'une difficulté à se situer et à se définir dans un mode devenu indéchiffrable, incertain et perçu comme dangereux ? Il nous faut donc relancer le projet moderne, celui d'une dynamique dans laquelle la communauté des hommes œuvre pour le bien commun, pour le progrès des conditions de vie matérielles, sociales, culturelles, spirituelles. Pour cela, nous devons renouer avec une forme d'utopie qui dessine un horizon désirable partagé, apte à répondre à la quête de sens d'une population au stade de l'opulence, mais que la logique consumériste ne suffit plus à satisfaire.[324]

Il est vrai qu'à ses origines le projet de la modernité en occident s'est construit sur le registre d'une lutte contre l'obscurantisme, d'une lutte contre l'arbitraire politique, d'une lutte contre la pénurie et l'adversité de la nature. Ce projet a conduit à la formation d'une société laïque, démocratique, de consommation de masse et de macro-technologie. Mais l'axiologie productiviste qui très vite a gouverné ce projet a transformé le dessein d'émancipation qui était le sien au départ en un dessein de performance qui fait basculer la modernité en Occident dans des options absurdes tel que la suppression de lits d'hôpitaux pour des raisons de performance économique.

A) L'impasse des solutions alternatives en Occident

La critique de la société de risques majeurs auquel a conduit l'expérience occidentale de la modernité a été faite par divers théoriciens qui vont de Marcuse[325], aux rédacteurs du rapport de Rome[326] en passant par Yvan Illich[327], J.P Dupuy[328], Georgesscu-Roegen Nicholas[329], Albert jacquard[330], Pierre Thuillier[331], François Partant[332]

Ces auteurs ont ceci de commun qu'ils dénoncent la perversion du projet initial de la modernité en Occident du point de vue de la logique économique qu'il a engendré. A savoir : une logique économique de l'hypercroissance.

---

[324] Philippe Moati, in le Monde du 21 octobre 2016, p7

[325] L'homme unidimensionnel).

[326] (Halte à la croissance, 1972).

[327] Œuvres complètes, tome 1 (Libérer l'avenir - Une société sans école - La Convivialité - Némésis médicale - Energie et équité), Fayard, 2004 ; Œuvres complètes, tome 2 (Le Chômage créateur - Le Travail fantôme - Le Genre vernaculaire - H2O, les eaux de l'oubli - Du lisible au visible - Dans le miroir du passé), Fayard, 2005. ; La Perte des sens, Fayard, Paris, 2004

[328] Introduction à la critique de l'écologie politique, Civilizaçao Brasileira, Rio de Janeiro, 1980 ; Ordres et Désordres, enquête sur un nouveau paradigme, Seuil, 1982. ; Pour un catastrophisme éclairé. Quand l'impossible est certain, Seuil, 2004 Avec Jean Robert, La Trahison de l'opulence, Puf, 1976

[329] Demain la décroissance. Entropie, écologie, économie. Traduction, présentation et annotation Jacques Grinevald et Ivo Rens. Lausanne, Pierre-Marcel Favre, 1979. 21 cm, 157 p. ; La décroissance. Entropie, écologie, économie. 2e édition revue et augmentée. Traduit et présenté par Jacques Grinevald et Ivo Rens. Paris ; La Loi de l'Entropie et l'évolution économique", Congrès des économistes de langue française, Strasbourg, 7 juin 1983.

[330] Eloge de la différence : la génétique et les hommes, éditions du Seuil, 1978, 217 pages ; Cinq milliards d'hommes dans un vaisseau, éditions du Seuil, 1987 ; Le compte à rebours a-t-il commencé ?, éditions Stock, 2009, 138 p ; Inventer l'homme, Editions Complexe, 1984.

[331] L'aventure industrielle et ses mythes. Savoirs, techniques et mentalités, Complexe, 1982. ; La grande implosion. Rapport sur l'effondrement de l'Occident 1999-2002, Fayard, 1995 ; « Pluriel », Hachette, 1996.

[332] La Fin du développement, 1982 (Actes Sud)

C'est sans doute la raison pour laquelle la pensée critique en occident ne parvient pas à penser une alternative à cette société de l'hypercroissance autrement qu'a contrario c.-à-d. par une perspective de décroissance. Les travaux de Serge Latouche constituent un plaidoyer rigoureux en faveur de cette perspective de la décroissance. Mais la formulation de cette alternative dans une perspective de décroissance conduit à deux écueils. D'une part, elle emporte difficilement l'adhésion de l'opinion publique qui l'interprète comme une perspective de retour à des conditions de vie précaires. D'autre part, elle contraint ses théoriciens à ne pouvoir formuler l'alternative de décroissance autrement que par référence à la croissance et donc par des solutions de réduction de la croissance. Ces solutions d'accroissance se présentent concrètement dans la forme de recettes qui permettent de créer des îlots de décroissance dans un environnement de croissance. Or les recettes ne font pas un projet de société.

Les penseurs de l'alternative en Occident restent donc prisonniers du paradigme de la croissance, c'est lui qui détermine la solution alternative que formule l'école de la décroissance. C'est là que le courant de la décroissance s'embourbe alors même que sa critique est objective et pertinente.

B) Les pistes heuristiques pour une alternative en Occident

Le problème du courant de la décroissance est de penser l'alternative à la civilisation du développement en terme de décroissance et donc en terme quantitatif. Or ce qui est en cause n'est pas tant le phénomène de croissance, mais l'expérience occidentale de la croissance. A savoir une croissance qui subordonne toute l'organisation sociale à une logique de rentabilité financière et de production illimitée des biens et des services. Ce qui est en cause n'est donc pas tant le phénomène de croissance, mais l'axiologie de la croissance. Il s'agit d'imaginer une croissance qui favorise la prospérité et émancipe de la pénurie tout en ne portant pas atteinte à l'exigence d'une déontologie de l'action de l'homme à l'égard de la nature et de sa propre espèce. En d'autres termes, une croissance qui n'évacue pas le sens ni ne transforme la société en espace de risques majeurs.

Jacques Robin traduit cette perspective par une formule heureuse. Il parle de « changer d'ère »[333]. Edgar Morin traduit également cette perspective par une autre formule tout aussi heureuse. Il invite à une métamorphose[334]. On est là en présence de deux formules heuristiques, car elles ont l'avantage de permettre de prendre la mesure de ce qu'il faut faire. Il ne s'agit pas d'envisager une perspective de baisse de la croissance, mais de poursuivre la croissance dans le contexte d'une nouvelle axiologie de l'efficience dont est porteur l'instrumentalité technologique. Ces formules sont heuristiques, car

[333] Jacques Robin, Changer d'Ere, Edition du seuil, 1989

[334] Edgar. Morin, Eloge de la métamorphose, in Le Monde du 10-11 janvier 2010, p18

elles permettent de penser une véritable alternative à la société de risques majeurs sans pour autant s'embourber dans une rhétorique a contrario. Toutefois si Jacques Robin et E. Morin nous indiquent le chemin heuristique ils ne nous disent pas comment bifurquer vers ce chemin.

La question qui se pose est celle de savoir comment changer d'ère, comment opérer la métamorphose. Jacques Robin et E. Morin ne parviennent pas à nous dire comment peuvent s'opérer cette métamorphose, ce changement d'ère. Une piste existe. Celle que nous indique Albert Jacquard et que nous offre le patrimoine philosophique africain.

C) le patrimoine philosophique africain comme source d'une alternative réelle à la configuration productiviste de la modernité en Occident

Le développement comme logique de production des biens et des services a conduit l'expérience occidentale de la modernité dans une impasse dont il est urgent de sortir par un renouvellement de la réflexion politique. Cette impasse qui uniformise le monde fait courir précisément au monde un risque global d'implosion.

Pour sortir de l'impasse dans laquelle conduit la civilisation du développement, l'Occident peine à imaginer des solutions. Elle recourt à des recettes en termes de taxes ou à des échappatoires en terme de décroissance. Pour sortir l'Occident de la posture du serpent qui se mord la queue, Edgar Morin, au terme d'une longue et rigoureuse réflexion propose une piste heuristique : la métamorphose[335]. Cette perspective est heuristique, car elle invite non pas à prendre le contrepied de la société du surdéveloppement, mais à mettre en œuvre le potentiel réel d'émancipation dont est porteuse l'instrumentalité macro-technologique de l'Occident. Toute la question est donc de savoir comment l'Occident peut opérer cette métamorphose.

Selon nous, l'alternative consiste à s'inspirer de la méthode qui a permis l'avènement de la seule forme de modernité que l'Occident ait pleinement réussi. A savoir, la démocratie. Pour ce faire, elle a assigné au pouvoir politique ce que Charles de Vischer appelle les fins humaines du pouvoir. L'idée consisterait à étendre les fins humaines du pouvoir du domaine du pouvoir politique à celui du pouvoir économique, technologique, et scientifique. Bref, il faut étendre le contrat social du politique vers l'économie, la technologie, et la science.

Mais une telle extension ne peut se faire qu'à partir d'une philosophie des fins humaines qui prend sa source dans une conception de la personne humaine aux antipodes de celle que véhicule le paradigme du développement. Autrement dit aux antipodes de la conception de l'homme comme maître et possesseur de la nature. Il faut donc inventer une autre

---

335 Edgar Morin, Eloge de la métamorphose, in Le Monde du dimanche 10-lundi 11 janvier 2010, p.18, Horizons Débats

philosophie de l'homme. Une philosophie à même d'assigner au pouvoir politique, économique, technologique et scientifique des fins humaines qui se déclinent dans les termes d'une déontologie du pouvoir politique, économique, technologique et scientifique. Il s'agit donc d'inventer une philosophie de l'homme dont l'axiologie permettrait d'assigner à toutes ces instances de pouvoirs des fins qui les mettraient au service non pas d'eux-mêmes, mais au service de l'humanité, prise comme un ensemble de personnes qui partage une communauté d'origine, d'intérêts et de destin.

Cette philosophie existe-t-elle ? Les travaux du professeur Albert Jacquard sont éclairants de ce point de vue. Il écrit « Il nous faut donc adapter nos exigences aux contraintes naturelles. Or ces exigences, qui vont rendre ou non durable notre cohabitation avec la terre, dépendent du regard que nous portons sur nous même »[336].

L'alternative à la perversion de la modernité contemporaine pourrait donc relever du regard que nous portons sur nous-mêmes, et donc de la définition que nous nous donnons de nous même. Et de fait, tant que nous continuerons à nous percevoir comme maître et possesseur de la nature, notre action en retour sur la nature restera prédatrice et englobera la prédation d'autrui et donc de nous mêmes.

De là vient cette question primordiale : existe-t-il une philosophie de la personne humaine qui puisse être constitutive d'un autre regard sur nous même ? Existe-t-il une philosophie de la personne humaine qui puisse nous émanciper de notre perception de nous même comme maître et possesseur de la nature ? la réponse est positive. Cette philosophie à inventer nous est en vérité déjà accessible. Elle est présente dans le patrimoine philosophique de l'Afrique. C'est elle qui a permis aux Africains dans le passé d'avoir une expérience de la modernité sans risques majeurs. Elle est présente dans le patrimoine philosophique africain à travers sa définition de la personne humaine. Il s'agit de la définition de la personne humaine comme Muntu.

Nous verrons dans une prochaine publication[337] que contre toute attente, le patrimoine philosophique africain nous offre une philosophie de la personne humaine à même de permettre à l'humanité contemporaine de donner à la macro-technologie d'origine occidentale une orientation émancipatrice et partant de conduire à une métamorphose de la modernité contemporaine en une modernité enfin déontologique. Il appartient à l'intelligentsia africaine éclairée de systématiser cette philosophie et de l'apporter à la connaissance du monde afin de donner à la macro-technologie issue de l'Occident une orientation qui puisse conduire à l'émancipation de l'humanité dans sa globalité de l'empire de la rareté et de la choséification. Tel peut être le challenge de civilisation que doit relever la partie éclairée de l'intelligentsia africaine.

---

[336] Albert Jacquard, Le compte à rebours a-t-il commencé ?, Editions Stock, 2009

[337] José Do-Nascimento, Le concept de Muntu, à paraître

La piste à emprunter consisterait donc à conserver l'outil macro-technologique, mais de le mettre au service d'un autre projet de société. Celui d'une société où l'instrumentalité macro-technologique serait soumise à une philosophie politique de la déontologie

De ce point de vue, l'alternative à la civilisation du développement doit être imaginé non pas a contrario de la société de l'hypercroissance, mais par conversion catégorielle de cette société dans la forme d'une société dont la configuration ouvre à l'ère nouvelle dont est porteuse l'instrumentalité macro-technologique. L'idée de la métamorphose introduite par E.Morin permet de ne pas imaginer cette société alternative par négation ou a contrario de la société de l'hypercroissance. Elle permet de l'imaginer par conversion catégorielle de cette société du risque en une société alternative dont seule la macro-technologie dont elle est porteuse peut permettre d'accéder. La société de l'hypercroissance est en effet porteuse d'une macro-technologie qui une fois mit au service d'une nouvelle rationalité peut permettre de conduire à une modernité émancipatrice.

Il s'agit donc moins d'imaginer à quelle forme de société alternative peut conduire la macro technologie que de réfléchir sur comment convertir le potentiel émancipateur de cette macro-technologie dans la forme d'une société qui permet de changer d'ère en s'émancipant de la société de risques majeurs.

Aussi étonnant que cela puisse paraître c'est le patrimoinc philosophique africain qui fourni une réponse heuristique pour savoir comment faire pour changer d'ère, pour savoir comment faire pour opérer une métamorphose en Occident.

CHAPITRE 10

Les tenants et aboutissants du paradigme du développement

Notre entreprise de déconstruction du paradigme du développement nous a conduit à mettre en perspective ses huit figures constitutives. A la lumière de ces huit figures il est possible d'identifier avec exactitude les tenants et aboutissants de ce paradigme et d'en tirer les conclusions qui s'imposent.

Nous identifierons ici ces tenants et aboutissants à partir de l'Afrique comme pôle d'observation. On verra ici qu'à partir de ce pôle d'observation, le paradigme du développement apparaît du point de vue de ses tenants comme un paradigme attractif qui mobilise un argumentaire intrusif et normatif pour servir un dessein géopolitique. Nous verrons aussi que toujours à partir de l'Afrique comme pôle d'observation le paradigme du développement apparaît du point de vue de ses aboutissants comme un paradigme dont les termes de référence favorisent la subordination intellectuelle et organisationnelle des élites africaines à un ensemble de prescriptions africanophages.

Au regard des tenants et aboutissants du paradigme du développement que nous allons exposé ci-dessous, il nous apparaît que ce paradigme ne permet pas aux peuples africains de penser la question de leur devenir moderne en toute autonomie et efficience. Dès lors que les Africains posent la question de leur devenir moderne en terme de développement ils s'inscrivent dans une représentation péjorative de leur passé (théorie du retard historique), dans une perspective déterministe leur devenir moderne (théorie des étapes) et dans une posture attentiste de la modernité (théorie de l'Aide et du trickle down effect du commerce international et des stratégies d'industrialisation). Autant d'éléments qui dans la pratique ont conduit à la mise en œuvre de politiques qui se sont avérées être africanophages.

De ce point de vue les peuples africains doivent renoncer à poser la question de leur devenir moderne dans le cadre du paradigme du développement. Il leur faut envisager un autre paradigme de leur devenir moderne. C'est en tout cas la conclusion à laquelle nous conduit l'examen des tenants et aboutissants du paradigme du développement.

Section 1. Les tenants du paradigme du développement : un paradigme attractif qui mobilise un argumentaire intrusif et normatif au service d'un dessein géopolitique

Si nous partons de l'Afrique comme point d'observation, le paradigme du développement apparaît, du point de vue de ses tenants, comme un paradigme attractif qui mobilise un argumentaire intrusif et normatif pour inscrire dans la réalité le dessein géopolitique dont il est porteur.

A) Un paradigme porteur d'un dessein géopolitique

C'est le discours d'investiture du président Truman en 1949 qui a introduit la vision paradigmal du concept de développement dans la terminologie et l'agenda politique international avant que Rostow n'en fasse la promotion épistémologique. Dans le cadre de ce discours d'investiture, le développement se présente comme un projet philanthropique, universaliste et émancipateur visant à consolider la paix entre les nations par l'émancipation des régions pauvres du sous-développement au moyen du trickle down effect du commerce international.

L'analyse contextuelle du discours de Truman montre que le dessein réel de ce discours était en vérité non pas philanthropique, mais géopolitique. Lorsqu'en 1949 Truman introduit pour la première fois dans la terminologie politique internationale l'idée d'une coopération internationale en vue de sortir les régions pauvres du sous-développement, il s'était agi pour lui simplement d'introduire dans les relations internationales une doctrine qui permettait de prendre le contrepied de la doctrine du pacte colonial qui jusque-là réservaient aux seules puissances coloniales l'accès aux marchés et aux matières premières des colonies.

La doctrine du développement s'y prêtait. Elle était à même de permettre d'atteindre le but recherché. En posant comme principe que chaque peuple est à même de conduire lui-même son propre développement, la doctrine du développement impliquait la décolonisation des territoires où gisaient les matières premières convoitées par les USA. De ce point de vue, l'argumentaire philanthropique mobilisé par Truman au cours de son discours d'investiture servait à masquer le dessein géopolitique que poursuivaient ses promoteurs. A savoir : briser le pacte colonial, favoriser la décolonisation pour l'ouverture des marchés, soustraire les richesses des futurs pays décolonisés de la sphère d'influence soviétique. Ce que l'on a appelé la coopération internationale pour le développement n'était donc en vérité que la politique d'intégration des territoires du tiers-monde au commerce international sous l'angle de la prospérité des intérêts étrangers à ces territoires.

C'est donc un dessein géopolitique qui est à l'origine de l'idée du développement comme paradigme du devenir moderne des sociétés du tiers-monde. L'expérience africaine de ce paradigme confirme cela. Les politiques mises en œuvre pour réaliser ce dessein ont conduit en Afrique à la formation d'un modèle économique de rentabilité externe c.-à-d. une économie qui organise la mise en valeur des richesses africaines sous l'angle de la rentabilité externe.

Comme tel, le paradigme du développement a connu un succès planétaire considérable des années 50 aux années 90 par le biais du succès planétaire du livre de Rostow sur les étapes de la croissance économique. Pierre Jacquemot et Marc Raffinot écrivent : « Il reste encore à écrire sur les raisons de l'influence considérable exercée par l'ouvrage de W.W.Rostow, dans l'imaginaire collectif des théoriciens, des experts et des hommes politiques »[338].

B) Un paradigme attractif

Le succès planétaire et l'influence considérable du paradigme du développement effectivement ne manquent pas d'interpeller la raison critique. En fait ce succès est surtout redevable à la charge attractive du concept sur lequel repose le paradigme du développement. A savoir le concept de développement.

Ce concept est formé à partir d'un verbe qui lui confère une coïncidence sémantique avec la notion de progrès. Cette coïncidence inscrit le concept de développement dans l'imaginaire des acteurs sociaux comme un concept synonyme de progrès. Pour l'opinion publique en effet qui dit développement dit progrès politique, économique et social.

A l'échelle académique et gouvernementale, le concept de développement a fait et fait encore office d'un paradigme à part entière de la trajectoire historique des sociétés. Il véhicule un ensemble d'idées, de représentations et de significations qui se présente pour l'essentiel dans la forme d'un discours sur les étapes universelles du progrès historique. Il s'agit donc d'un discours qui véhicule une vision optimale et performante du devenir historique des sociétés. La coïncidence sémantique entre la notion de développement et celle de progrès donne à cette vision un caractère attractif. C'est la promesse d'un progrès politique, économique, technique et scientifique inhérent au mouvement même de l'histoire.

Comme tel, le paradigme de développement présente une résonnance philanthropique, universaliste et émancipatrice qui l'a inscrit dans l'imaginaire social africain comme un paradigme porteur d'une promesse de progrès politique, économique, sociale, technique et scientifique. Comme tel le paradigme du développement a joué en Afrique un rôle particulier. Celui d'une idéologie de la modernité, celui d'une idéologie du devenir moderne des sociétés africaines.

---

[338] Pierre Jacquemot, Marc Raffinot, Accumulation et développement, Ed l'Harmattan, 1985.

C) Un paradigme normatif et intrusif

Le paradigme du développement véhicule un corpus de connaissances qui traduit une vision évolutionniste du mouvement de l'histoire. Cette vision du mouvement de l'histoire donne à ce mouvement une tonalité naturaliste et téléologique. Cette tonalité confère au paradigme du développement une charge normative et intrusive. Une charge normative en ce sens qu'elle informe sur les postures culturelles, le système politique et la stratégie d'industrialisation qu'il convient d'adopter pour conduire les sociétés du tiers-monde vers la modernité. Une charge intrusive en ce sens qu'elle confère aux prometteurs de ce paradigme la capacité de faire irruption dans l'imaginaire des acteurs sociaux, de prendre le contrôle de leur imaginaire et de conduire ces derniers à accepter comme légitime des options sociales, des choix de société auxquels ils vont adhérer sans examen critique dès lors que ces choix vont leur apparaître comme inhérent au mouvement même de l'histoire.

De ce point de vue la vision du mouvement de l'histoire que véhicule le paradigme du développement n'est donc pas neutre. Elle fait du concept de développement un vecteur de sens c.-à-d. un concept qui charrie un corpus d'idées, de significations et de représentations qui influence à notre insu notre manière d'interpréter le passé, de considérer le présent et d'envisager l'avenir. A notre innu, car la vision du mouvement de l'histoire que ce paradigme véhicule détermine les choix des politiques à mettre en œuvre pour orienter une société dans une dynamique de modernité. C'est ainsi que tout le long du XXe siècle, ce paradigme a opéré comme une norme prescriptrice des orientations que devait prendre la société aussi bien en Occident que dans le tiers-monde. En Afrique par exemple, c'est l'épistémologie normative que véhicule ce paradigme qui a conduit à mettre en œuvre des politiques de modernité en termes de politiques de rattrapage historique.

Ce qui pose problème n'est pas tant le fait que ce concept soit normatif. Ce qui pose problème est le fait que cette normativité est fondée sur une épistémologie arbitraire et sert un dessein arbitraire. Une épistémologie arbitraire, car il s'agit d'une épistémologie fausse du point de vue de l'histoire réelle. Un dessein arbitraire, car cette épistémologie sert non pas les desseins de l'intérêt général, mais ceux des acteurs sociaux dont les intérêts ne peuvent prospérer que dans le cadre d'une configuration productiviste de la modernité et d'une mise en valeur des ressources du tiers-monde sous l'angle de la rentabilité externe.

L'observation des faits confirme cela. En Occident par exemple le corpus d'idées et de significations qu'il véhicule conduit les citoyens à intérioriser comme légitime et incontournable une vision productiviste de la modernité. En Afrique, ce même corpus conduit les citoyens à intérioriser comme légitime et incontournable une vision ethnocentrique, productiviste et attentiste de la modernité. C'est comme tel c.-à-d. comme véhicule d'une épistémologie arbitraire que le concept de développement impose à la conscience sociale des normes arbitraires de la modernité.

Section 2. Les aboutissants du paradigme du développement : un paradigme dont les termes de référence favorisent la subordination des élites africaines à un modèle économique africanophage

Si nous partons de l'Afrique comme pôle d'observation, le paradigme du développement apparaît du point de vue de ses aboutissants comme un corpus de connaissances dont les termes de référence ont permis d'obtenir la subordination intellectuelle et organisationnelle des élites africaines à un ensemble de prescriptions africanophages.

Ces termes ont favorisé l'adhésion des élites africaines post-coloniales aux prescriptions politiques, économiques et éducationnelles indispensables à la mise en œuvre d'un dessein géopolitique spécifique. Celui visant à organiser une mise en valeur des ressources africaines sous l'angle d'une économie de rentabilité externe. C'est comme tel que ce corpus de connaissances a conduit à l'avortement du projet de la modernité en Afrique. Parmi les termes de référence en question ceux qui a eu l'impact le plus décisif sont les notions de retard historique, de rattrapage historique, de big push, de trickle down effect, etc.

Nous allons voir ici dans quelle mesure ces termes de référence ont permis d'obtenir la subordination des élites africaines à un ensemble de prescriptions africanophages.

A) Une subordination psychologique et intellectuelle

Le concept de retard historique comme terme de référence illustre la capacité de l'Occident à faire irruption dans l'imaginaire des élites africaines et à obtenir ainsi leur subordination intellectuelle et psychologique.

Le paradigme du développement véhicule en effet en Afrique une version de l'histoire universelle qui conduit les élites africaines à adhérer sans recul critique à une représentation de la trajectoire historique des sociétés africaines en terme de retard historique. Or le prisme du retard historique inscrit l'imaginaire des élites africaines dans une histoire universelle où elles sont amenées à penser l'histoire de leur propre société dans une perspective évolutionniste qui se décline dans les termes d'une périodisation manichéenne qui oppose une période d'arriération (celle avant l'arrivée des Européens) à une période de progrès (celle qui commence avec la découverte de l'Afrique par les Européens). Elles se découvrent en fait appartenir à des sociétés qui accusent un retard spirituel (peuples païens) et matériel (peuples sous-développés) sur le reste de l'humanité. Elles se découvrent appartenir à des sociétés qui ne peuvent entrer dans l'histoire qu'avec le concours et sous la tutelle de l'Occident[339].

Cette version de l'histoire universelle ne va pas sans créer au sein de l'élite africaine une charge psychologique. Elle gouverne le rapport des élites africaines à la question des politiques concrètes à mettre en œuvre pour faire entrer les sociétés africaines post-coloniales dans la modernité. Or cette vision n'est pas neutre. Elle a une incidence sur la posture des élites africaines face à l'impératif de modernité.

En effet, intérioriser comme légitime le prisme du retard historique c'est accepter l'idée qu'il existe un modèle à rattraper, que ce modèle c'est l'Occident, que seul celui-ci est habilité à nous dire quel type de politique il faut mettre en œuvre pour le rattraper. Dès lors la subordination intellectuelle au point de vue de l'Occident, aux prescriptions qui émanent de l'Occident apparaît à la conscience politique africaine comme étant l'attitude la plus rationnelle à adopter.

Voilà pourquoi, l'Africain exposé à la violence symbolique de cette version de l'histoire de l'Afrique est amené à renoncer à toute ambition d'autonomie intellectuelle. Il épouse volontiers une posture de subordination intellectuelle dans la mesure où le projet de modernité se présente au sein de son imaginaire comme un projet de rattrapage historique de la configuration actuelle de l'Occident et sous la tutelle de l'Occident.

C'est cette subordination intellectuelle qui explique l'européocentrisme de la majorité de la production scientifique en sciences sociales en Afrique et son corollaire, la marginalisation de l'œuvre qui est à même de restituer aux sociétés africaines leur autonomie intellectuelle. A savoir l'ouvre de Cheikh Anta Diop.

De ce point de vue, il importe de souligner que la participation de l'intelligentsia africaine à la conspiration du silence autour de l'œuvre Diop s'explique non pas par une analyse critique de cette œuvre, mais simplement par la non-approbation de cette œuvre par les mentors occidentaux de cette intelligentsia. Comme l'a dit Cheikh Anta Diop tout se passe comme si pour l'intelligentsia africaine la vérité sonne blanche. Quant aux mentors occidentaux, leur réaction épidermique à l'œuvre de Diop, en dépit du caractère probant de son discours comme l'a consacré le colloque du Caire, s'explique par la crainte de voir l'intelligentsia africaine échapper à leur tutelle intellectuelle.

[339] Il s'agit d'une part d'une périodisation évolutionniste et eurocentrique du mouvement universel de l'histoire dont les étapes sont : préhistoire, antiquité, moyen âge, temps modernes (c.-à-d. expansion de l'Europe, découvertes des territoires non européens) époque contemporaine : industrialisation, colonisation. Mais il s'agit aussi d'autre part, d'une périodisation de l'histoire africaine à caractère évolutionniste et eurocentrique dont les étapes sont les suivantes : préhistoire, siècles obscurs, découverte de l'Afrique, colonisation, indépendance.

B) Une subordination organisationnelle

La subordination organisationnelle des élites africaines est un corollaire de leur subordination intellectuelle. Celle-ci conduit les élites africaines à adhérer à un ensemble de prescriptions normatives inhérent au paradigme du développement. Ces prescriptions se traduisent de façon concrète dans la forme d'une norme développementaliste du progrès politique, d'une norme développementaliste du progrès économique et d'une norme développementaliste du progrès éducationnelle.

Ces normes ont été mises en œuvre et ont contribué à l'organisation du dispositif politique, économique et éducationnel censé enclencher le processus de rattrapage historique. Ce dispositif a eu trois composantes : un système politique autoritaire, un modèle économique de rentabilité externe, un modèle éducationnel qui prédispose les acteurs africains à concevoir comme légitime une perspective ethnocentrique et attentiste de la modernité. Comme telles, ces prescriptions organisationnelles ont eu un impact africanophage.

C) Des politiques africanophages

Ceci se vérifie à travers les répercussions des prescriptions inhérentes au paradigme du développement en Afrique.

1°) Les prescriptions institutionnelles : un système politique autoritaire

Sur le plan politique, conformément à la théorie du développement politique, les experts en développement ont recommandé aux élites africaines l'adoption d'un Etat de type autoritaire comme norme politique du rattrapage historique. L'idée prévaut alors qu'un système autoritaire est plus apte, au moins à titre provisoire ou transitoire, à initier la modernisation au plan économique comme au plan politique[340].

L'adoption de l'Etat de type autoritaire comme levier institutionnel du rattrapage historique a conduit à la formation du modèle de l'Etat développementaliste. A savoir celui d'un Etat autoritaire qui monopolise la scène politique par le biais d'un parti unique. C'est à travers ce modèle que les dirigeants africains vont dès les indépendances concevoir leur politique institutionnelle du progrès historique.

Cette grille de lecture développementaliste qui voit dans l'Etat autoritaire non pas un moyen de la tyrannie politique, mais un levier de la

[340] R.A Dahl, Modern Political Analysis, 2ème édition, 1970 ; J.S Coleman, C.G.Rosberg, ed, Political parties and national Integration in Tropical Africa, berkeley, 1964 ; A.R.Zolberg, Creating Political Order. The Party State of West Africa, Chigaco, 1966 ; S.P Huntington, C.H.Moore, Authoritarian Politics in Modern Society. The Dynamics of Established One – Party Systems, new York, 1970

modernisation sera instrumentalisé par certains acteurs politiques africains qui cherchaient à pérenniser leur présence au sommet de l'Etat par le moyen de l'autoritarisme politique[341]. Ils s'approprièrent donc cette grille politique non pas par conviction idéologique, mais par opportunisme politique. Ils s'engagèrent d'autant plus volontiers dans cette voie du fait que les deux grandes puissances de l'époque (USA et URSS) encourageaient les gouvernements des pays du tiers-monde à opter pour des régimes autoritaires.

2°) Les prescriptions économiques : un modèle économique de rentabilité externe

Sur le plan économique, conformément à la théorie du développement, les experts en développement ont recommandé aux élites africaines l'adoption d'une politique industrielle de rattrapage comme norme économique du rattrapage historique.

Dans le cadre de cette politique de développement, le rattrapage est attendu du trickle down effect (effet diffuseur de progrès) du commerce international c.-à-d. des retombées du commerce international en terme de diffusion du progrès. Le commerce international serait à même de transmettre la croissance et donc le développement des pays développés vers les pays sous-développés par le jeu de trois mécanismes : celui du mouvement des marchandises, des prix et des capitaux. Ces mécanismes permettraient d'assurer la mise en place des mécanismes qui avaient engendré, il y a deux siècles la révolution industrielle en occident[342].

Dans la pratique, ce modèle de rattrapage industriel par le commerce international a été expérimenté dans la forme d'une politique de promotion des exportations primaires. Cette politique consiste à « tenter de se procurer les biens manufacturés indispensables en misant sur l'exploitation de produits pour lesquels le pays dispose d'avantages naturels (mines, terre, climat »[343].

L'idée fondamentale était que les ressources financières tirées de ces exportations doivent permettre d'importer des biens d'équipement pour favoriser l'industrialisation du pays. Son expérience a montré que ce modèle générait une logique de mise en valeur des ressources sous l'angle de la rentabilité externe. C'est en réaction contre cette logique qu'ont été élaborées les stratégies de rattrapage par l'ISI. Ces stratégies n'ont pas réussi en Afrique à faire échec à la logique de mise en valeur des ressources sous l'angle de la rentabilité externe.

---

[341] Daniel Bourmaud, La politique en Afrique, Ed Montchrestien, 1997

[342] A. Cazorla, A.M. Drai, Sous-développement et Tiers-mondes, Une approche historique et théorique, Ed. Vuibert, 1992

[343] Philippe Norel, Problèmes du développement économique, Ed Seuil, 1997.

Tous les Etats africains sont revenus au modèle normatif du rattrapage industriel par le commerce international. Dans la pratique ce modèle qui perdure encore aujourd'hui en Afrique, conduit à mettre en œuvre des politiques qui produisent un effet paradoxal (à savoir la mise en valeur des richesses africaines sous l'angle de la rentabilité externe) et un effet asymétrique (à savoir d'une part elles enrichissent les prestataires de ces politiques, d'autre part elles appauvrissent les destinataires de ces politiques). C'est en cela que ce modèle peut être qualifié comme un modèle de rentabilité externe.

3°) Les prescriptions éducationnelles : les langues étrangères comme langue de culture et vision évolutionniste de l'histoire universelle

Sur le plan éducationnel, les experts du développement ont recommandé aux élites africaines l'adoption d'une politique éducationnelle centrée sur les langues européennes comme norme éducationnelle de rattrapage historique. L'idée prévaut alors que seules les langues européennes peuvent faire office de langue de culture et d'enseignement. Ces experts considéraient qu'il était opportun d'exclure les langues africaines au profit des langues européennes comme langue de culture et d'enseignement, car les langues africaines ne présentaient pas une complexité suffisante pour pouvoir être le véhicule du savoir moderne.

Cette exclusion des langues africaines au profit des langues européennes comme langue de culture et d'enseignement s'est accompagnée de la diffusion par le système éducatif d'une version évolutionniste de l'histoire africaine dans la forme d'une histoire où les sociétés africaines se découvrent appartenir à des sociétés qui accusent un retard spirituel (peuples païens) et matériel (peuples sous-développés) sur le reste de l'humanité. Ils se découvrent appartenir à des sociétés qui ne peuvent entrer dans l'histoire que par le biais de l'Occident.

Par ce contenu la politique éducationnelle développementaliste présente les caractères d'un modèle éducationnel qui perpétue un regard péjoratif sur l'expérience africaine de civilisation.

L'impact de cette norme éducationnelle et de ce regard a rarement été souligné en dehors de Cheikh Anta Diop et de Albert Moumouni. Son impact a été psychologique.

D'une part, par l'option des langues européennes comme langue de culture et d'enseignement elle constitue un handicap scolaire pour l'enfant africain dans les premières années de sa scolarisation. Le fait de commencer l'apprentissage scolaire dans une langue qui n'est pas sa langue maternelle favorise des réflexes de mémorisation et non pas de réflexion. Partant elle favorise la formation d'un esprit de répétition et donc de suivisme plutôt qu'un esprit de réflexion et donc d'innovation.

D'autre part, par le regard péjoratif sur l'expérience africaine de civilisation qu'elle perpétue, elle crée une prédisposition des élites africaines à une perspective ethnocentrique de la modernité (ethnocentrique, car elle élève les standards de la culture européenne en standards universels de la modernité) et une posture attentiste de la modernité (elle renonce à toute initiative et attend le progrès de l'effet trickle down du commerce international).

En somme les théoriciens du développement ont repris à leur compte la norme éducationnelle coloniale. A savoir, l'exclusion ou marginalisation des langues africaines au profit des langues européennes comme langue de culture et d'enseignement et une vision péjorative de l'expérience africaine de civilisation.

SECTION 3. LES LEÇONS À TIRER DES TENANTS ET ABOUTISSANTS DU PARADIGME DU DÉVELOPPEMENT

Ces leçons conduisent à l'idée qu'il faut abandonner en Afrique le paradigme du développement. D'abord à cause des lacunes épistémologiques de ce paradigme, ensuite à cause de l'échec des politiques qui lui sont inhérentes, enfin à cause de sa fonction intrusive.

A) Prendre acte des lacunes épistémologiques du paradigme du développement

A la veille de la décolonisation, Frantz fanon faisait remarquer qu'un des grands dangers qui guettait l'Afrique était l'absence d'idéologie. Sa remarque était exacte et prémonitoire. La remarque de fanon était exacte, car l'idéologie est un ensemble d'idées qui visent à orienter l'action des acteurs sociaux afin de donner à la société une configuration précise sur le plan politique, économique, sociale, technique et scientifique. Une orientation émancipatrice ou oppressive. Sans idéologie une société est comme un nouveau-né livré au premier venu. Elle ne sait pas quelle orientation prendre. La remarque de fanon était prémonitoire, car l'absence d'idéologie est une des causes qui explique la perméabilité des élites africaines au paradigme du développement. Elle explique pourquoi ce paradigme a été adopté en Afrique dès les années 60 comme idéologie de la modernité.

Le problème est que ce paradigme reposait sur une assise scientifique erronée : la doctrine de l'évolutionnisme social et la version coloniale de l'histoire de l'Afrique. Dès lors elle ne pouvait pas conduire à l'élaboration de politiques à même de produire un effet levier sur le réel africain et faire basculer les sociétés africaines dans une dynamique de modernité. En contradiction avec les facteurs réels qui avaient fait basculer les sociétés africaines dans une dynamique de régression historique, ces politiques ne pouvaient pas prendre le contrepied de cette dynamique. Elles ne pouvaient pas avoir une emprise émancipatrice sur le réel africain issu de la dynamique de violence géopolitique interne et externe dont ce continent était le théâtre depuis le 16e siècle.

B) Prendre acte de la faillite des politiques du développement

La faillite des politiques du développement en Afrique relève aujourd'hui de l'ordre du constat. Face à ce constat, deux attitudes sont possibles. **La première est le dogmatisme** : il consiste à attribuer cet échec non pas au paradigme du développement, mais à la conjoncture. Il faudrait donc du point de vue du dogmatisme simplement repenser les politiques du développement. Si nous suivons cette voie nous voilà donc peut-être repartis pour 50 nouvelles années d'attente. **La seconde attitude est la critique rationaliste** : elle consiste à soumettre le paradigme du développement à l'épreuve de la critique afin d'en évaluer la pertinence épistémologique et opérationnelle. Pour ce faire il faut procéder à une analyse critique de ce paradigme en terme de déconstruction comme théorie et comme expérience de société.

C'est ce que nous avons fait à travers ce qui s'apparente à une véritable archéologie du paradigme du développement.

C) Prendre acte de la cécité intellectuelle que provoque le concept de développement

Il apparaît donc que le paradigme du développement possède une charge symbolique qui en fait une arme immatérielle qui permet à l'Occident de faire intrusion dans notre imaginaire pour peser sur notre vision des orientations politiques et économiques que doivent prendre nos sociétés. Manifestement nous acceptons comme légitime la perspective de la modernité que le concept de développement nous impose puisqu'en dépit de la faillite proclamée et constatée des politiques du développement qui en découlent, le corps politique africain n'arrive pas à s'en défaire. Il importe dès lors de savoir pourquoi ? Il importe de se demander pourquoi le corps politique en Afrique, en dépit de son patriotisme certain, continue à s'accrocher à des politiques qui conduisent leur pays dans l'impasse et dont la faillite est reconnue par tous les experts ? La réponse est étonnamment des plus simples. C'est parce qu'ils ne voient pas d'autres issues aux politiques de développement que ces politiques elles-mêmes. Et au lieu de se demander pourquoi ils n'arrivent pas à entrevoir d'autres issues, ils se lancent à la recherche de bouc émissaire pour expliquer l'échec de ces politiques : corruption culture africaine, population, etc....

La vérité est donc simple. Le paradigme du développement véhicule une version évolutionniste de l'histoire qui empêche les Africains d'entrevoir d'autres issues à la dynamique de leurs sociétés que celle à laquelle les invite la doctrine du développement. Or cette doctrine précisément véhicule une version de l'histoire qui conduit les Africains à adopter une posture attentiste face à l'impératif de modernité. Voilà pourquoi les Africains doivent d'abord se débarrasser, s'émanciper du concept de développement s'ils veulent arriver à entrevoir une dynamique des sociétés autre que celle qui les a conduit dans l'impasse.

QUATRIÈME PARTIE

Un paradigme à construire

INTRODUCTION

Le paradigme à construire est celui de la renaissance africaine. Il a été conçu et forgé par des Africains pour penser le devenir politique moderne des sociétés africaines. A savoir, le concept de renaissance africaine. Aujourd'hui, dans l'imaginaire des élites et des peuples africains, le concept de renaissance africaine véhicule une espérance historique. L'espérance que le 21e siècle ne soit pas pour les populations africaines un nouveau siècle d'adversité historique. L'espérance que le 21e siècle soit celui de l'avènement d'une Afrique à nouveau agent de sa propre histoire et d'une histoire moderne. Une question se pose. Ce concept serait-il porteur d'une vision à part entière des politiques à mettre en œuvre pour un futur africain moderne ? Autrement dit, serait-il constitutif d'un paradigme du projet de la modernité en Afrique ?

La notion de paradigme appartient à la philosophie des sciences. Dans cette discipline, ce terme a été utilisé par Thomas Kuhn pour désigner un modèle explicatif dominant au sein d'une discipline scientifique. Selon Thomas Kuhn les paradigmes se succèdent au cours de l'histoire et forment un cadre de pensée dominant au sein d'une communauté scientifique. Par extension, en sciences sociales, certains concepts font office de paradigme lorsqu'ils véhiculent une vision qui fait consensus comme explication globale d'un phénomène social ou comme cadre conceptuel explicatif d'un projet politique.

Le concept de renaissance africaine fait-il partie de ces concepts ? La lecture de la littérature y relative nous invite à répondre que pour l'heure il en a simplement la vocation. L'analyse de cette littérature montre en effet que s'il existe un consensus entre les Africains sur la renaissance africaine comme espérance politique[344], en revanche, il existe des divergences entre Africains sur la définition même du concept et partant sur la vision des voies et moyens pour réaliser l'espérance que véhicule ce concept. Ce sont ces divergences qui font que le concept de la renaissance africaine a vocation à devenir un paradigme, mais ne constitue pas encore un paradigme. C'est de ce point de vue que nous disons qu'il reste encore un paradigme à construire.

[344] Cette espérance s'analyse dans les termes d'une volonté de s'émanciper enfin de l'adversité de la condition post-coloniale

Il va de soi que de telles divergences ne peuvent que nuire à l'unité de pensée et d'action que devraient présenter les membres du mouvement de la renaissance africaine. Sous peine de rater le projet d'une renaissance africaine pour des raisons de controverses et de querelles doctrinales, les Africains doivent s'élever à une définition commune et rationnelle de ce concept. L'avantage d'une telle définition viendra du fait qu'elle sera objective, c.-à-d. qu'elle coïncidera avec les attentes et les intérêts des sociétés, des populations et des citoyens en Afrique, en terme de libertés publiques, de prospérité matérielle, de santé publique, de spiritualité apaisée, de promotion des sciences et des techniques. Comme tel, cette définition rationnelle pourra non seulement être opposable à tous, mais surtout elle sera à même de créer un consensus. Ce consensus pourra alors élever le concept de renaissance africaine au rang d'un paradigme à part entière du projet de la modernité en Afrique.

Il apparaît donc que le concept de renaissance africaine a vocation à devenir un paradigme à part entière du projet d'un futur africain moderne. Il ne lui manque qu'une seule chose pour accéder au stade d'un paradigme. A savoir, le bénéfice d'un consensus sur la vision des voies et moyens organiser les sociétés africaines post-coloniales comme espace de modernité. Il y a donc lieu de clarifier le sens de ce concept et de construire un discours qui puisse faire consensus et partant qui puisse élever ce concept au rang d'un paradigme à part entière sur les politiques à mettre en œuvre pour organiser les sociétés africaines comme espace de modernité.

Notons aussi que pour faire de ce concept le véhicule d'un discours qui fait consensus, les Africains doivent construire ce discours à partir d'un ensemble d'éléments à même de constituer un corpus de savoir qui fait consensus. Le consensus autour de ces éléments nous permettrait à nous autres africains non seulement de partager une vision commune du processus de notre modernité, mais surtout de pouvoir faire la distinction entre les deux paradigmes qui habitent l'imaginaire de notre espérance historique : le développement et la renaissance africaine.

Une chose est sûre. L'écho que rencontre au sein de la jeunesse africaine l'idée politique d'une renaissance africaine indique que cette jeunesse est habitée par une espérance historique. Celle de voir le 21e siècle être le siècle d'une nouvelle configuration de l'Afrique, le siècle d'une Afrique de libertés, de prospérité, de spiritualité apaisée, de responsabilité gouvernementale, de promotion des sciences et des techniques. C'est cette espérance qu'incarne dans l'imaginaire de la jeunesse africaine l'idée politique d'une renaissance africaine. De ce point de vue on peut dire que la renaissance africaine est le grand dessein que les élites intellectuelles et politiques africaines doivent réaliser pour que le 21e siècle ne soit pas encore un siècle d'adversité historique pour les populations africaines. Il y a donc lieu et urgence à clarifier ce concept.

C'est à la clarification du concept de la renaissance africaine et à la construction de ce concept comme paradigme du projet de la modernité en Afrique que nous allons ici nous atteler. Nous verrons dans les chapitres qui suivent que la renaissance africaine est un concept controversé. Nous verrons aussi que ce concept une fois clarifié se présente à l'analyse comme un paradigme heuristique des politiques à mettre en œuvre pour un futur africain moderne. Nous présenterons les grandes lignes de ces politiques qui ont vocation à être mises en œuvre par les gouvernements africains qui adhéreront au projet politique d'une renaissance africaine.

Au terme de la lecture de ces divers chapitres, il apparaîtra au lecteur que d'un point de vue paradigmal, la renaissance africaine se défi comme un projet de reconquête de l'initiative historique c. à. d'une reconquête de l'aptitude pour un peuple à pouvoir créer par soi-même les conditions matérielles et immatérielles de sa propre existence. La réalisation de ce projet passe par la mise en œuvre d'une politique de refondation du tissu social africain comme tissu à nouveau propice à l'historicité c.-à-d. à la créativité, à l'inventivité et à l'innovation. Cette politique de refondation comporte trois volets. Une politique d'assainissement du tissu social, une politique de réappropriation des ressorts de l'historicité et une politique de promotion des sciences et des techniques. Cette vision paradigmal du projet de la modernité en Afrique ne tombe pas du ciel. Elle est inhérente à la logique de changement social à même de prendre le contrepied du phénomène qui à partir du 17e siècle a fait basculer les sociétés africaines dans les conditions d'adversité historique dont elles souhaitent s'émanciper.

CHAPITRE 1

Un concept controversé : les divergences africaines sur le concept de la renaissance africaine

L'observation des faits montre que nous autres africains, abordons déjà ce 21e siècle dans une grande confusion intellectuelle sur le sujet des idées politiques à travers lesquelles nous envisageons notre devenir moderne. C'est le cas pour les concepts de renaissance africaine et de développement. D'une part, nous véhiculons des définitions du concept de la renaissance africaine qui s'opposent les unes aux autres. D'autre part, nous tendons à considérer le projet politique du développement et le projet politique de la renaissance africaine comme un seul et même projet alors que l'analyse comparée montre qu'ils font écho à deux projets politiques différents[345].

Toutefois, alors que le concept de développement véhicule désormais un sentiment d'afro-lassitude que les Etats et les organisations internationales masquent par un changement de terminologie en recourant au concept d'émergence, à l'inverse, le concept de la renaissance africaine soulève dans l'imaginaire de la jeunesse africaine un optimisme enthousiaste et mobilisateur qui entretient au sein de cette jeunesse, la confiance dans la perspective d'un avenir meilleur, la confiance dans sa capacité de se façonner un avenir moderne. C'est ce dont atteste en tout cas depuis les années 2000 l'écho remarquable que le concept de renaissance africaine rencontre au sein de la jeunesse africaine.

Cet écho n'est pas fortuit. Il s'explique par le fait que ce concept a une tonalité eschatologique. Il résonne à l'esprit et au cœur comme la promesse d'un temps nouveau qui va mettre fin à l'adversité des temps présents. La jeunesse africaine est très sensible à cette tonalité, car elle vit une situation politique et économique qu'elle assimile à une période de survie. C'est cette tonalité eschatologique qui confère au concept de la renaissance africaine un pouvoir de séduction et suscite une adhésion spontanée. Il séduit d'autant

---

345 Lire à ce sujet Jose Do-Nascimento, Deux paradigmes concurrents de la modernité en Afrique, in La renaissance africaine comme alternative au développement, Edition L'Harmattan, 2008 (sous la direction de Jose Do-Nascimento

plus que cette tonalité eschatologique fait écho à une espérance que tous les Africains partagent en commun. Tous s'accordent en effet pour voir dans l'idée politique de la renaissance africaine la traduction de l'espérance d'une Afrique qui ne soit plus une Afrique de l'adversité sur le plan de la santé, des libertés, de la consommation, etc.

Mais s'il existe un consensus entre les Africains sur la renaissance africaine comme espérance politique en revanche il existe des divergences entre Africains sur les voies et moyens pour réaliser cette espérance. Les discours des Africains sur la renaissance africaine attestent en effet de divergences fondamentales sur la notion même de renaissance africaine et partant sur la vision du projet politique d'une renaissance africaine. Il s'ensuit une confusion intellectuelle qui ne favorise pas l'avènement d'une unité de pensée et d'action des Africains autour du projet de la renaissance africaine. Sous peine de rater le projet d'une renaissance africaine pour des raisons de controverses et querelles doctrinales, les Africains doivent sortir de cette confusion intellectuelle. Pour cela il leur faut entreprendre une clarification du concept de la renaissance africaine pour s'élever à une définition commune du concept et du projet de la renaissance africaine.

C'est pour opérer une telle clarification que nous avions organisé en janvier 2000 à l'OIF (Organisation Internationale de la Francophonie) un colloque intitulé L'idée de la renaissance africaine comme paradigme de refondation du Droit, de l'Etat, de l'Economie, des Sciences et des Techniques en Afrique. Les actes de ce colloque ont été publiés aux éditions l'Harmattan[346]. Que la mémoire de Boutros Boutros Ghali soit ici honorée pour avoir ouvert les portes de l'OIF aux organisateurs de ce colloque. Ce colloque fut une première tentative de clarification. Mais ce fut surtout un acte conservatoire. Il s'était agi d'éviter que les Africains n'aient comme seul discours sur la renaissance africaine celui qui à l'époque par la voix de Thabo Mbéki et des médias assimilait le projet de la renaissance africaine à un projet de remobilisation autour des tâches du développement après la sinistre séquence de l'afro-pessimisme lié aux plans d'ajustement structurel.

Au cours de ce colloque, notre contribution personnelle a consisté à mettre en perspective l'idée selon laquelle le concept de renaissance africaine est distinct de celui du développement. Qu'il est à lui seul un paradigme à part entière des chemins de la modernité en Afrique et qu'il véhicule une vision spécifique des politiques à mettre en œuvre pour organiser les sociétés africaines post-coloniales comme espace de modernité. Ce fut là un des acquis de ce colloque. Cette distinction étant acquise, il nous

[346] Jose Do-Nascimento(dir.), La renaissance africaine comme alternative au développement, Edition L'Harmattan, 2008. Attention une contrefaçon de ce livre a été publié par *Mawawa* Mâwa *Kiese* aux éditions, Paari sous le titre La renaissance africaine et sa prospective Cet éditeur a été condamnée par le TGI de Paris du 13 janvier 2004, 3e chambre, 3e section, N°RG 02/091/70

restait à clarifier le concept de renaissance africaine au regard des divergences doctrinales dont il fait l'objet. C'est ce que nous allons faire ici.

L'observation des faits montre en effet que le concept de renaissance africaine est à ce jour un concept controversé. Les écrits des intellectuels africains sur le sujet attestent de divergences fondamentales quant à la définition et donc quant à l'interprétation de ce concept. Il importe non seulement d'identifier la cause de ces divergences, mais surtout de mettre en perspective les grilles de lecture à partir desquels les intellectuels africains construisent des visions et des discours divergents sur la renaissance africaine.

SECTION 1. L'APPARITION DU CONCEPT DE LA RENAISSANCE AFRICAINE

D'un point de vue chronologique, le concept de renaissance africaine est apparu pour la première fois dans la littérature politique africaine en 1948 dans un article publié par Cheikh Anta Diop[347]. Ce n'est que 40 ans après que ce concept apparaîtra enfin dans la terminologie politique nationale et internationale et cela, dans le cadre de la politique diplomatique de Thabo Mbéki.

A) Dans la littérature politique africaine

Dans son article paru en 1948, Cheikh Anta Diop ne donne pas une définition de ce concept. Mais le discours qu'il construit autour de ce concept est suffisamment explicite pour que le lecteur averti devine que chez Diop ce concept lui a été inspiré par celui de la renaissance européenne. Concept de renaissance européenne qui à l'époque est considéré au sein des milieux académiques comme synonyme d'un processus de renaissance historique. Pour comprendre ce que Diop entend par renaissance africaine il suffit donc de se référer à ce que dans les milieux académiques de l'époque on entendait par la notion de renaissance historique. Soit un phénomène de reconquête de l'initiative historique, de reconquête de l'aptitude d'une société à l'historicité.

Toujours est-il qu'entre les années 50 les années 80 le concept de la renaissance africaine forgé par Cheikh Anta Diop ne va pas prospérer. Il va même être marginalisé par le succès phénoménal que connaît alors le concept de développement. Il faudra attendre les années 90 pour que le concept de renaissance africaine bénéficie enfin d'une audience médiatique, universitaire et diplomatique. Ce changement s'est opéré justement dans un contexte particulier : celui de la faillite des politiques de développement.

---

[347] Cheikh Anta Diop, Quand pourra-t-on parler d'une renaissance africaine ? in Le Musée Vivant, n° spécial 36-37, novembre 1948, Paris, pp. 57-65.

On se rappelle que dès les années 80, les économistes ont été unanimes à faire le constat d'une faillite générale des politiques du développement en Afrique dans un contexte d'endettement excessif des Etats africains[348]. Samir Amin écrit en 1989 : « Si les années 60 avaient été marquées par un grand espoir de voir amorcer un processus irréversible de développement à travers l'ensemble de ce que l'on appelait le tiers-monde et singulièrement l'Afrique, notre époque est celle de la désillusion. Le développement est en panne, sa théorie en crise, son idéologie l'objet de doute. L'accord pour constater la faillite du développement en Afrique est hélas général »[349].

B) Dans la terminologie politique internationale

Dans les années 90, pour amortir le choc de l'endettement financier excessif auquel avaient conduit les politiques de développement, les institutions financières internationales ont imposé aux pays africains des plans d'ajustement structurel. Ces plans ont contraint les Etats africains au démantèlement des entreprises publiques, à la réduction du nombre des fonctionnaires et à un abandon progressif des politiques sociales dans le domaine de l'éducation et de la santé. La dégradation des conditions de vie qui s'en est suivie a conduit à l'apparition de phénomènes jusque-là inconnue en Afrique : les enfants de rue, la prostitution enfantine et les migrations économiques. Quant aux institutions internationales elles ont alors abandonné le développement comme ambition pour se consacrer désormais à la seule lutte contre la pauvreté.

C'est dans ce contexte d'afro-pessimiste ambiant qu'est apparu dans les années 90 sur la scène politique internationale le projet d'une renaissance africaine comme réponse à l'afro-pessimisme. C'est comme tel en tout cas que Nelson Mandela et Thabo Mbeki ont introduit ce concept dans la terminologie politique internationale en l'élevant au rang d'un terme de référence de la politique étrangère sud-africaine post-apartheid. Il s'était agi pour Thabo Mbéki de mobiliser les chefs d'Etat africains autour des pratiques de bonne gouvernance et de compétitivité économique. De ce point de vue, l'idée de renaissance africaine est apparue dans les années 90, comme l'expression d'un afro-optimisme.

Une question se pose : la promotion internationale du concept de la renaissance africaine par Thabo Mbeki s'est-elle accompagnée d'une définition préalable du concept et du projet de la renaissance africaine ? Manifestement non puisque l'observation des faits montre que le concept de

---

348 Il faut lire sur ce sujet : Grellet Gérard, "La fin des modèles", in *Le Monde* du 1er novembre 1988 ; Samir Amin, La faillite du développement en Afrique et dans le tiers-monde, L'Harmattan, Paris, 1989 ; Gérard Azoulay, Les théories du développement : du rattrapage des retards à l'explosion des inégalités, Ed Les Presses Universitaires de Rennes, 2002

349 Samir Amin, La faillite du développement en Afrique et dans le tiers-monde, L'Harmattan, paris, 1989, p5

renaissance africaine est à ce jour un concept controversé. Les écrits des intellectuels africains sur le sujet attestent en effet de divergences fondamentales quant à la définition du concept et quant à la vision du projet politique que véhicule ce concept. En Afrique du Sud par exemple ce concept a fait l'objet d'un débat contradictoire intense qui atteste de l'existence de telles divergences[350]. Ailleurs en Afrique un tel débat n'a pas eu lieu. Cependant les écrits des uns et des autres sur la renaissance africaine attestent que tous ne lui accordent pas la même signification[351].

SECTION 2. LES VISIONS AFRICAINES DIVERGENTES DE LA RENAISSANCE AFRICAINE

Il convient au préalable d'identifier la cause de ces divergences et les grilles de lecture à partir desquelles les intellectuels africains construisent des visions et des discours divergents sur la renaissance africaine. A partir de ces grilles de lecture, il sera possible d'établir une typologie des visions africaines divergentes de la renaissance africaine.

A) La cause des divergences africaines sur le concept de renaissance africaine

La question se pose de savoir pourquoi le concept de renaissance africaine donne lieu à tant de divergences d'interprétation entre Africains. La raison est bien simple. La définition de ce concept ne va pas de soi. Le concept de renaissance africaine en effet n'est pas un concept facile à définir. Il est formé à partir d'un verbe qui se prête à des interprétations doctrinales variées. Le verbe renaître peut en effet faire l'objet d'une interprétation à connotation religieuse (chrétienne, musulmane), philosophique (vitalisme, existentialisme), idéologique (libéralisme, marxisme), culturelle (identitaire), etc.

On peut donc être confronté à une lecture chrétienne, musulmane, libérale, marxiste, culturelle du verbe renaître et donc à une lecture religieuse, doctrinale ou idéologique de la notion de renaissance. C'est ce dont atteste déjà la littérature africaine relative à la renaissance africaine.

---

[350] Lire sur ce sujet : P. Vale and S. Maseko, "South Africa and the African Renaissance", Foundation for Global Dialogue Occasional Paper, n°17, October 1998 ; Maloka, E. 2000. 'The South African ''African Renaissance'' debate : a critique', in E. Maloka & E. le Roux, eds. Problematising the African Renaissance. Pretoria : Africa Institute of South Africa. ; Dani W.Nabudere, The African renaissance in the Age of Globalization, in African Association of Political Science, 2001, Vol.6, N°.2, 11-27)

[351] C'est ce dont atteste par exemple les écrits du courant théologique de la renaissance africaine dont le chef de fil est ka Mana et ceux du courant de l'Afrocentricité International dont les chefs de fils sont Ama Mazama et Molefi Asante. Ces écrits sont aux antipodes les uns des autres.

Elle donne à voir des lectures doctrinales qui conduisent à des interprétations les plus diverses et opposées. Ces divergences tiennent donc au fait que nous autres africains interprétons le verbe renaître à partir de grilles de lectures différentes. Il convient de mettre au jour ces grilles de lecture.

B) Les grilles de lecture africaine du concept de la renaissance africaine

Les divergences africaines relatives au concept de la renaissance africaine sont perceptibles non pas tant au niveau de la définition que les uns et les autres donnent de ce concept, mais au niveau de la logique de changement social que véhicule leur vision de la renaissance africaine. Il apparaît que les logiques de changement social que les uns et les autres retiennent ne sont que l'expression de leur grille de lecture respective du verbe renaître. Il convient donc de bien identifier ces grilles de lecture.

De ce point de vue, la littérature africaine relative à la renaissance africaine invite à distinguer une vision religieuse d'inspiration théologique qui repose sur une grille de lecture eschatologique. A savoir, la résurrection. Une vision idéologique d'inspiration développementaliste qui repose sur une grille de lecture libérale. A savoir : le volontarisme politique. Une vision culturelle d'inspiration identitaire qui repose sur une grille de lecture psychanalytique. A savoir l'aliénation culturelle. Une vision politique d'inspiration épistémologique qui repose sur une grille de lecture scientifique. A savoir : la causalité historique. Ce sont ces quatre visions divergentes que nous allons présenter dans le détail.

SECTION 3. TYPOLOGIE DES VISIONS AFRICAINES DE LA RENAISSANCE AFRICAINE

La lecture de la littérature politique africaine donne à voir quatre interprétations différentes du concept de la renaissance africaine et partant quatre visions différentes du projet politique de la renaissance africaine. Une vision religieuse, une vision idéologique, une vision culturelle et une vision politique.

A) Une vision religieuse de la renaissance africaine

Elle est celle du courant qui véhicule une conception théologique de la renaissance africaine. Le courant dit de la théologie de la reconstruction. La théologie à l'aune de laquelle le verbe renaître est ici interprété est celle de l'une des religions dites du livre : le christianisme.

Qu'au sein du christianisme, un courant se soit prononcé sur sa vision de la renaissance africaine ne doit pas surprendre. Le concept de renaissance africaine en effet à une résonance particulière dans l'imaginaire des chrétiens. Il scintille dans cet imaginaire, car il fait écho à un des paradigmes fondamentaux du christianisme : la résurrection. Certains intellectuels africains de confession chrétienne peuvent donc céder à la tentation d'interpréter le concept de renaissance africaine à partir de ce paradigme eschatologique. Or sur ce terrain renaître pour une société ne saurait signifier autre chose que le processus par lequel une société en voie de dégénérescence ferait l'expérience d'une régénération. De ce point de vue la renaissance africaine sera comprise comme un projet sinon de résurrection du moins de régénérescence historique des sociétés africaines.

La littérature africaine montre que certains théologiens africains ont cédé à cette tentation. Ils ont interprété le concept de renaissance africaine à partir du paradigme eschatologique de la résurrection. Leur pensée est désormais connue sous le label de théologie de la reconstruction. Nous allons présenter ici les tenants et aboutissants de cette vision de la renaissance africaine.

1°) La conception théologique de la renaissance africaine

Il existe dans la littérature théologique écrite par des Africains une réflexion que certains assimilent à une vision chrétienne de la renaissance africaine. Cette vision porte le nom de théologie de la reconstruction. Dans son excellent ouvrage de synthèse sur la théologie africaine, Etienne Kaobo Sumaïdi[352], rappelle que c'est le CETA qui en 1990 a lancé le concept de théologie de la reconstruction. Ce concept sera par la suite repris par Ka Mana. Ce dernier lui donnera un cachet personnel qui le fait aujourd'hui apparaître comme le pionnier de cette orientation théologique. On cernera donc ici la théologie de la reconstruction à travers les travaux publiés par le pasteur Ka Mana.

La lecture des écrits de Ka Mana sur la théologie de la reconstruction n'est pas aisée. Ces écrits présentent une facture conceptuelle certes rigoureuse. Mais l'argumentation de l'auteur repose sur une rhétorique de la foi. Ce qui rend donc difficile une évaluation de ces écrits sur le terrain de la seule Raison. Pour cerner ce qu'est la théologie de la reconstruction nous avons lu les trois textes suivants de Ka Mana.

Le premier est Théologie africaine pour temps de crise, Christianisme et reconstruction de l'Afrique, Ed Karthala, 1993. **Le second est** L'Eglise africaine et la Théologie de la Reconstruction. Réflexion sur les nouveaux appels de la mission en Afrique, Genève, CPE, n° 4-5 août 1994. **Le troisième est** La renaissance africaine : le problème et ses enjeux. Ce dernier texte est celui d'une allocution de ka Mana au colloque du 24-26 décembre 2003 à Kinshasa intitulé : Les Africains et la renaissance africaine, actualité du plan de la Régénération de l'Afrique par l'Afrique de Daniel Comboni, fondateur des missionnaires comboniens (ne) s. Les Actes de ce colloque n'ont pas été publiés. L'allocution du pasteur Ka Mana a été enregistrée par

---

352 Etienne Kaobo Sumaïdi, Christologie africaine (1956-2000) Histoire et Enjeux, Editions L'Harmattan, 2008

Justin Kakule qui l'a publié sur son blog. Ces textes de Ka Mana présentent la théologie de la reconstruction comme étant la vision chrétienne de la renaissance africaine.

Ka mana part de l'idée de Eboussi Boulaga selon lequel « Tout processus de renaissance, présuppose un cataclysme. Tout horizon de reconstruction dont la renaissance est l'élan créatif s'enracine dans l'expérience d'une catastrophe ». Cette réflexion de E.Boulaga amène Ka Mana à se poser la question suivante à propos de l'histoire de l'Afrique : « qu'est-ce qui s'est passé de tragique dans cette histoire pour qu'elle soit frappée en nous du signe profond d'un déclin maintenant ? Quels sont les cataclysmes qui en ont marqué le devenir pour qu'aujourd'hui se fasse sentir le besoin de renaissance pour l'ensemble du continent ». Pour répondre à cette question Ka Mana cherche à identifier les cataclysmes « qui ont brisé notre histoire » et à partir desquelles « nous sommes appelés à penser notre renaissance et la reconstruction de notre continent aujourd'hui ». Il en identifie trois.

Le premier cataclysme selon Ka Mana est … ce que nous pouvons appeler la rupture avec les sources spirituelles de notre destinée ». Il entend par là ce qu'il considère comme étant « nos origines supposées » : l'Egypte antique. Cette rupture selon Ka mana présente la forme d'une perte de la capacité d'invention et de créativité qui a caractérisé la civilisation pharaonique. Le second cataclysme selon Ka mana est, notre défaite historique face au monde occidental à l'aube des temps modernes. Selon Ka Mana cette défaite se présente « sous la triple forme d'une longue et ahurissante traite négrière, d'un colonialisme féroce et impitoyable, et d'une ardeur néo-colonisatrice sans cesse recommencée ». Le troisième cataclysme est ce que Ka Mana appelle « l'échec de nos indépendances et le profond désarroi qu'il a semé dans nos esprits concernant nos capacités de créativité et notre puissance à renverser l'ordre des choses en vue d'une nouvelle société ».

Ka mana prend le parti d'avoir une intelligence de la réalité africaine à partir de l'analyse de ce troisième cataclysme. Il se refuse à prendre en compte les deux autres cataclysmes, car selon lui c'est uniquement ce dernier cataclysme qui est à la source de la crise actuelle que connaît l'Afrique. Plus précisément pour ka Mana ce cataclysme-là est celui qui nous a façonné un imaginaire social qui nous rend étrangers à tout esprit d'inventivité et de créativité. C'est cet imaginaire qui nous rend aujourd'hui incapables d'inventivité et de créativité pour faire face aux problèmes contemporains auxquels nous sommes confrontés. Ka mana impute donc la responsabilité principale de notre condition actuelle à l'imaginaire social post-colonial. C'est cet imaginaire selon lui qui fait que l'Afrique est en crise et ne parvient pas à sortir de sa crise.

Ka mana nous donne ensuite son analyse de la crise africaine. Il analyse cette crise à travers le prisme de la Bible. Pour lui l'Afrique est en crise parce que son imaginaire est gouverné par quatre idéologies qui agissent comme des forces de l'inhumain. Ces quatre idéologies sont : le pharaonisme, le baalisme, le complexe de mamon et la pharisaïte. Il ressort selon lui de cette grille de lecture trois informations. La première information est celle selon laquelle ces quatre idéologies conduisent l'imaginaire africain à capituler individuellement ou collectivement devant les puissances de l'inhumain. La deuxième information est celle selon laquelle la sortie de la crise africaine viendra de la transformation intérieure de l'Afrique au sens de la transformation de son imaginaire par le moyen d'une éthique politique. La troisième information est celle selon laquelle cette éthique politique est celle qui est inhérente à la parole de Dieu comme puissance anti-crise. Puissance anti-crise, car cette parole selon Ka Mana offre les repères, les structures et les valeurs fondamentales qui définissent clairement les orientations de lutte contre les pesanteurs et les pouvoirs de rupture entre Dieu et le monde de l'homme.

Pour Ka mana, les valeurs en question sont des valeurs anti-crise que la théologie de la reconstruction met en lumière comme structure de conscience et d'existence pour l'homme africain aujourd'hui. Ka mana donne la liste de ces valeurs[353]. Mais selon lui toutes ces valeurs n'ont de sens que dans la figure centrale qui est leur mesure véritable, leur norme essentielle. A savoir : le Christ comme révélation de l'humain et du sens de la relation à Dieu. Il écrit « Bâtir l'Afrique nouvelle en fonction de l'humain dévoilé par le Christ en tant que ferment anti-fataliste et puissance de transformation du monde en espace de vie à la mesure du rêve de Dieu pour sa création, tel est le cœur même du projet de la théologie de la reconstruction dans une Afrique livrée aux forces de l'inhumain ».

La question est donc celle de savoir comment concrètement l'éthique politique inhérente à la parole de Dieu comme puissance anti-crise pourra conduire à l'émergence en Afrique d'un humain à même de transformer son environnement ? Car c'est bien cela qui est en cause chez ka Mana : l'incapacité de l'individu en Afrique à transformer son environnement et donc à résoudre les problèmes auxquels il est confronté en raison de son imaginaire social post-colonial.

Selon ka Mana, l'éthique politique inhérente à la parole de Dieu comme puissance anti-crise est à même de conduire les Africains à rompre avec leur imaginaire social post-colonial. Cela dans la mesure où elle leur permet de retrouver ce qu'il appelle leur pharaonité c.-à-d. la capacité d'invention et de créativité dont leurs ancêtres ont su faire preuve dans le passé en Egypte antique. Ka mana explique en effet que l'éthique politique dont est porteur le souffle du discours chrétien permet d'entrer « dans la dynamique d'invention et de créativité par laquelle l'Esprit rend possible des solutions fécondes aux problèmes de nos sociétés ». Selon Ka mana « c'est sur ce terrain de

[353] Voir p37 in L'Eglise africaine et la Théologie de la Reconstruction. Réflexion sur les nouveaux appels de la mission en Afrique, Genève, CPE, n° 4-5 Août 1994

problèmes concrets que le christianisme africain est appelé à s'affirmer comme le souffle de notre renaissance, à assumer l'énergie de sa christianité pour la proposer aux autres dynamiques religieuses, et à toute la société comme la voie de notre résurrection aujourd'hui ».

Les choses sont donc claires. Pour Ka mana, le souffle du discours chrétien peut conduire à notre renaissance en tant que société capable d'invention et de créativité. Cela parce que selon Ka Mana, ce discours est porteur d'un esprit d'invention et de créativité qui permet de rompre avec notre imaginaire social post-colonial et aussi parce qu'il est une source d'inspiration pour l'invention de solutions, d'un projet de société, valables et pour l'Afrique et pour l'occident.

Comme on le voit, Ka Mana conçoit bel et bien la renaissance africaine comme un processus de régénérescence des sociétés africaines par le moyen de la vertu de l'éthique politique chrétienne. Cette régénérescence s'analyse et se décline dans les termes d'une véritable résurrection historique des sociétés africaines.

2°) La source d'inspiration de la conception théologique de la renaissance africaine : l'allégorie des ossements desséchés

Ce que nous disons là n'est pas une vue de l'esprit. Ka mana témoigne très clairement de cette vision de la renaissance africaine comme un processus de régénérescence des sociétés africaines sur le mode d'une résurrection historique lorsqu'il expose les textes bibliques qui lui ont servi comme point de départ pour concevoir une vision chrétienne de la renaissance africaine. Ce sont les textes suivants : Aggée 1,5-6, Ezéchiel 37,4-6, Jean 3,3. ka mana en fait l'interprétation suivante.

Selon Ka Mana ces textes nous apprennent cinq choses : **a)** qu'il faut arrêter de nous lamenter sur notre sort **b)** qu'il faut plutôt réfléchir sur la tragédie qui nous est arrivée **c)** que cette réflexion doit se faire certes à l'aide de la Raison, mais d'une Raison éclairée par la Foi **d)** que si on suit ce conseil alors la Raison éclairée par la Foi nous apprendra que les tragédies que l'Afrique a subies au cours de son histoire ont transformé nos sociétés à l'image d'un champ d'ossements desséchés. Privée de vie, réduites à l'état d'un champ d'ossements desséchés elles sont donc incapables d'inventivité et de créativité **e),** mais de même que c'est la parole de Dieu qui permettra la résurrection des morts en redonnant chair et souffle à leurs ossements desséchés, de même c'est l'éthique politique chrétienne qui pourra permettre une résurrection des sociétés africaines en redonnant chair et souffle aux ossements desséchés que ces sociétés sont aujourd'hui devenues. Cette résurrection sera une renaissance des sociétés africaines en ce sens qu'elle restituera aux sociétés africaines l'esprit d'inventivité et de créativité qui permet à une société de trouver une solution aux problèmes auxquelles elle est confrontée. L'éthique politique chrétienne est capable d'une telle performance, car selon Ka mana, l'éthique politique chrétienne permet d'entrer « dans la dynamique d'invention et de créativité par laquelle l'Esprit rend possible des solutions fécondes aux problèmes de nos sociétés ».

La signification que Ka Mana donne au concept de la renaissance africaine est donc sans équivoque. Pour le pasteur ka Mana la renaissance africaine doit s'entendre comme le processus par lequel les sociétés africaines peuvent connaître une expérience de résurrection historique grâce au pouvoir de régénération que véhicule l'éthique politique chrétienne. Cette éthique a le pouvoir de redonner de la chair et du souffle aux ossements desséchés que sont les sociétés africaines post-coloniales. C'est ce que Ka Mana appelle « Le projet d'une africanité régénéré par le souffle de Dieu pour que les ossements desséchés de nos cataclysmes passent de la logique de la mort à la logique de la vie nouvelle en Dieu ».

En d'autres termes à travers ces textes bibliques, nous retrouvons bel et bien une conception de la renaissance africaine comme processus de régénérescence des sociétés africaines sur le mode d'une résurrection historique. En l'espèce il s'agira de la régénérescence de l'homme en Afrique comme être d'inventivité et de créativité grâce à la vertu de l'éthique politique chrétienne.

3°) La mission de l'Eglise au sein du mouvement pour la renaissance africaine

Pour Ka Mana, la solution de la crise africaine passe donc par la transformation intérieure de l'homme africain au moyen de l'éthique politique dont est porteuse la parole de Dieu à travers le prisme de la figure du christ. C'est parce qu'il sera porteur de cette éthique politique que l'individu en Afrique non seulement sera reconstruit, mais retrouvera les forces créatrices nécessaires à la reconstruction des sociétés africaines. Il écrit « Quand on relit à la lumière du Christ l'ensemble des valeurs par lesquelles Dieu gère les crises dans la bible, on se rend compte que le problème essentiel de la révélation biblique est l'émergence, l'affermissement et la formation des hommes et des sociétés qui soient à la fois puissamment rationnels, énergiquement éthiques et profondément spirituels à la lumière de Jésus-Christ ». La formation de l'homme est donc au centre de la théologie de la reconstruction. C'est cette formation qui conduira à sa reconstruction en Afrique. Il écrit « Former des êtres humains anti-crise, à la fois rationnels, éthiques et spirituels, tel est le pari fondamental de la théologie de la reconstruction en Afrique. Si tel est le pari, il ordonne et engage une double responsabilité qui est au cœur de la mission de l'Eglise pour la renaissance africaine et la reconstruction de l'Afrique : évangéliser les institutions et les structures qui déterminent l'existence de nos sociétés aujourd'hui, et réorienter l'ensemble de notre imaginaire selon les enjeux fondamentaux de l'humain que la Parole de Dieu révèle et propose ».

Evangéliser. Le mot est dit. Telle est donc la mission que Ka Mana assigne à l'Eglise au sein du mouvement de la renaissance africaine. Cette évangélisation va au-delà d'une évangélisation de l'individu. Elle vise également et surtout les institutions et les structures qui déterminent aujourd'hui l'existence de nos sociétés. Autrement dit, la mission de l'Eglise au sein du mouvement de la renaissance africaine selon Ka Mana serait de christianiser les sociétés africaines à travers toutes les structures qui gouvernent leur existence. Il faut donc le dire clairement. Pour la théologie africaine de la reconstruction la renaissance africaine passe par la christianisation de l'imaginaire africain dans tous les domaines. Autrement dit, pour la théologie de la reconstruction, la renaissance africaine passe par la christianisation des sociétés africaines. Pour ce courant, cette christianisation aura pour effet de régénérer l'imaginaire social africain post-colonial. De ce point de vue, Ka Mana conçoit bel et bien la renaissance africaine comme un processus de régénérescence des sociétés africaines par la vertu de l'éthique politique chrétienne. Cette régénérescence s'analyse et se décline dans les termes d'une véritable résurrection historique des sociétés africaines. Autrement dit, dans le cadre de la théologie de la reconstruction, la renaissance africaine est conçue comme un processus de régénérescence culturelle par le moyen d'une christianisation de l'imaginaire africain.

B) Une vision idéologique de la renaissance africaine

Elle est celle du courant qui véhicule une conception développementaliste de la renaissance africaine. L'idéologie à l'aune de laquelle est ici interprété le verbe renaître est l'idéologie libérale. Pour un libéral naître c'est se manifester sur le mode de la liberté c.-à-d. exercer sa capacité d'agir par et pour soi-même. C'est pour cela que les libéraux conçoivent l'action politique sous l'angle du volontarisme politique. De ce point de vue renaître pour un libéral ne saurait signifier autre chose que pouvoir à nouveau se manifester sur le mode de la liberté, exercer à nouveau sa capacité d'agir par et pour soi-même. En d'autre terme pouvoir à nouveau faire preuve de volontarisme politique.

Appliqué à une société politique, cette conception du verbe renaître ne saurait signifier autre chose que le fait pour une société d'adopter de nouveau une posture volontariste. Une posture qui atteste qu'elle renoue avec une posture antérieure en faisant à nouveau preuve de sa liberté d'agir, de son autonomie d'action et de son autonomie décisionnelle. C'est cette interprétation du verbe renaître que véhicule le discours de Thabo Mbeki et du Nepad sur la renaissance africaine. La lecture des discours de Thabo Mbéki et des documents du NEPAD montre que pour Mbéki, la renaissance africaine s'analyse dans les termes d'une nouvelle perspective du développement. Un développement conçu et orchestré non plus par l'Occident, mais par les Africains eux-mêmes. Comme on le voit, le volontarisme politique est au cœur de cette vision de la renaissance africaine. On notera que cette vision de la renaissance africaine rompt avec une perspective de développement (celle d'un développement conçu et orchestré par les bailleurs de fonds étrangers), mais ne rompt pas avec le développement comme perspective.

Nous allons donc voir ici que cette vision de la renaissance africaine est d'inspiration développementaliste et repose sur une grille de lecture issue de la philosophie libérale : le volontarisme politique.

1°) La conception développementaliste de la renaissance africaine

C'est Thabo Mbeki qui est à l'origine de cette conception. Du moins c'est lui qui l'a formulé en premier. Il ressort en effet de divers discours de Thabo Mbeki que celui-ci conçoit la renaissance africaine comme le projet d'une reprise en main de leur propre destin par les peuples africains. Cela par le moyen d'une nouvelle perspective du développement. Nouvelle en ce sens qu'il s'agit d'une politique de développement qui sera non plus conçue et orchestré par les bailleurs de fonds occidentaux, mais désormais conçue et orchestré par les autorités politiques africaines elles-mêmes dans le cadre d'une politique de bonne gouvernance. La perspective est donc bel et bien celle d'une posture volontariste et d'une autonomie de réflexion et d'action des Africains dans la formulation des politiques de développement.

Un grand nombre de personnes ont adhéré spontanément à cette vision Mbékienne de la renaissance africaine. Comment expliquer une telle adhésion spontanée ? En fait elle vient du fait que ces personnes partagent en commun un même diagnostic de l'échec des politiques du développement en Afrique. Pour ces personnes, les politiques du développement ont échoué en Afrique pour deux raisons qui tiennent à la posture des acteurs politiques. D'une part la mauvaise gouvernance. D'autre part, la mise en œuvre de politiques de développement conçue à l'étranger. Pour ces personnes, la solution à l'échec des politiques de développement en Afrique post-coloniale consiste pour les Africains à prendre en main leur propre destin, d'une part en optant résolument pour la bonne gouvernance et d'autre part, en mettant en œuvre des politiques de développement conçues par les Africains eux-mêmes.

On peut donc dire que ces personnes analysent l'échec des politiques de développement en Afrique à travers une grille de lecture qui découle de la philosophie libérale. A savoir le volontarisme politique. Cette grille de lecture les conduit à concevoir la renaissance africaine comme le processus par lequel les peuples africains reprendront en main leur destin en optant pour la bonne gouvernance et pour des politiques de développement issues de leur propre conception. C'est sans doute pourquoi le discours des personnes qui adhèrent à cette lecture emploie souvent le mot renewal, lequel dérive du verbe to renew c.-à-d. renouveler. Pour ces personnes, la renaissance africaine doit se traduire par une orientation nouvelle de la posture des Africains dans l'élaboration et la mise en œuvre des politiques de développement. Comme telle, cette conception de la renaissance africaine rompt avec une perspective de développement, mais ne rompt pas avec le développement comme perspective.

C'est bel et bien cette conception qui apparaît à travers les écrits de certains intellectuels africains qui se reconnaissent dans le discours de Thabo Mbéki sur la renaissance africaine[354]. Ils conçoivent bel et bien la renaissance africaine comme le projet d'une reprise en main de leur propre destin par les Africains par le moyen d'une nouvelle perspective du développement. Cette conception implique par conséquent un volontarisme de la part des élites africaines.

2°) La source d'inspiration de la conception développementaliste de la renaissance africaine

Le discours de Thabo Mbéki sur la renaissance africaine peut surprendre, car il assimile la renaissance africaine à une simple nouvelle perspective de développement. Cette assimilation s'explique en fait par le profil idéologique de Thabo Mbéki.

M'Beki est un patriote africain, un démocrate et un libéral. Il est d'abord un patriote africain. D'une part, il sait faire le départ entre les intérêts propres à l'Afrique, ceux propres à la communauté internationale et ceux propres aux Etats étrangers. D'autre part, il s'identifie à l'héritage historique du continent et véhicule de ce fait une conscience aiguë de l'historicité de l'expérience africaine de civilisation. Pour Mbéki les œuvres des civilisations africaines passées prouvent que l'Afrique n'est pas une exception historique comme tend à le faire croire la version coloniale de l'histoire africaine. Pour lui, la grandeur des civilisations africaines passées prouve que l'Afrique contemporaine peut se hisser au même rang que les nations actuellement les plus industrialisés. De cette historicité du continent africain, il retire une idée fondamentale : la capacité des peuples africains à prendre en charge leur destin historique. Mbeki est ensuite un démocrate africain. Il est fermement convaincu que les intérêts des peuples africains doivent être satisfaits dans le cadre d'une démocratie politique. Mbeki est enfin un libéral. C'est ce dont atteste sa vision des échanges internationaux. Il épouse l'idée selon laquelle les intérêts des peuples africains doivent être satisfaits dans le cadre d'une économie compétitive et de relations internationales fondées sur le principe des intérêts réciproques. Il est favorable à la mondialisation. Il est convaincu que la mondialisation de l'économie ouvre à l'Afrique l'opportunité d'un développement réel, qui passerait par la valorisation de ses avantages comparatifs dans le cadre d'un partenariat de réciprocité des intérêts avec l'Occident. Cette opportunité

[354] C'est le cas par exemple de Ndiaye Ndongo, Théorie sur la renaissance africaine, Editions Menaibuc.

selon M'Beki est à la portée des Africains à la condition que leurs leaders politiques s'engagent à prendre eux-mêmes en charge les tâches du développement par une appropriation des règles de la bonne gouvernance économique et politique. Dans la pensée de Mbéki le renouveau économique de l'Afrique passe donc par l'insertion du continent dans la mondialisation. Pour Mbéki l'Afrique peut user de la mondialisation et de ses règles à son profit. Il propose pour ce faire une stratégie économique qui trouve son expression dans le Nepad.

C'est à propos du Nepad que Mbéki a été le plus explicite sur sa vision de la renaissance africaine. Selon Mbeki « Le travail intense mené par les chefs d'Etats africains a su créer l'espoir et la confiance dans le futur de notre continent et obtenir l'approbation du Nepad en tant que structure politique guidant leur vision du développement africain ». Dans son discours sur la stratégie de l'Afrique[355], Mbéki soutient que le Nepad fait écho au mot d'ordre de Edward Blyden[356] selon lequel les Africains doivent progresser au moyen de leurs propres méthodes, qu'ils doivent disposer d'un pouvoir distinct de celui des Européens, qu'ils doivent montrer qu'ils sont capables de faire cavalier seul, de frayer leur propre chemin. Pour Mbeki le Nepad répond à l'appel de Blyden en ce sens que ce programme « ... implique la reconnaissance d'une Afrique qui abonde en ressources naturelles et en des personnes capables d'êtres les acteurs du changement et par conséquent, détenant la clé de leur propre développement ».

Quelle est donc l'incidence de ce profil idéologique de M'Beki sur sa vision des modalités de la renaissance africaine ? De l'historicité de l'expérience africaine de civilisation, M'Beki retire une idée fondamentale : la capacité des peuples africains à prendre en charge leur destin politique. Cette idée amène M'Beki à rompre avec la perspective d'un développement de l'Afrique conçu et orchestré par des étrangers (Etats occidentaux et institutions financières internationales) et lui fait entrevoir l'opportunité d'un développement de l'Afrique conçu et orchestré par les Africains eux-mêmes. C'est cette perspective d'un développement orchestré par les Africains eux-mêmes dans le cadre d'un plan d'action approprié pour le développement que M'Beki signifie à travers le concept de renaissance africaine. Cette perspective correspond pour lui à un phénomène de renaissance dans la mesure où elle conduit l'Afrique à redevenir l'agent de sa propre histoire comme ce fut le cas dans les séquences pré-coloniales de son passé. Il est d'autant plus convaincu de cette idée que par sa filiation libérale il considère le volontarisme politique comme un moteur du changement social.

Autrement dit, sa vision de l'histoire de l'Afrique et son adhésion au volontarisme politique sont les deux éléments qui ont conduit Mbéki à rompre avec une perspective du développement de l'Afrique (celle d'un

---

355 Thabo Mbéki, La stratégie de l'Afrique, in Socialist Affairs, article en ligne sur internet
356 Edward Blyden, discours de 1881 au collège Libérien

développement orchestré par l'étranger), sans pour autant rompre avec le développement comme perspective (il est pour un développement orchestré par les Africains eux-mêmes). On peut donc dire que M'Beki interprète l'échec des modèles de développement non pas comme un échec du paradigme du développement, mais comme celui d'une perspective de développement. Dès lors il a été conduit a proposé une nouvelle perspective de développement. M'Beki reste donc prisonnier du paradigme du développement. C'est là, pensons-nous, une conséquence de sa filiation libérale.

La vision de la renaissance africaine d'inspiration développementaliste que nous avons présentée ci-dessus n'est pas une vue de l'esprit. C'est en tout cas ce que confirme Adekeya Adebajo dans son compte rendu de l'ouvrage de William Mervin Gumede sur Thabo Mbéki[357]. Adekeya Adebajo écrit à propos de Thabo Mbeki : « He called for an African Renaissance as a doctrine for Africa's political and socio-economic renewal and the reintegration of the continent into the global economy ».

3°) Les étapes de la renaissance africaine selon Mbéki

L'analyse des discours de Thabo Mbéki témoigne d'une approche évolutionniste du processus de la renaissance africaine. C'est du moins à travers le prisme de l'évolutionnisme social que Mbéki interprète la dynamique historique des sociétés africaines post-coloniales. C'est ce que confirme sa lecture des tenants et aboutissants de l'histoire africaine post-colonial.[358]

Selon Mbéki en effet l'histoire africaine post-coloniale est composée de trois étapes. La première est celle de la décolonisation c.-à-d. des indépendances politiques et débute avec l'indépendance du Ghana. La seconde est celle de la transition démocratique et débute avec l'effondrement de l'URSS. La troisième est celle de la renaissance africaine et débute avec le triomphe de la démocratie en Afrique du Sud, un triomphe consécutif à la chute de l'apartheid. Selon Mbeki, cette troisième étape a vocation à avoir des répercussions dans tous les pays africains dans le domaine économique, social et culturel et va entraîner la promotion de la position géopolitique de l'Afrique dans le monde. Pour Mbeki en effet, l'avènement de la démocratie en Afrique du Sud est le commencement d'une renaissance des valeurs qui va rayonner sur toute l'Afrique. Cette renaissance des valeurs va rendre effective la démocratie dans tous les pays africains. Cette démocratisation à son tour va générer un renouveau économique dans toute l'Afrique et ce renouveau économique va avoir des répercussions sociales qui vont conduire

---

[357] William Mervin Gumede, Thabo Mbeki et la bataille pour l'âme de l'ANC, Zebra Press, 2005

[358] Lire à ce sujet : V. Mavimbela, "The African Renaissance : a Workable Dream", Foundation for Global Dialogue Occasional Paper, n° 17, October 1998

à la modernisation des sociétés africaines. Dans la vision Mbékienne de la renaissance africaine il y a donc un enchaînement déterministe où la démocratisation des régimes provoque un renouveau économique dont les répercussions sociales conduisent à une modernisation des sociétés africaines. De ce point de vue Mbéki ne fait qu'inverser le déterminisme de la théorie du développement selon laquelle le progrès économique constitue un facteur déclencheur du progrès politique, lequel à son tour provoquerait le progrès social. Simplement ici Mbeki inverse l'ordre des facteurs. Il met le progrès politique comme facteur d'impulsion du progrès économique.

Tel est la vision Mbekienne des étapes du processus de la renaissance africaine. Elle reprend à son compte l'idée selon laquelle le progrès économique constitue un facteur déclencheur du progrès politique, lequel à son tour provoquerait le progrès social. Simplement ici Mbeki inverse l'ordre des facteurs. Il met le progrès politique comme facteur d'impulsion du progrès économique. De ce point de vue la vision Mbekienne de la renaissance africaine ne présente aucune originalité par rapport à la théorie du développement si ce n'est l'accent qu'il met sur l'exigence d'un volontarisme africain. Selon Gumede, ce qui sous-tend les efforts de Mbeki est que les Africains eux-mêmes doivent tenter de résoudre leurs propres problèmes. C'est là la source de son slogan : African solutions to africain problems. L'Occident et les autres devant devenir de simples partenaires et non plus des donneurs d'ordres. C'est là à notre avis que se situe la singularité du discours de Mbeki sur la renaissance africaine. C'est ce que confirment ses sources d'inspiration et sa politique économique de la renaissance africaine.

Pour saisir la vision Mbekienne de la renaissance africaine il faut donc prendre en compte son appartenance à l'école libérale en économie et sa vision de l'Afrique du Sud post-apartheid. C'est ce qui ressort de l'analyse faite par William Gumede dans son article sur Thabo Mbeki et la renaissance africaine paru dans Africultures. William Gumede est un des meilleurs spécialistes de Thabo Mbeki. Il a écrit un best seller intituled Thabo Mbeki and the battle for the soul of the ANC (2005, Zebra Press. Selon Gumede, pour Thabo Mbeki, la fin de l'apartheid ouvrait une nouvelle ère au sens d'une ère où les Africains du Sud allaient prendre en main leur propre destin. Mbeki va projeter sur le continent africain sa vision de l'Afrique du Sud post-apartheid. Et cela d'autant plus que son mentor politique (Pixley Ka Isaka, le premier président de l'ANC) avait prôné l'idée selon laquelle l'Afrique du Sud avait une vocation à pan-africaine. Aussi pour Mbeki, elle devait devenir le fer de lance de la renaissance africaine. Selon Gumede la renaissance africaine chez Mbeki repose sur quatre dimensions fondamentales : le politique, l'économique, le sociale et le culturel. L'objectif étant de promouvoir la position géopolitique de l'Afrique dans le monde. Gumede poursuit en disant que pour Mbeki, l'avènement de la démocratie en Afrique du Sud est le commencement d'une renaissance des valeurs qui rayonneraient ensuite sur l'Afrique. L'Afrique du Sud démocratique exporterait vers le reste du continent d'une part son miracle politique d'une transition démocratique sans violence, d'autre part son système de valeurs démocratiques indigène. Selon la doctrine de Mbeki, le miracle politique devrait générer un renouveau économique de toute l'Afrique. Et ce renouveau économique ne manquera pas d'avoir des répercussions sociales qui mèneront à la modernisation des sociétés africaines. Enfin pour que l'Afrique du Sud et l'Afrique en général puisse attirer des capitaux il lui faut changer l'image négative que l'opinion internationale a sur l'Afrique.

Ivan Crouzel écrit : « Parfois évoqué par Nelson Mandela, le thème de la renaissance africaine se développe en effet avant tout autour de la personne du nouveau président. En 1997, dans un document intitulé « The African Renaissance : a workable dream », un de ses proches conseillers, Vusi Mavimbela, élaborait une vision plus substantielle de ce qui constituait jusque-là un simple slogan. Différents discours de Thabo Mbeki vont ensuite préciser sa conception de la renaissance africaine. Dans une définition très large, celle-ci doit être interprétée comme « un renouveau de l'Afrique en termes de démocratisation ainsi que de développement économique et culturel ». Selon Thabo Mbeki, la renaissance africaine vise à construire un « nouveau monde africain » fait de « démocratie, de paix et stabilité, de développement durable et de vie meilleure pour le peuple, d'absence de racisme et de sexisme, d'égalité entre nations et d'un système de gouvernance internationale qui soit juste et démocratique »[359].

C) Une vision afro-culturelle de la renaissance africaine

Elle est celle du courant qui véhicule une conception identitaire de la renaissance africaine. La culture africaine à l'aune de laquelle est interprété ici le verbe renaître est la culture africaine précoloniale. Celle qui a façonné l'identité culturelle africaine depuis le néolithique jusqu'au 16 siècle apr. J.-C.. Or sur ce terrain de la culture, renaître pour une société ne saurait signifier autre chose que se réapproprier son identité culturelle d'origine. C'est cette interprétation que véhicule le discours des membres de l'Afrocentricité international dont les chefs de fil sont Ama Mazama et Molefi Asante[360]. Nous allons voir que le discours de ce courant est d'inspiration identitaire et repose sur une grille de lecture psychanalytique. A savoir l'aliénation culturelle.

---

[359] Ivan Crouzel, La renaissance africaine : un discours Sud-Africain ? in Revue Politique africaine, 2000/1 N° 77

[360] Molefi Asante, L'afrocentrisme et l'idéologie de la renaissance africaine, Ama Mazama, Renaissance et religion africaine, Edition, 2010

1°) La conception identitaire de la renaissance africaine

Le courant afro-culturel est composé par des personnes qui sont particulièrement sensibles à la dimension culturelle de l'œuvre de Cheikh Anta Diop et au parti pris racial de l'œuvre de Marcus Garvey.

Au sein de la communauté africaine et afro-descendante, le courant afro-culturel vise à promouvoir l'autonomie de la conscience politique des peuples africains et d'ascendance africaine. Pour ce courant, les difficultés que connaissent actuellement les peuples africains et afro-descendants à prendre en charge la responsabilité du destin historique de leur propre société viennent de leur condition de peuples culturellement aliénés. Cette aliénation les conduit à agir dans le monde selon des valeurs, des normes et des priorités hétéronomes qui desservent par cela leurs intérêts nationaux.

Dès lors le courant afro-culturel considère que l'aptitude de ces peuples à prendre en charge leur propre destin historique passe par l'autonomisation des valeurs, des normes et des priorités qui président à leur action. Cette autonomisation passe selon ce courant par la réappropriation de l'identité culturelle africaine et de la mémoire historique africaine. C'est pourquoi, ce courant de pensée est conduit à considérer que l'émancipation des peuples africains et afro-descendants passe par une désaliénation culturelle et par conséquent par une réappropriation de leur identité culturelle. C'est la raison pour laquelle, les membres de ce courant conçoivent la renaissance africaine comme un projet de renaissance identitaire par le moyen d'une réappropriation des fondamentaux de l'identité culturelle africaine. Aussi une de leur action de prédilection est la diffusion de la version Diopienne de l'histoire africaine et la réappropriation des formes culturelles d'expression africaines (habits, danses, noms, prénoms, religion, etc.). Il apparaît donc que pour le courant afro-culturel, la renaissance africaine est un projet de renaissance identitaire par le moyen d'une désaliénation culturelle. Ce projet invite les peuples africains et d'ascendance africaine à se ré approprier les fondamentaux de l'identité culturelle africaine autochtone pour connaître une pleine désaliénation. L'identité culturelle autochtone dont il est ici question est l'identité culturelle africaine précoloniale. Ama Mazama par exemple, prône le retour à la religion africaine autochtone.

Les adversaires du courant afro-culturel cherchent à décrédibiliser les membres de ce courant en leur appliquant le qualificatif d'afrocentrisme. Il serait de ce point de vue le pendant africain de l'européocentrisme. C'est mal connaître le dessein de ce courant que de le qualifier d'afrocentrisme. Contrairement à l'européocentrisme qui pose comme modèle les valeurs culturelles européennes et vise à leur universalisation, le courant afro-culturel ne pose pas comme modèle ni ne vise à l'universalisation des valeurs de la culture africaine autochtone.

En fait ce courant vise à l'afrocentricité c.-à-d. à l'adoption d'une posture qui traduit une autonomie des normes, des valeurs, des priorités et des intérêts qui président à l'action des peuples africains et d'ascendance africaine. Il s'agit donc d'afrocentricité et non pas d'afrocentrisme. Ce courant est donc afrocentrique et non pas afrocentriste. Son objet est la promotion des postures d'afrocentricité c.-à-d. des postures d'autonomie des normes, des valeurs, des priorités et des intérêts qui président à l'action des peuples africains et d'ascendance africaine.

2°) La source d'inspiration de la conception identitaire de la renaissance africaine

La vision de la renaissance africaine d'inspiration identitaire que nous avons présentée ci-dessus n'est pas une vue de l'esprit. C'est bel et bien elle qui apparaît à travers les écrits d'intellectuels africains d'obédience afro-culturelle qui se sont prononcés sur le sujet. Ils conçoivent bel et bien la renaissance africaine comme un projet de renaissance identitaire par le moyen d'une réappropriation des fondamentaux de l'identité culturelle africaine. La vision de la renaissance africaine que véhiculent ces personnes vient de ceci qu'elles ont en commun le fait d'analyser la condition actuelle des sociétés africaines à travers une grille de lecture psychanalytique : l'aliénation.

Selon ces personnes la culture occidentale opère en Afrique sur le mode d'une culture non seulement dominante, mais surtout péjorative à l'égard de l'expérience historique africaine. Elle présente cette expérience comme étant une expérience anhistorique qu'elle impute à la personnalité culturelle des Africains. Ce discours de la culture occidentale en Afrique produit un effet traumatique et névrotique sur la psychologie individuelle et collective des peuples africains et afro-descendants. Névrotique, car ce discours crée au sein de ces peuples africains et afro-descendants des réflexes de docilité politique et de subordination esthétique, épistémologique, et axiologique. Traumatique, car elle fait perdre à l'intelligentsia africaine d'une part la confiance dans l'aptitude de la culture africaine à servir comme support de la modernité et d'autre part la confiance psychologique dans sa propre aptitude ontologique à la conception, à l'invention, l'innovation et la création.

Selon le courant afro-culturel, ce sont ces réflexes qui conduisent ces peuples à agir dans le monde selon des valeurs et des normes de conduite contraires à leurs intérêts nationaux. C'est cette extraversion des valeurs, des normes, des priorités et des intérêts qui président à leur action qui explique l'incapacité actuelle de ces peuples à mettre fin à la domination qu'ils subissent. C'est cette extraversion qui explique l'incapacité actuelle de ces peuples à créer une société politique indépendante des puissances extérieures et capable de satisfaire leurs besoins politiques, technologiques, scientifiques, médicaux, éducationnels, etc.

Dès lors pour les membres du courant afro-culturel, la désaliénation culturelle des sociétés africaines et afro-descendantes constitue un impératif incontournable. Elle seule peut faire échec aux réflexes de subordination épistémologique, de docilité politique et de mimétisme culturel qui empêchent les peuples africains et afro-descendants de prendre en main la responsabilité de leur destin historique. C'est donc de ce point de vue que cette désaliénation peut jouer le rôle d'un levier pour la renaissance des sociétés africaines et afro-descendantes comme sociétés à nouveau maîtresses de leur propre destin, à nouveau actrice de leur propre histoire.

C'est la raison pour laquelle le courant afro-culturel entend concrètement par renaître le phénomène par lequel un peuple qui veut mettre fin à son aliénation culturelle décide de se réapproprier les fondamentaux de son identité culturelle. Pour ce courant, renaître pour les peuples africains et afro-descendants c'est donc se réapproprier les éléments fondamentaux de leur identité culturelle pour agir dans le monde selon des valeurs et des normes de conduite qui servent leurs intérêts en tant que société politique.

Et par éléments fondamentaux de son identité culturelle il faut entendre : les éléments par lesquels une civilisation s'identifie et se distingue d'une autre ; les éléments par lesquels un peuple se donne une image constructive et performante d'elle-même ; les éléments qui donnent à un peuple confiance dans son identité humaine générique c.-à-d. la confiance dans sa capacité à concevoir, anticiper, créer, inventer et innover ; les éléments qui permettent à un peuple de se focaliser sur ses propres intérêts en tant que peuple qui fait partie d'une société internationale compétitive.

Voilà pourquoi le discours des membres du courant afro-culturel définit la renaissance africaine comme un mouvement de renaissance identitaire, au sens d'un mouvement de réappropriation des fondamentaux de l'identité culturelle africaine. Pour le courant afro-culturel, la réappropriation des fondamentaux de l'identité culturelle africaine constitue le levier de la libération mentale, épistémologique et politique des peuples africains et afro-descendants.

Ce que nous disons là n'est pas une vue de l'esprit. C'est bel et bien cette grille de lecture qui transparaît par exemple dans le discours des grandes figures théoriciennes de ce courant. D'une part Molefi Asante[361] et Ama Mazama[362].

D) Une vision politique de la renaissance africaine

Elle est celle du courant qui véhicule une conception prométhéenne de la renaissance africaine. Plus précisément elle est celle qui transparaît à travers le dessein politique de l'œuvre de Cheikh Anta Diop. Le concept politique à l'aune duquel le verbe renaître est ici interprété est celui de la Cité. Dans la terminologie politique, le concept de Cité évoque une collectivité morale qui repose sur une assise territoriale, démographique et gouvernementale. Sa raison d'être est de prendre en charge et de satisfaire les intérêts de ses

[361] Molefi Asante, L'afrocentrisme et l'idéologie de la renaissance africaine
[362] Ama Mazama, Renaissance et religion africaine, Edition, 2010

membres constitutifs : les citoyens. Elle le fait en s'appuyant sur l'aptitude de ses élites à la créativité, à l'invention et à l'innovation. Autrement dit, elle le fait en mobilisant la capacité à l'initiative historique de ses élites c.-à-d. leur capacité à produire par eux-mêmes les conditions matérielles et immatérielles de l'existence de la Cité.

Dans le cadre de cette conception de la Cité, renaître pour une société ne saurait signifier autre chose que le fait de pouvoir se manifester à nouveau dans l'histoire sur le mode de l'historicité c.-à-d. sur le mode d'une société capable de produire par elle-même les conditions matérielles et immatérielles de sa propre existence par l'exercice de son aptitude à la créativité, à l'invention et à l'innovation. C'est cette interprétation du verbe renaître que véhicule les écrits politiques et scientifiques de Cheikh Anta Diop. Nous verrons ici qu'elle conduit à une conception prométhéenne de la renaissance africaine. Une conception prométhéenne d'inspiration épistémologique (en l'espèce, l'épistémologie de l'histoire africaine) et qui repose sur une grille de lecture scientifique (en l'espèce, la causalité historique).

1°) La conception prométhéenne de la renaissance africaine

Prométhée est une figure bienfaitrice de l'humanité dans la mythologie grecque. Il est célèbre pour avoir dérobé aux dieux une des conditions indispensables pour que l'humanité puisse être à même de produire par elle-même les conditions matérielles et immatérielles de sa propre existence. A savoir le feu, l'énergie. Sans le feu, impossible en effet pour l'humanité de cuire les aliments, de s'éclairer dans la nuit, de se réchauffer durant les périodes froides et de forger les métaux indispensables à l'agriculture, à la chasse et à la guerre.

L'analyse du dessein politique de l'œuvre de Cheikh Anta Diop invite à considérer que cette œuvre a vocation à opérer sur le même registre que le feu de Prométhée. Comme si cette œuvre était ce feu qui peut permettre aux peuples africains de récréer les conditions indispensables à la production de leur propre existence ? C'est en tout cas ce que confirme l'analyse du texte que Cheikh Anta Diop a écrit sur la renaissance africaine[363] Analysons ce texte.

Dans cet article, Diop s'interroge sur les critères d'une renaissance africaine dans le domaine des arts et des lettres. Il ressort de son analyse que dans ce domaine, la renaissance africaine doit s'entendre comme la renaissance du génie créateur d'expression africaine. Il en tire la conclusion selon laquelle, concernant le cas de la littérature par exemple, la renaissance africaine doit s'entendre comme la renaissance du génie littéraire des langues africaines. Si on s'accorde avec cette conclusion de Diop il nous faut alors

[363] Cheikh Anta Diop, Quand pourra-t-on parler d'une renaissance africaine ?*, in Le Musée Vivant, n° spécial 36-37, novembre 1948, Paris, pp. 57-65)

dire que la littérature africaine francophone et anglophone ne participe pas d'un mouvement de renaissance africaine, car elles traduisent avant tout le génie de la langue française pour l'une et celui de la langue anglaise pour l'autre. Diop retient donc le critère du génie et d'une créativité d'expression africaine comme l'indice d'un phénomène de renaissance africaine dans le domaine des arts et des lettres.

Ce critère doit retenir toute notre attention. Il donne en effet une indication précise sur le sens que Cheikh Anta Diop donne au concept de renaissance africaine. Le choix du domaine des arts et des lettres par Diop pour s'interroger sur les critères d'une renaissance africaine n'est en effet pas un hasard. Par sa formation universitaire Diop puise son univers intellectuel dans les humanités classiques. Or dans celles-ci le concept de renaissance s'entend expressément du mouvement de la renaissance historique qui en Europe, s'est traduite d'abord par un renouvellement de la créativité dans le domaine des arts et des lettres. Le concept de renaissance africaine traduit donc chez Diop une référence au mouvement de la renaissance historique en Europe. On peut donc en déduire que le concept de renaissance africaine chez Diop fait écho au concept de la renaissance historique. Il n'est que l'application par Diop au continent africain du concept de la renaissance historique. Or le concept de la renaissance historique désigne en sciences sociales le processus par lequel une société se réapproprie une qualité qu'elle a perdue au cours de son histoire. A savoir l'historicité c.-à-d. la capacité de produire par elle-même les conditions matérielles et immatérielles de sa propre existence. En d'autres termes c'est l'ensemble des initiatives par lequel une société se reconstruit comme agent historique c.-à-d. comme l'agent de sa propre histoire. Il apparaît donc que chez Diop opter pour la renaissance africaine c'est opter pour une renaissance du génie créateur d'expression africaine dans tous les domaines du savoir et du savoir-faire.

Notre interprétation de ce texte est-elle conforme à la pensée de Cheikh Anta Diop. ? La réponse à cette question ne peut être qu'affirmative si on s'attache au message fondamental que véhicule l'ensemble de l'œuvre de Diop. En 1986 dans une conférence donnée au Cameroun, Cheikh Anta Diop confirme cette acception de la renaissance africaine. Il dit expressément « Toutes nos études du passé constituent seulement un ressourcement de l'âme et de l'esprit africain pour l'aider à retrouver sa créativité afin de mieux faire face aux problèmes du présent, et de mieux organiser l'avenir. Voilà le message que véhiculent mon enseignement et mes travaux »[364]. Il apparaît donc que chez Diop opter pour la renaissance africaine c'est opter pour une renaissance du génie créateur d'expression africaine dans tous les domaines du savoir et du savoir-faire. Autrement dit, c'est opter pour une

[364] in Hommage du Cameroun au professeur Cheikh Antar Dop, sous la direction du Prince Dinka Awa Noya Bonambela, Ed Presses universitaires d'Afrique, Silex, Nouvelles du Sud, 2006, p43

renaissance de l'Afrique à l'initiative historique (capacité de conception, d'anticipation, d'invention, de création, d'innovation) dans tous les domaines du savoir et du savoir-faire.

La renaissance africaine de ce point de vue peut donc être comprise en toute rigueur comme le processus par lequel les sociétés africaines peuvent se réapproprier l'historicité c'est-à-dire à la capacité de produire par elles-mêmes les conditions matérielles et immatérielles de leur propre existence et de les produire dans une perspective d'autonomie des normes, des valeurs, des intérêts et des priorités qui président à leur action dans le monde. C'est ce qu'on appelle la capacité à l'initiative historique. Autrement dit, par renaissance africaine Diop entend un projet de reconquête de l'initiative historique en Afrique au sens d'un projet de réappropriation par les Africains de leur aptitude à la créativité dans tous les domaines du savoir et du savoir-faire. C'est en cela qu'il s'agit d'une conception prométhéenne de la renaissance africaine.

Dire que les travaux de Cheikh Anta Diop véhicule une conception prométhéenne de la renaissance africaine signifie que Diop conçoit la renaissance africaine comme un projet de reconquête de l'initiative historique c.-à-d. un projet qui doit se matérialiser dans la forme d'une reconquête par les peuples africains de leur aptitude à la créativité, à l'invention et à l'innovation C'est en tout cas ce qui ressort de la lecture de l'article que Diop a écrit sur la renaissance africaine à l'âge de vingt-cinq ans[365].

L'œuvre de Cheikh Anta Diop on le sait, se compose d'écrits politiques[366] et d'écrits scientifiques[367]. Il ressort de la lecture unitaire de cette œuvre que par renaissance africaine il faut entendre le projet d'édification d'une Cité africaine à nouveau capable d'initiative historique, c.-à-d. à nouveau capable de produire par elle-même les conditions matérielles et immatérielles de sa propre existence. Autrement dit il s'agit d'un projet politique de reconquête de l'initiative historique par les peuples africains au sens d'une reconquête de leur aptitude à la créativité, à l'inventivité et à l'innovation. Par initiative historique il faut en effet entendre la capacité d'une société à produire par

[365] Quand pourra-t-on parler d'une renaissance africaine ? revue Le Musée Vivant (n° spécial 36-37, novembre 1948, Paris, 57-65)

[366] Ses écrits politiques ont été réunis dans un seul ouvrage dont le titre est : Alerte sous les tropiques, articles 1946-1960, Edition Présence Africaine, 1990

[367] Nations nègres et Culture, Edition Présence Africaine, 1954, 1964, 1979 ; L'Unité culturelle de l'Afrique noire Edition Présence Africaine, 1959, 1982 ; L'Afrique noire précoloniale, Edition Présence Africaine, 1960, 1987 ; Les fondements économiques et culturels d'un Etat fédéral d'Afrique noire, Edition Présence Africaine, 1960, 1974 ; Antériorité des civilisations nègres, mythe ou vérité historique, Edition Présence Africaine, 1967 ; L'antiquité africaine par l'image, Notes Africaines, n°145-146, janvier-avril 1975, IFAN-NEA, Dakar-Abidjan ; Parenté génétique de l'égyptien pharaonique et des langues négro-africaines, IFAN-NEA, Dakar, 1977 ; Civilisation ou Barbarie, Edition Présence Africaine, 1988 ; Nouvelles recherches sur l'égyptien ancien et les langues négro-africaines modernes, Edition Présence Africaine, 1988

elle-même les conditions matérielles et immatérielles de sa propre existence en s'appuyant sur son aptitude à la créativité, à l'invention et à l'innovation.

De ce point de vue la vision de la renaissance africaine que véhiculent les travaux de Cheikh Anta Diop se présente à l'analyse dans les termes d'une conception prométhéenne de la renaissance africaine. Prométhéenne en ce sens qu'elle vise concrètement à restituer aux peuples africains leur aptitude à l'historicité c.-à-d. leur aptitude à la créativité, à l'invention et à l'innovation afin qu'ils puissent se manifester à nouveau dans l'histoire comme peuples capables de produire par eux-mêmes les conditions matérielles et immatérielles de leur propre existence.

2°) La source d'inspiration de la conception prométhéenne de la renaissance africaine : l'épistémologie de l'histoire africaine

On peut se demander ce qui a inspiré à Cheikh Anta Diop sa conception prométhéenne de la renaissance africaine ? L'analyse montre que cette conception puise sa source dans une épistémologie (celle de la version rationnelle de l'histoire africaine) et dans un diagnostic (celui de la condition actuelle de l'Afrique analysée à l'aune de la causalité historique).

Il ressort des travaux de Cheikh Anta Diop en effet que la condition actuelle des peuples africains a pour origine la perte par les peuples africains de leur aptitude à l'initiative historique. Cette perte a été causée par 4 siècles de violence géopolitique d'origine externe et interne dans la période qui court du 16 siècle apJ.-C. au 20 siècle apJ.-C.. Cette perte a été amplifiée et exacerbée, dans le contexte post-colonial, par la diffusion de la version coloniale de l'histoire africaine. Celle-ci a engendré dans la conscience des élites africaines des réflexes de subordination épistémologique, intellectuelle et pschychologique qui entravent la libre expression du génie créateur en Afrique.

Dès lors pour Diop, l'impératif pour les peuples africains est de trouver une solution qui permet de faire échec aux réflexes de subordination épistémologique, psychologique et intellectuelle qui entravent la libre expression du génie créateur en Afrique. Pour Diop, cette solution réside dans la réappropriation par les peuples africains de leur conscience historique telle qu'elle transparaît dans la version rationnelle de l'histoire africaine. Seule la restauration de toute la matière de cette conscience historique africaine, peut restituer à l'homme en Afrique la confiance dans son aptitude à l'historicité c.-à-d. la confiance dans sa capacité à créer, inventer et innover à partir du génie de sa propre culture. Seule une telle confiance peut permettre aux peuples africains de reconquérir l'initiative historique c.-à-d. cette capacité de concevoir, d'anticiper, d'entreprendre, de créer, d'inventer et d'innover. Seule cette capacité est à même de permettre à un peuple de pouvoir s'organiser comme pôle d'initiatives politique, économique, technique, scientifique et spirituelle.

Il ressort du diagnostic de Cheikh Anta Diop que l'organisation des sociétés africaines comme pôle d'initiative politique, économique, technique et scientifique exige non pas tant que les Africains se libèrent d'une domination étrangère, mais plutôt que les Africains fassent surtout preuve d'une intense activité de créativité, d'invention et d'innovation dans le domaine des idées, des institutions politiques, des stratégies économiques, des innovations techniques et scientifiques. Une telle posture est à même de faire échec à l'emprise étrangère sur le tissu social africain. Autrement dit, un tel projet nécessite bel et bien que les Africains parviennent à se réapproprier leur génie créateur. Cette posture de créativité, d'invention et d'innovation qui confère à un peuple la capacité de s'organiser comme pôle d'initiatives politique, économique, technique, scientifique et spirituelle.

Pour Diop la restauration de toute la matière de la conscience historique africaine présente aussi un autre avantage. Elle fournit aux peuples africains un matériau heuristique qui n'est pas sans donner des leçons sur la question de l'organisation des sociétés sur le plan politique, économique, sociologique, spirituel, etc. Les élites africaines peuvent s'en inspirer pour recréer les sociétés africaines comme espace à nouveau producteur de sciences, de techniques, d'idées, de libertés et de prospérité.

Voilà pourquoi, pour Cheikh Anta Diop, la renaissance africaine se comprend comme un projet de reconquête de l'initiative historique par le moyen d'une réappropriation du génie créateur. Autrement dit, par le moyen de la réappropriation d'une posture de créativité, d'invention et d'innovation.

SECTION 4. EXAMEN CRITIQUE DES VISIONS AFRICAINES DIVERGENTES DE LA RENAISSANCE AFRICAINE

Nous verrons ici que certaines sont performantes et d'autres ne le sont pas. Cela signifie que nous autres africains devons rejeter les visions non performantes et n'adopter que les visions performantes.

A) Les visions non performantes de la renaissance africaine

Il y en a deux. A savoir la conception théologique de la renaissance africaine et la conception développementaliste de la renaissance africaine.

1°) La conception théologique de la renaissance africaine

Pour la théologie de la reconstruction, la renaissance africaine est un projet de régénérescence des sociétés africaines par le moyen d'une christianisation globale de ces sociétés. On devine aisément que cette vision vise à l'avènement d'une Cité africaine d'obédience chrétienne. On verra ici que cette vision de la renaissance africaine ne va pas sans présenter des pièges redoutables qui sont autant d'éléments qui nous informent que cette conception de la renaissance africaine n'est pas éligible.

a) Les pièges de la théologie de la reconstruction

Le pasteur Ka mana soutient l'idée selon laquelle l'éthique politique chrétienne peut être libératrice en ceci qu'elle peut opérer comme une source d'inspiration pour l'invention des solutions et d'un projet valable et pour l'Afrique et pour l'Occident. Autrement dit, le pasteur Ka Mana compte sur la capacité ou vertu de l'éthique politique chrétienne à restituer aux sociétés africaines un imaginaire social capable d'invention et de créativité, capable d'entrevoir les solutions fécondes aux problèmes auxquels sont confrontés nos sociétés. C'est de ce point de vue que pour ce courant l'éthique politique chrétienne aura pour effet de régénérer l'imaginaire social africain post-colonial.

Comme tel cette vision de la renaissance africaine présente des pièges que l'Eglise africaine doit absolument contourner sous peine d'adhérer à une vision de la renaissance africaine qui la mettrait en porte à faux avec la réalité sociologique africaine. Nous allons donc présenter ci-dessous les pièges qui donnent à la théologie de la reconstruction le profil d'une vision non performante de la renaissance africaine. Nous avons recensé quatre pièges : le risque d'intolérance religieuse, le risque de rupture avec le patrimoine culturel de l'Afrique antique, le sort qu'elle réserve à l'identité culturelle africaine autochtone, la politique économique à laquelle se rattache la théologie de la reconstruction.

Le premier piège est le risque de l'intolérance religieuse. En prônant la christianisation de l'imaginaire africain, quel sort la théologie de la reconstruction réserve-t-elle au pluralisme des religions ? N'y a-t-il pas là un risque de conflit avec les religions non chrétiennes présentes en Afrique ? Ce n'est là qu'une question que nous posons. Il appartient cependant à l'Eglise d'y répondre.

Le deuxième piège est le risque d'une rupture avec le patrimoine culturel de l'antiquité africaine. La théologie de la reconstruction reprend à son compte la représentation biblique de l'Egypte antique. Or celle – ci donne du patrimoine culturel de l'Egypte antique une image négative. Ka Mana adhère à cette représentation négative de l'Egypte antique, ce qui le conduit à rejeter à son tour le patrimoine culturel de l'Egypte ancienne. En fait Ka Mana distingue dans l'expérience historique de l'Egypte ancienne deux choses. D'une part, ce qui lui semble compatible avec le discours chrétien : c'est ce qu'il appelle la pharaonité c.-à-d. selon lui, l'esprit d'inventivité et de créativité dont les Egyptiens antiques ont su faire preuve. D'autre part ce qui lui semble incompatible avec le discours chrétien : c'est ce qu'il appelle le pharaonisme. Pour Ka Mana le pharaonisme est une idéologie de l'inhumain c.-à-d. « un système idéologique de perversions contre laquelle Dieu fonde l'humain comme espace de liberté et pouvoir de libération de la destinée des peuples ». Le pharaonisme serait donc aux antipodes de l'humanité. Il écrit que le pharaonisme « tel qu'il apparaît dans la révélation biblique constitue une idéologie globale qui enserre la société dans un système de perversions dont il est possible de saisir le mode de fonctionnement dans les relations qui constituent l'espace social et le champ politique dont les figures de Moïse et du Pharaon sont les piliers ».

Reste à savoir en quoi le pharaonisme est un système de perversions. Sur ce sujet la pensée de Ka mana est très claire. Selon Ka Mana le pharaonisme est un système de perversions des relations humaines qui se déclinent sur les modes suivants. Perversion religieuse : Pharaon se veut la référence ultime sur le sens de toute chose en tant qu'idole qui veut prendre la place de Dieu, le pharaon pervertit l'essence même de la réalité religieuse. Perversion sociale : pharaon instaure entre l'homme et l'homme des relations de pure immédiateté violente, où il n'ya ni droits ni devoirs de fraternité. Il tue l'humain dans le champ social. Perversion politique : Pharaon fait du pouvoir politique la violence elle-même dans son implacable férocité. Perversion culturelle : Pharaon fait disparaître la culture comme sens de la vie dès lors que ses créations culturelles se construisent avec la sueur et le sang des esclaves. Perversion morale : pharaon détruit le principe moral qui fait que toujours entre l'homme et l'homme il y a Dieu.

Tel est le regard que Ka Mana porte sur le patrimoine culturel de l'Egypte antique à travers le profil de son patrimoine institutionnel. Pour lui ce patrimoine est aux antipodes de l'humanité et la culture africaine post-coloniale s'apparente au pharaonisme. C'est pourquoi selon lui, il faut rompre avec l'imaginaire social que véhicule cette culture.

Que peut-on penser de ce regard que la théologie de la reconstruction porte sur le patrimoine culturel de l'Egypte antique ? Une chose est certaine. Par ce regard la théologie de la reconstruction se met à contre-courant des avancées de la science historique en Afrique. Elle court de ce fait le risque d'être contre-productive. Contre-productive, car elle nous invite concrètement à ne pas nous référer à notre passé pharaonique parce que ce passé apparaît dans l'imaginaire biblique comme un passé négatif. Or non seulement, l'image biblique de l'Egypte antique ne correspond pas à l'Egypte historique, mais en outre, Cheikh Anta Diop nous rappelle que sans la référence à notre passé pharaonique il ne nous sera pas possible de bâtir un corps de sciences exactes et un corps de sciences humaines et sociales. De ce point de vue la théologie de la reconstruction va s'aliéner une bonne partie de la jeunesse africaine qui de plus en plus se rallie aux thèses de Cheikh Anta Diop et se veut être le porte-drapeau du mouvement de la renaissance africaine. Cette jeunesse se braquera d'autant plus contre la théologie de la reconstruction du fait que l'idéologie pharaonique dont Ka Mana fait la critique atteste surtout que Ka Mana semble ne pas avoir une connaissance scientifique du patrimoine culturel de l'Egypte antique. Sa lecture n'a rien à voir avec la réalité du patrimoine culturel de l'Egypte antique. La seule lecture des travaux des égyptologues tels que Jacques Pirenne et Jan Assmann suffit à décrédibilisé son analyse. Ces travaux attestent que l'Egypte historique, l'Egypte réel n'a rien à voir avec l'Egypte biblique. Mieux encore. Ces travaux attestent que la figure du Pharaon est celle d'une institution dont la mission est de garantir l'effectivité du principe de la Maât. Or ce principe invite l'individu comme l'autorité politique à faire en sorte que ses actions et ses relations coïncident avec la Maât c.-à-d. avec le Vrai, le Beau et le Juste. Ces travaux attestent que l'Egypte des pharaons est porteur d'un message éthique d'une portée civilisationelle considérable.

Le troisième piège est le sort que la théologie de la reconstruction réserve à la personnalité culturelle africaine autochtone. La théologie de la reconstruction invite à une dissolution de la personnalité culturelle africaine dans une identité chrétienne universelle. En cela le projet de la théologie de la reconstruction réintroduit par la petite porte de la théologie le projet missionnaire initiale de civilisation des Africains par l'évangile. Le projet missionnaire initiale du salut des âmes auquel on peut dire ka Mana ajoute le salut des corps (sortir du sous-développement). En cela aussi la théologie de la reconstruction se mettra à contre-courant d'une jeunesse africaine qui entend se réapproprier les fondamentaux de sa culture africaine. En fait la jeunesse africaine pourrait avoir le sentiment que le discours de Ka Mana véhicule le risque d'un tour de passe-passe consistant à dire que pour renaître il nous faut d'abord abandonner la référence à notre culture, car celle-ci serait païenne. De ce point de vue il est impératif que la théologie chrétienne en Afrique s'efforce de purger le discours chrétien de tout ce qu'il véhicule comme préjugé au regard de la personnalité culturelle africaine.

Le quatrième piège est la politique économique à laquelle se rattache le courant de la théologie de la reconstruction. Lorsque l'on s'interroge sur les politiques économiques que compte mettre en œuvre la théologie de la reconstruction on s'aperçoit qu'elle reprend à son compte la théorie du développement. C'est en tout cas ce dont témoignent les références explicites faites par Ka mana au projet du Nepad. Elle ne rompt donc pas avec le paradigme du développement. Or comme nous l'avons souvent répété le paradigme du développement est une impasse pour le projet de modernité en Afrique.

b) Quel jugement peut-on porter sur la théologie de la reconstruction ?

Le projet de Ka Mana se résume en un projet de salut terrestre de l'Afrique par la voie de sa christianisation. On peut être déçu ou enthousiaste. Mais pouvait-on en attendre moins de la part d'un théologien conséquent. Non. Et c'est en cela que sa réflexion doit être saluée. Il a été conséquent avec lui-même en tant que théologien chrétien.

Il le reconnaît lui-même. S'interrogeant sur la question de savoir sur quelle base bâtir l'Afrique nouvelle il écrit : « Nous voudrions aborder cette interrogation du point de vue qui est le nôtre : celui d'un théologien chrétien conscient de l'espace théorique et pratique dans lequel il vit, confronté à la tâche de dire en quoi les bases de sa propre foi peuvent, dans un débat profond et exigeant avec les autres courants théologiques, contribuer à reconstruire l'Afrique aujourd'hui et demain, à orienter notre destinée et à impulser les changements de fond dont nos pays ont besoin »[368]. Plus loin il écrit : « De ce recours à la parole fondatrice et de son retentissement dans la parole des Eglises d'Afrique, nous tirerons un ensemble d'exigences, de normes pratiques et de structures d'existence pour la reconstruction politique, économique, sociale et culturelle de notre continent. Il s'agira pour nous de promouvoir une pensée éthique qui ait pour centre l'idée de reconstruction saisie à la lumière de la Parole de Dieu, à partir des principes de vie que la bible manifeste quand on l'interroge sur sa manière de gérer les crises fondamentales de l'humain qui apparaissent tout au long de l'histoire d'Israël, et de l'Evangile lui-même comme moment capital de la formation de la conscience de l'humanité »[369]

Ka Mana a donc été conséquent avec lui-même en tant que théologien chrétien. Il se trouve simplement que la théologie de la reconstruction véhicule une vision de la renaissance africaine qui débouche sur un impératif de rupture avec une composante de l'identité culturelle africaine. A savoir sa composante culturelle antique. En se construisant dans une telle perspective de rupture, la théologie de la reconstruction s'inscrit en contradiction avec l'épistémologie même du concept de la renaissance africaine. Celle-ci on le verra comporte en effet un volet de réappropriation qui va à l'encontre de la rupture que prône la théologie de la reconstruction à l'endroit du patrimoine culturel de l'antiquité africaine. De ce point de vue le projet de la renaissance africaine impose à l'Eglise de se réconcilier avec l'antiquité africaine.

c) La tonalité inquisitoriale de la théologie de la reconstruction

On devine aisément que la conception théologique de la renaissance africaine vise à l'avènement d'une Cité politique africaine d'obédience chrétienne. De ce point de vue, cette vision de la renaissance africaine n'est pas constructive. Elle véhicule un risque d'intolérance à l'égard des autres religions présentes en Afrique. Elle véhicule un risque de guerre des religions. Mais surtout et c'est cela le plus grave, elle implique une rupture avec la culture et la religion africaines autochtones considérées comme une culture et une religion païennes. De ce point de vue, le discours de la théologie de la reconstruction sur la renaissance africaine n'est pas éligible.

Est-ce à dire pour autant qu'il y a incompatibilité entre renaissance africaine et christianisme, entre renaissance africaine et religions dites

---

[368] Cf p. 84, in Ka Mana, Théologie africaine pour temps de crise, Christianisme et reconstruction de l'Afrique, Ed Karthala, 1993

[369] Cfp. 86, in Ka Mana, Théologie africaine pour temps de crise, Christianisme et reconstruction de l'Afrique, Ed Karthala, 1993

révélées. Nous ne le pensons pas. Pour devenir parfaitement compatible avec le mouvement de la renaissance africaine, il suffit que les tenants des religions révélées fassent une auto-critique c.-à-d. renoncent à leur discours péjoratif sur la culture africaine autochtone et en particulier sur la religion africaine autochtone. C'est en tout cas cette idée que nous avons exprimée lors du colloque du CFMA sur christianisme et renaissance africaine en Côte d'Ivoire dans le quartier d'Abobo.

Le discours péjoratif de la théologie de la reconstruction sur le patrimoine culturel africain s'explique par le fait que ce courant n'est en vérité que le pendant théologique d'un courant plus général en Afrique. A savoir le courant inquisitorial.

Il existe en effet aujourd'hui dans la littérature africaine en sciences sociales un courant qui explique les réalités africaines selon une grille de lecture inquisitoriale : le handicap culturel. Les personnes qui véhiculent cette grille de lecture considèrent que l'Afrique a accusé tout au long de son histoire un handicap culturel qui l'a empêché de résoudre les problèmes auxquelles elle a été confrontée. Ce handicap culturel aurait plongé l'Afrique pendant des millénaires dans une sorte de léthargie historique. C'est cette léthargie qui expliquerait sa défaite face à l'Occident et son incapacité actuelle à promouvoir le développement. C'est pourquoi selon ces personnes la seule solution qui s'offre à l'Afrique est la rupture avec sa culture autochtone par le moyen de l'adoption d'une culture étrangère qui la fera sortir de sa léthargie. Une culture certes étrangère, mais qui au moins libérera l'Afrique de la pesanteur de sa culture autochtone. On retrouve cette grille de lecture inquisitoriale et donc accusatrice chez un grand nombre d'intellectuels africains. Par exemple ce fut le cas de Marcien Towa[370] avant que sa découverte de l'œuvre de Cheikh Anta Diop ne le conduise à soutenir la thèse inverse[371]. C'est encore le cas de Daniel Etounga Mengelle qui préconise pour l'Afrique un ajustement culturel sur le mode des ajustements structurels[372]. On pourrait citer bien d'autres personnes. En dehors des intellectuels africains, d'autres groupes sociaux en Afrique partagent cette vision c.-à-d. font le procès de la culture africaine autochtone. On les retrouve au sein des cadres du secteur public et du secteur privé.

Les intellectuels et les cadres africains qui véhiculent cette grille de lecture inquisitoriale peuvent être tentés d'interpréter la rupture culturelle dont ils rêvent comme le moteur d'une nouvelle naissance pour l'Afrique et partant comme celui qui conduira à une renaissance de l'Afrique. De ce point de vue ces personnes entendraient alors par renaître un processus de régénérescence culturelle qui sortirait l'Afrique de sa léthargie, qui

---

370 Marcien TOWA, Essai sur la problématique philosophique dans l'Afrique actuelle, Editions CLE, 1971

371 Marcien TOWA, L'Idée d'une philosophie négro-africaine, Editions CLE, 1979

372 Daniel Etounga MENGELLE, L'Afrique a-t-elle besoin d'un programme d'ajustement culturel ? Editions Nouvelles du Sud, 1990

conduirait au réveil de l'Afrique. La rupture avec sa culture autochtone serait alors le levier de la renaissance africaine. Cette vision évidemment est à condamner.

2°) La conception développementaliste de la renaissance africaine

La conception développementaliste de la renaissance africaine est celle d'un projet de développement conçu et orchestré non plus par les Occidentaux, mais par les Africains eux-mêmes.

On devine aisément que ce projet vise à l'avènement d'une Cité africaine politiquement démocratique, économiquement performante et dont les dirigeants attestent d'une capacité d'autonomie décisionnelle vis-à-vis des partenaires extérieurs. Mais cette vision n'est pas constructive, car si elle rompt avec une perspective du développement, elle ne rompt pas avec le développement comme perspective. Pire encore, elle ne rompt pas avec la perspective du développement par rattrapage historique.

a) L'impasse à laquelle conduit la conception développementaliste de la renaissance africaine

La vision Mbékienne de la renaissance africaine dévoile les limites que la filiation idéologique libérale de M'Beki assigne à son intelligence du concept de la renaissance africaine. La renaissance africaine apparaît en effet chez M'Beki non pas sous l'angle d'un paradigme alternatif à celui du développement, mais comme une simple modalité efficiente d'orchestration des politiques du développement. En l'espèce, le développement à l'initiative des élites africaines elles-mêmes. Cette vision du changement politique à travers le volontarisme politique des élites, confirme l'influence du libéralisme de M'Beki sur sa conception de la renaissance africaine. La renaissance africaine est donc chez M'Beki, non pas un paradigme concurrent de celui du développement, mais un simple terme de référence des politiques à mettre en œuvre pour un développement effectif du continent.

On comprend dès lors pourquoi M'Beki n'a pas trouvé de contradiction fondamentale à une fusion entre son plan d'action pour la renaissance africaine (le Map) et celui du président Wade pour le développement de l'Afrique (le plan Omega). Une fusion qui a débouché sur un plan d'action commun, qui inscrit le devenir moderne de l'Afrique dans une perspective de développement : le Nepad. Cette compréhension de la renaissance africaine, comme simple terme de référence de l'action politique, explique dès lors pourquoi le discours de M'Beki ne met pas en perspective l'incidence paradigmatique du concept de la renaissance africaine sur la nature des politiques à mettre en œuvre. C'est là une lacune. Une lacune qui s'est révélée être une béance, car elle a exposé le projet de M'Beki d'un développement orchestré par les Africains eux-mêmes à des interprétations contradictoires sur le plan interne et international.

Sur le plan interne, le discours de M'Beki ne s'est pas accompagné d'une explication de l'incidence de ce concept sur la nature des politiques à mettre en œuvre. Dès lors, il ouvrait la voie à des interprétations contradictoires sur les modalités des politiques à mettre en œuvre[373]. C'est ce que donnent à voir les deux interprétations de ce concept, qui se sont opposées en Afrique du Sud. La première, d'inspiration afro-libérale, a vu dans l'adoption des recettes capitalistes d'organisation de la société (démocratie libérale et économie de marché) les voies de réalisation de la renaissance africaine. La seconde d'inspiration afro-identitaire, a vu dans la réappropriation des schémas autochtones d'organisation de la société les voies de réalisation de la renaissance africaine. Sur le plan international, le discours de M'Beki est apparu aux médias non pas comme l'expression d'un nouveau paradigme du devenir moderne de l'Afrique, mais simplement comme un nouveau slogan de mobilisation autour des tâches du développement. Ces derniers l'ont donc présenté comme tel à l'opinion publique. Aussi a-t-il fini par apparaître dans l'imaginaire de l'opinion publique mondiale comme un simple appel à un réveil de l'Afrique. Ce qui est un contresens du concept de la renaissance. Cette déformation médiatique a pour conséquence d'avoir brouillé la visibilité de ce concept en tant que paradigme à part entière d'un devenir moderne des sociétés africaines. C'est là un grand dommage, car le discours de M'Beki avait soulevé un capital d'enthousiasme et une foi en l'avenir qui n'ont pu être exploités. Faute pour M'Beki d'avoir tiré les conséquences de l'épistémologie du concept de la renaissance africaine en ce qui concerne les politiques à mettre en œuvre.

De notre point de vue, cette vision de la renaissance africaine n'est pas éligible. D'abord parce qu'elle nous maintient prisonniers du corpus de connaissances du paradigme du développement et donc elle perpétue notre subordination épistémologique et intellectuelle. Ensuite parce qu'on devine que cette vision de la renaissance africaine conduira à l'avènement d'une Cité politique africaine développementaliste c.-à-d. une Cité qui transposera en Afrique l'expérience occidentale de la modernité. Or cette expérience n'est pas à reproduire en Afrique, car il s'agit d'une modernité productiviste dont la fine fleur de l'intelligentsia occidentale cherche elle-même aujourd'hui à s'en émanciper ainsi que cela transparaît dans les travaux du courant de la décroissance.

---

[373] Sur le sujet d'une renaissance africaine à multiples facettes lire : lire à ce sujet Maloka, E. 2000. 'The South African ''African Renaissance'' debate : a critique', in E. Maloka & E. le Roux, eds. Problematising the African Renaissance. Pretoria : Africa Institute of South Africa ; Dani W.Nabudere, The African renaissance in the Age of Globalization, in African Association of Political Science, 2001, Vol.6, N°.2, 11-27 ; Landsberg, C. & D. Hlophe. 1999. 'The African Renaissance as a modern South African foreign policy strategy', Paris : CERI, 30.9.1999 ; Moeletsi Mbeki, The African Renaissance, Issues in South African Foreign Policy

b) Le déficit définitionnel de la vision Mbékienne de la renaissance africaine

Lors de l'accession de Thabo M'Beki à la présidence de la République Sud-Africaine, celui-ci se présenta ouvertement comme un partisan du projet d'une renaissance africaine. En fait, le plaidoyer de M'Beki pour une renaissance africaine fit sortir l'Afrique de la léthargie idéologique dans laquelle elle s'enfonçait depuis la fin de années 80, par manque de perspective alternative à la série des plans d'ajustement structurel. En conviant l'ensemble des Etats et des peuples africains à la réalisation d'un grand dessein politique, en l'espèce, la renaissance africaine, M'Beki donnait un souffle nouveau aux aspirations des uns et des autres à trouver une solution à l'afro-pessimisme ambiant de l'époque. La consécration du concept de la renaissance africaine auprès des autorités politiques africaines fit alors bénéficier à ce concept d'une promotion médiatique inattendue. Les médias qui jusque-là ne s'étaient jamais intéressés au concept de la renaissance africaine y consacrèrent de larges pages. Colloques, tables rondes, dossiers au sein des médias furent alors consacrés au concept de la renaissance africaine.

L'appel de M'Beki à se mobiliser autour des tâches du projet politique d'une renaissance africaine rencontra aussi un écho favorable au sein de la société civile en Afrique. La thématique M'Bekienne de la renaissance africaine présentait les composantes suivantes : valorisation de la culture africaine, référence aux hauts faits de civilisation de l'histoire africaine, impératif d'une démocratisation des régimes politiques, option pour une économie compétitive, etc. Par ses composantes, cette thématique résonna au sein de la société civile africaine comme une axiologie légitimatrice d'une contestation interne de l'Etat africain postcolonial au regard des manquements de ce dernier à ses obligations de service et de puissance publics. Une axiologie pour ainsi dire légitimatrice d'une déconstruction de l'Etat postcolonial à l'initiative de la société civile africaine.

L'observation des faits montre que la diplomatie de Thabo Mbéki ainsi que l'écho de son discours sur la renaissance africaine n'ont pas conduit à une déconstruction de l'ordre politique post-coloniale en Afrique. Cet échec est dû aux limites propres à la conception Mbékienne de la renaissance africaine. Notamment son déficit définitionnel.

Le discours de Mbeki sur la renaissance africaine souffre en effet d'un déficit définitionnel. Ce déficit explique paradoxalement l'enthousiasme à l'égard de ce discours. Ce déficit en effet a permis à chacun d'interpréter le sens de ce concept selon la résonnance que lui donnait sa propre grille de lecture des réalités africaines. C'est ainsi qu'en Afrique du Sud par exemple il a donné lieu à de multiples interprétations[374].

[374] Sur le sujet d'une renaissance africaine à multiples facettes lire : lire à ce sujet Maloka, E. 2000. 'The South African ''African Renaissance'' debate : a critique', in E. Maloka & E. le

Pour les défenseurs des traditions culturelles africaines, la renaissance africaine signifiait l'idée d'un retour aux racines culturelles africaines, pour les activistes d'une Afrique fédérale, elle signifiait l'actualisation de la doctrine du pan-africanisme, pour les membres de la nouvelle bourgeoisie noire sud-africaine elle signifiait l'accès de noirs sud-africains au capital des grandes firmes multinationales sud-africaines, pour les opérateurs économiques et les firmes multinationales elle signifiait l'adhésion des sociétés africaines aux règles de la mondialisation libérale. Comme on le voit, le déficit définitionnel du concept de la renaissance africaine dans le discours de Mbéki a transformé ce concept en un fourre-fou.

c) Un prolongement de la doctrine du rattrapage historique

Le Nepad qui est le programme inhérent à la conception développementaliste de la renaissance africaine ne fait que reconduire sous des habits nouveaux la théorie du développement par une politique industrielle de rattrapage historique[375]. En fait il est toujours question d'une politique industrielle de rattrapage par le moyen d'une stratégie de promotion des exportations du secteur primaire. La nouveauté du discours économique de Mbeki sur la renaissance africaine concerne donc non pas la stratégie industrielle à mettre en œuvre, mais seulement les acteurs en charge de l'élaboration et de la mise en œuvre de cette stratégie.

Il est question d'une politique industrielle de rattrapage par le moyen d'une stratégie de promotion des exportations du secteur primaire. Simplement cette politique doit désormais être orchestré non pas par les bailleurs de fonds occidentaux, mais orchestrés par les Africains eux-mêmes, dans le cadre d'un Etat africain non plus autoritaire et monoparti, mais désormais démocratique et multipartite.

La caution donnée par Mbeki au Nepad atteste qu'il ne remet pas en cause la stratégie d'industrialisation par la promotion des exportations du secteur primaire. Il s'ensuit que si le discours de Mbeki sur la renaissance africaine rompt avec une perspective de développement, il ne rompt pas avec le développement comme perspective. La presse internationale ne s'est pas trompée sur l'interprétation développementaliste de la renaissance africaine faite par Thabo Mbeki. Dans le sillage du discours de Mbeki elle a présenté la renaissance africaine comme un slogan de remobilisation autour des

Roux, eds. Problematising the African Renaissance. Pretoria : Africa Institute of South Africa ; Dani W.Nabudere, The African renaissance in the Age of Globalization, in African Association of Political Science, 2001, Vol.6, N°.2, 11-27 ; Landsberg, C. & D. Hlophe. 1999. 'The African Renaissance as a modern South African foreign policy strategy', Paris : CERI, 30.9.1999 ; Moeletsi Mbeki, The African Renaissance, Issues in South African Foreign Policy

375 Lire à ce sujet : Le Nepad et les enjeux du développement en Afrique, sous la direction de Hakim Ben Hammouda et Moustapha Kassé, Edition Maisonneuve Larose, 2002

tâches du développement après l'afro-pessimisme engendré par le choc des plans d'ajustements structurels.

B) Les visions performantes de la renaissance africaine

Il s'agit de la conception identitaire et de la conception prométhéenne de la renaissance africaine.

1°) La conception identitaire de la renaissance africaine

On devine aisément que ce projet vise fondamentalement à l'avènement d'une Cité politique africaine dont l'identité culturelle aura pour sève la culture africaine autochtone. En cela cette vision de la renaissance africaine est éligible sous réserve de certains dérapages qu'il faut absolument prendre soin d'éviter au sein de ce courant. En particulier le risque de repli identitaire et d'intolérance religieuse. Examinons ces deux sujets.

a) Evitez le risque de repli identitaire

Il faut éviter tout contresens auquel pourrait conduire la tonalité identitaire de ce courant de la renaissance africaine. Le courant afro-culturel ne vise pas à faire une exaltation de l'autochtonie. Il vise simplement à réhabiliter l'autochtonie comme rempart le plus efficace contre les agressions culturelles qui conduisent à des réflexes et à des postures de subordination. Il vise simplement à sauvegarder les intérêts des sociétés africaines et afro-descendantes en tant que sociétés politiques qui présentent certes des intérêts communs avec les autres sociétés politiques, mais qui présentent aussi des intérêts distincts de ceux des autres sociétés politiques. Par exemple, on a trop souvent vu dans le passé comment le discours négrophobe véhiculé par certains discours (religieux, philosophique ou idéologique) d'origine étrangère avait conduit les Africains qui avaient épousé ces discours à adopter des postures de subordination aux intérêts des Etats d'origine de ces discours, postures de subordination qui ont porté préjudice aux sociétés africaines.

C'est donc dans un souci de sauvegarde des sociétés africaines contre les discours culturels qui transforment les Africains en fossoyeurs de leurs propres sociétés que ce courant cherche à dresser un rempart culturel par la promotion d'une identité culturelle autochtone. C'est ainsi qu'il faut comprendre la revendication identitaire de ce courant. Ce n'est pas une crispation identitaire, mais un recours à l'identité autochtone comme protection et rempart contre les agressions culturelles qui conduisent à des réflexes de subordination et de mépris de soi même.

Cependant, cette précision ne doit pas nous dispenser de mettre en garde les partisans de la vision identitaire de la renaissance africaine contre le fait que toute démarche identitaire comporte aussi toujours un risque de repli identitaire. Or le propre d'une culture humaine est d'être ouverte aux apports extérieurs, d'être capable d'assimiler les apports positifs des cultures étrangères. Les partisans de la vision identitaire de la renaissance africaine doivent à tout prix ne pas tomber dans le piège d'une essentialisation de l'identité culturelle africaine. La culture en tant que phénomène relève non pas de l'ordre de l'essence, mais de celui de la contingence. C'est ce qui lui permet de s'adapter aux soubresauts du mouvement de l'histoire.

Une identité culturelle n'est jamais de l'ordre de l'essence. Elle se forge au gré de l'expérience historique d'un peuple, à travers le rapport de ce peuple avec son environnement naturel, politique et économique. Ses éléments constitutifs peuvent changer par adaptation aux contraintes du milieu naturel ou sociologique. Ce qui importe est qu'ils n'opèrent pas comme des facteurs d'hétéronomie. C'est ainsi que les Européens sont passés d'une identité culturelle gréco-latine à une identité culturelle judéo-chrétienne sans préjudice d'hétéronomie. Les partisans et théoriciens de l'afrocentricité doivent donc se prémunir contre le risque d'essentialisation en créant des gardes fous sous peine de faire de la culture africaine une culture qui ne s'adapte pas aux contingences de l'histoire.

Il importe aussi que l'opinion publique n'ait pas une idée erronée de ce qu'est l'afrocentricité. L'afrocentricité n'est pas un afrocentrisme. Il n'ambitionne pas d'élever les valeurs africaines au rang de standards universels. Il n'est donc pas le pendant africain de l'européocentrisme. Le courant afro-centrique vise à l'avènement d'une Cité politique africaine enfin libéré de toute hétéronomie culturelle, religieuse et épistémologique. Ce projet vise à restituer aux Africains une posture afro-centrée c.-à-d. une posture qui traduit une autonomie des normes, des valeurs, des priorités et des intérêts qui président à leur action dans le monde. C'est une démarche légitime. En cela tous les Africains et afrodescendants devraient adopter une posture d'afrocentricité.

De ce point de vue la vision identitaire de la renaissance africaine est une vision constructive puisqu'elle vise à émanciper les Africains de toute hétéronomie culturelle. Elle s'intègre parfaitement dans la vision de la renaissance africaine que véhiculent les écrits de Cheikh Anta Diop à condition toutefois que ses partisans sachent éviter le piège de l'essentialisation de l'identité culturelle africaine.

b) Evitez le risque d'intolérance religieuse

La vision identitaire de la renaissance africaine soulève la question de la compatibilité entre la renaissance africaine et les religions dites révélées, car de par leur discours officiel ces religions (du moins le christianisme et l'islam) ont historiquement participé à la construction d'un discours péjoratif au sujet de la culture et de la religion africaine autochtone. Si on s'en tient au discours des partisans de la vision identitaire de la renaissance africaine il y a incompatibilité. En cela ils ont raison. Toutefois nous pensons qu'il est possible de créer les conditions de compatibilité. Cette compatibilité est possible si et seulement si les tenants de ces religions font leur autocritique c.-à-d. dénoncent le discours péjoratif qu'ils ont toujours véhiculé sur la culture et la religion africaines autochtones. Une telle auto-critique est d'ailleurs une des conditions de la paix religieuse en Afrique. Sans cette autocritique on risque de reproduire les guerres de religion qui ont opposé les Africains entre eux dans l'Egypte sous domination romaine et byzantine dans l'antiquité puis en Afrique sub-saharienne entre le 16e et le 19e siècle.

Il n'est pas inutile ici de rappeler avec force la position de Cheikh Anta Diop sur la question des religions en Afrique. Il ressort d'un de ses écrits politiques[376] que Diop est pour le pluralisme des religions en Afrique. C'est à cette fin qu'il prône une réhabilitation institutionnelle de la religion africaine autochtone afin que sur le plan de l'organisation matérielle elle soit dotée des mêmes moyens que les institutions des religions dites révélées.

Diop considère la religion comme un domaine délicat, car selon lui « un vrai croyant change plus facilement de parti politique que de religion, car sa foi engage sa personnalité entière »[377]. C'est pourquoi il prône selon ses propres mots une coexistence pacifique entre les religions en Afrique.

Cette position de Diop est à soutenir, car la religion est une affaire d'ordre privé. Elle ne doit pas s'immiscer dans les affaires publiques, car alors il y aurait risque de guerre de religion. Mais nous devons le dire aussi avec force. Le pluralisme des religions en Afrique est conditionnel. Elle ne sera effective que si les tenants des religions dites révélées acceptent de faire leur autocritique c.-à-d. dénoncent le discours péjoratif que leurs religions véhiculent à l'égard de la culture et de la religion africaine autochtone.

2°) La conception prométhéenne de la renaissance africaine

Elle est celle que véhiculent les travaux de Cheikh Anta Diop. Pour Cheikh Anta Diop, il faut entendre par renaissance africaine un projet de reconquête de l'initiative historique par le moyen d'une réappropriation du génie africain de créativité, d'invention et d'innovation. On devine aisément que ce projet vise à l'avènement d'une Cité africaine qui s'organise comme un espace à nouveau capable d'historicité c.-à-d. à nouveau capable de produire par lui-même les conditions matérielles et immatérielles de sa propre existence dans le domaine politique, idéologique, économique, médical, technologique, scientifique et spirituel. Ce projet invite donc les peuples africains à se manifester à nouveau dans l'histoire comme des peuples capables de faire œuvre de créativité, d'invention et d'innovation.

---

376 Cheikh Anta Diop un continent à la recherche de son Histoire, in Horizons, la revue de la paix, N° 74-75, paris, juillet-aout 1957, pp.85-91

377 Cheikh Anta Diop, un continent à la recherche de son Histoire, in Horizons, la revue de la paix, N° 74-75, paris, juillet-aout 1957, pp.85-91).

Pour Diop la renaissance africaine c'est avant tout la renaissance de l'esprit de créativité en Afrique.

Concernant la question du levier d'une telle réappropriation du génie créateur, pour Diop il ne saurait être autre chose que la restauration de la conscience historique africaine au sens de l'appropriation de toute la matière historique africaine tant d'un point de vue diachronique que d'un point de vue thématique. Ici aussi Diop a fondamentalement raison, car seule une telle conscience est à même d'émanciper les élites africaines des réflexes de subordination épistémologique et de docilité politique que leur inculque la version coloniale de l'histoire africaine. Autrement dit, une telle conscience est à même de pouvoir restituer aux élites africaines l'assurance et la confiance dans leur aptitude à faire œuvre de créativité, d'invention et d'innovation à partir du génie créateur de leur propre culture.

On comprend dès lors pourquoi le travail majeur de Diop a surtout consisté à restituer à la science historique l'intelligence du parcours historique des peuples africains d'un point de vue diachronique, thématique et rationaliste. On comprend dès lors pourquoi le propos de son œuvre est de donner une assise scientifique à la conscience historique africaine. Ses travaux scientifiques de ce point de vue offrent les matériaux de la conscience historique dont peuvent se servir les peuples africains pour se réapproprier leur génie créateur. Il apparaît en effet à l'analyse que ces matériaux sont efficaces pour trois raisons. D'abord, ces matériaux peuvent contribuer à faire échec aux réflexes de subordination épistémologique et psychologique qui entravent la libre expression du génie créateur en Afrique. Ensuite ces matériaux peuvent contribuer à restituer aux sociétés africaines la confiance psychologique dans leur identité ontologique c.-à-d. dans leur aptitude à la conception, l'invention, la création et l'innovation et l'anticipation. Enfin, ces matériaux peuvent fournir des solutions heuristiques pour l'organisation des sociétés africaine comme société à nouveau productrices de sciences, de techniques, d'idées, de libertés et de prospérité.

De ce point de vue, il apparaît que la réappropriation de leur génie créateur par les peuples africains constitue bel et bien le seul facteur qui peut restituer aux peuples africains le contrôle des ressorts de l'historicité. Ceux-là mêmes qui permettraient d'une part de neutraliser la capacité d'intrusion des puissances extérieures et d'autre part de refonder les sociétés africaines comme sociétés capables de produire les conditions matérielles et immatérielles de leur propre existence.

C'est pourquoi on peut dire que Cheikh Anta Diop a raison de considérer que renaître pour les peuples africains c'est se manifester à nouveau, dans l'histoire comme peuples producteurs de libertés, de prospérité, de sciences, de techniques, d'institutions, d'idées, et de spiritualité. En cela la vision Diopienne de la renaissance africaine est une vision prométhéenne. Elle vise à restituer aux peuples africains le contrôle sur les ressorts de l'historicité, à restituer aux peuples africains les moyens de leur liberté historique c.-à-d. la capacité de conception, d'anticipation, de créativité, d'invention et d'innovation afin de pouvoir nouveau produire par eux-mêmes les conditions matérielles et immatérielles de leur propre existence.

SECTION V. QUE NOUS RÉVÈLENT LES DIVERGENCES AFRICAINES SUR LA RENAISSANCE AFRICAINE ?

Nous avons vu que le concept de la renaissance africaine est un concept controversé au sein de la littérature politique africaine. L'opinion publique en Afrique est elle-même aussi partie prenante à cette controverse. Confrontée au discours ambiant sur le retard historique des sociétés africaines, elle impute sa condition actuelle à ce qui lui apparaît être une léthargie des classes dirigeantes. Elle véhicule de ce fait une vision de la renaissance africaine en terme de réveil de l'Afrique. Quant aux médias occidentaux, à travers leurs éditoriaux, ce concept apparaît comme un slogan de remobilisation autour des tâches du développement après le choc des plans d'ajustement structurel. Telles sont les visions de la renaissance africaine que véhicule la littérature relative à la renaissance africaine. Que traduit cette controverse africaine sur le concept de la renaissance africaine ?

Certains voudront voir dans les interprétations africaines divergentes du concept de la renaissance africaine un désaccord entre Africains sur leur vision de la renaissance africaine. Il faut condamner de la manière la plus forte cette interprétation pour la raison suivante.

Les Africains projettent dans le concept de la renaissance africaine une espérance historique commune. Celle de mettre fin à l'adversité historique qu'ils vivent en raison de la férocité de la présence des africanophages en Afrique. Une férocité qui tient à la logique de pillage (et non pas d'échange) économique que perpétuent en Afrique les opérateurs économiques africanophages. L'exemple des répercussions environnementales de l'exploitation du cuivre zambien en témoigne : les populations cultivent sur des terrains pollués par le mercure. Cette férocité de la présence des africanophages en Afrique tient aussi à l'indécence des postures morales des africanophages de l'Occident en Afrique (pédophilie) et à l'effet de violence symbolique qu'exerce la culture occidentale en Afrique.

Il y a donc convergence africaine sur l'espérance historique que véhicule le concept de la renaissance africaine. La controverse africaine sur le concept de la renaissance africaine ne traduit en réalité que deux choses. Elle traduit d'abord le fait que les Africains souhaitent que cette renaissance ait diverses dimensions : spirituelle, identitaire, artistique, politique, technologique et scientifique. Elle traduit ensuite une volonté des Africains de bien comprendre ce que nous devons entendre par le verbe renaître. Sur cette question chacun apporte sa contribution à partir de la grille de lecture qui lui semble pertinente. Chacun attend aussi une contribution qui mette en perspective la grille de lecture la plus pertinente. Celle qui réunit à elle seule toutes les dimensions que doit traduire le phénomène de la renaissance africaine. C'est ce que nous allons faire ici par une étude de clarification du concept de la renaissance africaine.

CHAPITRE 2

Un concept à clarifier : la définition rationnelle du concept de la renaissance africaine

Nous autres africains avons l'habitude de débattre sur la renaissance africaine sans vérifier au préalable si nous lui accordons tous la même définition. Celle-ci semble entendue. Or il suffit d'interroger chacun d'entre nous sur ce qu'il entend par renaissance africaine pour nous apercevoir que finalement nous ne partageons pas toujours une définition commune du concept de la renaissance africaine. Ce sont sans doute ces divergences définitionnelles qui expliquent l'existence d'une pluralité des visions du projet de la renaissance africaine. Ces divergences définitionnelles indiquent surtout que nous autres africains post-coloniaux ne faisons pas toujours preuve d'une grande rigueur intellectuelle à propos des concepts à la mode. Il suffit qu'un concept soit propagé par une organisation internationale et nous le reprenons à notre compte sans pour autant nous interroger sur le sens exact de ce concept, sa pertinence épistémologique et son intérêt pour nous. Il en a été ainsi du concept de développement. Il en est ainsi de nos jours pour le concept de l'émergence.

Les divergences africaines sur la notion et le projet de la renaissance africaine ne peuvent que nuire à l'unité de pensée et d'action que devrait présenter le mouvement pour la renaissance africaine. Sous peine de rater le projet d'une renaissance africaine pour des raisons de controverses et querelles doctrinales, les Africains doivent clarifier ce concept.

Rappelons que la clarification d'un concept passe par sa définition. Or toute la controverse autour du concept de la renaissance africaine vient du fait que le verbe renaître se prête à des définitions doctrinales variées. Pour échapper au piège des définitions doctrinales du verbe renaître et du concept de la renaissance africaine, il nous faut rechercher leur définition rationnelle. Une telle définition aura vocation à faire consensus en raison de son objectivité. Comme telle, elle sera à même d'élever le concept de renaissance africaine au rang d'un paradigme à part entière du devenir moderne des sociétés africaines post-coloniales.

C'est ce travail de clarification que nous allons accomplir ici. Nous allons ici mettre en perspective la définition rationnelle du concept de la renaissance africaine à partir de la définition rationnelle du verbe renaître. Nous confronterons ensuite cette définition rationnelle à l'intention que fut celle des auteurs qui ont forgé le concept de la renaissance africaine. Puis nous examinerons la pertinence de cette définition au regard de la problématique qui habite les sociétés africaines post-coloniales. Enfin nous mettrons au jour le projet politique qui est inhérent à la définition rationnelle du concept de la renaissance africaine.

SECTION 1. LA DÉFINITION RATIONNELLE DU VERBE RENAÎTRE

Nous allons identifier la définition rationnelle du verbe renaître à partir de son étymologie et de la science de l'histoire.

A) Le verbe renaître du point de vue de son étymologie

Le mot renaissance est composé du mot naissance et du préfixe re. Par son étymologie, le mot naissance vient du verbe naître qui dérive du latin nasci : venir au monde. Dans la littérature écrite, le mot naissance désigne le point de départ de l'existence biologique ou sociologique d'une chose, d'un phénomène ou d'un être vivant (humain, animal ou végétal). Le mot naissance désigne donc d'abord un phénomène biologique : le fait d'être engendré. Si à ce mot on ajoute le préfixe itératif re il désigne alors le phénomène d'une seconde naissance. Mais par seconde naissance, il faut alors entendre non pas le fait d'être engendré une seconde fois (la nature et donc la biologie excluent un tel phénomène), mais le fait de faire l'expérience d'un nouveau départ dans l'existence d'un point de vue sociologique ou historique. Il s'agit donc cette fois-ci d'un phénomène exclusivement social. C'est ce que veut dire le mot renaissance d'un point de vue rationnel. Faire l'expérience d'un nouveau départ dans l'existence sociale.

Le mot renaissance a donc vocation d'un point de vue rationnel à désigner exclusivement le phénomène d'un nouveau départ dans l'existence historique. De ce point de vue, ce concept ne doit pas être assimilé ou confondu avec d'autres concepts qui lui sont certes parallèles, mais pas synonyme. A savoir le concept chrétien de résurrection qui désigne un phénomène de revitalisation par la grâce de Dieu d'un corps biologiquement mort. A savoir aussi le concept hindouiste de réincarnation qui désigne le phénomène de ré-incorporation d'une âme dans un corps et donc une nouvelle expérience corporelle pour une âme. De ce point de vue, le verbe renaître désigne donc ni un phénomène biologique (être engendré une seconde fois), ni un phénomène surnaturel (résurrection ou réincarnation). Il désigne exclusivement un phénomène historique. A savoir, faire l'expérience d'un nouveau départ dans l'existence sociale.

Le concept de renaissance est donc exempt de toute connotation biologique ou surnaturelle. Il désigne de manière exclusive le phénomène d'une nouvelle expérience dans l'existence.

B) Le verbe renaître du point de vue de la science de l'histoire

Nous avons vu que d'un point de vue rationnel, le verbe naître désigne un phénomène biologique et que le verbe renaître désigne un phénomène historique. Cela signifie que s'il existe une définition rationnelle du concept de la renaissance qui puisse être appliquée à une société, elle ne peut être formulée qu'à partir de la science de l'histoire.

La formation d'une société en effet n'est pas un phénomène biologique. Les sociétés naissent, se transforment et meurent seulement dans le champ de l'histoire. Elles ne sauraient donc renaître que dans le champ de l'histoire. Or du point de vue de la science de l'histoire, naître pour une société, c'est apparaître sur la scène de l'histoire. Mais ce n'est pas seulement apparaître sur la scène de l'histoire. C'est surtout y apparaître sur le mode d'une collectivité qui atteste de son aptitude à l'historicité. De ce point de vue renaître pour une société c'est faire à nouveau preuve d'historicité.

La question est donc celle de savoir qu'est ce que l'historicité ? L'historicité a deux sens. Dans un premier sens, l'historicité est le caractère de ce qui est reconnu comme s'étant réellement passé ou ayant réellement existé. Par exemple certains s'interrogent sur l'historicité de Jésus Christ c.-à-d. si Jésus a réellement existé. Dans un deuxième sens l'historicité est la condition de l'existant humain en tant que sujet capable de s'émanciper de ses conditions d'existence et de se projeter librement dans l'avenir en créant à partir de son propre génie les conditions matérielles et immatérielles de sa propre existence. L'historicité apparaît dès lors comme l'aptitude du sujet à la créativité, à l'invention et à l'innovation. C'est cette aptitude qui fait de lui un agent historique. C'est cette aptitude qui confère à un peuple la capacité de produire par lui-même les conditions matérielles et immatérielles de sa propre existence, à partir du génie créateur de son patrimoine culturel.

De ce point de vue, l'historicité pour un peuple peut se définir comme l'aptitude de ce peuple à la créativité, à l'invention et à l'innovation pour faire face aux défis de son environnement. Dès lors, du point de vue de la science de l'histoire, renaître pour un peuple c'est renaître à l'historicité, c.-à-d. se manifester à nouveau dans l'histoire sur le mode d'une collectivité capable de produire par elle-même les conditions matérielles et immatérielles de sa propre existence. Ce phénomène de renaissance à l'historicité correspond à ce que l'on désigne en sciences sociales par le terme de renaissance historique.

D'un point de vue rationnel, la renaissance d'une société s'analyse donc dans les termes d'une renaissance historique. C'est pourquoi du point de vue des sciences sociales, le concept de renaissance historique sert à désigner un phénomène original qui se traduit dans la forme d'une orientation nouvelle et émancipatrice que prend l'histoire d'un peuple. Nouvelle en ce sens qu'elle conduit un peuple à changer de posture historique. Emancipatrice car cette nouvelle posture permet à ce peuple de passer de la condition d'un peuple qui avait sombré dans l'incapacité de produire les conditions matérielles et immatérielles de sa propre existence (régression historique) à celui d'un peuple à nouveau capable de produire par lui-même les conditions matérielles et immatérielles de sa propre existence. Autrement dit, ce peuple passe de la condition d'un peuple qui avait perdu son aptitude à l'historicité à celle d'un peuple à nouveau capable d'historicité. De ce point de vue, la renaissance historique s'analyse comme un processus de reconquête de l'initiative historique par un peuple qui avait perdu cette aptitude à un moment de son histoire.

La renaissance historique est donc un phénomène de reconquête de l'initiative historique par un peuple. Elle doit par définition s'opérer à l'échelle de tous les ressorts de l'historicité c.-à-d. à l'échelle de tous les domaines où un peuple doit faire preuve de créativité, d'invention et d'innovation pour apporter une réponse à l'ensemble des défis auxquels il est confronté. C'est la raison pour laquelle, là où il se produit le phénomène de la renaissance historique se traduit toujours par un mouvement général de créativité, d'invention et de créativité dans les domaines politique, économique, scientifique, technologique, en vue d'apporter une réponse à chacun des défis auxquels est confrontée une société qui a connu une séquence de régression historique.

SECTION 2. LA DÉFINITION RATIONNELLE DU BINÔME RENAISSANCE AFRICAINE

On l'identifiera ici à partir du point de vue de l'intention de ses concepteurs et du point de vue du phénomène historique auquel il fait écho.

A) Du point de vue de l'intention de ses concepteurs

La question se pose de savoir si les personnes qui ont forgé le concept de renaissance africaine l'avaient conçu à partir de la définition rationnelle du verbe renaître. Autrement dit, l'avaient-ils conçue comme un projet de renaissance historique pour l'Afrique ? Pour répondre à cette question, il faut se référer à la genèse de la formation du binôme renaissance africaine.

Du point de vue de sa genèse, le concept de renaissance africaine a été formé par analogie avec le concept de renaissance européenne. Autrement dit, il a été formé à partir de la transposition au contexte politique, économique et culturel africain colonial et post-colonial de la problématique de ce qu'en sciences sociales on appelle la renaissance européenne. Or en sciences sociales, le concept de renaissance européenne sert à désigner un phénomène précis : celui de la renaissance historique qui s'est produite en Europe à partir du XVe siècle. De ce point de vue le concept de renaissance africaine fait donc écho au concept de renaissance européenne et à travers le concept de renaissance européenne il fait écho au concept de la renaissance historique. Il permet pour ainsi dire de traduire l'idée d'un projet de renaissance historique en Afrique. Par renaissance africaine les concepteurs de cette notion voulaient donc laisser entendre un projet de renaissance historique en Afrique.

Il apparaît donc que du point de vue de ses concepteurs, le concept de renaissance africaine traduit l'idée d'un projet de renaissance historique des sociétés africaines. Il s'agit donc d'un projet de reconquête de l'initiative historique par les peuples africains. Par reconquête de l'initiative historique, il faut entendre une reconquête de leur capacité à concevoir, anticiper, entreprendre, créer, inventer et innover. L'objectif de cette reconquête est que les peuples africains puissent se manifester à nouveau dans l'histoire comme peuples capable de produire par eux-mêmes les conditions matérielles et immatérielles de leur propre existence à partir du génie créateur de leur patrimoine culturel. Ce projet signifie que ce qui doit renaître en Afrique c'est fondamentalement l'esprit de créativité, d'invention et d'innovation. Cette aptitude qui seule permet à un peuple de créer par lui-même les conditions matérielles et immatérielles de sa propre existence.

B) Du point de vue du phénomène historique auquel il fait écho

Nous avons vu que d'un point de vue rationnel, renaître pour un peuple c'est renaître à l'historicité. C'est se manifester à nouveau dans l'histoire dans une posture de créativité, d'invention et d'innovation. C'est se manifester à nouveau dans l'histoire sur le mode d'un agent historique. En d'autre terme, renaître pour un peuple c'est entreprendre un processus de renaissance historique, c'est-à-dire reconquérir sa capacité à l'initiative historique. C'est ce qui s'est passé en Europe entre l'époque médiévale et l'époque moderne. C'est ce qui devrait se passer en Afrique afin que le 21 siècle ne soit pas encore un siècle d'adversité historique pour les peuples africains.

Une dynamique de renaissance historique est donc celle qu'un peuple met en œuvre pour reconquérir l'initiative historique c.-à-d. sa capacité à concevoir, anticiper, entreprendre, créer, inventer et innover. C'est cette capacité qui permet à un peuple de pouvoir créer et produire par lui-même les conditions matérielles et immatérielles de sa propre existence. Il apparaît donc que d'un point de vue rationnel, associer le mot renaissance au mot africain c'est vouloir traduire par ce binôme conceptuel l'idée d'un projet de renaissance historique des peuples africains. Comme tout projet de renaissance historique, il vise à la reconquête de l'initiative historique afin que les peuples africains puissent à nouveau produire par eux-mêmes les conditions matérielles et immatérielles de leur propre existence.

Par renaissance africaine il faut donc entendre un projet de renaissance historique des peuples africains. Telle est la définition rationnelle du concept de la renaissance africaine. Il s'agit d'un projet de reconquête de l'initiative historique c.-à-d. une reconquête de leur capacité à concevoir, anticiper, entreprendre, créer, inventer et innover afin de se manifester à nouveau dans l'histoire comme peuples capables de produire par eux-mêmes les conditions matérielles et immatérielles de leur propre existence à partir du génie créateur de leur patrimoine culturel. Ce projet invite les peuples africains à se réapproprier leur aptitude à l'historicité c.-à-d. à renouer avec une posture de créativité, d'invention et d'innovation.

Section 3. La pertinence de la définition rationnelle de la renaissance africaine au regard de la problématique des sociétés africaines post-coloniales

Il s'agit ici de se demander si la renaissance africaine comprise comme un projet de renaissance historique, apporte une réponse adéquate à la problématique qui habite les sociétés africaines. Poser cette question c'est s'interroger sur la nature de la problématique qui habite les sociétés africaines post-coloniales et sur l'impératif que cette problématique impose à l'action politique.

A) La problématique des sociétés africaines post-coloniales

Par définition, cette problématique ne peut être saisie qu'à la lumière du processus qui est à l'origine de la condition actuelle des peuples africains. L'observation des faits historiques montre que la condition actuelle des peuples africains trouve son origine dans l'impact du processus de régression historique dans lequel ce continent a basculé à compter du 17 siècle suite à la violence géopolitique d'origine externe et interne dont ce continent a été le théâtre entre le 16e siècle et le 20e siècle. C'est cette violence géopolitique qui a conduit à une régression historique des sociétés africaines. Ce processus de régression s'est traduit pour l'essentiel pour les sociétés africaines par une perte de leur aptitude à l'historicité. Elles se sont retrouvées dans la condition de peuples désormais incapable de pouvoir produire par eux-mêmes les conditions matérielles et immatérielles de leur propre existence. Tel est encore aujourd'hui le problème des sociétés africaines post-coloniales. Il ne s'agit pas d'un problème de retard historique et donc de rattrapage historique. Il s'agit d'un problème de régression historique et donc de reconquête de l'initiative historique.

De ce point de vue, il apparaît donc que la problématique d'émancipation des sociétés africaines post-coloniales coïncide avec la problématique inhérente à un processus de renaissance historique. A savoir : renouer avec une posture de créativité, d'invention et d'innovation dans les domaines qui ont vocation à être investis par un peuple qui aspire à produire par lui-même les conditions matérielles et immatérielles de sa propre existence. En d'autres termes, il s'agit de se réapproprier une posture de créativité que des circonstances historiques particulières ont fait perdre aux peuples africains au cours de leur trajectoire historique.

Il apparaît donc que la problématique d'émancipation des sociétés africaines post-coloniales s'avère être bel et bien l'expression d'une problématique de renaissance historique. Cette analyse de la problématique des sociétés africaines post-coloniales peut ne pas être partagée. La problématique d'émancipation des sociétés africaines post-coloniales en effet, peut faire l'objet d'interprétations diverses. On peut comme certains interpréter cette problématique étant comme celle de sociétés qui ploient sous le joug d'une domination étrangère relayé par des partenaires locaux. Une telle interprétation n'est pas en porte à faux avec le réel. Mais on peut aussi interpréter cette problématique d'une autre manière. A savoir, celle de sociétés qui attestent d'une incapacité à produire par elles-mêmes les conditions matérielles et immatérielles de leur propre existence. Il s'agit donc de deux manières de lire une même réalité. Mais l'une est heuristique et l'autre ne l'est pas.

Choisir le prisme du joug de la domination étrangère c'est s'enfermer dans la problématique de la lutte inégale et perpétuelle entre le pot de fer et le pot de terre. Quelle que soit la solidité de sa tessiture, le pot de terre se brisera toujours lorsqu'il se lancera à l'assaut du pot de fer. C'est l'éternelle question des armes inégales. Or le déficit technologique que les sociétés africaines accusent par rapport à l'Occident fait de nous des pots de terre. Au 19e siècle les armées Zulu qui affrontèrent les troupes britanniques étaient manifestement ni moins aguerries ni moins vaillantes que ces dernières. Mais leur défaite était pour ainsi dire prévisible du seul fait de l'inégalité des armes c.-à-d. du seul fait du déficit qu'elles accusaient sur le terrain de la technologie militaire. Le prisme du joug de la domination étrangère a ceci d'inopérant qu'il condamne à s'orienter vers une lutte logomachique ou militaire contre la présence étrangère. C'est une lutte perdue d'avance en raison même de notre incapacité actuelle à créer les conditions de notre propre sécurité militaire.

A l'inverse choisir le prisme de la régression historique et de son corollaire, l'inaptitude à l'historicité, c'est inviter les sociétés africaines à renouer avec une posture de créativité, d'invention et d'innovation. Ce prisme présente l'avantage d'orienter la lutte politique vers l'adoption d'une posture qui permet de créer les conditions matérielles et immatérielles d'un auto-effondrement du joug de la domination étrangère par le jeu d'un tissu social sur lequel cette domination étrangère ne saurait désormais avoir d'emprise. Le prisme de la régression historique et donc de notre aptitude à créer les conditions de notre propre existence est donc heuristique, car elles nous invitent à renouer avec une posture de créativité, invention et d'innovation à même de faire échec à la domination étrangère du seul fait de la qualité qu'elle conférera à notre tissu social.

B) L'impératif politique inhérent à la problématique des sociétés africaines post-coloniales

La problématique d'émancipation des sociétés africaines post-coloniales est bel et bien celle-là. Il s'agit non pas tant de sociétés dominées, mais plutôt de sociétés dépourvues d'aptitude à l'historicité. Il s'agit de sociétés confrontées à un défi spécifique : celui de l'adversité d'un tissu social rétrograde qu'elles ne peuvent vaincre que par une dynamique de créativité. Cette dynamique leur fait défaut du fait d'une séquence de leur histoire au cours de laquelle elles ont perdu leur aptitude à l'historicité c.-à-d. leur aptitude à créer les conditions matérielles et immatérielles de leur propre existence à partir du génie créateur de leur patrimoine culturel. Il s'agit donc de la problématique d'émancipation d'une société confrontée à une exigence de créativité pour vaincre l'adversité qui l'accable sur le terrain politique, économique, sanitaire, technique et scientifique. Cette problématique impose de concevoir le projet politique collectif dans les termes d'un impératif de reconquête des ressorts de l'historicité. Ceux-là mêmes qui permettent à un peuple de produire par lui-même les conditions matérielles et immatérielles de sa propre existence.

La problématique d'émancipation des sociétés africaines post-coloniales se présente donc à l'analyse comme celle d'un impératif pour les peuples africains de faire à nouveau œuvre de créativité et de performance dans la créativité afin de se réapproprier la capacité de produire par eux-mêmes les conditions matérielles et immatérielles de leur propre existence. Autrement dit, notre problématique est celle d'une réappropriation de notre génie de créativité, d'invention et d'innovation. De ce point de vue, elle coïncide bel et bien avec une problématique de renaissance historique. La renaissance africaine c'est bel et bien cela. Se réapproprier la capacité de produire par nous-mêmes les conditions matérielles et immatérielles de notre propre existence.

Dès lors la question qui doit focaliser notre réflexion, la question qui doit focaliser l'attention de toute l'intelligentsia africaine, est celle de savoir comment peut se traduire en Afrique ce phénomène de créativité dans le domaine économique, politique, académique, culturelle, militaire, industrielle, technologique et scientifique, etc. ? Or le phénomène de la renaissance historique se traduit pour l'essentiel par un mouvement général de créativité, d'invention et d'innovation dans les domaines politique, économique, scientifique, technologique, en vue d'apporter une réponse à chacun des défis auxquels est confrontée une société qui a connu une séquence de régression historique. Une telle créativité est l'indice objectif qui atteste que cette société s'est réapproprié sa capacité à pouvoir produire à nouveau les conditions matérielles et immatérielles de sa propre existence. C'est ce qui s'est passé en Europe entre l'époque médiévale et l'époque moderne. C'est ce qui devrait se passer en Afrique afin que le 21 siècle ne soit pas encore un siècle d'adversité historique pour les peuples africains.

SECTION 4. LA PHILOSOPHIE POLITIQUE INHÉRENTE À LA DÉFINITION RATIONNELLE DU CONCEPT DE LA RENAISSANCE AFRICAINE

Un des grands défis que doit relever l'intelligentsia africaine est celui de mettre au jour la philosophie politique de la renaissance africaine c.-à-d. la philosophie politique adéquate à mettre en œuvre pour une renaissance des sociétés africaines comme espace de créativité. C'est en relevant ce défi que l'intelligentsia africaine saura faire œuvre de prospective salutaire. C'est en répondant à cette question que l'intelligentsia africaine pourra réellement élaborer un programme d'action pour que le 21 siècle ne soit plus un siècle d'adversité pour les populations africaines.

On mettra ici au jour les termes de cette philosophie politique et on vérifiera si l'histoire comparée des expériences de renaissance historique atteste de la pertinence de ces termes.

A) Les termes de la philosophie politique du projet de la renaissance africaine

Il ressort de notre analyse que le concept de renaissance africaine véhicule un projet de renaissance historique des sociétés africaines. Il s'agit d'un projet de reconquête de l'initiative historique. L'objectif de cette reconquête est de permettre aux peuples africains de pouvoir se manifester à nouveau dans l'histoire comme peuples capables de produire par eux-mêmes les conditions matérielles et immatérielles de leur propre existence. Ce projet vise donc fondamentalement à organiser à nouveau les sociétés africaines comme pôles d'initiative historique dans le domaine politique, idéologique, économique, et technique, scientifique et spirituel ?

Mais la renaissance africaine comme projet de renaissance historique des sociétés africaines ne pourra prendre corps dans le réel qu'à travers la mise en œuvre de politiques dites de renaissance africaine. Un tel projet soulève donc une question importante : quelle est la politique que devra mettre en œuvre un gouvernement acquis aux idéaux de la renaissance africaine pour transformer les réalités actuelles des sociétés africaines ?

On peut être tenté de vouloir élaborer ex nihilo cette politique. Mais ce serait alors courir le risque d'un échec, car tout ce qui s'élabore ex nihilo demeure une simple vue de l'esprit. Il ne saurait être question aussi de construire un programme gouvernemental prêt à l'emploi. Nul ne peut avoir la pré-science de la globalité des politiques de la renaissance africaine à mettre en œuvre. Un tel programme prêt à l'emploi figerait les politiques à mettre en œuvre dans la forme d'un catalogue doctrinal qui comme tout catalogue doctrinal se prêterait mal aux modifications qu'imposent parfois les sinuosités et soubresauts du réel. C'est ce qui est à l'origine de l'effondrement de l'URSS.

Il s'agit donc de ne pas figer les réponses et de toujours pouvoir formuler nos réponses au regard du réel. Il faut donc partir du réel et concevoir les politiques de la renaissance africaine à partir de la configuration de ce réel. Or en Afrique cette configuration ne se présente pas dans la forme d'un tissu social issu d'un processus de retard historique qui obligerait à mettre en œuvre une politique de rattrapage historique et donc de développement. Elle se présente plutôt dans la forme d'un tissu social issu d'un processus de régression. Autrement dit, il s'agit d'un tissu social qui demande d'abord à être réparé puis à être reconfiguré comme tissu social à nouveau propice à l'historicité.

Quelle est la philosophie politique qui serait capable d'une telle double prouesse ? Comme nous l'avons dit, il faut partir du réel. Et en ce qui nous concerne, le réel est le tissu social que nous avons hérité de 4 siècles de violence géopolitique d'origine externe et interne. Il doit donc s'agir de politiques à même de pouvoir prendre le contrepied des conséquences de quatre siècles de régression historique, de 4 siècles de traumatisme historique subi par le tissu social africain sous l'impact d'une violence géopolitique d'origine externe et interne. Il doit s'agir d'une philosophie politique qui par définition prend le contrepied de la logique historique qui a conduit à la configuration actuelle des sociétés africaines. Autrement dit, une philosophie politique qui prend le contrepied de 4 siècles de régression historique.

Comment définir une telle philosophie politique ? La science politique nous ouvre une piste. En effet du point de vue de la science politique, il apparaît que quelque soit l'espace ou le temps, la transformation des réalités d'une société nécessite l'adoption d'une politique dont la logique de changement social (rattrapage, croissance, révolution, déconnexion, etc.) prend par définition le contrepied de la dynamique historique qui a conduit aux réalités que l'on veut transformer.

Par exemple à une dynamique historique causale qui se présente à l'analyse dans les termes d'un retard historique on devra en toute objectivité opposer par contraste une politique qui véhicule une logique de transformation en termes de rattrapage historique. C'est le cas des politiques développementalistes dites de big push. A l'inverse, à une dynamique historique causale qui se présente à l'analyse dans les termes d'une régression historique on devra en toute objectivité opposer par contraste une politique qui véhicule une logique de transformation sociale en terme de refondation du tissu social comme tissu à nouveau propice à l'historicité. C'est le cas des politiques dites de la renaissance historique. Celles-ci épousent la forme de politiques de refondation du tissu social comme tissu à nouveau propice à l'historicité.

On sait que la dynamique historique qui a conduit à la configuration actuelle des sociétés africaines est une dynamique de régression historique. Or lorsqu'une société subit un processus de régression historique, cette régression se traduit par deux phénomènes : d'une part une perte de la maîtrise des ressorts de l'historicité[378], d'autre part une insalubrité du tissu social[379]. Autrement dit, une telle dynamique a toujours deux impacts sur le tissu social. D'une part, elle engendre une insalubrité de ce tissu social, d'autre part, elle provoque la perte de la maîtrise des ressorts de l'historicité. Dès lors et par définition, seule peut prendre le contrepied de cette dynamique historique une philosophie politique qui véhicule comme principes directeurs d'une part une logique d'assainissement des aspects insalubres du tissu social et d'autre part, une logique de réappropriation des ressorts de l'historicité.

C'est pourquoi nous disons que la philosophie politique à même de prendre le contrepied de la logique de régression historique en Afrique ne peut être qu'une philosophie politique qui par définition véhicule une logique de transformation sociale qui s'analyse dans les termes d'une logique de refondation du tissu social comme tissu à nouveau propice à l'historicité par le moyen de deux principes directeurs : d'une part l'assainissement des aspects insalubres du tissu social et d'autre part, la réappropriation des ressorts de l'historicité.

Il apparaît donc que la philosophie politique de la renaissance africaine se présente dans la forme d'une philosophie politique de refondation du tissu social comme tissu à nouveau propice à l'historicité. Cette philosophie politique à vocation à se traduire dans la pratique dans la forme de deux politiques sectorielles. D'une part, une politique sectorielle d'assainissement des aspects insalubres du tissu social. D'autre part, une politique sectorielle de réappropriation des ressorts de l'historicité. C'est cette politique de refondation du tissu social qui permet la relance historique d'un peuple et doit par conséquent faire office de politique de renaissance historique.

---

378 Ces ressorts sont : l'appareil d'Etat, l'appareil économique de transformation et de production, le système éducatif, le discours historique sur sa propre trajectoire historique, la maîtrise des sciences et des techniques, de la médecine instrumentale, etc.

379 Il s'agit de la prolifération de l'arbitraire politique, de la ruralisation du mode vie, du retour des superstitions, des réflexes de subordination culturelle, épistémologique et politique vis-à-vis de l'étranger, etc..

B) La confirmation des termes de la philosophie politique de la renaissance africaine par l'histoire comparée

L'histoire comparée confirme cette analyse. Regardons en effet ce qui s'est passé en Europe entre l'époque médiévale et l'époque moderne. Après la chute de l'Empire romain, l'Europe connaît un processus de régression historique qui culmine au haut moyen âge. Elle ne parviendra à reprendre le train du progrès historique que par la voie d'une orientation nouvelle du mouvement de son histoire que l'on désigne en sciences sociales sous le concept de renaissance européenne. Pour prendre le contrepied du tissu social rétrograde du moyen âge, les partisans d'une Europe moderne ont refondé leur tissu social comme tissu à nouveau propice à l'historicité. Cela s'est traduit par une refondation de l'Etat (on est passé de la monarchie à la république), du système économique (on est passé du monopole des métiers par des corporations à la liberté du commerce et de l'industrie), du système éducatif (on est passé d'un système d'obédience religieux à un système d'obédience laïque), du régime politique (on est passé d'un régime confusion des pouvoirs à un régime de séparation des pouvoirs), de la culture intellectuelle (on est passé d'une culture intellectuelle scolastique et théologique à une culture intellectuelle philosophique et scientifique), de la culture en matière de recherche (on est passé d'une science empirique à une science expérimentale), etc..

Telle est donc la logique de changement social qui doit véhiculer les politiques de la renaissance africaine. A savoir une logique de refondation du tissu social comme tissu à nouveau propice à l'historicité. De ce point de vue la renaissance africaine comme projet d'une renaissance historique des sociétés africaines vise un objectif singulier. A savoir, la renaissance du tissu social africain comme tissu à nouveau propice à la créativité, à l'invention et à l'innovation afin de restituer aux peuples africains la capacité de produire par eux-mêmes les conditions matérielles et immatérielles de leur propre existence à partir du génie créateur de leur patrimoine culturel. C'est par ce projet que les peuples africains pourront inscrire dans le réel l'impératif d'une renaissance des sociétés africaines comme espaces d'initiative politique, économique, culturelle, spirituelle dans une perspective d'autonomie des normes, des valeurs, des priorités et des intérêts qui doivent présider à l'action de la conscience politique africaine. Il faut donc entendre par philosophie politique de la renaissance africaine une philosophie politique qui se décline dans la forme d'une philosophie politique de refondation du tissu social africain comme tissu à nouveau propice à l'historicité par le moyen de deux politiques sectorielles : une politique d'assainissement du tissu social et une politique de réappropriation des ressorts de l'historicité.

C) Clarification d'un concept et de sa philosophie politique

Au terme de cette analyse sur la clarification du concept de la renaissance africaine nous retiendrons comme définition rationnelle de la renaissance africaine la définition suivante. Par renaissance africaine il faut entendre un projet de renaissance historique des sociétés africaines. Autrement dit il s'agit d'un projet de reconquête de l'initiative historique par le moyen d'une politique de refondation du tissu social africain comme tissu à nouveau propice à l'historicité c.-à-d. à la créativité, à l'invention et à l'innovation. L'objectif de ce projet est de conduire les peuples africains à s'affirmer à nouveau dans l'histoire comme des agents historiques c.-à-d. comme des peuples capables de produire par eux-mêmes les conditions matérielles et immatérielles de leur propre existence à partir du génie culturel de leur patrimoine historique. En d'autres termes il s'agit fondamentalement d'un projet de ré-appropriation de l'esprit de créativité, d'invention et d'innovation en Afrique pour refonder le tissu social comme tissu à nouveau propice à l'historicité.

De ce point de vue, la renaissance africaine apparaît comme une autre manière de penser et de poser les problèmes africains, une autre manière de penser et de poser la question du devenir moderne de l'Afrique. Cette nouvelle manière de penser et de poser les problèmes africains invite à interpréter la condition actuelle des peuples africains non pas comme l'expression d'un retard historique, mais comme l'expression d'un processus de régression historique. Elle invite à poser la question du devenir moderne de l'Afrique non pas en terme de rattrapage historique, mais en terme de refondation du tissu social africain comme tissu à nouveau propice à la créativité, à l'invention et à l'innovation. Elle invite à poser la question de l'organisation de nos sociétés non pas en terme de mimétisme (imitation d'un modèle), mais en terme de créativité (invention de nos modèles). Elle invite à poser la question du financement de nos projets non pas en terme d'Aide international, mais en terme d'épargne et d'investissement locaux.

Il nous appartient maintenant à partir de cette clarification du concept de la renaissance africaine de mettre en perspective les éléments à même d'élever ce concept au rang d'un paradigme à part entière des voies et moyens de la modernité en Afrique post-coloniale.

CHAPITRE 3

Un paradigme à part entière : les éléments constitutifs du paradigme de la renaissance africaine

Au regard de sa définition rationnelle, le concept de renaissance africaine peut être élevé au rang d'un paradigme à part entière du devenir moderne des sociétés africaines post-coloniales. Mais pour ce faire il doit présenter par ses éléments constitutifs le profil d'une vision qui fait consensus. Nous présentons ici précisément divers éléments constitutifs de ce paradigme. Il s'agit d'éléments à partir desquels peut naître un consensus qui élèvera le concept de renaissance africaine au rang d'un paradigme à part entière du devenir moderne des sociétés africaines post-coloniales.

Ces éléments constitutifs sont les suivants : une épistémologie, une perspective de progrès historique, un modèle d'Homo Novus, une définition objective et commune. La cohésion qui existe entre ces quatre éléments constitutifs donne au concept de la renaissance africaine la configuration d'un paradigme à part entière des voies et moyens d'un futur africain moderne.

SECTION 1. UNE ÉPISTÉMOLOGIE FONDATRICE

Le concept d'épistémologie est composé du grec épistémê qui veut dire une connaissance vraie et de logos qui veut dire discours. Ce concept fait l'objet de définitions différentes d'un auteur à l'autre. Il convient de définir ce concept de la manière la plus logique. A savoir, la définir d'une part comme le discours sur le réel tel qu'il dérive d'une connaissance vraie et d'autre part comme le discours qui porte évaluation critique d'une connaissance vraie.

De ce point de vue on entendra ici par épistémologie de la renaissance africaine tout ce qui concourt à donner une assise scientifique au paradigme de la renaissance africaine. Cette épistémologie est constituée par un historique, une problématique, une base scientifique, un corpus de connaissances heuristique et un universalisme.

A) Un historique : l'aspiration des populations africaines et d'ascendance africaine à sortir de la séquence rétrograde du mouvement de leur histoire

Le concept de la renaissance africaine a été construit par analogie avec le concept de renaissance européenne. D'un point de vue chronologique, l'idée d'une renaissance africaine apparaît dans la littérature en sciences sociales dès le 19e siècle lorsque des intellectuels afro-descendants s'interrogent sur les perspectives de la modernité en Afrique selon une logique de renaissance historique[380]. Selon une logique de renaissance historique, car ces intellectuels comparent la colonisation à une période d'obscurantisme analogue à celle que fut le moyen âge européen au regard des penseurs modernes. Ils adoptent alors le concept de renaissance africaine pour évoquer leur aspiration politique à voir les sociétés africaines s'affranchir de l'obscurantisme colonial et renouer avec la dynamique universelle de civilisation à laquelle ces sociétés avaient toujours participé avant la nuit coloniale.

Deux grandes visions de la renaissance africaine vont être alors formulées. Celle de James africanus Boyle Horton qui inscrit la renaissance africaine dans une perspective d'assimilation[381]. Et celle de E.W.Blyden qui inscrit la renaissance africaine dans une perspective d'autonomie[382]. Blyden rejette la perspective d'une modernité en Afrique par la voie de l'assimilation à la culture occidentale. Il prône une appropriation africaine de la modernité à partir du génie créateur du patrimoine culturel africain. Les théories de Blyden et de Boyle Horton vont féconder la réflexion et l'action des intellectuels africains et afro-descendants qui se positionneront au début du XXe siècle contre l'oppression raciale, la discrimination politique et la colonisation. Si certains d'entre eux élaborent des doctrines en phase avec l'urgence des évènements (pan-négrisme, pan-africanisme, african personality, négritude, etc.), d'autres en revanche prolongent la réflexion de Blyden et de Boyle Horton sur la problématique d'une renaissance historique des sociétés africaines. C'est le cas de P.K Isaka Seme[383], de Nnamdi Azikiwe[384]. Et de Cheikh Anta Diop[385].

---

[380] Lire : P.OLOSAN WUCHE ESEDEBE, Pan-africanisme, the Idea and movement, 1776-1991, second édition, Howard University Press, 1994 ; Babacar Buuba Diop, La renaissance africaine : élaboration et réaménagement, in WWW.ieps-cipsao.org ; Pathé DIAGNE, renaissance et problèmes culturels en Afrique, in Introduction à la culture africaine, Unesco1977.

[381] James Africanus BOYLE HORTON, West african countries and peoples…A Vindication of the African race, 1868

[382] E.W.BLYDEN, Christianity, Islam and the negro race, London, 1880

[383] P.K Isaka SEME, Regeneration of Africa, discours prononcé à Columbia University en 1906)

[384] Nnamdi AZIKIWE, Renascent Africa, 1937

[385] Cheikh Anta DIOP, Quand pourra-t-on parler d'une renaissance africaine ?in Le musée vivant, n°spécial 36-37, paris, novembre 1948

En fait les théories de Blyden et de Boyle Horton vont féconder toute la réflexion intellectuelle africaine du 20e siècle. Un grand nombre des controverses qui opposeront les penseurs africains du XXe siècle puisent leurs racines dans l'opposition des perspectives entre Blyden et Boyle Horton : Diop/Senghor, Nkrumah/Houphouet-Boigny, panafricanisme/marxisme, partisans de l'égalité politique/partisans de l'indépendance politique, etc.... Ces controverses ne sont que la prolongation sur d'autres terrains de la controverse originaire entre Blyden et Boyle Horton.

Il convient d'observer que c'est avec Cheikh Anta Diop que la réflexion sur la renaissance africaine accomplit un saut qualitatif. Il élève cette réflexion au rang d'une réflexion scientifique opératoire. D'abord en mettant au jour les critères rationnels d'une renaissance africaine effective[386]. Ensuite en mettant en chantier un ensemble de travaux qui valident sur le plan de la science historique l'idée même d'une renaissance africaine. Enfin en mettant en perspective le contenu opérationnel du paradigme de la renaissance africaine en termes de politiques concrètes : c'est le cas de l'ouvrage dans lequel il expose un véritable programme de gouvernement et un plan complet d'industrialisation du continent africain région par région[387]. Avec Cheikh Anta Diop le concept de renaissance africaine cesse de renvoyer à une perspective d'émancipation de l'obscurantisme colonial pour s'élever au rang d'une perspective de configuration des sociétés africaines comme sociétés modernes.

Paradoxalement, à partir des indépendances politiques des années 60, le concept de la renaissance africaine disparaît au sein du discours politique, académique et médiatique. Il est en fait marginalisé par les tenants et aboutissants du conflit Est-Ouest. De 1950 aux années 80 l'axiologie de la guerre froide en effct favorise au sein des sciences sociales et des instances politiques l'hégémonie du concept de développement comme paradigme des politiques à mettre en œuvre pour donner aux sociétés du tiers-monde une configuration moderne. Cette axiologie met en quarantaine l'œuvre qui avait su dès les années 50 donner au paradigme de la renaissance africaine une assise scientifique et opératoire. A savoir l'œuvre de Cheikh Anta Diop. Il faudra attendre les années 90 pour qu'à la faveur de la fin du conflit Est-Ouest et de l'abolition du régime de l'Apartheid, Nelson Mandela et Thabo Mbéki ramènent le concept de la renaissance africaine sur le devant de la scène politique. On verra alors le gouvernement sud-africain post-apartheid s'approprier le concept de la renaissance africaine comme terme de référence de sa politique internationale, nationale et régionale.

Dans le sillage du discours de Thabo Mbeki on verra éclore toute une littérature relative à la renaissance africaine. Mais cette littérature post-

---

386 C'est l'objet de son article de 1948 intitulé Quand pourra-t-on parler d'une renaissance africaine ? in revue Le Musée Vivant n° spécial 36-37, novembre 1948, Paris, 57-6.

387 Cheikh Anta DIOP, Les fondements économiques et culturels d'un Etat fédéral d'Afrique noire, Présence Africaine, 1974

guerre froide relative à la renaissance africaine ne va pas sans être paradoxale. Elle donne à voir plusieurs visions contradictoires du projet de la renaissance africaine. Il s'agit pour l'essentiel d'une vision religieuse, d'une vision politique, d'une vision idéologique et d'une vision culturelle.

Au delà de ces visions contradictoires, il apparaît que dans le contexte des années 2000, le concept de la renaissance africaine exerce une forte attractivité auprès de la jeunesse africaine. Il scintille dans son imaginaire comme l'expression de ses aspirations aux libertés publiques, à la santé publique, à la prospérité matérielle et à la promotion des sciences et des techniques. De ce point de vue, le concept de la renaissance africaine exprime l'aspiration des populations africaines à faire échec au mouvement rétrograde de l'histoire africaine post-coloniale. A l'échelle des Etats, cette aspiration s'est traduite par la création d'un Programme intergouvernemental (NEPAD) chargé de réaliser les objectifs de la renaissance africaine tel que l'entend Thabo Mbéki. Tel est à ce jour ce qu'on peut considérer comme l'historique du concept de la renaisssance africaine.

B) Une problématique : renouer avec une posture de créativité

Le concept de renaissance africaine a été formé par analogie avec le concept de renaissance européenne. Or en sciences politiques le concept de renaissance européenne fait écho à un phénomène qui s'est déroulé en Europe entre l'époque médiévale et l'époque moderne : la renaissance historique de l'Europe. Ce phénomène a pris naissance dans le contexte d'une société confronté à une problématique de créativité, d'invention et d'innovation pour produire les conditions matérielles et immatérielles de sa propre existence. C'est dire donc que la renaissance historique fait écho à une problématique générale de créativité. C'est ce que confirme l'analyse du phénomène de la renaissance historique en Europe.

Il convient de rappeler en effet qu'en Europe, le mot renaissance est employé pour la première fois au XVIe siècle par Giorgio Vasari, père fondateur de l'histoire de l'art des temps modernes, dans le célèbre recueil ''Vies des plus célèbres peintres, sculpteurs et architectes''. Il utilise ce mot pour évoquer le courant artistique apparu en Italie deux siècles plus tôt. La renaissance artistique s'épanouit sur près de trois siècles, en trois périodes successives : le trecento (XIVe siècle), le Quattrocento (XVe siècle) et le Cinquecento (XVIe siècle). Dans son ouvrage, Giorgio Vassari parle de trois âges : celui des précurseurs, Cimabue et Giotto, celui des initiateurs, Masaccio, Brunelles et Donatello, et enfin celui des maîtres accomplis, Bramante, Vinci, Raphael et Michel-Ange, qui selon Vassari sont ceux qui égalent et même dépassent les artistes de l'antiquité.

En fait, Vassari recourt au terme de renaissance pour établir une périodisation de l'histoire de l'Art en Europe. Il recourt au concept de renaissance pour désigner une période qui atteste dans le domaine de l'Art d'une césure avec la période antérieure en termes de créativité et d'une réappropriation de l'esprit de créativité de la période antique. Nous retrouvons donc bel et bien ici la problématique de créativité inhérente à la renaissance historique. Lorsque plus tard au 19e siècle Michelet et Burckard s'approprient à leur tour le concept de renaissance pour l'étendre à l'ensemble d'une civilisation, ce sera pour désigner une période qui selon eux est déterminante en terme de césure pour le développement et le progrès de la civilisation occidentale. Ce sera donc encore une fois dans une démarche de périodisation de l'histoire pour distinguer une période qui se caractérise par une créativité en rupture avec la période antérieure[388].

Sur le plan factuel, la période au cours de laquelle s'amorce la renaissance historique de l'Europe (15e et 17e siècles) se manifeste bel et bien par une dynamique de créativité, d'invention et d'innovation qui va conduire l'Europe à produire par elle-même les conditions matérielles et immatérielles de sa propre existence. On peut citer : la naissance d'une identité européenne consécutive à la libération de la péninsule ibérique jusque-là dominée par les arabo-musulmans, la diffusion de la connaissance en dehors du cercle des clercs grâce à l'invention de l'imprimerie, la traduction de la bible dans les langues autochtones, la promotion et la normalisation des langues nationales, le retour aux éléments heuristiques du patrimoine de l'antiquité gréco-romaine, le changement dans la représentation du monde grâce aux avancées de la science astronomique (Copernic), aux découvertes maritimes et aux nouvelles techniques de navigation, le renouveau dans les arts, l'architecture et les lettres, le renouveau des techniques (imprimerie, horloge mécanique, textile, travail des métaux, cartographie, techniques de navigation), les innovations militaires (arquebuse, pistolet, fusil), la réforme religieuse, etc.

La problématique inhérente à un processus de renaissance historique renvoie donc bel et bien à une problématique spécifique. A savoir : renouer avec une posture de créativité dans les domaines qui ont vocation à être investis par un peuple qui aspire à produire par lui-même les conditions matérielles et immatérielles de sa propre existence. C'est la raison pour laquelle, le phénomène de la renaissance historique se traduit pour l'essentiel par un mouvement général de créativité dans les domaines politique, économique, scientifique, technologique, en vue d'apporter une réponse à chacun des défis auxquels est confrontée une société, qui a connu une séquence de régression historique. Une telle créativité, est l'indice objectif qui atteste que cette société s'est réapproprié sa capacité à pouvoir produire à nouveau les conditions matérielles et immatérielles de sa propre existence.

[388] Le terme "Renaissance" sera utilisé en 1855 par l'historien Jules Michelet (1798-1874) pour évoquer la "découverte du monde et de l'Homme" au XVIe siècle. Jakob Burckhardt (1818- 1897), historien suisse, élargit la notion de Renaissance en 1860 dans son ouvrage "Civilisation de l'Italie au temps de la Renaissance" (1860), pour en faire le début de l'humanisme et de la conscience moderne.

C'est ce qui s'est passé en Europe entre l'époque médiévale et l'époque moderne. On comprend dès lors pourquoi les personnes qui ont forgé le concept de renaissance africaine l'ont forgé par analogie avec le concept de renaissance européenne. La raison de cette analogie est qu'ils entendaient forger un concept qui véhicule l'idée d'un processus de renaissance historique des sociétés africaines. De ce point de vue le concept de renaissance africaine véhicule une problématique singulière : celle d'un impératif de créativité, d'invention et d'innovation au sein des sociétés africaines post-coloniales. Il s'agit du défi de créativité, d'invention et d'innovation qu'imposent aux peuples africains leurs conditions contemporaines de vie.

C) Une base scientifique : une dynamique de progrès et de régression historique

D'un point de vue épistémologique, le concept de la renaissance africaine n'est pas un concept suspendu en l'air. Il repose sur une assise historique qui lui donne une légitimité scientifique et invite à le définir comme un projet de renaissance historique. C'est ce qui ressort de l'analyse des facteurs qui obligent à poser la problématique des sociétés africaines post-coloniale dans les termes d'une problématique de renaissance historique.

Fabien Eboussi Boulaga est une des rares personnes à s'être interrogée sur la renaissance africaine en se posant la question préalable de ce que signifie un processus de renaissance. Il écrit : « Tout processus de renaissance, présuppose un cataclysme. Tout horizon de reconstruction dont la renaissance est l'élan créatif s'enracine dans l'expérience d'une catastrophe »[389]. L'analyse de la notion de processus de la renaissance du point de vue de la science historique confirme le propos du professeur Fabien Eboussi Boulaga. En effet, lorsqu'il s'applique à une société ou un groupe de société le concept de renaissance s'entend de la renaissance historique d'une société. Comme processus, la renaissance historique suppose donc l'existence d'une période antérieure de progrès qui finit par basculer dans une dynamique de déclin dont on cherche à prendre le contrepied par une dynamique de renaissance historique. Autrement dit, tout processus de renaissance historique s'enracine donc non pas dans une expérience de retard historique, mais dans une expérience de déclin historique. C'est ce que veut dire le professeur Fabien Eboussi Boulaga lorsqu'il dit que « Tout processus de renaissance, présuppose un cataclysme. Tout horizon de reconstruction dont la renaissance est l'élan créatif s'enracine dans l'expérience d'une catastrophe ». Cela signifie donc que la renaissance africaine comme processus de renaissance historique suppose que l'histoire africaine atteste d'une séquence antérieure de progrès

[389] Cité par Ka mana

historique auquel aurait succédé une séquence de régression historique dont les Africains chercheraient justement à prendre le contrepied par une dynamique de renaissance historique.

Concernant l'Afrique sub-saharienne Cheikh Anta Diop a su mettre en perspective la séquence au cours de laquelle l'histoire africaine atteste d'une dynamique de progrès historique. Il s'agit de la période qui court depuis -50.000 ans av. J.-C. à 1500 apr. J.-C.. Toute la littérature scientifique atteste aujourd'hui la validité scientifique de cette vision de l'histoire africaine. Diop a su aussi identifier l'expérience de déclin dans laquelle s'enracine le projet de la renaissance africaine. Il s'agit d'un processus de régression historique subie par les peuples africains à partir du 17e siècle et consécutif à l'impact de quatre siècles de violences géopolitiques en terre africaine. C'est cet enracinement du projet de la renaissance africaine dans une expérience de déclin historique qui donne à l'idée de renaissance historique des sociétés africaines une assise épistémologique. C'est cet enracinement qui explique que les personnes qui ont créé ce concept au 19e siècle l'aient créé par analogie avec le concept de renaissance européenne.

D) Un corpus de connaissances heuristique

Au regard de l'épistémologie sur lequel il repose, le paradigme de la renaissance africaine renvoie à un patrimoine historique qui se présente à l'analyse dans la forme d'un corpus de connaissances. Il s'agit d'un corpus philosophique, politique, économique, technique et scientifique issu de l'expérience historique des peuples africains depuis le néolithique jusqu'au 16 émé siècle apJ.-C...

La question se pose donc de savoir quels sont les atouts heuristiques de ce corpus de connaissances sur diverses questions qui déterminent le devenir moderne des sociétés africaines. Autrement dit, quelles sont les leçons heuristiques que ce patrimoine fourni dans l'art de l'organisation des sociétés comme espace de libertés publiques, de prospérité matérielle, de responsabilité politique, de promotion des sciences et des techniques.

Il apparaît que le patrimoine historique africain se présente à l'analyse comme constitutif d'un véritable patrimoine épistémologique et institutionnel à même de donner des leçons heuristique dans l'art de l'organisation des sociétés. Ce patrimoine constitue un matériau heuristique à partir duquel les sociétés africaines peuvent créer, inventer et innover afin de s'organiser et s'inventer à nouveau comme pôles d'initiative politique, économique, technique, scientifique et spirituel. De ce point de vue ce patrimoine constitue un véritable gisement de créativité pour la renaissance africaine. Il faut lire sur ce sujet le livre remarquable de Pathé Diagne sur l'Euro-philosophie aux Editions Sankoré.

Ce patrimoine fournit des leçons heuristiques dans l'art de l'organisation et du fonctionnement des sociétés A partir de ces leçons nous autres africains pouvons faire œuvre de créativité pour imaginer et inventer des solutions qui apportent des réponses efficaces à nos problèmes contemporains afin que le 21 siècle ne soient pas encore pour nos peuples un siècle d'adversité.

E) Un universalisme : la convergence définitionnelle avec les expériences antérieures de renaissance historique

La définition rationnelle de la renaissance africaine coïncide-t-elle avec les expériences de renaissance historique qui ont eu cours çà et là tout au long de l'histoire de l'humanité. D'autres peuples, en d'autres temps ont fait en effet l'expérience d'une dynamique de renaissance historique. Il s'agit notamment des séquences de renaissance historique en Egypte pharaonique et en Europe post-médiéval. Dans quel sens ces peuples ont-ils interprété leur processus de renaissance historique ? Dans quelle mesure le processus de renaissance historique de ces sociétés converge-t-il avec la définition rationnelle de la renaissance africaine ?

1°) La conception européenne de la renaissance historique

Prenons d'abord en considération la conception européenne de la renaissance historique. Généralement la renaissance européenne est perçue dans l'imaginaire collectif comme une renaissance de l'esprit critique hérité de l'antiquité gréco-romaine qui aurait permis à l'Europe de s'émanciper de l'obscurantisme du moyen âge. La vision rétrograde du moyen âge que véhicule cette vision de la renaissance européenne a été critiquée par certains historiens comme une vision qui occulte la dynamique d'inventivité qui selon eux était déjà présente au moyen âge. Il n'en demeure pas moins qu'au-delà de cette critique tous les historiens européens s'accordent pour voir dans la renaissance européenne une renaissance de l'esprit critique de l'antiquité gréco-romaine qui a permit de passer de la civilisation médiévale à la civilisation moderne.

Le philosophe Ernst Bloch met en garde contre cette interprétation de la renaissance européenne. Il considère qu'il s'agit d'une interprétation restrictive. Dans son étude sur la philosophie de la renaissance[390] Ernst Bloch montre qu'il faut voir dans la Renaissance Européenne non pas seulement la renaissance de l'esprit critique de l'antiquité, mais surtout la naissance d'un homme nouveau et d'une société nouvelle. Il écrit : « Le sujet de notre étude est un renouveau comme l'humanité n'en avait pas encore connu : l'ascension, pleine de fraîcheur, d'une classe nouvelle, une renaissance. Mais cette renaissance n'était pas la réapparition d'une chose passée, de l'antiquité, selon une interprétation fort répandue ; c'était la naissance de quelque chose qui n'avait jamais encore été conçu par l'homme, l'apparition de figures qu'on n'avait jamais vues sur terre. Elles

---

[390] Erst BLOCH, La philosophie de la Renaissance, Paris, Payot, 1994

surgirent et accomplirent leur œuvre ; c'était un printemps, un nouveau départ »[391].

Nouveau départ. Tel est l'expression qui permet le mieux de comprendre ce qu'est un processus de renaissance historique. Concernant l'Europe, ce nouveau départ a été celui d'un homme à nouveau capable d'une créativité émancipatrice, à nouveau capable d'une action en retour sur son milieu pour créer les conditions matérielles et immatérielles de sa propre existence. De ce point de vue la renaissance européenne s'analyse bel et bien comme un processus de réapproporiation par les peuples européens de l'historicité c.-à-d. de leur aptitude à produire les conditions matérielles et immatérielles de leur propre existence à partir du génie créateur de leur patrimoine culturel.

2°) La conception pharaonique de la renaissance historique

Prenons ensuite en considération la conception pharaonique de la renaissance historique. C'est celle dont rend compte le concept hiéroglyphique de uhemmesut. Ce concept est généralement traduit par l'idée de renouvellement des naissances. Il s'agit là d'une traduction approximative. En écriture hiéroglyphique ce concept s'écrit avec la graphie d'une femme en posture d'enfantement. Or si l'on projette cette graphie sur la société elle ne saurait avoir d'autre rôle que celui de signifier le processus de la renaissance historique comme l'acte par lequel une société engendre à nouveau. Et puisqu'il s'agit d'un nouvel enfantement sociétal cela signifie que l'Uhemmesut est un processus par lequel une société s'engendre (ou s'enfante) à nouveau comme société d'innovation, de libertés, de prospérité et de spiritualité. Ce concept d'uhemmesut traduit par conséquent un acte de nouvel enfantement au sens d'une naissance nouvelle de la société à l'historicité c.-à-d. à l'innovation, à la prospérité, à la souveraineté nationale, etc..... Cela rejoint l'idée du nouveau départ par lequel Ernst Bloch rend compte de la spécificité de ce qu'est un processus de renaissance historique.

Le penseur pharaonique emploie aussi une autre expression pour exprimer cette idée d'un nouveau départ. Il parle de la première fois. Il utilise l'expression "la première fois" lorsqu'il veut évoquer la singularité de tout un acte fondateur, de tout acte d'innovation. La première fois évoque la singularité de ce nouveau départ au cours duquel l'homme atteste à nouveau de sa capacité à une créativité émancipatrice, sa capacité à orchestrer une action en retour sur son milieu pour créer les conditions matérielles et immatérielles de sa propre existence. La singularité de cette séquence où l'homme s'engendre à nouveau comme acteur capable d'une créativité émancipatrice.

Lorsque le penseur pharaonique parle de uhemmesut à propos du nouvel empire qui succède à la séquence de déclin que constitua la première période intermédiaire c'est cela qu'il veut dire. Il exprime par là cette idée du

---

[391] Erst BLOCH, La philosophie de la Renaissance, Paris, Payot, 1994

nouveau départ, celui de l'homme à nouveau capable de créativité émancipatrice, celui de l'homme à nouveau civilisateur, capable d'une action en retour sur son milieu pour créer les conditions matérielles et immatérielles de sa propre existence. De ce point de vue les séquences de renaissance historique en Egypte ancienne s'analysent bel et bien comme un processus de réappropriation par le peuple de l'Egypte de l'historicité c.-à-d. de son aptitude à produire les conditions matérielles et immatérielles de sa propre existence à partir du génie créateur de son patrimoine culturel.

3°) La convergence définitionnelle

Du point de vue de sa définition rationnelle, la renaissance africaine ne saurait être synonyme d'un réveil de l'Afrique qui interviendrait après une période de léthargie. Elle ne saurait encore moins être synonyme d'une reproduction des figures du passé ou d'un projet de développement orchestré par les Africains eux-mêmes. Il s'agit fondamentalement d'un projet d'expérimentation nouvelle de l'historicité. Certes ce projet n'évacue pas le passé. Mais il ne convoque le passé qu'à deux titres. D'abord au titre des éléments du passé qui conservent une tonalité moderne c.-à-d. une aptitude à apporter une réponse efficace à la solution des problèmes nouveaux que nous affrontons. Ensuite au titre des leçons heuristiques que notre expérience passée peut nous donner en matière d'organisation des sociétés sur la base de critères d'efficience, d'émancipation et de rationalité. En un mot un projet de renaissance historique n'intègre le passé que comme ressort. Il s'agit de s'appuyer sur le passé comme ressort de créativité tant il est vrai que l'on ne peut pas créer ex nihilo. Il ne s'agit donc pas de reproduire le passé, car en reproduisant le passé on ne fait pas œuvre de créativité au regard de l'originalité des problèmes du temps présent. Il s'agit simplement d'identifier ce qui dans les éléments du passé conserve une tonalité moderne c.-à-d. véhicule une charge heuristique ou opératoire au regard de l'originalité des problèmes du temps présent.

Il apparaît ici que la définition rationnelle de la renaissance africaine converge avec l'expérience européenne et pharaonique de la renaissance historique. Il s'agit bel et bien du processus d'un nouvel enfantement (uhemmesut) sur la terre africaine d'un homme à nouveau capable d'une créativité émancipatrice, à nouveau capable d'une action civilisatrice, à nouveau capable d'une action en retour sur son milieu pour créer les conditions matérielles et immatérielles de sa propre existence.

Le discours des sciences sociales, celui de Cheikh Anta Diop, celui de Ernst Boch et celui du penseur pharaonique convergent donc pour nous faire entendre que par renaissance africaine il nous faut entendre le projet d'une reconquête de l'initiative historique par les peuples africains au sens d'une reconquête de la capacité des peuples africains à anticiper, entreprendre, inventer, créer et innover dans le but de produire par eux-mêmes les conditions matérielles et immatérielles de leur propre existence à partir du génie créateur de leur patrimoine culturel. Cette renaissance est donc synonyme d'un nouvel enfantement (uhemmesut) de ce géant africain créateur de civilisation qui de la préhistoire jusqu'au 16e siècle avait su faire preuve en Afrique de sa capacité à créer les conditions matérielles et immatérielles de sa propre existence. C'est ce même géant créateur de civilisation qui aujourd'hui se retrouve enchaîné dans l'étau de sa gangue pathologique post-coloniale, dans l'étau de son imaginaire pathologique post-colonial. Mais ce géant une fois libéré de sa gangue pathologique post-colonial devra pour être efficace avoir une connaissance exacte de l'étendue du projet de la renaissance africaine afin de savoir comment ajuster son action.

SECTION 2. UNE PERSPECTIVE DE PROGRÈS HISTORIQUE : LA RENAISSANCE HISTORIQUE

Du point de vue de sa définition rationnelle le concept de renaissance africaine véhicule une perspective de progrès historique. A savoir le progrès historique par une dynamique de renaissance historique. Il importe donc de connaître les aspects de cette dynamique.

A) La renaissance historique du point de vue de la science politique : une orientation à nouveau socio-linéaire du mouvement de l'histoire

En sciences politiques, le concept de renaissance historique est le concept qui sert à désigner un phénomène qui se traduit dans la forme d'un processus par lequel un peuple qui a connu une séquence de régression historique parvient à reconquérir l'initiative historique[392] et partant, à refonder (reconfigurer) son tissu social comme tissu à nouveau propice à l'historicité. Il s'agit donc d'un phénomène qui se présente à l'analyse dans la forme d'une orientation à nouveau socio-linéaire du mouvement de l'histoire d'un pays. Cette orientation vient prendre le contrepied d'une dynamique rétrograde du mouvement de l'histoire de ce pays.

Comme tel, en sciences politiques le concept de renaissance historique fait écho à un phénomène qui s'est déroulé en Europe entre l'époque médiévale et l'époque moderne : la renaissance historique de l'Europe. Il s'est agi d'une orientation nouvelle du mouvement de l'histoire en Europe. Nouvelle en ce sens qu'elle venait prendre le contrepied d'une orientation antérieure (la période du haut moyen âge) qui s'analyse dans les termes d'une régression historique.

C'est pourquoi, du point de vue de la science politique la notion de renaissance historique ne peut servir pour désigner n'importe quelle

[392] Par initiative historique il faut entendre la capacité à concevoir, anticiper, entreprendre, inventer, créer et innover à partir du génie créateur de son patrimoine culturel

orientation du mouvement de l'histoire. Par exemple, il ne saurait être utilisé pour désigner le processus par lequel un peuple qui accuse un retard historique parvient à se hisser dans le train du progrès historique par une politique de rattrapage historique. Dans ce cas il est approprié de parler de processus de développement. La notion de renaissance historique est utilisée de manière appropriée lorsque l'on cherche à désigner le processus par lequel un peuple qui a fait l'expérience d'une séquence de régression historique parvient à reprendre les rênes de sa propre histoire et d'une histoire socio-linéaire par une politique de refondation de son tissu social comme tissu à nouveau propice à l'historicité.

Les raisons pour lesquelles un processus de renaissance historique passe par la mise en œuvre d'une politique de refondation du tissu social et non pas par une politique de rattrapage historique tiennent à la nature de l'impact que produit tout processus de régression historique. Lorsqu'une société subie un processus de régression historique, cette régression se traduit par deux phénomènes : d'une part une perte de la maîtrise des ressorts de l'historicité[393], d'autre part, une insalubrité du tissu social[394]. La conséquence essentielle d'un processus de régression historique est que le peuple concerné perd sa capacité à l'initiative historique c.-à-d. sa capacité à concevoir, anticiper, entreprendre, inventer, créer et innover à partir du génie créateur de son patrimoine culturel. Son tissu social perd alors toute aptitude à l'historicité c.-à-d. toute aptitude à opérer comme le support à partir duquel un peuple parvient à produire par lui-même les conditions matérielles et immatérielles de sa propre existence. Cette société se retrouve donc de ce fait affublée d'un tissu social insalubre, d'un tissu social handicapant, d'un tissu social rétrograde, d'un tissu social désormais non propice à l'historicité. C'est pourquoi le peuple concerné ne peut à nouveau reprendre le train du progrès historique, que par une politique de refondation (reconfiguration) de son tissu social comme tissu à nouveau propice à l'historicité. Une telle politique vise précisément d'une part à restituer au peuple concerné sa capacité à l'initiative historique[395] et d'autre part à restituer au tissu social son aptitude à l'historicité[396]. C'est cette politique de refondation (reconfiguration) du tissu social qui permet la renaissance historique d'un peuple et fait par conséquent office de politique de renaissance historique.

---

[393] Ces ressorts sont : l'appareil d'Etat, l'appareil économique de transformation et de production, le système éducatif, le discours historique sur sa propre trajectoire historique, la maîtrise des sciences et des techniques, de la médecine instrumentale, etc.

[394] Il s'agit de la prolifération de l'arbitraire politique, de la ruralisation du mode vie, du retour des superstitions, des réflexes de subordination culturelle, épistémologique et politique vis-à-vis de l'étranger, etc..

[395] c'est ce qu'on appelle une reconquête de l'initiative historique : capacité à concevoir, anticiper, entreprendre, inventer, créer et innover à partir du génie créateur de son patrimoine culturel

[396] C.-à-d. à opérer comme le support à partir duquel un peuple parvient à produire par lui-même les conditions matérielles et immatérielles de sa propre existence.

Voilà pourquoi à partir de la science politique, il apparaît que par renaissance historique on doit entendre le processus par lequel un peuple qui a connu une séquence de régression historique parvient à reprendre les rênes de sa propre histoire et d'une histoire socio-linéaire par une politique de refondation de son tissu social comme tissu social à nouveau propice à l'historicité. Autrement dit, un tissu social qui redonne à ce peuple la capacité de produire par lui-même les conditions matérielles et immatérielles de sa propre existence. C'est dire donc que le phénomène de la renaissance historique se réalise dans le cadre d'une ambiance générale de créativité. Il se traduit pour l'essentiel par un processus général de créativité dans les domaines politique, économique, scientifique, technologique, etc. en vue d'apporter une réponse à chacun des défis auxquels est confrontée une société, qui a connu une séquence de régression historique. Par une telle créativité, cette société atteste d'une réappropriation de sa capacité à pouvoir produire à nouveau les conditions matérielles et immatérielles de sa propre existence. De ce point de vue, renaître pour une société c'est renouer avec une posture de créativité dans les domaines qui ont vocation à être investis par un peuple qui aspire à produire par lui-même les conditions matérielles et immatérielles de sa propre existence. Renaître pour une société c'est en somme se réapproprier une posture de créativité que des circonstances historiques particulières lui ont fait perdre au cours de sa trajectoire historique dans les domaines qui ont vocation à être investi par un peuple qui aspire à produire par lui-même les conditions matérielles et immatérielles de sa propre existence.

Il importe de noter que cette réappropriation d'une posture de créativité ne se fait pas ex nihilo. Elle se fait à partir d'un levier : le génie culturel, le génie créateur du patrimoine culturel. Mais il s'agit non pas du génie créateur de la culture d'autrui, mais du génie créateur de la culture du peuple concerné. C'est pourquoi, un processus de renaissance historique conduit toujours le peuple concerné à une réappropriation de son patrimoine épistémologique antique, à une réappropriation de sa langue et donc de sa vision du monde, à une réappropriation du discours sur sa trajectoire historique dans la forme d'une périodisation qui lui donne une vision heuristique des tenants et aboutissants de son histoire. C'est ce qui s'est passé en Europe à partir du 15e siècle. La créativité s'est d'abord manifestée dans le domaine de l'Art, ensuite dans celui des Lettres, puis dans le domaine technique (imprimerie, caravelle, etc.) et enfin dans celui de la pensée politique, etc. C'est cette créativité qui a conduit l'Europe occidentale à un processus de renaissance historique qui a débouché sur la modernité.

B) La renaissance historique du point de vue de la sociologie historique : une logique de transformation sociale en terme de refondation du tissu social

Du point de vue de la sociologie historique, il apparaît que quelque soit l'espace ou le temps, la transformation des réalités d'une société nécessite l'adoption d'une politique sui generis. Il doit s'agir impérativement d'une politique dont la logique de changement (rattrapage, révolution, déconnexion, reconfiguration du tissu social, etc.) prend par définition le contrepied de la dynamique historique qui a conduit aux réalités que l'on veut transformer. Il importe donc de bien connaître la nature de cette dynamique historique causale.

C'est en effet par contraste avec la nature de celle-ci que sera mise au jour la logique de changement sociale à même d'en prendre le contrepied. Ainsi à une dynamique historique causale qui se présente à l'analyse dans les termes d'un retard historique on devra en toute objectivité opposer par contraste une politique qui véhicule une logique de transformation en termes de rattrapage historique. C'est le cas des politiques développementalistes dites de big push. A l'inverse, à une dynamique historique causale qui se présente à l'analyse dans les termes d'une régression historique (et donc d'une perte de l'initiative historique) on devra en toute objectivité opposer par contraste une politique qui véhicule une logique de transformation sociale en terme de refondation du tissu social comme tissu à nouveau propice à l'historicité. C'est le cas des politiques dites de la renaissance historique. Celles-ci épousent la forme de politiques de refondation (reconfiguration) du tissu social comme tissu à nouveau propice à l'historicité. C'est l'impact du processus de régression historique qui invite dans ce dernier cas de figure à mettre en œuvre une logique (ou philosophie politique) de la refondation (reconfiguration) du tissu social comme tissu à nouveau propice à l'historicité. Lorsqu'une société subit un processus de régression historique, elle perd en effet l'initiative historique c.-à-d. sa capacité à anticiper, entreprendre, inventer, créer et innover à partir du génie créateur de son patrimoine culturel. Autrement dit, son tissu social perd toute aptitude à l'historicité c.-à-d. toute aptitude à opérer comme le support à partir duquel un peuple parvient à produire par lui-même les conditions matérielles et immatérielles de sa propre existence. Cette société se retrouve donc de ce fait affublée d'un tissu social désormais non propice à l'historicité. C'est pourquoi elle ne peut à nouveau reprendre le train du progrès historique que par une politique de reconfiguration de son tissu social comme tissu à nouveau propice à l'historicité.

Une telle politique vise précisément d'une part à restituer au peuple concerné sa capacité à anticiper, entreprendre, inventer, créer et innover à partir du génie créateur de son patrimoine culturel (reconquête de l'initiative historique) et d'autre part à restituer au tissu social son aptitude à opérer comme le support à partir duquel un peuple parvient à produire par lui-même les conditions matérielles et immatérielles de sa propre existence (aptitude à l'historicité). C'est cette politique de refondation (reconfiguration) du tissu social qui permet la relance historique d'un peuple et fait par conséquent office de politique de renaissance historique à même de conduire à une configuration moderne du tissu social.

SECTION 3. UN MODÈLE AFRICAIN DE L'HOMME NOUVEAU

La définition rationnelle du concept de la renaissance africaine véhicule ni l'idée du réveil d'une société jusqu'ici en léthargie, ni celle de la réapparition des figures glorieuses du passé. Elle véhicule l'idée d'une nouvelle naissance à l'historicité. Autrement dit elle véhicule l'idée d'une nouvelle expérience des sociétés africaines sur le terrain des libertés, des sciences, des techniques, des arts, de l'économie, etc. Il s'agit au sens fort du terme d'une nouvelle naissance des sociétés africaines comme pôles autonomes d'innovation, de production, et de diffusion dans le domaine des ressorts de la modernité. Il s'agit donc non pas de la renaissance des choses du passé, mais d'un nouveau départ de la civilisation en Afrique, d'un nouveau départ de l'homme civilisateur en Afrique, d'une nouvelle naissance de l'homo civilisationis en Afrique. Cela signifie donc que la renaissance historique (uhemmesut en langue hiéroglyphique) en Afrique implique l'avènement en Afrique d'un homme nouveau, que la renaissance africaine doit s'accompagner de la naissance d'un homme africain nouveau. L'Europe de la renaissance a connu la même exigence.

Dans son étude sur la philosophie de la renaissance[397] Ernst Bloch montre qu'il faut voir dans la Renaissance Européenne non pas seulement la renaissance de l'esprit critique de l'antiquité, mais surtout la naissance d'un homme nouveau et d'une société nouvelle.

Un projet de renaissance historique véhicule en effet l'idée d'une rupture avec la période antérieure. Cette rupture ne concerne pas seulement la sphère politique, économique, technique et scientifique. Elle concerne aussi l'homme de la société nouvelle. Si cet homme est toujours le Viel homme c.-à-d. celui de la période ancienne alors il aura vite fait de conduire le processus de la renaissance historique vers une impasse. Seul donc l'avènement d'un homme nouveau peut garantir le succès à long terme d'un processus de renaissance historique.

Le projet de la renaissance africaine ne peut échapper à cet aspect d'un processus de renaissance historique. Qui sera l'homme de la renaissance africaine ? Les Africains pourront-ils réaliser la renaissance africaine à partir de leur identité post-coloniale ou faut-il qu'ils se forgent une nouvelle identité ? Celle d'un homme africain nouveau, en rupture avec l'homme

[397] Erst BLOCH, La philosophie de la Renaissance, Paris, Payot, 1994

africain post-colonial et capable d'accomplir la tâche gigantesque que constitue le projet de la renaissance africaine ?

Le philosophe Marcien Towa écrit : « S'agissant de notre continent, le combat pour la libération vise ou doit viser l'émergence d'une Afrique prospère, puissante et autocentrée, une Afrique formant un centre autonome de besoins et d'aspirations, d'expression, de conception, de décision et de réalisation sur les plans politique, économique et culturel. Tel est le sens de la révolution qu'il s'agit d'opérer... Il importe d'être conscient des dimensions réelles de l'entreprise et d'identifier exactement l'ennemi à abattre. L'ennemi, ce n'est pas seulement l'envahisseur étranger, mais également, dans nos sociétés, toutes les forces (hommes, institutions, structures sociales, coutumes, croyances) qui ont été et sont encore ses complices, toutes les lacunes qui ont facilité son entreprise. Dans ces conditions, faire la révolution ne doit plus signifier uniquement se débarrasser de l'étranger, mais également se transformer en profondeur... »[398]

Cette réflexion de Marcien Towa met en perspective une réalité malheureuse de l'Afrique post-colonial. L'identité de l'homme africain post-colonial le rend incapable de renverser l'ordre des choses et partant le rend incapable de participer à un processus de renaissance africaine. Cette identité fait de lui un élément constitutif de l'ordre post-colonial qu'il s'agit de renverser. C'est pourquoi il est incapable de renverser l'ordre post-colonial des choses à partir de son identité post-coloniale.

La question cruciale est donc celle de savoir comment les Africains, pris au piège de leur identité post-coloniale, pourraient-ils se transformer pour donner naissance à un nouvel homme africain, à une identité africaine nouvelle ? Poser cette question c'est poser la question du modèle de l'homme africain nouveau. L'homo Novus africain. Celui qui sera capable de mettre en œuvre le projet de la renaissance africaine.

Nous verrons ici que le paradigme de la renaissance africaine nous donne une réponse. Il nous renvoie au patrimoine philosophique waci. Plus précisément il nous renvoie à la conception waci du modèle de l'homme en société. Cette conception nous informe sur la manière dont l'homme africain post-colonial peut parvenir à se transformer dans la forme d'un homme africain nouveau.

A) Les pesanteurs de l'identité africaine post-coloniale : une identité hétéronome

A partir de sa personnalité post-coloniale, l'Africain contemporain ne parvient pas à produire les conditions matérielles et immatérielles de sa propre existence. Et cela pour une simple raison. La personnalité africaine

---

398 Marcien Towa, L'idée d'une philosophie négro-africaine, p.54, Editions CLE 1979

post-coloniale est une personnalité hétéronome c.-à-d. qu'elle puise à l'extérieure d'elle-même les normes, les principes, les valeurs et les priorités qui président à son action. Ce faisant elle agit dans le monde selon des paramètres contraires à ses propres intérêts. C'est là une posture pathologique dont elle ne peut se libérer qu'en se recentrant sur ses propres normes, principes, valeurs et priorités comme paramètres qui président à son action. Elle pourra ainsi agir dans le monde selon des paramètres qui servent ses propres intérêts. C'est cela que l'on appelle afrocentricité.

Cela signifie donc que l'avènement d'un nouveau modèle d'homme en Afrique par dépassement de sa personnalité post-coloniale ne peut se faire que par une démarche de renaissance à l'autonomie des normes, des principes, des valeurs et des priorités qui président à son action. L'homme africain contemporain doit donc renaître à une autonomie des normes, des principes, des valeurs et des priorités qui président à son action. C'est là toute la pertinence du discours de l'école de l'Afrocentricité.

La question qui se pose est celle de savoir où l'homme africain post-colonial pourra-t-il puiser l'énergie et les ressources nécessaires pour enclencher un processus de dépassement de sa personnalité post-coloniale pour renaître à une autonomie des normes, des principes, des valeurs et des priorités qui président à son action. L'œuvre de Cheikh Anta Diop fournit la réponse. Il ressort de cette œuvre qu'un tel homme pourra naître par la voie d'une réappropriation de sa conscience historique.

Cheikh Anta Diop s'est expliqué longuement sur la faculté de la conscience historique africaine à conduire l'homme africain post-colonial à se manifester à nouveau comme un géant créateur de civilisation. Diop écrit « La personnalité culturelle du noir est la plus délabrée de toutes, comparées à celles des autres ex-colonisés : ces derniers bénéficient, en général, d'un cadre culturel et d'une superstructure moins entamés, qu'il fait souvent, recréer ici. La création d'une conscience collective nationale, adaptée aux circonstances, et la rénovation de la culture nationale, sont le point de départ de toute action progressiste en Afrique noire. C'est le moyen de prévenir les diverses formes d'agression culturelles. Seule une révolution culturelle peut, maintenant, engendrer des changements qualitatifs notables. Celle-ci devra réveiller le colosse qui dort dans la conscience de chaque Africain. Elle devra extirper les entraves superstructurelles. Cette révolution n'a rien à voir avec les efforts déployés, par certains, pour obscurcir le thème culturel avec l'espoir d'amener, insidieusement, l'Afrique noire à atteindre le point de non-retour, sur la pente de l'assimilation culturelle, car il ne s'agit que de cela »[399].

En 1981, Diop écrit au sujet des apports d'une égyptologie africaine dans la réappropriation de la mémoire historique africaine : « L'Africain qui nous aura compris est celui-là qui, après la lecture de nos ouvrages, aura senti

[399] Cheikh Anta Diop, Antériorité des civilisations nègres, Présence Africaine, 1967, 1993

naître en lui un autre homme, animé d'une conscience historique, un vrai créateur, un Prométhée porteur d'une nouvelle civilisation et parfaitement conscient de ce que la terre entière doit à son génie ancestral dans tous les domaines de la science, de la culture et de la religion »[400]. Il apparaît donc que l'Africain post-colonial peut se débarrasser des pesanteurs et entraves de sa personnalité post-coloniale. Pour cela il lui suffit de se réapproprier sa conscience historique autochtone. Celle-ci aura pour effet de faire renaître au monde le géant créateur de civilisation qui aujourd'hui sommeil en lui.

B) Le débat sur la question de l'homme africain nouveau

Du point de vue des langues africaines, la renaissance africaine s'analyse comme le processus d'un nouvel enfantement (uhemmesut) sur la terre africaine d'un homme à nouveau capable d'une créativité émancipatrice, à nouveau capable d'une action civilisatrice, à nouveau capable d'une action en retour sur son milieu pour créer les conditions matérielles et immatérielles de sa propre existence. Pour que ce nouvel homme africain vienne à l'existence, il faut offrir à la jeunesse africaine le profil de ce modèle auquel elle sera invitée à s'identifier. Quel est le modèle de cet homme nouveau auquel devra s'identifier la jeunesse africaine pour être l'agent performant d'une renaissance africaine ?

Cette question été posée lors du colloque Renaissance africaine et Christianisme qui s'est déroulé à Abobo en Côte d'Ivoire du 19 au 21 mars 2012. Ce colloque, organisé par le père Edoh Bédjra (Recteur du CFMA) et par le père Nathanael Yaovi Soédé (Directeur de la recherche et des publications au CFMA)[401] a réuni des universitaires et des religieux de confession chrétienne et musulmane autour d'une réflexion sur l'idée d'une contribution possible de l'Eglise au mouvement de la renaissance africaine.

Une des questions posées au cours de ce colloque était de savoir quel est le type d'homme qui en Afrique sera capable par ses qualités de transformer le réel africain conformément au projet de la renaissance africaine. Autrement dit, quel est le modèle de l'homme apte à construire la renaissance africaine ? C'est le père Wilfrid K.Okambawa (Enseignant chercheur, Hekima College, Nairobi, Kenya) qui a interpellé l'assistance sur ce thème dans sa communication intitulé Anthropologie de l'homo novus de St Paul et la renaissance africaine. Le thème de l'homo novus de la renaissance africaine a donc été au cœur des discussions et des controverses.

Tout le débat a tourné autour de la question de savoir comment pourrait émerger ce nouvel homme. Par une démarche de rupture ou par une démarche de dépassement ? Il est apparu au fil des discussions que la démarche de la rupture était inadéquate, car elle conduit souvent à l'idée que

[400] Cheikh Anta Diop, Civilisation ou Barbarie, Présence Africaine, 1981
[401] Le CFMA est le centre de formation Missionnaire d'Abidjan-Abobo

la rupture doit se comprendre comme une rupture avec l'identité culturelle africaine autochtone. Or non seulement il n'ya rien qui objectivement exige une rupture avec cette culture-là, mais en outre une telle rupture emprunte le plus souvent la voie de l'assimilation à une autre culture censée être plus performante. Or l'assimilation est toujours un cul-de-sac, car c'est en vérité un renoncement à soi. Dès lors la question s'est posée de savoir si l'avènement de cet Africain nouveau pouvait se faire par une démarche de dépassement. Un consensus s'est fait autour de l'idée que s'il devait s'agir d'une démarche de dépassement elle ne saurait s'entendre autrement que dans le sens d'un dépassement de l'identité africaine post-coloniale. Dès lors une question se pose : comment s'affranchir de l'identité africaine post-colonial tout en ne rompant pas avec l'identité africaine autochtone ? La réponse à cette question n'était pas facile. Une personne cependant a ouvert la voie vers la solution. Il s'agit du père Nathanael Yaovi Soédé. Il a proposé une piste qui peut être féconde et prospère. Il s'agit du modèle de l'homme en société que propose le patrimoine culturel du peuple Waci (sous groupe du peuple aja-ewe du Bénin et du Togo).

C) Le modèle africain du nouvel homme : le modèle Ewe-Waci de l'homme en société

Selon le père Nathanael Yaovi Soédé, la culture waci propose à l'individu de se percevoir et de s'accomplir dans l'existence en tant que anyi ame jo ame. A travers cette expression le patrimoine conceptuel Waci invite l'individu à devenir (anyi) une personne (ame) qui engendre (jo) la personne qu'elle est (ame). Le père Nathanael Yaovi Soédé a exposé cette notion dans deux publications[402]. Il faut lire ses travaux. Il y a dans cette vision Waci du modèle de l'homme en société toute une philosophie du dépassement qui emprunte à l'image de la chenille qui devient papillon. Elle suggère une philosophie du dépassement non pas par rupture, mais par métamorphose. Cette philosophie du dépassement par métamorphose peut permettre à notre avis de dépasser la personnalité africaine post-colonial tout en ne rompant pas avec l'identité africaine autochtone ?

Dans la langue Waci, la personne humaine est présentée comme un anyi ame jo ame c.-à-d. comme un être capable d'engendrer la personne qu'elle est. En d'autres termes, par l'expression anyi ame jo ame le patrimoine conceptuel waci suggère à l'individu de s'approprier sa personne comme une personne capable de réaliser en acte ce qu'elle est en puissance c.-à-d. ce qu'elle est de manière potentielle. Il nous est possible d'appliquer cette suggestion à l'homme africain post-colonial en lui suggérant de s'approprier

---

[402] Nathanael Yaovi Soédé, Sens et enjeux de L'éthique, Inculturation de l'éthique chrétienne, Editions UCAO, 2005 ;Antropoligie et éthique africaine chrétienne de l'existence humaine, in Le devenir de nos sociétés en Afrique, penser l'existence, in la revue RUCAO, N° 17, 2002...

la personne qu'elle est de manière potentielle. Or qui est donc l'Africain post-colonial d'un point de vue potentiel ?

Diop a répondu à cette question en disant qu'il s'agit d'un géant créateur de civilisation qui s'ignore et qui s'ignore du fait de la falsification de sa mémoire historique dans le cadre de l'historiographie contemporaine. Il s'agit donc d'inviter l'homme africain post-colonial à se découvrir pour qu'il puisse réaliser en acte ce qu'il est potentiellement. En d'autres termes, il s'agit d'inviter l'homme africain post-colonial à se connaître pour qu'il puisse se réaliser, c.-à-d. engendrer à nouveau (renaissance) la personne qu'elle est en puissance. C'est la raison pour laquelle Cheikh Anta Diop considérait que l'Africain qui aura lu ses travaux est celui-là même qui fera renaître le géant bâtisseur de civilisation qu'il porte en lui. Il écrit : « L'Africain qui nous a compris est celui-là qui, après la lecture de nos ouvrages, aura senti naître en lui un autre homme, animé d'une conscience historique, un vrai créateur, un Prométhée porteur d'une nouvelle civilisation et parfaitement conscient de ce que la terre entière doit à son génie ancestral dans tous les domaines de la science, de la culture et de la religion »[403]

Anyi ame jo ame c'est donc la personne humaine comme personne capable de s'engendrer et de s'engendrer à nouveau comme dépassement de sa personne antérieure. Cette idée de capacité de s'auto-engendrer par dépassement de sa personne antérieure nous fournit le cadre par lequel nous pouvons concevoir l'idée de l'avènement d'un nouvel homme en Afrique par dépassement de son identité post-coloniale.

Il y a donc dans la vision de la personne comme Anyi ame jo ame une piste heuristique pour conduire à l'émergence d'un nouvel homme en Afrique non pas par rupture avec l'identité culturelle africaine autochtone, mais par dépassement de l'identité africaine post-coloniale.

D) L'apport du modèle Ewe-waci de l'homme en société

Il apparaît que la réappropriation par l'Africain post-colonial de sa mémoire historique permettra à l'homme africain post-colonial de se débarrasser de l'étau de son imaginaire pathologique post-colonial, de se débarrasser de l'étau de la gangue pathologique post-coloniale qui l'habille pour endosser un nouvel habit. Celui d'un géant créateur de civilisation. Ce géant présentera le profil d'un anyi ame jo ame. Cette personne capable de se créer et de se créer comme un homme à nouveau capable d'une action en retour sur son milieu pour créer les conditions matérielles et immatérielles de sa propre existence.,

Comme on le voit, à partir de la notion de anyi me jo ame on peut concevoir l'idée que l'avènement en Afrique d'un homme à nouveau capable d'une action en retour sur son milieu pour créer les conditions matérielles et

[403] Cheikh Anta Diop, Civilisation ou Barbarie, Présence Africaine, 1981

immatérielles de sa propre existence, se fera non pas par rupture avec l'identité culture africaine autochtone, mais par réappropriation de sa mémoire historique pour dépasser sa personnalité africaine post-coloniale. Une personne capable de se créer et de se créer comme un homme à nouveau capable d'une action en retour sur son milieu pour créer les conditions matérielles et immatérielles de sa propre existence. Tel est le modèle de l'homme africain à même d'être l'agent d'un projet de renaissance africaine. Nous devons donc inviter les jeunes africains à se percevoir et à se définir comme des anyi me jo ame. A s'identifier au modèle africain de l'homme en société.

SECTION 4. UNE DÉFINITION ENFIN OBJECTIVE ET COMMUNE DE LA RENAISSANCE AFRICAINE

La définition rationnelle du concept de la renaissance africaine véhicule un dessein politique à même de permettre aux peuples africains de reconquérir l'initiative historique et ainsi de faire en sorte que le 21e siècle ne soit pas pour les populations africaines un siècle d'adversité. C'est cette définition de la renaissance africaine que nous autre africain devons adopter pour faire gravir à nos sociétés les marches d'un futur africain moderne. Toute la question est celle de savoir commet faire pour que cette définition rationnelle fasse l'objet d'un consensus au sein des Africains afin que tous convergent leur action vers la réalisation du dessein que politique que véhicule la définition rationnelle du concept de la renaissance africaine ; autrement dit il s'agit de s'interroger sur la manière dont cette définition pourrait être opposable à tous.

Une chose est certaine. La définition rationnelle du concept et du projet de la renaissance africaine ne peuvent devenir opposable à tous et de ce fait devenir notre définition africaine commune qu'à la condition de présenter le caractère d'une définition objective. Pour être objective elle doit attester d'une part, qu'elle fait écho aux tenants et aux aboutissants réels de l'histoire africaine, et d'autre part, qu'elle épouse les attentes et les intérêts des sociétés, des populations et des citoyens en Afrique, en terme de libertés, de prospérité, de promotion des sciences et des techniques et de spiritualité apaisée. Nous allons voir ici qu'elle possède ces atouts.

A) Une définition qui fait écho aux tenants et aboutissants réels de l'histoire africaine

La définition rationnelle du concept de la renaissance africaine ne tombe pas du ciel. Elle procède de la lecture rationnelle des tenants et aboutissants du mouvement de l'histoire en Afrique. Selon cette lecture l'idée d'une renaissance africaine puise ses racines dans une expérience de progrès auquel a succédé une expérience de déclin historique. C'est cette dernière expérience qui est à l'origine de la condition actuelle des peuples africains. Les sources probantes de l'histoire africaine attestent cette vision des tenants et aboutissants de l'histoire africaine depuis le néolithique jusqu'au 19e siècle. En cela la définition du concept de la renaissance africaine à partir de cette trajectoire du mouvement de l'histoire en Afrique donne à cette définition un caractère ni subjectif, ni doctrinal, ni idéologique, mais un caractère foncièrement objectif, car elle correspond entièrement à la réalité du mouvement de l'histoire en Afrique.

L'expérience africaine d'un déclin historique contraint tout projet qui en Afrique vise à en prendre le contrepied à se construire dans une perspective de renaissance historique. Autrement dit cette expérience contraint tout projet qui en Afrique vise à prendre son contrepied à se construire comme un projet de réappropriation de l'historicité par les peuples africains par le moyen d'une reconquête de l'initiative historique. De ce point de vue le concept de renaissance africaine apparaît comme un paradigme explicatif des politiques à mettre en œuvre pour redonner aux sociétés africaines une configuration moderne. Dans le cadre de ce paradigme en effet, il s'agit non pas de rattraper un retard quelconque (comme nous y invite la théorie du développement), mais de refonder notre tissu social en lui redonnant une configuration propice aux libertés, à la prospérité, à là responsabilité gouvernementale, à la diffusion des sciences et des techniques et à une spiritualité apaisée.

B) Une définition qui épouse les attentes des populations africaines

La définition rationnelle de la renaissance africaine présenterait le caractère d'une définition abstraite si elle ne véhiculait pas une problématique qui lui donne du sens au regard des conditions de vie et des aspirations actuelles des peuples africains. C'est là une deuxième condition pour qu'elle puisse être qualifiée comme définition objective.

On sait que les populations africaines sont confrontées au quotidien à un problème d'accès aux ressources de la modernité. La gestion de l'espace politique par les Etats qui les gouvernent les confine aux marges des ressources de la modernité. Aussi, on peut dire qu'au regard de leurs conditions de vie, les populations africaines aspirent donc fondamentalement à une organisation de leur société comme espace de modernité c.-à-d. comme espace de libertés, de prospérité matérielle, de responsabilité politique, de spiritualité apaisée, de promotion des sciences, des techniques et des Arts. Pour les populations africaines, la renaissance africaine ne saurait donc signifier autre chose qu'un projet de configuration des sociétés africaines comme espace de libertés individuelles, de prospérité matérielle, de responsabilité politique, de spiritualité apaisée, de promotion des sciences, des techniques et des Arts.

Il s'ensuit que d'un point de vue concret (c.-à-d. au regard des aspirations des populations africaines) la renaissance africaine comme projet d'une reconquête de l'initiative historique doit se traduire dans la forme d'une reconfiguration des sociétés africaines comme espace de modernité à partir du génie créateur de notre patrimoine culturel. On peut donc conclure sur l'idée selon laquelle la conjugaison entre la définition rationnelle de la renaissance africaine et les attentes concrètes des populations africaines permet de définir la renaissance africaine d'un point de vue objectif comme un projet de reconquête de l'initiative historique en vue de réorganiser les sociétés africaines comme espace de modernité.

Les mots réorganisation, refondation ou reconfiguration, sont ici choisis à dessein. Ils informent qu'il s'agit pour l'Afrique non pas de rattraper un retard historique, mais de se réapproprier une qualité. A savoir l'aptitude à anticiper, entreprendre, inventer, créer et innover à partir du génie créateur de son patrimoine culturel. Il s'agit d'une qualité dont elle a su faire preuve dans le passé, mais qu'elle a aussi perdue par le contre coup d'un processus de régression historique. C'est la reconquête de cette qualité qui peut lui permettre de réorganiser ses sociétés comme espace de modernité du point de vue de ses propres intérêts. Autrement dit la réorganisation des sociétés africaine comme espace de modernité passe par la capacité des Africains à produire les conditions matérielles et immatérielles de leur propre existence à partir du génie créateur de leur patrimoine culturel. C'est cela la renaissance africaine.

C) Une définition opposable à tous

La définition de la renaissance africaine proposée ici est donc objective, c.-à-d. opposable à tous à un triple titre. D'abord parce qu'elle est construite au regard de la séquence historique dans laquelle s'enracine toute problématique de renaissance historique. A savoir, une séquence de régression historique. Ensuite parce que l'expérience de déclin historique dans laquelle elle s'enracine est bel et bien celle qui est à l'origine de la condition actuelle des peuples africains. Enfin parce qu'elle coïncide avec les aspirations actuelles des populations africaines au regard de leurs conditions de vie. Ce sont ces trois éléments qui élèvent la définition rationnelle de la renaissance africaine au rang d'une définition objective, c.-à-d. opposable à tous.

D) Une définition opératoire

La définition objective que nous avons présentée ci-dessus de la renaissance africaine n'est pas une définition creuse. Au contraire elle est une définition opératoire, car concrète, performante, lucide et heuristique.

Cette définition objective est concrète en ce sens qu'elle nous fournit le critère à partir duquel nous devons désormais évaluer toute action politique en Afrique. A savoir, la contribution à la création des conditions matérielles et immatérielles de notre propre existence. Par exemple dans le domaine des élections présidentielles on peut considérer que faire œuvre de renaissance africaine c'est être capable de créer les conditions de la régulation politique c.-à-d. les conditions de la transparence électorale.

Cette définition objective est aussi performante, car elle conduit à des solutions performantes. On en a déjà une illustration avec l'expérience de la ferme Songhaï au Bénin. Cette ferme atteste de ce que signifie reconquérir la capacité de produire les conditions matérielles et immatérielles de notre propre existence. Les Africains doivent étudier avec beaucoup de sérieux l'expérience de la ferme Songhaï. Il y a là une des clés du devenir moderne des sociétés africaines. Si on multiplie le modèle de la ferme Songhai dans tous les pays africains en moins de 5 ans l'Afrique sera autosuffisante sur le plan alimentaire. Faire œuvre de renaissance africaine au sens où nous l'avons défini ici a donc une portée concrète.

Cette définition objective est aussi une source de lucidité, car elle nous permet d'interpréter nos réalités avec lucidité. Par exemple l'invasion du nord du mali en 2012 par un groupe armé composé d'indépendantistes touaregs et de fondamentalistes islamique n'a été possible que parce l'Etat malien depuis les indépendances n'avait pas su créer les conditions de sa propre existence en terme de souveraineté territoriale. Eut-il créé ces conditions que cette invasion ne se serait pas passée dans les conditions humiliantes que nous savons. Un autre exemple. Nous autres africains nous nous contentons de constater et de dénoncer la domination étrangère sur nos sociétés. Mais nous ne nous posons jamais la bonne question qu'il y a lieu de se poser dans ces conditions. A savoir : pourquoi cette domination est possible ? Or si nous réfléchissons un tant soit peu nous nous apercevrons que cette domination n'est rendue possible que parce que nous ne nous donnons pas les moyens de créer les conditions matérielles et immatérielles de notre propre existence. Les créerions-nous que cette domination disparaîtrait.

Enfin cette définition objective est heuristique. Par sa coïncidence avec la dynamique historique qui nous a conduits à notre condition actuelle, elle nous permet d'entrevoir la politique dont la logique de transformation est à même de prendre le contrepied de la dynamique historique causale qui est à l'origine de notre condition actuelle.

Notre vision commune de la renaissance africaine doit donc être celle de la renaissance africaine comme projet de renaissance historique, comme projet de reconquête de l'initiative historique en vue de refonder, réorganiser, les sociétés africaines comme espace de modernité. Elle coïncide avec les attentes des populations africaines et avec ce que les sciences sociales nous apprennent sur la définition de ce qu'est un processus de renaissance historique.

Telle est la vision à partir de laquelle il est possible d'élaborer les politiques concrètes à mettre en œuvre pour réaliser la renaissance africaine. Telle est la définition que nous autres africains devrions tous partager en commun si l'on veut que le concept de la renaissance africaine s'élève au rang d'un paradigme à part entière du projet de la modernité en Afrique.

Nous proposons donc ici que l'on retienne comme définition objective et commune de la renaissance africaine la définition suivante. Par renaissance africaine il faut entendre un projet renaissance historique c.-à-d. un projet de reconquête de l'initiative historique en vue refonder le tissu social africain comme tissu à nouveau propice à l'historicité. Un tissu à nouveau propice à l'historicité au sens d'un tissu qui confère aux peuples africains la capacité de pouvoir de nouveau produire par eux-mêmes les conditions matérielles et immatérielles de leur propre existence. Le projet vise à réorganiser les sociétés africaines comme espace de modernité à partir du génie créateur de notre patrimoine culturel et dans une perspective d'autonomie des normes, des valeurs, des priorités et des intérêts qui doivent présider à l'action de la conscience politique africaine. Ce projet exige que nous nous réappropriions une posture d'historicité.

Se réapproprier l'historicité c'est reconquérir notre aptitude à anticiper, entreprendre, inventer, créer et innover à partir du génie créateur de notre patrimoine culturel. Reconquérir l'initiative historique c'est se réapproprier notre capacité à créer les conditions matérielles et immatérielles de notre propre existence à partir du génie créateur de notre patrimoine culturel. Réorganiser nos sociétés comme espace de modernité c'est organiser à nouveau nos sociétés africaines comme espace de libertés, de prospérité matérielle, de responsabilité politique, de spiritualité apaisée, de créativité dans le domaine de sciences, des techniques et des Arts. Agir dans une perspective d'autonomie c'est agir dans le monde selon nos propres options c.-à-d. selon nos propres paradigmes.

Cette définition de la renaissance africaine est précieuse, car elle nous informe que les politiques de la renaissance africaine doivent prendre la forme de politiques qui par leur logique de transformation permettent de prendre le contrepied de la dynamique historique dans laquelle s'enracine notre condition actuelle. Il apparaît de ce point de vue que le problème de l'Afrique n'est pas tant de savoir combien de milliards de dollars il faudrait investir pour que l'Afrique puisse enfin décoller, mais plutôt de savoir quelle politique est à même de prendre le contrepied de la dynamique historique qui a conduit les peuples africains à leurs conditions actuelles. Autrement dit, le problème de l'Afrique est celui de savoir quelle politique faut-il mettre en œuvre pour restituer aux peuples africains la seule qualité par laquelle un peuple redevient l'acteur de sa propre histoire et d'une histoire moderne. A savoir, l'aptitude à créer les conditions matérielles et immatérielles de leur propre existence à partir du génie créateur de leur patrimoine culturel. La question des politiques concrètes à mettre en œuvre pour réaliser ce dessein sera donc examinée dans ce livre.

CHAPITRE 4

Un paradigme heuristique des chemins de la modernité en Afrique

La définition rationnelle du concept et du projet de la renaissance africaine rejoint la définition que Cheikh Anta Diop donne du concept et du projet de la renaissance africaine. A savoir, un projet de renaissance historique.

Ce projet invite les peuples africains à reconquérir l'initiative historique c.-à-d. leur aptitude à anticiper, concevoir, créer, inventer et innover. L'objectif de ce projet est de conduire les peuples africains à se manifester à nouveau dans l'histoire comme des agents historiques c.-à-d. comme des peuples capables de produire par eux-mêmes les conditions matérielles et immatérielles de leur propre existence à partir du génie de leur patrimoine culturel. En d'autres termes il s'agit fondamentalement d'un projet de réappropriation de l'esprit de créativité, d'inventivité et d'innovation en Afrique. Un projet de renaissance des peuples africains à la créativité, à l'invention et à l'innovation dans tous les domaines du savoir et du savoir-faire.

Dans le cadre de cette définition rationnelle, la renaissance africaine apparaît comme une autre manière de penser et de poser la question du devenir moderne des sociétés africaines post-coloniales. Elle invite à penser et à poser la question du devenir moderne de l'Afrique non pas en terme de rattrapage historique, mais en terme de refondation du tissu social. La question qui se pose dès lors est celle de savoir ce que cette manière de penser et de poser les problèmes de l'Afrique apporte comme valeur ajoutée par rapport à la manière dont les problèmes africains sont posés dans le cadre du paradigme du développement ? Poser cette question c'est en fait se demander quelles sont les opportunités heuristiques que le paradigme de la renaissance africaine nous offre.

Notre recherche nous a amené au constat selon lequel ces opportunités existent. Elles consistent pour l'essentiel en un certain nombre de références épistémologique, historique, axiologique, philosophique, culturelle, etc. qui sont autant de matériaux auxquels renvoie le paradigme de la renaissance africaine. Ces matériaux forment un corpus de connaissances qui permet d'entrevoir des solutions performantes à un certain nombre de problèmes qui se posent aux sociétés africaines. C'est pourquoi nous attribuons à ces matériaux le qualificatif de matériaux de la renaissance africaine.

Nous allons examiner ici ceux de ces matériaux qui d'une part, informent sur certaines questions déterminantes pour le devenir moderne de l'Afrique et d'autre part, informent sur les leviers susceptibles d'opérer comme des facteurs incitatifs à la créativité pour un futur africain moderne.

Section 1. Un paradigme qui apporte des solutions aux questions qui déterminent le devenir moderne des sociétés africaines

Il s'agit entre autres choses des questions suivantes : la question de l'origine de notre condition actuelle, celle de l'indépendance intellectuelle des sociétés africaines, celle de notre perspective de modernité, celle du choix de notre système politique, celle du choix de notre système économique, celle du choix de notre modèle de société, celle du profil de l'homme de la renaissance africaine, celle de la coopération internationale et des projets d'entreprenariat, celle d'une recherche africaine innovante dans le domaine des sciences exactes et des sciences sociales.

A) La question de l'indépendance intellectuelle des sociétés africaines

En ce qui concerne le devenir moderne des sociétés africaines une des questions qui se posent est celle de l'aptitude des élites africaines à penser le monde et l'Afrique par elles-mêmes. Trop souvent nos élites ne sont que des antennes périphériques des intellectuels occidentaux. Elles attestent d'une subordination épistémologique à l'égard des travaux de recherche qui viennent de l'Occident. C'est le cas en ce qui concerne la question des chemins de notre devenir moderne.

Sur cette question le paradigme du développement nous a fourni un corpus de connaissance prêt à l'emploi. Ce corpus constitue pour nous une véritable muselière, car il nous empêche de penser par nous même. Il s'agit en effet d'un catalogue de réponses toutes faites élaborées à partir du seul point de vue d'une expérience historique régionale. Celle de l'Europe. La particularité de ce corpus est qu'il constitue pour nous un véritable contrat d'adhésion épistémologique sur la question des modalités universelles du progrès historique et des politiques que les Africains doivent mettre en œuvre pour donner à leur société une configuration moderne.

Autrement dit, ce contrat d'adhésion nous dispense de penser par nous mêmes la question de notre devenir moderne. Mais surtout, il nous empêche de penser notre devenir autrement que dans les termes d'une logique de rattrapage historique de l'Occident. Or cela fait 50 ans que cette perspective de notre devenir historique a été mise en échec par le principe de réalité. Dès lors, soit nous continuons à penser la question de notre devenir historique à partir de l'opinion que l'Occident s'est fait de notre expérience historique sur la base d'une lecture évolutionniste de l'histoire universelle, soit nous avons le courage de penser ce devenir par nous-mêmes et à partir de notre propre expérience historique.

Or justement sur cette question des chemins de notre devenir moderne, le paradigme de la renaissance africaine offre aux élites africaines une opportunité. Celle de pouvoir s'émanciper de la muselière épistémologique de la théorie du développement. Le paradigme de la renaissance africaine nous permet en effet d'échapper à cette muselière, car il nous offre un corpus de connaissances qui s'étale sur plus de 50 000 ans et à partir duquel nous pouvons penser de manière autonome les questions fondamentales qui concernent le progrès historique, l'organisation et le fonctionnement des sociétés. Autrement dit il nous offre l'opportunité de penser enfin par nous-mêmes. Il nous offre la possibilité de retrouver notre indépendance intellectuelle tout en entretenant un dialogue critique et fécond avec les intellectuels du monde entier.

B) La question de l'origine de notre condition actuelle

En ce qui concerne le devenir moderne des sociétés africaines, une des premières questions qui se pose est celle de l'origine de notre condition actuelle. La réponse à cette question est cruciale. Elle détermine bien souvent le point de vue que les Africains ont à l'égard d'eux-mêmes en tant que peuple, culture et phénotype. Elle détermine bien souvent le jugement afro-pessimiste ou afro-optimiste que les Africains portent sur le devenir de leurs propres sociétés. Cette réponse est aussi au cœur des recherches universitaires, car c'est elle qui détermine le choix des politiques gouvernementales à mettre en œuvre.

Pour l'opinion publique en général, l'origine de notre condition actuelle est due au mieux à un processus de retard historique que l'Afrique accuserait sur l'Occident depuis des millénaires, au pire à une malédiction biblique ou à une infériorité culturelle. Toutes ces réponses ont en commun d'être des préjugés c.-à-d. de ne pas être fondé au regard de l'histoire réelle de l'Afrique.

Le paradigme de la renaissance africaine en tant que corpus de savoir nous offre l'opportunité d'apporter une réponse scientifique à la question de l'origine de notre condition actuelle. Ce corpus de savoir est celui que Cheikh Anta Diop a mis au jour à partir des informations que donnent sur ce sujet les sources probantes de l'histoire africaine.

Il ressort de ce corpus que la condition actuelle des sociétés africaines trouve son origine non pas dans une expérience de retard historique, mais dans une expérience de régression historique. Il s'agit d'un processus de régression historique subie par les peuples africains sous l'impact de 5 siècles de violences géopolitiques d'origine externe et interne. Cette violence géopolitique n'est pas allée sans laisser sur le tissu social africain des séquelles : perte de la cohésion identitaire, hétéronomie des valeurs et des normes, perte de contrôle du système d'enseignement, obscurantisme des mentalités, ruralisation de la vie sociale et de l'activité économique, militarisation et arbitraire du pouvoir politique, réflexes de subordination épistémologique, politique, esthétique, psychologique et culturelle. Aujourd'hui ces séquelles handicapent encore la marche des sociétés africaines post-coloniales vers la modernité.

Le prisme adéquat pour comprendre l'origine de la condition actuelle des sociétés africaines est donc non pas le prisme du retard historique, mais celui de la régression historique. L'avantage de ce prisme est qu'il nous informe que la logique de transformation sociale que doivent véhiculer nos politiques de modernité doit être non pas une logique de rattrapage historique, mais une logique de refondation du tissu social africain comme tissu à nouveau propice à l'historicité. Autrement dit, nos politiques de modernité doivent véhiculer non pas une logique de développement, mais une logique de renaissance historique.

C) La question de notre perspective de modernité

En ce qui concerne le devenir moderne des sociétés africaines une des questions qui se pose est la question de la perspective de modernité à même de conduire à une configuration des sociétés africaines comme espace de libertés, de prospérité matérielle, de responsabilité politique, de promotion des sciences et des techniques, etc.

Le paradigme de la renaissance africaine en tant que corpus de savoir nous offre l'opportunité d'apporter une réponse objective à cette question. Ce paradigme nous informe que la condition actuelle des sociétés africaines a pour origine non pas un phénomène de retard historique, mais un phénomène de régression historique dans lequel les sociétés africaines ont basculé à compter du 17e siècle sous l'impact de 4 siècles de violence géopolitique d'origine externe et interne. Ce phénomène a eu sur le tissu social africain deux conséquences majeures : d'une part il a rendu insalubre le tissu social africain, d'autre part, il a provoqué une perte de la maîtrise des ressorts de l'historicité par les peuples africains. Autrement dit, il a fait du tissu social africain un tissu inapte à l'historicité.

De ce point de vue, toute politique qui ambitionne de modifier cette configuration des sociétés africaines doit emprunter la forme d'une politique qui vise à refonder le tissu social africain comme tissu social à nouveau propice à l'historicité. Soit une politique qui vise à prendre le contrepied de 4 siècles de violence géopolitiques d'origine externe et interne. Dès lors, changer l'Afrique ne peut pas être synonyme de rattraper l'Occident.

Changer l'Afrique c'est d'abord soigner et réparer un tissu social rendu insalubre par de nombreuses pathologies infligées aux sociétés africaines sur le long terme par l'implosion des religions révélées, les razzias, la déportation esclavagiste, la militarisation du pouvoir politique, la colonisation et l'axiologie de la guerre froide. Ces pathologies handicapent les sociétés africaines dans leur volonté de s'organiser comme espace de modernité. Changer l'Afrique, c'est ensuite refonder le tissu social africain en lui redonnant une configuration propice aux libertés, à la prospérité, à la responsabilité gouvernementale, à l'entreprise, à la diffusion des sciences et des techniques et à une spiritualité apaisée.

La perspective est donc non pas celle de la modernité par une politique de rattrapage historique, mais celle de la modernité par une politique de refondation du tissu social africain comme tissu à nouveau propice à l'historicité. Propice à cette aptitude à la créativité, à l'invention et à l'innovation qui seul permet à un peuple de produire par lui-même les conditions matérielles et immatérielles de sa propre existence. Tel est notre perspective opératoire de la modernité.

D) La question du choix de notre système politique

En ce qui concerne le devenir moderne des sociétés africaines, une des questions qui se posent est celle de la pacification de la scène politique africaine. Il s'agit d'apporter une solution à la violence des rapports politique au sein des sociétés africaines post-coloniales. Autrement dit, il s'agit de poser la question du choix de notre système politique.

D'un point de vue rationnel, ce système ne peut être que celui qui emprunte la figure d'un système politique démocratique. Seule en effet l'aménagement du fonctionnement du pouvoir à partir des valeurs fondamentales de la démocratie peut conduite à une pacification des rapports politiques quels que soient l'espace et le temps. Mais il importe aussi de souligner avec force qu'il doit s'agir non pas des valeurs du modèle antique de la démocratie, mais des valeurs du modèle moderne de la démocratie. Ces valeurs sont bien connues.Il s'agit des valeurs qui permettent d'assujettir l'Etat aux fins humaines du pouvoir et par cela, d'organiser le fonctionnement des institutions sur le mode de l'Etat de droit. Ces valeurs sont les suivantes : le pluralisme politique, l'alternance politique, la séparation des pouvoirs, la garantie judiciaire des libertés publiques, la dévolution citoyenne du pouvoir, l'institutionnalisation de contre pouvoirs, le contrôle de la constitutionnalité des lois, le contrôle de la légalité des actes administratifs. Ce sont ces valeurs que l'on appelle les valeurs fondamentales de la démocratie moderne. C'est leur effectivité qui garantit la pacification des rapports politiques.

Mais l'effectivité des valeurs de la démocratie moderne ne se décrète pas. Elle est toujours l'expression d'une conversion sociologique des populations et des acteurs politiques aux valeurs fondatrices de la démocratie. Seul le phénomène de cette conversion fait du corps électoral et des acteurs politiques les garants de l'effectivité des valeurs de la démocratie. La question qui se pose est donc celle de savoir comment faire pour convertir les acteurs politiques africains aux valeurs de la démocratie. Autrement dit, comment remplacer le système politique post-colonial qui est liberticide par un système politique qui garantit les libertés politiques et civiles.

Pour entrevoir une solution, il faut partir du poids du réel. De ce point de vue une chose est sûre : nul ne pourra convertir aux valeurs de la démocratie la génération actuelle des acteurs politiques africains. Leur psyché politique est trop marquée par la culture de violence et d'intolérance politique que leur a inculquée le modèle politique post-colonial.

C'est ainsi par exemple qu'au Burkina Faso, le Président Roch Kaboré pourtant élu pour mettre en œuvre une politique alternative à celle de son prédécesseur[404], a pris en juin de 2016 l'initiative d'une réforme visant à faire du président et du ministre de la Justice des membres à part entière du Conseil de la magistrature. A ceux qui lui firent remarquer que cela conduirait à la fin de l'indépendance du pouvoir judiciaire le Président Roch Kaboré répondit que selon lui un pays dans lequel la magistrature est son propre patron est un pays qui connaîtra beaucoup de problèmes[405]. L'exemple de Kaboré montre que manifestement il sera impossible de convertir aux valeurs de la démocratie les générations qui ont été nourries et formées à l'aune des partis uniques. Le réel nous oblige donc à raisonner en terme de génération perdu. Ces gens-là ont les mains sales et ne peuvent se nourrir que par la saleté politique. C'est l'éducation que leur a forgée le parti unique au sein duquel ils ont fait leur classe politique. Il n'y a rien à attendre des générations qui ont été nourries à la sève du parti unique.

La seule solution est donc de se focaliser sur les nouvelles générations et de convertir les prochaines générations d'acteurs politiques en Afrique aux valeurs de la démocratie. Une telle conversion ne peut se faire que par le biais du système éducatif. C'est ainsi par exemple qu'en France au début du 20e siècle c'est par le biais de l'école de la République que les nouvelles générations furent converties aux valeurs de la République au détriment des valeurs de la monarchie. C'est véritablement sur le terrain de l'école que la République a vaincu définitivement la Monarchie. Nous devons donc, par le biais de l'école et des universités, sensibiliser notre jeunesse aux valeurs de la démocratie moderne. C'est au sein de ces structures éducatives que nous élèverons nos futurs leaders politiques à la sève des valeurs de la démocratie moderne.

Mais en Afrique la conversion des générations nouvelles aux valeurs de la démocratie risque cependant de provoquer un rejet si les générations

---

[404] Son prédécesseur est Blaise Compaoré chassé du pouvoir par une insurrection populaire pour cause d'autoritarisme

[405] Africa 24, Journal télévisé du 20 Juin 2016 à 10h

nouvelles vivent les valeurs de la démocratie comme étant des valeurs étrangères à leur identité culturelle. Il faut donc trouver un moyen pour que les valeurs de la démocratie apparaissent aux yeux des générations nouvelles comme une composante à part entière de leur identité culturelle.

La question est donc celle de savoir comment faire des valeurs de la démocratie moderne une composante de l'identité culturelle des générations africaines à venir ? C'est ici que le corpus de savoir auquel renvoie le paradigme de la renaissance africaine nous donne une piste.

Comme corpus de connaissances, ce paradigme nous renvoie à un patrimoine politique qui incorpore les valeurs de la démocratie moderne à travers le modèle africain précolonial de l'Etat de droit. Ce modèle africain de l'Etat de droit privilégie la dévolution du pouvoir par l'élection, l'exercice modéré du pouvoir par la séparation des pouvoirs et l'institutionnalisation des contre-pouvoirs, l'alternance politique par le pluralisme des candidats et l'autonomie des personnes par les libertés publiques. Il faut donc porter à la connaissance des nouvelles générations cette composante de notre histoire politique et donc de leur identité culturelle.

Cette identité culturelle africaine qui véhicule les valeurs de la démocratie moderne et les principes de l'Etat de droit n'est pas une vue de l'esprit. On sait par exemple que l'indépendance des autorités juridictionnelles est un des éléments constitutifs des valeurs de la démocratie moderne. Or notre patrimoine institutionnel africain atteste de cette indépendance. C'est ainsi par exemple que l'Egypte ancienne nous a laissé des documents qui attestent du mécanisme de recours pour excès de pouvoir contre les décisions du pharaon. On sait aussi que dans un Etat de droit le chef de l'Etat n'est que le premier commis de l'Etat c.-à-d. le premier serviteur de l'Etat. Or le titre le plus usité pour désigner le pharaon est hem c.-à-d. serviteur. On pourrait multiplier les exemples.

Comme on le voit les valeurs de la démocratie moderne ne sont pas étrangères à la culture politique africaine. Elles sont en vérité nées en Afrique et constituent des valeurs politiques d'origine africaine. Lorsque les Grecs antiques voulurent démocratiser leurs sociétés c'est en Egypte ancienne que les législateurs grecs allèrent s'informer sur les mesures à mettre en œuvre. C'est le cas notamment de Solon.

Il importe donc que les politologues et juristes africains fassent un travail d'exhumation de ce modèle africain de l'Etat de droit. Ce modèle repose sur les valeurs fondatrices de la démocratie moderne. Il leur appartient de faire la promotion de ce modèle à travers les médias et les structures éducatives secondaires et supérieures. De la sorte, les générations africaines futures se convertiront et s'identifieront d'autant plus aux valeurs de la démocratie moderne qu'elles leur apparaîtront comme une composante de leur identité culturelle.

De ce point de vue, le mouvement associatif a aussi un rôle important à jouer sur ce terrain. Il se doit de brandir les valeurs de la démocratie moderne comme une composante de l'identité culturelle africaine. Il se doit de brandir ces valeurs pour stigmatiser et dénoncer le système politique post-colonial comme étant un modèle étranger à la culture politique africaine. Il s'agit donc pour le mouvement associatif en Afrique de diffuser au sein des générations montantes cette culture qui est présente dans le patrimoine politique africain auquel fait écho le paradigme de la renaissance africaine. Il s'agit donc d'introduire les nouvelles générations à l'axiologie politique de ce patrimoine institutionnel auquel renvoie le paradigme de la renaissance africaine pour qu'elles soient porteuses d'une culture politique de la tolérance.

En s'identifiant à cette culture de l'Etat de droit comme partie intégrante de leur identité culturelle, les générations montantes se convertiront aux valeurs de la démocratie et pourront faire échec aux générations dont la culture politique s'enracine dans le patrimoine hérité du système politique post-colonial. La promotion de cette culture politique africaine de l'Etat de droit est la seule solution pour pacifier la scène politique africaine.

E) La question du choix de notre système économique

En ce qui concerne le devenir moderne des sociétés africaines une des premières questions qui se pose est la question d'une politique industrielle qui valorise nos espaces et nos ressources économiques au bénéfice des populations africaines. C'est ce qu'on appelle un système économique de production sous l'angle de la rentabilité interne.

L'observation des faits montre que le système économique post-colonial ne répond pas à cet objectif. Il s'agit d'un système économique de rentabilité externe c.-à-d. un système économique qui mobilise les espaces et les ressources africaines pour créer de la valeur ajoutée non pas sur les territoires africains, mais sur les territoires d'origine des entreprises étrangères qui opèrent en Afrique. On est bien forcé par souci de vérité de dire que ce système économique est africanophage en ce sens qu'il crée de la richesse par appauvrissement des populations africaines.

Les origines de ce système économique de production sont bien connues. Il puise sa source dans la doctrine du développement. Il est l'expression d'une politique d'industrialisation par le commerce international. Cette politique revient à réduire l'activité économique à une simple activité d'extraction et d'exportation des matières premières. Or l'économie ce n'est pas cela. L'économie est une activité domestique de production et d'échange générateur d'emplois, de salaires, d'épargne et d'investissement. Cette activité consiste non pas à piller des espaces et des ressources, mais à organiser une mise en valeur optimale des espaces et des ressources pour permettre à un peuple de produire les biens et les services nécessaires à sa propre existence. C'est cela l'économie. C'est une mise en valeur des ressources nationales sous l'angle de la rentabilité interne c.-à-d. au bénéfice des populations locales.

La question est donc celle de savoir comment créer un système économique de production qui organise une mise en valeur optimale des espaces et des ressources au bénéfice des populations africaines. Un modèle de mise en valeur qui permet de créer de la valeur par enrichissement des populations africaines et qui permet aux peuples africains de produire par elles même les conditions matérielles nécessaires à leur propre existence. Comment concevoir et inventer un tel système ?

Le paradigme de la renaissance africaine nous ouvre ici une piste. Comme corpus de connaissances, il nous renvoie à un modèle économique qui nous donne des leçons en matière de valorisation optimale de l'espace économique. Ce modèle est celui des grands Etats de l'Afrique précoloniale. Ces Etats étaient réputés dans le monde non pas comme des espaces de pénurie matérielle, mais au contraire comme des espaces d'abondance matérielle. Leur modèle économique était celui d'une mise en valeur des espaces et des ressources sous l'angle de la rentabilité interne, dans le cadre d'un marché intérieur à échelle régionale et d'une division régionale du travail. C'est ce modèle économique qui a permis aux sociétés africaines pré-coloniales de pouvoir produire par elles-mêmes les conditions matérielles de leur propre existence. C'est ce modèle économique qu'avaient adopté les grands Etats de l'histoire africaine dans la vallée du Nil, dans la vallée du Niger, dans le bassin du Congo et du Zambèze.

Ce qui est heuristique dans ce modèle est son option pour une mise en valeur des espaces et des ressources sous l'angle de la rentabilité interne. Cette option consiste à assigner à l'appareil de production deux objectifs complémentaires. D'abord la satisfaction des besoins du marché interne en biens, services et emplois. Ensuite la satisfaction des besoins du marché externe en biens manufacturés et en produits brut. L'intérêt de ce modèle économique de rentabilité interne est de permettre à un peuple de pouvoir produire par lui-même les conditions matérielles nécessaires à sa propre existence. Toute la question est donc celle de savoir quelle est la politique économique qui peut nous permettre en Afrique de valoriser nos espaces et nos ressources sous l'angle de la rentabilité interne ?

On sait de nos jours, que dans le cadre de l'économie industrielle, la valorisation des espaces et des ressources économique passe par la mise en œuvre d'une politique industrielle de transformation et par une politique technologique d'innovation. Une telle politique débouche sur un système économique de rentabilité interne, car par définition le couple politique industrielle de transformation et politique technologique d'innovation emprunte toujours la forme d'une activité de production et d'échange de biens et de services génératrice d'entreprises locales, d'emplois locaux, de salaires locaux, d'épargne locale et d'investissement local.

Il s'agit donc pour nous d'adopter un système économique de rentabilité interne en optant pour une politique industrielle de transformation et une politique technologique d'innovation. Ce système économique consiste à mobiliser les espaces et les ressources africaines pour créer de la valeur ajoutée sur le continent africain lui-même. Seul un tel système peut nous permettre de produire par nous même les biens et les services nécessaires à notre propre existence.

Mais une question se pose. Ce système nous conduit-il à nous polariser uniquement sur notre marché interne ? Non ! Il va de soi que ce projet économique ne doit pas conduire à une autarcie. Notre économie doit évidemment être ouverte, libre-échangiste et compétitive. Il s'agit simplement d'allouer nos ressources économiques à la production de biens manufacturés dont la vocation sera d'abord de satisfaire un vaste marché intérieur et ensuite seulement de satisfaire les besoins du marché externe en produits naturels ou manufacturés.

Concrètement cela signifie qu'il faut mobiliser nos ressources et orienter notre appareil de production vers la satisfaction simultané de deux marchés : le marché intérieur et le marché extérieur en exportant uniquement sur ce dernier marché le surplus de notre production. Conquérir donc notre marché intérieur sans nous couper du marché extérieur sur lequel nous écoulerons notre surplus. Conquérir notre marché intérieur. Tel est le défi de la renaissance africaine sur le plan économique.

Une autre question se pose. Chaque Etat africain sera-t-il capable de mettre en place un tel système économique de production ? La réponse est positive pour certains Etats mais négative pour d'autres. Un grand nombre d'Etats africains dispose ni des ressources ni de l'espace que nécessite le fonctionnement de ce système. Or dans le contexte de l'économie internationale d'aujourd'hui ce modèle ne peut être viable que si il dispose d'un vaste espace différencié de ressources naturelles et d'un vaste marché de consommateurs. Pour que les Etats africains qui ne disposent pas de ces deux éléments puissent bénéficier du système économique de rentabilité interne il faut que joue le mécanisme de la solidarité africaine. Cette solidarité est celle qui présentera la forme d'un marché intérieur unique et d'une division régionale du travail adossés tous les deux à un Etat fédéral. C'est cela le pan-africanisme tel que l'avaient conçu ses pères fondateurs. La solidarité comme levier d'émancipation collective.

Seule en effet une solidarité pan-africaniste peut permettre une mise en valeur des espaces et des ressources en Afrique sous l'angle de la rentabilité interne dans le cadre d'un vaste marché intérieur à échelle continentale et d'une division régionale du travail.

Il faut donc assainir le facteur qui empêche la division continentale du travail et la constitution d'un vaste marché intérieur. A savoir les frontières post-coloniales. C'est pourquoi Cheikh Anta Diop a recommandé la création d'un Etat fédéral africain comme cadre optimal pour une politique industrielle et agricole sous l'angle de la rentabilité interne

Nous devons donc organiser notre système économique en adoptant une politique industrielle de transformation et une politique d'innovation technologique dans le cadre d'une division continentale du travail et d'un marché intérieur adossé à un Etat fédéral.

L'avantage d'une telle politique est qu'elle permettra de créer de la valeur par enrichissement des populations africaines en ce sens que par définition elle sera créatrice d'entreprises locales, d'emplois locaux, de salaires locaux, d'impôt. Seule une telle politique industrielle peut nous conduire à pouvoir produire par nous même les conditions matérielles de notre propre existence.

Notre système économique doit donc être celui d'une politique industrielle de transformation qui valorise les espaces et les ressources sous l'angle de la rentabilité interne. Pour être optimal, ce modèle nécessite la création d'un vaste marché intérieur que peut nous offrir la création d'un Etat fédéral africain. Nous autres africains devons prendre conscience qu'un tel Etat ne sera viable qu'à la condition de voir le jour par le jeu d'un traité d'Union fédéral signé entre des Etats africains qui attestent d'un système politique démocratique. Rien ne servira en effet de se fédérer si c'est pour se retrouver sous la férule d'un Etat fédéral autoritaire. C'est la raison pour laquelle nous répétons souvent que la lutte pour la démocratie en Afrique est la condition préalable d'un Etat africain fédéral. De ce point de vue la tâche préalable des pan-africanistes est la lutte pour la démocratisation des systèmes politiques en Afrique.

F) La question du choix de notre modèle de société

En ce qui concerne le devenir moderne des sociétés africaines, une des premières questions qui se posent est la question du choix de notre modèle de société.

Il convient de rappeler qu'en Afrique post-coloniale, l'idéologie politique dominante est celle inhérente à la théorie du développement. Or cette théorie nous invite à reproduire le modèle de la société industrielle et démocratique, car celle-ci serait le modèle achevé du mouvement de l'histoire. Elle serait l'expression de la trajectoire optimale et performante des sociétés.

La tentation est donc grande de reproduire le modèle de la société industrielle et démocratique. Or c'est là une tentation à laquelle il ne faut surtout pas céder, car ce modèle n'a pas pour caractéristique fondamentale d'être celui d'une société industrielle et démocratique. Sa caractéristique fondamentale est plutôt celle d'être une société productiviste c.-à-d. une société qui subordonne toute l'organisation sociale à un impératif de production illimitée, linéaire et cumulative des biens et des services. Un impératif qui devient l'aune et la mesure de toute chose et conduit en Occident à une perversion du projet initial de la modernité. Perversion, car cette logique de production donne à la société moderne en occident la configuration d'une société qui évacue le sens par l'inversion des valeurs, par l'inversion des priorités et par la confusion des intérêts et des besoins. Pire encore, cette logique de production donne à la société moderne en Occident la configuration d'une société qui se construit comme une société de risques majeurs qui aujourd'hui hypothèque l'avenir même de l'humanité. Cette configuration réduit les rapports entre humains à des rapports marchands et consacre le meilleur de l'intelligence humaine à l'invention de besoins artificiels et d'armes toujours plus destructrices.

Cette perversion du projet de la modernité en Occident a engendré une société qui non seulement creuse son propre fossé, mais aussi une société qui fait peser une épée de Damoclès sur la tête de l'humanité. Son impact écologique la discrédite en tant qu'idéal et modèle de société. Il l'a discrédité en tant que modèle de référence et modèle achevé du mouvement de l'histoire. Nous devons donc prendre garde à ne pas épouser ce modèle d'une modernité productiviste. Car là où nous penserons reproduire le modèle d'une société industrielle et démocratique, nous reproduirions en vérité le modèle d'une société productiviste.

Aujourd'hui sur tous les continents ce modèle de société pose problème. Un peu partout des hommes et des femmes aspirent à vivre certes dans une société moderne, mais une société moderne qui ne présente pas une configuration productiviste. C'est ce qui explique que la fine fleur de l'intelligentsia européenne s'interroge sur la possibilité d'une alternative à cette expérience occidentale de la modernité. C'est ce dont attestent les travaux de L'Ecole critique de Francfort, les travaux de l'Ecole de la Décroissance et les travaux d'Albert Jacquard. En Occident deux propositions sont avancées pour sortir de cette impasse : l'écologie politique et la théorie de la décroissance. Ces propositions présentent des limites et des impasses qu'il n'est pas possible de présenter ici. Il faut donc rechercher d'autres propositions.

Le paradigme de la renaissance africaine peut-il offrir aux sociétés africaines et aux autres sociétés du monde une alternative pour une expérience de modernité qui soit autre que celle d'une modernité productiviste ? Peut-il offrir une solution à l'impasse dans laquelle nous a conduits l'expérience occidentale de la modernité. Cette modernité productiviste dont les normes tendent aujourd'hui à uniformiser les habitus des peuples de toute la planète ? Aussi étonnante que cela puisse paraître, la réponse est positive. Le paradigme de la renaissance africaine renvoie à une expérience de civilisation où des hommes et des femmes ont su construire des rapports d'une modernité non productiviste. L'humanité contemporaine gagnerait à s'inspirer des leçons que nous donne l'expérience africaine de civilisation en matière d'organisation et de fonctionnement des sociétés. Ces leçons pourraient conduire à l'avènement d'une modernité alternative à la modernité productiviste qui nous vient de l'Occident.

Il faut en effet prendre conscience que la perversion de la modernité en Occident n'est pas une fatalité. Elle trouve son origine dans la problématique faustienne des visions et philosophies dont l'instrumentalité technologique sert de nos jours les intérêts. Cette conséquence négative de la révolution technoscientifique, peut par conséquent être inversée, pour autant que l'on mette cette instrumentalité technologique, au service de visions non faustiennes du rapport de l'homme à autrui, à l'outil et à la nature. C'est ce qu'essaient de faire comprendre à leurs compatriotes certains analystes occidentaux, notamment Albert Jacquard[406]. Les personnes soucieuses du devenir de l'humanité gagneront à lire les travaux de A. Jacquard.

Pathé Diagne nous offre que dans sa volonté légitime d'intégrer la modernité au cœur des sociétés africaines, la conscience politique africaine gagnerait à s'affranchir de l'héritage philosophique et idéologique indo-européen, dans ce qu'il instaure comme rapport conflictualiste dans la relation de l'homme à autrui, au divin, au pouvoir, à la société, à l'outil et à la nature. C'est l'élargissement planétaire de ces visions indo-européennes, alors même que les facteurs objectifs ayant conditionné leur genèse ont disparu, qui explique selon Pathé Diagne, pourquoi les sociétés humaines contemporaines abordent l'aube du Nouvel Âge macro-technologique dans le désordre politique, la confusion philosophique, et l'angoisse existentielle.

Mais comment penser de façon alternative, la modernité d'un monde à l'intérieur duquel les systèmes d'idées dominants ont fait intérioriser comme légitimes ces visions faustiennes, qui justement font problème, et sont à la source de son impasse ? Pathé Diagne nous fournit une piste d'accès à des visions non faustiennes au service desquelles nous pouvons mettre l'instrumentalité technologique actuelle. Il écrit : « Il se trouve que le champ culturel négro-africain, à travers ses systèmes d'idées sur l'être au monde, sur le rapport de l'être à autrui, à l'objet, à la nature, aux sciences, aux techniques, aux politiques et à l'économique, à travers ses conceptions de la relation entre les cultures et les peuples, à travers ses visions de l'Etat ou de la théologie, a produit, de l'époque pharaonique aux civilisations proto-coloniales plus récentes, des réponses dont la modernité frappe »[407]. Il appartient donc aux chercheurs africains de faire des travaux qui montrent la modernité des discours africains pré-coloniaux dans tel ou tel autre domaine. Personnellement, nous l'avons fait en ce qui concerne le discours africain sur l'Etat (Per) sur la personne humaine (Muntu), sur la divinité Nzambi) et sur la philosophie de l'histoire. Le lecteur aura bientôt accès à ces travaux dans diverses publications à venir. En fait, non seulement ces réponses du passé africain pharaonique et post-pharaonique frappent par leur modernité, mais en outre cette modernité d'expression africaine nous donne des leçons pour

---

[406] Albert Jacquard : Cinq milliards d'hommes dans un vaisseau, Editions du seuil, 1987 ; Inventer l'homme, Editions complexe, 1984 ; Le compte à rebours a-t-il commencé ? Editions Stock, 2009

[407] Pathe Diagne, L'Europhilosophie, Editions Sankoré

humaniser notre modernité contemporaine, pour inverser la logique entropique de notre modernité contemporaine. En d'autres termes elle peut nous permettre d'inventer une modernité alternative à la perversion du projet initial de la modernité auquel a conduit l'Occident.

Le sociologue jean Ziegler partage ce point de vue. Selon Jean Ziegler la mémoire historique africaine est le refuge d'une identité alternative. Cette mémoire selon Jean Ziegler nous renvoie à une expérience de civilisation où les hommes ont su construire d'autres types de rapports avec le divin, la nature, le progrès, la technique, la science, le politique, le pouvoir, l'économie, le couple, etc. Elle nous renvoie à une expérience de civilisation qui atteste que l'humanité peut entretenir d'autres rapports au monde. Cela signifie donc que la modernité productiviste n'est pas une fatalité. Nous pouvons donc construire une modernité qui n'est pas productiviste. Nous pouvons construire d'autres types de rapports avec le divin, la nature, le progrès, la technique, la science le politique et l'économie, le couple. Tout dépend de la vision que nous adoptons dans notre rapport au monde c.-à-d. à l'autre, à la nature, à l'objet et à la technique. Or précisément c'est ici que le paradigme de la renaissance africaine nous offre une piste. Il nous renvoie à un patrimoine culturel où existe une vision des rapports de l'homme au monde qui pourrait apporter son concours à la création d'une modernité alternative à la modernité d'expression occidentale.

Prenons l'exemple de la vision africaine du rapport à l'autre et à la nature. Nous pouvons saisir cette vision à travers les langues africaines dites bantu. Une langue – comme nous la ait remarquer en 2014 un étudiant de African summer school- n'est pas seulement un support d'expression. C'est aussi une vision du monde. C'est ce dont atteste par exemple la formation du verbe avoir dans certaines langues africaines.

On sait que dans les langues européennes, le verbe avoir vient du latin habere qui signifie tenir, occuper, habiter. Ce verbe exprime l'idée de possession, l'idée d'être dans une relation possessive. Avoir, dans les langues européennes c'est exercer une emprise : posséder, disposer, dominer. Cette acception du verbe avoir n'est pas sans incidence sur la relation avec l'autre et avec la nature. Elle peut générer une vision du monde qui n'exclut pas l'idée que le rapport avec l'autre ou avec la nature puisse être un rapport d'emprise. Une telle acception du verbe avoir ne pouvait se former que dans le cadre d'une civilisation qui connaissait des pratiques d'emprise d'une personne sur une autre personne. Ce fut le cas en Occident où de l'antiquité gréco-romaine jusqu'au 19e siècle, les rapports sociaux étaient organisés sur le mode d'une hiérarchie non pas fonctionnelle, mais discriminatoire. Le maître avait un droit d'emprise sur l'esclave considéré comme un bien meuble, le mari avait un droit d'emprise sur son épouse considéré comme incapable, le père avait un droit d'emprise sur sa progéniture considéré comme sa dépendance. C'est également le cas en Occident où depuis le 18e siècle la philosophie invite les hommes à se considérer comme maîtres et possesseur de la nature. Et on sait à quel bilan catastrophique cette vision du rapport de l'homme avec la nature a conduit l'humanité en terme d'écologie.

Dans certaines langues africaines le verbe avoir exprime une tout autre idée. Il y exprime non pas une idée d'emprise, mais une idée de réciprocité dans la relation. Avoir dans ces langues africaines se dit littéralement être - avec. Avoir dans ces langues c'est donc être dans une relation de réciprocité avec quelqu'un ou quelque chose. Cette acception du verbe avoir n'est pas sans incidence sur la relation avec l'autre et avec la nature. Elle véhicule nécessairement une vision du monde qui exclut l'idée que le rapport avec l'autre ou avec la nature puisse être un rapport d'emprise, un rapport de mise à disposition. Elle véhicule l'idée que ce rapport doit exclusivement être un rapport de réciprocité.

Cette acception du verbe avoir ne pouvait se former que dans le cadre d'une société qui ne connaissait pas des pratiques d'emprise d'une personne sur une autre personne et de l'homme sur la nature. Elle n'a pu se former que dans la cadre d'une société qui privilégie la réciprocité sur l'emprise. Ce fut le cas des sociétés africaines anciennes où de l'antiquité égypto-nubienne jusqu'au contact avec les cultures arabe et européenne, les sociétés africaines pratiquaient ni l'emprise d'une personne sur une autre personne ni l'emprise des hommes sur la nature. C'est ce que traduisent précisément dans les langues dites bantu les expressions relatives au rapport avec une personne (on dit non pas j'ai une femme, mais je suis avec une femme) une chose (on dit non pas j'ai une maison, mais je suis avec une maison), sa progéniture (on dit non pas j'ai des enfants, mais je suis avec des enfants). On peut expliquer cela par l'absence de toute emprise sur les personnes (les prisonniers de guerre deviennent non pas des esclaves c.-à-d. des gens sans personnalité juridique, mais des gens de service et donc des gens avec personnalité juridique) et sur la nature (tout prélèvement de l'homme sur la nature débute et se termine par un rituel par lequel celui qui prélève s'engage à ne prélever que le strict nécessaire).

Du point de vue de la vision du monde qu'elles véhiculent, les langues dites bantu nous donnent une information fondamentale. Elles nous informent qu'être ce n'est pas être là comme le pense Heidegger, mais c'est plutôt être avec. Dans la philosophie d'expression occidentale être c'est être là, c'est considérer que le monde est une structure inconnue et donc une source de danger qu'il faut s'empresser de soumettre. Dans la philosophie d'expression bantu être c'est être avec, c'est considérer que le monde est la structure a priori d'un monde possible avec lequel il faut être sur le mode de la proximité et de la réciprocité. Ces langues nous informent aussi qu'avoir ce n'est pas être dans une relation de possession, mais être dans une relation de réciprocité. Elles signifient donc qu'avoir ce n'est pas être contre, mais être avec, ce n'est pas s'affirmer contre, mais s'affirmer avec, avoir et être ce n'est pas s'accaparer, mais échanger.

Autrement dit, les langues bantu nous informent que pour être il faut être avec. Fondamentalement, elles nous enseignent que l'être humain est un être relationnel c.-à-d. qu'il ne peut naître, se construire et s'agrandir que dans la relation. C'est ce que traduit par ailleurs le concept de Muntu. Elles nous informent que ce que nous devons faire prévaloir dans notre rapport avec le divin, la nature, le pouvoir, la technique, le couple, etc. est non pas l'emprise (possession, domination, appropriation), mais la relation (réciprocité). Si cette relation est faite de réciprocité alors nous nous construirons une société en équilibre. Si cette relation est faite d'emprise alors nous construirons une société en tension perpétuelle. C'est pourquoi Jean Ziegler dit que « le mystère de la relation est plus grand que le mystère de l'être ». Nous devons appliquer cette vision de l'être dans notre rapport avec le divin, la nature, le monde animal, le couple, etc,Si nous le faisons alors nous pourrons donner à la modernité une nouvelle orientation. Une orientation non productiviste.

Voilà pourquoi la renaissance africaine doit être en vérité l'affaire de toute la communauté internationale. Nous sommes tous embarqués dans un même bateau et nous devons faire en sorte que ce bateau nous amène à bon port. Nous tous qui vivons en Occident, africains, européens, asiatiques, nous souhaitons nous émanciper de la configuration productiviste que certains groupes sociaux ont donnée à la modernité. Nous voulons nous émanciper de cette modernité productiviste, car elle fait de nous des hommes unidimensionnels, elle nous introduit dans une société de risques majeurs qui évacue le sens, inverse les priorités et les valeurs.

Le paradigme de la renaissance africaine comme corpus de connaissances nous offre donc l'opportunité de faire de nous non pas les spectateurs de notre modèle de société, mais les acteurs de notre propre modèle de société. A partir de la vision africaine de notre rapport à l'autre et à la nature nous pouvons nous inspirer des leçons que nous donne l'expérience africaine de civilisation en matière d'organisation des sociétés comme espaces d'équilibre dans les rapports que l'homme entretient avec la transcendance, la nature, le pouvoir, la science, la technique, etc., et ainsi créer une société moderne qui ne soit ni une société productiviste ni une société de risques majeurs.

L'expérience africaine de civilisation peut être une source d'inspiration pour construire une modernité alternative à la modernité productiviste. De ce point de vue, Jean Ziegler a raison de dire que l'expérience africaine de civilisation constitue pour l'humanité en général et pour l'Afrique en particulier le refuge d'une identité alternative à l'impasse à laquelle a conduit l'expérience occidentale de la modernité. Cette identité alternative est précieuse à la conscience du monde contemporain, car elle nous permet de ne pas vivre l'expérience occidentale de la modernité comme une fatalité. Elle nous rappelle que la société productiviste n'est qu'un accident de l'histoire. Elle nous informe que la modernité peut être autre chose qu'une modernité productiviste.

Le paradigme de la renaissance africaine nous renvoie donc à une expérience historique qui nous fait entrevoir que nous pouvons créer une société africaine moderne c.-à-d. une société africaine de liberté politique, d'abondance matérielle, de spiritualité apaisée, d'innovation dans le domaine des sciences, des techniques, des arts et de l'industrie, sans pour autant construire notre société sur le modèle d'une société de risques majeurs. Le paradigme de la renaissance africaine nous renvoie donc à une vision du monde qui nous permet d'échapper au schéma de cette société de risques majeurs, d'échapper au schéma de cette modernité productiviste. Elle nous renvoie à une expérience de civilisation qui atteste que l'humanité peut entretenir d'autres rapports avec le divin, la nature, la technologie, la science, le pouvoir, etc. Ce paradigme en effet fait écho à la mémoire historique africaine. Une mémoire qui nous rappelle que ce qui aujourd'hui est présenté comme le modèle par excellence de la modernité n'est en vérité que l'expérience occidentale de la modernité. Elle est issue de l'expérience historique des peuples européens. Elle en porte forcément la marque en termes d'apports, mais aussi en terme de limites. Or la modernité peut avoir une configuration autre que cette configuration productiviste qu'elle présente aujourd'hui. Tout dépend de la vision que nous adoptons dans notre rapport au monde c.-à-d. au divin, à la nature, à l'objet, à la technique et à l'autre. C'est ce que nous dit aujourd'hui A. Jacquard. C'est ce que nous disait déjà la culture bantou.

G) La question de l'entreprenariat et de la coopération internationale

En ce qui concerne le devenir moderne des sociétés africaines, une des questions qui se pose est celle de savoir comment entreprendre dans le monde des affaires dans une démarche de renaissance africaine. Mais aussi comment participer à la coopération internationale dans une démarche de renaissance africaine.

1°) Entreprendre dans les affaires dans une démarche de renaissance africaine

Pour les Africains qui veulent entreprendre dans une logique de renaissance africaine la recommandation est de leur dire qu'ils doivent entreprendre en conjuguant ensemble l'objectif individuel de profit et de rentabilité financière avec l'objectif politique qui consiste à donner aux populations africaines accès à des biens et à des services de qualité à partir d'une expertise d'initiative africaine.

Concrètement cela signifie qu'il leur faut investir pour conquérir le marché intérieur africain. Les besoins sont énormes et le retour sur investissement aussi est énorme. Il leur appartient de faire des études de marché pour connaître ces besoins. Un bel exemple nous est donné par l'ingénieur ougandais qui a inventé les serviettes hygiéniques à partir des papyrus pour répondre au besoin des filles et femmes ougandaises d'avoir accès à des serviettes hygiéniques de qualité et a porté de leur bourse. Par cette initiative qui vise à satisfaire les besoins des populations africaines, il a su créer des emplois et donc des salaires tout en générant du profit.

Ce sera cela la renaissance africaine dans le domaine des affaires. Elle doit se traduire par une offre africaine de qualité dans le domaine de la production des biens et des services, par la conquête du marché intérieur africain.

2°) La coopération internationale dans une démarche de renaissance africaine

Cette question concerne les personnes qui ambitionnent de faire des projets de coopération internationale du point de vue d'une démarche de renaissance africaine. Que ce soit dans le cadre des ONG ou des OIG. Ces personnes doivent pour cela proposer des projets qui contribuent à l'assainissement de tel ou tel secteur du tissu social, de projets qui contribuent à une réappropriation africaine des ressorts de l'historicité, ou encore des projets qui contribuent à la promotion des sciences et des techniques.

La coopération internationale doit donc se constituer non pas dans la forme d'une politique de l'Aide visant à accélérer un processus de rattrapage historique, mais dans la forme d'une politique de promotion des ressorts de l'historicité visant à restituer aux sociétés africaines l'initiative historique.

Tel est le sens que doivent prendre les projets de coopération. Ils ne doivent pas se résumer à des projets de colmatage des déficiences des Etats ou de sauvetage temporaire. Ils doivent se construire comme des projets de refondation du tissu social africain. Par exemple refonder le tissu médical en Afrique en créant dans une ville un réseau de dispensaires avec pour objectif la formation d'un personnel africain compétent et la mise en place d'un mécanisme de financement local pour l'entretien de ces centres. Il est même surprenant que les ONG n'aient pas déjà réussi à mettre en place un tel réseau.

De ce point de vue on peut dire que les ONG qui ambitionnent de faire des projets de coopération doivent le faire du point de vue d'une logique de renaissance africaine c.-à-d. d'une logique de restitution aux populations africaines de leur aptitude à l'initiative historique.

H) La question d'une recherche africaine innovante dans le domaine des sciences exactes et des sciences sociales

En ce qui concerne le devenir moderne des sociétés africaines, une des premières questions qui se pose est celle de la création d'une activité de recherche innovante dans domaine des sciences exactes et des sciences humaines. Une telle activité est cruciale voir déterminante pour qu'une Afrique à nouveau moderne puisse se construire au sein du mouvement contemporain de l'histoire.

Cheikh Anta Diop a su mieux que quiconque mettre en perspective les enjeux d'une telle activité de recherche en Afrique. Il a écrit pour ainsi dire les lignes les plus éclairantes sur l'importance cruciale de la recherche pour le continent africain. Il écrit : « La recherche est le démiurge qui remodèle sans cesse la face du monde. L'histoire des techniques montre qu'à chaque découverte d'une nouvelle source d'énergie correspond un bond prodigieux de la civilisation matérielle. Du moulin à eau de l'antiquité, à la future fusée photonique de demain, la physionomie du monde est en perpétuelle transformation. Chaque nouvelle théorie modifie notre vision de l'Univers ; la mécanique classique avec NEWTON et LAPLACE aux XVIIIe et XIXe siècles, la relativité générale au début du XXe siècle avec EINSTEIN et la mécanique quantique, en plein développement depuis les travaux de Louis de BROGLIE, HEISENBERG et SCHRÖDINGER, nous ont présenté successivement un univers aussi aberrant pour le sens commun que fascinant pour l'intellect. La recherche est donc la source de renouvellement du monde au sens le plus général et le plus profond. Elle pourvoit en techniques nouvelles le champ de la pratique quotidienne. Elle augmente l'emprise de l'homme sur la nature et fait de lui un agent actif de transformation du monde. Au surplus la recherche assure une fonction formatrice de cadres hautement qualifiés. Les traditions intellectuelles qu'elle crée dans les familles qui la pratiquent de père en fils, dans les pays développés, ont parfois donné l'illusion d'une pseudo-hérédité d'aptitudes intellectuelles particulières. C'est donc se méprendre grossièrement sur son importance et sur son rôle que de la considérer comme un luxe ou que de la traiter en pauvre de l'Enseignement supérieur dont elle est, du reste, inséparable »[408]

Diop écrit aussi dans le même texte que « ... si la recherche n'est absolument pas un luxe, la recherche fondamentale l'est encore moins. Elle est la dispensatrice, par excellence, des bienfaits inattendus, par ses multiples retombées imprévisibles. Il suffit de songer aux innombrables applications qu'offre déjà la recherche spatiale qui naguère paraissait plutôt vaine : elles concernent la médecine et la biologie, les différentes branches de la physique, l'astronomie, la technique des alliages, etc. Certes, on pourrait être

[408] Cheikh Anta DIOP, PERSPECTIVES DE LA RECHERCHE SCIENTIFIQUE EN AFRIQUE Ce texte de Cheikh Anta DIOP est celui de la conférence d'ouverture de la 9e biennale de l'Association Scientifique ouest-africaine (ASOA, West African Science Association : WASA) tenue à la Faculté des Sciences de l'Université de Dakar du 27 mars au 1er avril 1974. Le texte de cet exposé, dont le but était de soumettre à la réflexion des participants quelques thèmes qui semblent devoir retenir l'attention des chercheurs et des scientifiques africains, a été lu, en l'absence de l'auteur, par M. Souleymane NIANG, alors Doyen de la Faculté des Sciences de Dakar. Il a été publié dans Notes africaines, n° 144, octobre 1974, p. 85-88, Institut fondamental d'Afrique noire.

tenté de rester sur la touche, d'attendre que tombe le fruit du travail des autres nations pour en bénéficier, mais il s'agit justement de mettre fin à ce parasitisme intellectuel. N'oublions pas que le savoir est la seule force et la seule richesse ici-bas, et que pour parodier tout en la généralisant une remarque célèbre du professeur LICHNEROWICZ, on peut dire que chaque pays a le poids des cerveaux de ses chercheurs et cadres scientifiques. L'Afrique doit opter pour une politique de développement scientifique et intellectuel et y mettre le prix ; sa vulnérabilité excessive des cinq derniers siècles est la conséquence d'une déficience technique. Le développement intellectuel est le moyen le plus sûr de faire cesser le chantage, les brimades, les humiliations. L'Afrique peut redevenir un centre d'initiatives et de décisions scientifiques au lieu de croire qu'elle est condamnée à rester l'appendice, le champ d'expansion économique des pays développés ».

Ces remarques de Cheikh Anta Diop informent combien la recherche est un domaine crucial pour le devenir moderne des sociétés africaines. Or l'observation des faits montre que la recherche en Afrique post-coloniale présente deux handicaps. Elle est hétéronome et elle manque de perspective diachronique. Il nous faut donc absolument réfléchir sur les moyens de remédier à ces deux handicaps de la recherche actuelle en Afrique sans quoi il n'est nullement raisonnable d'envisager une quelconque renaissance des sociétés africaines. On verra ici que le paradigme de la renaissance africaine offre une piste pour trouver une solution à ces deux handicaps.

1°) La solution pour vaincre l'hétéronomie de la recherche en Afrique

On sait qu'en Afrique post-coloniale la recherche présente le caractère d'une recherche hétéronome. De là vient l'incapacité actuelle de l'élite intellectuelle, technique et scientifique africaine à prendre en charge le traitement conceptuel et technique des problèmes auxquels sont confrontées les sociétés africaines post-coloniales.

L'origine de cette hétéronomie est connue. Elle est imputable à la version évolutionniste de l'histoire africaine qui habite l imaginaire de l'élite africaine. Elle engendre au sein de cette élite une crise de confiance dans son aptitude à prendre en charge la solution des problèmes auxquels sont confrontées les sociétés africaines dans une perspective d'autonomie de pensée, des normes, des intérêts et des priorités. De là vient l'inclination de cette élite à une recherche sous tutelle étrangère. Elle se contente de reprendre à son compte les analyses des sociétés africaines faites à l'étranger. Il s'ensuit une hétéronomie de la recherche africaine. Ce n'est donc pas à dessein de caricature que Théophile Obenga prend soin de préciser qu'en Afrique, dans le domaine de la recherche, l'imitation tient souvent lieu de réflexion.

Il faut sans doute voir là, la raison pour laquelle la recherche universitaire africaine fait encore figure de parent pauvre de la recherche universitaire mondiale. En dehors de quelques individualités, rares sont les études novatrices qui nous parviennent des universités africaines.

La plupart des travaux au sein des universités africaines demeurent, pour beaucoup, des échos périphériques de la recherche occidentale, avec tout ce qu'elle peut véhiculer comme conclusions erronées sur un milieu social qu'elle aborde à partir d'un postulat évolutionniste.

Pour Diop, cette hétéronomie de la recherche africaine est une entrave à la libre expression de l'esprit de créativité en Afrique. Elle peut être vaincue entre autres choses par le moyen de la restitution à l'élite intellectuelle africaine de la matière de toute sa conscience historique. Pour Diop cette matière est à même de faire échec aux réflexes de subordination (psychologique et intellectuelle) qui entravent la libre expression du génie créateur en Afrique. En cela elle est à même de faire passer la recherche fondamentale et appliquée en Afrique de la condition d'une recherche hétéronome à celui d'une recherche autonome. Or cette conscience historique thérapeutique est celle à laquelle nous renvoie le paradigme de la renaissance africaine. A savoir, toute la matière de l'histoire africaine avant la séquence de la régression historique qui a débuté à compter du 17e siècle apr. J.-C..

2°) La solution pour donner à la recherche en Afrique une perspective diachronique

Dans le domaine de la recherche, la créativité s'entend de l'aptitude à créer des connaissances à même d'opérer comme solutions aux défis multiples auxquels sont confrontées les sociétés. De telles connaissances ne peuvent être générées que par une recherche innovante. Or pour être innovante, la recherche a besoin de se déployer sur une échelle de longue durée. C'est ce qu'on appelle la diachronie. La renaissance africaine peut ici opérer comme un facteur incitatif dans la mesure où elle nous renvoie à un patrimoine scientifique qui permet l'étude diachronique sur notre propre sol de toutes les questions aujourd'hui abordées dans les sciences sociales et dans les sciences exactes sur une échelle de 5000 ans.

Comme le dit Cheikh Anta Diop, la diachronie africaine rend possible, sur notre propre sol, l'étude de toutes les disciplines scientifiques sur la longue durée et nous permet ainsi de bâtir en Afrique un véritable corpus d'humanités.

Il nous faut donc créer ce corpus d'humanités africaines de la même manière que le firent les Européens dans le mouvement de la renaissance. Leur démarche consista à s'appuyer sur le patrimoine épistémologique de leur antiquité. Nous pouvons suivre cette démarche comme nous l'a recommandé Cheikh Anta Diop. Seule l'existence d'un tel corpus peut générer au sein du tissu social une recherche qui opère comme source de solutions aux défis que pose à la société l'adversité de la nature, l'arbitraire du pouvoir politique, le silence de l'univers.

Quel est l'argumentaire de Diop pour soutenir ce point de vue ? Dans son dernier livre il écrit : « En renouant avec l'Egypte, nous découvrons, du jour au lendemain, une perspective historique de cinq mille ans, qui rend possible l'étude diachronique, sur notre propre sol, de toutes les disciplines scientifiques que nous essayons d'intégrer dans la pensée africaine moderne ». Pour faire comprendre la pertinence et le caractère opératoire de cette démarche, Diop recourt à l'explication analogique. Il écrit : « Supposons l'Occident coupé de ses bases culturelles gréco-latines, il lui serait impossible de bâtir un corps de sciences humaines. Les aspects les plus modernes, les plus techniques, les plus futurologues de la culture occidentale plongent leurs racines dans la culture gréco-latine et seraient inconcevables sans celle-ci. Dans le même ordre d'idées, ce n'est que lorsque l'Afrique noire aura renoué systématiquement avec son vrai passé historique, qu'elle pourra bâtir, elle aussi, un corps de sciences humaines, car l'investigation diachronique deviendra possible dans les différents domaines scientifiques, artistiques et littéraires, au lieu que les études restent structurelles, atemporelles et suspendues en l'air ».

Pour Diop par conséquent, pour que les sociétés africaines renaissent comme pôles producteurs d'idées, de sciences et de techniques, elles doivent, à l'image des sociétés européennes du XVe siècle, renouer avec leur antiquité. En l'espèce, l'antiquité égypto-nubienne. Il écrit : « Pour nous, le retour à l'Egypte dans tous les domaines est la condition nécessaire pour réconcilier les civilisations africaines avec l'histoire, pour pouvoir bâtir un corps de sciences humaines modernes, pour rénover la culture africaine. Loin d'être une délectation sur le passé, un regard vers l'Egypte antique est la meilleure façon de concevoir et bâtir notre futur culturel. L'Egypte jouera, dans la culture africaine repensée et rénovée, le même rôle que les antiquités gréco-latines dans la culture occidentale »

Diop, pour ainsi dire, convoque le passé et donc la matière de l'expérience africaine de civilisation, afin de donner à la recherche africaine cette perspective historique à partir de laquelle l'esprit humain sait créer, inventer et innover.

Section 2. Un paradigme dont le leitmotiv est à même de créer une ambiance générale de créativité, d'invention et d'innovation en Afrique

D'un point de vue rationnel, la renaissance africaine se définit comme un projet renaissance historique c.-à-d. un projet de reconquête de l'initiative historique par une logique de refondation du tissu social comme tissu à nouveau propice à l'historicité.

L'observation du mouvement de l'histoire nous apprend que les expériences de renaissance historique se déroulent toujours dans le contexte d'une ambiance générale de créativité, d'invention et d'innovation. De ce point de vue la question qui se pose est celle de savoir comment l'impératif de créativité, d'invention et d'innovation inhérent au phénomène de la renaissance africaine peut il se traduire en Afrique dans le domaine économique, politique, culturelle, spirituelle, artistique, technique et scientifique, etc. Autrement dit, comment introduire dans les sociétés africaines post-coloniales une ambiance générale de créativité, d'invention et d'innovation dans tous les domaines.

Le paradigme de la renaissance africaine nous offre une piste. Il est porteur d'un leitmotiv (l'idée de refondation du tissu social) qui peut jouer le rôle d'un motif incitatif à la créativité, à l'invention et à l'innovation au sein des sociétés africaines post-coloniales. Nous allons examiner ici l'impact possible de ce leitmotiv dans différents domaines où il est à même de générer une ambiance favorable à pour une renaissance de l'esprit de créativité en Afrique.

A) Dans le domaine de la famille

La renaissance africaine est un projet renaissance historique c.-à-d. un projet de reconquête de l'initiative historique par une logique de refondation du tissu social comme tissu à nouveau propice à l'historicité. De ce point de vue, un des domaines prioritaires à refonder doit avant tout être la refondation de la famille en Afrique.

On sait qu'aujourd'hui en Afrique la famille est écrasée sous le poids des inégalités sociales et de la corruption des mœurs. Les pères et les mères ont de plus en plus de mal à faire de l'espace familial un espace d'épanouissement pour les enfants et pour le couple lui-même. La famille africaine est devenue un espace où s'entrecroisent et s'entrechoquent des valeurs, des discours et des pratiques différentes. Or la famille est la matrice première des sociétés. C'est le premier espace où l'enfant puise la confiance en soi qui lui permettra de faire éclore et mûrir le talent que tout enfant porte en lui. La famille est un espace où se forment les hommes et les femmes qui deviendront les acteurs d'une société de libertés, de prospérité et de spiritualité. Si le père et la mère apparaissent aux yeux de l'enfant comme un modèle de solidarité, d'honnêteté, de travail et de créativité, alors l'enfant deviendra lui-même une référence pour sa société. Si pour une raison ou pour une autre le père et la mère ne sont pas un modèle pour l'enfant alors l'enfant court le risque de ne pas être un modèle pour la société.

Or il faut beaucoup de créativité et d'inventivité au quotidien à un père et à une mère pour élever leurs enfants. La logique de transformation sociale inhérente à la renaissance africaine peut opérer comme un facteur incitatif à créer des familles modèles, car ce paradigme nous renvoie à un patrimoine historique qui valorise la cellule familiale. C'est ce dont témoigne l'iconographie et la statuaire pharaonique de la famille et du couple. Il nous appartient donc de faire la promotion de cette iconographie et de cette statuaire africaine de la famille et du couple. Il nous appartient de la porter à la connaissance des citoyens en Afrique pour inciter les couples en Afrique à se créer comme une famille modèle. Cela faisant nous ne ferons que redonner naissance, nous ne ferons que renouer, avec une tradition qui existait déjà à l'époque où notre civilisation était à son apogée comme en portent témoignage l'iconographie et la statuaire pharaonique de la famille.

B) Dans le domaine de l'éducation

La renaissance africaine est un projet renaissance historique c.-à-d. un projet de reconquête de l'initiative historique par une logique de refondation du tissu social comme tissu à nouveau propice à l'historicité. De ce point de vue, un des domaines prioritaires à refonder doit être la refondation du système éducatif.

Nous devons ne pas perdre de vue que pour la construction d'une société l'éducation est le domaine prioritaire. C'est par le biais de ce domaine qu'une société forme les cadres politiques, les capitaines d'industrie, les ingénieurs, les médecins, les savants, les chercheurs, les enseignants et les artisans dont les compétences lui permettront de vaincre les défis auxquelles elle sera confrontée. Ce sont ces compétences-là qui permettent à une société d'être l'agent de sa propre histoire par l'aptitude à produire par elle-même les conditions matérielles et immatérielles de sa propre existence.

De ce point de vue nous devons construire en Afrique un système éducatif moderne. La modernité d'un système éducatif se manifeste à travers deux qualités. D'une part, dans son aptitude à former un ensemble de cadres dont les compétences confèrent au pays une autonomie intellectuelle, scientifique et technique. D'autre part, dans son aptitude à insuffler à l'élite nationale une ambition historique, celle d'être l'agent de sa propre histoire et d'une histoire socio-linéaire. Ces deux qualités inhérentes à un système éducatif moderne confèrent à un peuple la capacité de produire par lui-même les conditions matérielles et immatérielles de sa propre existence.

Pour créer un système éducatif moderne en Afrique nous devons créer des structures éducatives qui favorisent l'esprit de réflexion et de créativité. Dans le domaine éducationnel, la créativité s'épanouit à travers des structures d'excellence. De ce point de vue, la renaissance africaine doit donc être avant tout la renaissance de l'excellence en Afrique. Nous devons valoriser l'intelligence en créant des structures scolaires d'excellence au niveau de l'école primaire, du collège et du lycée, des structures d'enseignement supérieur telles que l'université et les grandes écoles.

Pour créer ces structures, nous ne sommes pas obligés d'attendre le concours de l'Etat. On peut les créer par l'initiative privée. Le paradigme de la renaissance africaine peut ici opérer comme un facteur incitatif dans la mesure où il nous renvoie à un patrimoine historique qui à travers la figure du scribe valorise l'intelligence et l'excellence. La figure pharaonique du scribe donne à l'homme de savoir (savant, intellectuel, ingénieur, médecin, etc.) une place de choix dans la société. On connaît le Papyrus Lansing qui date de la XXe dynastie et donc de la fin du Nouvel Empire (1567-1085 av. J.-C.). Ce texte est un manuel scolaire écrit par Neb Maa Rê Nakht. Ce texte est un véritable éloge de la vie intellectuelle[409]. Selon Théophile Obenga, Platon dans les Lois, recommande expressément le modèle de l'éducation égyptienne pour la formation de la jeunesse athénienne[410].

En créant des structures éducatives d'excellence, nous ne ferons que redonner naissance, renouer, avec une tradition qui existait déjà à l'époque où notre civilisation était à son apogée comme en porte témoignage le texte des instructions de Kheti à son fils[411]. Ce texte est une apologie de la vie intellectuelle. N'hésitons donc pas à faire la promotion des textes de Kheti, de Neb Maa Rê Nakht auprès de nos écoliers, collégiens, lycées et étudiants.

C) Dans le domaine des pôles techno-scientifiques

La renaissance africaine est un projet renaissance historique c.-à-d. un projet de reconquête de l'initiative historique par une logique de refondation du tissu social comme tissu à nouveau propice à l'historicité. De ce point de vue, un des domaines prioritaires à refonder doit être la construction de centres de recherche fondamentale et appliquée.

Le paradigme de la renaissance africaine peut ici opérer comme un facteur incitatif dans la mesure où il nous renvoie à un patrimoine historique qui à travers la figure de la Maison de vie en Egypte ancienne atteste de l'existence d'une tradition africaine dans la recherche fondamentale et appliquée. De tels centres existaient et étaient financés par l'Etat en Egypte antique.

En créant des centres de recherche fondamentale et appliquée nous ne ferons que redonner naissance (au sens de renouer) avec une tradition qui existait déjà à l'époque où notre civilisation était à son apogée comme en porte témoignage un texte qui atteste de l'esprit des sciences exactes qui animait les chercheurs de la période de l'apogée de notre expérience historique. Il s'agit du papyrus de Rhind. C'est un texte écrit par le scribe mathématicien Ahmès entre 1788 et 1580 av. J.-C. En fait le mathématicien pharaonique Ahmès a recopié un texte plus ancien écrit en 1842 av. J.-C.. Le titre de ce texte est significatif en lui-même : Méthode correcte d'investigation dans la nature pour connaître tout ce qui existe, chaque mystère, tous les secrets. Voilà donc une profession de foi en la science expérimentale énoncé des millénaires avant, Euclide, Newton, Bacon,

---

409 Theophile Obenga, La philosophie africaine de la période pharaonique, Editions L'Harmattan, 1990, p.206

410 Theophile Obenga, idem

411 Theophile Obenga, La philosophie africaine de la période pharaonique, Editions L'Harmattan, 1990, p.483

Descartes[412], etc. Nous devons faire la promotion de ce texte auprès des jeunes Africains qui se forment aux sciences mathématiques, aux sciences de l'ingénieur, aux sciences de la biologie, celles de la chimie et celles de la physique.

D) Dans le domaine de l'économie

La renaissance africaine est un projet renaissance historique c.-à-d. un projet de reconquête de l'initiative historique par une logique de refondation du tissu social comme tissu à nouveau propice à l'historicité. De ce point de vue, un des domaines prioritaires à refonder doit être notre appareil économique de production. Nous devons refonder cet appareil de sorte qu'il soit porteur d'une offre qui vise à satisfaire d'abord la demande interne et seulement ensuite la demande externe. Il doit donc s'agir d'une économie dont le ressort est d'abord le marché intérieur et seulement ensuite le marché extérieur.

Jusqu'ici en Afrique nous avons pensé l'économie dans le cadre du paradigme du développement. Dans la mesure où ce paradigme renvoie à une problématique de rattrapage, nous avons donc pensé notre politique économique dans le cadre d'une problématique industrielle de rattrapage. Que ce soit dans la forme d'une politique industrielle de promotion des exportations du secteur primaire ou dans la forme d'une politique de substitution aux importations. Cette politique de rattrapage était censée produire un effet trickle down et donc un effet diffusionniste de progrès. Cette problématique de rattrapage on le sait nous a conduit dans une impasse, car elle nous a conduit a adopter plus une posture attentiste du progrès qu'une posture initiatrice du progrès.

La problématique de créativité inhérente à la renaissance africaine nous invite à adopter une tout autre posture en économie. Non plus la posture attentiste des effets diffusionnistes du progrès (trickle down effect), mais une posture initiatrice de progrès. Dès lors la question qui se pose pour nous est celle de savoir comment une telle problématique de créativité peut- elle se traduire dans le domaine de l'économie ?

Le paradigme de la renaissance africaine nous ouvre ici une piste. A savoir la référence au modèle économique des Etats africains précoloniaux. Il faut avoir présent à l'esprit, qu'en économie, créer c'est produire les conditions matérielles de sa propre existence par le moyen d'une activité de production de biens et de services générateurs d'emplois, de salaires, d'épargne et d'investissement productifs et sociaux. Une telle acception de la créativité en économie signifie que nous devons mobiliser les ressources (démographique, minières, agricoles et intellectuelles) nationales pour

---

412 Theophile Obenga, La philosophie africaine de la période pharaonique, Editions L'Harmattan, 1990, p.357

produire des biens et des services dans le cadre d'une politique industrielle créatrice d'entreprises locales, d'emplois locaux, de salaires locaux, d'impôts, etc.

Pour être créatrice, cette politique industrielle doit emprunter la forme d'une politique industrielle de transformation. Seule une telle politique industrielle peut transformer notre appareil économique dans la forme d'un appareil générateur d'entreprises locales, d'emplois locaux, de salaires locaux, d'impôts locaux, d'épargne locale et d'investissement locaux. C'est seulement par une telle politique industrielle que nous pourrons produire par nous même les conditions matérielles de notre propre existence.

Pour ce faire, l'appareil économique doit donc être organisé dans la forme d'un appareil de transformation des ressources du sol et du sous-sol en produits destinés à satisfaire les besoins du marché interne d'abord et du marché externe ensuite. Une telle forme d'organisation économique n'ignore donc pas le marché externe. Simplement elle s'appuie à la fois sur un marché intérieur et un marché externe.

La renaissance économique consiste donc à produire par nous-mêmes ce que nous consommons pour satisfaire nos besoins en terme de biens et de services. Cela n'exclut pas l'échange avec l'extérieur. Mais cela signifie simplement que nous n'échangeons avec l'extérieur que notre surplus (en matières premières ou en produits manufacturés) et que nous ne lui achetons que ce qui nous reviendrait trop cher si nous le produisions par nous-mêmes. C'est cela que la théorie économique appelle la théorie des avantages comparatifs.

De ce point de vue, la problématique de refondation inhérente à la renaissance africaine à vocation à se traduire dans le domaine de nos économies par une mise en valeur de nos richesses sous l'angle d'une politique industrielle non pas de simple extraction des matières premières, mais d'une politique industrielle de transformation. Ce n'est que par une telle politique industrielle que nous pourrons produire par nous-mêmes les conditions matérielles de notre propre existence.

Pour que notre marché intérieur soit optimal, nous autres africains devons créer un marché intérieur unique adosser à un Etat fédéral. Il faut donc réaliser l'unité africaine par le moyen d'un traité de fédération signé et ratifié par des Etats africains démocratiques. La démocratie doit être le critère d'admission d'un Etat au sein de la fédération.

En créant un marché intérieur unique dans le cadre d'un Etat fédéral nous ne ferons que redonner naissance (au sen de renouer) avec une tradition de politique économique qui existait déjà en Afrique. C'est ce dont témoigne notre patrimoine à travers l'organisation économique des Etats comme Tameri, Ta Seti, le Wagadu, le Mandé, le Songhai, le Mogho, le Kongo, le kanem-bournou etc.

En organisant notre économie sous l'angle de la rentabilité interne et de la production manufacturée nous ne faisons que redonner naissance (au sens de renouer) avec une tradition qui existait déjà à l'époque où notre civilisation était à son apogée comme en porte témoignage les Etats de Tameri, de Ta Seti, du Wagadu, du Mande, du Mogho, du kanem bournou, du Kongo et du Songhai etc.

E) Dans le domaine des institutions politiques

La renaissance africaine est un projet de reconquête de l'initiative historique par une logique de refondation du tissu social comme tissu à nouveau propice à l'historicité. De ce point de vue, un des domaines prioritaires à refonder doit être celui de nos institutions politiques et celui de la terminologie de notre vie politique. Ici aussi le paradigme de la renaissance africaine nous ouvre une piste.

1°) La refondation de nos institutions politiques

Nous avons dit que la renaissance africaine est avant tout la renaissance de l'esprit de créativité. Dans le domaine politique, la créativité s'exprime à travers l'élaboration d'institutions à même de garantir l'effectivité de l'Etat de droit c.-à-d. l'assujettissement du pouvoir politique (l'Etat) aux principes du droit public moderne : les libertés publiques, l'intérêt général, le service public, la séparation des pouvoirs, le contrôle de la légalité des actes administratifs, le contrôle de la constitutionnalité des lois, la sélection des gouvernants par le suffrage universel.

Il nous faut donc une réflexion sur les institutions. C'est-ce qu'on fait les Européens pour s'émanciper de l'arbitraire du pouvoir politique monarchique. A travers la réflexion créatrice de personnes comme Hobbes, Locke, Montesquieu, Benjamin Constant, Alexis de Toqueville, Rousseau, etc. Ils ont su créer les mécanismes dont la combinaison a conduit sur le long terme à la création des institutions de l'Etat de Droit. En Afrique une telle réflexion n'existe pas. Le débat sur les institutions se limite soit au mimétisme institutionnel soit au rejet des solutions institutionnelles d'origine européenne par réaction identitaire sans pour autant que ce rejet soit suivi d'une réflexion alternative.

Le paradigme de la renaissance africaine nous offre ici une piste. Il nous permet de faire référence à un patrimoine institutionnel qui peut servir comme base d'une réflexion africaine sur les institutions. Cela de la même façon que le patrimoine gréco-romain avait servi aux Européens comme base d'une réflexion sur les institutions alternatives à l'arbitraire du pouvoir monarchique.

En Afrique nous avons un patrimoine constitué de textes, de maximes, d'adages et de concepts relatif à la dévolution du pouvoir, à la déontologie de l'exercice du pouvoir, etc.Ces éléments véhiculent une axiologie politique relative à l'autonomie de la personne (les droits fondamentaux), à la séparation des pouvoirs, à l'alternance au pouvoir, etc.Autant d'éléments qui peuvent nous servir comme matériau de réflexion pour inventer les institutions qui garantiront l'effectivité de l'Etat de droit. En créant une réflexion sur les institutions nous ne ferons que redonner naissance (au sens de renouer) avec une tradition qui existait déjà à l'époque où notre civilisation était à son apogée comme en porte témoignage le texte de L'enseignement de Khety à son fils Mérikaré[413]

2°) La refondation de notre terminologie politique

De manière concrète nous pouvons nous inspirer de la terminologie politique que véhiculent nos langues pour faire preuve d'innovation dans le domaine des institutions politiques. L'idée est d'inventer à partir de ce patrimoine la terminologie politique, l'axiologie politique et les aménagements institutionnels qui donneront à la démocratie en Afrique une résonance locale.

Rappelons que la théorie du développement présente les institutions politiques de l'Afrique ancienne comme des institutions politiques rétrogrades, des institutions politiques qui ignorent la théorie du contrat social et qui restent régis par la seule force de l'arbitraire de l'âge, des groupes, des clans, etc.Elle nous invite donc pour démocratiser nos sociétés post-coloniales à emprunter la voie du mimétisme institutionnel en reconduisant forme par forme les recettes occidentales de la démocratie.

Le problème est qu'une société ne se démocratise jamais par le jeu d'une greffe institutionnelle. Une société se démocratise toujours par le jeu d'une conversion sociologique des acteurs sociaux aux valeurs d'autonomie de la personne, de la séparation des pouvoirs, de l'Etat de droit, des libertés publiques, de la responsabilité gouvernementale, etc. Cette conversion sociologique de toute une société aux valeurs de la démocratie peut se faire non pas à partir d'une terminologie et d'une axiologie étrangères mais à partir d'une terminologie et d'une axiologie autochtones.

De ce point de vue, une telle conversion sociologique ne peut donc pas s'opérer ex nihilo. Elle se forme lorsque l'élite intellectuelle et politique parvient à faire œuvre de créativité politique par un travail d'innovation terminologique et institutionnelle à partir de son propre patrimoine conceptuel et institutionnel. Elle doit se positionner par rapport à ce patrimoine, s'inspirer de sa terminologie et de ses solutions institutionnelles tout en séparant le bon grain de l'ivraie. Elle se doit d'innover à partir de ce patrimoine et non pas l'ignorer et lui substituer un patrimoine étranger.

C'est à partir d'une telle démarche que l'élite politique et intellectuelle d'une société peut créer par innovation les ressources terminologiques et les aménagements institutionnels à même d'opérer au regard de sa réalité sociologique comme les ressorts qui garantissent l'autonomie de la personne,

[413] Christian Jacq, les grands sages de l'Egypte ancienne, Edition Perrin, 2007

les libertés publiques, la responsabilité gouvernementale, la séparation des pouvoirs, l'Etat de droit. Elle fait donc en cela preuve de créativité politique.

Nous autres africains devons donc faire preuve de créativité politique pour démocratiser nos sociétés post-coloniales. Il nous faut pour cela inventer un système et un régime politiques qui sur la base de notre propre terminologie politique permet de donner une résonnance locale aux idées de l'autonomie de la personne, des libertés publiques, de la responsabilité gouvernementale, de la séparation des pouvoirs, de l'Etat de droit, etc..

Or il se trouve que le paradigme de la renaissance africaine nous permet de faire référence à un corpus de connaissances qui permet l'innovation politique à partir de notre héritage dans le domaine de la terminologie politique. C'est ce dont atteste par exemple l'analyse du concept de l'Etat à partir de la terminologie politique des langues africaines[414].

[414] Consulter sur ce sujet ma vidéo sur youtube intitulé Le concept de pharaon selon le lexique politique des langues africaines

CHAPITRE 5

Les politiques de la renaissance africaine à mettre en œuvre

Il ressort de notre analyse sur la clarification du concept de la renaissance africaine que par renaissance africaine, il faut entendre un projet de renaissance historique des peuples africains c.-à-d. un projet de reconquête de l'initiative historique par les peuples africains. Autrement dit, il s'agit d'un projet de reconquête par les peuples africains de leur aptitude à l'historicité c.-à-d. de leur aptitude à la créativité, à l'invention et à l'innovation afin que les sociétés africaines puissent à nouveau produire par elles-mêmes les conditions matérielles et immatérielles de leur propre existence. De ce point de vue la renaissance africaine est un projet dont le dessein est d'organiser les sociétés africaines comme espace à nouveau capable d'initiative politique, économique, idéologique, spirituelle, géopolitique, technique et scientifique.

Mais un tel projet ne peut prendre corps dans le réel que s'il est traduit dans la forme de politiques gouvernementales à mettre en œuvre. La question qui se pose est donc celle de savoir comment faire pour élaborer des politiques gouvernementales de la renaissance africaine ?

Pour ce faire il ne saurait être question d'élaborer un programme gouvernemental prêt à l'emploi. Nul ne peut avoir la préscience de la globalité des politiques de renaissance africaine à mettre en œuvre. Un tel programme prêt à l'emploi figerait l'imagination et la créativité politiques. Il empêcherait de ce fait toute adaptation aux circonstances. Il fossiliserait les politiques à mettre en œuvre dans la forme d'un catalogue doctrinal qui ne tarderait pas à être en porte en faux avec le mouvement du réel, avec les aléas du réel. Il pourrait donc au bout d'un certain temps aller à l'encontre du réel. Il s'agit donc avant tout de ne pas figer les réponses.

Toutefois, il ne saurait aussi être question d'élaborer les politiques de la renaissance africaine de manière conjoncturelle. Il s'agira en effet non pas de gouverner au jour le jour, mais de gouverner pour mettre en œuvre un dessein politique sur la longue durée. Celui d'une renaissance des sociétés africaines comme pôles d'initiatives politique, économique, technique, scientifique, idéologique, géopolitique et spirituelle. Un tel dessein nécessite l'existence d'une philosophie politique qui opérerait comme cadre directeur et d'inspiration des politiques concrètes à mettre en œuvre. L'avantage d'une telle philosophie politique sera de permettre l'adaptation des politiques à mettre en œuvre aux aléas du réel tout en poursuivant un dessein de long terme qui échappe aux aléas des conjonctures. Il s'agit donc pour l'intelligentsia africaine de trouver la bonne méthode pour mettre au jour cette philosophie politique de la renaissance africaine.

Nous allons voir ici qu'il existe une philosophie politique inhérente au paradigme de la renaissance africaine. Elle se présente à l'analyse dans les termes d'une philosophie politique de refondation du tissu social comme tissu à nouveau propice à l'historicité. Nous verrons que cette philosophie politique a vocation à se traduire sous l'angle de trois politiques gouvernementales à mettre en œuvre. A savoir : d'une part, une politique d'assainissement des aspects rétrogrades du tissu social, d'autre part, une politique de réappropriation des ressorts de l'historicité, et enfin, une politique de promotion des facteurs de l'innovation.

SECTION 1. LA PHILOSOPHIE POLITIQUE INHÉRENTE AU PROJET DE LA RENAISSANCE AFRICAINE

Nous allons ici mettre au jour la philosophie politique inhérente au paradigme de la renaissance africaine et mettre en perspective l'ampleur des politiques gouvernementales qui lui sont inhérentes.

A) La méthode pour mettre au jour la philosophie politique de la renaissance africaine

Du point de vue de la science politique et de la sociologie historique il apparaît que quelque soit l'espace ou le temps, la transformation des réalités d'une société nécessite l'adoption d'une politique dont la logique de changement social (rattrapage, croissance, révolution, déconnexion, etc.) prend par définition le contrepied de la dynamique historique qui a conduit aux réalités que l'on veut transformer.

Ainsi à une dynamique historique causale qui se présente à l'analyse dans les termes d'un retard historique on devra en toute objectivité opposer par contraste une politique qui véhicule une logique de transformation en termes de rattrapage historique. C'est le cas des politiques développementalistes dites de big push. A l'inverse, à une dynamique historique causale qui se présente à l'analyse dans les termes d'une régression historique on devra en toute objectivité opposer par contraste une politique qui véhicule une logique de transformation sociale en terme de refondation du tissu social comme tissu à nouveau propice à l'historicité. C'est le cas des politiques dites de la renaissance historique. Celles-ci épousent la forme de politiques de refondation du tissu social comme tissu à nouveau propice à l'historicité.

C'est cette logique de refondation du tissu social qui peut permettre la relance historique d'un peuple et doit par conséquent faire office philosophie politique de la renaissance historique. L'histoire comparée confirme cette analyse.

Regardons en effet ce qui s'est passé en Europe entre l'époque médiévale et l'époque moderne. Après la chute de l'Empire romain, l'Europe connaît un processus de régression historique qui culminera au haut moyen âge. Elle ne parviendra à reprendre le train du progrès historique que par la voie d'une orientation nouvelle du mouvement de son histoire que l'on désigne en sciences sociales sous le concept de renaissance européenne.

Pour prendre le contrepied du tissu social rétrograde du moyen âge, les partisans d'une renaissance historique de l'Europe ont adopté une philosophie de la refondation de leur tissu social comme tissu à nouveau propice à l'historicité. Cela s'est traduit par une refondation de l'Etat (on est passé de la monarchie à la république), du système économique (on est passé du monopole des métiers par des corporations à la liberté du commerce et de l'industrie), du système éducatif (on est passé d'un système d'obédience religieux à un système d'obédience laïque), du régime politique (on est passé de la confusion des pouvoirs à la séparation des pouvoirs), de la culture intellectuelle (on est passé d'une culture intellectuelle scolastique et théologique à une culture intellectuelle rationaliste et philosophique), de la culture scientifique (on est passé d'une science doctrinale et empirique à une science théorique et expérimentale), etc..

Pour mettre au jour la philosophie politique de la renaissance africaine, la méthode la plus rationnelle est donc de définir cette philosophie politique a contrario c.-à-d. dans les termes d'une logique de changement social qui par définition prend le contrepied de la dynamique historique qui a conduit les sociétés africaines à leur condition actuelle. Or, l'analyse historique informe qu'il s'agit d'une dynamique de régression historique dans laquelle les sociétés africaines ont basculé entre le 17e et le 20e siècle sous l'impact d'une violence géopolitique d'origine externe et interne. Or un processus de régression historique a toujours deux impacts sur le tissu social. D'une part, il engendre une insalubrité du tissu social, d'autre part, il provoque la perte de la maîtrise des ressorts de l'historicité. Autrement dit, un processus de régression historique se traduit toujours pour la société concernée par une perte de la capacité à l'initiative historique, par une configuration de son tissu social comme tissu désormais inapte à l'historicité. Dès lors, la seule politique adaptée pour prendre le contrepied de cette logique de régression ne peut être qu'une politique qui véhicule une logique de transformation sociale en terme de refondation du tissu social comme tissu à nouveau propice à l'historicité.

Il apparaît ainsi que l'impact d'un processus de régression historique impose de recourir à une logique de changement social qui se décline dans les termes d'une refondation du tissu social. Refondation, car il s'agit de reconfigurer le tissu social comme tissu social à nouveau propice à l'historicité. C'est donc cette logique qui doit pour nous faire office de philosophie politique inhérente au paradigme de la renaissance africaine.

B) Les politiques gouvernementales inhérentes à la philosophe politique de la renaissance africaine

Par définition une philosophie politique de refondation appelle à mettre en œuvre une politique gouvernementale qui se décline en trois volets : une politique d'assainissement du tissu social, une politique de réappropriation des ressorts de l'historicité et une politique de promotion des facteurs de l'innovation. Autrement dit les politiques concrètes de la renaissance africaine à mettre en œuvre doivent emprunter la forme de trois politiques distinctes, mais complémentaires. A savoir, d'une part une politique d'assainissement du tissu social africain post-colonial, d'autre part une politique de réappropriation des ressorts de l'historicité, et enfin une politique de promotion des facteurs de l'innovation. Ce sont ces politiques qui par définition sont à même d'une part, de répondre aux attentes concrètes des populations africaines, d'autre part, de prendre le contrepied la dynamique historique qui a conduit les sociétés africaines à leur configuration actuelle.

Répondre aux attentes des populations africaines, car ces politiques conduisent à une reconfiguration du tissu social comme tissu social propice aux libertés, à la sécurité, à la prospérité, à la responsabilité gouvernementale. Prendre le contrepied la dynamique historique qui a conduit les sociétés africaines à leur configuration actuelle, car ces politiques véhiculent une logique de changement social qui conduit à une reconfiguration du tissu social comme tissu social à nouveau propice à la créativité, à l'invention, à l'innovation,

C) L'ampleur des politiques gouvernementales inhérente à la philosophie politique de la renaissance africaine

Il apparaît donc que la philosophie politique de la renaissance africaine se présente dans la forme d'une philosophie politique de refondation du tissu social comme tissu à nouveau propice à l'historicité. Cette philosophie politique à vocation à se traduire dans la pratique dans la forme de politiques sectorielles d'assainissement des aspects insalubres du tissu social, de politiques sectorielles de réappropriation des ressorts de l'historicité et de politiques sectorielles de promotion des facteurs de l'innovation.

Comme telle, la renaissance africaine est un projet d'une grande ambition et d'une grande ampleur. Il faut donc savoir en prendre toute la mesure. Par la mise en œuvre des politiques gouvernementales inhérente à sa philosophie politique il s'agit rien de moins que de prendre le contrepied de cinq siècles de violence géopolitique d'origine externe et interne, de prendre le contrepied de cinq siècles de régression historique, de cinq siècles de traumatisme historique subi par le tissu social africain sous l'impact d'une violence géopolitique d'origine externe et interne.Telle est l'ampleur des politiques gouvernementales de la renaissance africaine. Le projet est colossal.

Il vise un objectif singulier. A savoir, la renaissance du tissu social africain comme tissu à nouveau propice à la créativité, à l'invention et à l'innovation afin de restituer aux peuples africains la capacité de produire par eux-mêmes les conditions matérielles et immatérielles de leur propre existence à partir du génie créateur de leur patrimoine culturel.

C'est par ce projet que les peuples africains pourront inscrire dans le réel l'impératif d'une renaissance des sociétés africaines comme espaces d'initiative politique, économique, culturelle, spirituelle dans une perspective d'autonomie des normes, des valeurs, des priorités et des intérêts qui doivent présider à l'action de la conscience politique africaine.

Nous allons examiner ici une par une chacun des trois volets des politiques gouvernementales de la renaissance africaine.

Section 2. Les politiques d'assainissement du tissu social africain

Il s'agit de l'assainissement des aspects insalubres du tissu social. Cette politique est le premier volet d'une politique de refondation du tissu social africain comme tissu à nouveau propice à l'historicité.

Il faut rappeler que le tissu social africain post-colonial est l'héritier de cinq siècles de violences géopolitiques d'origine externe et interne dont le continent africain a été le théâtre. Il en porte nécessairement la marque. Il en a conservé nécessairement des traces sous forme de séquelles, d'hématomes et donc d'handicaps.

Ces traces se présentent à l'analyse sous des manifestations diverses. Au nombre des traces les plus récentes on peut citer : une culture politique héritée du conflit Est-Ouest et hostile au pluralisme politique, une posture libertaire de l'Etat hérité de la doctrine du développement, une mémoire historique pathologique héritée de la version coloniale de l'histoire africaine, une logique économique africanophage hérité de la période coloniale et de la doctrine du développement.

Ces traces donnent au tissu social africain une configuration d'insalubrité en ce sens qu'ils font systématiquement échec à toutes les initiatives qui visent à recréer les sociétés africaines comme espace de libertés, de croissance, de promotion des sciences et des techniques. L'assainissement de ces éléments insalubres constitue donc un préalable pour toute politique visant à une renaissance des sociétés africaines comme sociétés à nouveau modernes.

A) L'assainissement de notre mémoire historique post-coloniale : une mémoire historique pathologique

La mémoire historique est la représentation qu'un peuple a de ses faits de culture et de civilisation accomplis dans le passé en tant qu'espace politique. Or notre mémoire historique post-coloniale est une mémoire historique d'emprunt. Elle est celle à travers laquelle l'Europe nous raconte notre propre histoire. Elle est diffusée à travers les structures éducatives post-coloniales, la télévision et les médias en général. Elle présente une caractéristique particulière. Elle véhicule une périodisation de l'histoire universelle qui conduit les élites africaines à penser l'histoire de leur propre société dans une perspective évolutionniste qui se décline dans les termes d'une périodisation manichéenne qui oppose une période d'arriération (celle avant l'arrivée des Européens) à une période de progrès (celle qui commence avec la découverte de l'Afrique par les Européens). Dans le cadre de cette périodisation, les Africains scolarisés se découvrent appartenir à des sociétés qui accusent un retard historique spirituel (peuples païens) et économique (peuples sous-développés) et politique (sociétés tribales) sur le reste de l'humanité. Ils se découvrent appartenir à des sociétés qui ne peuvent entrer dans l'histoire que par le biais de l'Occident[415]. Cette périodisation conduit à la formation d'une mémoire historique qui perçoit le mouvement de l'histoire comme une dynamique dont la socio-linéarité est redevable au génie racial des peuples de l'Occident.

Une chose st sûre. Notre mémoire historique post-coloniale véhicule une version coloniale de l'histoire de l'Afrique. Cette mémoire historique n'est pas saine. Elle véhicule des représentations et des significations qui favorisent en nous des réflexes de subordination esthétique, politique, culturelle et épistémologique. Elle introduit dans notre psyché un manque de confiance dans notre capacité à créer les conditions matérielles et immatérielles de notre propre existence à partir du génie créateur de notre propre culture. Elle engendre en nous des pathologies comportementales incompatibles avec le projet de la renaissance africaine. Elle ne sert donc pas

[415] Il s'agit d'une part d'une périodisation évolutionniste et eurocentrique du mouvement universel de l'histoire dont les étapes sont : préhistoire, antiquité, moyen âge, temps modernes (c.-à-d. expansion de l'Europe, découvertes des territoires non européens) époque contemporaine : industrialisation, colonisation. Mais il s'agit aussi d'autre part, d'une périodisation de l'histoire africaine à caractère évolutionniste et eurocentrique dont les étapes sont les suivantes : préhistoire, siècles obscurs, découverte de l'Afrique, colonisation, indépendance.

l'ambition des peuples africains à redevenir des agents de leur propre histoire et d'une histoire moderne. De ce point de vue, cette mémoire historique doit être assainie.

La thérapie est des plus simples. Pour l'assainir, il faut que les structures éducatives post-coloniales véhiculent une autre version de l'histoire africaine. Une version qui favorise au sein des Africains scolarisés des réflexes d'autonomie esthétique, épistémologique, idéologique et politique. Autrement dit une version qui fait échec aux pathologies comportementales que sont les réflexes de subordination esthétique, épistémologique, politique, et idéologique.

Pour ce faire, le paradigme de la renaissance africaine nous ouvre une piste. Il nous renvoie à une autre version de l'histoire de l'Afrique. Une version à même d'émanciper les esprits. Il s'agit de la version de l'histoire africaine tel qu'elle transparaît à travers les sources probantes de l'histoire. Cette version a été mise en perspective par les travaux de Cheikh Anta Diop et de ses disciples au sein de l'Ecole rationaliste des études africaines. Il convient donc d'adopter une politique gouvernementale de diffusion de la version rationnelle de l'histoire africaine à travers les instances scolaires, universitaire, médiatique, etc. De ce point de vue, l'assainissement de notre mémoire historique post-coloniale peut se faire par une politique de vulgarisation de l'œuvre de Cheikh Anta Diop à travers les manuels solaires, les bandes dessinées, les œuvres cinématographique et romanesque.

B) L'assainissement de notre culture politique post-coloniale : une culture politique liberticide

Il s'agit de la culture d'intolérance politique et de violence politique que nous avons hérité de l'axiologie du conflit Est/Oeust tout le long de la guerre froide. Cette culture politique est liberticide. Elle ne tolère pas le pluralisme des idées. Elle fait de la compétition politique non pas un affrontement d'idées, mais un affrontement entre individus animé d'une volonté de puissance. A la veille des indépendances politiques, Cheikh Anta Diop avait pressenti cette dérive que risquait de prendre la culture politique en Afrique post-coloniale. Aussi avait-il préconisé une campagne d'information en direction du corps électoral pour qu'on lui apprenne que les élections consistent à voter non pas pour un homme, mais pour des idées.

Une chose est certaine. Notre culture politique post-coloniale est aux antipodes d'une culture politique moderne. Une culture politique moderne est celle qui organise la scène politique autour des principes suivants : la liberté d'expression, la liberté d'association, la compétition électorale entre partis politiques dotés de programme de gouvernement concurrentiel. Mais une telle configuration de la scène politique n'est possible que dans le contexte d'une culture politique pluraliste. Or précisément la doctrine du développement s'est opposée à l'émergence d'une culture politique pluraliste dans les sociétés africaines post-coloniales. En prescrivant la construction d'un Etat autoritaire et d'un système politique du parti unique, la doctrine du développement a contribué à la formation d'une culture politique hostile au pluralisme des idées, aux libertés publiques et à l'alternance politique.

Par le biais de son système de parti unique, l'Etat africain post-colonial a formé toute une génération de cadres politiques africains qui rejette le pluralisme politique, les libertés publiques et l'alternance politique. Dans la vie quotidienne, cette culture politique s'est manifestée dans la forme d'une culture de l'intolérance politique. Une culture qui conduit à voir dans tout concurrent politique un adversaire qu'il convient sinon de supprimer du moins de bâillonner.

Cette culture politique n'est pas saine. Elle est à la source d'une compétition politique qui depuis les indépendances s'est déclinée sur le mode du coup d'Etat, de l'assassinat politique, du rejet du pluralisme politique, du rejet de la séparation des pouvoirs, etc.C'est cette culture de l'intolérance politique que la société civile africaine tente de déconstruire progressivement depuis les conférences dites nationales. C'est cette culture politique dont les sociétés africaines ont toutes les difficultés à se défaire en dépit de la consécration du multipartisme depuis les années 90.

Et pourtant des conquêtes ont été accomplies grâce à la fin de la rente bipolaire et à l'avènement des conférences nationales. Ces conquêtes ne sont pas négligeables : retour au multipartisme, liberté de la presse, liberté d'association, droit de grève, etc. Mais ces conquêtes sont mises en échec par la culture des acteurs politiques qui est restée une culture de l'intolérance politique. Cette culture gouverne toujours la scène politique africaine. Elle est venue pervertir l'esprit des élections multipartites. Elle réduit l'esprit de ces élections à un jeu du qui triche gagne et du qui paie le plus emporte le plus de suffrages. Elle fait de l'alternance politique non pas une alternance de programmes politiques, mais une alternance d'individu à la tête de l'Etat.

La raison de cette situation est simple. La majorité des cadres politiques qui s'affrontent dans le cadre des élections multipartites ont pour la plupart été formés dans la cadre des anciens partis uniques. Ils en portent la culture. Ils sont habités par une culture politique de l'intolérance qui les amène à exclure toute hypothèse d'alternance politique, toute hypothèse d'échec électoral et explique pourquoi les élections multipartites en Afrique sont des sources de conflits. Il nous faut nous émanciper de cette culture politique malsaine. Toute la question est de savoir comment ?

En fait, pour assainir le tissu social africain au regard de cette culture liberticide, il n'est pas d'autre moyen que celui de la formation d'une nouvelle génération politique qui naîtra par le biais d'une éducation civique et citoyenne nouvelle. Mais comment élaborer le contenu de cette éducation civique et citoyenne nouvelle ? Ici aussi, le paradigme de la renaissance africaine nous ouvre une piste. Ce paradigme nous renvoie à un patrimoine institutionnel qui atteste d'une expérience historique au cours de laquelle les sociétés africaines ont véhiculé une culture politique de la tolérance. Une culture politique qui garantissait le respect des droits fondamentaux de la personne, le pluralisme des idées, la séparation des pouvoirs, l'alternance politique. C'est à l'axiologie politique de cette culture qu'il faut faire l'éducation civique et citoyenne des jeunes générations. Il importe donc que les politologues africains fassent un travail d'exhumation de ce patrimoine institutionnel, qu'ils en diffusent la connaissance et en fassent la promotion à travers les structures éducatives secondaires et supérieures. De la sorte, les générations africaines futures se convertiront et s'identifierons d'autant plus aux valeurs de la démocratie qu'elles leur apparaîtront comme partie constitutive de leur identité culturelle. Il s'agit donc d'introduire les nouvelles générations à l'axiologie politique de ce patrimoine institutionnel auquel renvoie le paradigme de la renaissance africaine pour qu'elles soient porteuses d'une culture politique de la tolérance. En France par exemple, cette éducation civique et citoyenne a été menée sous la IIIe République par les instituteurs de la république au sein de l'école. C'est leur travail qui a définitivement fait basculer la culture politique française de son versant monarchique (privilèges, arbitraire politique) vers son versant républicain (volonté générale, libertés individuelles, égalité juridique, constitution politique).

La société civile en Afrique doit être au cœur du dispositif. On ne peut pas attendre de l'Etat la formation de la nouvelle génération aux idéaux du pluralisme politique. Il appartient à la société civile à travers les écoles privées, les associations civiques et les émissions de radio ou de télévision de diffuser les idées de tolérance politique et d'animer des débats sur le pluralisme politique. Quant à la génération qui a grandi au sein de cette culture de l'intolérance politique nous ne pouvons faire autre chose que d'attendre la disparition de ses membres. D'ici à ce que cette génération disparaisse la chose qu'il est possible de faire c'est d'éduquer l'électorat en l'informant que les élections ont pour objet non pas de sélectionner des individus, mais de sélectionner des programmes politiques.

C) L'assainissement de la posture politique de l'Etat africain post-coloniale : une posture étatique libertaire

En sciences politiques on appelle libertaire une doctrine dont les adeptes ne se reconnaissent ni Dieu ni maître. Cette doctrine est celle du courant anarchiste.

En Afrique l'observation des faits montre que l'Etat post-colonial se caractérise avant tout par une posture libertaire. Il ne reconnaît rien au-dessus de lui. Il ne reconnaît au-dessus de lui ni la constitution, ni les droits fondamentaux de la personne et encore moins, le droit à l'existence d'une opposition politique. Pour cet Etat, la Constitution n'est pas la source des conditions d'exercice du pouvoir, mais une simple condition de forme pour l'existence de l'Etat. Sa posture est libertaire en ce sens qu'il considère qu'aucune règle n'est supérieure à sa propre volonté. Dès lors, cet Etat fonctionne comme un simple appareil de coercition et de prédation.

Cette posture libertaire de l'Etat est malsaine. Elle conduit ses représentants à ignorer toute conception de l'Etat comme simple dépositaire de l'intérêt général tant en ce qui concerne la jouissance de la liberté individuelle qu'en ce qui concerne le service public et la redistribution de la richesse nationale. Elle conduit à une logique affairiste et liberticide de l'exercice du pouvoir. Elle tolère mal le pluralisme des idées, la séparation des pouvoirs et les libertés publiques. Cette posture est malsaine. Les Africains doivent s'en émanciper. Le seul moyen par lequel les sociétés africaines peuvent faire échec à la posture libertaire de l'Etat est d'organiser l'effectivité des contre-pouvoirs. A savoir : le contrôle de la légalité des actes administratifs, le contrôle de la constitutionnalité des lois et l'indépendance du système judiciaire.

Cette effectivité est toutefois difficile à conquérir dès lors que les juridictions censées opérées comme contre-pouvoirs sont dans les faits instrumentalisées par le pouvoir politique libertaire. C'est pourquoi la seule solution pour rendre à ces juridictions leur fonction de contre-pouvoir est la démocratisation du système politique. Il appartient donc aux partisans de la renaissance africaine de s'engager corps et âme dans la compétition électorale afin de conquérir le pouvoir politique et de restituer à l'Etat une posture républicaine. Il faut qu'ils s'organisent dans la forme d'un parti politique qui participe aux élections multipartites. Ils doivent viser à une conquête pacifique du pouvoir et une fois au sommet du pouvoir il leur appartient de changer la posture de l'Etat africain contemporain.

D) L'assainissement de la logique post-coloniale de mise en valeur de nos ressources économiques : une logique économique africanophage

C'est la logique économique de production que nous avons hérité de l'expérience coloniale et de la doctrine du développement. Il s'agit d'une logique économique qui invite à une mise en valeur des ressources nationales sous l'angle de la rentabilité externe. De ce point de vue, elle n'est pas saine. Elle est aux antipodes de la modernité économique.

La modernité économique est la configuration que présente une société qui organise la mise en valeur de ses ressources sous l'angle de la rentabilité interne c.-à-d. sous un angle favorable et propice à la création d'entreprises, d'emploi et de salaires sur le territoire national. Or en prescrivant, le recours à la stratégie du rattrapage par le commerce international, la doctrine du développement a conduit à une mise en valeur des ressources nationales sous le seul angle de la rentabilité externe c.-à-d. un angle propice et favorable à la création d'entreprises, d'emploi et de salaires sur les territoires d'origine des opérateurs économiques étrangers. Cette logique de mise en valeur des ressources africaines produit un effet asymétrique qui conduit à un véritable avortement du projet d'une modernité économique. Asymétrique, car elle a pour effet d'enrichir les uns à partir de l'appauvrissement des autres. Plus précisément elle conduit d'une part à appauvrir les destinataires de ces politiques (les populations africaines) et d'autre part, à enrichir les prestataires des politiques de développement (experts, coopérants, professeurs, conseillers, opérateurs économiques étrangers, membres des gouvernements africains, OIG, ONG).

De ce point de vue, la stratégie du rattrapage par le commerce international conduit à la formation d'un modèle économique africanophage. Africanophage en ce sens qu'il produit de la valeur par appauvrissement des populations africaines. C'est de ce point de vue qu'il est à la source de l'impasse, économique et sociale dans laquelle se retrouvent aujourd'hui les peuples africains. Dans la pratique, cette logique de production a conduit à un échec général qui s'est traduit par le basculement des populations africaines de la pauvreté vers la misère. Cette logique de production a conduit à l'explosion des inégalités et à un endettement considérable[416]. Cette logique de production africanophage perdure encore aujourd'hui en Afrique. Elle transparaît dans la logique de mise en valeur des ressources minières et agricoles en Afrique.

Il nous faut assainir cette logique de production. La solution consiste à adopter une autre logique de production qui organise la mise en valeur de nos ressources sous l'angle de la rentabilité interne. Concrètement une telle logique est celle qui transparaît à travers une politique économique de transformation de nos matières premières. Seule une telle politique est favorable et propice à la création d'entreprise, d'emploi et de salaire sur le territoire national.

E) L'assainissement du système éducatif post-colonial : un système éducatif hétérocentré

Il s'agit du système éducatif que nous avons hérité de l'administration coloniale. Le système éducatif en Afrique post-coloniale s'est construit comme un système éducatif hétérocentré c.-à-d. un système éducatif qui reçoit de l'extérieur ses orientations directrices et sert des intérêts extérieurs.

Il se caractérise d'abord par l'exclusion des langues africaines du système scolaire. Par cela, il favorise chez l'enfant africain scolarisé la formation d'un esprit de répétition plutôt qu'un esprit de réflexion, la formation d'un esprit de mémorisation plutôt qu'un esprit de compréhension. Ce système éducatif se caractérise ensuite par le fait que l'exclusion des langues

---

416 Gérard Azoulay, Les théories du développement, Ed Presses universitaires de Rennes, 2002, 332 p

africaines est accompagnée de la diffusion d'une version évolutionniste de l'histoire africaine. Il s'agit d'une histoire où les élites africaines se découvrent appartenir à des sociétés qui accusent un retard spirituel (peuples païens) économique (peuples sous-développés) et politique (sociétés tribales) sur le reste de l'humanité. Ils se découvrent appartenir à des sociétés qui ne peuvent entrer dans l'histoire que par le biais de l'Occident.

L'impact de ce système éducatif a rarement été souligné en dehors de Cheik Anta Diop et de Albert Moumouni. Cet impact a été d'ordre intellectuel et psychologique. Concrètement elle a conduit les élites africaines à intérioriser l'idée qu'il existe un modèle à rattraper, que ce modèle c'est l'Occident, que seul celui-ci est habilité à nous dire quel type de politique il faut mettre en œuvre pour le rattraper. Dès lors la subordination intellectuelle au point de vue de l'Occident, aux prescriptions qui émanent de l'Occident, apparaît à la conscience politique africaine comme étant l'attitude la plus rationnelle à adopter. Concrètement cette subordination se traduit par une posture attentiste face aux défis que doivent relever les sociétés africaines. Cette élite attend que les solutions et les initiatives lui viennent des partenaires extérieures. Ce système éducatif est malsain. Il fabrique une élite qu'il conduit à adopter une posture attentiste face aux défis auxquels est confrontée la société dont elle a en charge le destin politique. Cette élite n'atteste d'aucune ambition historique et attend que toutes les solutions et initiatives pour résoudre les problèmes qu'affronte la société qu'elle gouverne lui viennent de l'extérieur.

Nous devons assainir ce système éducatif. L'assainissement de ce système éducatif passe par la création de centres éducatifs d'excellence au sein desquels les langues africaines opéreront comme langue d'initiation aux études scolaires, comme langues de diffusion de la culture scientifique au niveau des études supérieures. Cette promotion des langues nationales ne doit pas exclure les langues étrangères qui seront justement étudiées dès l'entrée au collège en tant que langues d'ouverture à l'international. Cette promotion des langues africaines doit être accompagnée de la diffusion au sein du milieu scolaire depuis la maternelle jusqu'aux études supérieures de la version rationaliste de l'histoire africaine. Celle qui transparaît à travers l'œuvre de Cheikh Anta Diop.

Ce n'est que par cette voie que le système éducatif en Afrique pourra passer de la posture d'un système éducatif hétérocentré à la posture d'un système éducatif autonome et donc capable de former une élite non attentiste, une élite capable de résoudre par elle-même les problèmes et les défis que doivent relever les sociétés africaines post-coloniales.

F) L'assainissement de notre imaginaire religieux post-colonial : un imaginaire religieux conflictuel

Il s'agit de l'imaginaire religieux que nous avons hérité de nos relations avec le monde extérieur depuis l'antiquité. Cet imaginaire est composé de trois grandes religions (nzambéisme, christianisme, islam) dont deux au moins (christianisme et islam) portent en elle des logiques d'exclusion réciproque. Ces logiques d'exclusion exposent les populations africaines à des guerres de religion. Elles rendent les populations africaines extrêmement vulnérables face à des forces politiques qui chercheraient à les opposer les uns aux autres à partir de leur identité religieuse.

De ce fait ces logiques d'exclusion empêchent la formation de la cohésion identitaire et sociale indispensable au bien-vivre ensemble. Il faut donc trouver un moyen pour assainir cette configuration rétrograde de l'imaginaire religieux en Afrique. Nous invitons le lecteur à lire le chapitre 6 dans lequel nous proposons une solution.

SECTION 3. LES POLITIQUES DE RÉAPPROPRIATION DES RESSORTS DE L'HISTORICITÉ

Il s'agit ici de la réappropriation des ressorts de l'historicité. Cette politique est le du deuxième volet d'une politique de refondation pour la renaissance africaine.

Par ressorts de l'historicité il faut entendre ici les facteurs qui confèrent à un peuple la capacité de produire par lui-même les conditions matérielles et immatérielles de sa propre existence quels que soient le temps ou l'espace. C'est la maîtrise de ces facteurs qui fait aujourd'hui défaut en Afrique. Les peuples africains ont perdu la maîtrise de ces ressorts sous l'impact de la violence géopolitique d'origine interne et externe dont leur continent est le théâtre depuis cinq siècles. Faute de maîtriser ces ressorts dans le cadre de la société post-coloniale, les peuples africains se retrouvent incapables de prendre en main leur propre destin historique. Pour devenir à nouveau les agents de leur propre histoire et d'une histoire socio-linéaire, il leur faut se réapproprier la maîtrise de ces ressorts de l'historicité.

Par réappréciation il ne faut donc pas entendre ici le retour à des solutions du passé. Il s'agit de se réapproprier les facteurs qui quelque soit l'espace ou le temps confèrent à un peuple une efficience dans l'organisation de son tissu social. Ce sont ces facteurs dont nous avons perdu la maîtrise au cours de notre histoire à compter du 17e siècle. La réappropriation de ces facteurs doit se faire non pas dans une démarche identitaire, mais par un souci d'efficience.

Nous ne pouvons ici nous prononcer sur tous les ressorts de l'historicité que les sociétés africaines doivent se réapproprier. Nous nous exprimerons ici uniquement sur ceux qui présentent un caractère d'urgence. A savoir, la réappropriation de l'Etat, la réappropriation d'un modèle économique performant, la réappropriation d'un modèle éducatif performant, la réappropriation d'une mémoire historique performante.

A) La réappropriation de l'Etat comme agent du progrès politique, économique et social

L'Etat est le levier d'action et de solidarité le plus puissant que les sociétés humaines ont inventé au cours de l'histoire. Il permet d'encadrer, d'orchestrer et de superviser les initiatives privées et publiques qui ont un impact majeur sur la configuration de la société. Mais l'Etat peut mettre sa capacité d'organisation au service de l'intérêt général comme il peut mettre cette capacité d'organisation au service des intérêts privés d'une minorité. Dans le premier cas, il fonctionne comme le levier institutionnel d'une vie politique favorable au progrès politique, économique, social, technique et scientifique. Dans le second cas, il fonctionne comme le levier institutionnel d'une vie politique rétrograde et arbitraire.

L'Etat de Droit est le modèle par excellence d'un appareil institutionnel qui met sa capacité d'organisation au service de l'intérêt général c'est-à-dire au service des citoyens. L'axiologie qui gouverne son fonctionnement en fait un formidable levier d'action et de solidarité qui concourt au progrès politique, économique et social. C'est ce modèle de l'Etat que les sociétés avaient institué dans la période qui va de -3000 av. J.-C. à 1500 apr. J.-C.. C'est ce modèle de l'Etat qui fait aujourd'hui défaut aux société africaines post-coloniales. C'est ce modèle de l'Etat que nous devons nous réapproprier comme ressort de l'historicité.

Rappelons que l'Etat africain post-colonial est aux antipodes du modèle de l'Etat que nous devons nous réapproprier. Pour des raisons qui tiennent à la genèse de l'Etat africain post-colonial, les acteurs politiques post-coloniaux avaient organiser le fonctionnement de l'Etat non pas sur le mode d'une institution au service de l'intérêt général, mais sur celui d'une institution au service d'intérêts privés nationaux aussi bien qu'étrangers. Ces acteurs politiques percevaient l'Etat non pas comme une institution de promotion de l'intérêt général, mais comme une institution de promotion de l'intérêt privé. Il s'en est suivi un divorce entre les fins poursuivies par l'Etat africain post-coloniale et les attentes des citoyens. C'est pourquoi il n'est pas exagéré de dire qu'en Afrique post-colonial, l'Etat n'appartient pas aux populations africaines. Il n'est pas au service des aspirations et des attentes des populations africaines en terme de progrès politique, économique, social technique et scientifique. Se réapproprier l'Etat c'est donc se doter d'un appareil politique qui se donne comme vocation d'être à nouveau au service des aspirations et des attentes des populations africaines ;

La question qui se pose est donc celle de savoir comment les peuples africains peuvent faire pour se réapproprier le modèle d'Etat qu'ils avaient su instituer dans la période qui court de -3000 av. J.-C. à 1500 apJ.-C..

Comment peuvent-ils faire pour que l'Etat redevienne en Afrique le levier institutionnel d'une vie politique favorable au progrès politique, économique, social, technique et scientifique. Une telle réappropriation est un impératif, car sans le concours de l'Etat, les populations africaines ne pourront pas organiser leurs sociétés comme espace de libertés, de croissance, de promotion des sciences et des techniques.

La réponse à cette question est simple. L'observation de l'histoire montre que lorsqu'une société civile veut se réapproprier un modèle d'Etat qui prend en charge la promotion de l'intérêt général, il opte toujours pour la seule solution qui existe. A savoir : la publicisation de l'Etat. Il s'agit d'un ensemble de mécanismes inhérent au Droit public moderne et dont l'objet est d'organiser une transparence de l'Etat. Ces mécanismes rendent effective la transparence de l'Etat en ce sens qu'ils permettent à la société civile et donc aux citoyens d'avoir un regard et une emprise permanente sur l'action des gouvernants. C'est en cela qu'il y a une appropriation citoyenne de l'Etat.

1°) La publicisation de l'Etat

Toute la question est de savoir comment opérer une publicisation de l'Etat en Afrique. C'est Guillaume Pambou Tchivounda qui le premier a mis en perspective l'idée d'une publicisation de l'Etat en Afrique. Cet auteur a écrit sur l'effet performant de la publicisation de l'Etat des pages remarquables auxquelles il faut se référer. Il faut lire son ouvrage[417].

Par publicisation de l'Etat, il faut entendre l'organisation du fonctionnement de l'Etat à partir des principes du droit public moderne. Le Droit public moderne est un droit public d'inspiration libérale. Il a une fonction modernisante. Il organise l'assujettissement du pouvoir politique à un certain nombre de principes dont l'axiologie permet la coïncidence entre les fins poursuivies par l'Etat et les attentes des citoyens, la coïncidence entre les fins poursuivies par l'Etat et l'intérêt général. Ce sont ces mécanismes qui rendent effective la transparence de l'Etat. Et c'est à travers cette transparence que peut s'opérer l'emprise des citoyens sur l'Etat et donc l'appropriation de l'Etat par les citoyens d'un pays.

Les mécanismes à travers lesquels le droit public moderne organise l'assujettissement du pouvoir politique à une axiologie modernisante sont les suivants : la garantie judiciaire des libertés publiques, le service de l'intérêt général, la séparation des pouvoirs, le contrôle de la constitutionnalité des lois, le contrôle de la légalité des actes administratifs, l'élection des gouvernants au suffrage universel et l'indépendance du système judiciaire.

La branche du droit public qui organise cet assujettissement du pouvoir politique à une axiologie modernisante est le droit constitutionnel. Autrement dit, la publicisation de l'Etat se fait en organisant la subordination

[417] Guillaume Pambou Tchivounda, Essai sur l'Etat africain post-colonial, Paris, Librairie générale de Droit et de Jurisprudence, 1982, 167 p.

de l'Etat aux sujétions modernisantes du Droit constitutionnel. Le droit constitutionnel en effet est cette branche du droit public qui vise à organiser l'Etat comme chose publique. Pour ce faire, il assujettit l'action et la personne des gouvernants aux fins humaines du pouvoir[418]. Ce sont ces fins humaines du pouvoir qui contribuent à la publicisation de l'Etat[419]. Plus précisément, elles font de l'Etat une instance publique qui œuvre à la promotion de l'intérêt général, qui œuvre à une régulation sociale favorable à la prospérité économique, aux libertés politiques, aux avancées des sciences et des techniques. Elles font donc de l'Etat le levier dont se dote une société pour connaître un mouvement ascendant de son histoire dans le domaine politique, économique, technique, scientifique et social. C'est pourquoi, là où le droit public moderne attribue à l'Etat les prérogatives nécessaires à l'exercice de sa mission de service et de puissance publique, il ne manque pas d'assujettir l'exercice de cette mission à un certain nombre de conditions de forme (principe de conformité) et de fond (principe de validité) qui garantissent la sauvegarde de l'intérêt général.

Au cœur de la fonction modernisante du droit public moderne, le droit constitutionnel occupe donc une place essentielle. Il est cette branche du droit public moderne qui introduit, au sein du tissu social, le volet politique de la modernité, en enserrant l'action et la personne des gouvernants dans des sujétions politiques modernisantes. En l'espèce : le caractère représentatif des gouvernants (suffrage universel), l'exercice modéré du pouvoir politique (séparation des pouvoirs), l'autonomie de l'individu face au pouvoir politique (les libertés publiques), la limitation de la volonté unilatérale de l'Etat par le jeu des contre-pouvoirs (le contrôle de la légalité des actes administratifs et le contrôle de la constitutionnalité des lois, l'indépendance du système judiciaire). Ces sujétions sont réputées modernisantes dans la mesure où elles forment un dispositif normatif et institutionnel qui permet de faire échec à l'inclination naturelle du pouvoir politique à l'abus. Plus précisément, c'est ce dispositif normatif qui fait échec à la formation progressive de ce système politique qui, par essence, est antinomique avec la modernité économique et sociale : la kleptocratie.

La kleptocratie est un système politique à part entière et se définit comme un système politique de privatisation des ressources du pouvoir. Elle ne se résume pas dans les pratiques de corruption auxquelles n'échappe nul système politique. La kleptocratie va au-delà de ces pratiques. Elle se caractérise d'une part, par le monopole de la scène politique dans les mains d'une oligarchie (parti unique, non-reconnaissance légale de l'opposition politique, entraves aux libertés de penser, d'entreprendre et de créer) ; d'autre part, par l'allocation privée des ressources financières de l'Etat (allocation des ressources publiques à la satisfaction d'intérêts privés). Par

---

418 Marcel Waline, Individualisme et Droit, Ed Pédone ; Charles de Visscher, Théories et réalités du Droit International Public, Ed Pédone, 1970

419 Tchivounda (Guillaume, Pambou), "Essai sur l'Etat africain postcolonial", LGDJ, 1982

ces deux caractéristiques, ce système politique est antinomique avec la modernité économique et sociale, dès lors qu'il fait de l'Etat le premier obstacle à l'organisation de l'espace social comme espace de prospérité, de libertés et de responsabilités.

Le droit constitutionnel précisément fait échec à la formation des kleptocraties, dans la mesure où entre le Droit et la personne des gouvernants, il instaure la primauté du droit public. Et cette primauté, comme le rappelle Boutros Boutros Ghali, "implique pour l'exercice du pouvoir, la légitimité, la transparence, l'obligation de rendre des comptes"[420].

En d'autres termes, Boutros Boutros Ghali nous rappelle que la transparence du système politique est une des conditions de la primauté du droit public moderne au sein d'un Etat. La question est donc celle de savoir comment par le droit constitutionnel moderne une société civile peut organiser la transparence du système politique afin de garantir la primauté du droit public moderne au sein de l'Etat.

2°) La transparence de l'Etat

Le droit constitutionnel moderne organise la transparence de l'Etat à travers un certain nombre de mécanismes qui permettent précisément aux citoyens d'avoir une emprise sur les gouvernants et donc de s'approprier l'Etat. La typologie de ces mécanismes est la suivante.

– **Les mécanismes de dévolution du pouvoir :** dans l'esprit du droit constitutionnel moderne, les règles de dévolution du pouvoir contribuent à la transparence de l'Etat dans la mesure où elles s'avèrent être le reflet d'un consensus politique inscrit dans la constitution. Cela signifie que la constitution ne doit pas être élaborée de manière unilatérale par une partie des acteurs politiques. Elle doit faire l'objet d'une concertation entre l'ensemble des acteurs politiques et être le reflet d'un compromis entre l'ensemble des familles idéologiques sur le fonctionnement de la vie politique. Nous autres africains devons donc élaborer une constitution dans la forme d'un compromis entre les différents courants de pensée politique qui animent la vie politique.

– **Les mécanismes de compétition pour le pouvoir :** dans l'esprit du droit constitutionnel moderne, les élections contribuent à la transparence de l'Etat dans la mesure où elles s'avèrent mettre en compétition non pas une pluralité de candidats, mais des candidats pluralistes c.-à-d. des candidats dotés de programmes politiques différents. Cela signifie que ne peuvent concourir à la compétition électorale que les candidats qui concourent au pluralisme idéologique de la société, les candidats qui représentent un courant de pensée dans la société.

– **Les mécanismes de l'exercice des pouvoirs** : dans l'esprit du droit constitutionnel moderne, les modalités de l'exercice des pouvoirs

---

[420] Boutros Boutros-Ghali, L'interaction entre démocratie et développement, Unesco, 2002.

contribuent à la transparence de l'Etat dans la mesure où elles aménagent un équilibre entre les pouvoirs. C'est ce que on appelle le mécanisme de la séparation des pouvoirs. Il attribue à chaque pouvoir de l'Etat (exécutif et législatif) une compétence exclusive et attribue à chacun des pouvoirs, des moyens d'actions réciproques (droit de dissolution pour l'un et la motion de censure pour l'autre). Ce mécanisme permet de faire en sorte que par l'aménagement des modalités d'exercice du pouvoir exécutif et du pouvoir législatif, ces deux pouvoirs se limitent l'un l'autre, que les prérogatives de l'un opèrent vis-à-vis de ceux de l'autre comme un frein à son inclination à l'abus du pouvoir.

– **Les mécanismes institutionnels de contre pouvoirs** : dans l'esprit du droit constitutionnel moderne, la création de contre-pouvoirs institutionnels contribue à la transparence de l'Etat dans la mesure où ces institutions soumettent chaque pouvoir à une procédure de contrôle. Il s'agit aussi bien du contrôle de la constitutionnalité des lois que du contrôle de la légalité des actes administratifs. Le contrôle de la constitutionnalité des lois permet d'ajuster en permanence l'action des parlementaires à la volonté du pouvoir constituant originaire et donc à la volonté des citoyens surtout lorsque la constitution contient un dispositif qui élève les droits fondamentaux de la personne humaine au rang de droits à valeur juridique. Le contrôle de la légalité des actes administratifs permet d'assujettir l'action administrative du gouvernement à la volonté des représentants du corps des citoyens : le parlement.

– **La transparence des élus politiques** : dans l'esprit du droit constitutionnel moderne, la sélection des autorités politiques (chef de l'Etat, parlementaires et élus locaux) par le moyen du suffrage universel contribue à la transparence de l'Etat dans la mesure où ces personnes doivent certes être élues, mais ils doivent être élus non pas en considération de leur personne, mais en considération de leur programme politique. Seule la coïncidence entre leur programme politique et la volonté d'une partie de l'électorat peut leur garantir d'accéder à la fonction politique qu'elles visent.

3°) La question de l'effectivité de la transparence de l'Etat

L'effectivité des mécanismes du droit constitutionnel moderne qui concourent à la transparence de l'Etat ne va pas de soi. Ils ne deviennent effectifs que dans le cadre d'une société où les acteurs politiques véhiculent une culture politique démocratique. Une culture démocratique qui fait que ces acteurs politiques respectent en toutes circonstances les règles et les mécanismes du droit public moderne. Autrement dit, l'effectivité de ces règles et mécanismes peut être mise en échec là où les acteurs politiques véhiculent une culture politique liberticide. C'est le cas dans les sociétés africaines post-coloniales dont la sociologie politique n'est pas favorable au respect des règles et des mécanismes du droit public moderne.

La sociologie politique des sociétés africaines post-coloniales en effet est dominée par un phénomène qui hypothèque toute entreprise de transparence politique. Il s'agit de l'existence de générations d'acteurs politiques qui véhiculent une culture politique autoritaire, affairiste et liberticide. Il est donc impératif en Afrique post-coloniale d'inventer des mécanismes qui puissent faire échec aux pesanteurs de cette sociologie politique sans avoir à attendre qu'elles disparaissent sous l'effet de divers facteurs que l'on ne peut pas encore identifier à ce jour. Ces mécanismes à inventer peuvent être les suivants :

a) Le contrôle des engagements électoraux

L'idée ici est de soumettre les engagements électoraux du parti vainqueur aux élections présidentielles et législatives à un contrôle post-électoral continu. Ce contrôle pourrait être exercé par un organe doté d'un pouvoir d'investiture et de destitution du candidat vainqueur aux élections présidentielles.

Concrètement cela signifie qu'il faut créer un organe de contrôle des engagements électoraux. Celui-ci sera chargé de valider les candidatures, d'entériner les engagements électoraux, d'investir le candidat élu et enfin de destituer le candidat élu si l'action de son gouvernement ne coïncide pas avec ses engagements électoraux. Cet organe doit être un organe indépendant du pouvoir exécutif. C'est la leçon que nous donnent les expériences de la séparation des pouvoirs en Afrique précoloniale.

Les dirigeants politiques doivent être contraints à tenir leurs promesses électorales grâce à l'existence d'une épée de Damoclès suspendue au-dessus de leur tête. En l'espèce : un organe chargé du contrôle des engagements électoraux. Cet organe pour être efficace doit être doté de prérogatives de dépouillement électoral, d'investiture et de destitution. L'indépendance de ses membres sera garantie par un statut d'inamovibilité de 7 à 9 ans. Ils seront nommés un tiers par l'exécutif, un tiers par le sénat et un tiers par l'Assemblée nationale. Ce conseil non seulement présidera à l'investiture, mais sera habilité à destitué un gouvernement qui porte atteinte aux valeurs du droit public moderne et ne met pas tout en œuvre pour atteindre ses engagements électoraux. C'est là un moyen de neutraliser la culture politique autoritaire et affairiste que véhiculent les acteurs politiques en Afrique.

b) L'incompatibilité entre l'appartenance à un ancien parti unique et l'exercice d'un mandat politique autre que celui à exercer au sein d'une chambre haute

L'idée ici est d'écarter de l'exercice réel du pouvoir les acteurs politiques dont la culture a été façonnée par les partis uniques. Il convient de les cantonner dans une chambre haute qui serait une simple chambre de réflexion et de proposition sur le mode du sénat des régimes parlementaires.

C'est là un moyen habile d'écarter de la vie politique les responsables des régimes politiques autoritaires antérieurs. Il est nécessaire de les écarter, car leur culture politique est fondamentalement anti-démocratique. Il faut aussi éviter qu'ils organisent des actes répressifs pour se maintenir dans les instances dirigeantes de l'Etat. C'est pourquoi, leur offrir la participation à une chambre haute est un moyen de les inviter à se retirer de la vie politique sans pour autant leur faire perdre la face.

Il ressort de notre analyse que les sociétés africaines ne pourront se réapproprier l'Etat que si il se forme en Afrique un groupe politique acquis aux idéaux et valeurs de la démocratie et que ce groupe emporte les élections présidentielles et législatives. Une fois au pouvoir il appartiendra à ce groupe politique d'organiser le fonctionnement de la vie politique sur le registre des mécanismes du droit public moderne.

C'est là le seul scénario par lequel les peuples africains pourraient se réapproprier l'Etat. Cela signifie donc que les pan-africanistes et autres partisans de la renaissance africaine doivent se donner comme objectif la création du groupe politique mentionné ci-dessus. C'est pourquoi nous disons souvent que le premier combat politique pour les partisans de la renaissance africaine est celui de la démocratisation de nos régimes. C'est la seule voie possible pour nous réapproprier l'appareil d'Etat. Et il nous faut nous réapproprier cet appareil, car c'est le seul levier qui nous fera basculer définitivement sur la pente de notre destin moderne. Cela signifie surtout qu'il faut se réapproprier l'Etat par la voie démocratique.

B) La réappropriation d'un modèle économique performant : un modèle économique de rentabilité interne et de compétitivité externe

L'économie est le levier le plus puissant que les sociétés humaines ont inventé pour s'émanciper de l'empire de la rareté et du besoin. On peut la définir comme une activité anticipatrice pour la satisfaction des besoins matériels par la production des biens et des services.

L'économie joue ce rôle lorsqu'elle est organisée selon une logique de mise en valeur des ressources nationales sous l'angle de la rentabilité interne et de la compétitivité externe. Sous cet angle l'appareil économique mobilise les ressources nationales d'abord pour satisfaire les besoins du marché intérieur. Il favorise ainsi la création de toute une gamme d'activités productrice de biens manufacturés qui à leur tour deviennent générateurs d'emplois, de salaires et de revenus fiscaux sur le territoire national. Sous cet angle, l'appareil économique mobilise ensuite les ressources nationales pour répondre aux besoins du marché extérieur par la commercialisation de toute une gamme de matières premières brutes ou de produits manufacturés que la dotation du pays en ressources naturelles et en compétence technique lui permet de fabriquer à des prix compétitifs pour le marché international. Cette activité génère une source importante de devises pour le pays et lui permet d'importer les biens que ses dotations naturelles ne lui permettent pas de produire à des prix compétitifs. C'est cette logique de mise en valeur des ressources nationales qui est constitutive de ce que nous appelons un modèle économique de rentabilité interne et de compétitivité externe. C'est ce modèle économique que les sociétés africaines avaient su organiser dans la période qui va de -3000 ans av. J.-C. à 1500 apr. J.-C.. C'est ce modèle économique qui avait permis de construire ces sociétés comme des espaces de prospérité économique. C'est ce modèle économique qui aujourd'hui fait défaut en Afrique. C'est ce modèle économique que nous devons nous réapproprier comme ressort de l'historicité.

Il faut rappeler que les économies africaines post-coloniale-c'est un fait d'observation-sont aux antipodes de ce modèle. Elles sont organisées selon une logique de mise en valeur des ressources nationales sous le seul angle de la rentabilité externe. Le modèle économique des sociétés africaines post-coloniales se polarise sur des activités d'extraction primaire. Il conduit les sociétés africaines à exporter brute leurs matières premières. Il assigne aux économies africaines une seule vocation : satisfaire les besoins du seul marché externe par le moyen de produits non pas industriels, mais d'extraction primaire. De ce point de vue ce modèle fait des économies africaines des économies étrangères à toute vocation industrielle. De ce fait il ne concourt pas à la prospérité interne des sociétés africaines en terme de création d'emplois, de salaires et de revenus fiscaux, ni en terme de commercialisation de produits de consommation compétitifs et de qualité. Il ne concourt donc pas à la création d'un pouvoir d'achat et d'un marché attractif pour les consommateurs africains. C'est la raison pour laquelle les populations africaines post-coloniales vivent sous l'empire de la rareté et du besoin.

L'économiste Pathé Diagne a bien décrit les techniques de mise en valeur des ressources africaines sous l'angle de la rentabilité externe. Il faut lire son ouvrage[421]. L'économiste TCHUNDANG POUEMI a montré le même phénomène à partir de la question monétaire. Il faut lire son ouvrage[422]. De notre côté nous avons illustré ce phénomène par l'exemple de la mise en valeur du pétrole africain. Concrètement la mise en valeur des ressources économiques africaines sous l'angle de la rentabilité externe ne contribue que faiblement à la création d'emploi, au revenu des ménages et à la satisfaction des besoins des ménages africains en termes de biens et de services. C'est pourquoi on peut dire qu'il s'agit d'une mise en valeur des ressources africaines sous l'angle du déficit interne.

Il va de soi qu'une telle mise en valeur dépossède les populations africaines du bénéfice qu'elles pourraient tirées d'une logique de mise en

---

421 Pathé Diagne, pour l'Unité Ouest africaine, intégration ou micro-état, Paris, Anthropos, 1972.

422 TCHUNDANG POUEMI (Joseph) Monnaie, servitude et liberté. La répression monétaire en Afrique. Préface de Mohamed T. Diawara, Editions Jeune Afrique, 1980, 285 p

valeur de leurs ressources économiques sous l'angle de la rentabilité interne et de la compétitivité externe. Elles doivent donc se réapproprier le bénéfice de ces ressources. Pour cela une seule solution se présente : la mise en valeur des ressources économiques africaines sous l'angle de la rentabilité interne et de la compétitivité externe. Autrement dit il nous faut rompre avec le modèle économique de mise en valeur des ressources africaines sous l'angle de la rentabilité externe. Il nous faut adopter un modèle économique de rentabilité interne et de compétitivité externe. Quels peuvent être de nos jours les éléments constitutifs de ce modèle ?

L'économie contemporaine il faut le rappeler est une économie industrielle. Dans le cadre d'une telle économie, la prospérité matérielle d'une nation n'est possible que si elle organise son espace économique dans la forme d'un espace économique de transformation des ressources naturelles nationales en produits manufacturés. Cette activité de transformation présente un intérêt majeur. Elle conduit à une mise en valeur des ressources nationales sous l'angle de la rentabilité interne. Rentabilité interne, car seule cette perspective de mise en valeur est créatrice de richesse. Elle se traduit par des activités qui ont une incidence considérable en terme de création d'emploi, de salaire et de ressources fiscales. Elle permet la conquête d'un marché intérieur pour satisfaire les besoins en biens et en services des populations nationales. Elle permet aussi la conquête d'un marché extérieur pour l'exportation et l'importation de produits manufacturés selon une logique d'exploitation des avantages comparatifs.

En Sciences économiques, la théorie des avantages comparatifs postule qu'un pays doit se spécialiser dans l'exploitation soit des biens dont les coûts relatifs de production sont les plus bas (Ricardo), soit des biens utilisant le plus intensément les facteurs de production dont il est le mieux doté (Hekscher-Ohlin). Autrement dit, selon cette théorie, un pays a avantage à exporter ce que ses dotations naturelles lui permettent de fabriquer à moindre coût et à importer ce dont ses dotations naturelles l'obligeraient à fabriquer à un coût plus élevé.

La transformation des ressources naturelles africaines en produits manufacturés permettrait aux sociétés africaines de fabriquer avec des coûts de production bas la majorité des biens dont les sociétés africaines ont besoin. Cela ne sera possible toutefois qu'à la condition que cette activité de transformation s'opère dans le cadre d'une division régionale du travail industriel et qu'elle puisse s'appuyer sur un vaste marché intérieur unique. Les produits africains manufacturés seraient ainsi compétitifs tant sur le marché externe que sur le marché interne. Le volume des biens manufacturés acquis par voie d'importation serait alors réduit aux seuls produits dont le coût de production en Afrique serait plus élevé si on les fabriquait sur place. Deux conditions sont donc indispensables à la mise en valeur des ressources naturelles africaines sous l'angle de la rentabilité interne et de la compétitivité externe. D'une part la volonté de conquérir un vaste marché intérieur sur le mode d'un marché unique africain. D'autre part la volonté de créer une division régionale du travail industriel pour rendre effective la production des biens manufacturés à des coûts bas.

Le modèle de mise en valeur des ressources nationales africaines sous l'angle de la rentabilité interne et de la compétitivité externe invite donc à ne pas exporter brut les matières premières du sol et du sous-sol. Elle invite au contraire à les transformer sur place afin de faire bénéficier à l'espace économique africain du phénomène de croissance que génèrent les entreprises dont l'activité consiste à fabriquer les produits dérivés des matières premières. De la sorte la transformation sur place des matières premières devient une source créatrice d'entreprises, d'emplois, de salaires et d'entrées fiscales qui à leur tour peuvent être affectés à des investissements sociaux, industriels ou de recherche.

Une telle politique oriente l'appareil de production vers la satisfaction simultané du marché externe et interne dans le cadre d'une politique économique de mise en valeur des richesses nationales sous l'angle de la rentabilité interne et de la compétitivité externe. Il importe donc que les peuples africains se réapproprient leur appareil économique. Pour cela ils doivent inverser la perspective d'organisation de cet appareil en passant d'un appareil qui organise la mise en valeur des ressources nationales sous l'angle de la rentabilité externe à un appareil qui organise une mise en valeur de leur espace économique sous l'angle de la rentabilité interne et de la compétitivité externe.

La mise en valeur des ressources africaines sous l'angle de la rentabilité interne ne signifie donc pas l'organisation d'une autarcie des économies africaines. Notre économie doit être ouverte, libre-échangiste et compétitive. Il s'agit simplement d'allouer nos ressources économiques à la production de biens manufacturés dont la vocation sera d'abord de satisfaire un vaste marché intérieur (d'où l'opportunité d'un Etat fédéral d'Afrique noire) et ensuite de satisfaire les besoins du marché externe en produits naturels ou manufacturés.

S'approprier l'économie comme ressource de l'historicité consiste donc concrètement à mobiliser les ressources (démographique, minières, agricoles et intellectuelles) nationales pour produire des biens et des services sous l'angle de la rentabilité interne. Sous l'angle de la rentabilité interne, signifie que cette activité doit être d'abord créatrice d'entreprises locales, d'emplois locaux, de salaires locaux, d'impôts locaux, etc. Une telle forme d'organisation économique n'ignore pas le marché externe. Simplement elle s'appuie à la fois sur un marché intérieur et un marché externe.

A cette fin, l'appareil économique de production doit être organisé dans la forme d'un appareil de transformation des ressources du sol et du sous-sol en produits destinés à satisfaire les besoins du marché interne d'abord et du marché externe ensuite.

Le paradigme de la renaissance africaine invite justement à organiser notre appareil de production selon une logique économique qui consiste à mettre en valeur nos ressources sous l'angle de la rentabilité interne et de la compétitivité externe. Concrètement cela signifie qu'il faut mobiliser nos ressources et orienter notre appareil de production vers la satisfaction simultané de deux marchés : le marché intérieur et le marché extérieur en exportant sur ce dernier uniquement le surplus de notre production. Conquérir donc notre marché intérieur sans nous couper du marché extérieur sur lequel nous écoulerons notre surplus.

Mais en Afrique un Etat ne peut à lui seul mettre en œuvre une telle politique économique. Celle-ci ne peut être viable que si elle dispose d'un vaste espace différencié de ressources naturelles et d'un vaste espace de consommateurs. Autrement dit, si elle dispose d'un marché intérieur viable. Il faut donc assainir le facteur qui empêche la constitution d'un marché intérieur. A savoir les frontières post-coloniales. C'est pourquoi Cheikh Anta Diop a recommandé la création d'un Etat fédéral africain comme cadre optimal pour une politique industrielle et agricole sous l'angle de la rentabilité interne. Son plan d'industrialisation fédérale de l'Afrique reste donc d'actualité. Quant à la question du capital nécessaire, le recours à une politique fiscale adéquate est à même d'attirer autant de capitaux extérieurs ou intérieurs nécessaires à la création d'industries de transformation sur place.

Il s'agit donc pour l'Afrique d'adopter un nouveau modèle économique. A savoir le modèle économique de rentabilité interne et de compétitivité externe. La rentabilité interne consiste à mobiliser l'ensemble de nos ressources naturelles pour créer un pôle industriel de transformation des matières premières en produits manufacturés dans la cadre d'une division régionale du travail industriel (spécialisation de pôles régionaux en fonction des dotations régionales en ressources naturelles) et dans le cadre d'un marché intérieur optimal (marché unique africain). Cette logique de mise en valeur de nos ressources naturelles aura une incidence considérable sur la création d'emplois, de salaires et de revenus fiscaux. La compétitivité externe consiste à mettre à profit nos dotations en matières premières pour fabriquer des produits compétitifs selon la logique des avantages comparatifs.

Il s'agit donc pour l'Afrique d'adopter une politique économique qui vise à créer un marché intérieur dans la forme la plus optimale (marché régional ou encore continental), qui vise à s'appuyer sur les deux marchés (marché intérieur et marché extérieur) et qui vise à créer une industrie de transformation à même de nous insérer dans le commerce international selon une logique des avantages comparatifs.

C) La réappropriation d'un modèle éducatif performant

Le système éducatif d'une société, à l'échelle de la maternelle, du primaire du secondaire et du supérieur est un des ressorts les plus performants de l'historicité dont puisse se doter un peuple. Il est l'instrument par lequel une société peut accéder à une maîtrise de l'instrumentalité technologique et scientifique à même de lui permettre de produire les conditions matérielles et immatérielles de sa propre existence. Il est l'instrument par lequel une société produit, transmet et actualise les connaissances et les techniques indispensables pour qu'elle puisse produire par elle-même les conditions matérielles et immatérielles de sa propre existence.

Pour opérer comme tel, le système éducatif d'un pays doit être performant au regard de sa double vocation. A savoir : d'une part, contribuer à insuffler à l'élite nationale une ambition historique, celle d'être l'agent de sa propre histoire et d'une histoire socio-linéaire ; d'autre part contribuer à former un ensemble de cadres dont les compétences confèrent au pays une autonomie intellectuelle, scientifique et technique à même de permettre au pays de produire par lui-même les conditions matérielles et immatérielles de sa propre existence.

De ce point de vue un système éducatif doit être sous le contrôle de la société concerné. Sous le contrôle du peuple concerné, il doit répondre aux objectifs nationaux. C'est sans doute pourquoi, Cheikh Anta Diop a rappelé avec force dans sa conférence au Niger qu'un peuple qui ne contrôle plus son système éducationnel est un peuple en voie de régression. Dès lors que par une occupation étrangère prolongée un peuple perd le contrôle de son système éducatif il devient dépendant des structures éducatives étrangères. Or les objectifs poursuivis par les structures éducatives étrangères coïncident rarement avec les objectifs de la nation concernée. C'est le cas notamment des structures éducatives post-coloniales. Elles ne sont pas performantes, car elles ont vocation à former une élite attentiste. Il importe donc de mettre en œuvre une politique de réappropriation d'un système éducatif performant.

Nous autres africains devons donc nous réapproprier un modèle éducatif performant. C'est ce type de système éducatif que les sociétés africaines avaient institué dans la période qui va de -3000 ans av. J.-C. à 1500 apr. J.-C.. C'est ce modèle qui a permis aux sociétés africaines durant cette période de former les cadres intellectuel, technique et scientifique qui ont propulsé ces sociétés au rang de sociétés pionnières dans la voie de la civilisation. C'est ce modèle performant que nous devons nous réapproprier comme ressort de l'historicité.

D) La réappropriation d'une mémoire historique performante

La mémoire historique est la représentation qu'un peuple véhicule sur les évènements, les idées, les croyances, les savoirs, les pratiques et les postures qui ont façonné sa trajectoire historique. Elle est par conséquent la représentation qu'un peuple se fait de lui-même en tant qu'agent créateur ou non de civilisation.

Comme tel, il apparaît que la mémoire historique est le facteur le plus puissant qu'un peuple puisse se doter pour s'auto-insuffler l'ambition de se projeter dans l'histoire comme peuple capable d'historicité. Mais c'est aussi le facteur par le biais duquel une puissance coloniale d'occupation peut faire irruption dans l'imaginaire historique d'un peuple conquis pour lui inculquer par intrusion des réflexes de subordination axiologique, esthétique, psychologique, épistémologique et politique qui vont l'amputer de toute volonté politique c.-à-d. de toute volonté de vouloir prendre en charge son propre destin autrement que sous la tutelle de la puissance coloniale. Pour un peuple, la mémoire historique est donc une soupape de sécurité, un rempart, contre les intrusions axiologiques étrangères, mais aussi un matériau efficace pour relever de façon autonome les défis de l'histoire. C'est le matériau à partir duquel il puise en lui l'ambition historique de s'organiser comme espace producteur de sciences, de techniques, d'idées et de sens.

De ce point de vue, cette représentation n'a pas seulement une fonction mémorielle. Elle façonne aussi l'opinion qu'un peuple véhicule sur sa capacité ou non à créer les conditions matérielles et immatérielles de sa propre existence à partir du génie créateur de son propre patrimoine culturel. Elle constitue ce faisant le matériau à partir duquel un peuple parvient ou non à puiser en lui-même l'ambition historique c.-à-d. la volonté de s'organiser comme espace producteur de sciences, de techniques, d'idées et de sens. C'est la raison pour laquelle c'est cette représentation qui détermine sa posture dans l'histoire en cours.

Il apparaît que dans la période qui court de -3000 av. J.-C. à 1500 apr. J.-C. les peuples Africaines ont véhiculé une mémoire historique performante. C'est elle qui leur a permis de s'organiser comme espace producteur d'idées, de sciences, de technique et de sens. C'est cette mémoire historique performante qui leur a permis de se propulser dans l'histoire comme peuples capable d'historicité c.-à-d. comme peuples capables de créer les conditions et matérielles et immatérielles de leur propre existence dans une perspective d'autonomie des normes, des valeurs, des priorités et des actions qui président à leur action. C'est une telle mémoire historique qui nous fait aujourd'hui défaut. C'est une telle mémoire historique que nous devons nous réapproprier comme ressort de l'historicité pour nous propulser à nouveau dans l'histoire comme peuples créateurs de civilisation.

Nous autres africains post-coloniaux devons bien comprendre que c'est la mémoire historique qui façonne l'identité culturelle d'un peuple. Elle l'a façonné comme identité culturelle propice ou non à l'invention, la création et l'innovation. Elle y est propice lorsque par les significations qu'elle véhicule, elle incite les membres de ce peuple à exercer leur identité humaine générique c.-à-d. leur pouvoir d'anticipation, de création, d'invention et d'innovation. Elle n'y est pas propice lorsque par les significations qu'elle véhicule, elle conduit ce peuple à une posture attentiste.

De ce point de vue, une mémoire historique peut-être atrophiante ou performante. Elle est atrophiante lorsqu'elle crée au sein d'un peuple des réflexes de subordination axiologique, épistémologique, psychologique, esthétique et politique à l'égard d'autrui. Ces réflexes rendent ce peuple incapable de se projeter dans l'histoire autrement que sous la tutelle d'autrui. Elle est performante lorsqu'elle crée au sein d'un peuple des réflexes d'autonomie axiologique, épistémologique, psychologique, esthétique et politique. Par cela, elle lui confère l'ambition historique c.-à-d. la volonté de se projeter dans l'histoire comme peuple capable d'historicité c.-à-d. comme peuple capable de créer les conditions et matérielles et immatérielles de sa propre existence dans une perspective d'autonomie des normes, des valeurs, des priorités et des actions qui président à son action. De ce point de vue la mémoire historique est la sève qui confère ou non à une société l'ambition historique de s'organiser comme espace producteur de sciences, de techniques, d'idées et de sens.

C'est le matériau de la mémoire historique africaine précoloniale qui a permis aux Africains déportés aux Amériques à ne pas céder à l'assimilation culturelle et au génocide physique. C'est cette même mémoire historique qui fait que les peuples africains n'ont pas cédé en terre africaine à l'assimilation culturelle et au génocide physique. C'est aussi elle qui a permis aux peuples africains ou d'ascendance africaine de conserver ce que Jean Ziegler appelle une mémoire du tout autre. Cette mémoire du tout autre en fait les seuls peuples qui peuvent aujourd'hui aspirer à une alternative à l'Occident à partir de leur héritage historique.

En revanche c'est la perte de cette même mémoire historique précoloniale qui prive les élites africaines post-coloniales de toute ambition historique. Elle les inscrit dans un imaginaire qui les fait considérer comme légitime l'idée selon laquelle les peuples africains ne pourraient accéder à la modernité que dans le cadre de l'assimilation culturelle et la tutelle épistémologique de l'Europe. Cette élite est habitée par une mémoire historique d'emprunt qui neutralise en son sein toute ambition historique. On se souviendra que le premier hymne de l'Indépendance du Cameroun donne une idée assez exacte de cette mémoire historique d'emprunt. Il comportait un couplet dont les paroles étaient les suivantes : Ô Cameroun, berceau de nos ancêtres, autrefois tu vécus dans la barbarie, comme un soleil tu commences à paraître, peu à peu tu sors de ta sauvagerie.

Nous devons donc nous débarrasser de cette mémoire historique d'emprunt et atrophiante. Il nous appartient de nous réapproprier une mémoire historique performante. Celle qui nous insufflera l'ambition d'exercer à nouveau ce que Marcien Towa appelle notre identité humaine générique c.-à-d. notre pouvoir d'anticipation, de création, d'invention et d'innovation.

Cette mémoire historique performante existe. Elle a été restituée à la science historique par Cheikh Anta Diop. Il est donc impératif de restituer aux Africains cette mémoire historique apte à favoriser en leur sein les réflexes d'initiatives politiques et épistémologiques. Cette mémoire propice à l'historicité est celle que véhiculent les figures de l'histoire africaine telle qu'elle apparaît à travers les sources probantes de l'histoire africaine. Ces figures ont déjà été mises en perspective par les travaux de Cheikh Anta Diop et de ses disciples au sein de l'école rationaliste des études africaines. Il convient donc d'adopter une politique qui diffuse ces figures à travers les instances scolaires, universitaire, médiatique, etc.

SECTION 4. LA POLITIQUE DE PROMOTION DES FACTEURS DE L'INNOVATION

Il s'agit de la promotion des facteurs de l'innovation. Cette politique est le troisième volet d'une politique de la renaissance africaine. Un certain nombre de facteurs sont à même d'opérer comme facteur d'innovation dans le projet de la renaissance africaine. On peut citer : la promotion d'une conscience historique fédérative, la promotion des sciences et des techniques, la promotion des langues nationales, la promotion du patrimoine épistémologique africain.

A) La promotion des sciences et des technologies

La science et la technologie sont les leviers d'action les plus puissants que les sociétés humaines ont inventés pour pouvoir entreprendre une action en retour sur leur propre environnement dans le but de vaincre la maladie, les pénuries matérielles et les catastrophes climatiques. C'est cette action en retour qui permet aux sociétés humaines d'atténuer l'adversité de la nature. Seules la science et la technologie permettent aux sociétés humaines d'avoir une action en retour la plus optimale sur leur environnement. Ces deux facteurs leur permettent de faire face de la manière la plus optimale aux pénuries, aux maladies et aux catastrophes naturelles grâce au pouvoir d'anticipation et d'action que ces facteurs procurent.

Toutefois cette contribution des sciences et des techniques à l'historicité n'est effective que dans les sociétés qui font la promotion de l'intelligence innovatrice. Seule une telle promotion peut permettre à une société de se construire comme pôle producteur d'idées, de sciences et de techniques. De ce point de vue, le projet de la renaissance africaine se doit d'organiser la réflexion sur les politiques de modernité non pas seulement autour de la question de la commercialisation des matières premières, mais aussi autour de la question de la valorisation de l'intelligence innovatrice en Afrique.

En fait elle doit viser à une promotion de l'initiative technologique et scientifique. C'est là une perspective performante, car une Afrique renaissante ne peut se contenter de vivre sur l'exploitation de ses matières premières tout en connaissant une dépendance intellectuelle et technologique à l'égard de l'étranger. La plus grande des dépendances est la dépendance intellectuelle et technologique. Les peuples africains doivent vaincre cette dépendance technologique et intellectuelle. Ils ne pourront le faire que par la promotion des sciences et des techniques.

Dans une interview sur Africa 24 Amadou Makthar Mbow a su mettre en perspective cette exigence. Il énonce : « L'avenir de l'Afrique ne sera pas dans les matières premières de son sol, mais dans sa matière grise, dans la force de son intelligence, des savoirs et savoirs faire que donnent l'éducation, la formation et la recherche ». Amadou Makthar Mbow invite donc les Africains à se donner les moyens de l'innovation technologique et scientifique par prévention du caractère épuisable des matières premières. Car au-delà de l'épuisement des matières premières de leur sous-sol les sociétés africaines ne pourront continuer à être les agents de leur propre histoire et d'une histoire moderne que si dès aujourd'hui elles anticipent sur le caractère épuisable des matières premières en mettant en place des politiques de valorisation de l'intelligence.

Ces politiques devront avoir pour objectif les projets suivants : d'abord la création d'un système scolaire et universitaire qui de la maternelle au lycée en passant par le collège permet à l'enfant de découvrir le talent scientifique, technologique, littéraire ou artisanal dont il est porteur ; ensuite, la création de filières de formation à la recherche qui permettent aux jeunes talents de produire dans la recherche fondamentale et appliquée toutes les découvertes dont ils sont porteurs ; enfin la création de filières de formation à l'ingénierie, à l'expertise scientifique et technologique qui permet aux ingénieurs et technologues de transformer notre environnement. C'est sans doute pourquoi Cheikh Anta Diop a vivement recommandé la création de « centres de recherche dans les secteurs de pointe (nucléaire, informatique, etc.) et de les implanter dans différentes parties appropriées de notre continent pour rejoindre le peloton de tête de l'humanité. Les centres devront présenter un caractère fédéral »[423]

Cette recommandation de Cheikh Anta Diop est primordiale. Elle met encore une fois en lumière l'impératif d'une union politique des Etats africains dans le cadre d'un Etat fédéral. La création de tels centres dépasse en effet les capacités respectives de la majorité des Etats africains. Seule une politique de solidarité permettrait de donner à chacun accès aux bénéfices de tels centres. C'est pourquoi il importe de répéter que l'Union fédérale des Etats africains est un levier indispensable de la renaissance africaine.

---

[423] in Le soleil de Dakar, samedi 9 et dimanche 10 mars 1985

B) La promotion des langues nationales comme véhicule de la culture scientifique

La langue est un ressort fantastique de l'historicité. C'est par elle que l'individu formule et construit les outils intellectuels qui lui permettent d'avoir une intelligence de la nature et de la société. C'est sur la base de cette intelligence qu'il s'approprie le monde matériellement (science) et immatériellement (spiritualité, philosophie) pour inventer et innover dans le but de créer les conditions matérielles et immatérielles de son existence. Mais la langue peut aussi devenir un frein à l'invention, la création et l'innovation. Elle peut devenir un facteur d'abrutissement. C'est le cas lorsque dans un pays, la langue comme outil d'enseignement favorise la mémorisation au détriment de la réflexion. C'est ce qui arrive lorsque dans un pays les enfants accèdent à l'enseignement dans le cadre non pas de leur langue maternelle, mais dans celui d'une langue étrangère. De ce point de vue la promotion des langues nationales en Afrique comme langue de diffusion des connaissances est une composante stratégique du projet de la renaissance africaine.

Dans un article écrit en 1948, Cheikh Anta Diop pose avec une grande acuité la problématique des langues nationales. Il écrit : « Toutes ces raisons – et bien d'autres – nous incitent à poser comme condition préalable d'une vraie renaissance africaine le développement des langues indigènes. On apprend mieux dans sa langue maternelle parce qu'il y a un accord incontestable entre le génie d'une langue et la mentalité du peuple qui la parle. D'autre part, il est évident qu'on évite des années de retard dans l'acquisition de l'enseignement. A ce propos je cite un exemple. Je considère la définition suivante : un point qui se déplace engendre une ligne. Pour qu'un jeune africain soit à même de recevoir cette définition avec fruit (et, encore, c'est à voir), il lui faut un minimum de 6 ans d'école pour posséder la syntaxe française et connaître assez de vocabulaire. Or, la même définition aurait pu être donnée en valaf (par exemple) à l'enfant de 7 ans le jour de son entrée à l'école ; alors qu'il faut attendre six ans et la lui donner à 13 ans ; six ans pendant lesquels on s'est appliqué à lui créer, de toutes pièces, un instrument d'instruction moins indiqué que celui qu'il possède de naissance. Si on appliquait un tel enseignement en langue africaine, on s'apercevrait de bien des erreurs : entre autres, on verrait que le Nègre, loin d'être dénué de logique, pourrait même se jouer des difficultés abstraites des mathématiques et que, ce qui constitue une entrave pour lui, c'est plutôt le symbolisme des mathématiques enseigné dans une langue étrangère qu'il possède mal. Le Nègre est obligé de fournir un double effort : pour assimiler le sens des mots et ensuite, par un second effort intellectuel, pour accéder à la réalité exprimée par lesdits mots. Souvent cette mauvaise pédagogie conduit à une rupture complète avec le réel et la reprise de contact avec celui-ci ne se produit que lentement, ce qui n'arriverait pas si l'enseignement était donné en valaf ; car la réalité une fois exprimée dans la langue maternelle a je ne sais quoi de banal qui fait que l'Africain la domine de haut et la maîtrise, d'une part, et d'autre part les chances d'erreur sur le sens des mots deviennent négligeables. Il en est tout autrement quand celle-ci est exprimée dans une langue européenne. Dès ce moment, tout se passe comme si elle se couvrait d'une membrane étanche qui la sépare de l'esprit et ce dernier ne s'attache plus qu'à des formules, des énoncés, pris pour des recettes magiques et qui constituent en eux-mêmes le savoir. Et c'est par ce processus psychologique que la mémoire arrive à se substituer à la raison chez nous et, de ce fait les facultés intellectuelles n'ont même pas eu l'occasion d'être éprouvées pour qu'on puisse les juger. Par ailleurs l'étude des langues a un intérêt historique d'autant plus important que nous ne connaissons pas – jusqu'ici – d'écriture ancienne. En effet, en étudiant comment les langues se sont engendrées les unes des autres on arriverait à constituer une sorte de chaîne linguistique allant des premières aux dernières et qui nous renseignerait sur une période de notre histoire dont la très grande importance est facile à estimer. C'est ainsi que les investigations historiques africaines semblent exiger des connaissances linguistiques. Le problème culturel par excellence s'avère donc le suivant : celui de la création de langues appropriées aux besoins d'expression de tous les ressortissants africains quel que soit leur niveau culturel. Mais un tel problème pose des difficultés sur lesquelles nous sommes loin de nous illusionner »[424]

Pour une information approfondie et percutante sur les tenants et aboutissants des langues nationales dans le projet de la renaissance africaine et notamment sur les difficultés dont parlent Cheikh Anta Diop et leur solution, il convient de lire l'étude érudite du Docteur Samba Buuri Mbuub : Langues nationales et renaissance africaines[425]

Il apparaît donc qu'il est indispensable pour les Etats africains de remplacer les langues étrangères par les langues nationales comme langue d'enseignement. C'est là une condition de l'accélération du développement en Afrique post-colonial de l'esprit d'invention et d'innovation. Mais un tel projet ne peut se réaliser du jour au lendemain. Il impose des étapes préalables à franchir. Ne pas respecter ces étapes c'est conduire les langues maternelles à devenir un facteur d'abrutissement intellectuel. Cette promotion des langues nationales doit aussi se faire sans préjudice pour les langues étrangères qui restent les langues d'échange avec l'international.

La première étape consiste à sélectionner la langue qui au sein d'un pays ou d'une région va devenir la langue maternelle d'enseignement. Ce choix ne peut se faire au hasard et de manière arbitraire. Il doit reposer sur des critères objectifs notamment ceux que Cheikh Anta Diop a proposés dans Nations nègres et cultures. Ensuite les langues sélectionnées doivent faire

[424] Cheikh Anta Diop, Quand pourra-t-on parler d'une renaissance africaine ?, in Le Musée vivant, n°spécial 36-37, novembre 1948, paris, pp.57-65

[425] Cette étude est parue dans l'ouvrage collectif La renaissance africaine comme alternative au développement (dir. Jose Do-Nascimento), éditions L'Harmattan, 2008

l'objet d'un travail rigoureux pour les mettre à jour de la terminologie abstraite et intellectuelle la plus récente utilisée dans le domaine politique, pédagogique, technologique, industriel, scientifique et médical. Pour cela il existe une méthode que Cheikh Anta Diop a aussi fort bien exposé dans son livre Nations nègres et culture. Enfin l'introduction des langues maternelles dans le système solaire doit se faire par étape et ne concerner que la génération la plus récente qui entre à l'école primaire. Pour commencer, il faut d'abord former les enseignants à enseigner dans la langue nationale. Cela peut prendre du temps. Ensuite il faut éditer les manuels en vue de l'enseignement dans les langues maternelles. Là aussi c'est un aspect qui exige un travail de recherche et de conception.

Une fois ce travail de recherche et de conception réalisé voici quel pourrait être la trame de mise en œuvre de la réforme. En maternelle l'enseignement doit se faire exclusivement en langue nationale. Dans le cycle primaire, l'enseignement doit se faire dans la langue maternelle, mais il doit être accompagné d'un apprentissage obligatoire d'une langue étrangère comme seconde langue et langue d'ouverture internationale. Dans le cycle secondaire, on reconduit la solution du cycle primaire au niveau du collège. Mais au niveau du lycée l'enseignement se fait certes dans la langue maternelle, mais l'enfant doit être capable de s'exprimer dans une langue étrangère avec la même aisance qu'il s'exprime dans sa langue maternelle. C'est dire donc que le niveau d'enseignement de la langue étrangère se situera à un niveau d'exigence élevé. Enfin à l'université c.-à-d. au niveau de l'enseignement supérieur, on reconduit la solution du lycée.

On rappellera donc ici avec force que Cheikh Anta Diop a su bien expliquer la nécessité qu'il y a de promouvoir en Afrique les langues maternelles comme langues d'enseignement. Il écrit « Cette nécessité apparaît dès qu'on se soucie de faire acquérir à l'Africain moyen une mentalité moderne (seule garantie d'adaptation au monde technique) sans être obligé de passer par une expression étrangère (ce qui serait illusoire). Il est plus efficace de développer une langue nationale que de cultiver artificiellement une langue étrangère ; un enseignement qui serait donné dans une langue maternelle permettrait d'éviter des années de retard dans l'acquisition de la connaissance. Très souvent l'expression étrangère est comme un revêtement étanche qui empêche notre esprit d'accéder au contenu des mots qui est la réalité. Le développement de la réflexion fait alors place à celui de la mémoire. Le jour même où le jeune Africain entre à l'école, il a suffisamment de sens logique pour saisir le brin de réalité contenu dans l'expression : un point qui se déplace engendre une ligne. Cependant, puisqu'on a choisi de lui enseigner cette réalité dans une langue étrangère, il lui faudra attendre un minimum de 4 à 6 ans, au bout desquels il aura appris assez de vocabulaire et de grammaire, reçu, en un mot, un instrument d'acquisition de la connaissance, pour qu'on puisse lui enseigner cette parcelle de réalité »[426]

C) La promotion du patrimoine épistémologique africain

Le patrimoine épistémologique d'un peuple est un corpus de connaissances à partir duquel il peut d'une part tirer des leçons heuristiques pour résoudre les défis auxquels il est confronté et d'autre part, bâtir un corps d'humanités en donnant aux travaux de ses chercheurs une perspective historique.

Tous les peuples n'ont pas la chance de pouvoir s'appuyer sur un tel patrimoine épistémologique. Cela dépend de leur expérience historique Les sociétés africaines ont la chance de bénéficier d'un tel patrimoine épistémologique. C'est là un héritage de l'antiquité de leur expérience de civilisation. Ce patrimoine est pour l'essentiel constitué par le corpus épistémologique qui leur vient de la période au cours de laquelle ils ont donné naissance à la civilisation de la Nubie et de l'Egypte antique. Ce patrimoine épistémologique peut constituer pour l'Afrique un ressort puissant dans la mesure où un tel patrimoine constitue un matériau heuristique à partir duquel un peuple peut après une séquence de régression historique reconstruire un tissu scientifique et technologique à partir du génie de sa propre culture.

L'œuvre de Cheikh Anta Diop invite à une réappropriation du patrimoine épistémologique de l'antiquité africaine. Non pas par démarche identitaire, mais par pur esprit de méthode. Selon Diop en effet l'intégration de l'antiquité africaine dans le champ des études universitaires constitue une méthode efficace pour bâtir en Afrique un corps d'humanités. Pour comprendre la démarche de Diop il faut avoir à l'esprit le fait que la plupart des travaux au sein des universités africaines demeurent, pour beaucoup, des échos périphériques de la recherche occidentale, avec tout ce que celle-ci peut véhiculer comme conclusions erronées sur un milieu social qu'elle aborde à partir d'une grille de lecture évolutionniste. Cette grille de lecture ampute bien souvent la recherche universitaire en Afrique de toute perspective historique. Or selon Diop ce manque de perspective historique de la recherche universitaire africaine est préjudiciable, car en dehors d'une telle perspective l'Afrique ne peut effectivement connaître une relance du génie créateur dans toutes les branches du savoir et du savoir-faire. Aussi est-ce par esprit de méthode que Diop préconise comme solution, pour donner à la recherche africaine la perspective historique qui lui fait défaut, l'intégration de l'antiquité africaine dans le champ des études universitaires. Dans son dernier livre, il écrit : "En renouant avec l'Egypte, nous découvrons, du jour au lendemain, une perspective historique de cinq mille

[426] Nations nègres et Cultures, p.415

ans, qui rend possible l'étude diachronique, sur notre propre sol, de toutes les disciplines scientifiques que nous essayons d'intégrer dans la pensée africaine moderne".[427]

Pour faire comprendre la pertinence et le caractère opératoire de cette démarche, Diop recourt à l'explication analogique. Il écrit : "Supposons l'Occident coupé de ses bases culturelles gréco-latines, il lui serait impossible de bâtir un corps de sciences humaines. Les aspects les plus modernes, les plus techniques, les plus futurologues de la culture occidentale plongent leurs racines dans la culture gréco-latine et seraient inconcevables sans celle-ci. Dans le même ordre d'idées, ce n'est que lorsque l'Afrique noire aura renoué systématiquement avec son vrai passé historique, qu'elle pourra bâtir, elle aussi, un corps de sciences humaines, car l'investigation diachronique deviendra possible dans les différents domaines scientifiques, artistiques et littéraires, au lieu que les études restent structurelles, atemporelles et suspendues en l'air"[428].

Pour Diop par conséquent, pour que les sociétés africaines renaissent comme pôles producteurs d'idées, de sciences et de techniques, elles doivent, à l'image des sociétés européennes du XVe siècle, renouer avec leur antiquité épistémologique. En l'espèce, l'antiquité égypto-nubienne. Il écrit : "Pour nous, le retour à l'Egypte dans tous les domaines est la condition nécessaire pour réconcilier les civilisations africaines avec l'histoire, pour pouvoir bâtir un corps de sciences humaines modernes, pour rénover la culture africaine. Loin d'être une délectation sur le passé, un regard vers l'Egypte antique est la meilleure façon de concevoir et bâtir notre futur culturel. L'Egypte jouera, dans la culture africaine repensée et rénovée, le même rôle que les antiquités gréco-latines dans la culture occidentale"[429].

D) La promotion d'une conscience historique fédérative des peuples africains

La fédération politique est l'invention la plus performante que les sociétés politiques ont inventée pour répondre de façon efficace à une configuration des relations internationales qui leur impose comme condition de survie la création d'un grand ensemble d'union politique. La fédération est la meilleure formule pour une telle union car elle se fait non pas sur une base coercitive, mais sur une base conventionnelle (un traité qui défini les droits et obligations de chaque peuple et Etats fédérés) et d'un projet politique commun.

La fédération politique permet aux peuples de mutualiser leurs ressources militaires pour se garantir des conditions optimales de sécurité. Elle leur permet aussi de mutualiser leurs ressources économiques pour se garantir

[427] Cheikh Anta Diop, *Civilisation ou Barbarie*, Ed Présence Africaine, 1981
[428] Cheikh Anta Diop, idem
[429] Cheikh Anta Diop, idem

des conditions optimales de prospérité matérielle. Toutefois, l'effectivité et la pérennité d'un ensemble fédératif ne sont possibles que si les peuples concernés par ce projet sont habités par un sentiment de vouloir vivre ensemble. Un tel sentiment ne naît pas ex nihilo. Il ne peut prendre naissance que si à un moment de leur histoire les peuples concernés par le projet de fédération sont habités par une conscience historique fédérative. Celle-ci revêt souvent la forme d'une conscience de la communauté d'origine, d'intérêts et de destin.

Une telle conscience est fédérative pour deux raisons. D'une part elle crée au sein des peuples concernés un sentiment de vouloir vivre ensemble dans le cadre d'un Etat fédéral pour relever de façon collective les défis que pose la configuration compétitive de la société internationale. D'autre part elle crée un sentiment de cohésion nationale à même de rendre centripètes les identités centrifuges à partir desquelles nos ennemis parviennent à nous opposer les uns aux autres.

Seule une telle conscience historique fédérative peut permettre aux peuples africains d'accomplir l'innovation politique que constituerait pour eux la création d'un Etat fédéral africain. Seule une telle conscience historique peut permettre aux peuples africains de faire échec aux réflexes de repli nationaliste et de s'élever à une volonté de mutualisation des moyens militaires et des ressources économiques dans le cadre d'un grand ensemble fédéral afin de réaliser les conditions optimales de leur sécurité militaire et de leur prospérité matérielle.

La question qui se pose alors est donc celle de savoir comment élever les peuples africains à une conscience historique fédérative c.-à-d. à une conscience de leur communauté d'origine, d'intérêts et de destin ?

Il convient pour nous autres africains de bien comprendre en effet qu'un Etat fût-il fédéral doit- sous peine d'éphémérité- reposer sur une assise sociologique solide que l'on appelle le sentiment national. C'est ce sentiment national qui fait le fondement sociologique de l'Etat. Ce sentiment de former une nation, s'analyse comme le sentiment d'un vouloir vivre ensemble. La question est donc de savoir comment créer entre les peuples africains un sentiment de vouloir vivre ensemble. En d'autres termes comment créer une nation africaine ?

La réponse est des plus simples. C'est en s'appropriant la version rationnelle de leur histoire que les peuples africains parviendront à créer entre eux le sentiment d'un vouloir vivre ensemble et donc le sentiment de former une nation. Par sa capacité à élever les peuples africains à une conscience de leur communauté d'origine, d'intérêt et de destin, la version rationnelle de l'histoire africaine créera en eux le sentiment d'un vouloir vivre ensemble. C'est sur la base de ce sentiment national que l'Etat fédéral africain pourra être institué de façon pérenne, car sur le plan sociologique il reposera sur les épaules d'une nation africaine. C'est cette conscience historique fédérative qui pourra jouer le rôle du levier qui fera naître au sein de chaque peuple africain le sentiment national africain c.-à-d. le sentiment du vouloir vivre ensemble dans le cadre d'un seul et même Etat. Une nation en effet se définit moins par les critères du territoire, du gouvernement et de la langue que par le vouloir vivre ensemble.

Comme telle, la conscience historique fédérative est un ressort par excellence de l'innovation politique. C'est elle qui permet à plusieurs peuples de s'élever à une conscience d'eux-mêmes en tant que communauté politique c.-à-d. en tant que société politique dont les origines, les intérêts et le destin sont distincts de ceux des autres sociétés politiques. Par le sentiment de communauté des origines, d'intérêts et de destin qu'elle crée, elle confère aux différentes composantes de cet espace politique, la cohésion sociale indispensable pour relever ensemble les défis interne et externe.

Le drame collectif vécu par l'Europe au cours de la première et de la Seconde Suerre mondiale a poussé les élites européennes à s'élever à une conscience historique fédérative. Celle d'une communauté politique ayant en partage une communauté des origines, des intérêts et de destin. C'est cette conscience historique fédérative qui leur a servi comme levier opératoire pour créer le cadre le plus approprié pour la sauvegarde de leurs intérêts collectifs. A savoir la CEE connue aujourd'hui sous le nom de l'Union européenne. C'est une conscience historique analogue qui a conduit les Etats de l'Amérique du Nord à dépasser leurs intérêts individuels respectifs pour créer le cadre le plus performant de leur devenir historique. A savoir la fédération des Etats-Unis d'Amérique. Les élites sud-américaines ont échoué dans cette voie. Les élites africaines devraient tirer les leçons de cet échec.

Les sociétés africaines post-coloniales manquent de conscience historique fédérative. Elles ne sont pas conscientes de leur communauté d'origine, d'intérêts et de destin. De ce fait elles sont vulnérables aux provocations qui visent à opposer les membres de leur population les uns contre les autres à partir de la diversité de leur imaginaire identitaire. De ce point de vue, une conscience historique fédérative des peuples africains présente une véritable vertu. Elle favoriserait la naissance d'une cohésion sociale par delà la diversité de nos imaginaires identitaires. Cette cohésion sociale permettrait d'éviter les implosions internes que pourrait provoquer la diversité de nos imaginaires identitaires. Autrement dit, elle neutraliserait toute tentative de division des populations africaines à partir de leur diversité religieuse, linguistique, philosophique, idéologique, etc.Voilà pourquoi Cheikh Antar Dop prône la restauration de la conscience historique africaine. En favorisant chez chacun la conscience de notre communauté d'origine, d'intérêts et de destin, une telle conscience historique permettra non seulement la naissance d'une cohésion sociale forte, mais aussi la réalisation du seul dessein politique à même de nous garantir un avenir politique collectif : l'Union des Etats africains.

CHAPITRE 6

Les enjeux et l'étendue du projet de la renaissance africaine

Les chapitres qui précèdent nous ont permis de clarifier le concept et le projet de la renaissance africaine. Il nous reste maintenant à avoir une intelligence du projet de la renaissance africaine comme projet politique tant du point de vue de son étendue que de celui de ses enjeux. C'est là un impératif méthodologique auquel nous devons satisfaire si nous voulons éviter de nous engager dans un combat sans savoir exactement jusqu'où nous devons aller et quels sacrifices nous devons consentir. En d'autres termes connaître l'étendue et les enjeux du projet de la renaissance africaine nous permet de nous engager en toute connaissance de cause dans la réalisation de ce projet.

SECTION 1. LES ENJEUX DE LA RENAISSANCE AFRICAINE

La renaissance africaine n'est pas un projet politique parmi d'autres en Afrique. C'est le projet politique. C'est le projet politique enfin opératoire pour donner aux sociétés africaines une configuration moderne. C'est le projet politique qui ouvre enfin aux peuples africains une perspective opératoire pour mettre fin à la dynamique de violence politique, culturelle, économique et militaire dans laquelle les tenants et aboutissants de la géopolitique internationale enserrent les Africains depuis cinq siècles.

Aussi, entrevoir les enjeux de la renaissance africaine c'est entrevoir les raisons pour lesquelles nous devons nous engager dans la réalisation de ce projet avec une pleine abnégation. Epouser ces enjeux c'est affirmer vouloir offrir à l'enfance africaine un avenir différent de celui que lui réserve l'incertitude qui caractérise le quotidien du monde post-colonial. Voilà pourquoi, mettre en perspective les enjeux de la renaissance africaine, est une démarche primordiale et constructive. C'est un levier objectif de la mobilisation politique.

Nous présentons ici ce qui nous apparaît être les deux enjeux principaux du projet de la renaissance africaine. A savoir, d'une part, faire échec au scénario d'une Afrique encore sous tutelle et dépendance extérieures à la fin du 21e siècle, d'autre part, structurer l'espace politique africain comme champ de force géopolitique du 21e siècle.

A) Faire échec au scénario d'une Afrique encore sous tutelle et dépendance extérieures à la fin du 21e siècle

Réussir le projet de la renaissance africaine est indispensable si nous autres africains voulons éviter de nous retrouver à la fin du 21e siècle encore sous la tutelle politique, économique, culturelle et intellectuelle d'autrui.

Le risque est-il réel ? Oui, car le paradigme de la renaissance africaine est le seul paradigme explicatif des politiques à mettre en œuvre pour donner aux sociétés africaines post-coloniales une configuration moderne. Il est le seul paradigme dont la logique de transformation sociale peut prendre le contrepied de la dynamique causale qui a conduit les sociétés africaines à leurs conditions actuelles. Or nous autres africains, devons reconnaître que nous manifestons bien souvent notre enthousiasme pour le projet d'une renaissance africaine, sans pour autant nous préoccuper de la question des politiques concrètes à mettre en œuvre pour construire la renaissance africaine. La raison de cette posture est sans doute le fait que nous sommes souvent bien peu conscients des défis que nous devons surmonter pour réaliser ce projet. Il s'ensuit que nous nous investissons beaucoup dans la plaidoirie relative à ce projet, mais peu dans la réflexion sur les matériaux pour réaliser ce projet. Pire encore, lorsque nous prétendons comme Thabo Mbéki et A.Wade avoir élaboré des politiques pour la renaissance africaine, elles ne diffèrent pas des politiques du développement qui nous ont conduits dans l'impasse. C'est ce dont atteste l'exemple du Nepad. Mais il y a encore plus inquiétant. Si on s'en tient aux discours relatifs à la renaissance africaine, il apparaît que ce projet ne va pas sans divergences entre Africains. C'est en tout cas ce dont atteste la littérature africaine relative à ce projet. Elle nous met en présence d'au moins quatre visions du projet de la renaissance africaine.

Il s'agit, d'une vision d'inspiration inquisitoriale qui voit dans la renaissance africaine un projet de régénérescence des peuples africains (c'est le discours du courant dit de la théologie de la reconstruction), d'une vision d'inspiration néo-libérale qui voit dans la renaissance africaine un projet de mise en œuvre de politiques de développement non pas d'origine occidentale, mais d'origine africaine dans le cadre d'une gouvernance politique et économique conforme aux canons du libéralisme (c'est le discours de Thabo Mbeki). Il s'agit aussi d'une vision d'inspiration afro-culturaliste qui voit dans la renaissance africaine un projet de désaliénation culturelle (c'est notamment le discours du courant afrocentrique) et d'une vision d'inspiration rationaliste qui voit dans la renaissance africaine un projet de reconquête de l'initiative historique par les peuples africains (c'est le discours de Cheikh Anta Diop).

De ce point de vue il est impératif pour nous autres africains de clarifier notre discours sur la renaissance africaine. Si entre Africains nous ne partageons pas une vision commune de la renaissance africaine alors nos initiatives en faveur du projet de la renaissance africaine risquent de s'embourber dans des querelles doctrinales puis de s'entrechoquer en rivalités politiques avec pour seule perdante les populations africaines. Perdante, car le paradigme de la renaissance africaine est le seul paradigme qui prend en compte les intérêts des populations africaines. Il est le seul paradigme qui prend en charge l'aspiration des populations africaines à redevenir les acteurs de leur propre histoire et d'une histoire moderne. Dès lors, rater le projet de la renaissance africaine pour cause de divergences doctrinales, serait nous condamner pour des siècles à être encore sous la tutelle politique, économique, culturelle et intellectuelle d'autrui.

L'enjeu est celui-là. Etre ou ne pas être acteur de notre devenir politique à la fin du 21e siècle. Rester la périphérie commerciale d'un centre industriel ou devenir soi-même un centre industriel prospère ? Nous devons considérer cet enjeu avec sérieux et gravité, car si nous ratons la renaissance africaine, alors nous l'aurons raté simplement parce que nous ne nous serions pas donné la peine de nous interroger sur ce qu'est un processus de renaissance.

B) Construire l'espace politique africain comme champ de force géopolitique

Une renaissance des sociétés africaines conduira nécessairement à l'avènement des sociétés africaines comme pôles d'initiatives politiques, économiques, technologiques et scientifiques. Un tel évènement ne manquera pas d'avoir des répercussions géopolitiques considérables. Elle entraînera de facto une redistribution des positions de puissance sur la scène internationale dans la mesure où celles d'aujourd'hui sont largement conditionnées par le pillage des ressources africaines. C'est pourquoi on peut dire que la renaissance africaine a une forte composante géopolitique. Elle exige donc de tenir en compte des obstacles objectifs qui peuvent s'opposer à sa réalisation.

D'un point de vue géopolitique, les peuples africains ou d'ascendance africaine ne sont pas tous en mesure d'affronter la compétition internationale dans le seul cadre de leur Etat respectif. Une minorité parmi ces Etats est dotée des moyens indispensables pour affronter une telle compétition. Quant à la majorité de ces Etats, elle est dépourvue des moyens indispensables pour affronter une telle compétition. Pour elle il existe une seule issue : le pan-africanisme c.-à-d. la solidarité politique, économique et militaire de tous les Etats africains en vue de se donner les moyens de la compétition internationale et faire échec aux entreprises d'agression militaire, économique, culturelle. Seule en effet une structuration de l'espace continental africain comme pôle d'équilibre géopolitique peut mettre l'ensemble des peuples africains à l'abri des puissances défavorables à une renaissance africaine. De ce point de vue, la doctrine du panafricanisme participe au projet de la renaissance africaine. Elle met en perspective les conditions objectives pour donner aux peuples africains l'opportunité d'une reconquête de l'initiative historique. Quelles sont ces conditions ?

Ces conditions ont été mises en perspective par Cheikh Anta Diop et Kwamé Nkrumah. Elles se résument dans le projet d'un Etat fédéral d'Afrique noire. L'un et l'autre recommandent un tel Etat comme cadre de viabilité des économies africaine et comme cadre efficient pour la sécurité militaire des sociétés africaines. Il nous appartient cependant d'être conscients que cette union ne doit surtout pas se faire par la geste d'un chef militaire qui annexerait l'ensemble des territoires. Un tel personnage sera enclin à l'arbitraire politique. L'union fédérale africaine doit se réaliser par la voie d'un accord fédéral entre des Etats africains préalablement démocratiques. Voilà pourquoi le premier combat pour la renaissance africaine est celui de la démocratie (pluralisme politique, suffrage universel, séparation des pouvoirs) à l'échelle de chaque pays. Les Africains qui veulent réaliser les Etats-Unis d'Afrique doivent d'abord se battre pour la démocratisation de leur pays respectif. C'est le premier pas vers les Etats-Unis d'Afrique. L'unité africaine doit se faire dans le cadre d'un contrat de fédération signée entre Etats africains démocratiques. Voilà pourquoi on peut dire que le concept de pan-africanisme fait écho à celui de renaissance africaine. L'Unité des Etats d'Afrique est donc une des conditions géopolitiques de la renaissance africaine.

Nous ne devons pas perdre de vue qu'un Etat africain ne pourra à lui seul mettre en œuvre des politiques de renaissance africaine. Soit il se heurtera à un problème de carence de matières premières ou d'enclavement territorial, soit il aura des matières premières, mais se heurtera aux expéditions militaires des Etats étrangers qui veulent préserver leur approvisionnement en matières premières africaines sous l'angle de la rentabilité externe. Il faut donc créer un rapport de force géopolitique favorable à la renaissance africaine. Favorable en ce sens qu'il permettra : d'une part de garantir à tous les Etats africains l'accès aux matières premières, d'autre part de doter les Etats d'un rempart militaire commun. Pour cela une seule solution : se constituer dans la forme d'un grand ensemble géopolitique c.-à-d. prendre la forme d'une Union fédérale des Etats africains.

SECTION 2. L'ÉTENDUE DU PROJET POLITIQUE DE LA RENAISSANCE AFRICAINE

La renaissance africaine est un projet colossal. Il exige qu'au préalable nous en prenions toute la mesure. Mais peut-on prendre la mesure exacte du projet de la renaissance africaine ? La réponse est positive à condition toutefois de faire une telle évaluation à travers le prisme de l'expérience dans laquelle s'enracine le projet de la renaissance africaine.

A) Le prisme adéquat pour mesurer l'étendue du projet de la renaissance africaine

Qu'elle est l'expérience dans laquelle s'enracine le projet de la renaissance africaine ? Fabien Ebousai Boulgar nous apporte une réponse précise à cette question. Il rappelle que : « Tout processus de renaissance, présuppose un cataclysme. Tout horizon de reconstruction dont la renaissance est l'élan créatif s'enracine dans l'expérience d'une catastrophe ». Concernant l'Afrique noire Cheikh Anta Diop a établi qu'il s'agit non pas d'une expérience de retard historique, mais d'une expérience de régression (déclin) historique. Cette régression historique est la conséquence de l'impact de cinq siècles de violences géopolitiques d'origine en terre africaine. Autrement dit d'un point de vue macchémologique cette régression est la trace (macchctum) laissée sur le tissu social africain par l'action de cinq siècles de violences géopolitiques en terre africaine subie par les peuples africains.

Ces violences géopolitiques[430] ne sont pas allées sans laisser sur le tissu social africain leur empreinte. De fait elles ont laissé des traces sur le tissu politique (irruption de pouvoirs libertaires), économique (déclin des activités productives, des échanges commerciaux interafricains), social (ruralisation de la vie sociale ; baisse démographique, maladies endémiques) et psychique (pathologies comportementales). Ces traces s'analysent comme autant d'hématomes qui aujourd'hui handicapent la marche des sociétés africaines dans leur volonté de gravir les marches actuelles de la modernité.

Le prisme adéquat est donc celui de la régression historique. Si les Africains adoptent la régression historique comme grille de lecture explicative du projet d'une renaissance africaine alors il leur apparaîtra que faire renaître les sociétés africaines n'est pas synonyme de rattraper l'Occident. Concrètement, choisir de s'investir dans le projet de la renaissance africaine c'est choisir de prendre le contrepied de ce à quoi ont conduit cinq siècles de violence géopolitique en terre africaine. Autrement dit faire renaître les sociétés africaines c'est prendre le contrepied de ce qui

[430] Elles sont au nombre de 5 : l'expansion extraterritoriale des peuples européens, le commerce atlantique esclavagiste, la colonisation, le discours du christianisme missionnaire, la guerre froide

nous a fait basculer dans un processus de déclin. De ce point de vue faire renaître les sociétés africaines c'est donc d'abord soigner des sociétés qui sont handicapées par de nombreuses pathologies qui leur ont été infligées. C'est ensuite refonder (reconfigurer) un tissu social en lui redonnant une configuration propice aux libertés, à la prospérité, à la responsabilité gouvernementale, à l'entreprise, à la diffusion des sciences et des techniques et, à une spiritualité apaisée.

Une chose est sûre. Cette refondation ne peut se faire par une course effrénée au rattrapage. Pour courir, il faut être performant. Renaître c'est donc d'abord nous redonner les moyens de la performance. L'œuvre de Diop justement nous informe sur les moyens de notre performance. A partir de la définition objective du concept de la renaissance africaine, Cheikh Anta Diop a entrepris un vaste travail visant à donner au concept de la renaissance africaine une assise scientifique à même de le rendre opératoire. C'est cette assise scientifique qui a élevé le concept de renaissance africaine au rang d'un paradigme de la modernité en Afrique c.-à-d. au rang d'un modèle explicatif des politiques à mettre en œuvre pour donner aux sociétés africaines post-coloniales une configuration moderne.

Il ressort de la lecture unitaire des travaux de Cheikh Anta Diop que la réalisation du projet de la renaissance africaine comme reconquête de l'initiative historique passe par la mise en œuvre de politiques qui se déclinent sous l'angle de quatre volets. D'abord un volet d'assainissement : il s'agit d'assainir le tissu social africain au regard de toutes les traces handicapantes que cinq siècles de violence géopolitique ont laissées sur notre tissu social. Il en est ainsi par exemple des pathologies comportementales engendrées par la version coloniale de l'histoire africaine. Ensuite un volet de réappropriation : il s'agit de se réapproprier tous les ressorts de l'historicité qui nous ont permis dans le passé d'être les pionniers de la civilisation. Il en est ainsi par exemple de la réappropriation de l'Etat comme agent du progrès politique, économique et social. Il en est ainsi aussi de la réappropriation du patrimoine épistémologique de l'antiquité africaine comme matériau pour bâtir un corps d'humanités en donnant aux études africaines une perspective historique. Enfin un volet de promotion : il s'agit de la promotion progressive des langues africaines comme langues supports de l'administration, des sciences et des techniques. Mais il s'agit aussi de la promotion des sciences et des technologies pour pouvoir faire face aux défis du présent par l'invention de solutions appropriées aux problèmes contemporains auxquels nous devons faire face. And last but not the least, un volet de solidarité : il s'agit de la création d'un Etat fédéral africain apte à donner à tous les peuples africains accès à un modèle économique qui permet la mise en valeur de nos richesses sous l'angle de la rentabilité interne en organisant d'une part un vaste marché intérieur et d'autre part une industrie de transformation à même de nous insérer dans le commerce international selon une logique des avantages comparatifs.

Telle est du point de vue d'une lecture unitaire de l'œuvre de l'œuvre de Cheikh Anta Diop, le contenu programmatique du paradigme de la renaissance africaine en tant que paradigme des politiques de modernité à mettre en œuvre en Afrique.

B) La mesure exacte du projet de la renaissance africaine

La définition rationnelle de la renaissance africaine nous force à prendre conscience que la renaissance africaine n'est pas encore une réalité. Nulle part on ne voit en Afrique des actes et des œuvres de progrès d'initiative africaine prendre le pas sur une situation générale à tendance rétrograde. Cela ne signifie pas pour autant que ces actes et ces œuvres n'existent pas. Bien au contraire un peu partout sur le continent et hors du continent des Africains de bonne volonté témoignent par leur action et leur relation, de leur option pour les droits de l'homme, de leurs talents pour le commerce et l'industrie, de leur aptitude à l'invention, la création et l'innovation technologique. Ils témoignent par cela de la capacité des sociétés africaines post-coloniales à gravir les marches de la modernité. Mais ces actions ne font pas encore l'objet d'un projet d'ensemble orchestré par l'Etat et la société civile. La philosophie de progrès qui animent les Africains à l'initiative de ces actes de progrès n'est pas encore celle qui anime l'agent principal de la transformation sociale : l'Etat. Celui-ci reste encore sous l'empire de pesanteurs sociologiques qui retardent son avènement en tant que dépositaire de l'intérêt général. De ce fait, force est de dire que la renaissance africaine reste encore au stade d'un concept et d'un projet. Aujourd'hui encore l'Afrique reste dans une logique d'appel à l'Aide extérieure. Ce qui atteste que nous autres africains ne faisons pas encore œuvre de renaissance c.-à-d. ne produisons pas encore par nous-mêmes les conditions matérielles et immatérielles de notre propre existence.

La définition rationnelle de la renaissance africaine est heuristique. Elle permet de prendre la mesure de ce que signifie vouloir entreprendre un projet de renaissance africaine. Elle nous informe que le concept de renaissance africaine véhicule l'idée que tout processus de renaissance historique s'enracine non pas dans une expérience de retard historique, mais dans une expérience de déclin historique dont il s'agit de prendre le contrepied par une dynamique de renaissance historique. Concernant l'Afrique noire, Cheikh Anta Diop a identifié l'expérience de déclin dans laquelle s'enracine le projet de la renaissance africaine. Il s'agit d'un processus de régression historique subi par les peuples africains et consécutif à l'impact de 4 siècles de violences géopolitiques en terre africaine.

Au regard de ce processus de régression historique et des séquelles qu'il a laissées, il apparaît que s'investir dans la renaissance africaine revient concrètement à choisir de prendre le contrepied de ce à quoi ont conduit quatre siècles de violences géopolitiques d'origine interne et externe sur la terre africaine. Réaliser la renaissance africaine c'est donc à la fois vaincre des handicaps (les séquelles de quatre siècles d'histoire traumatisante), inventer les matériaux du changement (quels sont nos projets concrets en terme de modèle dans le domaine de la politique familiale, éducationnelle, économique, gouvernementale, etc.). Les matériaux qui nous permettront d'édifier une société nouvelle aux antipodes de celle d'aujourd'hui. Il s'agit donc pour l'Afrique non pas tant de rattraper un retard historique, mais plutôt de se réapproprier les ressorts de l'historicité dans le but de refonder un tissu social détruit. Il s'agit de refonder son tissu politique, économique, social et psychique en se réappropriant une qualité perdue. A savoir : l'aptitude à produire les conditions matérielles et immatérielles de sa propre existence.

Telle est la mesure exacte du projet de la renaissance africaine. Il s'agit non pas de rattraper l'Occident, mais de recréer un tissu social performant, de se réapproprier les ressorts de l'historicité, par une politique qui vise à prendre le contrepied de la logique de déclin dans laquelle nous a fait basculer quatre siècles de violences géopolitiques en terre africaine. La tâche est donc colossale, herculéenne. Elle exige de ne pas se contenter de proclamer notre foi ou notre adhésion au projet d'une renaissance africaine. Elle exige de s'atteler à construire par nous même les matériaux de la renaissance africaine. Théophile Obenga souligne cet impératif de produire par nous mêmes les conditions matérielles et immatérielles de notre propre existence. Il écrit : « On ne vit pas par délégation, par procuration, par l'entremise d'un discours étranger, nécessairement aliénant, car les intérêts sont forcément divergents, sinon foncièrement opposés ». Voilà concrètement ce que veut dire vouloir entreprendre un projet de renaissance africaine. C'est oser produire par nous-mêmes les conditions matérielles et immatérielles de notre propre existence.

Ce projet est gigantesque. Est-il à la portée des sociétés africaines post-coloniales ? Nous avons consacré une longue réflexion à cette question. Il ressort de nos analyses que cette tâche est à la portée des sociétés africaines post-coloniales. A condition toutefois que celles-ci parviennent à s'affranchir des chaînes immatérielles qui enserre le géant africain créateur de civilisation dans sa gangue pathologique post-colonial. Il importe de prendre conscience que ces chaînes immatérielles sont constituées par l'ensemble des significations et des représentations que véhicule le concept de développement. C'est là un des obstacles les plus vigoureux au projet de la renaissance africaine. La difficulté pour les Africains de s'affranchir du paradigme du développement vient de ceci que ce paradigme est au fondement de leur imaginaire post-colonial. Cet affranchissement s'impose à chacun des personnes ou groupes de personnes qui veulent être des acteurs de la renaissance africaine. S'affranchir des chaînes immatérielles que véhicule le paradigme du développement c'est libérer le génie créateur du géant africain créateur de civilisation.

CHAPITRE 7

Le grand défi de la renaissance africaine : la cohésion identitaire africaine à l'épreuve la religion

La question religieuse est une des plus délicates à traiter dans le cadre du projet de la renaissance africaine. Il s'agit d'un sujet qui provoque facilement polémique et division au sein du camp africain progressiste. Ainsi par exemple des panafricanistes convaincus peuvent entrer en conflit ouvert entre eux selon que les uns sont panafricaniste chrétien, musulman, marxistes ou Nzambéiste[431]. La question religieuse leur fait prendre conscience que s'ils partagent en commun le projet d'une fédération des Etats africains en revanche ils ne partagent pas un projet de société commun. C'est dire donc que la religion constitue au sein du camp africain progressiste une véritable bombe à retardement. Si cette bombe n'est pas désamorcée, c'est l'ensemble du camp africain progressiste qui risque de se retourner contre lui-même et perdre la bataille qu'elle est censé livré contre le camp des africanophages.

Mais il y a pire encore. La religion peut devenir en Afrique un facteur de crise identitaire. Elle peut conduire certains Africains à donner priorité à leur identité religieuse au détriment de leur identité continentale. Si un tel scénario se produisait ce serait la fin de l'identité africaine au-delà des appartenances religieuses ou philosophiques de chacun. Voilà pourquoi il est impératif pour les membres du camp africain progressiste d'engager une réflexion sur les conditions nécessaires pour désamorcer la bombe religieuse en Afrique. Engager une réflexion sur les conditions d'un exercice pacifique de la religion en Afrique.

Une chose est certaine. Les partisans de la renaissance africaine doivent engager une réflexion de fond sur la question des conditions de co-existence pacifique des trois religions qui aujourd'hui gouvernent l'imaginaire des Africains. C'est à cette réflexion que nous allons ici nous livrer pour proposer aux partisans de la renaissance africaine le discours qu'ils devraient adopter sur la question de la place à accorder au phénomène religieux dans le

---

[431] Le concept de Nzambéisme désigne ici la religion africaine autochtone

cadre du projet politique de la renaissance africaine. Ce faisant nous ne ferons que prolonger la réflexion de Cheikh Anta Diop sur ce sujet à la lumière de la configuration religieuse actuelle en Afrique.

SECTION 1. LE RÔLE DE LA RELIGION À TRAVERS L'HISTOIRE

L'intelligence de ce rôle passe par l'étude de la place de la religion dans la société et l'impact politique de la religion.

A) La place de la religion dans la société

Par définition, la religion est le rapport que les hommes entretiennent avec la transcendance. Ce rapport se présente dans la forme d'un discours sur la transcendance et d'un ensemble de pratiques cultuelles. Comme telle, la religion est une posture spirituelle qui lie les hommes entre eux et relie les hommes à la transcendance.

De ce point de vue, la religion est une composante fondamentale de la psychologie humaine. Celle-ci éprouve un besoin irrépressible de se positionner par rapport à la question de la transcendance. Soit pour en faire un sujet cultuel soit pour en faire un sujet de rejet. Un mouvement politique ne saurait l'ignorer sans risque de se voir un jour débordé et emporté par ce phénomène. Il ne devrait pas non plus chercher à l'interdire, car ce serait heurter de plein fouet un mur contre lequel il s'écrasera. Ce mur étant la psychologie humaine elle-même. C'est la raison pour laquelle, tout mouvement politique qui envisage de passer d'une forme de société politique à une autre doit s'interroger sur la question de la place du phénomène de la religion dans son projet. C'est aussi la raison pour laquelle tout mouvement politique doit absolument reconnaître à la religion une place dans la société. Mais tout en lui reconnaissant sa place dans la société, tout mouvement politique doit surtout réfléchir sur les conditions d'un exercice pacifique de la religion au sein de la Cité.

C'est ce qu'avait compris dès 1957 Cheikh Anta Diop. Dans un article d'une rare acuité visionnaire[432], il a énoncé sa vision des conditions d'une intégration pacifique du phénomène religieux dans le projet des indépendances africaines. Dans cet article, Diop met d'abord en garde les acteurs politiques athées contre l'illusion de pouvoir un jour abolir la religion tant que la science n'aura pas résolu la question des origines. Il met ensuite en garde les Africains contre certains acteurs politiques qui chercheraient à se servir de l'islam et du christianisme pour amplifier l'aliénation culturelle des sociétés africaines dans la forme d'une occidentalisation ou d'une orientalisation des sociétés africaines. Enfin Diop

[432] Cheikh Anta Diop, Un continent à la recherche de son histoire, in Horizons, la revue de la paix, N° 74-75, Paris, juillet-août 1957, pp.85-91

propose d'organiser un équilibre des moyens institutionnels et matériels à la disposition des trois religions qui gouvernent l'imaginaire religieux en Afrique (NZambéisme, Christianisme, Islam) afin qu'aucune ne puisse avoir une hégémonie sur les deux autres.

Cette préoccupation de Cheikh Anta Diop qui vise à organiser un exercice pacifique de la religion au sein de la Cité africaine est toujours d'une grande actualité. Les années 2000 nous ont donné à voir en Afrique des manipulations politiques de l'imaginaire religieux pour opposer les uns aux autres les Africains de confession religieuse différente. Les évènements lors de l'invasion du nord du Mali par les djihadistes, ceux provoqués par Boko haram au Nigéria, au Niger, au Cameroun et au Tchad, ceux qui sont survenue en République centrafricaine entre chrétiens et musulmans, nous rappellent l'urgence d'une réflexion sérieuse des Africains sur la question de la place de la religion dans le cadre de leur projet pour un futur Africain moderne.

B) L'impact politique de la religion

Dans toute société la religion a d'abord pour vocation d'être un facteur d'épanouissement de l'individu dans sa quête du sens de la vie. Dans certaines circonstances cependant la religion peut devenir une source normative qui réglemente les conduites individuelles ou collectives. Comme telle, elle fonctionne alors comme un code social qui contribue à ordonner la société et à favoriser la cohésion sociale.

Mais il arrive aussi que la religion devienne un facteur de décohésion sociale. C'est le cas lorsqu'une société connaît en son sein l'existence de religions qui ne se tolèrent pas entre elles. Dans ce cas de figure, la religion peut devenir un facteur d'instabilité politique et engendrer les plus grandes violences au sein de la société. Cela a été le cas dans la Rome antique entre chrétiens et adeptes des dieux de la Cité. Cela a été le cas en Orient entre musulmans sunnites et chiites. Cela a été le cas en Europe entre catholiques et protestants. C'est le cas aujourd'hui en Afrique sub-saharienne où le facteur religieux est devenu une bombe à retardement. A retardement, d'une part, en raison du discours discriminant que les fidèles des religions dites révélées (Christianisme et Islam) tiennent à l'endroit de la religion africaine autochtone (le Nzambéisme), d'autre part, en raison de l'antagonisme latent qui existe entre les religions dites révélées elles-mêmes et que n'importe quel acteur politique peut à tout moment enflammer et instrumentaliser.

De ce point de vue, les partisans de la renaissance africaine doivent porter une grande attention à la question de la religion en Afrique. Cela d'autant plus que les populations africaines font montre d'une grande ferveur religieuse. Or cette ferveur est un facteur objectif de mobilisation politique. Elle peut être mobilisée en faveur ou contre le mouvement de la renaissance africaine. Le courant de la renaissance africaine doit donc envisager de canaliser cette ferveur pour mobiliser les populations en faveur du projet de la renaissance africaine. C'est ce qu'ont bien compris deux hommes d'Eglise acquis à la cause de la renaissance africaine. Il s'agit du père Edoh Bedjra et le père Nathanaêl Soede. Ils ont organisé en mars 2012 à Abidjan au CFMA (Centre de formation missionnaire d'Abidjan) un colloque intitulé Renaissance Africaine et Christianisme. Il convient de lire les Actes de ce colloque[433].

Une chose est sûre. Les populations africaines ne s'investiront dans le mouvement politique de la renaissance africaine que si ce mouvement s'accorde avec leur religion. Or la personnalité religieuse dans l'Afrique contemporaine est composée de trois imaginaires religieux différents : Christianisme, Islam et Nzambéisme. Ces imaginaires véhiculent des discours qui pourraient dans des situations concrètes entrer en conflit. Ils sont donc potentiellement des facteurs de décohésion sociale. Il se pose par conséquent la question de savoir comment le mouvement de la renaissance africaine peut-il s'accorder avec autant d'imaginaires qui peuvent venir à s'opposer les uns contre les autres. Comment peut-il faire pour que le facteur religieux devienne un facteur de mobilisation politique et de cohésion sociale. Il y a là un défi politique que le courant de la renaissance africaine doit savoir relever au niveau de la réflexion. Nous présentons ici notre contribution à cette réflexion.

SECTION 2. L'IMAGINAIRE RELIGIEUX EN AFRIQUE

La religion a une longue tradition en Afrique. Elle a tout au long de l'histoire des sociétés africaines été soit un facteur de cohésion sociale soit un facteur de crise identitaire. Aujourd'hui elle se construit comme un facteur de crise identitaire.

A) Le rapport sociologique des sociétés africaines au phénomène religieux

Les sociétés africaines attestent depuis la plus haute antiquité d'une ferveur religieuse particulière. De -3000 av. J.-C. à 1500 apr. J.-C. la religion a gouverné en Afrique le rapport de la société avec les défunts, mais aussi le rapport de la société avec le phénomène politique. Autrement dit elle imprégnait la vie globale de la société. Les Grecs et les Romains disaient déjà des Nubiens qu'ils étaient les plus religieux parmi les hommes. Et les Nubiens eux-mêmes disaient que c'est eux qui avaient appris aux Egyptiens comment honorer leurs dieux. Aujourd'hui cette ferveur religieuse africaine est toujours d'actualité. On peut même dire que la place de la religion dans

433 Renaissance Africaine et Christianisme in Revue Théologie Africaine, Eglise et Sociétés, N°2 (2012), numéro spécial.

l'imaginaire africain est telle aujourd'hui que nul projet politique autonome ne saurait mobiliser les populations africaines sans prendre appui sur l'imaginaire religieux. Cet imaginaire peut donc opérer aussi bien comme levier que comme entrave au mouvement de la renaissance africaine. C'est pourquoi les partisans de la renaissance africaine doivent absolument faire du projet de la renaissance africaine une composante de l'espérance spirituelle des populations africaines.

Cette perspective est-elle envisageable dans les conditions actuelles de la question religieuse en Afrique ? Nous allons voir que le moins que l'on puisse dire est que les choses ne sont pas simples.

B) La configuration actuelle de la religion en Afrique

Cette configuration est celle d'une spiritualité fiévreuse qui véhicule un risque de guerre des religions.

1°) Une spiritualité fiévreuse

L'Afrique contemporaine nous donne le spectacle d'une spiritualité fiévreuse et enflammée. Enflammée d'abord par une misère qui pousse l'individu à se réfugier dans un délire spirituel qui le livre à la merci de ceux qui sont rompus à l'art de faire des attentes messianiques un fonds de commerce. Enflammée ensuite, par un désordre politique qui attise les fondamentalismes générateurs de djihad ou de croisades. Cette spiritualité enflammée doit faire l'objet d'une attention particulière, car elle peut être la source de graves conflits politiques en Afrique.

Nous devons réfléchir à la question de savoir comment ramener les populations africaines à une spiritualité apaisée. Il convient pour bien mener la réflexion sur ce sujet de rappeler quelques fondamentaux. Par exemple, l'idée selon laquelle il n'ya pas de société sans spiritualité, mais aussi, que la spiritualité n'est compatible avec le phénomène de société que s'il s'agit d'une spiritualité apaisée. A défaut elle devient un facteur d'instabilité sociale, un facteur de guerre civile, un facteur d'arbitraire et de violence qui met en danger la cohésion entre les membres de la société. C'est le cas dans l'Afrique post-coloniale où la spiritualité actuelle introduit les Africains dans des imaginaires qui les dressent potentiellement les uns contre les autres : musulmans contre chrétiens, chrétiens et musulmans contre les nzambéistes. Cette réalité crée en Afrique une situation de violence religieuse latente qui opère comme une bombe à retardement. Comme toute bombe celle-ci doit donc être désamorcée. C'est pourquoi les partisans de la renaissance africaine doivent penser avec gravité la question de la spiritualité dans leur projet de société. Non pas pour réfléchir aux conditions d'un bannissement de telle ou telle famille religieuse, mais pour réfléchir aux conditions d'une coexistence pacifique des religions dans le cadre de la société qui sera issue d'un processus de renaissance historique. Réfléchir aux conditions d'une coexistence pacifique des trois religions qui gouvernent l'imaginaire religieux en Afrique. La question est donc : quel chemin emprunter pour conduire à une spiritualité apaisée en Afrique ?

Une piste existe. On sait que l'abrasion de la spiritualité en Afrique est imputable au sentiment qu'ont les populations africaines de ne pas avoir d'emprise sur le destin social, le sentiment que la solution aux problèmes de leur existence sociale échappe à l'initiative individuelle et collective. C'est ce sentiment qui conduit de plus en plus d'Africains à projeter vers le ciel la solution à leurs problèmes terrestres.

Voilà pourquoi la réalisation de la renaissance africaine c.-à-d. l'organisation des sociétés africaine comme espace de libertés civiles et de prospérité matérielle est paradoxalement la condition véritable d'un retour à une spiritualité apaisée. Ce n'est que dans le cadre d'une société où les individus ont le sentiment que par l'organisation politique ils peuvent apporter une solution à un nombre conséquent de leurs problèmes sociaux que la spiritualité peut être vécue de manière apaisée. Apaisée c.-à-d. comme une simple relation entre l'individu et la transcendance.

2°) Un risque de guerre des religions en Afrique

Il convient d'examiner cette question, car il existe un conflit potentiel entre les religions dites révélées et le projet culturel de la renaissance africaine.

Le projet de la renaissance africaine ambitionne et implique de restituer à la conscience politique africaine l'autonomie des normes, des valeurs, des priorités et des intérêts qui président à son action. Or les religions dites révélées conduisent plutôt à une hétéronomie des normes, des valeurs, des priorités et des intérêts qui président à l'action de la conscience politique africaine. Elles véhiculent par exemple un discours mélanophobe (la malédiction de Cham) et un préjugé afro-discriminatoire (la religion africaine autochtone serait païenne). Par cela elles introduisent dans la personnalité culturelle africaine post-coloniale des pathologies comportementales qui conduisent souvent les Africains à agir selon des normes et des valeurs qui ne favorisent pas la promotion et la sauvegarde des intérêts autonomes des sociétés africaines sur le plan de la prospérité économique et de l'indépendance politique. Elles sont donc en cela incompatibles avec un des éléments constitutifs du projet de la renaissance africaine. A savoir, le projet d'une autonomie des normes, des valeurs, des priorités et des intérêts qui doivent présider à l'action de la conscience politique africaine.

C'est sans doute la raison pour laquelle le courant identitaire de la renaissance africaine (à savoir : le courant afrocentrique) prône carrément le rejet des religions dites révélées. Un de ses meilleurs porte-parole, Ama Mazama, écrit : « En fait l'afrocentricité insiste que la Renaissance africaine, à laquelle tant de nous aspirons, ne pourra advenir que lorsque nous aurons réussi à nous réinscrire au cœur du sacré en tant qu'Africains. Cette démarche implique, par nécessité, que nous réassumions nos traditions spirituelles et religieuses »[434]. Dans son livre consacré au thème de la religion et de la renaissance africaine, elle présente les arguments en faveur de cette posture, elle introduit le lecteur à une connaissance synthétique de la religion africaine autochtone et elle va jusqu'à prendre l'initiative d'un projet de reconstruction d'un modèle de religion pan-africaine. Ce modèle qu'elle appelle (la Mwukadilo Muya : voie de la Moralité) est construit à partir d'une synthèse de la religion africaine autochtone. Elle invite les Africains et afro-descendants à abandonner les religions dites révélées et à se réapproprier la Mwukadilo Muya.

Le scénario envisagé par Ama Mazama est fondé du point de vue de son opportunité. Mais elle ne l'est pas du point de vue de sa faisabilité. Les réalités sociologiques africaines actuelles s'y opposent. En effet, ce scénario est difficile à envisager, car les religions dites révélées ont fini par s'autochtoniser en Afrique au point d'être désormais comprises comme des composantes à part entière de la personnalité culturelle africaine post-coloniale. Un grand nombre d'Africains n'abandonneraient ces religions que contraints et forcés. Or une telle contrainte provoquerait des guerres de religion sur la terre africaine. Ne serait ce qu'à cause de ce danger-là ce scénario n'est pas à envisager.

Mais alors que faire ? La question se pose, car comme le rappelle Ama Mazama, au regard de la manière dont elles fonctionnent aujourd'hui, ces religions dites révélées demeurent incompatibles avec le projet d'une renaissance africaine. Elles véhiculent en effet des préjugés fondamentaux sur la culture africaine autochtone et sont intolérantes à l'égard de la religion africaine autochtone. Pire encore l'intolérance qu'elles manifestent entre elles fait courir de toutes les façons aux sociétés africaines un risque de guerre de religion indépendamment de la question de la renaissance africaine. Il nous faut donc penser à une alternative c.-à-d. à un scénario qui rend possible une compatibilité entre le projet de la renaissance africaine qui implique le respect de la religion africaine autochtone (le Nzambéisme) et la présence en Afrique des religions dites révélées (Christianisme et Islam).

La seule issue est un scénario où les religions dites révélées ne feront pas obstacle à l'autonomie de la conscience africaine c.-à-d. à l'autonomie des normes, des valeurs, des priorités et des intérêts qui président à son action.

---

[434] Ama mazama, Religion et renaissance africaine, Editions Mambo Presses p37, 2011

SECTION 3. LES SCÉNARIOS FAVORABLES À UNE COEXISTENCE PACIFIQUE DES RELIGIONS DANS LE CADRE DU PROJET DE LA RENAISSANCE AFRICAINE

L'idée d'un bannissement des religions dites révélées doit être écartée, car elle ne pourra pas se faire en dehors de la contrainte. Les conversions religieuses ne se font pas par décret. Bannir les religions dites révélées du champ culturel africain serait favoriser une guerre des religions en Afrique. Comment éviter tout cela ?

Une seule solution se présente : l'auto-critique des religions dites révélées. Il faut entendre par là une volonté des religions dites révélées d'épurer leur discours de tout ce qu'il a de mélanophobe et de préjugé à l'égard de la culture africaine autochtone. Ce n'est qu'à cette condition que chaque religion dite révélée pourra contribuer au mouvement de la renaissance africaine à partir de sa propre éthique. Ce n'est que dans un tel contexte que les religions dites révélées pourront contribuer au mouvement de la renaissance africaine.

Nous allons exposer ici le scénario qui peut rendre chacune des religions présentes en Afrique compatible avec le mouvement de la renaissance africaine.

A) Le scénario pour un Nzambéisme compatible avec le projet de la renaissance africaine

Le mot nzambi désigne dans les langues dites bantu l'être de transcendance : Dieu. Le Nzambéisme est le qualificatif que l'on peut attribuer à la religion africaine autochtone. Nous choisissons ce qualificatif, car le mot nzambi permet à partir de son étymologie de mettre en perspective les tenants et aboutissants de la religion africaine autochtone. Nous présenterons cette étymologie et les tenants et aboutissants du Nzambéisme dans une prochaine publication.

Le Nzambéisme une religion, car à travers son discours, le nzambéisme relie les hommes à nos origines spirituelles (Dieu) et à nos origines biologiques (les ancêtres de la famille) ou politiques (les ancêtres fondateurs de la Cité). Lorsque nous disons qu'elle est d'origine africaine, nous signifions par là qu'elle a été conçue par les peuples africains dans un contexte d'autonomie de pensée et à partir du génie culturel de leur propre civilisation.

Cette religion ne soulève pas la question de sa compatibilité avec le projet d'une renaissance africaine, car elle ne véhicule rien qui puisse être incompatible avec ce projet. Elle invite plutôt à s'interroger sur la nature de sa contribution au projet d'une renaissance africaine. Cette religion est en effet particulièrement favorable à la cohésion sociale et identitaire des sociétés africaines. Elle est favorable au pluralisme religieux sous réserve du respect par les uns et les autres de l'ordre public et de la neutralité de l'espace public.

Un grand nombre de personnes du courant de la renaissance africaine prône la promotion de la religion africaine autochtone. Cette idée rebute et surprend certains Africains, car elle leur donne le sentiment d'un retour en arrière dans la mesure où ils considèrent cette religion comme étant païenne. Or la connaissance de cette religion invite plutôt à penser le contraire. Elle n'est pas païenne, mais Deiste. En outre, cette religion présente divers avantages que n'offrent pas les autres religions. D'abord elle véhicule un discours qui n'est pas mélanophobe et encore moins africanophobe. Elle ne peut donc que participer à la cohésion de la personnalité identitaire des Africains. Ensuite, elle est favorable au pluralisme des sensibilités spirituelles : en cela elle ouvre à une perspective de laïcité. Enfin, véhicule une vision rationnelle de l'existence : en cela elle constitue un frein à la superstition et à l'obscurantisme. Notons aussi que sa cosmogonie est compatible avec les sciences et neutralise en cela les solutions finales qui se prévalent du sceau de la divinité.

L'opportunité d'une promotion de cette religion est donc indéniable. Toute la question est donc de savoir comment la promouvoir ? Trois voies sont possibles.

D'abord celle de la contrainte : elle consiste à interdire les autres religions et à obliger l'ensemble de la population à embrasser le nzambeisme. Cette solution n'est pas la bonne. Car non seulement elle est contraire à l'éthique de la religion africaine autochtone (celle-ci est favorable à la pluralité des cultes), mais en outre elle inscrirait les sociétés africaines dans une violence latente qui conduira à une guerre des religions. Or la renaissance africaine doit faire l'économie d'une telle violence.

Ensuite celle de l'adhésion individuelle : elle consiste à faire la promotion de la religion africaine autochtone afin de sensibiliser chacun à cette spiritualité. Elle laisse chacun libre d'y adhérer ou pas. Cette voie a ses exigences. Elle suppose que les personnes qui vont faire la promotion de cette religion aient une connaissance parfaite de cette religion. Or trop souvent notre connaissance de cette religion est imprégnée d'européocentrisme. Il faut donc être capable de faire une présentation objective de cette religion.

Enfin et c'est la solution la meilleure, celle de la consécration du nzambéisme au niveau étatique. Non pas comme religion d'Etat mais comme culte national. Un tel scénario permettrait d'associer toutes les communautés religieuses à la célébration de la mémoire des héros nationaux c.-à-d. des ancêtres qui se sont illustrées dans le combat pour la renaissance africaine. Un tel rituel renforcerait la cohésion identitaire des populations africaines au-delà de leur appartenance à des communautés spirituelles respective. Un tel scénario ferait aussi de l'Etat le garant de la liberté religieuse.

Le nzambeisme érigé en culte national serait à même de garantir la cohésion des populations africaines au sein d'un Etat qui organise le pluralisme religieux. Cette religion comporte en effet deux cultes distincts. D'une part, celui des ancêtres de la famille. Il sera alors réservé aux fidèles de cette religion. D'autre part, celui des fondateurs de l'Etat. A ce culte-là devront y participer toutes les personnes qui font partie de l'espace politique quelle que soit leur confession religieuse ou conviction politique. Ce culte a pour objet de permettre à chacun de renouveler son allégeance aux grands principes de l'Etat et du vouloir vivre ensemble. Il y a là avec le nzambeisme, une opportunité pour organiser la coexistence pacifique des religions en Afrique que le mouvement de la renaissance africaine doit saisir.

Cette religion comporte une dimension privée et une dimension publique. Dans sa dimension privée elle invite les membres d'une famille à honorer la mémoire de leurs défunts. Comme telle, elle est une source puissante de la cohésion familiale. Dans sa dimension publique, elle invite l'ensemble des membres du corps social à honorer la mémoire des fondateurs de la Cité. Comme telle, elle est une source puissante de la cohésion nationale, car elle crée un lien de solidarité entre les membres de la Cité au-delà de leur obédience religieuse, philosophique ou politique. Elle est une source du ciment national, un rempart de l'identité nationale contre les ingérences identitaires extérieures. Elle favorise donc la cohésion identitaire de la nation. C'est donc le scénario le plus souhaitable. Elle préserve la possibilité pour chaque individu à adhérer à la religion de son choix tout en donnant au pluralisme religieux africain une forte cohésion par la réunion de toutes les sensibilités spirituelles autour d'un culte national pour la célébration commune des ancêtres fondateurs de la société politique.

Dès 1957, Cheikh Anta Diop s'est exprimé en faveur de ce scénario. Soucieux de donner aux membres de la religion africaine autochtone des moyens d'expression égaux à celles dont bénéficient les membres des religions dites du livre, il écrit « Il est raisonnable de penser qu'un gouvernement fédéral africain donnera des armes égales aux tenants de la religion ancestrale, en provoquant un conseil œcuménique et ses prêtres, pour permettre la création d'une hiérarchie, d'une liturgie mieux adaptée, la formation et l'éducation d'une caste de prêtres à l'échelle du continent, l'approfondissement et la normalisation du dogme sur la base du monothéisme ancestral. Ce faisant, le gouvernement fédéral futur protégera le continent de toute nouvelle pénétration insidieuse de l'étranger, mettra les Africains à l'abri de toute aliénation culturelle »[435]. En fait l'idée serait simplement de donner à l'Etat la charge de la cérémonie d'hommage aux ancêtres politiques glorieux.

[435] in Cheikh Anta Diop, Un continent à la recherche de son histoire, in Horizons, la revue de la paix, n°74-75, juillet-Aout 1957, pp.85-91

B) Le scénario pour un Islam compatible avec le projet de la renaissance africaine

La question de ce scénario a été abordée par l'imam Dossou lors du colloque Renaissance Africaine et Christianisme tenu en mars 2012 à Abidjan au sein du CFMA (Centre de formation missionnaire d'Abidjan). Au cours de ce colloque, l'imam Dossou a abordé la question de la compatibilité de l'islam avec le mouvement de la renaissance africaine. Son discours a été d'une grande clarté. Selon lui, du point de vue de ses valeurs principiels, l'islam est compatible avec la renaissance africaine. Il a souligné que ce point de vue nécessite de se désolidariser du discours et des actions de l'islam radical qui selon lui a peu à voir avec l'islam comme spiritualité. Ce fut là une déclaration de principe qui a reçu une grande ovation.

Deux questions cependant n'ont pas été abordées par l'imam : celle de la charia et celle de la contribution possible de l'islam au mouvement de la renaissance africaine à partir de sa propre éthique. Non pas que l'imam Dossou ait refusé d'en parler, mais simplement le temps qui lui était imparti ne lui permettait pas d'aborder ces deux questions. Il appartient donc aux partisans de la renaissance africaine d'avoir ce débat avec les Africains de confession musulmane pour pouvoir concevoir les conditions d'une compatibilité entre l'islam et la renaissance africaine. De notre côté nous ne pouvons à nous seul présenter ces conditions, car nous ne connaissons pas assez bien la religion musulmane. Une chose est sûre cependant. L'islam en Afrique ne pourra être compatible avec le mouvement de la renaissance africaine que si d'une part elle assume avec objectivité l'histoire réelle de son introduction en Afrique et si d'autre part, elle renonce au minimum à deux choses : la charia et son préjugé sur la religion africaine autochtone qu'elle a l'habitude de qualifier comme étant une religion païenne.

La communauté africaine musulmane doit être consciente qu'une épée de Damoclès est dressée au-dessus de sa tête : le fondamentalisme islamique. C'est ce dont atteste l'invasion du nord du Mali par des djihadistes et la violence de Boko haram au Nigéria contre des chrétiens et contre des musulmans chiites. Pour échapper au piège de ce fondamentalisme, une seule issue s'offre aux Africains de confession musulmane : inscrire l'islam africain dans la tradition culturelle africaine de tolérance entre les religions. Il appartient donc aux Africains de confession musulmane d'évacuer de leur discours tout préjugé à l'égard de la culture et de l'homme de civilisation africaine et de circonscrire la religion musulmane dans la seule sphère de la vie privée afin qu'elle n'ait aucune incidence sur la vie politique. Le projet de la renaissance africaine n'est compatible qu'avec les religions qui ne véhiculent pas un préjugé à l'égard de la culture africaine autochtone.

C) Le scénario pour un christianisme compatible avec le projet de la renaissance africaine

L'Eglise en Afrique s'interroge sur le projet d'une renaissance africaine. En témoignent les conférences qu'elle organise sur ce sujet et les écrits que ses membres publient sur ce thème. C'est là une chose heureuse, car l'Eglise en Afrique est un foyer d'intelligence, d'érudition et de rigueur conceptuelle. Sa participation à la réflexion sur la renaissance africaine ne peut qu'enrichir le débat sur les tenants et aboutissants de ce projet. Mais l'Eglise est aussi une référence morale. Elle apparaît comme un acteur influent, respecté et écouté de la société civile en Afrique. Si elle prenait l'initiative de faire écho auprès de ses fidèles, d'un discours cohérent et constructif sur le projet d'une renaissance africaine, assurément elle transformera alors des millions d'Africains en acteurs de la renaissance africaine et donc en acteurs de leur propre histoire.

Nous voyons dans ce regard que l'Eglise africaine porte sur le projet de la renaissance africaine une étape nouvelle de sa réflexion sur le devenir des sociétés africaines contemporaines. Nouvelle, car on se souvient qu'aussitôt qu'elle avait posé les bases de son autonomie intellectuelle[436] dans les années 50, l'Eglise en Afrique s'était interrogée sur sa mission en tant qu'institution qui diffuse le message du Christ dans le contexte d'une société politique (la société coloniale) qui perturbait l'âme parce qu'elle opprimait et les corps et les consciences.

Les circonstances ont imposé à l'Eglise l'exploration de divers chemins pour servir le Christ en terre africaine. D'abord celui de la théologie de l'inculturation : il invitait à servir le Christ en regard de l'identité culturelle africaine. Ensuite celui de la théologie noire sud-africaine : il invitait à servir le Christ en regard de la discrimination raciale en terre africaine. Puis celui de la théologie de la libération : il invitait à servir le Christ en regard de la pauvreté organisée des populations africaines. Enfin celui de la théologie de la reconstruction : il invite aujourd'hui à servir le Christ en regard de l'urgence qu'il y a à porter assistance à des populations en prise avec une gouvernance qui dérive aux antipodes de l'humain. Autant de chemins qui se révèlent être les jalons qui ont orienté l'Eglise africaine vers une réflexion sur le projet d'une renaissance africaine. C'est la théologie de la reconstruction qui véhicule aujourd'hui la vision de la renaissance africaine que partage un grand nombre de théologiens africains.

La Renaissance Africaine. Telle est le nouveau chemin qui se présente à l'Eglise africaine. Elle se propose de l'emprunter. Sans doute d'abord parce que ce concept fait écho à l'imaginaire spirituel chrétien. Mais sans doute aussi parce que ce concept laisse entrevoir l'hypothèse d'une alternative à l'impasse dans laquelle ont conduit tous les autres chemins jusqu'ici empruntés par les sociétés africaines post-coloniales : révolution,

---

[436] Des prêtres noirs s'interrogent, Paris, PA, 1957

développement, socialisme, etc. L'Eglise africaine s'interroge pour savoir si la renaissance africaine n'est qu'un chemin parmi d'autres ou s'il s'agit enfin du chemin ? Pour répondre à cette question, il lui faut une réflexion informée sur les tenants et aboutissants du concept de la renaissance africaine. Notre lecture des travaux de la théologie de la reconstruction nous a conduit au constat selon lequel, dans leur volonté d'épouser le projet de la renaissance africaine, un grand nombre de théologiens africains épouse une vision erronée de ce que signifie un projet de renaissance africaine.

C'est pour les émanciper de ces vues erronées que nous leur proposons ici une réflexion dont l'objet est de leur permettre d'avoir une claire conscience des exigences qu'un tel projet ne peut manquer de leur imposer. Comme tout projet qui vise à infléchir le cours du réel, le projet de la renaissance africaine a ses exigences. Des exigences dont nul ne peut faire l'économie. C'est à la connaissance de ces exigences que nous voulons ici introduire l'Eglise africaine. L'Eglise en Afrique ne peut échapper à ces exigences si elle veut s'investir dans le projet d'une renaissance africaine. Ce n'est qu'à ce prix qu'elle pourra identifier les éléments constitutifs de ce qui pourra être sa mission au sein du mouvement de la renaissance africaine.

Notre objectif est donc d'informer l'Eglise sur l'orientation que donnent à sa mission les tenants et aboutissants du concept de la renaissance africaine. Notre propos s'efforcera d'être objectif. Par cela il pourra surprendre, décevoir ou agacer. Mais dans un cas comme dans un autre il ne poursuit d'autre ambition que celui de débattre sur le terrain de la rigueur intellectuelle avec des personnes qui s'interrogent avec sincérité sur le rôle qui revient à l'Eglise au sein d'un projet dont l'objet est de conduire l'Afrique à se manifester à nouveau dans l'histoire comme une terre de libertés, d'abondance, de responsabilité politique, de sciences, de techniques et de spiritualité.

Nous présenterons ici les exigences que le projet de la renaissance africaine impose à l'Eglise en Afrique. Il s'agit d'une autocritique préalable, d'une mission axiologique à assumer et d'un périmètre d'action délimitée à respecter.

1°) Première exigence : une autocritique préalable

Le projet de la renaissance africaine véhicule entre autres choses un impératif de réappropriation du patrimoine culturel de l'antiquité africaine. Le problème est que ce volet de la renaissance africaine peut constituer un frein à l'adhésion de l'Eglise au projet d'une renaissance africaine.

Le patrimoine africain antique peut en effet heurter l'imaginaire de l'Eglise en Afrique. Il se trouve qu'au sein de la Bible, l'Egypte antique est présentée sous l'angle de deux figures contradictoires. Elle incarne d'une part l'omnipotence d'un pouvoir temporel qui ignore et œuvre à rebours du dessein de Dieu. Mais elle incarne aussi d'autre part la terre d'asile par excellence qui accueille Abraham, Joseph et Marie. Mais par le jeu d'on ne sait quel mécanisme sélectif, l'imaginaire chrétien ne retient de l'Egypte que sa représentation sous l'angle d'une puissance qui œuvre à rebours du dessein de Dieu. Cette représentation péjorative est aggravée par le regard que l'Eglise porte sur l'iconographie du panthéon religieux égyptien. Cette iconographie fait apparaître l'Egypte antique aux yeux du chrétien comme le pays par excellence du polythéisme et du paganisme. Or cette qualification peut être vécue comme une agression morale par l'école égyptologique africaine et au-delà par les fidèles de la religion africaine autochtone.

De ce point de vue il existe donc un conflit latent entre le christianisme et le patrimoine culturel africain. Seule l'Eglise africaine peut désamorcer ce conflit, car c'est elle qui est porteuse d'un jugement de valeur et d'un regard discriminant. Pour désamorcer ce conflit, l'Eglise africaine doit se réconcilier avec son patrimoine culturel africain antique. Pourquoi ? Parce que soit elle se réconcilie avec sa culture africaine antique et elle jouera au sein du mouvement de la renaissance africaine un rôle d'instance spirituelle à part entière, soit elle ne se réconcilie pas avec sa culture africaine antique et à ce moment-là elle se constituerait alors comme une source de tension au sein du mouvement de la renaissance africaine. Si elle choisit la réconciliation, celle-ci devra se traduire par un engagement de l'Eglise à épurer le discours chrétien en Afrique de toute charge à connotation péjorative à l'égard du patrimoine culturel autochtone à l'Afrique. Elle doit s'engager aussi à ne plus voir dans le patrimoine culturel de l'Egypte antique la figure inverse du dessein de Dieu.

L'Eglise doit s'affranchir de cette vision en tant que vision idéologique de l'Egypte. L'Egypte opère dans la Bible comme la figure centrale du mythe fondateur de l'Etat d'Israël antique. Comme tout mythe, celui-ci ne lésine pas sur la fiction. Et le profil que ce mythe donne à l'Egypte participe de cette fiction. En Europe on connaît ce phénomène. Le contrat social entre gens nés libres dans la nature y est le mythe fondateur de la République. Ce contrat on le sait bien n'est pas historique. Il participe de la fiction du mythe fondateur. La figure biblique de l'Egypte est une vision créée par un peuple en conflit géopolitique et non pas spirituel avec le pays d'Egypte. L'Eglise africaine se doit d'aborder l'Egypte d'un point de vue scientifique et il lui apparaîtra que la culture spirituelle de ce peuple est bien plus proche du christianisme qu'elle ne le soupçonne. C'est ce dont attestent en tout cas les études de Jacques Pirenne et de Jan Assmann.

La réconciliation de l'Eglise africaine avec le patrimoine culturel de l'Afrique antique constituera pour l'Eglise un véritable chemin de pénitence. Pénitence non pas au nom de l'Eglise africaine, mais au nom de l'Eglise universelle. Pénitence parce que l'Eglise universelle n'a pas su reconnaître la figure de Dieu dans le discours africain autochtone relatif à Dieu. Pénitence parce qu'elle n'a pas su reconnaître la figure de Dieu à travers le patrimoine culturel africain. Pénitence parce qu'enfermé qu'elle était dans le dogme du monothéisme de révélation elle n'a pas su reconnaître la figure de Dieu à travers le monodéisme africain.

Pour ne pas être une religion de révélation, la religion africaine autochtone n'en est pas moins un monodéisme. L'Africain dans sa culture autochtone se rattache à un discours spirituel non pas théologique, mais philosophique. Ce discours est spirituel, car il renvoie à une instance immatérielle et transcendante : Dieu. Ce discours est philosophique en ce sens que sa référence à Dieu procède non pas d'une parole révélée, mais d'un axiome qui permet d'introduire le sens dans l'univers[437].

Dans sa culture autochtone, l'Africain considère et véhicule l'idée axiomatique selon laquelle l'univers ne saurait faire sens que dans l'idée d'un Dieu architecte. C'est pourquoi il témoigne toujours de sa certitude de Dieu. En langue kongo lorsque l'individu veut proclamer sa certitude en une justice immanente il proclame ''Dieu est''. Autrement dit lorsque victime d'une injustice il veut exprime sa conviction qu'un jour justice lui sera faite il proclame ''Dieu est''. Enfin lorsque l'appel aux ancêtres s'avère vain pour la solution d'un problème il se tourne alors par la prière vers Dieu avec cette certitude que sa prière sera exaucée.

L'Eglise en Afrique peut-elle à partir d'un discours informé modifier son regard sur le patrimoine africain antique ? Nous pensons que oui pour les raisons suivantes. D'abord l'Eglise doit prendre conscience que si dans la culture africaine il n'est pas question d'un monothéisme de révélation il y est assurément question d'un monodéisme philosophique. Et ce monodéisme philosophique est proche de la morale chrétienne. Les travaux des égyptologues tel que Jacques Pirenne et Jan Assmann ne cessent de souligner la tonalité chrétienne du discours égyptien sur Dieu, l'homme, la morale et l'éthique. Ensuite l'Eglise doit prendre conscience que l'iconographie du panthéon religieux de l'Egypte antique ne doit pas lui faire peur. Si on en fait une lecture à partir des langues africaines alors on s'aperçoit qu'elle met en scène non pas des dieux, mais des ancêtres en posture d'êtres spirituels et de bienfaisance. C'est cette notion de bienfaisance qui peut rendre compte de l'idée africaine d'ancêtre.

Les ancêtres sont les défunts qui grâce au bilan éthique de leurs actions terrestres se voient agrandir à la qualité d'êtres spirituels bienfaisants pour leur descendance. C'est eux que les Egyptiens antiques appellent des imakhu. Les langues bantu ont conservé ce lexème khu. Ils ont formé à partir de ce lexème le verbe grandir (khula). Ils désignent par ce lexème ceux (Bakulu) qui par la qualité de leurs actes terrestres ont su s'agrandir jusqu'à la qualité d'êtres spirituels bienfaiteurs. Les Imaku d'Egypte font partie de ces êtres agrandis, de ces êtres de bienfaisance. Certains sont des imakhu de la famille, d'autres des imakhu de l'Etat c.-à-d. les ancêtres fondateurs de la

437 Un axiome il faut le rappeler est une vérité indémontrable, mais évidente pour quiconque en comprend le sens

société politique. Osiris, Isis, Thot, Min, etc. sont des imakhu de l'Etat. Le profil animal qu'affichent parfois les imakhu fondateurs de l'Etat n'est qu'un signe de totémisme. Ce profil totémique a pour seule fonction d'informer sur l'origine ethnique de tel imakhu fondateur de l'Etat. Seule une lecture superficielle et ignorante des langues africaines peut voir dans l'iconographie religieuse de l'Egypte antique un pluralisme des dieux. Il s'agit d'un pluralisme d'ancêtres dont on honore la mémoire dans le cadre d'un monodéisme philosophique.

L'Eglise peut donc se réconcilier avec l'antiquité africaine en reconnaissant enfin la figure de Dieu dans le discours religieux autochtone. Elle ne peut s'y dérober, car elle se constituerait alors comme une source de tension au sein du mouvement de la renaissance africaine. Mais attention. Il s'agit pour l'Eglise africaine non pas de se convertir au monodéisme africain, mais simplement de le reconnaître pour ce qu'il est et le respecter comme tel. Il s'agit de rendre justice à ce dernier en reconnaissant que à travers son discours c'est bel et bien la figure de Dieu qui apparaît.

2°) Deuxième exigence : une mission axiologique à assumer

Dans toute société, l'instance spirituelle est toujours instituée comme une autorité dépositaire du sens. Sa mission au sein de la société se conjugue toujours à partir de cette vocation institutionnelle. De ce point de vue sa mission consiste à poser des actes qui font sens, dévoilent le sens ou invitent au sens. L'Eglise en Afrique ne peut donc embrasser d'autre mission que celle-là. De ce point de vue on peut dire que la mission par excellence pour l'Eglise au sein du mouvement de la renaissance africaine est d'œuvrer à réintroduire le sens dans des sociétés post-coloniales où précisément le sens a perdu tout droit de cité.

La seule question qui se pose est celle d'identifier le discours à partir duquel l'Eglise peut assumer cette mission de diffusion du sens. Autrement dit quelle est la théologie à partir de laquelle l'Eglise peut réfléchir à sa mission de diffuseur de sens ? Sa mission de diffusion du sens pour orienter la société.

La réponse n'est pas aisée. André Kabaselle nous ouvre la voie. Dans le cadre d'un article où il fait l'inventaire des différents chemins empruntés jusque-là par l'Eglise pour servir le Christ en terre africaine, kabaselle conclut en disant « A mon avis, ce qui manque dans la théologie africaine jusqu'ici c'est une théologie de la croix qui ne conduit pas à la résignation, mais à l'assomption de la souffrance comme élément de la condition humaine »[438].

Nous ne savons pas ce que kabasele entend par théologie de la Croix. Nous ne savons pas si cette théologie existe déjà au sein de l'Eglise africaine. Nous ne savons pas si elle est assimilée à la théologie du salut.

[438] André Kabasele Mukenge, La théologie africaine à l'aube d'un nouveau siècle

Mais nous reprenons à notre compte le concept de théologie de la Croix comme expression heuristique de l'orientation que doit prendre la théologie de l'Eglise au sein du mouvement de la renaissance africaine. Nous prenons donc ici le parti de proposer notre compréhension de l'expression théologie de la Croix du point de vue du projet de la renaissance africaine.

Pour nous l'expression théologie de la Croix est une expression heureuse. Nous y voyons une expression heuristique de la mission de l'Eglise en Afrique, car on ne saurait servir le Christ autrement que par un chemin de Croix. Mais que peut vouloir dire une théologie de la Croix ? Pour y répondre, il nous faut interroger la Croix elle-même.

Que nous dit la croix ? Elle nous dit que nous devons penser et agir dans le monde à partir des principes constitutifs de la figure du Christ. A savoir les principes du Vrai, du Beau et du Juste. Jésus est vrai, car il s'est fait homme et a souffert sur la Croix. Il nous dit par là qu'il nous faut épouser la souffrance de ceux que l'on veut conduire sur le chemin. Jésus est Beau car il nous laisse en héritage la foi en la résurrection. Par cette foi il illumine l'existence de tous ceux qui peinent et souffrent au quotidien, car elle leur fait entrevoir l'espérance d'un jour meilleur. Meilleur tant sur cette terre que dans le royaume de Dieu. C'est cette espérance qui donne à la figure du Christ toute sa beauté. Par cette espérance le Christ nous dit que l'ordre des choses n'est pas immuable. Que nous pouvons l'inverser si nous avons foi en nos principes, si nous avons foi dans la vocation du Bien à toujours prendre le pas sur le mal. Jésus est Juste car il ne se tait pas devant l'indécence morale (les marchands du temple), mais choisit cependant le pardon plutôt que la force comme facteur de régulation des rapports sociaux (il ne désigne pas Juda à la vindicte de ses autres disciples). Il nous indique par là que le pardon est certes le chemin le plus difficile vers la paix sociale, mais qu'il est aussi le chemin le plus sûr et le plus pérenne de la paix sociale. Mandela en a fait l'expérience en Afrique du Sud. Par cela Jésus nous indique aussi le chemin de la civilisation politique : le renoncement à la violence. Voilà ce que nous dit la Croix.

Au regard de ce message de la Croix, le concept de théologie de la Croix nous renvoie à une problématique du sens. La Croix comme chemin de Jésus nous informe sur le sens de la vie. Elle nous dit que cette vie est certes un chemin d'adversité, mais que chemine aussi en son sein un autre chemin. Un chemin qui peut donner sens à notre vie et faire de notre vie le sens incarné. C'est pourquoi quels que soit l'espace et le temps la mission de l'Eglise reste immuable : diffuser le sens de la Croix pour introduire le sens dans la société. Voilà pourquoi quelque soient les impératifs sociaux, le pape en tant que chef de l'Eglise ne peut se prononcer pour l'avortement. Il est le gardien du sens. Or l'avortement quelle que soit sa justification sociale est toujours quelque part une perte du sens. Voilà pourquoi la théologie africaine ne peut être comme toute autre théologie qu'une théologie de la Croix. Diffuser le sens c'est diffuser ce qui nous parle au regard des trois principes constitutifs de la figure du Christ : le Vrai, le Beau et le Juste.

Mais que peut dès lors signifier pour l'Eglise un chemin de Croix en terre africaine ? La réponse s'impose d'elle-même. C'est le chemin qu'elle se doit d'emprunter pour contribuer à ré-introduire le sens en terre africaine. Or aujourd'hui réintroduire le sens en terre africaine ne peut être autre chose que de contribuer à ré-orienter la société vers le Vrai, le Beau et le Juste comme principe de toute action et de toute relation. C'est là tout le sens de la vocation de toute l'Eglise, quels que soient le temps et l'espace, lorsqu'elle s'engage dans les affaires de la Cité.

C'est ce qu'a fait l'Eglise en Occident lorsque les évènements l'ont conduit à s'engager dans les affaires de la Cité. Lorsque l'Eglise en Occident a emprunté le chemin d'une théologie relative aux rapports entre les gens dans la Cité, elle a diffusé un discours qui visait à diffuser le sens de la Croix pour orienter la société vers le Vrai, le Beau et le Juste. C'est ainsi qu'au Xe siècle elle prendra l'initiative du mouvement spirituel et social de la paix de Dieu. A travers ce mouvement les différents représentants de l'Eglise s'efforcent alors d'obtenir une pacification du monde chrétien Occidental et de maîtriser l'usage de la violence dans la société. Mais l'Eglise ira plus loin encore. Elle œuvrera par sa doctrine à orienter l'action du pouvoir politique à l'égard de l'individu vers le Vrai, le Beau et le Juste. Ainsi, alors que l'antiquité grecque et romaine assujettissait l'individu à la volonté unilatérale de l'Etat, la théologie politique chrétienne va conduire progressivement à arracher au pouvoir temporel le respect d'une sphère d'autonomie pour l'individu. La pensée chrétienne présente alors chaque individu comme un être unique doté d'une dimension divine. Saint Augustin expliquera que chaque chrétien ne se trouve lié à l'Empire romain que de façon précaire parce qu'il ressent beaucoup plus son appartenance à la Cité supra terrestre. L'individu est un tout, un infini, une valeur en soi. Dès lors une partie essentielle de l'individu échappe à la sujétion de l'Etat. On trouve dans cette idée le germe des libertés modernes de l'individu qui seront opposables à l'Etat : les droits de l'homme. Au XIIIe siècle la réflexion de Saint-Thomas-d'Aquin remet au jour la notion antique de droit naturel et lui donne une formulation nouvelle qui conduira au distinguo qui oppose un droit naturel au droit positif de l'Etat. C'est de ce distinguo que viendra la doctrine du droit naturel dont la laïcisation contribuera à la naissance de la philosophie des droits de l'homme. C'est ce droit de la nature qui a conduit à la civilisation politique de l'Europe en inspirant et la doctrine de la séparation des pouvoirs et la doctrine des droits de l'homme.

En adoptant comme théologie politique la théologie de la Croix, l'Eglise en Afrique accomplira sur la terre africaine ce que l'Eglise en Europe a accompli sur les terres de l'Occident. A savoir, introduire le sens dans l'espace politique pour orienter la société vers le Vrai, le Beau et le Juste. Voilà pourquoi il faut concevoir la théologie de la renaissance africaine comme une théologie de la Croix et concevoir la théologie de la Croix en Afrique comme une théologie du sens. Une théologie du sens dont l'objet sera d'orienter la société vers le Vrai, le Beau et le Juste.

Telle peut être la mission de l'Eglise au sein du mouvement de la renaissance africaine. Diffuser le sens de la Croix pour orienter la société vers les actes de vérité, de beauté et de justice. La mission est colossale. Elle coïncide cependant avec la vocation originaire de l'engagement de l'Eglise dans les affaires de la Cité.

La question qui se pose est dès lors de savoir comment l'Eglise peut-elle diffuser le sens de la Croix pour orienter la société vers le Vrai, le Beau et le Juste, vers des actes de vérité, de beauté et de justice. Une chose est sûre : cela ne saurait se faire par l'évangélisation des sociétés africaines. Ces sociétés sont déjà évangélisées. En outre elles sont désormais plurielles. Toute action d'évangélisation serait vécue comme du prosélytisme générateur de tensions. Comment dès lors diffuser le sens de la Croix sans évangéliser, sans apparaître comme faisant œuvre de prosélytisme ?

La réponse n'est pas aisée, car pour un activiste chrétien renoncer à l'évangélisation serait renoncer à témoigner du message du Christ. Mais Michel Istas nous ouvre la voie vers la solution. Michel Istas nous rappelle une parole du Pape selon laquelle « L'Eglise sait que son message social sera rendu plus crédible par le témoignage des œuvres plus encore que par sa cohérence et sa logique internes ». L'Eglise doit donc témoigner du sens de la Croix certes par sa parole, mais surtout par ses actes, par ses œuvres. Autrement dit, pour que la théologie de la Croix oriente la société vers des actes de vérité, de beauté et de justice il lui faut s'incarner dans des actes et des œuvres qui font sens, dévoilent le sens ou invitent au sens. C'est donc non pas à travers le prosélytisme, mais au travers de ces actes et de ces œuvres que l'Eglise pourra véhiculer le sens de la Croix pour réintroduire le sens au sein des sociétés africaines. De là vient cette question fondamentale : quels sont les actes de l'Eglise qui peuvent faire sens, dévoiler le sens et inviter au sens dans le cadre d'un processus de renaissance africaine ? Quels sont les actes à travers desquels l'Eglise peut véhiculer le sens de la croix ? Poser cette question c'est poser la question du périmètre de l'action de l'Eglise dans le cadre du mouvement de la renaissance africaine ?

3°) Une troisième exigence : un périmètre d'action délimitée à respecter

L'Eglise à l'évidence ne saurait définir ex nihilo le périmètre de son action. C'est à l'aune de la nature de sa mission (diffusion du sens pour orienter la société) qu'elle peut définir le périmètre de son action au sein du mouvement de la renaissance africaine. Il faut donc partir de cette mission pour délimiter le périmètre de l'action de l'Eglise.

La mission de l'Eglise l'invite à s'engager. Elle ne peut pas rester spectatrice de la misère des corps et des consciences, spectatrice de la misère de nos peuples. Il lui faut s'engager. Mais la question du rapport de l'Eglise au mouvement de l'histoire en cours et donc à la scène politique est une question complexe pour l'Eglise. Soit elle court le risque d'embrasser des responsabilités qui ne sont pas les siennes par excès d'indignation ? Soit inversement elle court le risque de rester en deçà de ses responsabilités par crainte d'ingérence dans des matières qui ne relèvent ni de son expertise ni de sa vocation. Dans un cas comme dans l'autre elle est dans le dilemme. Pour sortir de ce dilemme, elle peut circonscrire le périmètre de son action en s'inspirant de Jésus. En effet, comme Jésus, sa vocation n'est pas d'abolir, mais d'accomplir. Et pour accomplir, elle doit s'engager en devenant un acteur axiologique du changement. De même que Jésus a changé la société par l'exemple (c'est la figure du Christ en Croix et non pas des armées chrétiennes qui a conduit Rome à la chrétienté), de même l'Eglise en Afrique doit contribuer au changement de la société par l'exemple.

Mais que doit faire l'Eglise africaine pour apparaître comme un acteur axiologique du changement ? Pour cela elle se doit de poser des actes qui la feront apparaître comme un contre modèle. Un contre modèle qui par sa seule présence réoriente la société vers le sens, vers le vrai, le beau et le juste. Serait-ce là la théologie de la présence dont parle kabasele ?

L'Eglise doit donc s'ériger en contre modèle pour orienter la société par l'exemple, pour faire avancer les choses par une théologie de la présence. Quels sont les actes qui peuvent structurer l'Eglise dans la forme d'un contre modèle qui fait sens par sa seule présence ? De notre point de vue ce sont ceux-là mêmes qui ont de tout temps constitué le champ d'intervention de l'Eglise dans la Cité. A savoir : dialoguer avec le pouvoir pour tempérer l'exercice du pouvoir ; éduquer pour former les acteurs et les cadres de la société ; informer pour sensibiliser la communauté nationale et internationale sur l'Etat du pays ; encadrer les familles pour équilibrer la société.

a) Dialoguer avec le pouvoir pour tempérer l'exercice du pouvoir

Le pouvoir politique est un ressort majeur de la renaissance africaine. Un processus de renaissance africaine ne pourra pas se faire contre l'Etat. Elle se fera nécessairement avec le concours de l'Etat. Il est donc primordial de convertir progressivement les détenteurs du pouvoir politique à une vision du devenir politique en termes de renaissance africaine. L'Eglise peut contribuer à cette conversion du pouvoir politique. Non pas en faisant la propagande de l'idée de renaissance africaine auprès des gens du pouvoir, mais en encourageant le Prince à un exercice modéré du pouvoir.

L'Eglise est dépositaire d'un discours sur le sens qui peut conduire le pouvoir politique à infléchir son exercice du pouvoir. Il lui appartient de s'entretenir avec le Prince sur le sens du pouvoir. Pour ce faire, l'Eglise doit institutionnaliser un dialogue avec le pouvoir. Elle doit créer en concertation avec le pouvoir un cadre permanent de dialogue. Ce cadre permanent peut prendre la forme d'un échange mensuel ou semestriel de point de vue. Dans le cadre de cette rencontre, il s'agit pour l'Eglise non pas de sermonner le pouvoir, mais de l'éclairer sur le sens du pouvoir temporel et sur l'opportunité des décisions à prendre au regard de l'actualité. L'Eglise ne doit pas laisser le Prince en compagnie des seuls conseillers adeptes de Machiavel. Elle doit introduire auprès du Prince des conseillers adeptes de Saint Augustin. Il y a là un véritable défi pour l'Eglise : créer un cadre de dialogue permanent avec le Prince. Par sa seule présence quotidienne auprès du Prince elle pourra plus d'une fois orienter la pratique du pouvoir temporel vers des actes de vérité, de beauté et de justice.

b) Eduquer pour former les acteurs et les cadres de la société

L'éducation est un ressort majeur de la renaissance africaine. L'éducation permet à chaque enfant de comprendre que le monde a un sens et qu'il est lui-même porteur de sens. Elle lui permet de découvrir le talent professionnel qu'il porte en lui. De ce point de vue l'éducation permet à une société de former les personnes dont le savoir et le savoir-faire permettront à la société de répondre de manière efficiente aux besoins qu'elle affronte.

Or aujourd'hui en Afrique le système éducatif est en faillite. Faillite par carence de vision sur le long terme, faillite par carence de moyens matériels et carence de compétences professionnelles. Bertrand Tientcheu emploie cette expression forte : nos universités ne forment plus, elles déforment[439]. Une majorité de jeunes africains ne bénéficient donc plus de cet enseignement qui permet à chaque enfant de voir s'éveiller le talent qui sommeille en lui et de mettre ce talent au service de la société. L'Afrique se prive ainsi de l'opportunité de former les cadres de la renaissance africaine qui sommeillent en chacun de nos enfants.

L'Eglise peut pallier à cette situation d'ici à ce qu'émerge en Afrique un Etat qui prend en charge le système d'enseignement. C'est ce que l'Eglise a fait au moyen âge en Europe. Elle a fourni à l'Etat naissant ses meilleurs cadres et elle a formé les personnes qui par l'instruction qu'ils avaient reçue ont fait avancer les sociétés européennes sur le chemin de l'invention et de l'innovation. Par la fonction de l'éducation, l'Eglise en Afrique peut agir sur le long terme. Elle peut former les acteurs de la société nouvelle, les acteurs de la renaissance africaine.

Aujourd'hui il existe en Afrique des écoles catholiques d'où sortent un grand nombre de nos meilleurs étudiants. Mais ces écoles ne sont accessibles qu'aux enfants dont les parents ont un certain niveau de revenus. L'Eglise doit ouvrir son enseignement à tous les enfants. Il lui appartient de mettre sa compétence éducationnelle au service de tous les enfants. Pour cela il lui faut

[439] Bertrand Tientcheu in Crises d'Afrique, crises de nos intelligences : penser et bâtir l'université africaine nouvelle pour la renaissance de l'Afrique

créer des écoles accessibles au plus grand nombre. Elle y éduquera les enfants pour en faire les acteurs de la renaissance africaine en leur inculquant un esprit de rigueur intellectuelle et de dignité humaine. Il s'agit d'éduquer pour dévoiler l'individu au talent, à la parole, à la relation, et à l'action dont il est porteur. Par l'éducation l'église inculquera aux enfants un esprit de rigueur et de dignité qui en fera les acteurs de la société nouvelle. Pour cette mission il lui faudra bien sûr des moyens financiers. Il y a tant d'institutions internationales qui seraient prêtes à financer.

c) Informer pour sensibiliser la communauté nationale et internationale sur l'état du pays

L'information est un ressort majeur de la renaissance africaine. De nos jours l'information est devenue un mécanisme à part entière du changement social. Elle permet à une population d'échapper à un face à face unilatéral avec l'autorité politique. Elle incite l'autorité politique à infléchir sa politique pour ne pas ternir son image internationale. L'Eglise doit faire jouer la crédibilité morale que lui confère son statut pour informer. Mais elle doit prendre garde à ne pas épouser par cette fonction la figure d'une opposition politique. C'est pourquoi elle doit prendre soin d'informer non pas pour dénoncer, mais pour sensibiliser. Sensibiliser les médias, les ONG, les OIG et les Etats étrangers sur la condition politique, économique et sociale des populations ou de tel individu. L'Eglise africaine se doit donc de se doter d'une politique de communication sur l'état du pays Elle doit se doter d'un Journal de référence et pourquoi pas d'une chaîne de télévision de référence.

d) Encadrer les familles pour équilibrer la société

La famille est le ressort par excellence de la renaissance africaine. La famille est le socle premier d'équilibre d'une société. Si l'institution familiale est équilibrée, c'est alors toute la société qui sera équilibrée. Or aujourd'hui l'institution familiale est en Afrique en situation de détresse. Elle perd ses repères moraux, elle manque d'autorité, elle s'abandonne à toutes les perversions pour faire face à la misère. La famille en Afrique est donc en détresse. L'Eglise doit prendre son bâton de pèlerin pour encadrer les familles par une mission quotidienne de conseils en matière d'éducation des enfants et de gestion pacifique des litiges familiaux. L'Eglise doit prendre son bâton de pèlerin pour gagner la confiance des familles. Un tel encadrement peut aider l'Eglise à orienter les familles vers une réappropriation des principes moraux et d'éducation. Aider les pères et mères par les conseils de l'Eglise. Il ne s'agit pas pour l'Eglise de s'ingérer dans les affaires familiales, mais de jouer un rôle de conseil, de référence.

e) Assister pour soulager : œuvres caritatives

Dans le domaine de la santé, de l'enfance abandonnée et des sans-abri, l'Eglise doit autant que faire se peut avoir une action caritative.

Tels sont les éléments constitutifs du périmètre de l'action que l'Eglise peut mener pour contribuer à une renaissance des sociétés africaines. Cette action peut lui paraître gigantesque. Mais celle des autres acteurs de la renaissance africaine est aussi gigantesque. C'est pourquoi il convient avant toute chose de prendre la mesure du projet de la renaissance africaine. Si l'Eglise parvient à se construire comme un contre modèle vecteur de sens alors elle épargnera aux sociétés africaines le prix d'une confrontation violente avec le pouvoir politique. Elle contribuera à une renaissance pacifique des sociétés africaines.

Telles sont les composantes de la mission de l'Eglise. Ces composantes seront le chemin de croix de l'Eglise au sein du mouvement de la renaissance africaine. Cette mission est gigantesque. Elle inscrit la mission de l'église dans le long terme. Mais elle est à la mesure des défis que véhicule le projet de la renaissance africaine. L'Eglise peut préférer des actions à court terme et plus spectaculaires. Se faisant elle ne fera que colmater les brèches d'un puissant fleuve de misère qui n'aura cesse de s'ouvrir à nouveau. Elle offrira son corps en martyr là où les sociétés africaines ont besoin non pas de prêtres martyrs, mais de prêtres en vie qui les encadrent et les orientent. Elle peut aussi choisir la voie du long terme. Par cela, elle imprimera sur le tissu social africain une orientation qui contribuera à la renaissance historique des sociétés africaines.

Cinquième partie

Des technologies numériques à investir

INTRODUCTION

En 1981 Cheikh Anta Diop écrivait : « Il y a lieu aussi de dire un mot sur l'incidence des microprocesseurs, de la robotisation de l'industrie et de l'informatisation de la vie sur les formes classiques d'industrialisation : qu'est-ce qui va changer, qu'est-ce qui subsistera ? Certes, l'information est équivalente à une libération d'énergie. L'usage systématisé de l'informatique conduira à une économie insoupçonnée de travail qui peut conduire à un nouveau type de rapports sociaux et de civilisation. La percée technologique des micro-processeurs appellera à l'existence de nouvelles élites de technocrates qui pourraient ouvrir de nouvelles perspectives aux petits pays en voie de développement, mais le problème énergétique fondamental ne changera pas »[440]

Ce texte montre que dès 1981, Cheikh Anta Diop avait conscience de l'impact considérable que l'outil informatique allait avoir sur l'organisation des sociétés et les opportunités que les nouvelles technologies de l'information et de la communication (NTIC) allaient apporter aux sociétés post-coloniales. Il anticipait déjà pour ainsi dire sur la révolution numérique et invitait déjà les élites africaines à y porter une attention particulière.

Une chose est certaine. La configuration du 21e siècle sera pour l'essentiel déterminée par l'impact de la révolution issue des technologies numériques. Ces technologies appartiennent au domaine des innovations majeures de la fin du XX° siècle. Elles vont être à la source des applications militaires, industrielles, médicales, et éducatives qui façonneront le paysage politique, économique et social du XXI° siècle. A la fin du 21éme siècle les sociétés les plus avancées dans le champ du progrès historique seront celles qui auront su construire leur destin historique autour des technologies numériques. De ce point de vue, l'appropriation de ces technologies par les acteurs sociaux en Afrique compte désormais au nombre des paramètres qui vont déterminer le devenir socio-économique de ce continent. C'est la raison

[440] Congrès de l'Association Internationale des Ingénieurs et Techniciens, organisé par la section ivoirienne, Abidjan (Côte d'Ivoire), 27 septembre - 3 octobre 1981. Presse : Fraternité Matin, lundi 5 octobre 1981, p. 5, "L'avenir industriel de l'Afrique, un problème technique et politique", compte rendu par Coulibaly Mohamed Fana de la conférence donnée par Cheikh Anta Diop sur le thème de l'avenir de l'industrialisation de l'Afrique noire.

pour laquelle, les sociétés africaines gagneraient à ne pas se contenter de s'approprier les technologies numériques, mais à engager une véritable réflexion sur leur projet de société numérique.

Que nous apprend de ce point de vue, l'expérience en cours de la diffusion des NTIC en Afrique ? Les logiques d'appropriation qui sont à l'œuvre derrière les usages dont ces outils font l'objet sur ce continent sont-elles ou non favorables à un futur africain moderne ? Une réponse objective à cette question est indispensable. Elle peut aider les décideurs politiques à définir les stratégies adéquates pour que l'avènement de la société de l'information en Afrique ne soit pas celui d'une société périphérique de l'information.

En nous situant sur le terrain de la sociologie des usages, nous nous proposons ici d'une part, d'identifier les logiques d'appropriation inhérentes aux usages des NTIC en Afrique, d'autre part, de prendre la mesure de l'impact de ces logiques d'appropriation sur la vocation modernisante des NTIC en Afrique

CHAPITRE 1

Les logiques d'appropriation inhérentes aux usages des technologies numériques en Afrique

En Afrique les NTIC rencontrent un écho favorable auprès des acteurs sociaux. C'est ce dont atteste l'engouement dont les sociétés de ce continent font preuve à l'égard du téléphone portable[441] et de l'Internet[442]. C'est aussi ce que laisse deviner le caractère inventif et innovant des usages dont ces technologies font l'objet sur ce continent[443]. Pour se convaincre de cet engouement et de cette inventivité, il suffit de penser aux divers usages des NTIC au sein des grands courants africains de l'échange dans l'espace de l'économie dite informelle[444]. Ou encore, de penser à la contribution des radios privées, de l'Internet et du téléphone portable à la prévention de la fraude électorale dans le contexte de l'élection présidentielle au Sénégal en l'année 2000[445]. Amadou Top, Président de OSIRIS[446] note à propos de cette originalité des usages des NTIC en Afrique « ... que la période durant laquelle les spécialistes passaient leur temps à présenter les opportunités offertes par les TIC devant des auditoires sceptiques est en voie d'être

---

[441] Dibakana (Jean-Aimé), Usages sociaux du téléphone portable et nouvelles sociabilités au Congo, in Politique Africaine, N°85, mars 2002

[442] Cornu (Jean-Michel), En Afrique, les usages de l'Internet se conjuguent au présent, in Webworld, Unesco, mars 2002, http ://www.unesco.org/webworld/points of views/fr ; Dossier Fing : Quelques usages de l'Internet en Afrique : http ://www.fing.org/index

[443] Chéneau-Loquay (Annie) Les territoires de la téléphonie mobile en Afrique, in Netcom, Vol.15, N°1-2, sept.2001).

[444] Chéneau-Loquay (Annie), Les relations entre l'Etat, le droit et les réseaux techniques sont elles obligatoires dans le processus de modernisation ? Réflexion à partir du cas africain, article à paraître dans la revue Terminal. Voir aussi, Chéneau-Loquay (Annie), Pape N'Diaye Diouf, Comment développer les usages des nouvelles technologies de l'information et de la communication pour les besoins de l'échange, Rapport d'une mission exploratoire au Sénégal du 10 au 24 avril 1998, Ministère des Affaires étrangères . Secrétariat d'Etat à la Coopération.

[445] Le Batik N° 8 mars 2000 : (http ://www.osiris.sn).

[446] OSIRIS est le sigle de l'Observatoire sur les systèmes d'information, les réseaux et les informations au Sénégal. Il publie une revue électronique Le Batik qui rend compte de l'actualité des NTIC au Sénégal

dépassée avec la multiplication des applications jusque et y compris dans des secteurs où on les attendait le moins »[447]

L'engouement des sociétés africaines pour les NTIC est donc un fait d'observation. Il n'a pas manqué de surprendre ceux qui ont toujours considéré les sociétés de ce continent comme culturellement réfractaire à la modernité. Il confronte en tout cas les sciences sociales à la question des ressorts de la charge attractive des NTIC sur les populations africaines. Cette question se pose d'autant plus que les technologies en général ne possèdent pas un pouvoir propre d'attraction. Elles semblent ne pouvoir entrer dans le quotidien des consommateurs comme dans celui des opérateurs économiques que dans la mesure où elles véhiculent pour les uns et les autres une charge émancipatrice. L'expérience des sociétés africaines confirme-t-elle cette hypothèse ? si oui, quelle est alors la nature précise de la charge émancipatrice que les NTIC y procurent aux acteurs sociaux ? Répondre à cette question n'est pas chose aisée. Il faut pour ce faire, recourir à un cadre d'analyse approprié.

Nous verrons ci que le cadre d'analyse adéquat est la sociologie des usages. A la lumière de ce cadre d'analyse il apparaît que les logiques d'appropriation des NTIC en Afrique sont fortement déterminées par les contraintes de l'environnement socio-économique. Celui-ci y oriente l'appropriation des NTIC dans le sens de deux logiques distinctes et complémentaires. D'une part, la recherche de palliatifs aux carences d'un environnement socio-économique de pénurie. D'autre part, la quête permanente d'opportunités au sein d'un espace social de développement inégal. De ce point de vue, ces logiques d'appropriation ne sont pas sans incidence sur la fonction que jouent les NTIC sur ce continent. Elles leur assignent une fonction originale : celle de canal d'accès direct à des ressources de modernité. De ce point de vue, les NTIC charrient en Afrique une charge émancipatrice certaine. Elles y opèrent comme de véritables canaux d'accès direct à des ressources de modernité.

Section 1. Le cadre de l'analyse

Sur la question de l'impact des technologies sur les sociétés la littérature scientifique propose deux cadres d'analyse qui conduisent à des conclusions différentes. D'une part la sociologie de la modernité. D'autre part, la sociologie des usages.

A) La sociologie de la modernité

De fait, les sociétés africaines témoignent déjà un intérêt certain pour les NTIC : nouvelles technologies de l'information et de la communication[448].

---

[447] Le Batik N° 42 janvier 2003 (http ://www.osiris.sn)

Les Etats africains se sont ouverts à ces technologies dans le contexte des années quatre-vingt-dix. Celui de l'afro-pessimisme qui a suivi et la faillite des modèles de développement[449] et la dégradation des indicateurs sociaux consécutives aux plans d'ajustements structurels des décennies précédentes[450]. Un afro-pessimisme que l'opinion publique, les experts et les gouvernements en Occident, traduisaient par une perception de l'urgence humanitaire et de la lutte contre la pauvreté comme les horizons désormais indépassables du traitement des maux socio-économiques de l'Afrique. C'est pourquoi, l'ouverture des Etats africains aux NTIC ne manqua pas de susciter auprès des acteurs de la coopération internationale (Etats, OIG et ONG) l'espoir que ces outils puissent jouer sur ce continent le rôle d'un levier d'accélération du progrès socio-économique. En fait, les NTIC ont fait renaître dans les esprits, l'ambition développementaliste de voir le continent africain gravir les marches de la modernité par le moyen d'un saut technologique. Pour certaines institutions internationales (BIT, Banque Mondiale, Unesco, PNUD), la faisabilité d'un tel saut ne fait aucun doute. Mais cet optimisme traduit surtout une conviction doctrinale. Celle d'une corrélation entre technologies et progrès socio-économique qui échapperait aux pesanteurs du contexte socio-politique.

Nous exprimons plus qu'une réserve à l'égard de cette vision déterministe de l'impact des technologies. Les tenants de cette vision au sein des institutions de la coopération internationale restent encore prisonniers de la sociologie américaine de la modernité[451]. Celle-ci envisage le développement selon le triptyque socio-linéaire suivant : diffusion du progrès technique, développement économique, développement politique. Or les politiques du développement, inspirées de cette sociologie de la modernité, ont montré, par leur échec, les limites de la vision déterministe de l'impact modernisant des technologies. Cet échec invite à prendre en considération une autre hypothèse. Celle selon laquelle c'est le contexte socio-politique qui détermine l'effet de corrélation entre technologie et progrès socio-économique. Plus précisément, ce contexte conditionnerait les desseins d'appropriation d'une technologie au sein d'une société. Et selon que ces desseins assignent à cette technologie telle ou telle autre fonction, les

---

448 Internet : les passerelles du développement (Rencontres internationales organisées par le réseau ANAIS, Bamako, 21-26 février 2000, in http://anais.org/FR/activités/bamako2000/index.html).

449 Grellet (Gérard), La fin des modèles de développement, in Le Monde du 1er novembre 1988

450 Hugon (Philippe), Les effets des politiques d'ajustement sur les structures politiques africaines, in Gérard Conac (sous la direction de), L'Afrique en transition vers le pluralisme politique, Ed Economica, 1993

451 Jacques Chevallier, Institutions politiques, LGDJ, 1996 ; Roger-Gérard Schwartzenberg, Sociologie politique, Ed Montchrestien, 1988 ; Bertrand Badie, Le développement politique, Ed Economica, 1994

usages dont elle fera l'objet auront ou n'auront pas un impact sur le développement.

B) La sociologie des usages

Il apparaît à l'aune de la sociologie des usages que les usages d'une technologie en général ne correspondent pas toujours, à des formes d'appropriation imposées par la technologie concernée. Ils peuvent aussi traduire une instrumentalisation de celle-ci par les acteurs sociaux en vue de satisfaire des desseins précis qu'ils poursuivent dans un contexte socio-économique donné. C'est pourquoi, le concept d'impact des NTIC sur les acteurs sociaux, doit s'entendre non seulement comme la manière dont ces technologies déterminent ou conditionnent la vie de ces derniers, mais aussi comme la manière dont elles rencontrent et répondent aux desseins poursuivis par ces acteurs. C'est cette acception de la notion d'impact des NTIC qui est au cœur de l'approche par la sociologie des usages.

Celle-ci a pour objet l'identification des desseins d'appropriation des technologies par les acteurs sociaux à partir d'une interrogation sur la charge émancipatrice que ces dernières apportent ou n'apportent pas à ces acteurs. Elle procède pour ce faire à une étude des attentes utilitaristes que les usagers expriment à l'égard des technologies nouvelles. En France par exemple, de grands groupes industriels spécialisés dans les NTIC recourent désormais à la sociologie des usages pour déterminer les risques d'échec ou de succès commercial d'un produit nouveau sur le marché[452] Pour ces groupes industriels, tenir compte de la rationalité des usages s'impose désormais pour éviter les pertes économiques et le gâchis industriel. L'objectif est d'éviter des échecs comme celui du WAP, dont la technologie était certes performante, mais dont l'usage n'a toutefois pas accroché. Dans un grand nombre de laboratoires de recherche, les groupes industriels favorisent désormais une coopération des sociologues et anthropologues avec les ingénieurs et technologues[453]. Pour ce faire ils recourent de plus en plus à la méthode Cautic (Conception assistée par l'usage dans les technologies de l'information et de la communication). Cette méthode, élaborée en 1995 par Philippe Mallein, sociologue anthropologue de l'usage, permet dans le champ de l'innovation des produits technologiques et les services lancés sur le marché de comprendre les attentes immédiates des utilisateurs et anticiper en permanence leurs besoins, pour repérer les tendances comportementales et imaginer celles du futur.

Cette approche nous intéresse ici dans la mesure où elle fournit une méthode pour identifier les logiques d'appropriation à l'œuvre derrière les usages dont les NTIC font l'objet au sein d'une société. Elle suggère

---

[452] Lorraine Rossignol, Objet dis moi vraiment qui tues...in Le monde campus, supplément au Monde du mardi 25 novembre 2003, N° 18298

[453] Lorraine Rossignol, op.cité

d'interpréter d'un point de vue utilitariste lesdits usages et présente de ce fait l'avantage de permettre une approche comparative des logiques d'appropriation des NTIC dans des contextes sociologiques aussi différents que celui des pays développés et celui des pays en développement. Une telle approche comparative permet de faire ressortir la spécificité des logiques d'appropriation inhérentes à chacun des contextes sociologiques. Il apparaît ainsi que dans les pays développés, l'appropriation des NTIC repose sur des desseins caractéristiques d'une société de consommation. A savoir, la recherche du toujours plus. D'une part, toujours plus de profits pour les entreprises : plus de gains de productivité, plus de parts de marchés. D'autre part, toujours plus de simplicité pour le consommateur dans les actes de la vie quotidienne. Il s'ensuit que dans les pays industrialisés le développement du tissu numérique repose sur le jeu d'une correspondance entre le dessein des entreprises d'acquérir toujours plus de profit et celui des consommateurs de gagner toujours plus de confort et de simplicité dans les actes de la vie quotidienne[454]. A l'inverse de ce qui se passe dans les pays industrialisés, les desseins d'appropriation dans les pays du Sud répondent à des desseins caractéristiques de sociétés marquées par la pénurie. A savoir, d'une part, la recherche de palliatifs aux carences de l'environnement socio-économique ; d'autre part, la quête permanente d'opportunités au sein d'un espace social de développement inégal. Il s'ensuit que dans le contexte socio-économique des pays du sud, l'appropriation des NTIC répond à un besoin différent et spécifique. Celui d'accéder à des ressources qui amplifient la marge de manœuvre des acteurs sociaux à l'endroit d'un environnement socio-économique caractérisé par la pénurie. Pénurie des infrastructures, des prestations d'intérêt général, des libertés publiques, des emplois, des soins et des aliments, etc. On verra ici à travers la sociologie des usages que c'est ce que confirme l'interprétation de la pratique des NTIC en Afrique.

[454] Le Japon donne une bonne illustration de ce dernier cas de figure. On sait que dans ce pays, le marché du téléphone mobile approche de la saturation avec 78 millions d'abonnés pour 120 millions d'habitants. De ce fait, chacun des trois opérateurs japonais (NTT Docomo, KDDI et Vodaphone) a cherché à faire la différence par une offre accrue de services en lignes qui contribuent à simplifier encore plus certaines pratiques de la vie quotidienne. Le journaliste Brice Pedroletti témoigne : « Confrontés à une baisse des revenus en provenance des transmissions vocales, les opérateurs nippons ont cherché à favoriser la transmission de données. C'est la photo, puis la vidéo, qui ont fait décoller le marché, au point qu'aujourd'hui la plupart des nouveaux modèles possèdent la fonction appareil photo, à des prix équivalents aux portables traditionnels. C'est J-Phone, en juin 2001, qui a été à l'origine du phénomène en lançant la fonction sha-mail (de shashin, qui signifie photo). Il s'agissait de rendre plus simple l'envoi de la photo en désignant l'opération par une icône sha-mail sur l'écran du portable » . Brice Pedroletti, Au japon, le portable est devenu mini-ordinateur, in Le Monde du 7 novembre 2003.

Section 2. Les desseins d'appropriation des NTIC en Afrique

Les usages à travers lesquels les acteurs sociaux s'approprient une technologie ne peuvent être intelligible que replacés dans le cadre de la sociologie de la société concernée. S'agissant de l'Afrique, les logiques d'appropriation des NTIC sont fortement déterminées par les contraintes de l'environnement socio-économique. Celui-ci y oriente l'appropriation des NTIC dans le sens de deux logiques distinctes et complémentaires. D'une part, la recherche de palliatifs aux carences d'un environnement socio-économique de pénurie. D'autre part, la quête permanente d'opportunités au sein d'un espace social de développement inégal.

A) La recherche de palliatifs aux carences d'un environnement socio-économique de pénurie

L'environnement socio-économique des pays africains présente encore des décennies après les indépendances politiques le profil d'un environnement marqué par la pénurie. Cette pénurie se traduit pour les populations africaines essentiellement en termes de carences. Carences des biens de consommation, des libertés, des prestations d'intérêt général, de débouchés sur les marchés nationaux tant du point de vue de l'emploi que de celui de l'écoulement de la production agricole et artisanale locale, etc. Les pesanteurs d'un tel environnement (chômage, pauvreté, malnutrition, arbitraire politique, conditions sanitaires précaires, etc.) plongent naturellement l'individu dans une recherche quotidienne de palliatifs visant à compenser lesdites carences. Ces palliatifs prennent de façon courante diverses formes : l'assistance familiale, le clientélisme politique, le commerce tous azimuts (y compris pour les fonctionnaires), etc. Les NTIC par leur charge innovante viennent ajouter à ces palliatifs courants de nouvelles solutions compensatrices que les acteurs sociaux s'empressent de mettre à profit. Divers usages des NTIC en Afrique confirment cette analyse. Il en est ainsi de ceux qui dérivent d'un certain nombre d'initiatives visant précisément à pallier certaines carences. Sont concernées à ce titre :

– les carences du système de l'enseignement supérieur : c'est le cas de l'Université Virtuelle Africaine qui procure une formation universitaire par voie de vidéo-conférence. C'est le cas aussi des Campus numériques francophones qui procurent au corps enseignant une formation à la pédagogie des NTIC. Ces initiatives sont présentées par leurs concepteurs même non pas comme des substituts aux universités publiques, mais comme des palliatifs au manque de moyens de ces dernières. Dans un cas comme dans l'autre, ces initiatives visent à pallier les difficultés croissantes des corps étudiant et enseignant africains à trouver dans les universités publiques des réponses opérationnelles à leurs attentes en terme infrastructurel et pédagogique.

– les carences de l'information d'utilité publique : c'est le cas du réseau Afamin qui procure une information agricole par l'Internet, du réseau Ranet qui procure une information météorologique en zone rurale par combinaison de l'internet et de la radio, du réseau Manobi de sécurité qui procure une information météorologique en haute mer par combinaison de l'Internet et du téléphone portable, du réseau REAO qui procure une information commerciale aux entreprises par courrier électronique. Dans chacun de ces cas, ces initiatives exercent sur les usagers potentiels un pouvoir d'attraction en raison de leur aptitude à pallier les défaillances du service public en matière d'information d'utilité publique. Le succès des cybercafés en Afrique s'explique aussi pour une bonne partie par le fait qu'ils constituent des points d'accès à l'information d'utilité publique.

– les carences de la couverture géo-médicale du territoire : c'est le cas des expériences pilotes de télé-medecine au Sénégal et en Ouganda. L'objet de la télé-médecine dans les pays en développement n'est pas de se substituer à la logistique hospitalière classique. Elle vise à pallier les défaillances de celle-ci en ce qui concerne la couverture médicale des populations qui ne bénéficient pas de cette logistique. Elle permet ainsi de rompre l'isolement des malades dont la localisation géographique ne permet pas de bénéficier des prestations médicales des centres hospitaliers nationaux. En Afrique les expériences pilotes de télé-médecine citées ci-dessus trouvent leur origine dans cette logique compensatoire. Elles permettent d'apporter des services de santé là où la distance et la pauvreté sont des facteurs critiques. Elles émancipent des obstacles géographiques par le moyen du transfert numérique de données et de l'action directe du praticien sur le malade via la technique de l'assistance satellitaire.

Les initiatives citées ci-dessus ne sont pas d'origine africaine. Mais elles ont été conçues à partir d'une interrogation utilitariste sur les attentes des populations africaines en matière d'appropriation des NTIC. C'est ce qui explique l'écho favorable que ces initiatives y rencontrent auprès des acteurs sociaux. Et c'est en cela qu'elles sont révélatrices des desseins d'appropriation des NTIC en Afrique.

B) La quête d'opportunités au sein d'un espace social de développement inégal

Une lecture positiviste des rapports sociaux en Afrique montre que les sociétés africaines contemporaines ne sont pas à proprement parler des sociétés sous-développées. Elles présentent une complexité plus grande qui en fait plutôt des sociétés de développement inégal. Elles donnent à voir en effet l'existence de deux sphères de la société séparées par un principe de discrimination sociale et cohabitant à des niveaux de développement inégal. Entre ceux que la terminologie politique populaire qualifie comme les "en haut d'en haut'' et ceux qu'elle qualifie comme les ''en bas d'en bas''[455], il existe un abîme en terme d'inégales conditions de vie aussi ample que celui qui au 19e siècle séparait en Europe la bourgeoisie et le prolétariat.

La première sphère, celle des ''en haut d'en haut '', échappe aux pesanteurs de l'environnement socio-économique de pénurie qui caractérise les sociétés africaines contemporaines. Sa main mise sur la rente constituée par les devises tirées du commerce international des matières premières et des aides (multilatérales ou bilatérales) au développement lui procure des conditions de vie sinon identique du moins proche de celles des sociétés développées de l'Occident. La seconde sphère, celle des ''en bas d'en bas '', en revanche est littéralement écrasée par les pesanteurs de l'environnement socio-économique de pénurie. Son exclusion du bénéfice de la rente mentionnée ci-dessus, la maintient dans des conditions de vie précaires. La violence de cette précarité est telle que les membres de cette sphère de la société en arrivent à élaborer des stratégies familiales d'émigration vers l'Occident comme seule alternative à la violence de ce contexte. Les acteurs sociaux en Afrique ont une claire conscience que l'appartenance à l'une ou l'autre de ces sphères repose moins sur le mérite individuel que sur les relations, la connivence, les compromissions, etc. Il s'ensuit pour eux une perception du devenir social comme devenir essentiellement opportuniste et aléatoire. Cette vision du devenir social conduit dès lors l'individu à focaliser son énergie dans une quête permanente d'opportunités qui permettent, sinon d'échapper du moins de tempérer les pesanteurs du principe de discrimination sociale qui caractérise le fonctionnement des sociétés africaines post-coloniales.

Ces opportunités prennent diverses formes telles que, l'alliance matrimoniale, l'accès à la fonction publique, les commissions liées aux marchés publics, les fonds de coopération, la tribalisation de la compétition politique, le coup d'Etat etc. Autant de pratiques que Jean François Bayard a résumé à juste titre par le concept de politique du ventre,[456] mais qu'il interprète cependant à tort comme un trait séculaire de la culture politique africaine. Cette politique du ventre n'est qu'une attitude comportementale auquel contraint le caractère opportuniste du devenir social en Afrique post-colonial. Elle n'a d'ailleurs rien de spécifique à l'Afrique : on la retrouve dans toutes les sociétés post-coloniales. Que ce soit en Asie ou en Amérique latine[457]

L'appropriation des NTIC en Afrique n'échappe pas à la logique de quête d'opportunités mentionnée ci-dessus. Elle permet de tempérer la violence des pesanteurs du développement inégal entre les deux sphères constitutives

---

[455] La politique en Afrique noire : le haut et le bas, in Revue Politique Africaine, n°1, janvier 1981 ; JF Bayart, A. Mbembe, C.Toulabor, Le politique par le bas en Afrique noire, Ed Karthala, 1992

[456] J.F Bayart, L'Etat en Afrique, la politique du ventre, Ed Fayard1989

[457] J.Ziegler, Contre l'Ordre du Monde Les Rebelles Ed SEUIL

des sociétés africaines post-coloniales. Par leur charge innovante, les NTIC viennent ajouter aux opportunités courantes citées ci-dessus, des opportunités nouvelles que les acteurs sociaux s'empressent d'exploiter.

Divers usages des NTIC en Afrique confirment cette analyse. Il en est ainsi particulièrement des usages qui ouvrent aux acteurs sociaux des opportunités dans des domaines divers. Sont concernées à ce titre :

– les opportunités en terme d'accès à la documentation scientifique : on sait que pour des raisons d'ordre budgétaire les universitaires africains connaissent un phénomène de cloisonnement par rapport à l'information scientifique mondiale. Leur participation aux débats qui ont cours au sein de leur discipline est rendue problématique par leur difficulté d'accès aux revues spécialisées et autres véhicules de ces débats. L'internet qui de plus en plus contient des revues en ligne ou simplement des documents scientifiques en ligne constitue un média de décloisonnement. En ce sens qu'il donne accès à moindre coût à des informations qui jusque-là restaient d'un accès difficile aux universitaires africains. C'est essentiellement en ces termes que se présente l'Internet comme enjeu au sein du milieu universitaire africain. Divers sites sur le web offrent cette opportunité. En particulier dans le cadre des Institutions de la Francophonie, le site de l'INTIF (www.intif.francophonie.org) qui donne accès à un fonds de documentation scientifique numérisé. Ce fonds qui est géré par le CIFDI (www.cifdi.francophonie.org) est abondamment consulté par les universitaires africains. C'est le cas aussi pour la consultation documentaire via l'Internet offert aux médecins du tiers-monde par l'OMS.

– les opportunités en terme de pression à une démocratisation des régimes : en Afrique, l'informatique, l'internet et le téléphone portable offrent à la société politique et civile des solutions qui permettent une expression pluraliste des opinions. Ces outils offrent aussi des solutions qui permettent de s'affranchir des risques d'opacité électorale inhérents aux méthodes classiques du dépouillement dans un contexte de mœurs politiques non démocratiques. C'cst le cas pour l'organisation de la transparence électorale par l'informatisation des fichiers et pour le contournement de la censure politique par l'Internet. En Afrique, ces opportunités de transparence électorale ont déjà été saisies à deux occasions : au mali en 1997 et au Sénégal en 2000. Quant aux opportunités offertes par l'Internet pour contourner la censure politique c'est surtout l'Afrique du Nord qui atteste de ce type d'usage. On donnera pour seul exemple le cas du fondateur du magazine en ligne *TuneZine* : Zouhair Yahyaoui. Celui-ci s'est fait connaître en juillet 2001 en diffusant, sur Internet, la lettre ouverte qu'un juge persécuté par le régime (Mokhtar Yahyaoui) venait d'adresser au Président Ben Ali pour dénoncer l'absence totale d'indépendance du pouvoir judiciaire en Tunisie. Déjouant la censure exercée par l'Agence Tunisienne de l'Internet, le site tunezine.com (un magazine électronique, deux forums de discussion, une lettre d'information quotidienne) a rencontré un succès grandissant en Tunisie et à l'étranger auprès de jeunes séduits par le ton insolent et le talent de ses cinq principaux animateurs.

– les opportunités en termes de marchés : on sait que les artisans africains souffrent souvent de l'étroitesse du marché national pour l'écoulement de leurs produits. Or l'Internet constitue de ce point de vue une opportunité concrète pour accéder à des marchés qui jusque-là leur restaient fermés faute de pouvoir y faire la promotion de leur produit. C'est cette opportunité ouverte par le WEB comme vitrine d'exposition mondiale que tente de saisir par exemple un grand nombre d'artisans en Afrique dont ceux du village artisanal de Thiès au Sénégal. On peut aussi penser que c'est cette même stratégie qui conduit des entreprises de presse en Afrique à doubler la version papier de leur journal par une version numérique. Dans un cas comme dans l'autre, il s'agit pour les acteurs sociaux d'instrumentaliser le web comme vitrine de promotion commerciale.

– les opportunités en terme de rentabilité d'une activité marchande : les NTIC on le sait peuvent opérer comme outils de rationalisation de l'activité économique. Une rationalisation visant à procurer des avantages en termes de gains de productivité et de profits. C'est cette opportunité que mettent à profit les réseaux d'information en temps réel par le téléphone portable. Le Sénégal donne deux exemples dans ce domaine. D'abord le réseau Manobi d'information sur les prix des produits agricoles vendus sur les marchés urbains. Ensuite le réseau informel d'information sur les besoins des marchés urbains en produits halieutiques. Concernant le réseau Manobi, il apparaît qu'après 5 mois de campagne d'expérimentation entre décembre 2001 et avril 2002, la soixantaine d'horticulteurs impliqués dans le projet ont obtenu 110 millions de francs CFA de gains supplémentaires par rapport à leurs revenus habituels, ce qui correspond à un chiffre d'affaires moyen de 2 millions de francs CFA supplémentaires par producteur. Fort de ce succès, Manobi-France a décidé de mettre sur pied Manobi-Senegal depuis le 16 décembre 2002. Une société dont le capital est détenu à hauteur de 66 % par Manobi France et de 34 % par la Sonatel avec l'objectif d'exploiter et de mettre en œuvre des services reposant sur l'utilisation des technologies de l'information et de la communication. Manobi France évalue le potentiel d'utilisateurs des services de sa société entre 4000 et 5000 abonnés (agriculteurs, pêcheurs et intermédiaires) et estime qu'elle pourrait générer jusqu'à 7 milliards de FCA supplémentaires par campagne pour les horticulteurs et les maraîchers. On est ici en présence d'un usage original des NTIC en terme de rentabilisation d'une activité économique. Concernant le réseau informel d'information, elle est mise en œuvre par les acteurs de la filière pêche au Sénégal. Elle permet aux artisans de ce secteur d'être informés en temps réel via le téléphone portable sur les besoins des marchés en produits halieutiques. Ce mode de gestion des stocks permet d'éviter les pertes financières qui étaient consécutives à une mauvaise connaissance des besoins des marchés urbains en temps réel.

Section 3. La charge émancipatrice des NTIC en Afrique

Les logiques d'appropriation des NTIC en Afrique sont largement conditionnées par le contexte politique et économique. Ces logiques d'appropriation ne sont pas sans incidence sur la fonction que jouent ces outils sur ce continent. Elles leur assignent une fonction originale : celle de canal d'accès direct à des ressources de modernité. De ce point de vue, les NTIC charrient en Afrique une charge émancipatrice certaine. Elles y opèrent comme de véritables canaux d'accès direct à des ressources de modernité. C'est cette charge qui explique l'attraction des populations africaines à l'endroit de ces outils.

Cette charge met en relief un phénomène sociologique jusqu'ici méconnu par les études en sciences sociales relatives à l'Afrique. A savoir, l'existence d'une logique de modernité non pas par mimétisme, mais par appropriation. Cette logique invite à adopter un recul critique à l'endroit des interprétations qui tendent à se défier du phénomène de diffusion des NTIC en Afrique par crainte que le contenu culturel véhiculé par ces outils ne soit une nouvelle source d'aliénation en Afrique.

A) Les TIC comme canaux d'accès direct à des ressources de modernité

Nous avons vu que les desseins d'appropriation des NTIC en Afrique trouvent leur source dans les manquements de l'Etat à ses obligations de service public et à sa mission d'agent principal du développement. L'engouement des populations africaines pour ces technologies s'explique par la réponse moderne que celles-ci apportent à une problématique d'origine et d'expression locale. En l'espèce, la recherche de moyens qui affranchissent des pesanteurs d'un contexte socio-économique caractérisé par la pénurie. On peut donc émettre l'hypothèse selon laquelle cet engouement repose sur un formidable besoin d'accès à des ressources dont la charge innovante amplifie la marge de manœuvre des acteurs sociaux dans le contexte d'un environnement socio-économique de pénurie. En d'autres termes, les populations africaines s'approprient les NTIC selon une logique d'accès à des ressources de modernité. Par cette logique, elles assignent à ces technologies une fonction originale. Celle de canal d'accès direct à des ressources de modernité.

Cette interprétation n'est pas une vue de l'esprit. Elle correspond bel et bien à la logique d'instrumentalisation de ces outils par les populations africaines. Les acteurs sociaux en Afrique ne s'approprient ces outils que dans la mesure où ils leur donnent accès à des ressources, des prestations et des espaces qui avaient jusque-là, été inaccessibles pour le plus grand nombre en raison des carences de l'Etat dans ses missions de service public et d'agent principal du développement. L'exemple du téléphone portable est significatif à cet égard. Sur la période 1999-2003, le nombre d'abonnés au téléphone portable en Afrique est passé de 6,6 millions à plus de 46 millions.

Il importe de noter que cette ruée massive des individus sur cet instrument correspond non pas à une ruée vers un produit nouveau, mais à une ruée vers un produit enfin accessible. On peut même dire que les sociétés africaines présentent une prédisposition à un usage intensif du téléphone. Ces sociétés en effet bénéficient d'un tissu social hyper relationnel. Dans un tel contexte, le téléphone est porteur d'une valeur d'usage sans commune mesure. Mais en raison des carences du service public des télécommunications en Afrique, les possibilités d'accès à la téléphonie fixe n'étaient pas en mesure de satisfaire la demande sociale d'accès au téléphone. C'est ainsi que la majeure partie des populations africaines se retrouvait en marge de cet outil moderne de communication. L'arrivée du téléphone portable ne pouvait donc que bouleverser le tissu communicationnel en Afrique. Elle a permis de satisfaire la demande sociale d'accès au téléphone en palliant les carences des prestations du service public des télécommunications. De là vient le succès inattendu du marché du téléphone portable en Afrique. La rapidité de mise en service de cet outil pour l'usager l'a fait immédiatement apparaître aux populations africaines comme un canal d'accès direct à cette ressource communicationnelle qui se caractérisait jusque-là par sa rareté en terme d'accès : le téléphone.

Il y a lieu aussi de voir dans cette instrumentalisation des NTIC, une véritable volonté d'accès à des ressources de modernité. Comme produits en effet, les NTIC procurent aux acteurs sociaux qui y ont accès des avantages en termes de rationalisation, de rentabilisation, d'émancipation, d'anticipation, de compétitivité, etc. Et on peut penser que les acteurs sociaux qui s'approprient ces produits le font précisément en raison de ces avantages. L'exemple de l'informatique et de l'Internet est significatif. A travers leurs usages d'expression locale, ils procurent aux agents qui s'en approprient des avantages que ne leur procurent pas les ressources du tissu social national. Il en est allé ainsi du recours à l'informatisation des fichiers électoraux en 1997 au Mali comme moyen d'anticiper sur les tentatives de fraude électorale inhérente aux mœurs politiques post-coloniales. Il en est ainsi aussi de l'université virtuelle comme moyen d'accès à un contenu pédagogique à jour par rapport aux avancées les plus récentes dans les diverses disciplines du savoir et du savoir-faire. Il en est ainsi enfin sinon pour le commerce électronique du moins pour le WEB comme vitrine mondiale pour certaines activités commerciales locales telles que l'artisanat. Notons aussi que l'instrumentalisation de l'outil informatique et de l'Internet par la communauté Mouride au Sénégal est illustrative à cet égard. Cette communauté a su s'approprier ces outils non seulement pour rationaliser les procédés de gestion de son espace urbain et rural, mais aussi pour s'assurer une visibilité sur le Web et créer à travers ce dernier un lien entre les différentes composantes de la diaspora Mouride[458]

B) Les NTIC comme miroir d'information sur le rapport réel des populations africaines à la modernité

Les logiques d'appropriation des NTIC qui ont cours en Afrique produisent un effet miroir d'information sur un phénomène sociologique jusqu'ici méconnu par les études en sciences sociales sur l'Afrique. A savoir, l'existence d'une logique de modernité non pas par mimétisme, mais par appropriation. Cette interprétation peut surprendre et susciter le doute des analystes qui interprètent toujours le rapport des populations africaines à la modernité en terme d'aliénation culturelle. Elle est pourtant réelle et permet incidemment de mettre en perspective les préjugés eurocentriques que ces analystes véhiculent souvent à leur corps défendant.

Prenons par exemple le cas du courant anti-développementaliste. De Ivan Illich à Serge Latouche en passant par François Partant, ce courant dénonce les impasses de la société industrielle et interprète ces dernières comme l'expression des impasses mêmes de la modernité[459] Pour ce courant, la modernité débouche sur une expérience faustienne du rapport des hommes entre eux, des hommes avec la nature et des hommes avec la technique. Comme telle, toute expérience d'appropriation de la modernité serait vaine, car elle n'aurait d'autre sens que celui d'un acheminement du reste de la planète vers une impasse : le rapport faustien de l'homme occidental au monde. Il en serait ainsi du développement comme projet d'appropriation de la modernité par les sociétés du Sud.

Pour ce courant en effet, le développement conduit à une simple transposition au Sud de l'expérience occidentale de la civilisation. Cette occidentalisation du monde doit être dénoncée avec d'autant plus de vigueur qu'elle se traduirait par une extension à l'échelle de la planète du rapport faustien de la civilisation occidentale au monde. Cette lecture de la modernité comme expérience occidentale de la civilisation conduit donc ce courant à mettre en cause l'opportunité même du développement et partant au rejet de la modernité comme expérience de civilisation à la fois pour l'Occident et pour le reste du monde. Ce qui explique pourquoi ce courant est amené à proposer comme alternative à l'orientation faustienne de la modernité non pas un projet de refondation de celle-ci, mais ce qui semble être un projet de retour à une société non marchande et non industrielle.

---

458 Gueye (Cheikh), Enjeux et rôle des NTIC dans les mutations urbaines : le cas de Touba, Document préparé pour le projet de l'UNRISD, Les nouvelles technologies de l'information et de la communication et le développement social au Sénégal, Mai 2002

459 Serge Latouche, Décoloniser l'imaginaire, l'après-développement, Ed Paragon, 2003 ; François Partant, La fin du Développement, naissance d'une alternative, Ed Babel, 2002).

Le discours de l'école anti-développementaliste-il faut le rappeler-est salutaire en ce qu'il met en perspective les dérives faustiennes de la civilisation occidentale. Mais son analyse du phénomène de la modernité est toutefois limitée. En dénonçant les impasses de la société industrielle comme étant les impasses mêmes de la modernité ce courant pêche par européocentrisme. Il interprète en fait les figures occidentales de la modernité comme l'expression de figures universelles de la modernité. En attribuant aux figures occidentales de la modernité cette qualité, ce courant réduit les figures possibles de la modernité, à ses figures occidentales. Bref, il réduit la modernité à son expérience occidentale. Ce réductionnisme qui confond des concepts épistémologiquement aussi distinct que ceux de modernité, de développement et d'occidentalisation au point de les assimiler comme synonyme trouve on le devine ses origines dans les préjugés sur l'historicité des sociétés du Sud que ce courant a hérité de la conception évolutionniste du mouvement de l'histoire. C'est ce préjugé européocentriste qui conduit ce courant à interpréter comme impasses de la modernité ce qui en fait n'est que l'expression des impasses de l'expérience occidentale de la modernité.

Les populations africaines à l'inverse de ce courant font dans la vie quotidienne une différence entre modernité et expérience occidentale de la modernité. Elles n'assimilent pas les impasses de la trajectoire socio-linéaire de l'Occident à des impasses qui seraient inhérentes à la modernité elle-même. Dans la vie quotidienne, elles opèrent une distinction entre modernité et occidentalisation, entre modernité et trajectoire occidentale de la modernité. En d'autres termes, elles n'interprètent pas comme impasse de la modernité, ce qui en vérité n'est que l'impasse de l'expérience occidentale de la modernité. C'est ce dont atteste leur élan vers les NTIC et l'inventivité des usages qu'elles en font pour s'offrir une marge de modernité au sein d'un environnement socio-économique de pénurie.

L'instrumentalisation des NTIC par les acteurs sociaux en Afrique repose donc bel et bien sur un formidable besoin d'accès à des ressources de modernité. Le degré d'attraction que ces outils exercent sur ces acteurs est proportionnel à leur aptitude à servir comme canal d'accès direct à ces ressources qui amplifient la marge de manœuvre des acteurs sociaux face à l'adversité d'un environnement marqué par la pénurie. Cette appropriation utilitariste des NTIC en Afrique comme expression d'une logique de modernité par appropriation invite à ne pas réduire la diffusion des NTIC en Afrique à une nouvelle forme de l'aliénation culturelle.

CHAPITRE 2

La vocation modernisante des technologiques numériques à l'épreuve des logiques africaines d'appropriation

Par leur charge innovante, les NTIC ont vocation à opérer comme facteur de progrès socio-économique. Mais ce n'est là qu'une vocation. Comme toute innovation, elles n'échappent pas à l'arbitraire de l'imaginaire social. Celle-ci opère à l'endroit de tout phénomène d'innovation une lecture utilitariste. Autrement dit, comme toute innovation les NTIC ne laissent pas les acteurs sociaux indifférents. Soit ces derniers les rejettent parce qu'elles viennent heurter leur habitus : croyances, pratiques, intérêts, etc. Soit ils les adoptent parce qu'elles véhiculent une charge émancipatrice par rapport aux contraintes de leur vie quotidienne. C'est cette charge émancipatrice qui détermine le degré et les secteurs d'appropriation d'une technologie au sein d'une société. C'est elle par conséquent qui détermine le caractère modernisant ou non de l'impact qu'une innovation technologique produit au sein d'une société. La vocation modernisante des NTIC reste donc de ce point de vue tributaire de la nature des usages dont ces outils font l'objet. Quel est, de ce point de vue, l'impact des usages et partant, des logiques africaines d'appropriation sur la vocation modernisante des NTIC ?

On verra ici d'une part que ces logiques sont favorables à la croissance du tissu numérique en Afrique et, d'autre part, qu'elles véhiculent cependant le risque de conduire à une forme atypique de modernisation. : la modernisation par désenclavement numérique.

SECTION 1. LES AVANTAGES INHÉRENTS AUX LOGIQUES AFRICAINES D'APPROPRIATION DES NTIC : DES LOGIQUES PROPICES À DES CROISSANCES DU TISSU NUMÉRIQUE

La fonction actuelle des NTIC en Afrique ne va pas sans présenter une portée heuristique sur la question des solutions appropriées pour vaincre en Afrique la fracture numérique.

Il apparaît que les desseins d'appropriation des NTIC en Afrique présentent un intérêt particulier au regard de la question de la fracture numérique. Par la fonction qu'ils assignent à ces outils, ces desseins ne manquent pas d'informer sur l'orientation que devraient prendre les politiques visant à combler ce fossé numérique qui maintient encore les sociétés africaines au seuil de la société de l'information.

A) Politique de services versus politique d'équipement ?

Les politiques de coopération pour le développement de la société de l'Information en Afrique sont conçues à partir de la notion de fossé numérique. Celle-ci désigne l'écart de densité qui existe entre le tissu numérique des pays du Nord et celui des pays du Sud. Les acteurs de la coopération internationale s'accordent en général pour imputer cet écart au sous-équipement qu'accusent les pays du Sud en comparaison avec les pays du Nord. Cette compréhension des causes du fossé numérique conduit logiquement ces acteurs à concevoir pour les pays du Sud des politiques en termes de réduction de cet écart par le moyen de projets de maillage infrastructurel des pays du sud. Autrement dit, la perspective est celle d'une politique de rattrapage du niveau de densité numérique des pays du Nord par le moyen d'un dopage infrastructurel.

Cette vision qui pense le développement de la société de l'information au Sud selon le diptyque Equipement/Sous équipement nous semble lourde d'erreurs. Elle impute le fossé numérique à une inégale dotation en infrastructures là où ce dernier relève d'abord d'une inégale densité d'appropriation des NTIC. Elle invite à s'interroger sur le rythme et le nombre de projets de connexions à financer là où elle devrait plutôt s'interroger sur les causes de l'inégale densité d'appropriation et partant sur les facteurs incitatifs à une appropriation intensive. L'interprétation des causes du fossé numérique que partagent l'ensemble des acteurs de la coopération internationale est de ce point de vue, de nature à conduire les programmes de coopération qui s'en inspirent vers un échec pour ainsi dire planifié.

Du point de vue de la sociologie des usages, il nous apparaît que le niveau de densité d'appropriation des NTIC au sein d'une société n'est pas proportionnel à la surface de son parc infrastructurel. Il est plutôt proportionnel au degré de correspondance entre la nature des usages que permet ce parc et les desseins d'appropriation technologique des populations concernées. Autrement dit, il est proportionnel à l'aptitude de ce parc à répondre aux desseins d'appropriation infrastructurelle des populations. De ce point de vue, la politique de maillage infrastructurelle que mettent en œuvre les acteurs de la coopération multilatérale et bilatérale en Afrique court vers une faillite certaine. Les projets d'équipements qui l'accompagnent correspondent en effet moins aux desseins locaux d'appropriation infrastructurelle qu'à l'imaginaire des experts du Nord sur le déterminisme d'une corrélation qui existerait entre niveau d'infrastructure et degré d'appropriation.

La sociologie des usages des NTIC en Afrique confirme ce point de vue. Elle nous apprend que le désir considérable d'appropriation des NTIC que l'on constate au sein des populations africaines s'explique moins par l'existence d'une offre infrastructurelle (présente ou à venir) en la matière que par l'aptitude de cette offre à générer des services numériques qui rencontrent et répondent à leur problématique quotidienne. Problématique quotidienne qui est celle d'une recherche permanente de palliatifs ou d'opportunités qui affranchissent des pesanteurs d'un contexte socio-économique de pénurie. L'engouement des populations africaines pour les NTIC trouverait donc ainsi son ressort dans la corrélation qui existe entre certains services numériques et la solution à cette problématique quotidienne d'origine et d'expression locale. Il s'ensuit que les projets (bilatéraux, multilatéraux ou nationaux) qui auraient pour seul objet d'augmenter le parc infrastructurel de l'Afrique en matière de NTIC ont de fortes chances de déboucher sur ce que la sociologie du développement appelle des éléphants blancs c'est-à-dire des projets sans lendemain. Pour cette raison qu'ils n'auraient pas été conçus dans le cadre d'une problématique de satisfaction des besoins des populations africaines en services numériques.

Il faut donc concevoir les politiques de développement de la société de l'information en Afrique non pas à partir d'une problématique de rattrapage infrastructurelle, mais à partir d'une problématique d'appropriation infrastructurelle. La première conduit à une couverture du tissu social en équipement (politiques de maillage infrastructurel) sans correspondance nécessaire avec les desseins locaux d'appropriation infrastructurelle. La seconde conduit à une couverture du tissu social en services numériques (politique de maillage servicielle) répondant aux desseins locaux d'appropriation des NTIC. Seule cette dernière politique est à même de conduire à la constitution d'une infrastructure numérique investie par les populations en lieu et place d'une infrastructure vouée à l'abandon, car ne répondant pas aux attentes locales en matière de NTIC. Ce n'est qu'à ce prix que les projets nationaux, bilatéraux et multilatéraux de développement de la société de l'information en Afrique pourront déboucher sur une appropriation locale des infrastructures correspondantes.

B) Une voie originale pour la croissance du tissu numérique

Les acteurs de la coopération internationale pour le développement de la société de l'information en Afrique devraient prendre en compte ces enseignements que nous livre la sociologie des usages des NTIC. Afin d'éviter l'échec de projets porteurs d'une technologie certes performante, mais dont l'usage pourrait ne pas accrocher. Nous pensons que c'est une politique de maillage serviciel et non point une politique de maillage infrastructurel qui peut conduire à une extension du tissu numérique et par conséquent à un développement de la société de l'information sur ce continent. La question heuristique que les bailleurs de fonds internationaux doivent dès lors se poser est inversée. Il ne s'agit plus de se demander quel projet d'équipement doit être financé. Il faut désormais se demander quel type de services favoriser à travers une politique d'équipement. Non pas quel projet de connexion financer mais plutôt connecter pour favoriser quel type service.

Nous ne sommes pas seul à adopter ce point de vue. La réflexion que mène JM Blanchard, Directeur du Développement chez Alcatel, sur le sujet est très éclairante[460]. Michel Rocard va dans le même sens à partir d'une expérience de terrain. Cela dit, une stratégie d'appropriation infrastructurelle par une politique de maillage serviciel nécessite évidemment une connaissance préalable des besoins locaux en services numériques. Il importe de ce point de vue d'encourager des travaux qui procèdent à une description des usages des NTIC en Afrique. Ces travaux peuvent constituer une source d'information sur les besoins locaux en services numériques.

Certaines politiques de coopération dans le domaine des NTIC correspondent déjà à cette problématique d'appropriation infrastructurelle et partant aux politiques de réseautage serviciel que nous préconisons. Nous pensons aux réalisations de l'Agence universitaire de la francophonie en matière de NTIC ainsi qu'aux diverses expériences de télémédecine que ce soit au Sénégal avec la Fissa ou en Ouganda avec la connexion de l'hôpital

---

[460] Il écrit « S'il est clair que l'accès à l'Internet dans les pays en développement dépend essentiellement de la disponibilité d'infrastructures de télécommunications, il apparaît, tout aussi clairement que le décollage d'Internet ne pourra véritablement se développer durablement, à grande échelle, que dans la mesure où des services et des contenus adaptés aux besoins spécifiques locaux seront effectivement proposés aux usagers potentiels. » cf Jean-Marie Blanchard, De la pertinence de l'usage d'Internet dans les pays en voie de développement, LCN, volume 2, N°3-2001

Il témoigne « Il existe de nombreux projets tendant à aider l'Afrique à accéder à Internet en lui fournissant les ordinateurs gratuitement de manière totale ou partielle. Mais que faire ? Ces expériences piétinent. Nous avons choisi un pari différent, qui fait l'objet d'une première expérimentation en cours Saint- Louis du Sénégal. Au lieu d'offrir des matériels, nous entendons proposer à la population des services simples dont elle a besoin : recherche d'emploi, inventaire des stages et moyens de formation professionnelle disponibles, recherche de fournisseurs pour les intrants agricoles, confrontation et identification des vendeurs et des acheteurs pour des produits comme le poisson ou les céréales, suivi du poids des nourrissons pour permettre de n'appeler le médecin, ce qui est cher, qu'au cas de perte de poids, diffusion de la météo marine, informations administratives, liens avec les régies des eaux et de l'électricité, etc. Tous ces services seront payants pour quelques francs CFA c'est dire quelques centimes. Ce sont les agents commerciaux chargés de vendre ces services la population, et non cette population elle-même, qui utiliseront le téléphone et Internet pour les fournir. Ce sera fait partir d'une trentaine de télécentres ou de cybercafés déjà existants, d'un cyberbus, et de démarchage individuel par des agents équipés de portables. » cf Conférence du 24 mars 2000, cité in Batik N°11 p.6 .

central à des centres de soins ruraux. Concernant l'AUF et la Fissa, on remarque que leur démarche consiste non pas à construire leur projet à partir de ce que les experts du Nord imaginent être les besoins du Sud en matière infrastructurelle, mais plutôt à partir d'un constat préalable des besoins du Sud en matière de services numérique.

SECTION 2. LES RISQUES INHÉRENTS AUX LOGIQUES AFRICAINES D'APPROPRIATION DES NTIC

Si les usages des NTIC en Afrique sont favorables à une croissance du tissu numérique, il apparaît cependant que les logiques africaines d'appropriation des NTIC conduisent à une forme atypique de modernisation. : la modernisation par désenclavement numérique. Celle-ci devrait retenir l'attention des analystes et des experts, car elle n'est pas sans danger. Elle peut conduire à terme à une philosophie perverse de la modernisation. La modernisation par la décharge.

A) Une forme a-typique de modernisation : la modernisation par désenclavement numérique

La fonction assignée aux NTIC par les logiques d'appropriation qui ont cours en Afrique vise à soustraire les acteurs sociaux de certaines pesanteurs de l'environnement de pénurie qui caractérise les sociétés africaines contemporaines. Par cette fonction les NTIC opèrent comme facteur d'émancipation vis-à-vis de certaines carences socio-économique. Mais par cette même fonction, elles ont un impact paradoxal sur le phénomène de développement. Celui de donner aux acteurs sociaux accès à des ressources de modernité (ce qui participe au développement), mais, de le leur donner par le moyen d'un désenclavement numérique (ce qui est la négation même du développement).

Négation du développement en ce sens que le désenclavement numérique renvoie fondamentalement au phénomène d'une économie de services numérique au cœur d'un environnement socio-économique marqué par la pénurie. Il correspond par conséquent à une économie d'accès à des prestations, espaces et ressources de modernité à partir d'un environnement de pénurie et sur lequel il n'a aucune retombée développante. Un environnement qui reste donc fondamentalement non développé, mais dont on peut s'affranchir de certaines pesanteurs à partir d'un réseau numérique. L'université virtuelle africaine par exemple permet à des étudiants africains d'accéder à des prestations d'enseignement supérieur de qualité. Elle ne résout pas pour autant la question de la dégradation des universités africaines de statut public sur le plan des infrastructures et de la qualité de l'enseignement. Elle permet au mieux de désenclaver les étudiants qui y ont accès d'un environnement universitaire de pénurie. La télé-médecine de son côté permet à des malades géographiquement exclus du champ d'intervention du dispositif hospitalier national d'avoir accès à des prestations médicales nécessaires. Elle ne résout pas pour autant la question de la dégradation des centres hospitaliers urbains du point de vue des infrastructures et de la qualité des soins. Au mieux elle permet de désenclaver les populations concernées d'un dispositif hospitalier non développé et qui de toutes les façons les ignore. L'information en ligne n'est pas en reste. Elle permet certes aux opposants politiques de contourner dans certaines conditions la censure politique. Elle ne résout pas pour autant la question de la répression de la liberté d'expression en Afrique. Si elle permet aussi aux universitaires africains d'avoir accès à des bibliothèques internationales, elle ne résout pas la question de la précarité ou pire de l'inexistence de bibliothèques nationales publiques. La délocalisation des activités de télé-service des pays du nord vers les pays du Sud participe aussi du même phénomène. Si elle apporte des opportunités d'emplois à une frange de la population, elle ne résout pas la question du faible niveau de création d'emploi par l'Etat et les opérateurs économiques nationaux.

Ces exemples montrent que par la fonction que leur assignent les logiques africaines d'appropriation, les NTIC contribuent en Afrique à l'émergence d'une dynamique de développement qui donnent aux acteurs sociaux accès à des ressources de modernité sans pour autant conduire à un développement de leur environnement social, politique et économique.

Il est vrai que cette forme a-typique de développement n'est pas sans avoir une portée émancipatrice puisqu'elle permet un accès direct à certaines ressources de modernité. Il reste qu'elle présente un risque important pour les citoyens en Afrique. Celui d'une aggravation des inégalités et d'une dérive minimaliste du rôle de l'Etat. Dérive qui exonérerait ce dernier de ses obligations de service public et d'agent principal de développement. C'est en tout cas ce que confirme l'interprétation du phénomène de désenclavement numérique à partir du contexte normatif qui est actuellement le sien. Celui de la mondialisation d'un droit d'essence ultra-libérale et dont la philosophie vise entre autres choses à une libéralisation mondiale du secteur des services[461]. C'est ce que nous allons voir ci-dessous.

B) Une philosophie perverse de la modernité : la modernité par des politiques de décharge

Pour comprendre le risque mentionné ci-dessus, il faut rappeler que les sociétés africaines font depuis les années 80 l'expérience de politiques spécifiques visant à confier à des prestataires privés la fourniture de services

---

[461] Chappez, Mondialisation et services publics, in La Mondialisation du Droit, sous la Direction de Eric Loquin et catherine Kessedjan, Ed Litec, 2000

qui par nature incombent à l'Etat[462]. Béatrice Hibou propose de recourir au concept de décharge pour rendre compte de ces politiques.

Là où certains voient dans ces politiques de privatisation des prestations de l'Etat un processus de démantèlement ou de déliquescence de l'Etat, Béatrice Hibou propose de n'y voir qu'une nouvelle forme d'intervention de l'Etat en Afrique : la décharge[463] Selon d'autres auteurs on serait en présence non pas d'un retrait de l'Etat mais de nouvelles modalités d'action prenant la forme d'un gouvernement indirect privé[464]. Béatrice Hibou emprunte le concept de décharge à Max Weber qui l'utilise pour rendre compte d'une modalité particulière d'exercice du pouvoir au sein des sociétés féodales. La décharge consiste pour le pouvoir politique à confier à un tiers privé la fourniture des prestations qui par nature lui incombe. Et ce pour éviter le coût d'un appareil administratif important. Il s'agit donc d'un mode de gouvernement indirect utilisant des intermédiaires privés[465]. Cette politique de la décharge emprunte en Afrique diverses voies. Celles choisies par les Etats eux-mêmes : c'est le cas pour la privatisation des prestations tel que la collecte des impôts indirects, les opérations de sécurité, le contrôle de la valeur en douane, etc. Celles imposées aux Etats africains de façon directe : c'est le cas pour les privatisations des entreprises publiques imposées par les institutions financières internationales dans le cadre des plans d'ajustement structurel[466]. Celles imposées de façon indirecte : c'est le cas pour les engagements pris par les Etats au titre de l'AGCS et qui visent à une libéralisation générale des services et partant à un transfert au secteur marchand de la fourniture des prestations d'intérêt général : eau, électricité, téléphone, poste, transports, éducation, santé, etc.[467] A travers les objectifs de l'AGCS, les politiques de décharge ont vocation à être mises en œuvre à l'échelle mondiale. Elles conduisent à soustraire un grand nombre de prestations d'intérêt général des sujétions de services publics qui sont autant de garanties pour le citoyen. Ces prestations qui jusque là étaient prises en charge par l'Etat au nom du développement (dans le Tiers-monde) et au nom du progrès social (dans les pays développés), sont appelées désormais à être assumés par des opérateurs privés[468].

---

[462] Béatrice Hibou, La privatisation des Etats, (sous la direction de), Ed Karthalla, 1999

[463] Béatrice Hibou, La Décharge, nouvel interventionnisme, in Politique Africaine n°73, Mars 1999 ;

[464] Achille Mbembe, Du gouvernement privé indirect in Politique Africaine, n°73, Mars 1999 ; Mamadou Diouf, Privatisations des économies et des Etats africains, in Politique Africaine, n°73, Mars 1999

[465] Béatrice Hibou, De la privatisation des économies à la privatisation des Etats in La privatisation des Etats, sous la direction de Béatrice Hibou, Ed Karthalla, 1999

[466] C'est ainsi que dans plusieurs pays africains, les secteurs de l'eau et de l'électricité sont d'ores et déjà gérés par des sociétés privées étrangères

[467] Chappez, op.cité

[468] Agnès Bertrand, Laurence Kalafatidès, AGCS : l'accord de tous les pièges, in Le procès de la Mondialisation, sous la direction de Edward Goldsmith et Jerry Mander, Ed fayard, 2002

Dans une étude sur les ambiguïtés de l'AGCS, Agnès Bertrand et Laurence Kalafatidès rappellent combien cet accord augure d'une privatisation générale des services publics à l'échelle mondiale. Ils écrivent « Paradoxalement, c'est parce qu'il s'agit de secteurs potentiellement fort lucratifs et convoités par les grandes firmes de services que des secteurs comme l'éducation, la santé, la culture sont en voie de démantèlement. Comble de l'absurde, c'est au nom du commerce international que l'on prétend faire le ménage dans les services publics, par essence circonscrits aux périmètres nationaux. Sous l'égide de l'organisation mondiale du commerce, à travers l'obscur Accord général sur le commerce des services, le scénario de leur démantèlement est programmé »[469]

Dans le champ de l'économie des services, les potentialités commerciales que les NTIC ouvrent aux opérateurs économiques privés ont vocation à accroître l'appétit de ces derniers pour le secteur des services publics. Elles leur offrent de nouvelles opportunités de rentabilisation commerciales des prestations de services d'intérêt général. Toujours selon Agnès Bertrand et Laurence Kalafatidès : « Du multimédia aux biotechnologies, la course l'innovation technologique engendre de nouveaux monopoles. Les firmes qui les détiennent, aussi géantes qu'indifférentes aux conséquences de leur expansionnisme, se lancent la conquête de nouveaux territoires : télé-médecine, université en ligne. Tous les besoins sociaux- communiquer, s'instruire, se divertir, se soigner, se déplacer- sont autant de nouvelles mines sur lesquelles les grandes sociétés privées veulent des droits d'extraction. Grâce aux progrès des technologies de l'information et un régime de droit de propriété intellectuelle taillé sur mesure pour les intérêts privés, des pans entiers du domaine public risquent aujourd'hui de devenir des chasses gardes commerciales »[470] C'est de ce point de vue que le phénomène du développement par désenclavement numérique peut conduire à une aggravation des inégalités sociales et à une dérive du rôle de l'Etat en Afrique. Il offre sur ce continent aux opérateurs économiques des opportunités pour une exploitation commerciale des carences de l'Etat dans ses missions de service public et d'agent principal du développement. Pour échapper à la critique nationale et internationale sur ses manquements, l'Etat africain post-colonial peut être tenté d'encourager l'exploitation commerciale de ces opportunités par les opérateurs privés en intégrant les NTIC dans une vaste politique de décharge touchant à tous les services publics qui peuvent faire l'objet d'un équivalent numérique. L'Etat post-colonial pourrait ainsi en venir à des politiques incitatives visant à encourager les opérateurs économiques à mettre en place des stratégies commerciales d'offre de services numériques à même de pallier à ses propres carences dans la fourniture de certaines prestations d'intérêt général.

---

[469] Agnès Bertrand, Laurence Kalafatidès, op.cité

[470] Agnès Bertrand, Laurence Kalafatidès, op.cité

Il est vrai que les politiques de la décharge ont débuté en Afrique indépendamment des perspectives commerciales que les NTIC offrent aux opérateurs privés dans le champ de l'économie des services publics. Mais l'exploitation de ces perspectives dans le contexte d'une économie de désenclavement numérique peut conduire en Afrique à une multiplication des prestations d'intérêt général sur le mode de leur équivalent numérique. Ainsi au lieu d'œuvrer à la création d'Universités nationales connectées au Net, les Etats africains inciteraient plutôt le secteur privé à multiplier les formules d'Universités virtuelles. Au lieu d'œuvrer à une couverture géo-médicale du territoire national par un dispositif public, les Etats africains encourageront plutôt les instances de la coopération internationale à multiplier les formules de télé-médecine. Le problème est que l'accès à ces équivalents numériques deviendrait vite proportionnel aux revenus des citoyens et créerait ainsi une inégalité financière d'accès aux prestations d'intérêt général.

Un tel scénario présente aussi un danger plus grand. Celui de faire du développement non plus la mission principale de l'Etat, mais une mission partagée entre l'Etat et les opérateurs économiques privés. L'effectivité du développement serait alors fonction non plus de la qualité des politiques volontaristes de l'Etat mais des seules retombées développantes des rapports de concurrence et de compétition entre les opérateurs privés chargés de la fourniture des prestations d'intérêt général tels que l'eau, le téléphone, l'électricité, la santé, l'éducation, la culture, etc. Ce scénario conduirait à une philosophie nouvelle du développement : le développement par la décharge. Concrètement, celle-ci correspondrait à un développement par le seul jeu de la concurrence. Le développement par le seul jeu des retombées développantes des investissements émanant des opérateurs privés.

Cette interprétation n'est pas une vue de l'esprit. On la voit déjà s'esquisser à travers la volonté des Etats africains sinon de transférer du moins de partager avec les opérateurs privés dans le domaine des télécommunications la charge du service et de l'accès universels qui leur incombe en tant qu'agent principal du développement. On la voit aussi commencer à poindre dans les discours de personnalités officielles. Ainsi selon Boni Yayi, président de la Banque Ouest africaine de développement « le secteur public n'a pas le monopole du développement et aucune nation au monde n'a réussi à se développer sans la contribution déterminante du secteur privé »[471]. Un tel discours on le rappelle était impensable avant la mise en œuvre des PAS. On peut donc craindre que l'Etat en Afrique ne soit tenté de donner pleinement effet à la philosophie économique des services publics inhérents à l'AGCS[472] en favorisant à terme le recours à des solutions numériques pour pallier ses propres manquements en matière de

[471] Noël Tadégnon, Afriquede l'Oeust : De nouvelles orientations pour la privatisation des secteurs collectifs, http ://www.famafrique.org/nouv2002/nouv02-05-31b.html).
[472] Eric Loquin et Catherine Kessedjan, op.cité

développement. Si cette crainte se vérifiait, la contribution des NTIC au développement en Afrique se réduirait alors à un phénomène de développement par désenclavement numérique. Avec comme effet pervers, celui de faire jouer aux NTIC le rôle de facteurs de pérennité du non-développement. Dans le champ des NTIC les acteurs sociaux en Afrique ne participeraient pas alors au développement de leur propre société, mais seraient réduits simplement à un rang de consommateurs au sein d'une économie de services fonctionnant dans un environnement socio-économique de pénurie.

Entendons-nous donc bien. Cette lecture critique des politiques du désenclavement numérique ne signifie en aucune façon qu'il faille abandonner les projets portant désenclavement numérique. Bien au contraire il faut les encourager. Face aux manquements de l'Etat en Afrique, ces projets constituent pour les populations africaines des opportunités réelles d'accès à des espaces, des prestations et des ressources de modernité sans avoir à attendre les calendes grecques. Il faut simplement veiller à ce que ces projets ne dédouanent l'Etat africain dans son rôle d'agent principal du développement. Il faut aussi veiller à ce que l'accès aux NTIC ne soit pas d'un coût prohibitif. La portée utilitariste (palliatif aux carences d'un environnement de pénurie) que ces technologies y présentent peut en faire une ressource coûteuse non point du fait de sa rareté, mais du fait de son attractivité. L'excès de demande peut être un facteur de maintien d'un niveau élevé de prix. On le voit déjà en ce qui concerne le secteur des télécommunications. La libéralisation du segment de téléphonie mobile de ce marché en Afrique ne conduit pas à une baisse des prix des communications locales. Alors même que ce secteur connaît une configuration concurrentielle significative.

CONCLUSION

L'engouement des acteurs sociaux en Afrique à l'endroit des NTIC ne va pas sans soulever quelques inquiétudes du point de vue des desseins d'appropriation que leur impose un contexte politique et économique de pénurie. L'individu en Afrique s'approprie les NTIC non pas pour le développement, mais pour s'affranchir des pesanteurs d'une société de pénurie. Entre les deux perspectives, il existe une différence fondamentale.

Dans la première, on s'approprie les NTIC pour produire du contenu, de la valeur ajoutée. Dans la seconde, on s'approprie ces outils pour consommer du contenu et des prestations fabriquées ailleurs et par d'autres. C'est pourquoi la problématique de l'insertion des NTIC en Afrique ne saurait être réduite à la question des infrastructures (thème de la fracture numérique). Elle doit être élargie à celle de l'environnement socio-politique (thème de la démocratie dans la société de l'information). Les NTIC ne peuvent en effet contribuer au développement d'une société que si elles opèrent dans un environnement qui favorise l'exercice des libertés.

En dehors d'un tel environnement, il n'y a pas lieu d'attendre des NTIC qu'elles aient en Afrique un impact développant. Si ce n'est un développement par désenclavement numérique. Il paraît ainsi absurde de discourir sur les perspectives développantes des NTIC en Afrique si dans le même temps n'est pas soulevé, la question de la démocratisation du contexte politique où s'opèrent l'appropriation de ces outils.

Ainsi la question des NTIC réactualise la vieille question de savoir si le progrès socio-économique de l'Afrique passe d'abord par l'impératif d'une démocratisation des régimes politiques ou par celui d'une industrialisation préalable du tissu économique. Nous avons toujours pour notre part pensé que le développement politique devait être concomitant au développement économique.

Conclusion générale

Nous avons ici fait une revue critique de l'appareil théorique (concepts, grilles de lecture, paradigmes, etc.) à partir duquel les acteurs politiques et les analystes pensent la question du devenir moderne des sociétés africaines post-coloniales. Au terme de cette revue critique, il apparaît que certains concepts doivent être clarifiés, que certaines grilles de lectures doivent être abandonnées. Mais surtout il est apparu que de façon globale il faut faire une coupe chirurgicale entre le paradigme du développement et le paradigme de la renaissance africaine.

La Raison invite les élites africaines à faire une évaluation comparative et critique des paradigmes du développement et de la renaissance africaine. D'une part, pour comprendre pourquoi le chemin du développement a conduit dans une impasse. D'autre part, pour prendre acte du potentiel alternatif du paradigme de la renaissance africaine. Nous autres africains devons entreprendre cette analyse comparative et critique. Faute de quoi, nous nous condamnons à rester des spectateurs ahuris de l'orientation qu'emprunte le mouvement contemporain de notre histoire.

Dans le cadre de cet ouvrage, nous avons entrepris cette analyse comparative et critique. Elle nous a permis de mettre en perspective les divergences qui existent entre les paradigmes du développement et de la renaissance africaine Des divergences qui rendent ces paradigmes incompatibles l'un avec l'autre. Nous en avons recensé quatre pour l'essentiel.

A) D'abord une divergence de diagnostic

Ces paradigmes ont été conçus à partir de deux diagnostics différents de la configuration sociale que présente l'Afrique au 19 siècle et au 20 siècle. Retard historique pour le paradigme du développement. Régression historique pour le paradigme de la renaissance africaine. Le premier diagnostic est infirmé par les sources probantes de l'histoire et le second diagnostic est confirmé par les sources probantes de l'histoire.

B) Ensuite une divergence de prescription

Ces paradigmes recommandent des solutions opposées comme politiques à mettre en œuvre pour organiser les sociétés africaines comme espace de modernité. Le paradigme du développement préconise de recourir à une politique industrielle de rattrapage par la promotion des exportations du secteur primaire dans le cadre d'un Etat autoritaire. Le paradigme de la renaissance africaine préconise de recourir à une politique de reconquête de l'initiative historique par la refondation du tissu social comme tissu à nouveau propice à l'historicité dans le cadre d'un Etat démocratique et fédéral pour.

Ces politiques inhérentes à chacun de ces deux paradigmes s'excluent mutuellement. La première véhicule une logique de mise en valeur des richesses africaines sous l'angle de la rentabilité externe et donc du déficit interne. La seconde véhicule une logique de mise en valeur des richesses africaines sous l'angle de la rentabilité interne. Cette exclusion réciproque peut être illustrée par la question de la mise en valeur de nos ressources pétrolières.

Ce pétrole que nous vendons brut à l'Occident, permet dans ces pays la création d'entreprises qui fabriquent les produits dérivés du pétrole : essence, brosse à dents, lunettes ou verres de contact, emballages, sacs en plastique, vernis, peinture, pneus de voiture, patin de freins, colles, teintures, produits pharmaceutiques, pommades, crèmes, fibre nylon pour l'habillement, etc.Concrètement cela signifie que ce pétrole y fait l'objet de diverses transformations génératrices de croissance économique. Il s'y transforme en entreprises, emplois, salaires, impôts, etc.Bref il y est un facteur créateur de prospérité. C'est ce que l'on appelle la mise en valeur de nos ressources pétrolières sous l'angle de la rentabilité externe. Ce pétrole que nous vendons brut à l'Occident pourrait être en Afrique un facteur de croissance économique par la création d'entreprise, d'emplois, de salaires, d'impôts si nous prenions l'option de le transformer sur place.

Le paradigme de la renaissance africaine invite justement à organiser notre appareil de production selon une autre logique économique. Celle qui consiste à mettre en valeur nos ressources sous l'angle de la rentabilité interne. Concrètement cela signifie qu'il faut mobiliser nos ressources et orienter notre appareil de production vers la satisfaction simultanée de deux marchés : le marché intérieur et le marché extérieur en y exportant uniquement le surplus de notre production. Conquérir donc notre marché intérieur sans nous couper du marché extérieur sur lequel nous écoulerons notre surplus.

Mais un seul Etat ne peut à lui seul mettre en œuvre une telle politique économique. Celle-ci ne peut être viable que si elle dispose d'un vaste espace différencié de ressources naturelles et d'un vaste espace de consommateurs. Bref si elle dispose d'un marché intérieur viable. Il faut donc assainir le facteur qui empêche la constitution d'un marché intérieur. A savoir les frontières post-coloniales. C'est pourquoi Cheikh Anta Diop a recommandé la création d'un Etat fédéral africain comme cadre optimal pour une politique industrielle et agricole sous l'angle de la rentabilité interne. Son plan d'industrialisation fédérale de l'Afrique reste donc d'actualité. Quant à la question du capital nécessaire, le recours à une politique fiscale adéquate est à même d'attirer autant de capitaux extérieurs ou intérieurs nécessaires à la création d'industries de transformation sur place.

C) Enfin une divergence géopolitique

L'exclusion mutuelle qui existe entre les politiques de modernité inhérentes à chacun de ces deux paradigmes ne tombe pas du ciel. Elle prend ses racines dans le fait que ces deux paradigmes ont été conçus à partir de deux problématiques géopolitiques opposées.

L'une est défavorable aux intérêts des peuples africains : il s'agit d'une problématique géopolitique visant à donner à l'Occident accès aux matières premières africaines par une politique de mise en valeur de ces ressources sous l'angle de la rentabilité externe. L'autre est favorable aux intérêts des peuples africains : il s'agit d'une problématique géopolitique visant à une reconquête de l'initiative historique par les peuples africains afin d'organiser à nouveau les sociétés africaines comme des pôles d'initiative politique, économique, technique, scientifique et spirituelle.

Au regard des quatre divergences exposées ci-dessus, une question concrète se pose. Entre le paradigme du développement et celui de la renaissance africaine quel est celui qui sert les intérêts des peuples africains dans leur aspiration à vivre dans un espace de modernité ? Nous autres africains acceptons nous de nous poser cette question ? Notre analyse met en perspective l'idée que seul le paradigme de la renaissance africaine ouvre la perspective d'une ère de prospérité réelle, la perspective d'un futur africain moderne.

Mais comment transformer notre réel dans une perspective de renaissance africaine ? Comment concrètement pouvoir agir sur notre réel pour le transformer ? Le réel a une particularité. Il est objectif c.-à-d. qu'il existe indépendamment de notre volonté. On ne peut donc modifier le réel par un décret de la pensée. Les hommes ne peuvent modifier le réel que par une action en retour des hommes sur leur environnement. Pour être performante cette action doit être conçue de manière rationnelle et sa mise en œuvre organisée. La conception rationnelle nous l'avons. C'est le projet politique d'une renaissance africaine. L'organisation est ce que nous n'avons pas encore. La question est donc de savoir quelle est la forme d'organisation que nous devons adopter. Dans le champ politique, la seule forme d'organisation viable est le parti politique. Cette forme d'organisation s'impose d'autant plus à nous qu'elle seule peut nous permettre de vaincre l'obstacle géographique qui se dresse devant nous. A savoir, l'échelle continentale de l'espace au sein duquel nous envisageons de transformer notre réalité. Cette échelle est celle de l'Afrique sub-saharienne. Elle constitue un obstacle objectif. Pour vaincre un tel obstacle, la seule solution pour les Africains progressistes est de s'organiser dans la forme d'un parti politique doté d'antennes nationales qui permettent de coordonner leur action politique à l'échelle du continent sur la base d'un programme politique commun.

Il doit donc s'agir d'un parti politique doté d'un programme politique qui fédère ses antennes nationales et permet de répondre aux questions suivantes : qui sommes-nous d'un point de vue idéologique, quel type de société nous voulons construire ? Par quels moyens voulons-nous conquérir le pouvoir politique ?, selon quelle philosophie économique nous voulons produire les biens et les services ? Selon quelle philosophie politique (système et régime politique) voulons-nous être gouvernés ?

De ce point de vue on peut d'ores et déjà proposer les trois programmes politiques suivants : le fédéralisme, la démocratie et la renaissance africaine. On doit donc créer un parti politique fédéraliste pour la démocratie et la renaissance africaine. On l'appellera PARAFEDEM : parti africain pour la renaissance africaine, le fédéralisme et la démocratie.

Bref il faut créer des Parafedem à l'échelle de chaque pays africain et participer aux élections dans chacun des pays africains sous les couleurs d'un parafedem. Une fois que ce parti aura par la voie démocratique conquis le pouvoir dans chaque pays africain, il proposera à chaque gouvernement africain de signer un traité international de fédération. D'ici là il faut doter ce parti de moyens d'information : librairie, maison d'édition, site internet, chaînes de télévision et de radio. Il faut donc démarcher des mécènes ou des soutiens qui partagent nos convictions politiques c.-à-d. notre paradigme et leur proposer des investissements qui leur rapporteront.

La création des parafedem doit permettre à tous les Africains progressistes et de bonne volonté de ne plus limiter leur engagement politique à des actions logomachantes (publication de livres, conférences, colloques, manifestations culturelles) pour enfin s'engager dans la vie politique concrète en participant aux élections présidentielles, législatives, sénatoriales et municipales sous la bannière d'un projet politique parafedem c.-à-d. sous la bannière de la démocratie, du fédéralisme et de la renaissance africaine.

Fin

BIBLIOGRAPHIE

I. Sur la modernité

A) Le concept de modernité

Hottois, Gilbert : De la renaissance à la post-modernité, Edition De Boeck, 1997

Domenach, Jean-Marie.- *Approches de la modernité*.- Paris : Ellipses/ Ecole polytechnique, 1986 [cours sur les sciences sociales].

Lefèbvre, Henri.- *Introduction à la modernité*.- Paris : Editions de Minuit, 1962.

Barbier Maurice, La modernité politique, ed PUF.

Baudrillard, Jean, Modernité in Encyclopédie Universalis.

B) L'impasse du projet de modernité en Occident

Marcuse (Herbert), Eros et civilisation(1955), L'homme unidimensionnel (1964), Vers la libération(1969), Contre-révolution et révolte(1972).

Roger-Gérard Schwartzenberg, Sociologie politique, Ed Montchrestien, 1998.

Compagon, Antoine.- *Les cinq paradoxes de la modernité*.- Paris : Seuil, 1990.

C) L'impasse du projet de modernité en Afrique

Serge Latouche, La planète des naufragés, La découverte, 1991.

Serge Latouche, L'Autre Afrique, Ed Albin Michel, 2000.

II. Sur le paradigme du développement

A) Le concept de développement

Anne-Marie Chartier Essai critique sur le concept de développement, Ed Pug, 1996.

Gilbert Rist, Le développement, Histoire d'une croyance occidentale, ED Presses de sciences PO, 2007.

B) Le développement comme perspective de modernisation des pays du tiers-monde

Philippe Hugon,"Trente ans de pensée africaniste sur le développement", in Afrique contemporaine, numéro spécial, 4e trimestre 1992 ;

Jean Pierre Olivier de Sardan, Anthropologie et développement, coll. Hommes et Sociétés, Ed. Khartala, 1995,

Jean Marc Fontaine, Mécanismes et Politiques du développement économique : du big push à l'ajustement structurel, Ed. Cujas, 1994 ;

A. Cazorla, A.M. Drai, Sous-développement et Tiers-mondes, Une approche historique et théorique, Ed. Vuibert, 1992 ;

C.A Michelet, Le défi du développement indépendant, Les conditions de la souveraineté économique dans le tiers-monde, Ed. Rochevignes, 1983

Pierre Jacquemot, Marc Raffinot, Accumulation et développement, Ed l'Harmattan, 1985

Gérard Azoulay, Les théories du développement : du rattrapage des retards à l'explosion des inégalités, Ed Les Presses Universitaires de Rennes, 2002

C) L'échec des politiques du développement

Grellet Gérard, "La fin des modèles", in Le Monde du 1er novembre 1988

Samir Amin, La faillite du développement en Afrique et dans le tiers-monde, L'Harmattan, Paris, 1989

Gérard Azoulay, Les théories du développement : du rattrapage des retards à l'explosion des inégalités, Ed Les Presses Universitaires de Rennes, 2002

D) La fin du consensus sur le l'évolutionnisme social

Rouland Norbert, Anthropologie juridique, Ed. PUF, 1988

Philippe Norel, L'histoire économique globale, ED Seuil, 2009).

Xavier De La Vega in Sciences humaines, A l'Ouest rien de nouveau, Mars 2010, N°213

Cheikh Anta Diop, L'unité culturelle de l'Afrique noire, Ed. Présence Africaine, 1959

E) La fin du consensus sur le développement comme perspective de rattrapage historique

Gilbert Rist in Le développement. Histoire d'une croyance occidentale, Ed. Presses de Sciences Po, Ed. 2001

Serge Latouche, Survivre au développement, Ed Mille et une Nuits, 2004

Refonder les politiques de développement, sous la direction de Arnaud Zacharie Ed. Le Bord de l'eau 2010

F) La fin du consensus sur le développement comme paradigme de la logique économique de production

Serge Latouche, Le pari de la décroissance, Fayard, 2006

P.Ariès, Décroissance ou Barbarie, Golias, 2005

Denis Clerc, De la croissance à la décroissance ?, in L'Economie politique, N°39, Juillet 2008

J.M Harribey, Les théories de la décroissance : enjeux et limites, Cahiers Français, N°337, mars-avril 2007

ATTAC, Le développement a-t-il un avenir ? Pour une société solidaire et économe, Coordination et rédaction Jean-Marie Harribey, 2004

G) La problématique d'une refondation des politiques du développement

Refonder les politiques de développement, sous la direction de Arnaud Zacharie Ed. Le Bord de l'eau 2010

Repenser le développement, dossier coordonné par Xavier Molénat et Catherine Halpernin Sciences Humaines, N° 206, juillet 2009

Gilbert Etienne, Repenser le développement : heurs et malheurs asiatiques, Ed Armand Colin, 2009

III. Sur le paradigme de la renaissance africaine

A) Le concept de renaissance

Ernst BLOCH, La philosophie de la Renaissance, Paris, Payot, 1994.

Fabien Eboussi-BOULAGA, La reconstruction politique de l'Afrique, in Ka Mana et Jean-Blaise Kemoge (sous la direction de), Ecologie et reconstruction de l'Afrique, Yaounde-Bafoussam, CLE-CIPCRE, 1977

B) Les visions de la renaissance africaine

1°) La vision politique de la renaissance africaine

Cheikh Anta Diop, Quand pourra-t-on parler d'une renaissance africaine ?*, in Le Musée Vivant, n° spécial 36-37, novembre 1948, Paris, pp. 57-65.

Do-Nascimento Jose, Deux paradigmes concurrents de la modernité en Afrique in La renaissance africaine comme alternative au développement, Les termes du choix politique en Afrique, (sous la direction de Do-Nascimento Jose), Editions L'Harmattan, 2008

2°) La vision Afro-culturelle de la renaissance africaine

Ama Mazama, Religion et Renaissance Africaine, Editions Mambo Presses

3°) La vision théologique-chrétienne de la renaissance africaine

Etienne Kaobo Sumaïdi, Christologie africaine (1956-2000) Histoire et Enjeux, Editions L'Harmattan.

Ka MANA, Théologie africaine pour temps de crise, Christianisme et reconstruction de l'Afrique, Ed Karthala, 1993

Ka MANA, L'Eglise africaine et la Théologie de la Reconstruction. Réflexion sur les nouveaux appels de la mission en Afrique, Genève, CPE, n° 4-5 Août 1994

Ka MANA, La renaissance africaine : le problème et ses enjeux. Ce texte est celui d'une allocution de ka Mana au colloque du 24-26 décembre 2003 à Kinshasa intitulé : Les Africains et la renaissance africaine, actualité du plan de la Régénération de l'Afrique par l'Afrique de Daniel Comboni, fondateur des missionnaires comboniens(ne)s. Les Actes de ce colloque n'ont pas été publiés. L'allocution du pasteur Ka Mana a été enregistrée par Justin Kakule qui l'a publié sur son blog : jemery.blog.fr/

4°) La vision développementaliste de la renaissance africaine

Mandela, N. 2001. Speech at the ceremony for the translocation of Kruger Park elephants into Mozambique, October 4, Kruger Park.

Mbeki, T. 1997. Address to corporate council on Africa's 'Attracting Capital to Africa' summit, April 19–22, Chantilly, Virginia, USA.

Mbeki, T. 1999. Speech at the launch of the African Renaissance Institute, October 11, Pretoria.

Mbeki, T. 2002. Speech at the ceremony for the signing of the treaty on the Great Limpopo between Mozambique, South Africa and Zimbabwe, December 9, Xai-Xai.

Adress by Executive deputy President Thabo Mbeki to Corporate Concil on Africa's ''Attracting Capital toAafrica''Summit, April 19-22, 1997, Chantilly, Virginia, USA

The African Renaissance : South Africa and the World, address of deputy President Thabo Mbeki, April 9, 1998, at the United nations Univerity, Tokyo, Japan

America needs a strong South Africa, Text of Bill Clinton's address to the great hall of parliament, The star, Johannesburg, March 27, 1998

C) Le débat critique sur la renaissance africaine en Afrique du Sud

P. Vale and S. Maseko, "South Africa and the African Renaissance", Foundation for Global Dialogue Occasional Paper, n°17, October 1998

Maloka, E. 2000. 'The South African ''African Renaissance'' debate : a critique', in E. Maloka & E. le Roux, eds. Problematising the African Renaissance. Pretoria : Africa Institute of South Africa.

Dani W.Nabudere, The African renaissance in the Age of Globalization, in African Association of Political Science, 2001, Vol.6, N°.2, 11-27

Landsberg, C. & D. Hlophe. 1999. 'The African Renaissance as a modern South African foreign policy strategy', Paris : CERI, 30.9.1999.

V. Mavimbela, "The African Renaissance : a Workable Dream", Foundation for Global Dialogue Occasional Paper, n° 17, October 1998.

Moeletsi Mbeki, The African Renaissance, Issues in South African Foreign Policy

Moeletsi M'Beki, The African Renaissance : Myth or Reality ? an Address to the SA Institute of Intemational Relations, 21 octobre 1997

Landsberg, C. & F. Kornegay. 1998. The African Renaissance : a quest for pax Africana and Pan-Africanism, Occasional Paper 17, Braamfontein : Foundation for Global Dialogue.

Mabogo, P. M. 2002. 'African Renaissance : the politics of return', African Journal of Political Science 7, 2 : 61–80.

Johana McGeary and Marguerite Michaels, Africa rising, Times, march 30, 1998, pp 39-48

M.W.Makgoba,(ed), African renaissance : the new Struggle, (Mafube, Johannesburg, 1999

M.Mayer, Towards an African renaissance : the role of Trade Integration in the Southern African development community, Indicator SA, Vol.15, N°2, 1998

Politea (Prétoria), Special issue : African Renaissance, 19e année, N°3, 2000

Griggs, R. 1997. 'Boundaries for an African Renaissance : reshaping the continent's political geography', Track Two 6, 2. Cape Town : Centre for Conflict Resolution.

Hottinger, J. T. 1999. 'The "African Renaissance" or Africa's renewed pride in a globalized world', unpublished paper, available on Federalism website.

Katerere, Y., R. Hill & S. Moyo. 2001. 'A critique of transboundary natural resource management in Southern Africa', Paper No 1, IUCN-ROSA Series on Transboundary Natural ResourceManagement, available from IUCN-ROSA website.

Mayoral-Phillips, A. J. 2002. 'Transboundary areas in Southern Africa : meeting the needs of conservation or development ? ', paper presented at the Ninth Conference of the International Association for the Study of Common Property, Victoria Falls, Zimbabwe, 17–21.6.2002.

D) Analyse des discours sur la renaissance africaine

William Gumede, Thabo Mbeki et la renaissance africaine, in Africultures.com

Crouzel (Ivan),"La renaissance africaine : un discours sud-africain ?", in Politique Africaine, N° 77, mars 2000 ;

Stremlan (J), "African renaissance and international relations", in South African Journal of International Affairs, Vol.6, N°2, 1999 ;
"Afriques en renaissance", in Manière de Voir, le Monde Diplomatique, mai-juin 2000, N°5 1 ;
Barbancey Pierre, "Fragile renaissance africaine", in Regards N°41, décembre 1998 ;
Francine Pettot, "Les conditions de la renaissance africaine", in Regards N°32, février 1998 ;
Renaissance africaine, mode d'emploi, par Groupe de réflexion Initiatives Citoyennes", in Jeune Afrique/L'Intelligent N°2121 du 4 au 10 septembre 2001 ;
Théophile Obenga, "La renaissance africaine de Cheikh Anta Diop à Thabo M'Beki", in Black Match, Hors série N°1, 2000 ;
Jean-Marc Ella, "Les voies de l'afro-renaissance", in Manière de voir, mai-juin 2000, N°5 1 ;
Doumbi-Fakoly, Afrique, La Renaissance, Ed Silex/Nouvelles du Sud ; L'Afrique noire revendique sa Renaissance, numéro spécial du journal Le Monde, 26 juin 2001 ;
Amady Aly Dieng, "Renaissance africaine, pan-africanisme et unité africaine", in Et si l'Afrique refusait le marché, Centre Tricontinental, Ed. L'Harmattan, 2001 ;
Hein Marais, "Les ambivalences du projet sud-africain de renaissance africaine, ses penseurs et ses détracteurs", in Pour une pensée africaine émancipatrice, Alternatives Sud, Vol. X (2003) 4
Ian Taylor, La politique sud-africaine et le Nepad : contradictions et compromis, in Revue Politique Africaine, N° 91, Octobre 2003

E) Sur la renaissance européenne

La Renaissance, sous la direction de Thierry Wanegffelen, Ed Ellipses, 2003.
La Renaissance, Acte du colloque 2002, Bulletin N°28, Presses Universitaire de Paris Sorbonne, 2003
La Renaissance, 1470-1570, par Pascal Brioist, Ed Atlande, 2003
Herman Christian La renaissance, 1470-1560, Synthèse d'Histoire moderne, Ed du temps, 2002
L'Europe de la renaissance, 1470-1560, Ed du Temps, Etudes coordonnées par Gerard Chaix
Jean Delumeau, la civilisation de la renaissance, Ed Arthaud

IV. Sur l'Etat postcolonial

– M'Bembe (A) : Les jeunes et l'ordre politique en Afrique noire, Ed. L'Harmattan, 1985

– Guillaume Pambou Tchivounda, Essai sur l'Etat africain post-colonial, LGDJ, 1982
– Bayard (J.F),
* L'Etat en Afrique noire : la politique du ventre, Ed. fayard, 1989, 439 p
* L'avenir des régimes autoritaires en Afrique noire, Esquisse de problématique, RFEAPA, N°128, 1976
– Michalon (Th), Quel Etat pour l'Afrique, Ed L'Harmattan, 1984
– Ziegler (Jean) :
* Le pouvoir africain, Ed. Seuil, 1973
* Main basse sur l'Afrique, Ed. Seuil, 1978, 1986
* Retournez vos fusils : Manuel de sociologie d'opposition, Ed. Seuil, 1980
* Contre l'ordre du monde : les Rebelles, Ed. Seuil, 1983, 1985
* Vive le pouvoir, ou les délices de la raison d'Etat, Ed. Seuil, 1985
* La victoire des vaincus : oppression et résistance culturelle, Ed. Seuil, 1988
– Dumond (René), L'Afrique noire est mal parti, Ed. Seuil, 1962, 256 p
– Tshiyembe (Mwayila), l'Etat postcolonial comme facteur d'insécurité en Afrique, Ed. Présence Africaine, 1990

V. Sur les logiques de guerres interafricaines

– Leymarie (Philippe), "Ces guerres qui usent l'Afrique", in Le Monde Diplomatique, avril 1999
– Mbembe Achille, "Les frontières mouvantes du continent africain", in Le Monde Diplomatique, novembre 1999
– Tshiyembe Mwayila, "Ambitions rivales dans l'Afrique des Grands Lacs", in Le Monde Diplomatique, janvier 1999
– Prunier (Gérard), "Eléments pour une histoire du Front patriotique rwandais", in Politique Africaine, N° 51, Octobre 1993

VI. Sur l'aspiration à la démocratie et la société civile

– Lada (Augusta), "Réflexions sur la société civile en Afrique : le Burkina de l'après Zongo" in Politique Africaine, N°76, déc.1999
Documents : "Burkina Faso, autour de l'affaire Zongo : prises de position, tracts et libellés" in Politique Africaine, N°74, 1999, Ed. Karthala
– Jaffré (Bruno), "Le Burkina Faso ébranlé par l'affaire Zongo", in Le Monde Diplomatique, 1999
L'assassinat de Norbert Zongo, Crime d'Etat contre un journaliste, Ed. Minsi D.S
Actes du colloque sur l'Etat, Démocratie, Société et culture en Afrique, Ed. Démocraties Africaines 1996

– Tedga (P J M), Ouverture démocratique en Afrique noire, Ed. L'Harmattan, 1991
– Bayart (J.F),
* "Les sociétés africaines face à l'Etat", in Pouvoirs, 25, 1983
* "La revanche des sociétés africaines", in Politique Africaine, N° 11, 1983

VII. Sur l'impact des radios libres sur le processus démocratique en cours

– Verrier (Catherine) : "Libération de la parole politique ? Pluralisme radiophonique et transitions politiques en Afrique noire", in Enjeux des technologies de la communication en Afrique, sous la direction d'Annie Chéneau-Loquay, Ed. Karthala, 1999
– Couloubaly (Pascal Baba), "L'utilisation des TIC dans les élections générales de 1997 au Mali : promesses et dangers pour la démocratie", in Enjeux des technologies de la communication en Afrique, sous la direction d'Annie Chéneau-Loquay, Ed. Karthala, 1999
– Tudesq (André Jean), "L'influence des radios et des télévisions étrangères sur la vie politique en Afrique subsaharienne", in Enjeux des technologies de la communication en Afrique, sous la direction d'Annie Chéneau-Loquay, Ed. Karthala, 1999

VIII. Sur la dynamique des opérateurs économiques du secteur autochtone

– Marfaing (Laurence), Sow (Mariam), Les opérateurs économiques au Sénégal entre le formel et l'informel (1930-1996), Ed. Kathala, 1999
– De Miras (C), "De la formation du capital privé à l'économie populaire spontanée : Itinéraire d'une recherche en milieu urbain africain", in Politique Africaine, 14, 1984

IX. Sur la ville en Afrique

– Marie (Alain) (Ed), L'Afrique des individus, Ed. Karthala, 1997
– Ela (J.M), La Ville en Afrique noire, Ed. Karthala, 1983
"Politiques urbaines" in Politique Africaine, N°17, 1984
"Espaces publics municipaux" in Politique Africaine, N°74, 1999
"Villes africaines au microscope", Dossier de Cahiers d'études africaines, XXI (1-3), 81-83, 1981

X. Sur les dynamiques religieuses en Afrique

– Otayek (René), sous la dir., Le radicalisme islamique au sud du Sahara, Ed. Karthala 1993

"La question islamique en Afrique noire", in Politique africaine, Novembre 1981

– Hegba (H), "Interpellation des mouvements mystiques", in Cahiers des religions africaines, Vol. XXXXVII, N° 33-34, janv-juillet, 1983

– Coulon (C), Les musulmans et le pouvoir en Afrique noire, Paris, Ed. Karthala, 1982

– Magassouba (M), Sénégal. Demain les mollahs ?, Paris, Ed. Karthala, 1986

– Mbembe (Achille), Afrique indocile (christianismes, pouvoir et Etat en société postcoloniale), Ed. Karthala, 1988

– Lanternari (V), "Syncrétismes, messianismes, néo-traditionalisme Postface à une étude des mouvements religieux de l'Afrique noire", in Archives de sociologie des religions, N° 19, 1965

– Nkashama (Pius Ngandu), La pensée politique des mouvements religieux en Afrique : le cas du Congo kinshasha, Ed. L'Harmattan 1998

– Balandier (G), "Messianismes et nationalismes en Afrique noire" Cahiers Internationaux de sociologie, 14, 1953

– Glele (Maurice A), Religion et Politique en Afrique noire, Ed. Economica, 1979

XI. La fonction modernisante du Droit public

– Bastid (Paul), L'idée de Constitution, Ed. Economica, 1985

– Charles de Visscher, *Théories et réalités en droit international public*, Paris, 1953

– Pactet (Pierre), Institutions politiques et droit constitutionnel, Ed. A.Colin, 1996, 15e édition

– Guillaume Pambou Tchivounda, Essai sur l'Etat africain post-colonial, LGDJ, 1982

– Mekhantar (Joël), Droit politique et constitutionnel, Ed. Eska, 1997

– Chevallier (Jacques), l'Etat de droit, Ed. Montchrétien, 1992,

– Roulant (Norbert), l'Etat français et le pluralisme : histoire politique des institutions publiques de 479 à 1792, Ed. Odile Jacob 1995

– Burdeau (Georges), Traité de Science politique, Ed. LGDJ, 10 Tomes 1980-1987

– Grawitz (Madeleine), Leca (Jean), Traité de Science Politique, Ed. PUF, 4 Volumes, 1985

– "La Démocratie majoritaire", N° 85 de la Revue Pouvoirs

– Chevalier (Jean-jacques), Conac (Gérard), Histoire des institutions et des régimes politiques de la France de 1789 à nos jours, Ed. Dalloz, 1991, 8e édition

– Schwartzenberg (R.G), Sociologie politique, Ed. Montchrestien, 1988, 4e édition

XII. Sur le concept d'Etat de Droit

Jacques Chevallier, L'Etat de droit, Ed Montchrestien, 1992

Gérard Conac, Etat de Droit et Démocratie, in L'Afrique en transition vers le pluralisme politique, Ed Economica, 1993

Pierre Pactet, Droit Constitutionnel, Ed Masson, 1995

Olivier Duhamel, Droit Constitutionnel et Institutions politiques, Ed Seuil, 2009).

Jean Claude Ricci, Droit Administratif General, 4e édition, Hachette Supérieure, 2011

Georges Vedel, Pierre Devolvé, Le système de protection des administrés contre l'administration, Ed Sirey, 1991

XIII. L'Etat de Droit en Afrique

P.F Gonidec, L'Etat de droit en Afrique. Le sens des mots, in RJPIC, 1998, n°1

J.du Bois de Gaudusson et D.Darbon, La création du droit en Afrique, Ed Karthala, 1997

DC Bach et A.A.Kirk-Greeene, Etat et société en Afrique francophone, Economica, 1993

Cédric Milhat, L'Etat constitutionnel en Afrique francophone : entre Etat de droit et état de droit ;

Mbog Bassong, Les fondements de l'Etat de droit en Afrique précoloniale, Ed L'Harmattan, 2007

Laurent Gaba, L'Etat de droit, la démocratie et le développement économique en Afrique subsaharienne, Thèse

Marie-Madeleine Mborantsuo, La contribution des Cours constitutionnelles à l'Etat de droit en Afrique, Ed Economica, 2007

Guillaume Pambou Tchivounda, Essai sur l'Etat africain post-colonial, LGDJ, 1982

Maurice Kamto, Pouvoir et droit en Afrique, Essai sur les fondements du constitutionnalisme dans les Etats d'Afrique noire francophone, LGDJ, 1987

Alain Moyrand, Réflexions sur l'introduction de l'Etat de Droit en Afrique noire francophone, RIDC, 4, 1991

Gérard Conac, Etat de Droit et Démocratie, in L'Afrique en transition vers le pluralisme politique, Ed Economica, 1993

XIV. Le Droit constitutionnel en Afrique

– Faure (Y.A), "Les Constitutions et l'exercice du pouvoir en Afrique noire : pour une lecture différente des textes" in Politique Africaine, N° 1, 1980

– Conac (G),
  * Les institutions constitutionnelles des Etats d'Afrique francophone et de la république malgache, Ed. Economica, 1979, 353 p
  * "L'Afrique et la science politique", in Mondes et Cultures, XII, 4, 20 Nov. 1981

– Decraene (Ph), "Les sources du consensus dans les Etats africains" in Pouvoirs, N° 5, 1978

– Gounelle (Max), "Les effets pervers du multipartisme constitutionnellement limité" Rec. Penant, N° 774, 1981, p 48 et s.

– IEP-CEAN, "L'évolution récente du pouvoir en Afrique noire" – Table ronde réunie à Bordeaux les 4-5 fév. 1977

– Lavroff (D.G), Les systèmes constitutionnels en Afrique noire, Ed. Pedone, 1976

– Lewis (Arthur), La chose publique en Afrique occidentale, Ed. SEDIS, Futuribles, 1966

– Luchaire (F), "Les grandes tendances de l'évolution politique en Afrique noire", in RFSP, Vol. IX, N° 3, sept.1959

– Martin (Denis), "Le stick et le derrick. Problèmes posés par l'analyse des systèmes politiques africains en termes de situation autoritaire". Contribution à l'article de Guy Hermet, in RFSP, Vol. XXV, N° 6, déc.1975

– Cahiers de Présence Africaine, N° 63, 1967, numéro spécial sur Politique et Idéologie en Afrique

– Tegba (P.J.M), Ouverture démocratique en Afrique noire, Ed. L'Harmattan

– CEAN-CERI, "Aux urnes l'Afrique. Elections et pouvoir en Afrique noire", Pedone, 1976

– Conac (G) dir., L'Afrique en transition vers le pluralisme politique, Ed. Economica, 1993

– De Gaudusson (Jean du Bois), "Trente ans d'institutions constitutionnelles et politiques. Points de repère et interrogations", in Afrique contemporaine, N° spécial, 4e trimestre 1992

– Diop (Serigne), "Du parti unique aux multiples partis, ou la démocratie introuvable", in Afrique contemporaine, N° spécial, 4e trimestre 1992

– Medhanie (Tesfatsion), "Les modèles de transition démocratique" in Le Courrier ACP N° 138, mars-avril 1993, dossier spécial sur l'Afrique : les nouvelles démocraties

– Conac (Gérard), "Le juge et la construction de l'Etat de droit en Afrique noire francophone", in Mélanges Guy Braibant

– Roussillon (H), (sous la direction de), Les nouvelles constitutions africaines : la transition démocratique, Presses de l'Institut d'Etudes Politiques de Toulouse, 1995, 200 p.
– Daloz (JP), Quentin (P), Transitions démocratiques africaines (1990-1994), Ed. Karthala, 1997
– Otayeg (René), "Les élections en Afrique sont-elles un objet scientifique pertinent ?" in Politique Africaine : N° 69 (mars 1998)
– Quantin (Patrick), "Pour une analyse comparative des élections africaines" in Politique Africaine, N° 69 (mars 1998)
– Martine-Renée Galloy et Marc-Eric Grunais, "Des dictateurs africains sortis des urnes" in le Monde diplomatique Novembre 97, p.12 et 13
– Mwayila Tschiyembe, "L'autopsie de l'échec de la transition démocratique en Afrique à la lumière de la théorie des conjonctures politiques fluides", in Cahiers de Présence Africaine, N° 157, 1998, p. 71-99
– L'Afrique politique, 1997 : revendications populaires et recomposition politique, Ed. Karthala, CEAN, 1997, 326 p
– Gas (Valérie), "Les élections en Afrique (1989-1996)", in Revue Internationale et stratégique, N° 33, 1999 : L'Afrique entre guerre et paix

XV. Sur la problématique entre Etat de droit et développement

R.A Dahl, Modern Political Analysis, 2ème édition, 1970 ;
J.S Coleman, C.G.Rosberg, ed, Political parties and national Integration in Tropical Africa, berkeley, 1964 ;
A.R.Zolberg, Creating Political Order. The Party State of West Africa, Chigaco, 1966 ;
S.P Huntington, C.H.Moore, Authoritarian Politics in Modern Society. The Dynamics of Established One –Party Systems, new York, 1970)
Daniel Bourmaud, La politique en Afrique, Ed Montchrestien, 1997
Roger-Gérad Schwartzenberg, Sociologie politique, Ed Montchrestien, 1988
Gérard Conac, L'Afrique en transition vers le pluralisme politique, Ed Ecnomica, 1993
D.G. Lavroff, Les partis politiques en Afrique noire, 1970
Gérard Conac, Les processus de démocratisation en Afrique, in L'Afrique en transition vers le pluralisme politique, Economica, 1993, sous la direction de Gérard Conac
J.KM Ohnesorge, Etat de droit (rule of law) et développement économique, l'étrange discours des institutions financières internationales, in Critique Internationale, n°18, janvier 2003 ;
Hélène Tourand, L'Internationalisation des constitutions nationales, Ed LGDJ

XVI. L'histoire de l'Afrique : les travaux de l'Ecole rationaliste des Etudes Africaines

A) Les travaux de référence de l'Ecole rationaliste

1°) Travaux de Cheikh Anta Diop

Nations nègres et Culture, Paris, Présence Africaine, 1954, 1964, 1979.

L'Unité culturelle de l'Afrique noire, Paris, Présence Africaine, 1959, 1982.

L'Afrique noire précoloniale, Paris, Présence Africaine, 1960, 1987.

Antériorité des civilisations nègres, mythe ou vérité historique ?, Paris, Présence Africaine, 1967, 1993.

L'Antiquité africaine par l'image, Dakar-Abidjan, IFAN-NEA, Notes Africaines, n°145-146, janvier-avril, 1975. Deuxième édition quadrilingue français, anglais, pulaar, wolof, Paris, Présence Africaine, 1998.

Parenté génétique de l'égyptien pharaonique et des langues négro-africaines, Dakar, IFAN-NEA, 1977.

Civilisation ou Barbarie, Paris, Présence Africaine, 1981, 1988.

Nouvelles recherches sur l'égyptien ancien et les langues négro-africaines modernes, Paris, Présence Africaine, 1988.

Les fondements culturels, techniques et industriels d'un futur Etat fédéral d'Afrique noire, Paris, Présence Africaine, 1960. Réédition sous le titre : Les fondements économiques et culturels d'un Etat fédéral d'Afrique Noire, 1974.

Alerte sous les Tropiques – Culture et Développement en Afrique noire – Articles 1946-1960,

2°) Travaux de Théophile obenga

L'Afrique dans l'Antiquité — Egypte ancienne-Afrique noire, Paris, Présence Africaine, 1973.

Pour une Nouvelle Histoire, essai, Paris, Présence Africaine, 1980.

La dissertation historique en Afrique. A l'usage des étudiants de Première Année d'Université, Dakar, Nouvelles Editions Africaines, Paris, Présence Africaine, 1980.

Les Bantu, Langues-Peuples-Civilisations, Paris, Présence Africaine, 1985.

La Philosophie africaine de la période pharaonique – 2780-330 avant notre ère, Paris, L'Harmattan, 1990.

Origine commune de l'égyptien ancien, du copte et des langues négro-africaines modernes — Introduction à la linguistique historique africaine, Paris, L'Harmattan, 1993.

La Géométrie égyptienne – Contribution de l'Afrique antique à la mathématique mondiale, Paris, L'Harmattan, 1995.

Cheikh Anta Diop, Volney et le Sphinx – Contribution de Cheikh Anta Diop à l'historiographie mondiale, Paris, Présence Africaine, 1996.

L'Egypte, La Grèce et L'Ecole d'Alexandrie, Paris, L'Harmattan/Khepera, 2006.
De l'Etat dans l'Afrique précoloniale : le cas du royaume de Kouch dans la Nubie ancienne, n° 127-128, 3e et 4e trim. 1983, pp. 128-148.

3°) Travaux de Louise Marie DIOP-MAES

Apport des datations physico-chimiques à la connaissance du passé de l'Afrique, In ANKH n° 8-9, 1999-2000, pp. 144-169.
Afrique noire — Démographie, sol et histoire, Paris, Présence Africaine/Khepera, 1996.
La question de l'Âge du fer en Afrique in ANKH n°4-5, 1995/1996, pp. 278-303.

4°) Travaux de Aboubacry Moussa Lam

De l'origine égyptienne des Peuls, Paris, Présence Africaine/Khepera, 1993
Le Sahara ou la vallée du Nil ?, Dakar, IFAN/Khepera, 1994
Les Chemins du Nil, Paris, Présence Africaine/Khepera, 1997
L'affaire des momies royales. La vérité sur la reine Ahmès-Nefertari, Paris, Khepera/Présence Africaine, 2000.
L'unité culturelle égypto-africaine à travers les formes et les fonctions de l'appui-tête, Dakar, Presses Universitaires de Dakar, 2003.

5°) Travaux de Alain Anselin

Samba, Guadeloupe, Editions de l'UNIRAG, 1992.
L'Oreille et la cuisse - Essais sur l'invention de l'écriture hiéroglyphique égyptienne, Tyanaba, 1999
La question peule, et l'histoire des égyptes ouest-africaines, Paris, Karthala, 1981.
Le Mythe d'Europe - De l'Indus à la Crète, Editions Anthropos, Paris, 1982.
Anamnèses - Eléments d'une grammaire du verbe, du geste et du corps en égyptien et dans les langues négro-africaines modernes, Guadeloupe, Revue Tyanaba/Editions de l'UNIRAG, 1993.
La Cruche et le Tilapia - Une lecture africaine de l'Egypte Nagadéenne, Guadeloupe, Revue Tyanaba/Editions de l'UNIRAG, 1996.

6°) Travaux de Babacar Sall

Racines éthiopiennes de l'Egypte ancienne, Paris, Khepera/L'Harmattan, 1999.
Hommes et cultures du Sahara ancien, in ANKH n°6-7, 1997/1998, pp. 121 - 137.

Des Grands Lacs au Fayoum : L'Odyssée des pêcheurs, In ANKH n°12-13, 2003-2004, pp. 110-122.

7°) Travaux de Jean-Charles Coovi Gomez

La signification du vocable AKHU en Egypte ancienne et en Afrique noire contemporaine, Revue Ankh, N°3, juin 1994

Etude comparée de l'écriture sacrée du Danxomé et des hiéroglyphes de l'ancienne Egypte, in Revue Ankh, N°1, février 1992

8°) Travaux de Gilbert Ngom,

"L'égyptien et les langues bantu : le cas du duala", in Présence Africaine, Revue culturelle du monde noir, n°149/150, Paris, 1er et 2e trimestres 1989, pp. 203-213.

9°) Travaux de Mubabinge Bilolo

Linéarité de l'histoire et l'idéal du progrès au cours du IIIe millénaire avant J. C. en Egypte ancienne. Introduction à la philosophie pharaonique de l'histoire

In ANKH n°4-5, 1995/1996, pp. 72 - 91.

10°) Travaux de Yoporeka Somet

L'Afrique dans la philosophie, Paris, Khepera, 2005.

La pensée morale égyptienne du 3e millénaire avant l'ère chrétienne In ANKH n°12-13, 2003-2004, pp. 12-25.

Le scribe dans l'Egypte ancienne ANKH n°16, 2007, pp. 28-42.

11°) Travaux de Oscar Mfouma

Histoire culturelle de l'Afrique noire Edition : Paris : Publisud, 1993, p. 196-220

L'harmonie du monde anthropologie culturelle des couleurs et des sons en Afrique depuis l'Egypte ancienne, 1 vol. (302 p.) Edition : Yaoundé ; Paris : Ed. Menaibuc p. 271-300. - 2000

Textes des sarcophages : Ensemble de formules magiques, exposés théologiques et épisodes mythologiques transcrits sur les parois des sarcophages des particuliers au Moyen-Empire. Reprennent en partie les "Textes des pyramides" réservés aux pharaons

12°) Travaux de Cheikh M'Backé Diop

Hiéroglyphes et Informatique – AmontFont, fonte PostScript de caractères hiéroglyphiques sur ordinateur MACINTOSH, 1989, 1990, 1994 (KHEPERA).

13°) Travaux de Buuba Diop

Eclairage sur l'étymologie du terme "Gorille"in ANKH n°12-13, 2003-2004, pp. 84-91

Les migrations Sereer : jalons de la saga africaine et sénégalaise in ANKH n°14-15, 2005-2006, pp. 8-33.

B) L'examen critique du corpus méthodologique de l'Ecole rationaliste

– Maurice Caveing : "Note critique de Maurice Caveing sur l'ouvrage de Diop, Antériorité des civilisations nègres : mythe ou vérité historique", in Raison Présente, N°9, janvier-février-mars 1969 ;

– Théophile OBENGA : "Méthode et conception historiques de Cheikh Anta Diop", in Présence Africaine, N°74, 1970, p3-28 ;

– Théophile Obenga, Cheikh Anta Diop, Volney et le Sphinx, Ed Khepera et Présence Africaine, 1996 ;

Aboubacry Moussa Lam, Au-delà de l'incertitude : les armes pour des conclusions scientifiquement établies dans le domaine des rapprochements entre l'Egypte ancienne et l'Afrique noire, in Annales de la Faculté des lettres et Sciences Humaines, N° 20, université Cheikh Anta Diop de Dakar, 1990, PP.143-158

Aboubacry Moussa Lam, L'étude de l'appartenance de l'Egypte ancienne au monde négro-africain-Instruments d'analyse et méthodologique, in Ankh, revue d'égyptologie et des civilisations africaines, N°1, février 1992, pp.27-39

– Aboubacry Moussa Lam, Le Sahara ou la vallée du Nil ? Ed. Khepera et IFAN, 1994 ;

– Cheikh M'Backé Diop, Cheikh Anta DIOP, l'homme et l'œuvre, Paris, Présence Africaine, 2003.

XVII. L'histoire de l'Afrique : les travaux de l'Ecole dogmatique des Etudes Africaines

A) Les travaux de référence

– Hubert Deschamps (sous la dir.), Histoire générale de l'Afrique, Ed PUF, 1971

– Elikia M'Bokolo, Histoire Générale de l'Afrique, Ed. Aupelf-Uref, Tomes 1 & 2

– Anne Stamm, Histoire de l'Afrique précoloniale, Ed PUF, Que sais-je ?, 1997

B) L'examen critique du corpus méthodologique de l'Ecole dogmatique

– Théophile Obenga, "Les derniers remparts de l'africanisme", in Présence Africaine, 1998 ;
– Anne Piriou, Emmanuelle Sibeud, L'Africanisme en questions, Centre d'études africaines, Ecole des hautes Etudes en Sciences Sociales, 1997 ;
– Kusum Aggatwal, "La généalogie de l'africanisme français", in Sociétés africaines et Diasporas, N° 9 mars 1998 ;
– François de Meideros, "Africanisme et historiographie africaine", in Bulletin de l'IFAN, Tome XLVII, N°2, décembre 1996, série B ;
– Christian Coulon, "L'exotisme peut-il être banal ?" In Politique africaine, N° 65, mars 1997 ;
– Jean Pascal Dalloz, "Misère(s) de l'Africanisme", in Politique Africaine, N° 70, Juin 1998 ; P. Chabal, Power in Africa : An Essay in Political Interpretation, Londres, Macmillan, 1992 (Voir en particulier son chapitre sur Paradigms Lost) ;
– P. Dalloz et J. Chabal, L'Afrique est partie, Ed. Economica

XVIII. L'économie en Afrique

– Pathe Diagne
Pour l'unité ouest-africaine : micro-Etats et intégration économique, Edition Anthropos - Paris - 1972
– Gérard Grellet
Les structures économiques de l'Afrique noire, Paris, PUF, coll. Tiers-monde, 1982, 177 p.
Structures et stratégies du développement économique, Paris, PUF, coll. Thémis, 1986, 451 p.
Les politiques économiques des pays du Sud, Paris, PUF, coll. Tiers-monde, 1994, 182 p
– Joseph Tchuindjang Pouemi, Monnaie, servitude, liberté : la répression monétaire de l'Afrique, Edition Jeune Afrique, 1980 ; réédition par les éditions menaibuc, Paris 2000
– Maktar Diouf
Intégration économique : perspectives africaines, Published éditions
L'Afrique dans la mondialisation, Edition L'Harmattan
Afrique exclusion programmée ou renaissance ? Forum du Tiers-monde
Forum mondial des Alternatives Editions L'Harmattan

Table des matières

CHAPITRE 7

La septième figure du paradigme du développement : un paradigme qui en Afrique conduit à un avortement du projet de la modernité 303

CHAPITRE 8

La huitième figure du paradigme du développement : un paradigme qui véhicule un discours de représentation idéologique et symbolique du réel 317

CHAPITRE 9

Peut-on échapper au développement comme perspective du devenir moderne des sociétés ? 331

L'Afrique
aux éditions L'Harmattan

Dernières parutions

AFRICANOLOGIE
Ébauche d'une discipline scientifique
Shamuana Mabenga Jonas
Préface d'Elikia M'Bokolo - Postface de Pèlerin Kimwanga Nkeny
L'auteur, avec cet ouvrage, ambitionne la naissance d'une science, l'africanologie. L'ouvrage est étonnamment riche en enseignements sur l'Afrique, les Afriques et les Africains. À la fois objet de recherche et matière d'enseignement, l'africanologie contribuera à former les nouvelles générations africaines et, en dehors de l'Afrique, les vrais partenaires de ce vaste continent.
(Harmattan RDC, 39.00 euros, 422 p.)
ISBN : 978-2-343-12447-6, ISBN EBOOK : 978-2-14-004149-5

RELATIONS INTERNATIONALES CONTEMPORAINES
Mythes, manipulations et réalités
Djiena wembou Michel-Cyr, Fall Daouda
Démocratie, transparence du processus électoral, terrorisme, alternance au pouvoir dans le tiers monde, axe du mal, islamistes, droit international, accord de partenariat économique, changement climatique, prolifération nucléaire, justice internationale, droit ou devoir d'ingérence humanitaire, que signifient exactement ces mots aujourd'hui ? Comment établir la frontière entre la vérité et la manipulation dans l'analyse des phénomènes internationaux ? Ce livre tente d'apporter des réponses claires et précises afin de mettre les clés de compréhension du monde contemporain à la disposition de tous.
(Coll. Études africaines, 43.00 euros, 490 p.)
ISBN : 978-2-343-12188-8, ISBN EBOOK : 978-2-14-004091-7

INTRODUCTION AUX RELATIONS INTERNATIONALES
Bamba Mamadou
Mamadou Bamba propose ici d'expliquer la controverse doctrinale autour de la définition des relations inter-nationales. Courant réaliste, de l'interdépendance, ou courant marxiste, sont autant d'approches différentes qui font émerger la complexité à appréhender les dynamiques sur la scène internationale, et surtout tentent d'y apporter les réponses adéquates. Face à un monde en permanente évolution, le choix des matériaux et des outils utilisés par les experts sont cruciaux pour l'analyse de ces relations.
(21.50 euros, 198 p.)
ISBN : 978-2-343-12538-1, ISBN EBOOK : 978-2-14-004369-7

UNE MONNAIE UNIQUE POUR L'AFRIQUE DE L'OUEST
Pourquoi, comment et quand ?
Bakoup Ferdinand, Ndoye Daniel - Préface de mohamed Ben Omar Ndiaye
Les auteurs tentent d'éclairer le débat sur la monnaie unique en Afrique de l'Ouest en procédant à un réexamen de l'opportunité, du rythme et des modalités souhaitables de l'intégration monétaire ouest-africaine. L'ouvrage examine aussi l'économie politique d'un tel projet et formule des recommandations à l'attention des parties prenantes.
(Coll. Études africaines, 26.50 euros, 254 p.)
ISBN : 978-2-343-12456-8, ISBN EBOOK : 978-2-14-004210-2

LE SERVICE PUBLIC MARCHAND EN AFRIQUE ET DANS LE MONDE
Rigobert Akoulabo
Le service public marchand a été longtemps le pilier de l'économie de tout État, de l'Occident à l'Afrique. Du fait qu'il soit marchand, le service public est soumis aux règles de la concurrence, soumises elles-mêmes à certaines dérogations. Le système d'arbitrage opte pour une certaine harmonisation des systèmes juridiques en Europe et en Afrique.
(Harmattan Congo-Brazzaville, 14.50 euros, 130 p.)
ISBN : 978-2-343-10354-9, ISBN EBOOK : 978-2-14-004343-7

CHANGEMENTS DE L'OCCUPATION DES TERRES ET NÉCESSITÉ DE L'AMÉNAGEMENT DU TERRITOIRE À L'ÉCHELLE LOCALE EN AFRIQUE SUBSAHARIENNE
Cas de la commune de Djidja au Bénin
Arouna Ousséni
Les changements de l'occupation des terres en Afrique subsaharienne sont de plus en plus caractérisés par la déforestation et la dégradation des forêts. L'objectif de ce livre est d'évaluer les changements spatiotemporels de l'occupation des terres et leurs implications dans l'aménagement du territoire dans le contexte actuel des changements climatiques.
(23.50 euros, 230 p.)
ISBN : 978-2-343-11869-7, ISBN EBOOK : 978-2-14-004350-5

DU FOSTERAGE À L'ADOPTION PLÉNIÈRE
L'adoption des enfants de la pouponnière d'Adjamé (Abidjan, Côte d'Ivoire)
Kouadio Edwige
Dans les sociétés africaines traditionnelles, le fosterage (ou confiage) est une pratique sociale et culturelle qui consiste à confier temporairement ou durablement un enfant à un tiers digne de confiance. De fait, le fosterage permet de comprendre que la parentalité met surtout en évidence la notion de responsabilité, au sens anthropologique et pas seulement légal du terme. L'objectif de cette étude est de partir de la pratique traditionnelle du fosterage pour comprendre les pratiques de soutien à l'enfant que sont l'accueil dans les pouponnières et l'adoption plénière.
(Coll. Études africaines, série Sociologie, 24.00 euros, 236 p.)
ISBN : 978-2-343-12231-1, ISBN EBOOK : 978-2-14-004129-7

EXCISION, MARIAGES D'ENFANTS, DROITS SEXUELS ET REPRODUCTIFS
Socioanalyse d'une dialectique des normes
Camara Cheikh Moussa
Cet ouvrage jette un regard sociologique sur ces phénomènes à travers le prisme des rapports dialectiques, voire conflictuels entre les normes sociales et les normes légales qui les justifient, les confortent ou les remettent en cause. Cette socioanalyse apporte un éclairage sur la complexité de ces phénomènes de société d'une grande sensibilité dans un contexte socio-culturel africain, leurs relations avec la loi, les droits humains et l'idéal de liberté individuelle ainsi que sur les mutations sociales relatives aux effets des TICs sur les mœurs sexuelles.
(Harmattan Sénégal, 15.50 euros, 140 p.)
ISBN : 978-2-343-12587-9, ISBN EBOOK : 978-2-14-004164-8

PHILOSOPHIE ET SOCIOLOGIE DE L'ÉDUCATION ENSEIGNÉES DANS LES ÉCOLES NORMALES D'INSTITUTEURS
Kamaha Yolande Angèle - Préface de Pierre Fonkoua
Afin d'améliorer la qualité des contenus scientifiques, développer davantage de compétences professionnelles et contribuer au déploiement d'une formation de qualité dans les Écoles normales d'instituteurs de l'enseignement général (ENIEG) du Cameroun, ce livre apporte des éléments de réponse aux questions suivantes : quels contenus scientifiques faut-il sélectionner ? Comment mobiliser les ressources de l'approche par les compétences ? À quelles activités d'intégration faut-il soumettre les futurs instituteurs et institutrices et quels projets faut-il amener à entreprendre ?
(Harmattan Cameroun, 25.50 euros, 254 p.)
ISBN : 978-2-343-12634-0, ISBN EBOOK : 978-2-14-004348-2

LA RÉUSSITE SOCIALE : UNE MISSION PERSONNELLE
Leçons pour une renaissance africaine par les valeurs
Diabaté Touré Ténin - Préface de S.E. Lambert Amon-Tanoh
Cet ouvrage nous invite à prendre le pari de fuir tout ce qui peut modifier notre personnalité dans un sens défavorable. Mais il ne suffit pas de se débarrasser de mauvaises habitudes qui détruisent notre personne. Il faut chercher à remplir notre vie de tout ce qui sera de nature à l'élever, à en faire une école, afin d'aboutir à notre épanouissement personnel par des enseignements tirés de la vie, dont celle de grands sages africains.
(Harmattan Côte-d'Ivoire, 24.50 euros, 244 p.)
ISBN : 978-2-343-12742-2, ISBN EBOOK : 978-2-14-004385-7

L'IMMATÉRIEL ET LE DROIT OHADA DES SAISIES
Assontsa Robert - Avec la collaboration de Cédric Tinke
Préface d'Isidore Léopold Miendjiem
L'immatériel constitue aujourd'hui l'une des thématiques les plus intéressantes de l'univers juridique. Ce livre interroge l'opérabilité du droit de gage général vis-à-vis des valeurs immatérielles et l'aptitude du droit OHADA des saisies à appréhender ces biens dépourvus de toute consistance physique.
(Harmattan Cameroun, 22.50 euros, 220 p.)
ISBN : 978-2-343-12008-9, ISBN EBOOK : 978-2-14-004140-2

ÉCLAIRAGE SOCIOLOGIQUE SUR QUELQUES NOTIONS CANONIQUES DE LA SCIENCE POLITIQUE
Vangu Ngimbi Ivan
Face au caractère intimidant des faits politiques et en raison de sévères approximations dont ils font souvent l'objet, aussi bien de la part des étudiants, des acteurs politiques que des professionnels des médias, il était opportun que les concepts canoniques de la science politique soient explicités de manière limpide afin de les rendre plus intelligibles et accessibles à un large public. C'est l'exercice auquel s'est livré l'auteur tout au long de cet ouvrage.
(Coll. Études africaines, série Sociologie, 14.00 euros, 122 p.)
ISBN : 978-2-343-12594-7, ISBN EBOOK : 978-2-14-004192-1

POLÉMOLOGIE ET IRÉNOLOGIE
Une question philosophique des relations humaines et internationales
Mukendji Mbandakulu Martin Fortuné
Préface de Jean-Pierre Marien Lianza Zalonkele
Cet ouvrage s'attelle à montrer le rapport dialectique entre la guerre et la paix. La guerre semble être le lot des hommes. Les causes, les sources de la guerre sont relevées ici et les théories sur les guerres traditionnelles et modernes y sont développées. La guerre ne peut cesser que si les causes des conflits entre les nations, entre les hommes peuvent être extirpées. Cette étude corrige l'opinion selon laquelle les relations internationales et la philosophie ne peuvent faire bon ménage. La polémologie et l'irénologie sont donc inséparablement liées aux réflexions philosophiques.
(Coll. Études africaines, 19.50 euros, 188 p.)
ISBN : 978-2-343-12108-6, ISBN EBOOK : 978-2-14-004234-8

L'ÉDUCATION AUX MÉDIAS
Un point de vue africain
Barbey Francis - Préface de Laurence Corroy / Postface d'Alain Kiyindou
L'éducation aux médias en Afrique ne peut pas faire l'impasse sur les «réalités africaines» et la façon dont celles-ci s'expriment dans les communautés et la communication sociale, dans la mesure où c'est dans ces espaces que se trouvent les «lieux d'invention» de la modernité de l'Afrique d'aujourd'hui et de demain. L'éducation aux médias peut ainsi être pensée et mise en œuvre comme une initiation à la communication sociale, c'est-à-dire une communication qui a pour finalité le progrès de la communauté.
(Coll. Éducation et médias, 19.50 euros, 192 p.)
ISBN : 978-2-343-12270-0, ISBN EBOOK : 978-2-14-004125-9

MIGRATIONS, DÉCENTRALISATION ET COOPÉRATION DÉCENTRALISÉE
Enjeux et perspectives
Sous la direction de Mankou Brice Arsène - Préface de Frédéric Cuvillier
S'il est un mode de gouvernance qui participe à l'enracinement de la démocratie, c'est bien la décentralisation, car elle permet le rapprochement de la décision entre le sommet et la base, d'une part ; entre l'État et les collectivités locales, de l'autre. Aujourd'hui, force est de constater que la décentralisation initiée dans la majeure partie des États de l'Afrique centrale est en panne à cause des problèmes de clarification des compétences et de compréhension de cette notion.
(17.50 euros, 162 p.)
ISBN : 978-2-343-12428-5, ISBN EBOOK : 978-2-14-004226-3

L'AFRIQUE DANS LA GLOBALISATION : UNE BRADERIE SANS FIN
Diop Rawane
Cet ouvrage est une volonté de dire non à la mondialisation sauvage et débridée, non au pillage de l'Afrique, non à l'accaparement des richesses minières, non au libre-échangisme version accords déséquilibrés de partenariat économique (APE) entre l'Europe et l'Afrique, non au bradage foncier et à la spoliation des paysans au profit des nouveaux maîtres de l'agrobusiness. L'auteur y met à nu le drame social et écologique en Afrique, fustige l'arnaque économique des multinationales exonérées d'impôts, les lobbies financiers et industriels qui peuplent les palais.
(Harmattan Sénégal, 26.00 euros, 250 p.)
ISBN : 978-2-343-12268-7, ISBN EBOOK : 978-2-14-004011-5

COMMERCE, INVESTISSEMENT ET DÉVELOPPEMENT DURABLE EN AFRIQUE
Sous la direction de Silem Ahmed, Bastidon Cécile, Ghoufrane Azzedine, Gbaguidi Ochozias
Ce livre présente et explique les défis environnementaux spécifiques à l'Afrique, aborde les mesures adoptées et/ou envisagées dans certains pays africains en faveur d'une croissance verte et analyse l'efficacité de l'adoption d'une politique environnementale sur le développement économique et la protection de l'environnement.
(Coll. L'esprit économique, 21.00 euros, 206 p.)
ISBN : 978-2-343-12274-8, ISBN EBOOK : 978-2-14-004028-3

L'UNION AFRICAINE QUINZE ANS APRÈS (deux tomes)
Sous la direction de Mvelle Guy, Zang Laurent - Préface de Jacques Fame Ndongo
Ces contributions évaluent ce que l'Union africaine a pu faire depuis le lancement effectif de ses activités en 2002. Cet ouvrage en 2 tomes traite de la quasi-totalité des préoccupations majeures de l'Afrique d'aujourd'hui et de demain, en apportant rappel historique, analyse contextuelle et prospective. Ont ainsi fait l'objet d'une revisitation et d'une relecture critique, la problématique de l'unité africaine, les institutions et programmes de l'Union, la situation des droits de la démocratie, des droits de l'homme, du maintien de la paix et de la sécurité, les relations extérieures, les notions d'auto-indépendance.
(Tome 1, Coll. Études africaines, 35.00 euros, 346 p.)
ISBN : 978-2-343-12103-1, ISBN EBOOK : 978-2-14-003935-5
(Tome 2, Coll. Études africaines, 33.00 euros, 316 p.)
ISBN : 978-2-343-12102-4, ISBN EBOOK : 978-2-14-003936-2

GOUVERNANCE EN AFRIQUE
La théorie générale de la gouvernance économique
Djelhi-Yahot Sandavoy Adamoh
Cet ouvrage ouvre de nouvelles pistes, en matière de gouvernance, en proposant une formulation appelée «la théorie générale de la gouvernance économique». De la constatation exacte que la monnaie joue un rôle fondamental dans l'économie, il explique les effets dévastateurs de la politique monétaire répressive en Afrique, avant de passer en revue et récuser les différentes politiques. L'auteur propose de combiner la politique monétaire optimale basée sur la règle de Taylor avec une politique fiscale optimale et une exécution optimale des dépenses publiques.
(Coll. Études africaines, 20.50 euros, 204 p.)
ISBN : 978-2-343-10730-1, ISBN EBOOK : 978-2-14-003840-2

L'HARMATTAN ITALIA
Via Degli Artisti 15; 10124 Torino
harmattan.italia@gmail.com

L'HARMATTAN HONGRIE
Könyvesbolt ; Kossuth L. u. 14-16
1053 Budapest

L'HARMATTAN KINSHASA
185, avenue Nyangwe
Commune de Lingwala
Kinshasa, R.D. Congo
(00243) 998697603 ou (00243) 999229662

L'HARMATTAN CONGO
67, av. E. P. Lumumba
Bât. – Congo Pharmacie (Bib. Nat.)
BP2874 Brazzaville
harmattan.congo@yahoo.fr

L'HARMATTAN GUINÉE
Almamya Rue KA 028, en face
du restaurant Le Cèdre
OKB agency BP 3470 Conakry
(00224) 657 20 85 08 / 664 28 91 96
harmattanguinee@yahoo.fr

L'HARMATTAN MALI
Rue 73, Porte 536, Niamakoro,
Cité Unicef, Bamako
Tél. 00 (223) 20205724 / +(223) 76378082
poudiougopaul@yahoo.fr
pp.harmattan@gmail.com

L'HARMATTAN CAMEROUN
TSINGA/FECAFOOT
BP 11486 Yaoundé
699198028/675441949
harmattancam@yahoo.com

L'HARMATTAN CÔTE D'IVOIRE
Résidence Karl / cité des arts
Abidjan-Cocody 03 BP 1588 Abidjan 03
(00225) 05 77 87 31
etien_nda@yahoo.fr

L'HARMATTAN BURKINA
Penou Achille Some
Ouagadougou
(+226) 70 26 88 27

L'HARMATTAN SÉNÉGAL
10 VDN en face Mermoz, après le pont de Fann
BP 45034 Dakar Fann
33 825 98 58 / 33 860 9858
senharmattan@gmail.com / senlibraire@gmail.com
www.harmattansenegal.com

www.ingramcontent.com/pod-product-compliance
Lightning Source LLC
LaVergne TN
LVHW011220061026
849535LV00001BA/106